„Solidarność"

Die polnische Gewerkschaft „Solidarität" in Dokumenten,
Diskussionen und Beiträgen 1980 bis 1982

„Solidarność"

Die polnische Gewerkschaft „Solidarität"
in Dokumenten, Diskussionen und Beiträgen
1980 bis 1982

Herausgegeben von Barbara Büscher,
Ruth-Ursel Henning, Gerd Koenen,
Dorota Leszczyńska, Christian Semler,
Reinhold Vetter

Bund-Verlag

(c) 1983 by Bund-Verlag GmbH, Köln
Lektorat: Gunther Heyder
Umschlagentwurf: Typographik & Design R. Herbst, Köln
Druck: Elektra, Niedernhausen
ISBN 3-7663-0815-7
Printed in Germany 1983
Alle Rechte vorbehalten, insbesondere das des öffentlichen
Vortrags, der Rundfunksendung und der Fernsehausstrahlung,
der fotomechanischen Wiedergabe, auch einzelner Teile.

Inhalt

Einleitung 1

Kapitel I
Eine Bewegung zur gesellschaftlichen Selbstverteidigung –
Die Vorgeschichte der „Solidarność" 17

Kapitel II
Vom Sieg auf der Lenin-Werft zur Krise
von Bydgoszcz (Bromberg) –
Die freie Gewerkschaft ändert das Gesicht der Gesellschaft 29

1. August 1980: Die Streiks bringen die Entscheidung –
Das Danziger Abkommen 29
(Dokument 1) 36

2. Die neue Gewerkschaft setzt sich durch –
Das Statut von „Solidarność" 44
(Dokumente 2 und 3) 50

3. „Solidarność" wird zur gesellschaftlichen Bewegung –
Strategien und Gegenstrategien 64
(Dokumente 4 und 5) 75

4. Die Verbündeten – Die „Land-Solidarność" und der
„Unabhängige Studentenbund" (NZS) 87
(Dokumente 6 und 7) 91

Kapitel III
Durch Selbstverwaltung zur Bewältigung der Krise –
Wirtschaftsreform, Arbeiterselbstverwaltung,
„selbstverwaltete Republik" 103

1. Die erzwungene Initiative – Vorstellungen von „Solidarność"
   zur Wirtschaftsreform 106
1.1 Die ökonomische Debatte 1956 bis 1980 – Geschichte eines
    Fehlschlags 108
1.2 Der Entwurf des „Netzes der führenden Großbetriebe" 111
1.3 Grenzen von Markt und Konkurrenz 114

1.4 Die Kosten der Reform 115
(Dokumente 8 bis 14) 121

2. Die Bewegung für die Arbeiterselbstverwaltung 170
2.1 Kritik an der Defensivstrategie — Die ersten
Selbstverwaltungsinitiativen entstehen 170
2.2 Verschiedene Zentren und Konzeptionen — Das „Netz
der führenden Großbetriebe" und die „Lubliner Gruppe" ... 173
2.3 Kampf um eine authentische Selbstverwaltung —
Der umstrittene Gesetzeskompromiß vom September 1981 .. 180
2.4 Die Diskussionen vor und auf dem Gewerkschaftskongreß .. 183
(Dokumente 15 bis 26) 188

3. Das Projekt „Selbstverwaltete Republik" —
Die Programmerklärung von „Solidarność" 245
(Dokument 27) 252

Kapitel IV
Der „Gesellschaftsvertrag" von Gdańsk wird gekündigt —
Vom ersten Landesdelegiertenkongreß der „Solidarność" zur
Verhängung des Kriegszustandes 259

1. Der Kongreß der zehn Millionen — Reden, Verhandlungen,
Beschlüsse 259
(Dokumente 28 bis 39) 274

2. Die Herrschenden suchen die Konfrontation — Ablehnung
des „Gesellschaftlichen Volkswirtschaftrates", die Radomer
Beschlüsse 337
(Dokumente 40 bis 44) 346

Kapitel V
Das Jahr 1982: Jaruzelskis Krieg gegen die Gesellschaft —
„Solidarność" reorganisiert sich im Widerstand 357
(Dokumente 45 bis 55) 368

Kapitel VI
Geprüft und zu leicht befunden — Die „Polnische
Vereinigte Arbeiterpartei" (PVAP) 425

Anhang:
Zeittafel 439
Ausgewählte Literaturhinweise 445

Die einzelnen Kapitel wurden zusammengestellt und eingeleitet:
Kapitel I und II von Gerd Koenen
Kapitel III.1. und 3. von Christian Semler
Kapitel III.2. von Barbara Büscher und Ruth-Ursel Henning
Kapitel IV und V von Reinhold Vetter
Kapitel VI von Christian Semler
Zeittafel von Dorota Leszczyńska

Einleitung

„Solidarność war, ist und wird sein, es mag gefallen oder nicht." Das war einer jener schroffen Sätze, die die charismatische Ausstrahlung des Vorsitzenden Lech Walesa begründeten. Gesagt wurde dieser Satz auf dem ersten und einzigen Kongreß der Gewerkschaft im Oktober 1981, der von den sowjetischen Führern in einem ultimativen Schreiben als eine „Orgie des Antisowjetismus" gebrandmarkt worden war, wohl deshalb, weil der 18tägige Kongreß zuweilen Züge einer „Orgie" an Debattierlust, Reformeifer, an nationalem und proletarischem Selbstbewußtsein und demokratischem Überschwang trug. An stillen Tagen war der Donner alliierter Landungsübungen von der samländischen Küste über die Danziger Bucht hinweg zu hören. Aber das war eher ein Ablenkungsmanöver. Die eigentlichen Vorbereitungen für die „Operation Kanarienvogel" liefen im geheimen, in polnischen Armeestäben und Parteigremien. Nur wenige Wochen trennten die unabhängige Gewerkschaft noch vom 13. Dezember 1981, dem Beginn ihrer militärischen Zerschlagung.

Die kommenden Jahre müssen noch zeigen, ob Lech Walesas Satz gültig bleibt oder nicht. Immerhin, nach einem Jahr Kriegsrecht waren sich die meisten verständigen Beobachter der Entwicklung in Polen darin einig, daß die „Solidarność" zwar als Gewerkschaftsorganisation zerschlagen ist, nicht aber als die gesellschaftliche Bewegung, zu der sie in der Realität geworden war. Und aus einer Bewegung gesellschaftlicher Selbstverteidigung und Selbstorganisation wie sie im August 1980 schon hervorgegangen. Insofern war der Dezember 1981 in Polen keine bloße Reprise des Oktober 1956 in Ungarn und des August 1968 in der CSSR.

Die Existenz dieser gesellschaftlichen Bewegung in Polen bedeutet zwar nicht, daß der „polnische Funke" einfach auf die anderen Länder des sowjetisch beherrschten Blocks überspringt, wohl aber hat sich erwiesen, daß die gesellschaftlichen Kräfte in den Ländern des realen Sozialismus weiter selbständig handeln können, daß, wie es Zdenek Mlynár, ehemals führendes Mitglied der tschechoslowakischen KP und später der Charta 77, ausgedrückt hat, „die relative Stabilität der Systeme sowjetischen Typs wie ein Kartenhaus zusammenbrechen kann"[1]. Die Vorstellungen vom europäischen Gleichgewicht, die stets vom politischen und sozialen „Status quo" innerhalb der Blöcke ausgingen und darauf ein Kalkül gegenseitiger „Berechenbarkeit" aufbauten, sind damit in Frage gestellt.

Ohne Zweifel hat gerade die Furcht vor einer solchen Veränderung die zwiespältige Reaktion in Westdeutschland auf den Militärstreich in Polen im Dezember 1981 bestimmt. Eine Welle spontaner Hilfsbereitschaft verband sich durchaus organisch mit einem Standpunkt strikter politischer „Nichteinmischung". Und es war eine kaum zu unterschätzende äußere Bedingung für den Erfolg des Coups von Jaruzelski, als der damalige Bundeskanzler Schmidt am Morgen des 13. Dezember auf einer Pressekonferenz am Werbellin-See in der DDR erklärte, er sei von den Nachrichten aus Polen ebenso überrascht und betroffen gewesen, wie der Partei- und Staatsratsvorsitzende Honecker an seiner Seite (der dazu fein lächelte); und jedenfalls bestehe Einigkeit darüber, daß über solchen bedauerlichen Geschehnissen die deutsch-deutschen Beziehungen nicht leiden dürften.

Eine solche Form westdeutscher Realpolitik mag einer „Politik der Stärke" des Westens noch immer vorzuziehen sein. In ihrer neutralen Ideologie des „Krisenmanagements" steckt jedoch eine eigene Gehässigkeit und Ignoranz; und nicht nur vom polnischen Standpunkt aus. Sie begreift nicht, daß nichts und niemand solche Veränderungen im Gleichgewicht der Blöcke ausschalten kann, die aus der *inneren* Labilität der jeweiligen Länder, aus Bestrebungen sozialer Kräfte nach Autonomie und Selbstbestimmung resultieren. Selbst wenn es den Herren des sowjetischen Imperiums gelingt, in Osteuropa einen nachgerade zaristisch (oder auch „habsburgisch") anmutenden Völkerhader aufzurühren — dann ist dies nur der verkehrte Ausdruck für den Sachverhalt, daß *alle* diese Länder, einschließlich der Sowjetunion selbst, der Gefahr ausgesetzt sind, in eine Wirtschafts- und Gesellschaftskrise hineinzurutschen, wie sie in Polen bis jetzt nur am schärfsten zutage getreten ist. Das hängt selbstverständlich mit der Wirtschaftskrise im kapitalistischen Westen und mit der tiefen Misere der Dritten Welt zusammen. Aber die Feststellung darf gewagt werden: Nicht die Kredite westlicher Banken, nicht das Wirtschaftsembargo der USA, und am allerwenigsten „Radio Free Europe" und die World Television „Solidarity"-Show des Präsidenten Reagan können im Ernst als Erklärung dafür dienen, daß Stagnation und Krise heute auch die Situation im sowjetischen Machtblock kennzeichnen. Die Gründe sind wesentlich im wirtschaftlichen und politischen System dieser Länder selbst zu suchen.

Die „Solidarność"-Bewegung war eine bestimmte Antwort auf dieses Problem. Sie war der Versuch eines Auswegs aus der Sackgasse, in die die polnische Gesellschaft geraten ist, und ebenso eines Auswegs aus dem starr feindseligen Gegenüber der Militärblöcke, das die Krisen zurückstaut und chronisch werden läßt. In diesem Sinne war sie eine revolutionäre Bewegung, die erste große revolutionäre Massenbewegung in Europa, seit sich die in Jalta begründete Nachkriegsordnung konsolidiert hat (was etwa 1956 der Fall gewesen sein dürfte). Sie war und ist eine Arbeiterbewegung, eine Einheitsgewerkschaft von bisher einzigartigem Typ; und zugleich eine „umfassende gesellschaftliche Bewegung", wie sie sich in ihrer Programmerklärung schließlich selbst bezeichnete. Das war nur die Anerkennung einer Realität. Man könnte auch sagen: in „Solidarność" schlossen sich zehn Millionen Mitglieder zur „arbeitenden Gesellschaft" gegenüber dem Staat zusammen.

Der Dokumentenband, den wir hiermit vorlegen, soll anhand der wichtigsten Selbstzeugnisse der „Solidarność" — die bis jetzt nur verstreut oder gar nicht zugänglich waren — dem interessierten Leser ein Selbststudium dieser großen Bewegung, ihrer bewegenden Kräfte, Ideen und Ziele ermöglichen. Zugleich bieten die Einführungen zu den einzelnen Kapiteln und Abschnitten eine knappe Gesamtdarstellung der „Zeit der Solidarność", vom Sieg der Streikenden auf der Lenin-Werft zur sprunghaften Entfaltung der oben skizzierten gesellschaftlichen Bewegung, und schließlich den ersten Versuchen, eine Untergrundgesellschaft unter der Fahne der „Solidarność" nach der Verhängung des Kriegsrechts zu organisieren. Die Gliederung folgt im großen und ganzen dem chronologischen Ablauf, behandelt aber gleichzeitig einige für die Arbeit von „Solidarność" wesentliche Fragestellungen in besonderen Abschnitten.

Gewicht haben wir auf eine ausführliche Dokumentation und Darstellung der programmatischen Ziele der „Solidarność" gelegt, die Vorstellungen zur Wirtschaftsreform und zur Arbeiterselbstverwaltung und den Gesamtentwurf einer „selbstverwalteten Republik" (vgl. insbesondere Kapitel III). — Wir haben gleichzeitig versucht herauszuarbeiten, wie sich dies in den Zusammenhang einer langen Diskussion und politischen Tradition gesellschaftlicher Selbstverteidigung und Selbstorganisation einordnet, die unter der militarisierten Parteidiktatur gegenwärtig neu aufgenommen und fortgeführt wird.

Die Vorstellungen der „Solidarność" sind im Westen mit einiger Skepsis und Reserve aufgenommen worden. Sicherheitsdenken und die Routine des Machbaren fühlten sich provoziert. Aber auch und gerade bei den fortschrittlichen, um politische und soziale Emanzipation kämpfenden Kräften stand „Solidarność" unter Verdacht. Allzuviele Argumente des hiesigen offiziellen Antikommunismus schienen da ihre Bestätigung zu finden. Allzu schillernd pluralistisch erschien diese Bewegung, mit einem „rechten Flügel" von unbekannter Größe. Und warum tauchte im Programm der „Solidarność" nicht ein einziges Mal das Wort „Sozialismus" auf?

Wir haben nicht versucht, diese Bewegung weniger widersprüchlich oder gar „progressiver" darzustellen, als sie war, um sie für den politischen Geschmack und Verstand eines bestimmten westlichen Publikums annehmbarer zu machen. Es stimmt: Da für die große Mehrheit der Polen „Sozialismus" gleichbedeutend mit Staatsmonopolismus ist, wird der Begriff kaum mehr als die positive Bestimmung eines gesellschaftlichen Zieles verwendet. An seine Stelle ist „Selbstverwaltung" getreten. Das ist sicherlich mehr als der bloße Wechsel eines Begriffs. Es sind darin Erfahrungen mit dem „real existierenden Sozialismus" ausgedrückt. Gerade wem daran liegt, Begriff und Vorstellung einer befreiten Gesellschaft ohne Ausbeutung und Unterdrückung weiterzuentwickeln, der muß sich doch offensichtlich *vor allem* mit den Diskussionen, den Entwürfen auseinandersetzen, die in den real existierenden gesellschaftlichen Bewegungen hervorgebracht worden sind.

Freilich setzt das die Bereitschaft und das Bemühen voraus, sich bei der Lektüre dieser Dokumente jeweils klarzumachen, warum und inwieweit der Standpunkt der Kritik in ihnen ein anderer sein muß als bei uns, eben weil die gesellschaftlichen Umstände und Erfahrungen andere sind. Zumal diese Dokumente ja nicht zur Selbstdarstellung der „Solidarność" für Außenstehende, sondern zur Verständigung innerhalb der Gewerkschaft und der polnischen Gesellschaft dienten. Die Einleitungen zu den Kapiteln versuchen jeweils, die Dokumente einzuordnen und die notwendigsten Informationen zu vermitteln, um den Zugang und das Verständnis zu erleichtern. Aber natürlich konnten die gesellschaftlichen Sachverhalte, auf die in den Texten Bezug genommen wird, nicht annähernd erschöpfend dargestellt werden. Insofern tut sich, über die neuen linken wie die alten deutschen Vorurteile hinaus (die z.B. in der Charakterisierung der „polnischen Wirtschaft" gelegentlich auch intime Verbindungen eingehen können), eine weite Skala möglicher Mißverständnisse auf. Wer sich hierzulande z.B. gegen einen Abbau des „Sozialstaats" wendet, wird möglicherweise eine Bewegung wie die „Solidarność" mißtrauisch betrachten, die sich gegen einen erdrückenden „Sozialstaat" wendet. Es ist eine schon häufiger gemachte Erfahrung, daß ein westdeutscher Gewerkschafter und ein Mitglied der „Solidarność" nicht so leicht eine gemeinsame Sprache finden. Gerade deshalb soll hier einleitend noch auf einige Fragen eingegangen werden, die für das Verständnis dieser Bewegung besonders viele Probleme machen.

„Sozialistische Errungenschaften"?

Bleiben wir zunächst beim Stichwort „Sozialstaat". Gewisse elementare, vom Staat garantierte Existenzsicherungen gelten bei uns mit Recht als Errungenschaft in einer Gesellschaft, in der permanente Unsicherheit der individuellen Existenz geradezu als Triebkraft ihrer Entwicklung gilt. Es erscheint als ein konsequenter Schritt in diese Richtung, daß in den Gesellschaften des realen Sozialismus unentgeltliche

Gesundheits- und Altersversorgung, billige Mieten und weit unter ihre Herstellungskosten gesenkte Preise für einen Korb elementarer Lebensmittel, verbunden mit dem verfassungsmäßigen Recht auf Arbeit, ein noch viel enger geknüpftes soziales Netz spannen. Das gilt als Haupterrungenschaft des Sozialismus überhaupt; und insofern werden auch allzu direkte Bruttolohnvergleiche zu Recht zurückgewiesen.

Das System einer allgemeinen, vom Staat gewährleisteten — wenn auch minimalen — Existenzsicherung wurde in einem Land eingeführt, in dem ein Fünftel der Bevölkerung umgekommen, das territorial um 250 km von Osten nach Westen verschoben worden war, und in dem bereits Krieg und Okkupation die alte Gesellschaft in ihrem Kern zertrümmert hatten. Die Zusammenfassung aller menschlichen und materiellen Ressourcen, die Zuteilung von Lebensmitteln und Wohnraum, der zentral geleitete und geplante Beginn der Industrialisierung — all dies muß auf dem Hintergrund eines vollständig zerstörten und desorganisierten Landes gesehen werden. Insofern hatte die Kommunistische Partei — ursprünglich eine winzige Sekte, die durch sowjetische Präsenz und politischen Terror an die Macht gekommen war — eine polnische nationale Aufgabe, wie es Adam Michnik später ausgedrückt hat.

So sehr die Sicherung der elementaren Lebensbedingungen das Bewußtsein der polnischen Arbeiter prägte, schon die Erhebung von 1956 war mit ihren Forderungen nach Minderung der industriellen Akkumulationslast, nach Umverlagerung von der Schwerindustrie auf die Konsumgüterindustrie, nach Dezentralisierung der Entscheidungsprozesse und nach Produzentendemokratie zumindest in Ansätzen gegen den gesamten industriellen Gewaltmarsch und das damit verbundene Befehls- und Zuweisungssystem gerichtet. Der polnische Ökonom und Reformer W. Brus hat später in einer Rückschau die These bestritten, daß der gesamte in Polen beschrittene Weg einer historischen Notwendigkeit je entsprochen hätte und daß er zumindest in den ersten Jahren positiv zu bilanzieren wäre. Wie man auch die erste Phase der Entwicklung nach dem Kriege einschätzt, die Erfahrungen von 14 Jahren angeblich eigenständigem polnischen Sozialismus unter Gomulka *nach* 1956 lehrten die polnischen Arbeiter, daß bloßes Reagieren — und sei es in noch so militanten Formen — die Lage nicht bessert. Die Forderungen nach Rücknahme von Preiserhöhungen waren noch ein solches Reagieren gewesen. Dadurch, daß im August 1980 höhere Löhne an der Spitze der ökonomischen Forderungen standen, brachen die Arbeiter aus dem vorgezeichneten Rahmen aus.

Die politischen wie die ökonomischen Forderungen waren jetzt offensiv. Politisch wurde die Konsequenz daraus gezogen, daß die Rätebewegung der 50er wie der 70er Jahre von der Staatsmacht neutralisiert bzw. zerschlagen worden war, daß ferner jeder Demokratisierungsversuch im Rahmen der Partei gescheitert war. Ökonomisch ging der Angriff, indem er sich gegen die Politik der niedrigen Löhne wandte, gegen das gesamte System subventionierter Preise, Mieten und Sozialversicherungen. Unabhängige Gewerkschaften waren die unabdingbare Voraussetzung für den politischen wie den ökonomischen Kampf.

Über das Subventionssystem hat Robert Havemann einmal ein drastisches Urteil gefällt: „Man kann sich den wahren Charakter des Niedrigpreissystems leicht klarmachen, wenn man sich einen Extremfall vorstellt: Existenzminimum wird umsonst geliefert bei Grundlöhnen gleich Null. Ökonomisch ist dies das System der Sklaverei."[2] Wohlgemerkt ist dies ein historischer Vergleich, keine Gleichsetzung. Er hebt darauf ab, daß auch hier ein wesentlicher Teil der Subsistenzmittel den Beschäftigten nicht in Lohnform ausgehändigt, sondern ihnen (hier von Staats wegen) rationiert zugeteilt wird. Das bedeutet aber die zwangsweise Vergesellschaftung bzw. Verstaatlichung nicht nur des Arbeits-, sondern auch des Lebensprozesses der Individuen. Unter diesen Umständen muß das verfassungsmäßige Recht auf Arbeit seine Gegenseite, die staatliche Arbeitspflicht, hervorkehren, erst recht wo der Staat der monopolistische Arbeitgeber ist, der unmittelbar über alle außerökonomischen Zwangsmittel verfügt. Diesem Staatsmonopol stehen die Arbeiter, stehen alle Beschäftigten und alle Bürger vereinzelt gegenüber, mehr noch: sie werden mittels vom Staat dirigierter „Massenorganisationen" zusätzlich atomisiert, desorganisiert und überwacht. Sie besitzen eben nicht einmal den Rückhalt einer gewerkschaftlichen Organisation mit Streik- und Tarifrecht. Ihre Löhne wie ihr Konsum überhaupt sind Teil einer zentralen staatlichen Wirtschaftsplanung mit Gesetzeskraft.

Schon die 21 Forderungen von Danzig stellten diesen ganzen Zusammenhang staatlicher Zwangsvergesellschaftung in Frage. „Solidarność" konnte gar nicht anders. Sie mußte dafür kämpfen, die Arbeit aus den Fesseln des Staatsmonopols zu befreien. Aber auch das Regime „konnte nicht anders". Rakowskis Wochen vor der Verhängung des Kriegsrechts gesprochener Satz: „Wer über die Lebensmittel verfügt, hat die Macht" (es ging um die Forderung von „Solidarność", die Lebensmittelzuteilungen kontrollieren zu können), trifft sicher in jeder Herrschaftsgesellschaft zu. Aber hier hatte er einen unmittelbaren, ganz konkreten Sinn. Die „Nomenklatura", d.h. der innere Kreis der von der Partei gestellten gesellschaftlichen Amtsträger, kann ihr ökonomisches Monopol nur in Form des einheitlichen Staatsmonopols behaupten. Produktions- und Herrschaftsverhältnisse fallen unmittelbar zusammen. Freie Gewerkschaften, tariflich ausgehandelte Löhne, die den *ganzen* Preis der Arbeitskraft decken (bevor sie dann wieder als Sozialversicherungsabgaben, Steuern, Mieten etc. weggezahlt werden), ja jede Form vom Staat unkontrollierter gesellschaftlicher Beziehungen und Organisationen, die in den bürgerlichen Gesellschaften des Westens möglich sind — hier erscheinen sie als mit dem Staatsmonopol unvereinbar.

Wirtschaftliche Krisen — und auch das haben die Streiks der 70er Jahre und des August 1980 gezeigt — können recht unvermittelt zu gesellschaftlichen und politischen Krisen werden. Jeder einzelne Streik ist hier unmittelbar eine Meuterei gegenüber dem Staatsmonopol als ganzem, und wird auch so behandelt. Daraus resultiert das eigentümliche Verhältnis von politischer Repressivität und sozialer Labilität in Gesellschaften des „realen Sozialismus". Die Anwendung unmittelbaren Militärzwangs zur „Normalisierung" des sozialen Lebens durch den General Jaruzelski hat gerade dies noch einmal deutlich gemacht.

Der 13. Dezember 1981 hat erwiesen, daß ein Vertrag zwischen den gesellschaftlichen Kräften und der Nomenklatura so lange zum Scheitern verurteilt ist, wie sich die Form der Herrschaftsausübung mit der „führenden Rolle der Partei" als Kernstück nicht umgestalten läßt.

„Solidarność" — eine katholische Bewegung?

Möglicherweise wird man unsere Zusammenstellung von Dokumenten der „Solidarność" den Vorwurf machen, sie stelle diese Bewegung allzu harmlos als bloße soziale Bewegung für Selbstverwaltung dar und zeige nicht richtig ihre Schattenseiten, wie polnischen Chauvinismus und katholisch gefärbten Geschichtsmystizismus, reaktionäre Familienmoral etc.

Man könnte prinzipiell anworten: Wer kann sich eine gesellschaftliche Bewegung von solchem Umfang vorstellen, die nicht auch eine entsprechende Masse an Unbewußtheit und Unaufgeklärtheit mitschleppte. Aber auch konkret genommen trifft der Vorwurf nicht.

Man muß sich klarmachen: wo „Sozialismus" nichts anderes ist als das erstarrte Produktions- und Herrschaftsverhältnis des Staatsmonopols, das zur Fessel der gesellschaftlichen Weiterentwicklung geworden ist, da muß auch die „Reaktion" die Farbe wechseln, das heißt, etwas anderes muß hier für „reaktionär" gelten als in den bürgerlichen Gesellschaften. Reaktionär, d.h. jedem wie immer definierten Fortschritt im Wege ist in Polen, **wer die** unverhohlene weitere Knechtung der Gesellschaft durch den **Staat verficht**. Das Problem dieser Leute ist gerade, daß es keinen progressiven Titel mehr gibt, den sie zu verteidigen, auf den sie ihre angemaßte „führende Rolle" zurückführen könnten — anders als zum Beispiel in den ersten zehn oder zwanzig Jahren der Nachkriegszeit, als sie, oft sogar mit rigoroserem Terror als heute, immerhin noch ein bestimmtes Modell industrieller Entwicklung vertraten. Jetzt sind sie nur noch Konservative, im schlechtesten Sinne. Und es macht inzwischen nicht einmal große Mühe, das zu erkennen: denn in viel höherem Maße, als das innerhalb der gesellschaftlichen Massenbewegung um die „Solidarność" zu finden war, sind Chauvinismus, Obskurantismus, Antisemitismus, alle diese klassischen Waffen der Reaktion, heute Waffen des Regimes[3].

Aber wie vereinbart sich das katholisch-patriotische Gepräge, das die „Solidarność" seit den ersten Stunden ihrer Entstehung auf der Lenin-Werft trug, mit ihren sozialen und politischen Zielen, wie wir sie hier in Dokumenten vorstellen?

Katholizismus und Patriotismus gehen in Polen ohne Zweifel eng zusammen, aber sie sind nicht identisch zu setzen. Die Kirche war in den langen Zeiten der Vernichtung des polnischen Staates, erneut dann in der Zeit der Nazi-Okkupation, die unzerstörbare Institution des nationalen Selbsterhalts. Aber sie spielte diese Rolle vor allem auch durch ihre soziale Tätigkeit, von der Fürsorge für die Verfolgten (und so sind heute wieder die gewerkschaftlichen Solidarkassen der „Solidarność" im Untergrund in vielfältiger Weise mit der kirchlichen Sozialfürsorge verknüpft!), bis hin zur Verteidigung von Sprache und Kultur (für solchen illegal erteilten Unterricht für die Kinder sind Hunderte von Priestern durch die Faschisten hingerichtet worden!). Im übrigen wurden die in der Zwischenkriegszeit wiederhergestellten Verbindungen der Kirche zu Feudalbesitz und in- und ausländischem Kapital gerade auch von den Nazis gekappt. Adam Michnik hat in einer eingehenden Untersuchung denn auch nachzuweisen versucht, daß in dieser Zeit ihrer schlimmsten Verfolgung der Moralkodex und die Lehre der polnischen Kirche einen antitotalitären Inhalt angenommen habe; den sie bewahrt und mit neuen Inhalten angereichert habe.

Jedenfalls ist die polnische Kirche nicht mehr nur Kirche der nationalen Volksfrömmigkeit, sondern auch Freiheitskirche, insofern sie sich auf die Seite aller, d.h. auch der ungläubigen Verfolgten schlägt. Weil sie keine Privilegien zu verteidigen hat wie die „reichen" Kirchen des Westens, kann sie sich in ihrer Soziallehre „öffnen", auf die Bedürfnisse und Forderungen der Arbeiter eingehen. Freilich steht hier die Kirche in einem inneren Zwiespalt. Bedeutende Teile des Episkopats sehen die Möglichkeit einer Verständigung mit der Staatsmacht, wenn die Existenzberechtigung katholischer religiöser und gesellschaftlicher Aktivität anerkannt wird. Aber selbst wenn die Kirche ein für sie günstiges Arrangement mit der Macht anstreben würde, so bliebe doch entscheidend, daß sie durch ihre bloße Existenz vorläufig die einzige unabhängige Institution gegenüber Staat und Partei im gesamtpolnischen Rahmen bleibt, damit einen Gegenpol bildet, ein Spannungsverhältnis erzeugt, unabhängiges Denken erleichtert und damit der „Gleichschaltung" des gesellschaftlichen Lebens durch die Nomenklatura entgegenwirkt. Dies unterschied Polen seit 1956 von allen anderen Ländern des sowjetisch beherrschten Blocks.

Ohnehin nimmt eine Betrachtung, die nur auf das katholische Element in der Bewegung starrt – dies auch noch eingeschränkt auf die konservative Seite in Dogmatik und Organisation —, wesentliche *andere* Elemente nicht wahr. Ebenso unausrottbar wie der Katholizismus haben sich in der polnischen Nachkriegsgeschichte die Kräfte des weltlichen nonkonformistischen Denkens erwiesen, die in den nationalen Traditionen von Aufklärung, Toleranz, demokratischem und sozialem Engagement verwurzelt sind. Für das Geschichtsverständnis der Aktivisten von „Solidarność" spielt es eine große Rolle, daß der alten Adelsrepublik konfessionelle Kriege erspart blieben, daß in Polen die erste bürgerlich-demokratische Verfassung Europas proklamiert wurde, daß im 19. Jahrhundert polnische Freiwillige überall zu finden waren, wo für die Völkerfreiheit gekämpft wurde. Die modernen, von der Arbeiterbewegung inspirierten Gesellschaftswissenschaften fanden ebenso wie der Positivismus in Polen Vertreter, die die europäische intellektuelle Bewegung beeinflußt haben. In der Zeit der Staatslosigkeit empfanden Wissenschaftler und Künstler die Hinwendung zum polnischen Volk und seinen Bedürfnissen als selbstverständliche patriotische Aufgabe. Aus dieser Haltung heraus engagierten sich die demokratisch-weltlichen Kräfte in den Schulen und Universitäten des Untergrundstaates während der Nazi-Okkupation, führten sie nach 1956 ihren vergeblichen Kampf für eine sozialistische Demokratie, engagierten sich schließlich nach 1976 für die Arbeiter von Ursus und Radom, für die Kurse der „fliegenden Universität", und — nach der Gründung von „Solidarność" — als Berater oder Funktionäre der unabhängigen Gewerkschaft. Letztlich geht die auf dem ersten Kongreß von „Solidarność" beschlossene Forderung nach einer selbstverwalteten Republik auf gemeinsame Vorarbeit einer sozial verpflichteten katholischen Intelligenz und linker, laizistischer Kräfte, wie Adam Michnik und Jacek Kuroń, zurück.

Wenn von der „westlichen" Haltung vieler Mitglieder von „Solidarność" gesprochen wird, so kann man nicht nur das katholische „Polonia semper fidelis" in Betracht ziehen, sondern ebenso das Bekenntnis zu den demokratischen und progressiven Traditionen im westlichen Europa, ein Bekenntnis, das gerade im Widerstand gegen die Herrschaft der bürokratisch-feudalen „östlichen" Teilungsmächte (Rußland, Preußen, Österreich) hochgehalten wurde.

Die vollständige Geschichtsrevision, die nach 1945 dem polnischen Volk aufgezwungen werden sollte, mußte daher eine schroffe Gegenreaktion auslösen. Denn statt dem von Marx und Engels beschworenen Bündnis von europäischer Arbeiterbewegung, deutscher Demokratie und polnischem Unabhängigkeitskampf *gegen* das russische Zarentum — „die große Hauptfestung, Reservestellung und Reservearmee zugleich der europäischen Reaktion" —, sollte nun Rußland als der große Beschützer der slawischen Nationen die Geschichtsbetrachtung bestimmen. Diese Umpolung ist mißlungen. Die polnische Gesellschaft hat in Literatur, Kunst und Wissenschaft die revolutionärdemokratische, weltoffene und gegen den Despotismus gerichtete Grundlinie der Tradition verteidigt.

Also doch: eine polnische Nationalbewegung?

Heißt das aber, daß „Solidarność" von einem zeitlosen „antirussischen" Ressentiment angetrieben wurde? Vertreter rechter Positionen, die Polen nur als Schlagstock gegen „die Russen" instrumentalisieren wollen, und Linke, für die die Verteidigung der Sowjetunion das Credo bleibt, stimmen in dieser Einschätzung überein. Die Texte, die wir hier vorstellen, zeigen die „Solidarność" vor allem als eine Bewegung für demokratische und soziale Selbstbestimmung im eigenen Land, gegenüber dem eigenen Staats- und Parteiapparat. Nur mußte diese Bewegung sich mit jedem Schritt eben an den Realitäten der „geopolitischen Lage" stoßen, d.h. der Tatsache, daß Polen für die Sowjetunion Teil ihres unmittelbaren strategischen Glacis ist, wirtschaftlich, politisch, militärisch. Die Frage des demokratischen Selbstbestimmungsrechts war immer sofort auch eine Frage an die Hegemonialmacht. Und die Antwort konnte sich jeder ausrechnen. In diesem Sinne mußte die demokratische Opposition zwangsläufig die Frage des Selbstbestimmungsrechts der polnischen Nation gegenüber der Sowjetunion als primäre, allen andern vorgelagerte Frage der politischen Verfassung aufwerfen: „Der polnische Staat ist nicht souverän, und das ist der Meinung unseres Volkes nach das Grundübel unseres politischen Lebens."[4]

Die Schlußfolgerung war aber keineswegs, sich nun etwa primär als eine nationale Unabhängigkeitsbewegung zu konstituieren (wie es freilich einige vorschlugen). Sondern die „dialektische" Wendung war die, durch die stückweise Erkämpfung demokratischer Souveränität im Innern, gegenüber dem eigenen Staat, auch eine schrittweise Erweiterung der Souveränität nach außen durchzusetzen. Und dieser strategischen Hauptlinie folgen nach wie vor auch die Führer der in den Untergrund gedrängten „Solidarność" (vgl. Kapitel V).

Es ist unbestritten, daß angesichts der historischen Erfahrung viele Polen „antirussisch" gesinnt sind. Aber die Haltung von „Solidarność" zur Frage der nationalen Selbstbestimmung ist nicht der Reflex auf Vorurteile unter den Volksmassen. Es war die sowjetische Invasion in der CSSR, die 1968 die Grenzen der systemimmanenten „bündnistreuen" Erneuerungsbewegung deutlich machte, den Zusammenhang von Reform und nationaler Selbstbestimmung auf die Tagesordnung setzte. Als Mitte der 70er Jahre sich in Polen die nächste, noch tiefere Krise abzeichnete, war es die polnische Partei selbst, die 1975/76 durch die Vorlage eines neuen Verfassungsentwurfs sowie eines Arbeitsgesetzbuches das Problem in aller Schärfe aufwarf. Im Verfassungsentwurf versuchte sie nicht nur, sich auf alle Ewigkeit die „führende Rolle" in Staat und Gesellschaft überschreiben zu lassen. Sondern sie proklamierte darin als einen zweiten Ewigkeitswert „das unverbrüchliche Bündnis und die enge Zusammenarbeit mit der Sowjetunion". Dies war die *Kehrseite* von Giereks verstärkter Westorientierung der Wirtschaft, von seiner Innenpolitik eines scheinbar liberalen laisser faire und einer Entideologisierung des sozialen Lebens. In Wirklichkeit begannen der Partei schon die Zügel zu entgleiten (vgl. Kapitel VI), und eben deshalb versuchte sie, mit der Blockeinbindung zugleich auch die staatlichen Zwangsinstrumente zu verstärken. So wurden in der Verfassung den Bürgerrechten die „Bürgerpflichten" gegenübergestellt. Was darunter zu verstehen sei, war u.a. im Entwurf eines neuen Arbeitsgesetzbuches festgehalten: eine staatliche Arbeitspflicht, der gegenüber nicht nur Streiks, sondern auch „streikähnliche Aktionen", also alle Formen kollektiver Interessenvertretung, mit fristloser Entlassung und der Strafjustiz zu ahnden waren. Gegen die beiden Gesetzesvorlagen entwickelte sich ein breiter politischer Protest. Mehrere zehntausend Personen unterschrieben 1975/76 mit Namen und Adresse Protestpetitionen, in denen nicht nur die Rücknahme der reaktionären Gesetzeswerke, sondern positiv Demokratie und — nationale Selbstbestimmung gefordert wurden. Der Konflikt war exemplarisch, machte doch gerade die Verknüpfung der drei hauptsächlich kontroversen Punkte (staatlicher Arbeitszwang ohne Streik- und Koalitionsrecht, „führende Rolle" der Partei und „unverbrüchliche Freundschaft und Zusammenarbeit mit der Sowjetunion") deutlich, wie sehr die Einbindung in den sowjetischen Machtblock das Gesellschaftssystem in Polen determiniert und jeder Reform engste Grenzen setzt.

Dieses Bewußtsein war schon 1956 eine Triebkraft der Erneuerungsbewegung gewesen. Aber der historische Vergleich weist auch auf die Unterschiede hin. 1956 standen die *Formen* der Anbindung an die Sowjetunion zur Diskussion, nicht aber deren Rolle als Garantie- und Schutzmacht Polens. Diese Rolle hatte sich aus einer historischen Situation ergeben, in der ein neuer polnischer Staat mit weit nach Westen verschobenen Grenzen begründet wurde, ein Staat, der nach den Vorstellungen der Sowjetunion zum Eckpfeiler einer von ihr kontrollierten Sicherheitszone osteuropäischer Staaten, eines „cordon sanitaire", werden sollte. Angesichts der Ost-West-Konfrontation stand damit Polens Platz fest. Die neugegründete westdeutsche Bundesrepublik wurde zum Hauptstützpunkt der USA in Europa, zum entscheidenden Bollwerk ihrer Politik der „Eindämmung" bzw. „Zurückdrängung" (roll back) des Kommunismus. Die Furcht vor einem möglichen deutschen Revanchismus — und alle Parteien, einschließlich der SPD, bekräftigten ja in heftigster Weise ihre Ansprüche auf die Gebiete östlich der Oder-Neiße-Grenze — zwang die Polen mit eiserner Macht unter die Fittiche der Sowjetunion. Nach allen Katastrophen der polnischen Geschichte war es ein übermächtiges nationales Überlebensinteresse, diesen Staat in seinen neuen Grenzen zu behaupten. In Polen konnte daher im Oktober 1956 kein Gedanke daran aufkommen, sich — wie zur selben Zeit die aufständischen Ungarn — für neutral zu erklären und aus dem Bündnis auszuscheiden. Ungarn schloß an Österreich an, das 1955 durch Staatsvertrag von allen Besatzungstruppen geräumt und zum neutralen Staat wurde. Polen dagegen schloß an die beiden deutschen Staaten an, in denen sich die Weltmächte mit massiven Truppenaufgeboten gegenüberstanden. Das eben ist die „geopolitische Situation" Polens bis heute — die auf die unsere hinweist! Die Aufrüstungskampagne der Sowjetunion in den 60er und 70er Jahren hat Polen enorme Rüstungslasten aufgebürdet und das Land zur logistischen Drehscheibe des Warschauer Paktes in Zentraleuropa ausgebaut.

Die Wirtschaftseinbindung ist enger und drückender geworden und bildet mit der Westverschuldung Polens in den 70er Jahren einen intimen Zusammenhang (vgl. Kapitel III). Aber wichtig ist auch die andere Seite: daß sich mit dem Übergang zur „neuen Ostpolitik" der westdeutschen Bundesregierung das sorgsam gepflegte Propagandabild vom deutschen Erbfeind mit seinem nie zur Ruhe kommenden „Drang nach Osten" abzuschwächen begann. Der Dezember 1970 enthüllte durch den Zusammenfall zweier Ereignisse eine schon weithin geänderte Situation: Es hinterließ in der polnischen Gesellschaft wohl einen großen Eindruck, als der westdeutsche Bundeskanzler Brandt in einer demonstrativen Geste historischer Schuldanerkenntnis vor dem Ehrenmal für die Opfer des Ghettoaufstands in Warschau niederkniete, unmittelbar vor der Unterzeichnung eines Gewaltverzichtsabkommens, das in der internationalen Öffentlichkeit (unbeschadet des Friedensvertrags-Vorbehalts) als de-facto-Anerkennung der polnischen Westgrenze aufgefaßt wurde. Wenige Tage später kam es in den Küstenstädten zu den Streiks und Demonstrationen der Arbeiter. Natürlich besteht keinerlei direkter Zusammenhang — wohl aber ein starker indirekter. Das schwindende Gefühl äußerer Bedrohung setzte erst die lange zurückgestauten sozialen Energien und inneren Konflikte frei.

Es ist gut, sich diesen engen Zusammenhang der Entwicklung vor Augen zu halten. Er besteht im übrigen auch andersherum. Die Chancen, aus der BRD wieder den „CDU-Staat" der 50er und frühen 60er Jahre zu machen, wären viel besser, gäbe es in Osteuropa nicht solche Emanzipationsbewegungen wie „Solidarność". Daran ändern die durchsichtigen Sympathieerklärungen nichts, die die unabhängige polnische Gewerkschaft von Leuten erhalten hat, die bei der Lektüre des Programms — einschließlich der klassisch „bürgerlichen" Forderungen, die darin zu finden sind — erbleichen müßten.

Nach wie vor ist es schwierig, die Bedeutung der polnischen Ereignisse für den ganzen sowjetischen Machtbereich abzuschätzen. Fest steht zumindest, daß es in den anderen Ländern ähnliche Krisensymptome in Ideologie, Politik und Ökonomie wie in Polen gibt, wenngleich nicht in der Intensität, wie sie dort wirksam wurden. Durch den Bankrott der kommunistischen Ideologie und den Ruin der Wirtschaft nehmen Partei und Regierungsapparat in ihrer Bedeutung ab und steigt gleichzeitig der Einfluß der Armee; z.T. ist sie schon einflußreicher als der technokratische Apparat oder die Polizei. Innerhalb der Parteien kämpfen die Generäle um mehr Einfluß. In extremen Krisensituationen wird sich die Nomenklatura des jeweiligen Landes stärker als bisher auf die Armee als systemerhaltende und systemstabilisierende Kraft stützen.

Damit wird aber noch deutlicher als bisher, daß die einzelnen Regime von sich aus nicht zu tiefgreifenden Reformen bereit und in der Lage sind; und es stellt sich die Frage, ob „Solidarność", ihre Programmatik und Praxis, auch für die anderen Länder unter sowjetischer Hegemonie Relevanz hat. Zumindest ging sie in ihrem emanzipatorischen Anspruch für die Volksmassen weit über das hinaus, was es bisher in Osteuropa gegeben hatte. Ein Vergleich mit dem Prager Frühling beweist dies. Während sich „Solidarność" vollkommen jenseits von Partei und Staat entwickelte, kamen in der Tschechoslowakei 1968 die Bestrebungen für demokratische Reformen und Lockerung der Abhängigkeit von der sowjetischen Zentrale in erster Linie von Kräften in der Partei – der liberalen und später siegreichen Fraktion Dubceks – und fanden nach und nach die Unterstützung der ganzen Gesellschaft. Die Führung um Dubcek fühlte sich im Prager Frühling jederzeit Herr der Lage, bis Moskau ihr das Heft aus der Hand nahm.

Daß die Idee freier, unabhängiger und selbstverwalteter Gewerkschaften in ganz Osteuropa Sprengkraft hat, beweisen allein die hektischen Reaktionen vor allem in der Sowjetunion, der Tschechoslowakei, Bulgarien und der DDR, als der erste nationale Delegiertenkongreß von „Solidarność" die berühmte „Grußbotschaft an die Arbeiter Osteuropas" veröffentlicht hatte. Ihr Wortlaut wurde in diesen Ländern nie veröffentlicht, statt dessen füllten sich die Spalten der jeweiligen Zentralorgane mit getürkten „Protestresolutionen" gegen diese polnische „Einmischung in innere Angelegenheiten". Aber dort fehlen eben viele Voraussetzungen, wie sie in Polen gegeben waren, um freie Gewerkschaften oder ähnliche Initiativen massenwirksam werden zu lassen. Zumindest kann nach den polnischen Erfahrungen gesagt werden, daß ein erneutes wie auch immer geartetes Experiment „Solidarität" in Polen oder anderswo nur dann Erfolg verspricht, wenn Moskaus Einflußmöglichkeiten auf seine Satelliten geringer werden, die östliche Supermacht selbst in eine tiefe Krise gerät und Emanzipationsbestrebungen in mehreren Ländern zusammenwirken.

... und für uns

„Solidarność" ist aber auch eine Herausforderung für alle im Westen, die jenseits von Kapitalismus und realem Sozialismus nach einer gesellschaftlichen Alternative suchen. Die programmatische Forderung nach der selbstverwalteten Republik gibt Überzeugungen und Gefühlen Ausdruck, die in Ost- wie in Westeuropa wachsen. Gemeinsam ist die Forderung nach Selbstbestimmung und Selbstverwaltung, die Ablehnung der zerstörerischen und irrationalen Macht, sei es der Staatsbürokratie, sei es der Vertreter der großen Kapitale, und der ihnen hörigen Politiker. Dies haben erst jüngst J. Milewski, Leiter der Auslandskoordination von „Solidarność", und M. Bustos, der exilierte Chef des chilenischen illegalen Gewerkschaftsverbandes, zum Ausdruck gebracht[5].

Die gleichen gemeinsamen Motive wirken auch im Verhältnis von „Solidarność" und der Friedensbewegung im Westen. Wenngleich man sich oft genug noch als Handlanger der jeweils anderen Supermacht verdächtigt, erkennt man doch – hat erst einmal ein ernsthaftes Gespräch begonnen – gegenseitig an, daß beide Bewegungen die ihnen entrissene Möglichkeit, in den entscheidenden Lebensfragen selbst zu urteilen, wiedergewinnen wollen, daß sie in ihrem Kerngehalt beide demokratische Massenbewegungen sind. Für die Friedensbewegung in der BRD ist zudem der von Gewaltanwendung absehende soziale Widerstand von Interesse, der in Polen seit dem 13. Dezember 1981 praktiziert wird, der zivile Ungehorsam in seinen mannigfachen Formen, der von der grundlegenden Übereinstimmung unter den Menschen ebenso lebt wie von der strikten Weigerung, mit dem Macht- und Regierungsapparat zusammenzuarbeiten.

Zusammen mit der Friedensbewegung in der DDR hat „Solidarność" bewiesen – wenngleich dies nicht zu den Schwerpunkten ihrer Tätigkeit gehörte –, daß Friedenspolitik über Blockgrenzen hinweg nicht nur zwischen Regierungen möglich ist, sondern gerade und in erster Linie das Zusammenwirken der Friedenskräfte in den Völkern fordert. Teile der westlichen Friedensbewegung haben erkannt, daß Zusammenarbeit mit emanzipatorischen Bestrebungen im Osten zwingend notwendig ist. Das, was programmatisch und politisch von „Solidarność" weiterwirkt, steht quer zu der Logik von Jalta, zur Logik der Machtblöcke in Europa.

Indes ist eine objektive Übereinstimmung in der Motivation, in den Zielen und Organisationsformen leider nicht identisch damit, daß diese Gemeinsamkeiten erkannt und entsprechend behandelt werden.

Gerade in der Bundesrepublik ist der Kreis derjenigen, die sich mit „Solidarność" und der polnischen Volksbewegung beschäftigen, von ihr lernen und mit ihr sympathisieren, recht klein. Daß gerade unter den aktiven Gewerkschaftern die Unterstützung für „Solidarność" im Untergrund weit hinter dem Erforderlichen zurückbleibt, hat — wir haben es gesehen — seine Ursache in der Unterstellung, die polnische Bewegung sei maximalistisch, unfähig zum Kompromiß und gefährde den Frieden. Von den Linken wird hinzugefügt: sie sei klerikal, nationalistisch und verherrliche die USA. Unter der Last dieser Vorurteile kommt es erst gar nicht zur Beschäftigung mit dem, was „Solidarność" tatsächlich gesagt und getan hat.

Dieses Buch will „Solidarność" selbst zu Wort kommen lassen und so dazu beitragen, daß diese Bewegung bei uns mehr Interessenten und Freunde gewinnt, daß Vorurteile korrigiert, Einschätzungen und Analysen überdacht und neue Diskussionen angeregt werden. Die Herausgeber fühlen sich Ideen verpflichtet, die einem Zusammengehen der Friedensbewegung und der emanzipatorischen Kräfte diesseits und jenseits der Blockgrenze große Bedeutung für den historischen Fortschritt in Europa beimessen. Sie setzen ihre Hoffnungen auf solidarisches Zusammenwirken zwischen Ost und West und auf einen fruchtbaren und gewissenhaften Dialog und Gedankenaustausch zwischen all denen, die für Demokratie, soziale Emanzipation und nationale Unabhängigkeit eintreten.

Anmerkungen

1 Zdenek Mlynár, Eine neue Phase der politischen Krisenentwicklung in den Gesellschaften sowjetischen Typs, in: Reinhard Fenchel und Anna-Jutta Pietsch (Hrg.), Polen 1980-82 — Gesellschaft gegen den Staat, Hannover 1982, S. 135/136.
2 Robert Havemann, Die DDR in den zwanzig Jahren nach Stalins Sturz, in: R. Crusius und M. Wilke (Hrg.), Entstalinisierung. Der XX. Parteitag der KPdSU und seine Folgen, Frankfurt 1977, S. 75.
3 Eine der Säulen des Regimes ist z.B. die „Patriotische Vereinigung Grunwald" mit offiziell 100 000 Mitgliedern. Der Name bezieht sich auf die Schlacht von Grunwald (Tannenberg) 1411, worin die Deutschordensritter von einem vereinigten polnisch/litauischen Heer vernichtend geschlagen wurden.
4 Jacek Kuroń, Gedanken zu einem Aktionsprogramm, in: Armin Th. Dross (Hrg.), Polen. Freie Gewerkschaften im Kommunismus?, Hamburg 1980, S. 183.
5 Text eines gemeinsamen Kommuniqués in: Informationsbulletin „Solidarität mit Solidarność", Nr. 6/7, Mai 1983, hrsg. vom „Komitee Solidarität mit Solidarność e.V.", Frankfurt/M.

KAPITEL I

Eine Bewegung zur gesellschaftlichen Selbstverteidigung – Die Vorgeschichte der „Solidarność"

Als im August 1980 für die ganze Welt so überraschend und scheinbar voraussetzungslos die „Solidarność" als unabhängige selbstverwaltete Gewerkschaft die Bühne betrat, war dem tatsächlich ein langer Prozeß unabhängiger politischer Diskussion und gesellschaftlicher Organisation vorausgegangen. Es gehört zur charakteristischen Bewegungsform der Widersprüche in der Gesellschaft des „realen Sozialismus", daß solche Prozesse über lange Zeiträume untergründig verlaufen, bevor sie plötzlich und in Form eines sozialen Ausbruchs zutage treten.

Inzwischen ist wohl unbestritten, daß für die Entstehung der Massenbewegung im Sommer 1980 das im September 1976 in Warschau gegründete Komitee zur Verteidigung der Arbeiter (KOR) eine ausschlaggebende Rolle gespielt hat. Aber wie kann ein Grüppchen von anfangs 14 und am Ende gerade 30 Leuten, meist aus hauptstädtischen Intellektuellen bestehend, eine Bewegung gesellschaftlicher Selbstorganisation ins Leben rufen, die Ende 1980 direkt oder indirekt den größten Teil der ganzen polnischen Gesellschaft erfaßt hatte? Adam Zagajewski, ein Lyriker und Essayist, der dem KOR nahestand, ihm aber nicht angehörte, erklärte das so: „Dieser Zusammenhang ist ... keine Kette von Ursache und Folge. Eher erklärt eine Metapher aus der Chemie die Natur dieses Phänomens: Wenn sich in einer gesättigten Lösung nur ein einziges Kristall findet, führt dies zu einem schnellen Kristallisationsprozeß. KOR war eben so ein einzelnes Kristall ..."[1]

Die „gesättigte Lösung", das war die polnische Gesellschaft im Jahr 1976. Die Arbeiterunruhen in Radom und in Ursus bei Warschau waren mit äußerster Brutalität niedergeschlagen worden. Sie hatten zwar zum zweiten Mal erreicht, daß die vorgesehenen Preiserhöhungen für Lebensmittel wieder zurückgenommen werden mußten. Andererseits gab es Berichte über brutale Ausschreitungen der Sicherheitsorgane, über Folterungen, Terrorurteile in Sonderjustiz, Massenentlassungen. Warschauer Intellektuelle organisierten eine spontane Hilfsaktion für die Familien der verhafteten und entlassenen Arbeiter, man begann die Berichte zu sammeln. Am 23. September dann gründeten 14 Personen in einer Privatwohnung das „Komitee zur Verteidigung der Arbeiter" und erklärten öffentlich ihre Absicht, als Untersuchungsausschuß

Material über die Repressalien der Polizei und Justiz zu sammeln und zu veröffentlichen, Revisionen gegen die ergangenen Urteile zu erwirken, Geldspenden für die Verfolgten und ihre Familien zu sammeln, und in jeder anderen Weise gesellschaftliche Selbsthilfe zu organisieren. Das war das „Kristall". Bald sammelten sich auch in anderen Orten Unterstützer. Ihre Aktivitäten wurden wie von selbst zum Ausgangspunkt politischer Diskussionszirkel, eines unabhängigen Publikationswesens außerhalb der Zensur — kurz einer Vielzahl von Formen gesellschaftlicher Selbstorganisation.

Wie aber hat sich das „Kristall", das KOR selbst, gebildet? Seine Gründungsmitglieder waren 14 prominente Intellektuelle sehr verschiedener Provenienz, zu denen bald noch eine Handvoll weniger prominenter, dafür aber politisch tatkräftiger Leute aus der Studentenbewegung von 1968 kam. Wenn dieser ganze Kreis so etwas wie ein politisches und weltanschauliches Zentrum hatte, dann standen dafür wohl vor allem Edward Lipiński, ein Aktivist der Polnischen Sozialistischen Partei (PPS) seit der Revolution von 1905, und auch in der Volksrepublik Polen als einer der bedeutendsten Ökonomen anerkannt; und Jacek Kuroń, nach seinem berühmten „Offenen Brief an das ZK der PVAP" (zusammen mit Karol Modzelewski)[2] 1964 aus der Partei ausgeschlossen und inhaftiert; 1968 einer der Köpfe der revoltierenden Studenten, was ihm erneut eine mehrjährige Haftstrafe einbrachte; in den siebziger Jahren Kritiker des Marxismus, aber von einer unverändert sozialistischen Position aus. Ein abtrünnig gewordener Kommunist war auch Jerzy Andrzejewski, in der Nachkriegszeit gefeierter Parteischriftsteller („Asche und Diamant"), später dieser Partei immer mehr entfremdet. Zu diesen und anderen alten Sozialisten und Kommunisten kamen aber Leute aus ganz anderen weltanschaulichen Traditionen hinzu. Jan Józef Lipski etwa war Kämpfer der „Armee im Lande" (AK) gewesen, Pädagoge, in den fünfziger Jahren dann Organisator des „Klubs des krummen Kreises" in Warschau, der ein Ort nichtkonformistischen Denkens und literarischer Darbietungen war. Andere, jüngere, wie Miroslaw Chojecki, Antoni Macierewicz, Wojciech Onyszkiewicz oder Bogdan Borusewicz, kamen aus der Pfadfinderschaft und waren ebenfalls Teilnehmer der 68er Studentenbewegung gewesen. Dem Katholizismus standen mehrere Teilnehmer nahe; für die Kirche selbst (allerdings keineswegs für die Institution) stand der bekannte Prediger und aktive Widerstandskämpfer gegen die Nazis, Pater Jan Zieja. Später stießen noch weitere Köpfe der linken Studentenbewegung von 1968 hinzu, wie Seweryn Blumsztajn und Adam Michnik (der 1977 von einem einjährigen Auslandsaufenthalt nach Polen zurückkehrte).

Es waren also alte Sozialisten und Häretiker des Marxismus, es waren Vertreter bürgerlicher Traditionen im besten, nämlich demokratischen Sinne des Wortes, nichtkonformistische Leute aus Kunst und

Literatur, schließlich Vertreter des volkstümlichen, patriotischen Katholizismus, die sich hier zusammenfanden.

Grundlage für den Zusammenschluß dieser Kräfte — die 1956 oder 1968 ja noch in durchaus gegensätzlichen Lagern gestanden hatten — war, daß in den Diskussionen seither sich so etwas wie ein Konsens über die einzig mögliche Strategie demokratischer Opposition und gesellschaftlicher Veränderung herausgebildet hatte. Eine Schlüsselrolle nahmen ohne Zweifel die Beiträge von *Leszek Kolakowski* ein, 1956 der gefeierte Denker der sozialistischen Erneuerung und des polnischen Revisionismus, 1966 als Ketzer aus der Partei ausgeschlossen (u.a. wegen seiner zu versöhnlichen Haltung gegenüber der Religion), 1968 als angeblicher Ziehvater der radikalen Studenten von der Universität entlassen und bald darauf in die Emigration gedrängt. Kolakowski entwickelte danach eine Reihe grundlegender Überlegungen und Maximen politischer, philosophischer wie moralischer Art, die zur Grundlage der ganzen weiteren Diskussion wurden. Es handelte sich, vereinfacht zusammengefaßt, um zwei grundlegende Aussagen:
— Das Jahr 1968 hatte bewiesen, daß nicht nur jeder Versuch einer revolutionären Änderung (wie 1956 in Ungarn), sondern selbst eine Reformbewegung aus der Partei heraus (wie in der CSSR) vom Zentrum des Imperiums, der Sowjetunion aus, gewaltsam zerschlagen würde. Also mußte eine Strategie der Opposition, wenn sie nicht sich und die Gesellschaft der Resignation preisgeben wollte, weiter unten anfangen. Kolakowski wies darauf hin, daß auch die totalitären Systeme Osteuropas notwendig innere Widersprüche aufweisen. Diese Risse ließen sich erweitern, das heißt, durch partielle Strukturreformen, die unter bestimmten Bedingungen durchgesetzt werden konnten, ließe sich eine Sphäre unabhängiger gesellschaftlicher Aktivitäten konstituieren. Mit andern Worten: Weder eine gewaltsame Revolution noch eine große Reform war in den Ländern an der Peripherie des Imperiums möglich (und in der Sowjetunion selbst gänzlich unwahrscheinlich); möglich aber war eine gesellschaftliche Selbstverteidigung, die das totalitäre Regime schwächen und die „Totalisierung" der Gesellschaft selbst (im Sinne ihrer Atomisierung und Demoralisierung) verhindern konnte[3].
— Um eine solche gesellschaftliche Kraftentfaltung zu ermöglichen, waren jedoch zunächst doktrinäre Spaltungen im Innern der Gesellschaft zu überwinden, und das keineswegs aus taktischen, sondern im Gegenteil aus sehr prinzipiellen Gesichtspunkten. Für die Linke (und von diesem Standpunkt aus argumentierte Kolakowski) betraf dies vor allem ihr Verhältnis zum Christentum. Erst durch eine rigorose Selbstkritik könne sie die Fäden zerschneiden, die sie selbst noch mit der herrschenden Partei und ihrem totalitären Regime ideologisch verbinden. Es ging hier um den Absolutheitsan-

spruch des Marxismus und Atheismus gegenüber der Religion und allen Formen „falschen" Denkens und Bewußtseins. „Darum ist jeder Versuch, ‚Jesus abzuschaffen', ihn aus unserer Kultur zu beseitigen... ein Werk unaufgeklärter Leute, die in der Vorstellung leben, ein vulgärer Atheismus reiche nicht nur als Weltanschauung hin, sondern er könne außerdem noch dazu ermächtigen, gemäß seinem eigenen doktrinären Programm beliebig kulturelle Tradition zu beschneiden und sie ihrer lebendigsten Säfte zu berauben."[4] Mit andern Worten: Die Linke mußte die polnische Gesellschaft als eine von christlicher Tradition anerkennen, anders konnte von wirksamer gesellschaftlicher Selbstverteidigung nicht die Rede sein.

Eine entscheidende Voraussetzung für das letztere war natürlich, daß auch auf seiten des polnischen Katholizismus eine Abrechnung mit den dunklen Kapiteln der eigenen Ideologie und Geschichte stattfand, und daß der Kirche die Gretchenfrage gestellt wurde: „... zu erklären, ob es – auf weltlicher Ebene – der Auftrag der Kirche ist, die Kirche zu verteidigen oder den Menschen." (Michnik)[5] Ebenso wurde die Frage aber auch aufgeworfen und gestellt, etwa von Bohdan Cywinski[6], einem unabhängigen katholischen Schriftsteller, oder vom Chefredakteur der katholischen Zeitschrift „Wiez", Tadeusz Mazowiecki.

Adam Michnik versuchte Anfang 1976, in Auswertung der Verfassungsproteste (die die neue Verfassung nicht verhindert, aber einige wesentliche Änderungen erreicht hatten) und noch vor den Arbeiterunruhen von Radom und Ursus, die Diskussion für eine politische Handlungsanweisung zusammenzufassen. Die Kernthesen seines Aufsatzes „Die Perspektive der Opposition – eine Evolution der Freiheit" sind folgende:

„Einen revolutionären Umsturz der Parteidiktatur zu fordern, Versuche in dieser Richtung zu organisieren, wäre sowohl unrealistisch als auch gefährlich ..., solange die politische Struktur der UdSSR noch das ist, was sie ist. In einem Land, in dem die politische Kultur und die demokratischen Normen fast vollständig fehlen, würden verschwörerische Aktivitäten das Elend der Gesellschaft nur verschlimmern, ohne nützliche Resultate zu erreichen. ... Meiner Ansicht nach gibt es nur einen Weg, den die Dissidenten in den Ostblockländern einschlagen können: den Weg eines unaufhörlichen Kampfes um Reformen zugunsten einer Evolution, die die bürgerlichen Freiheiten vergrößert und die Beachtung der Menschenrechte garantiert. ... Die polnische Opposition – so könnte man sagen – hat eher den spanischen als den portugiesischen Weg gewählt."[7]

Dabei kann die Opposition auf keine „sozialistische Erneuerung" von oben her, aus der Partei heraus setzen; sie kann günstigstenfalls hoffen, in der Partei Pragmatiker zu finden, die angesichts einer immer stärker werdenden gesellschaftlichen Bewegung sich entschließen, Partner (aber niemals Verbündeter) der demokratischen Opposition zu sein. Mit demselben Realismus kann die Opposition auf pragmatische Erwägungen der sowjetischen Führer setzen für ein Programm einer allmählichen evolutionären Veränderung. Eine Intervention in Polen würde für die Sowjets allerdings Krieg bedeuten. „Dieser Krieg wäre in militärischer Hinsicht sicherlich für Polen verloren, aber er würde der Sowjetunion keinen politischen Sieg bringen." Mit diesem Kalkül kann die polnische Opposition rechnen[8].

„Das wichtigste an der Konzeption des neuen Evolutionismus ist die Stärkung des Bewußtseins der Arbeiterschaft, die schon öfter durch ihre geschlossene und konsequente Haltung den Machthabern spektakuläre Konzessionen abgerungen hat." – „... eine neue Etappe des Bewußtseins begann an dem Tag, an dem die erste unabhängige Arbeiterorganisation zur Selbstverteidigung entstand, an dem Tag, an dem Streikkomitees in den Werften von Szczecin und Gdańsk gebildet wurden. Es ist schwierig vorauszusehen, wann und wie andere Arbeiterbewegungen, die noch dauerhafter sein werden, das Tageslicht erblicken, und was die Parole sein wird: Arbeiterkommissionen nach dem spanischen Modell, unabhängige Gewerkschaften, Solidaritätskomitees? Es ist jedoch gewiß, daß im Moment ihrer Geburt der ‚Evolutionismus' Gestalt annehmen wird..."[9]

Für eine solche Strategie darf die Opposition die Kirche nicht links liegen lassen. „Die antikommunistische Haltung der Hierarchie, die sich im Verwerfen jeglicher sozialen und politischen Veränderungen seit 1945 ausdrückte, verwandelte sich immer mehr in eine antitotalitäre Haltung. Die Jeremiaden gegen die Gottlosen verschwanden und machten Platz dem Appell an die Prinzipien der Menschenrechte." Eine solche Kirche, so Michnik, „bestärkt, ob sie es will oder nicht, damit die Haltung des Antikonformismus und der Würde, ist ein Stimulans für die immer größer werdende Sehnsucht nach den Grundfreiheiten"[10].

Wenige Monate später, nach den Kämpfen von Radom und Ursus, im direkten Zusammenhang mit der Gründung des KOR, systematisierte *Jacek Kuroń* die bis dahin in der Diskussion vorgetragenen Überlegungen zu einem regelrechten „Aktionsprogramm". Die Hauptelemente dieses Programms sind:
– Die Opposition muß in einer Situation, in der das Regime sogar bereits versucht, sie zum Sündenbock für die Krise zu stempeln, „ein gewisses Maß an politischer Verantwortung übernehmen", nämlich durch die „Ausarbeitung eines Programms, das durchführbare wirtschaftliche, gesellschaftliche und politische Lösungen der Krise anbietet, ... ohne daß die Gefahr einer ausländischen Einmischung zu groß wird"[11].
– Die Opposition muß für die Souveränität des polnischen Volkes und des polnischen Staates kämpfen. Zwischen beidem besteht ein dialektisches Verhältnis: „Eine größere Souveränität der Nation innerhalb des Staates würde zu einem größeren Ausmaß an Sou-

veränität für den Staat selbst führen."[12] Als allgemeines Programm, das auf diese Souveränität nach innen und außen abzielt, kann dasjenige dienen, das im „Brief der 59" ein Jahr zuvor dem Entwurf der neuen Verfassung gegenüber als Alternative aufgestellt wurde, worin Gewissens-und Religionsfreiheit, Freiheit der Arbeit, Rede- und Informationsfreiheit und Freiheit der Forschung eingeklagt und in detaillierten Einzelforderungen ausgeführt worden waren. Kuroń zufolge laufen diese Änderungen letztlich auf ein parlamentarisches System hinaus, das er für keineswegs ideal, aber für das erprobteste politische System der Demokratie hält.

– Ein solches System politischer Demokratie wird sich nur erkämpfen lassen durch eine Bewegung gesellschaftlicher Selbstorganisation und Selbstverteidigung „und wird ohne sie selbst bedeutungslos". In der ganzen Nachkriegsgeschichte Polens aber haben sich gesellschaftliche Bewegungen erfolgreich der totalen Lenkung des Lebens jedes einzelnen widersetzt. Kuroń nennt die Bewegung der polnischen Bauern zur Verteidigung ihres Bodens, der polnischen Arbeiter zur Verteidigung ihrer Reallöhne, der Gläubigen zur Verteidigung der Kirche sowie der Schriftsteller, Wissenschaftler und Künstler zur Verteidigung der Kultur[13].

– „Damit ist das Programm für die Opposition festgelegt: Sie muß gesellschaftliche Widerstandsbewegungen ins Leben rufen, organisieren und ihre Zusammenarbeit regeln. Das Ausmaß an Oppositionstätigkeit wird von der Reaktion der Gesellschaft einerseits und von der Bereitschaft der UdSSR zur militärischen Intervention andererseits bestimmt."[14]

– Diese Bewegungen, in denen jeweils ein breites Spektrum von Meinungen vertreten sein soll, müssen insbesondere umfassen: eine organisierte Vertretung der Industriearbeiter, vor allem in den großen Betrieben; Unterstützung für diese Vertretungen mit fachlichem Rat durch Wirtschaftswissenschaftler, Ingenieure, Juristen und Soziologen; dasselbe bei einer ins Leben zu rufenden Widerstandsbewegung der Bauern, mit örtlichen Einheiten; Organisierung von Gruppen der geistigen Berufe und der Studenten, die eben diese Unterstützung für Arbeiter und Bauern leisten, zugleich aber für sich selbst um bessere Bedingungen, um Freiheit der Forschung, der Lehre, der Veröffentlichung etc. streiten. Als Bedingung für alles dies ist der Aufbau eines unabhängigen, außerhalb der Zensur (also illegal) operierenden Samisdat- und Verlagswesens notwendig.

– Kuroń sieht die Opposition zu energischem Handeln angetrieben durch die unmittelbare Gefahr, die in der „Möglichkeit völliger Anarchie durch einen Zusammenbruch der Staatsmacht" liegt. „Die gegenwärtige Lage ist über die ganze Nachkriegszeit gesehen die gefährlichste."[15]

– Deshalb muß der Stier an den Hörnern gepackt und ein Ausgleich mit der Sowjetunion aktiv angestrebt werden. „Wenn erst die Nation sich in einem freiwilligen gesellschaftlichen Rahmen vollständig organisiert hat, wird sie so weit sein, daß sie ihrer eigenen Souveränität in Beziehung zum eigenen Staat und zu fremden Mächten die nötigen Selbstbeschränkungen auferlegen kann. Wir müssen danach streben, einen Status ähnlich dem Finnlands zu erreichen: eine parlamentarische Demokratie mit einer eingegrenzten Unabhängigkeit auf dem Gebiet der Außenpolitik..."[16]

Dies strategische Paradox einer „sich selbst beschränkenden Revolution" hat Jacek Kuroń über die kommenden Jahre hinweg beharrlich verfolgt, und in diesem Paradox hat sich die wirkliche Entwicklung in Polen bewegt – bis zum 13. Dezember 1981, der es auf seine Weise aufgehoben hat.

Zum Zeitpunkt, als Jacek Kuroń seine „Gedanken zu einem Aktionsprogramm" niederschrieb, brauchte er sich fast keines der einzelnen Elemente dieses strategischen Planes bloß im Kopf zu denken, sondern alle diese Elemente fanden sich in Ansätzen fertig vor. Die Gründung des KOR als des „Kristalls in einer gesättigten Lösung" führte dazu, daß sie sich ebenfalls in kürzester Zeit auskristallisierten.

Schon die unmittelbare Tätigkeit des KOR als Ermittlungsausschuß und dann „Interventionsbüro" gegen die verschiedenen Formen der Unterdrückung, denen die Arbeiter von Radom und Ursus unterworfen waren, brachte eine erste Verbindung von Intellektuellen und aktiven Arbeitern. Über drei Millionen Zloty und mehrere tausend Unterschriften unter eine Resolution, in der die Amnestierung gefordert wurde, konnten binnen kurzer Zeit gesammelt werden. 889 Arbeiter der Ursus-Traktorenwerke forderten ihrerseits in einem Brief an die Staats- und Parteiführung die Wiedereinstellung der Entlassenen.

Diese Verbindungen wurden gefestigt, als ab Mitte 1977 die Zeitschrift „Robotnik" („Der Arbeiter") erschien. Um den „Robotnik" herum gründeten sich 1978 in Oberschlesien, in Wroclaw (Breslau), dann in den Küstenstädten „Gründungskomitees Freier Gewerkschaften". Studenten spielten in dem entstehenden Netzwerk von Gruppen eine wichtige Rolle als Verbindungsleute und begannen sich selbst verstärkt in Studentischen Selbstverteidigungskomitees (SKS) zu organisieren. Auf dem Land entstanden ebenfalls in einigen Dörfern und Woiwodschaften Komitees zur bäuerlichen Selbstverteidigung; eine Zeitschrift „Gospodarz" („Der Landwirt") erschien, und über sie engagierten sich Volkswirtschaftler, Soziologen u.a. in einer fachlichen Diskussion über die Probleme der Landwirtschaft. Im Jahr 1977 gründete sich auch eine Anzahl von Untergrundverlagen, darunter als größter der NOWA-Verlag, der eng mit dem KOR verbunden war.

Das KOR selbst trug dieser Erweiterung der Aktivitäten und Aufgabenstellungen Rechnung, als es sich im September 1977 in „Komitee für gesellschaftliche Selbstverteidigung" (KSS „KOR") umbenannte. Für die Erweiterung seines Wirkungsbereichs war es von nicht geringer Bedeutung, daß der „Dialog" zwischen dem polnischen Katholizismus und der polnischen Linken, wie ihn vor allem Adam Michnik prononciert gefordert und selbst eingeleitet hatte[17], auch von der anderen Seite her tatsächlich in Gang kam, insbesondere mit den Intellektuellen der KiK (Klubs der katholischen Intelligenz) und vermittelt über die katholischen Zeitschriften „Wiez" und „Tygodnik Powszechny". Die Amtskirche ließ sich zwar darauf nicht ein. Sie hatte aber schon im Juni 1976 angesichts der Repressalien gegen die Arbeiter in Radom und Ursus eine sehr viel eindeutigere Haltung eingenommen als noch 1970/71. Und fast gleichzeitig mit dem KOR, im September 1977, forderten die Bischöfe in einem offiziellen Dokument, das von allen Kanzeln verlesen wurde, eine Generalamnestie für die verfolgten Arbeiter, die Wiedereinstellung der Entlassenen und Wiedergutmachung für das ihnen zugefügte Unrecht. Es wurde in der polnischen Öffentlichkeit als ein großer moralischer Sieg des gesellschaftlichen Widerstandes gewertet, daß im Juni 1977 alle ein Jahr zuvor verhafteten Arbeiter tatsächlich freigelassen wurden — und auch die KOR-Mitglieder, die in der Zwischenzeit verhaftet worden waren.

Als einen wichtigen äußeren Rückhalt für jede gesellschaftliche Bewegung in Polen betrachtete wohl die große Mehrheit der Polen auch die Wahl des Bischofs von Krakau, Karol Wojtyla, zum Papst. Adam Michnik zufolge hatten die polnischen Oppositionellen in ihm „einen zuverlässigen Freund und Beschützer" gehabt[18]. Seine Reise nach Polen und zur „Schwarzen Madonna" im Sommer 1979 erschien als eine einzige Demonstration des nationalen Selbstbestimmungsrechts, und in religiös verkleideter Form sprach es der Papst auch aus. Dennoch war es nicht in erster Linie diese katholisch-patriotische Massenbewegung, aus der die „Solidarność" hervorging, und schon gar nicht war sie das Produkt einer Art geheimer organisierender Tätigkeit der Kirche selbst, wie es einige besonders dumm-interessierte Darstellungen der „Zerreißprobe" in Polen zurechtschnipseln möchten[19]. Die Linie, die zum August 1980 hinführte, läßt sich seit dem August 1979 eindeutig verfolgen. Zu einer Konferenz des „Robotnik" kamen Vertreter von freien Gewerkschaftsinitiativen aus 23 Städten Polens. Sie erarbeiteten eine „Charta der Arbeiterrechte", in der sich in Grundzügen bereits der Katalog der von den Streikenden in Gdańsk (und unabhängig davon in Szczecin) aufgestellte Katalog von Forderungen findet. Im Einleitungsteil der Charta heißt es, die Unterzeichner hätten gemeinsam „eine Reihe von Vorhaben in Angriff genommen, deren Ziel die Schaffung eines Systems der Selbstverteidigung der Beschäftigten, zuerst und vor allem von unabhängigen Gewerkschaften ist"[20]. Unter den Unterzeichnern der Charta findet man fast ausnahmslos die Danziger Streikführer vom August 1980: Lech Walesa, Andrzej Gwiazda,

Joanna Duda-Gwiazda, Anna Walentynowicz, Alina Pienkowska, Andrzej Kolodziej. Etliche von den Unterzeichnern hatten schon in den Streiks 1970/71 eine aktive Rolle gespielt.

Im Herbst 1979 zeichneten sich in Polen bereits die Umrisse einer Wirtschaftskrise ab, bei der vorherzusehen war, daß sie alle vorherigen in den Schatten stellen würde. Zur Absicherung der immer noch neu aufgenommenen Kredite und zur Rückzahlung der Zinsen war seit 1978 der Export auf die westlichen Märkte auf Biegen und Brechen forciert worden, was zu einer spürbaren Verknappung im Innern führte, und damit auch wieder zu jenen Schlangen vor den Geschäften, die die Polen für endlich überwunden gehalten hatten.

Im krassen Gegensatz dazu stand die pathetische Selbstgefälligkeit, mit der die herrschende PVAP im April 1980 ihren VIII. Parteitag begeht.

Zu diesem Zeitpunkt tritt die innenpolitische Unruhe bereits in verschiedenen Formen an die Oberfläche. Nach der ersten Entlassung der populären Kranführerin Anna Walentynowicz kommt es auf der Lenin-Werft in Gdańsk zu organisierten Warnstreiks und kleinen Kundgebungen. Anna Walentynowicz wird wiedereingestellt. Am 3. Mai, dem Tag der revolutionären Verfassung von 1791, werden in mehreren polnischen Städten Demonstrationen und Kundgebungen organisiert. In Gdańsk sind es 7 000 bei einer Kundgebung, auf der Ansprachen gegen die sowjetische Oberherrschaft über Polen, für demokratische Rechte, für die Erziehung ohne Lügen und – für freie Gewerkschaften gehalten werden[21].

Im Juni kommt es zu einem aufsehenerregenden Prozeß gegen den Leiter des NOWA-Verlags, M. Chojecki, der gerade seine 500. Publikation außerhalb der Zensur herausgegeben hatte. In diese Auseinandersetzung schaltet sich die Kirche mit einer öffentlichen Erklärung ein, worin sie das Recht auf Bildung freier Vereinigungen und auf Zulassung eines unabhängigen Presse- und Verlagswesens für die verschiedenen gesellschaftlichen Kräfte, natürlich auch für sich selbst, fordert, „damit die Bevölkerung einen wirklichen Einfluß auf das Schicksal des Landes erhalte"[22]. Ganz im selben Sinne argumentiert ein Zusammenschluß parteinaher und unabhängiger Fachleute, das Konservatorium „Erfahrung und Zukunft" (DiP), das mit seinem zweiten Bericht an die Öffentlichkeit tritt und darin konstatiert, daß sich das Land in der schlimmsten Krise seit dem Zweiten Weltkrieg befinde. „Es gibt keinen Weg aus der Krise ohne eine radikale Änderung in der Art des Regierens, denn das ist die Wurzel des Übels", lauten die Kernsätze des Berichts[23].

In diesem innenpolitischen Klima nun liefern die Regierung und die Parteiführung in einer für Polen schon klassischen Art und Weise den Beweis, daß sie nichts begriffen haben und nichts „an der Art des Regierens" zu ändern gedenken. Am 1. Juli werden ohne jede Vorankündigung eine Reihe von Fleischsorten aus den normalen staatlichen Fleischereiläden aussortiert und nur noch in den sogenannten „kommerziellen Läden" verkauft, für Preise, die bis zu 100 Prozent höher sind. Die Arbeiter fassen dies, wie 1970 und 1976, sofort als Signal einer allgemeinen Preiserhöhung auf. In Ursus und im Stahlwerk von Warschau sowie einer ganzen Zahl anderer Betriebe finden Warnstreiks statt.

Allenthalben werden erhebliche Lohnerhöhungen gefordert, mit Hinweis darauf, daß schon in allen Jahren davor die Preise dauernd erhöht wurden, die Löhne dagegen kaum mehr gestiegen waren. In über 30 großen Betrieben gesteht die Regierung daraufhin in aller Eile und aller Stille Lohnerhöhungen von 10 Prozent zu. Aber die oppositionellen Kräfte sind in der Lage, zwischen den einzelnen Regionen des Landes Verbindungen herzustellen. Infolgedessen kommt es zu einer weiteren Ausdehnung der Streikbewegung, die mit einem Generalstreik in der ostpolnischen Stadt Lublin am 18. Juli ihren ersten Höhepunkt erreicht. Die Regierung muß zum ersten Mal eine Kommission schicken, um mit den Streikenden zu verhandeln.

Im Bericht eines westdeutschen Zeitungskorrespondenten wird der organisierte Eindruck, den die Streiks machen, hervorgehoben. So bleiben die streikenden Belegschaften durchweg in ihren Betrieben. „Die Arbeiter haben aus den Erfahrungen von 1970 und 1976 gelernt, als man die ‚Rädelsführer' unter Bruch gegebener Versprechen später entließ oder gar einsperrte." Jetzt dagegen werden die Streikkomitees, die mit den Betriebsleitungen verhandeln, täglich neu zusammengesetzt. „Schon hört man die Forderung nach der Wahl echter Arbeitervertreter, die anders als die völlig von der Bühne verschwundenen Regimegewerkschaften imstande sein sollen, die Interessen der Belegschaften wirklich zu vertreten."[24]

Vielfach kolportiert wird die Jacek Kuroń zugeschriebene Losung: „Zündet keine Komitees an, gründet selber welche!" Der Okkupationsstreik wird zur allgemeinen Kampfform dieses Sommers 1980. Eine andere wichtige Änderung gegenüber den Revolten von 1970/71 und 1976 war, daß auf die Preissteigerungen diesmal nicht mit der Forderung nach Rücknahme, sondern eben nach Lohnerhöhung geantwortet wurde. Durch ein schon vom 2. Juli datiertes Flugblatt unterstützte und festigte das KOR gerade diese Ansätze:

„Das ‚Komitee für gesellschaftliche Selbstverteidigung – KOR' erklärt sich mit den Streikenden voll solidarisch und unterstützt deren Forderungen. Wir betonen besonders unsere Unterstützung für die von den Streikenden aufgestellte Forderung nach Lohnerhöhungen, die mit den Preissteigerungen gekoppelt sind.... Die wirkungsvollste und die vom Standpunkt der gesamten Bevölkerung aus gesehen sicherste Form, die Interessen der Arbeiter und der gesamten Gesellschaft zu verfolgen, ist die, sich in den Betrieben zu organisieren, demokratisch unabhängige Arbeitervertreter zu wählen, die die Forderungen im Namen der Belegschaft vortragen, Gespräche mit den verschiedenen Instanzen führen und die Handlungen der Belegschaft auf verantwortungsvolle und entschiedene Art leiten. Die Belegschaften müssen zu dem Bewußtsein kommen, daß nur solidarisches Handeln zum Erfolg führt. Vor allem darf nicht zugelassen werden, daß die Herrschenden beginnen, irgendwelche Repressalien gegenüber den Streikteilnehmern oder Personen zu ergreifen, die als Organisatoren eines Streiks auftraten oder von denen die Herrschenden annehmen, daß sie die Organisatoren seien."[25]

In einer Erklärung vom 11. Juli wird dann versucht, den Rahmen der Auseinandersetzung zu erweitern und die Streikbewegung in eine Bewegung für grundlegende soziale und politische Reformen zu verwandeln.

„Die verantwortungslose Investitionspolitik, die im Laufe der siebziger Jahre verfolgt wurde, die Agrarpolitik, die zur Angebotskrise der Produkte geführt hat, all dies hat eine wahre ökonomische Krise geschaffen. Einer der Krisenfaktoren ist auch das System der im Gegensatz zu den ökonomischen Gesetzen stehenden und so seit Jahrzehnten aufrechterhaltenen Preise.
Aber dieses System kann nur im Rahmen einer radikalen Veränderung der gesamten Wirtschaft geändert werden. Das aktuelle Wirtschaftssystem ist irrational, bremst den Fortschritt, vergeudet die menschlichen Kräfte, demoralisiert die Arbeitenden. Die Arbeiter werden kritisiert, indem gesagt wird, daß sie schlecht arbeiten, daß Faulheit herrsche und daß der Arbeitstag nicht ausgenutzt werde. Aber all dies entspringt der Tatsache, daß das Volk wegen des Antriebssystems und des Funktionierens der gesamten Wirtschaft nicht arbeiten will. Es liegt nicht in der Verantwortung der Arbeiter, wenn die Rohstoffe fehlen oder wenn die Fabrik wegen Strommangels stillgelegt wird. Die PVAP will die Verantwortung für ihre Fehler, für ihre Unfähigkeit und für ihr Unverständnis der wirtschaftlichen Prozesse auf die Gesellschaft abladen. Die Änderung des Systems der Preise wird nur akzeptiert werden können, wenn sie ein kleines Glied in einer Kette radikaler Wirtschaftsreformen sein wird. In der Tat ist die wesentliche Ursache der Krise die langjährige Politik der Regierungen der Volksrepublik Polen, die darin besteht, Entscheidungen außerhalb der Gesellschaft zu treffen und die notwendigen Wirtschaftsreformen durch von Tag zu Tag improvisierte Maßnahmen zu ersetzen."[26]

Anmerkungen

1 Adam Zagajewski, Polen. Staat im Schatten der Sowjetunion, Hamburg 1981, S. 163.
2 Jacek Kuroń / Karol Modzelewski: Monopolsozialismus. Offener Brief an die Vereinigte Polnische Arbeiterpartei, Hamburg 1969.
3 Zusammenfassung nach Andrew Arato, „Civil Society" gegen den Staat. Der Fall Polen 1980/81, in: R. Fenchel, A.-J. Pietsch (Hrg.), Polen 1980 bis 82. Gesellschaft gegen den Staat, Hannover 1982.
4 Zit. nach: Adam Michnik, Die Kirche und die polnische Linke, München 1980, S. 104.
5 Ebenda, S. 104.

6 Vgl. ebenda, S. 111 ff. Michnik bezieht sich darin ausführlich auf Bohdan Cywinskis Buch „Genealogie der Verweigerer".
7 Adam Michnik, Die Perspektive der Opposition — eine Evolution der Freiheit, in: Jiri Pelikan / Manfred Wilke (Hrg.), Menschenrechte. Ein Jahrbuch zu Osteuropa, Hamburg 1977, S. 305.
8 Ebenda, S. 306.
9 Ebenda, S. 306/307.
10 Ebenda, S. 307.
11 Jacek Kuroń, Gedanken zu einem Aktionsprogramm, in: Armin Th. Dross (Hrg.), Polen. Freie Gewerkschaften im Kommunismus?, Hamburg 1980, S. 183/184.
12 Ebenda, S. 186.
13 Ebenda, S. 190 ff.
14 Ebenda, S. 197.
15 Ebenda, S. 198.
16 Ebenda, S. 203.
17 Insbesondere durch sein Buch „Die Kirche und die Polnische Linke", vgl. Anmerkung 4.
18 Adam Michnik, Was die Polen vom neuen Papst erwarten, in: J. Pelikan / M. Wilke (Hrg.), Opposition ohne Hoffnung. Jahrbuch zu Osteuropa 2, Hamburg 1979, S. 221.
19 So etwa Volker Einhorn / Gero von Randow, Polen in der Zerreißprobe, Dortmund 1982, S. 100 ff. — „Solidarność" wird darin allen Ernstes als eine Schöpfung der polnischen Kirche dargestellt. Das Buch, eine Auftragsarbeit der DKP, fordert von der polnischen Parteiführung ganz unverhüllt eine Verschärfung der Repression und der Erziehungsdiktatur.
20 Zit. nach: Gerd Koenen / Krisztina Koenen / Herrmann Kuhn, Freiheit, Unabhängigkeit und Brot. Zur Geschichte und den Kampfzielen der Arbeiterbewegung in Polen, Frankfurt 1981, S. 230.
21 Vgl. ebenda, S. 235.
22 Ebenda, S. 235.
23 Ebenda, S. 236.
24 Zit. nach: Archiv der Gegenwart, 11. September 1980, S. 23 859.
25 Aufruf des KSS „KOR" vom 2. Juli 1980, zit. nach: W. Mackenbach (Hrg.), Das KOR und der „polnische Sommer", Hamburg 1982, S. 130.
26 Erklärung des KOR vom 11. Juli 1980, zit. nach: W. Mackenbach (Hrg.), Das KOR und der „polnische Sommer", a.a.O., S. 133.

KAPITEL II

Vom Sieg auf der Lenin-Werft zur Krise von Bydgoszcz (Bromberg) — Die freie Gewerkschaft ändert das Gesicht der Gesellschaft

1. August 1980: Die Streiks bringen die Entscheidung — Das Danziger Abkommen

Am 14. August nimmt die sporadische Streikbewegung, die bis dahin schon fast alle Städte und Industriezentren des Landes berührt hatte, eine entscheidende Wendung. Dabei sieht der Streik auf der Danziger Lenin-Werft, der an diesem Tag beginnt, auch zunächst ganz so aus wie alle anderen. Es lohnt sich, das subtile Spiel von Zufall und Notwendigkeit noch einmal nachzuzeichnen, in dem sich aus diesem Streik heraus ein Generalstreik der ganzen Küstenregion entwickelt, mit einem politischen und sozialen Forderungsprogramm, mit dem sich die Arbeiterschaft des ganzen Landes, ja die überwiegende Mehrheit der polnischen Gesellschaft solidarisieren kann.

„Tatsächlich ist auf die Art und Weise, wie in Gdańsk der Kampf geführt wurde, erheblich mehr erreicht worden, als wir hoffen konnten", sagt später Henryk Wujec, einer der Herausgeber des „Robotnik", in einem Interview. „In der Redaktion des ‚Robotnik' war unser großer Traum von Anfang an gewesen, daß die Streikkomitees vielleicht aufrechterhalten werden könnten, um sie dann in ‚Arbeiterkommissionen' umzuwandeln, die sich nach und nach durchsetzen würden. Mit der Zeit hätten dann reale gewerkschaftliche Strukturen daraus hervorgehen können. Aber wir waren weit davon entfernt zu glauben, daß im Gefolge dieser Streiks eine unabhängige Gewerkschaft entstehen und anerkannt werden könnte."

„Sie waren also überrascht? — Nicht überrascht, aber überholt von den Ereignissen. Die Losung einer unabhängigen Gewerkschaft war Bestandteil unseres Programms seit zwei Jahren. Wir waren immer davon überzeugt, daß einer der Hauptwege, um dahin zu kommen, über die Streikkomitees führen würde. Nach jedem Streik versuchten wir in diesem Sinne einzuwirken, haben wir Kontakte mit diesem Ziel hergestellt. Aber wir dachten nicht, daß es so schnell gehen würde. Es gab allerdings eins, dessen wir sicher waren: Es würde in Gdańsk beginnen. Seit 1978 gab es hier ein Komitee für die Bildung freier Gewerkschaften an der baltischen Küste. Anfangs winzig klein, hat es sich sehr rasch entwickelt. Viele seiner Aktivisten haben sich später im Präsidium des überbetrieblichen Streikkomitees wiedergefunden ... "[1]

Am Morgen des 14. August verteilen Mitglieder des Komitees für freie Gewerkschaften in den Bussen und Straßenbahnen, die die Arbeiter der Lenin-Werft zur Frühschicht bringen, einen Aufruf, gegen die erneute Kündigung von Anna Walentynowicz zu protestieren. „Tut ihr es nicht, können sich viele von euch einmal in einer ähnlichen Situation befinden. Die Direktion aber möchten wir daran erinnern, daß solche Entlassungen zu einer Zeit, während der eine Welle von Streiks das ganze Land überzieht, zumindest unvorsichtig sind."[2] Das trifft die Situation genau: die Kündigung, offenbar zur Abschreckung der Werftarbeiter ausgesprochen, löst den Streik gerade aus. Einige hundert Arbeiter ziehen zum Direktionsgebäude, der Direktor muß herauskommen, und in diesem Augenblick taucht der vor Jahren entlassene frühere Elektriker und Streikführer von 1970, Lech Walesa, auf, wird mit Beifall begrüßt und gleich in das Streikkomitee gewählt, das an Ort und Stelle gebildet wird. Anna Walentynowicz wird mit dem Fahrzeug des Direktors in die Werft zurückgeholt, die Tore werden geschlossen, striktes Alkoholverbot ausgesprochen. Das Streikkomitee übernimmt die vollständige Verantwortung für den Betrieb. Die Forderungen der Streikenden lauten:
— Wiedereinstellung von Anna Walentynowicz und Lech Walesa,
— Aufstellung eines Denkmals für die Dezemberopfer,
— Erhöhung der Gehälter um 2 000 Zloty,
— Angleichung der Familienzuschläge an die der Miliz,
— Garantien, daß die Streikenden nicht verfolgt werden[3].

Am 15. August breitet sich der Streik in der ganzen Stadt aus. Auch in Gdynia (Gdingen) treten die Werftarbeiter in den Streik. Stanislaw Kania, Chef der Sicherheitsorgane, reist nach Gdańsk und konferiert mit dem Wojewoden und der Partei,- Miliz- und Militärführung über die eingetretene Lage. Ab 12.00 Uhr mittags werden alle Telefon- und Telex-Verbindungen nach außerhalb unterbrochen. Gdańsk steht unter Quarantäne.

Zugleich aber werden den Streikenden in der Lenin-Werft so gut wie alle Forderungen bewilligt, und sogar eine noch weitergehende Forderung, die nachgeschoben worden war: „Freie Wahlen der Vertreter in den Gewerkschaften". Am Nachmittag des 16. August gibt Lech Walesa dies Ergebnis der Verhandlungen bekannt — und verkündet das Ende des Streiks![4]

Aber ein Teil der Streikenden bleibt unzufrieden und mißtrauisch. Schließlich waren freie Gewerkschaftswahlen auch schon 1970/71 zugesagt worden, ohne wirkliches Resultat.

Vertreter anderer Betriebe treffen ein und protestieren gegen die Beendigung des Streiks auf der Lenin-Werft. Eine erneute Abstimmung ergibt, daß nunmehr wieder eine Mehrheit für Streik ist. Ein „Überbetriebliches Streikkomitee" (MKS), in dem Vertreter von 21 Betrieben aus der Dreistadt Gdańsk-Gdynia-Zoppot vertreten sind, konstituiert sich. Am nächsten Morgen wird die folgende Erklärung veröffentlicht:

„Als Ergebnis der Vereinbarungen der Belegschaften der streikenden Betriebe und Unternehmen der Küste wurde am 16. d. M. das Überbetriebliche Streikkomitee (MKS) mit Sitz in der Danziger Werft gebildet. Das Ziel des MKS ist, die einzelnen Forderungen und Streikaktivitäten der Betriebe zu koordinieren. Als gemeinsamer Beschluß der Streikkomitees wurde eine Zusammenstellung der Forderungen erarbeitet. Es wurde beschlossen, den Streik so lange fortzusetzen, bis die Forderungen erfüllt sind. Das MKS ist ermächtigt, die Gespräche mit den zentralen Regierungsstellen zu führen. Die Bekanntgabe der Beendigung des Streiks erfolgt über das Überbetriebliche Streikkomitee.

Nach Beendigung des Streiks wird sich das Streikkomitee nicht auflösen. Es wird die Erfüllung der Forderungen überwachen und die Freien Gewerkschaften organisieren.
‚Überbetriebliches Streikkomitee.'
Gedruckt in der ‚Freien Druckerei der Werft in Gdingen'."[5]

Im Laufe des Tages kommen immer mehr Vertreter streikender Betriebe hinzu und beteiligen sich an den Beratungen über die Streikforderungen. Es ist klar, daß diese nun einen viel weitergreifenden Charakter annehmen müssen. Um Mitternacht liegen die 21 Forderungen von Gdańsk auf dem Tisch. Sie beginnen mit drei weitreichenden Reformforderungen:

„1. Einrichtung freier, von der Partei und den Arbeitgebern unabhängiger Gewerkschaften, so wie sich das aus der von der VR Polen ratifizierten Konvention Nr. 87 der Internationalen Arbeitsorganisation (ILO) über die Gewerkschaftsfreiheit ergibt.

2. Garantie des Rechts auf Streik sowie der Sicherheit der Streikenden und der sie unterstützenden Personen.

3. Einhaltung der von der Verfassung der VR Polen garantierten Freiheit des Worts, des Drucks und der Publikation. Daher dürfen unabhängige Veröffentlichungen nicht unterdrückt werden. Zugang der Vertreter aller Glaubensbekenntnisse zu den Massenmedien."[6]

Über den weiteren Verlauf des Streiks auf der Lenin-Werft und seine besondere Atmosphäre, die Mischung von polnisch-patriotischen und proletarisch-revolutionären Elementen, schließlich über die Verhandlungen mit der Regierungskommission unter dem stellvertretenden Ministerpräsidenten Jagielski, die vor der Öffentlichkeit des gesamten MKS geführt und per Lautsprecher im gesamten Werftbereich übertragen worden sind − über alles dies ist genügend berichtet und geschrieben worden. Die Bilder sind um die Welt gegangen. Nur einige, für die Entwicklung bestimmende Faktoren sollen noch einmal hervorgehoben werden.

Die Parteiführung war bis zuletzt entschlossen, den Streikenden keinesfalls nachzugeben. Nachdem aber die Versuche gescheitert waren, mit Vertretern *einzelner* streikender Betriebe in Verhandlungen zu kommen und statt dessen am 18. August schon 186 Betriebe in dem „Überbetrieblichen Streikkomitee" auf der Werft vertreten waren, während zugleich in Szczecin (Stettin) ein zweites MKS mit ähnlichen Forderungen entstand, sah sich der Parteivorsitzende Gierek genötigt, offiziell Stellung zu nehmen. Am 18. abends wandte er sich über das Fernsehen an die Streikenden und an die Nation. Er machte weitgehende, geradezu verantwortungslose Zusagen über Lohnerhöhungen, soziale Verbesserungen, Preiskontrollen u.a.m. Dagegen erwähnte er die Hauptforderung der Streikenden nicht. Dafür wurden nach dem Rezept von 1971 Neuwahlen zu den alten Gewerkschaften und generell eine „Vertiefung der Arbeiterdemokratie" angekündigt. Hinter dem schwülstig-nationalistischen Pathos der Rede blieb ein drohender Unterton unüberhörbar: Anarchistische und antisozialistische Gruppen nützen die Lage aus. „Es gibt Grenzen, die niemand überschreiten darf."[7]

In Warschau und anderen Städten werden die führenden Köpfe des KOR und andere Oppositionelle verhaftet. Eine Erkärung des Danziger Parteikomitees verkündet, der Streik habe insgesamt eine Richtung eingeschlagen, die den eigentlichen Absichten der Arbeiter entgegengesetzt sei, er verstoße unter dem Einfluß antisozialistischer Kräfte nunmehr eindeutig gegen die Verfassungsordnung. „Das Plenum hat beschlossen, daß ein entschlossenes Zurückschlagen unter Beteiligung aller Parteimitglieder und aller ehrlichen Arbeitskräfte erfolgen muß."[8]

Dies „Zurückschlagen" aber geht jämmerlich fehl. Der Großteil der Parteimitglieder ist bei den Streikenden. Sonderkonferenzen der Partei, die im ganzen Land abgehalten werden, ergeben ein ähnliches Bild. In Gdańsk gehören inzwischen 383 Betriebe dem MKS an, in Szczecin (Stettin) an die 200. Am Abend des 23. August kommt der stellvertretende Ministerpräsident Jagielski zu den Streikenden auf die Werft und hört sich die Forderungen im einzelnen an. Auf dem Plenum des ZK der PVAP am 24. scheint dann die Entscheidung gegen eine gewaltsame Niederschlagung der Streikbewegung gefallen zu sein. Andererseits ist die Partei noch immer keineswegs bereit, die Kernforderungen der Streikenden anzunehmen. Statt dessen läßt man Köpfe rollen: den des im April erst ernannten Ministerpräsidenten Babiuch ebenso wie den des Vorsitzenden der alten Gewerkschaft. Geradezu revolutionär erscheinende Wirtschaftsreformpläne und eine weitreichende Demokratisierung werden angedeutet. Das Stichwort vom „Gesellschaftsvertrag" taucht auf.

Aber es soll ein Vertrag mit einer weiterhin atomisierten Arbeiterschaft und Gesellschaft sein. Die Leitlinien für die Regierungskommission geben nur Vollmacht für die Zusage, ein neues Gewerkschaftsgesetz könne in Diskussion mit den Arbeitnehmern ausgearbeitet werden – aber selbstverständlich nach Beendigung des Streiks. Die Streikenden in Gdańsk und Szczecin aber haben sich gerade darauf geeinigt, ohne vollständige Erfüllung ihrer Hauptforderung den Streik keinesfalls zu beenden.

Zu dieser Festigkeit tragen die Unterstützungserklärungen bei, die das Streikkomitee auf der Werft aus dem ganzen Land erreichen. Eine wichtige Rolle spielt ein „Appell der polnischen Intellektuellen" vom 21. August, der 234 Unterschriften trägt, darunter die der bekanntesten Wissenschaftler, Schriftsteller und Künstler des Landes[9]. Die Initiatoren des Appells, Mazowiecki, Geremek und einige andere, werden gleich dabehalten, als sie den Appell überbringen, und bilden den ersten Beraterstab der entstehenden Gewerkschaft.

Das großteils noch aus liberalen Parteiintellektuellen bestehende „Konservatorium ‚Erfahrung und Zukunft'" (DiP) tritt mit einer weiteren Stellungnahme hervor, die konstatiert, daß „die Krise, die das Land erschüttert, vor allem eine Vertrauenskrise ist". Die Parteiführung müsse sich mit den Streikenden einigen und das Vertrauen wiederherstellen[10].

Auf der Werft anwesende Journalisten staatlicher Zeitungen und Medien beginnen sich gegen die lügenhafte Berichterstattung zu verwahren und drohen, was noch 14 Tage vorher undenkbar erschienen wäre, ihrerseits einen Streik an. Darin kündigt sich die Änderung im Journalistenverband an, die in den folgenden eineinhalb Jahren erheblich zur Untergrabung des staatlichen Meinungsmonopols beitragen wird.

Von größter Bedeutung ist, daß die Streikenden von der Landbevölkerung im weiten Umkreis mit Lebensmitteln versorgt werden. Eine Delegation von Mitgliedern bäuerlicher Selbstverwaltungskomitees überbringt eine Botschaft „Die Bauern an die Arbeiter im Streik", worin sie das Ziel einer freien, unabhängigen Gewerkschaft als eine Hoffnung für die ganze Gesellschaft bezeichnen[11]. Die spätere Gründung der „Land-Solidarność" kündigt sich damit an.

Ein weiteres bedeutendes Hindernis, das die Parteiführung vor einer gewaltsamen Niederschlagung der Streikbewegung zurückschrecken ließ, war die Stellungnahme der Kirche. Dabei hatte der hohe Klerus einige Zeit gebraucht. Nur einfache Vorstadtpriester gingen anfangs zu den Streikenden und lasen ihnen unter freiem Himmel die Messe. Es war dann niemand Geringerer als der polnische Papst, der in einem Telegramm an die Bischöfe vom 20. August eine vorsichtige Unterstützung der Streikforderungen andeutete:

„Ich bete darum, daß der polnische Episkopat mit seinem Primas an der Spitze ... auch dieses Mal unserem Volk bei seinem schweren Ringen um das tägliche Brot, die soziale Gerechtigkeit und für die Sicherung seiner unverzichtbaren Rechte auf eigenes Leben und freie Entwicklung beistehen werde."[12]

Dies Postulat war freilich für die geistliche Auslegung offen. Der

Primas Kardinal Wyszyński legte es anläßlich der jährlichen Pilgerfahrt zur „Schwarzen Madonna" in Tschenstochawa als allgemeinen Appell zur Verständigung und Mäßigung aus:

„Obwohl der Mensch ... manchmal – wenn es keine anderen Mittel gibt – das Recht hat, seinen Standpunkt durch Arbeitsniederlegung zu bekräftigen, so wissen wir nur zu gut, daß dies ein äußerst kostspieliges Argument ist. Die Kosten dieses Arguments gehen in die Milliarden ... – Nach meinem Dafürhalten muß man zuweilen nicht ganz so große Forderungen stellen, damit in Polen Ordnung herrscht. Um so mehr, wenn die Forderungen begründet sein können und gemeinhin auch begründet sind. Aber es verhält sich niemals so, daß man ihnen auf der Stelle, heute noch, nachkommen kann. Ihre Erfüllung muß allmählich erfolgen. Man muß also Gespräche führen: Im ersten Anlauf werden wir jene Forderungen erfüllen, die von grundlegender Bedeutung sind, und im zweiten – weitere. So verlangt es das alltägliche Leben."[13]

Das war nun nicht die öffentliche Aufforderung an die Arbeiter zum Abbruch des Streiks, als die die Rede Wyszyńskis sofort in den Presseorganen des Regimes ausgeschlachtet wurde. Es zeigt auf der anderen Seite deutlich, daß die Kirche alles andere als der geheime Inspirator und Drahtzieher der polnischen Massenbewegung im Sommer 1980 war. Immerhin sah sich die Bischofskonferenz wegen der Verunsicherung, die Wyszyńskis paternalistische Ermahnung an beide Seiten unter den Gläubigen hervorgerufen hatte, gezwungen, deutlicher und grundsätzlicher Stellung zu nehmen. In außerordentlicher Sitzung werden am 26. August erneut beide Seiten zu einer Verständigung gedrängt; es wird aber in klarer Form „das Recht auf Vereinigung der Bürger, auf Unabhängigkeit der Vertretungsorgane der Arbeiter und auf Selbstverwaltung" reklamiert[14].

Von der anderen Seite her dürfte die Partei- und Staatsführung Polens unter einem wachsenden Druck ihrer Verbündeten gestanden haben, endlich entschiedene Maßnahmen gegen die „Konterrevolution" zu ergreifen. Die sowjetische Presse hatte die Streiks in Polen nur indirekt, durch Auszüge aus Giereks Fernsehrede und Zitate polnischer Pressekommentare gemeldet. Herausgenommen wurden dabei ausschließlich Passagen, wie die eines Trybuna-Ludu-Kommentars des ZK-Mitglieds Ryszard Wojna, worin der Platz Polens „in der unmittelbaren Sicherheitssphäre der sozialistischen Weltmacht, der Sowjetunion", herausgehoben und vor den „unberechenbaren Folgen" der Streikbewegung gewarnt wurde. Wie sehr sich die sowjetische Führung gegen das Abkommen in Danzig gestellt haben dürfte, läßt sich aus dem Prawda-Kommentar erschließen, der am 2. September mit „Petrow" gezeichnet erschien, einem von der Führung der KPdSU selbst benutzten Pseudonym:

„Aus Berichten (der polnischen Presse) geht hervor, daß es antisozialistischen Elementen gelungen ist, eine Reihe von Betrieben an der polnischen Küste, vor allem in Danzig, zu infiltrieren, das Vertrauen eines Teils der Arbeiterklasse zu mißbrauchen und die wirtschaftlichen Schwierigkeiten für ihre konterrevolutionären Ziele auszunutzen. Die Regierungskommissionen haben die Forderungen, die von den Vertretern der Arbeiter erhoben wurden, praktisch akzeptiert ..."[15]

Das war nicht viel weniger als der Vorwurf, vor der Konterrevolution kapituliert zu haben! Eine Kapitulation war es auch, allerdings vor den Arbeitern. Nicht weniger als 600 Betriebe der Dreistadt waren zuletzt im Danziger MKS vertreten, das waren praktisch alle. Die gesamte Küste lag paralysiert. In Wroclaw (Breslau) hatte sich gleichfalls ein MKS gebildet. Und dann hatten sich, zum ersten Mal seit den großen Klassenkämpfen der dreißiger Jahre, die Bergarbeiter Oberschlesiens, 350 000 Männer und Frauen, in den Streik begeben, ein eigenes Streikkomitee gebildet, eigene Forderungen aufgestellt (vor allem Abschaffung der vierten Schicht und der mörderischen Sonntagsarbeit) und eigene Verhandlungen erzwungen. Das gab den Ausschlag. Am 30. August akzeptierte die Regierungskommission zuerst in Szczecin (Stettin), dann in Gdańsk die erste und entscheidende Forderung. Alle Forderungen, auch die, in denen keine Einigung erzielt war, wurden Punkt für Punkt in dem Vertragsdokument festgehalten, mit Festlegung eines Modus ihrer weiteren Behandlung. Und zu guter Letzt wurde auch die Zusage der Freilassung aller Inhaftierten noch erzwungen. Dann − und dann erst! − konnte unterschrieben werden.

Anmerkungen

1 Une interview avec les animateurs de „Robotnik", zit. nach: „L'Alternative", Pologne − Le dossier de Solidarité, Dezember 1981 − Eigene Übers. aus dem Französischen.
2 Zit. nach Ulrich Zuper (Hrg.), „Wir bauen ihnen ein Denkmal". Dokumente, Materialien, Tonbandprotokolle Lenin-Werft/Danzig/Polen, Stuttgart 1981/82, S. 12.
3 Ebenda, S. 16.
4 Vgl. Ebenda, S. 18 ff.
5 Ebenda, S. 22.
6 Archiv der Gegenwart, Folge 41, 11. September 1980, S. 23 864.
7 Vgl. G. Koenen u.a., Freiheit, Unabhängigkeit und Brot, a.a.O., S. 243 f.
8 Ebenda, S. 244.
9 Text in: „L'Alternative", Pologne, a.a.O., S. 18.
10 Ebenda, S. 20/21.
11 Ebenda, S. 28/29.
12 Ebenda, S. 15.
13 Zit. nach: A.Th. Dross (Hrg.), Polen. Freie Gewerkschaften im Kommunismus?, a.a.O., S. 158.
14 Ebenda, S. 163.
15 Zit. nach: Georg Zolitatsch, Die „antisozialistischen Kräfte" sind schuld, in: Osteuropa 12/1980, Stuttgart, S. 43/44.

DOKUMENT 1

Protokoll der Vereinbarung zwischen dem Regierungsausschuß und dem überbetrieblichen Streikkomitee vom 31. August 1980 in der Werft von Gdańsk (*Danziger Abkommen*)

Der Regierungsausschuß und das Überbetriebliche Streikkomitee haben nach Behandlung der 21 Forderungen der streikenden Belegschaften im Küstenraum folgendes miteinander vereinbart:

Zu **Punkt eins**, der lautet: „*Akzeptierung von von der Partei und vom Arbeitgeber unabhängigen freien Gewerkschaften*, die sich aus der von der Volksrepublik Polen ratifizierten Konvention Nummer 87 der Internationalen Arbeitsorganisation ergibt, die die *Gewerkschaftsfreiheit* betrifft", wurde festgelegt:

1. Die Tätigkeit der Gewerkschaften in der VRP erfüllt die Hoffnungen und Erwartungen der Werktätigen nicht. Für sinnvoll erachtet wird die Schaffung von neuen, sich selbst verwaltenden Gewerkschaften, die echte Repräsentanten der arbeitenden Klassen darstellen. Nicht in Frage gestellt wird das Recht eines jeden, in den bisherigen Gewerkschaften zu verbleiben, und in Zukunft ließe sich die Möglichkeit erblicken, zwischen den Gewerkschaften eine Zusammenarbeit anzuknüpfen.

2. Das Überbetriebliche Streikkomitee MKS schafft neue, unabhängige und sich selbst verwaltende Gewerkschaften und stellt fest, daß diese die in der Verfassung der VRP verankerten Prinzipien einhalten werden. Die neuen Gewerkschaften werden die sozialen und materiellen Interessen der Arbeiter schützen und beabsichtigen nicht, die Rolle einer politischen Partei zu spielen. Sie stehen auf dem Boden des Prinzips, wonach die Produktionsmittel gesellschaftliches Eigentum sind, was wiederum die Grundlage für die in Polen herrschende sozialistische Gesellschaftsordnung darstellt. In Anerkennung dessen, daß die PVAP die führende Rolle im Staate ausübt, und ohne das festgelegte internationale Bündnissystem anzutasten, sind sie bestrebt, den Werktätigen entsprechende Kontrollmittel zu sichern, deren Meinung auszusprechen und deren Interessen zu verteidigen.

Der Regierungsausschuß stellt fest, daß die Regierung voll und ganz die Achtung der Unabhängigkeit und Selbstverwaltung der neuen Gewerkschaften sowohl hinsichtlich ihres organisatorischen Aufbaus als auch der Arbeitsweise auf allen Ebenen garantiert und sichert. Die Regierung wird den neuen Gewerkschaften die volle Möglichkeit zusichern, ihre grundlegenden Funktionen bei der Verteidigung der Interessen der Arbeiterschaft, zur Verwirklichung der materiellen, gesellschaftlichen und kulturellen Ansprüche der Arbeiter wahrzunehmen. Gleichzeitig garantiert sie, daß die neuen Gewerkschaften in keinerlei Weise diskriminiert werden.

3. Die Schaffung und die Arbeit der unabhängigen, sich selbst verwaltenden Gewerkschaften entspricht der von Polen ratifizierten Konvention Nr. 87 der

Internationalen Arbeitsorganisation über die Gewerkschaftsfreiheit und den Schutz der Gewerkschaftsrechte sowie der Konvention Nr. 90 über das Recht, sich zu organisieren und Kollektivverhandlungen zu führen. Die Größe der Gewerkschafts- und Arbeitervertretung wird entsprechende Veränderungen in der Gesetzgebung erforderlich machen. Im Zusammenhang damit verpflichtet sich die Regierung zu gesetzgeberischen Initiativen, insbesondere hinsichtlich des Gesetzes über die Gewerkschaften, des Gesetzes über die Arbeiterselbstverwaltung und des Arbeitsgesetzbuches.

4. Die entstandenen Streikkomitees haben die Möglichkeit, sich in Arbeitervertretungsorgane innerhalb der Betriebe umzugestalten, in solche wie Arbeiterkomitees, Arbeiterschaftskomitees, Arbeiterräte oder in Gründungsausschüsse für die neuen, sich selbst verwaltenden Gewerkschaften. (...)

5. Die neuen Gewerkschaften sollten die reale Möglichkeit besitzen, öffentlich die für die Lebens- und Arbeitsbedingungen ausschlaggebenden Schlüsselentscheidungen zu begutachten, so die Verwaltungsprinzipien aus dem Nationaleinkommen für die Konsumtion und die Akkumulation, die Aufteilung des gesellschaftlichen Konsumfonds für verschiedene Zwecke (Gesundheits-, Bildungswesen und Kultur), die Grundprinzipien für die Entlohnung und Richtlinien für die Lohnpolitik und ganz besonders die Prinzipien einer automatischen Lohnkorrektur bei inflationären Verhältnissen, die langfristigen Wirtschaftspläne, die Investitionseinrichtungen und die Preisveränderungen. Die Regierung verpflichtet sich, die Voraussetzung für die Wahrnehmung dieser Funktion zu gewährleisten.

6. Das Überbetriebliche Komitee gründet ein Sozial- und Berufsarbeitszentrum, dessen Aufgabe es sein soll, objektiv die Lage der Arbeiterschaft, die Existenzbedingungen der Werktätigen und die Art und Weise der Interessenvertretung der Arbeiterschaft zu analysieren. Dieses Zentrum wird ebenfalls Expertisen zum Lohn- und Preisindex anfertigen und Ausgleichsformen vorschlagen. Das Zentrum wird auch die Ergebnisse seiner Untersuchungen veröffentlichen. Außerdem werden die neuen Gewerkschaften ihre eigenen Publikationsorgane besitzen.

7. Die Regierung gewährleistet in Polen die Einhaltung der Vorschriften aus dem Artikel 1 Pkt. I des Gesetzes über die Gewerkschaften von 1949, in dem es heißt, daß den Arbeitern und Werktätigen das Recht garantiert wird, sich freiwillig in Gewerkschaften zusammenzuschließen. Die neu entstandenen Gewerkschaften werden nicht dem vom Zentralrat der Gewerkschaften CRZZ vertretenen Verband angehören. Es wird festgelegt, daß das neue Gesetz dieses Prinzip beibehält. Gleichzeitig wird gewährleistet, daß Vertreter von MKS, von Gründungsausschüssen der sich selbst regierenden Gewerkschaften und anderen Arbeiterrepräsentationen an der Ausarbeitung dieses Gesetzes teilnehmen.

Zu **Punkt zwei**, der lautet: *„Garantie des Rechts auf Streik sowie der Sicherheit der Streikenden und der sie unterstützenden Personen"*, wurde festgelegt: Das Streikrecht wird im vorbereiteten Gesetz über die Gewerkschaften garantiert. Das Gesetz sollte die Bedingungen für die Ausrufung und Organisierung eines Streiks, die Methoden zur Lösung von Streitfragen und die Verantwortung für die Nichteinhaltung der Gesetze bestimmen. (...)

Zu **Punkt drei**, der lautet: „Einhaltung der von der Verfassung der Volksrepublik Polen garantierten *Freiheit des Wortes, des Drucks und der Publika-*

tion. Somit dürfen auch die unabhängigen Zeitschriften nicht unterdrückt werden. Zugang der Vertreter aller Glaubensbekenntnisse zu den Massenmedien", wurde festgelegt:

1. Die Regierung legt innerhalb von drei Monaten dem Sejm einen Gesetzentwurf über die Kontrolle von Presse, Publikationen und öffentlichen Aufführungen auf der Grundlage von folgenden Prinzipien vor. Die Zensur sollte die Interessen des Staates schützen. Das heißt, Schutz von Staats- und Wirtschaftsgeheimnissen, deren Umfang näher von Gesetzen, Fragen der Sicherheit des Staates und seiner wichtigen internationalen Interessen bestimmt werden, Schutz von religiösen Gefühlen und gleichzeitig auch der Gefühle von nichtgläubigen Menschen sowie die Verhinderung der Verbreitung von sittengefährdenden Inhalten. Der Gesetzentwurf sollte ebenfalls das Recht enthalten, gegen Entscheidungen der Kontrollorgane von Presse, Publikationen und öffentlichen Aufführungen beim obersten Verwaltungsgericht Klage zu erheben. Dieses Recht wird auch über die Novelle des Verwaltungsgesetzes eingeführt.

2. Die Nutzung der Massenmedien durch Glaubensgemeinschaften in ihrem religiösen Wirken wird über Absprachen ... zwischen den Staatsorganen und den daran interessierten Glaubensgemeinschaften verwirklicht. Die Regierung sichert eine sonntägliche Gottesdienstübertragung im Rundfunk im Rahmen einer Detailvereinbarung mit dem Episkopat.

3. Die Tätigkeit von Rundfunk und Fernsehen sowie von Presse und Publikationen sollte die Vielfalt der Gedanken, Anschauungen und Urteile zum Ausdruck bringen. Sie sollte einer gesellschaftlichen Kontrolle unterliegen.

4. Ähnlich wie die Bürger und ihre Organisationen sollte die Presse Zugang zu öffentlichen Dokumenten (Akten) haben, insbesondere betreffs der Verwaltung, der sozialökonomischen Pläne u.ä., die von der Regierung bzw. den ihr unterstellten Verwaltungseinheiten herausgegeben werden. (...)

Zu **Punkt vier**, der lautet: „a) *Wiederherstellung der früheren Rechte für alle Menschen, die nach den Streiks von 1970 und 1976 entlassen, für alle Studenten, die wegen ihrer Überzeugung von den Hochschulen entfernt wurden.* b) *Freilassung aller politischen Gefangenen* (darunter Edmund Zadrozynski, Jan Kozlowski und Marek Kozlowski). c) *Aufhebung aller Verfolgungen wegen Überzeugungen.*", wurde festgelegt:

A – Unverzügliche Untersuchung der Begründung für die Entlassung nach den Streiks von 1970 und 1976 in allen gemeldeten Fällen, und falls Unrichtigkeiten festgestellt werden, sofortige Wiedereinstellung, wenn dies die Betreffenden wünschen, dabei Berücksichtigung der inzwischen erworbenen Qualifikationen. – Angewandt wird das auch entsprechend in den Fällen der exmatrikulierten Studenten.

B – Übergabe der im Punkt A angeführten Personalunterlagen zur Untersuchung durch den Justizminister, der innerhalb von zwei Wochen alles weitere veranlaßt, wenn die genannten Personen ihrer Freiheit beraubt sind, Unterbrechung der Haft bis zum Abschluß des Prozesses.

C – Untersuchung der Begründung für die vorübergehende Festnahme der im Anhang aufgeführten Personen.

D – Volle Einhaltung der Freiheit, seine Überzeugungen im öffentlichen und Berufsleben auszusprechen.

Zu **Punkt fünf**, der lautet: *„Veröffentlichung der Information über die*

Gründung des Überbetrieblichen Streikkomitees und seine Forderungen in den Massenmedien" wurde festgelegt:

Die Forderung ist erfüllt, wenn in den Massenmedien für ganz Polen das vorliegende Protokoll zur öffentlichen Kenntnisnahme gegeben wird.

Zu **Punkt sechs**, der lautet: *„Reale Schritte zu unternehmen, um unser Land aus der Krisensituation herauszubringen* durch: a) öffentliche Bekanntgabe sämtlicher Informationen über die sozialökonomische Lage und b) Ermöglichung der Teilnahme an der Diskussion zum Reformprogramm für alle Gesellschaftskreise und -schichten"*, wurde festgelegt:

Wir halten es für notwendig, die Arbeiten an einer Wirtschaftsreform erheblich zu beschleunigen. Die Staatsorgane bestimmen und veröffentlichen in den nächsten Monaten die Grundziele dieser Reform. Es gilt dabei zu ermöglichen, daß breite Kreise in die öffentliche Diskussion über die Reform einbezogen werden. Die Gewerkschaften sollten besonders an den Arbeiten zu den Gesetzen über die sozialistischen Wirtschaftsorganisationen und die Arbeiterselbstverwaltung teilnehmen. Die Wirtschaftsreform sollte sich auf eine grundlegend größere Selbständigkeit der Betriebe und auf eine echte Teilnahme der Arbeiterselbstverwaltung an der Leitungsarbeit stützen. Entsprechende Festlegungen sollten durch die Gewerkschaften wahrgenommen werden können.

Einzig und allein eine sich der Fragen bewußte und sich in den Realitäten gut auskennende Gesellschaft kann Initiator und Realisator des Neuordnungsprogrammes unserer Wirtschaft sein. Die Regierung vergrößert ganz prinzipiell den Zugang der Bevölkerung, der Gewerkschaften und der Wirtschafts- und Gesellschaftsorganisationen zu sozialökonomischen Informationen.

Außerdem fordert das Überbetriebliche Streikkomitee
- die Schaffung von dauerhaften Aussichten für die Entwicklung der bäuerlichen Familienwirtschaften, die Grundlage der polnischen Landwirtschaft;
- die Gleichsetzung der landwirtschaftlichen Sektoren beim Zugang zu allen Produktionsmitteln, einschließlich des Bodens,
- die Schaffung von Voraussetzungen für das Wiedererstehen der Selbstverwaltungen auf dem Lande.

Zu **Punkt sieben**, der lautet: *„Lohnweiterzahlung an alle Streikteilnehmer* für die Zeit des Streiks wie für den Urlaub aus dem Urlaubsfonds des Zentralrates der Gewerkschaften"*, wurde festgelegt:

Es wurde festgelegt, den Arbeitern der streikenden Belegschaften für die Streikzeit einen Abschlag in Höhe von 40% des Lohnes und nach Wiederaufnahme der Arbeit einen Ausgleich bis zu 100% des Lohns zu zahlen, wobei der für den Erholungsurlaub nach dem Prinzip des Achtstundentages berechnet wird. Das Überbetriebliche Streikkomitee wendet sich an die in ihm vereinigten Belegschaften, daß sie nach Streikbeendigung im Zusammenwirken mit den Direktionen der Unternehmen, Betriebe und Institutionen Schritte zur Steigerung der Arbeitsproduktivität, zum sparsamen Umgang mit Material und Energie sowie zur Pflichterfüllung an jedem Arbeitsplatz unternehmen.

Zu **Punkt acht**, der lautet: *„Anhebung des Grundlohns für jeden Arbeiter um 200 Zloty pro Monat als Ausgleich für den bisherigen Preisanstieg"*, wurde festgelegt:

Eingeführt werden allmähliche Lohnaufstockungen für alle Berufsgruppen, insbesondere für die Mindestlohnempfänger. Als Prinzip wurde vereinbart, daß die Löhne in den einzelnen Betrieben und Branchengruppen heraufgesetzt werden. Die Lohnerhöhungen werden gegenwärtig und in Zukunft unter Berücksichtigung der Spezifik der Berufe und Branchen dahingehend verwirklicht, daß die Löhne um eine Lohngruppe heraufgesetzt bzw. andere Elemente der Löhne oder Lohngruppen vergrößert werden. In bezug auf die Angestellten von Unternehmen — Heraufsetzung um eine Gehaltsstufe innerhalb der Gehaltstabelle. Die hier behandelten Lohnerhöhungen werden bis Ende September dieses Jahres entsprechend den Branchenvereinbarungen abgeschlossen.

Die Regierung wird bis zum 31. Oktober 1980 in Absprache mit den Gewerkschaften ihr Programm für Lohnerhöhungen und bis zum 1. Januar 1981 für die Mindestlohnempfänger unter besonderer Berücksichtigung von kinderreichen Familien vorlegen.

Zu **Punkt neun**, der lautet: *"Garantie eines automatischen Lohnanstiegs parallel zu den Preissteigerungen und zum Absinken des Geldwertes"*, wurde festgelegt:

Als vordringlich wurde betrachtet, den Preisanstieg bei Konsumgütern des täglichen Gebrauchs durch eine verstärkte Kontrolle des vergesellschafteten und privaten Sektors, insbesondere sogenannte leise Preiserhöhungen zu stoppen. Entsprechend dem Regierungsbeschluß werden Untersuchungen zur Kostengestaltung in der Lebenshaltung durchgeführt. Diese werden auch die Gewerkschaften und wissenschaftliche Einrichtungen durchführen. Bis Ende 1980 wird die Regierung Ausgleichsprinzipien für die gestiegenen Lebenshaltungskosten ausarbeiten, die öffentlich diskutiert und nach Übereinkunft in die Praxis umgesetzt werden. Diese Prinzipien sollten das Problem des sozialen Minimums berücksichtigen.

Zu **Punkt zehn**, der lautet: *"Sicherstellung einer vollen Versorgung des Binnenmarktes mit Nahrungsgütern und nur ausschließlich die Überschüsse exportieren"*, zu **Punkt elf**, der lautet: *"Beseitigung der kommerziellen Preise und des Verkaufs gegen Devisen im sogenannten ‚inneren Export'"*, zu **Punkt dreizehn**, der lautet: *"Einführung von Lebensmittelkarten für Fleisch und Fleischprodukte (bis die Lage auf dem Markt gemeistert ist)"*, wurde festgelegt:

Es wurde festgelegt, daß sich die Fleischversorgung für die Bevölkerung bis zum 31.12.1980 u.a. verbessert durch: eine noch stärkere Rentabilität der Agrarproduktion, die Beschränkung des Fleischexports auf das unbedingte Minimum und Zusatzimporte von Fleisch. Gleichzeitig wird zum gleichen Termin das Programm zur Verbesserung der Fleischversorgung für die Bevölkerung unter Berücksichtigung der eventuellen Möglichkeit der Einführung von Fleischkarten vorgelegt.

Es wurde festgelegt, daß in den Pewex-Geschäften keine Mangelwaren des allgemeinen Gebrauchs aus einheimischer Produktion verkauft werden. Über die getroffenen Entscheidungen und Schritte zur Marktversorgung wird die Bevölkerung bis zum Jahresende informiert.

Das Überbetriebliche Streikkomitee beantragt die Abschaffung der kommerziellen Geschäfte, die Vereinheitlichung der Preise bei Fleisch und Wurstwaren auf ein Durchschnittsniveau.

Zu **Punkt zwölf**, der lautet: „*Einführung von Auswahlkriterien für Leitungskader nach dem Qualifikationsprinzip und nicht nach ihrer Parteizugehörigkeit sowie Beseitigung der Privilegien für die Bürgermiliz, die Staatssicherheit und den Parteiapparat durch Angleichung der Familiengelder, Beseitigung von Sonderverkaufsstellen u.ä.*", wurde festgelegt:

Die Forderung nach einer konsequenten Anwendung der Auswahlkriterien für Leitungskader entsprechend ihren Qualifikationen und Kompetenzen, sowohl der Parteimitglieder, der Mitglieder der Blockparteien als auch der Parteilosen, wird erfüllt. Ihr Programm für die Angleichung der Familiengelder für alle Berufsgruppen legt die Regierung bis zum 31.12.1980 vor. Der Regierungsausschuß stellt fest, daß für derartige Mitarbeiter ähnlich wie in anderen Betrieben und Ämtern ausschließlich Buffets und Gemeinschaftsküchen betrieben werden.

Zu **Punkt vierzehn**, der lautet: „*Herabsetzung des Rentenalters für Frauen auf 50 Jahre und für Männer auf 55 Jahre oder eine Arbeitsdauer in der VRP von 30 Jahren für Frauen und und 35 Jahren für Männer ungeachtet des Alters*", wurde festgelegt:

Der Regierungsausschuß erachtet es gegenwärtig für unmöglich, dieses Postulat in der aktuellen wirtschaftlichen und demographischen Lage des Landes zu erfüllen. Diese Frage kann in der Zukunft diskutiert werden. Das Überbetriebliche Streikkomitee verlangt die Untersuchung dieser Frage bis zum 31. Dezember 1980 und die Berücksichtigung, daß eventuell all diejenigen Werktätigen, die unter besonders belastenden Bedingungen arbeiten, um 5 Jahre eher in Rente gehen können (30 Arbeitsjahre für Frauen und 35 für Männer, in Fällen einer besonders schweren Arbeit mindestens 15 Arbeitsjahre). Das sollte ausschließlich auf Antrag der Werktätigen geschehen.

Zu **Punkt fünfzehn**, der lautet: „*Die Alters- und sonstigen Renten, die nach alter Grundlage berechnet worden sind, sind dem Niveau der gegenwärtig gezahlten anzugleichen*", wurde festgelegt:

Der Regierungsausschuß erklärt, daß die Aufstockung der niedrigsten Alters- und sonstigen Renten jedes Jahr entsprechend den ökonomischen Möglichkeiten unseres Landes erfolgen und daß dabei auch die Aufstockung der Mindestlöhne berücksichtigt wird. Die Regierung legt das Realisierungsprogramm bis zum 31.12.1980 vor. Die Regierung bereitet den Vorschlag vor, die niedrigsten Alters- und sonstigen Renten bis zum sogenannten sozialen Minimum, das auf der Grundlage der Untersuchungen von entsprechenden Instituten festgelegt und der Öffentlichkeit unterbreitet und von den Gewerkschaften kontrolliert wird, heraufzusetzen. Das Überbetriebliche Streikkomitee betont die außerordentliche Dringlichkeit dieser Frage und hält seine Forderung nach Angleichung der Alters- und sonstigen Renten, die nach der alten Grundlage berechnet worden sind, an die gegenwärtig gezahlten unter Berücksichtigung der steigenden Lebenshaltungskosten aufrecht.

Zu **Punkt sechzehn**, der lautet: „*Verbesserung der Arbeitsbedingungen des Gesundheitswesens, was eine volle medizinische Fürsorge für die arbeitenden Menschen gewährleisten wird*", wurde festgelegt:

Als unbedingt notwendig erachtet wurde, die sofortige Vergrößerung der Ausführungskapazitäten für Investitionen im Gesundheitswesen, eine bessere

Arzneimittelversorgung durch zusätzliche Rohstoffimporte, die Erhöhung der Löhne für alle Angestellten des Gesundheitswesens (Veränderung der Lohntabellen für Krankenschwestern) und die schnellstmögliche Vorbereitung von Regierungs- und Ministeriumsprogrammen für die Verbesserung des Gesundheitszustandes der Bevölkerung. Andere Maßnahmen hierzu sind im Anhang enthalten.

Zu **Punkt siebzehn**, der lautet: *„Sicherstellung einer entsprechenden Anzahl an Krippen- und Kindergartenplätzen für Kinder von berufstätigen Frauen"*, wurde festgelegt:
Der Ausschuß teilt voll und ganz den Inhalt des Postulats. Ein entsprechendes Programm werden die Woiwodschaftsbehörden bis zum 30. November 1980 vorlegen.

Zu **Punkt achtzehn**, der lautet: *„Einführung eines bezahlten Mutterschaftsurlaubs für die Zeitdauer von 3 Jahren für die Erziehung der Kinder"*, wurde festgelegt:
Bis zum 31.12.1980 wird im Einvernehmen mit den Gewerkschaften eine Analyse der Möglichkeiten der Volkswirtschaft vorgenommen und die Zeitdauer und Höhe der monatlichen Beihilfen für Mütter, die gegenwärtig ihren unbezahlten Urlaub für die Erziehung von Kindern in Anspruch nehmen, festgelegt. Das Überbetriebliche Streikkomitee postuliert, nach der durchgeführten Analyse die Einführung einer solchen Beihilfe in Höhe des vollen Lohns im ersten Jahr nach Geburt des Kindes und 50% im zweiten Jahr, doch nicht niedriger als 2000 Zloty monatlich einzuführen. Dieses Postulat sollte schrittweise verwirklicht werden, angefangen im ersten Halbjahr 1981.

Zu **Punkt neunzehn**, der lautet: *„Verkürzung der Wartezeit auf Wohnungen"*, wurde festgelegt:
Bis zum 31.12.1980 wird von den Woiwodschaftsbehörden ein Programm zur Verbesserung der Wohnungslage vorgelegt. Es soll die Wartezeit auf Wohnungen verkürzen. Gleichzeitig wird es einer umfassenden Diskussion in der Bevölkerung der jeweiligen Woiwodschaft unterzogen und mit den entsprechenden Organisationen beraten werden. Das Programm soll auch die Nutzung der bestehenden Häuserfabriken und die weitere Entwicklung der Produktionsbasis für das Bauwesen berücksichtigen. Derartige Maßnahmen werden im ganzen Land eingeleitet.

Zu **Punkt zwanzig**, der lautet *„Anhebung der Tagegelder von 40 auf 100 Zloty und Trennungszuschläge"*, wurde festgelegt:
Ab 1. Januar 1981 werden die Tagegelder und die Trennungszuschläge aufgestockt. In dieser Frage werden die Vorschläge von der Regierung bis zum 31. Oktober 1980 vorgelegt werden.

Zu **Punkt einundzwanzig**, der lautet: *„Einführung aller Samstage als arbeitsfrei.* Den Arbeitern in durchgehend arbeitenden Betrieben oder im Vierschichtsystem sind die fehlenden freien Samstage durch längere Jahresurlaube oder andere bezahlte freie Tage auszugleichen"*, wurde festgelegt:
Bis zum 31. Dezember 1980 werden die Prinzipien und die Art und Weise zur Verwirklichung der Programme für die Einführung von bezahlten arbeitsfreien

Samstagen oder einem anderen Modus zur Arbeitszeitverkürzung ausgearbeitet und vorgelegt. Dieses Programm wird eine größere Anzahl an bezahlten Samstagen bereits ab 1981 enthalten. Andere Maßnahmen hierzu befinden sich im Annex zu den Postulaten des Überbetrieblichen Streikkomitees.

Nach Erfüllung der hier genannten Festlegungen wurde folgendes vereinbart:
Die Regierung verpflichtet sich:
- die persönliche Sicherheit und die Beibehaltung des bisherigen Arbeitsverhältnisses für alle Teilnehmer am gegenwärtigen Streik und für alle sie unterstützenden Personen zu gewährleisten;
- die branchenspezifischen Fragen, die von allen im Überbetrieblichen Streikkomitee vereinigten streikenden Belegschaften vorgebracht wurden, innerhalb der Ministerien zu prüfen;
- unverzüglich in den Massenmedien für das gesamte Land (Presse, Rundfunk und Fernsehen) den vollen Wortlaut des Protokolls der vorliegenden Vereinbarung zu veröffentlichen.

Das Überbetriebliche Streikkomitee verpflichtet sich, den Streik am 31. August 1980 um 17 Uhr zu beenden.

(Aus: Polens Gegenwart Nr. 18/19, Okt. 1980, Warschau)

2. Die neue Gewerkschaft setzt sich durch – Das Statut von „Solidarność"

Mit der Unterzeichnung der Abkommen von Gdańsk und Szczecin (Stettin) sowie dem Abkommen von Jastrzebie, in dem die wichtigsten Forderungen der Bergleute erfüllt wurden, hatte sich die neue unabhängige Gewerkschaftsbewegung ihr tatsächliches Existenzrecht noch lange nicht erstritten. Den führenden Köpfen der Bewegung war von vornherein klar, daß die Partei alles unternehmen werde, um die Bewegung unter ihre Kontrolle zu bekommen.

Schon in der letzten Ausgabe des Streikbulletins der Danziger Werft wurde das „Projekt eines Statuts der unabhängigen selbstverwalteten Gewerkschaft" veröffentlicht. Danach sollten die in Gründungskomitees umgewandelten Streikkomitees ihr erstes Organisationsgerüst abgeben. Überhaupt sollten die betrieblichen Gewerkschaftsorganisationen mit ihrer schon erprobten direkten Demokratie die Grundlage der innergewerkschaftlichen Selbstverwaltung bilden. Aus den Erfahrungen der Streikbewegung ging auch das zweite beherrschende Merkmal des Organisationsaufbaus hervor: Entsprechend den „Überbetrieblichen Streikkomitees" sollten sich die betrieblichen Grundorganisationen wiederum in einheitlichen regionalen Verbänden zusammenschließen.

Durch eine besondere Klausel wurde geregelt, daß „eine Person, die in den staatlichen Verwaltungsorganen, im Wirtschaftsapparat oder in den Instanzen einer politischen Organisation eine leitende Funktion einnimmt, ... innerhalb der Gewerkschaft keine verantwortliche Funktion bekleiden (kann)"[1]. Dies richtete sich direkt gegen das Organisationsprinzip der herrschenden Bürokratie, die „Nomenklatura"; die Gewerkschaft sicherte sich auf diese Weise dagegen, von der herrschenden Partei nach und nach „übernommen" zu werden.

Sofort nach Beendigung der Streiks erschien auch ein von den Beratern des MKS in Danzig ausgearbeitetes *„Aktionsprogramm der Freien Gewerkschaft" (siehe Dokument 2).* Es schlug vor, den Kampf um den Aufbau der neuen Gewerkschaftsverbände unmittelbar mit einem Kampf um die im Danziger Abkommen aufgeworfenen Fragen zu verbinden, also keinesfalls passiv zuzusehen, ob die staatlichen Behörden entsprechende Initiativen ergriffen oder nicht. So reklamierte die Gewerkschaft auch für sich das Recht auf Gesetzesinitiativen; und in der

Konsequenz der Danziger Vereinbarungen wurde eine Änderung des Arbeitsgesetzbuches verlangt. Ein neues Tarifvertragsrecht, die Neuwahl der bestehenden Betriebsräte (im Rahmen der gesetzlich bestehenden, sehr eingeschränkten „Arbeiterselbstverwaltung") zählten ebenfalls zu den Forderungen. Außerdem plante man den Aufbau einer Arbeiter-Universität. Drückt sich darin aus, daß die Gewerkschafter fest entschlossen waren, sich anders als 1971 nicht mit bloßen Zusagen abspeisen zu lassen, sondern die eigenen Angelegenheiten selbst in die Hand zu nehmen und voranzutreiben, so zeigt das Dokument andererseits auch, daß sie sich durchaus in dem vom Danziger Abkommen gesteckten Rahmen zu halten gedachten.

Zum selben Zeitpunkt versuchte auch die PVAP, sich auf die neue Situation einzustellen. Auf einem ZK-Plenum am 5./6. September wurde Gierek – angeblich wegen Krankheit, eine getreue Karikatur des Abgangs von Gomulka 1970 – als Parteivorsitzender abgelöst und eine neue Runde hektischer Drehungen des Personalkarussells in Gang gesetzt. Der neue Parteivorsitzende Kania gibt in seiner Antrittsrede Hinweise auf die einzuschlagende Taktik gegenüber den entstehenden neuen Gewerkschaften:

„Schwere Fehler in der Wirtschaftspolitik und Deformierungen im gesellschaftlichen Leben waren die Hauptursache dieser großen Streikwelle, die seit Juli durch Polen rollte und die heute noch andauert. Wir betrachten diese Streiks als Ausdruck der Unzufriedenheit der Arbeiter, als Arbeiterprotest in der reinen, für Arbeiter typischen Form. Das war ein Prozeß, der sich nicht gegen die Grundsätze des Sozialismus, nicht gegen unsere Bündnisse richtete. Das war kein Prozeß gegen die führende Rolle unserer Partei, die von der Geschichte geformt worden ist. Der Prozeß war gegen die Entstellungen, gegen die Fehler in unserer Politik gerichtet. Daher war die grundlegende *Methode* für die Lösung der gesellschaftlichen Konflikte mit dem Charakter des Streiks der *Dialog* ...

Man muß jedoch wissen, daß der Kampf nicht nur um die Wiedergewinnung des Vertrauens der Arbeiterklasse, der Werktätigen geführt wird. Es wird auch ein scharfer Kampf mit dem Gegner geführt. Wir wollen die Schwierigkeiten des Landes lösen. Aber der *antisozialistische Gegner* will die entstandenen Konflikte für Ziele ausnutzen, die dem entgegengesetzt sind, wonach die Arbeiter streben und wofür sie sich aussprechen. Wir werden entschieden allen Fällen von Verletzung der Ordnung, von Willkür und Zügellosigkeit, von Schikanen gegen ehrliche und opferbereite Menschen bei der Arbeiterschaft in Polen entgegenwirken."[2]

„Dialog" mit den unzufriedenen Arbeitern einerseits, bei strikter Eingrenzung der zulässigen Unzufriedenheit auf „reinen Arbeiterprotest", Wiedergewinnung dieser Unzufriedenen, gleichzeitig aber „scharfer Kampf mit dem Gegner", d.h. Isolierung der oppositionellen politischen Kräfte – so etwa ließe sich das als Handlungsanweisung für die Parteigliederungen zusammenfassen. Immerhin bedeutete dies, daß sich die Partei und die von ihr gelenkten Massenorganisationen, vor allem die bisherigen Branchengewerkschaften, auf eine offene gesellschaftliche Auseinandersetzung einließen. Die Taktik war durchaus flexibel. So traten die einzelnen Gewerkschaften vielfach aus dem alten Dachverband aus und gründeten sich flugs neu als „Unabhängige Selbstverwaltete Gewerkschaft" der entsprechenden Branche. Die sich allenthalben bildenden Gründungsausschüsse der „Solidarność" trafen dagegen auf Schikanen und Hindernisse jeder Art. Dies führte zu harten Konflikten mit den jeweiligen örtlichen und betrieblichen Machthabern, die oftmals um die eigene Existenz kämpften, da die Bildung der neuen Gewerkschaft vielfach zusammenging mit einer Welle von Enthüllungen über die herrschende Mißwirtschaft.

Angeheizt wurde die Situation dadurch, daß die Führung der Sowjetunion, noch mehr aber die der CSSR und DDR, inzwischen unverhüllt ihr Mißfallen über die Entwicklung in Polen zum Ausdruck brachten. Die Wahl Kanias, des vormaligen Chefs der Sicherheitsorgane, zum Parteichef sollte ihnen gegenüber offenbar auch eine Garantie darstellen, daß ein Ausscheren Polens aus der Blockdisziplin nicht in Frage komme. Großmanöver des Warschauer Paktes auf DDR-Gebiet, unmittelbar an der polnischen Grenze, mit dem Titel „Waffenbrüderschaft '80" unterstrichen dies auf ihre Weise.

Innerhalb der neuen Gewerkschaftsbewegung entwickelte sich eine handfeste Auseinandersetzung darüber, wie sie sich in der gegebenen Situation bewegen und behaupten solle. Am 17. September kamen Delegierte von 35 Gründungsausschüssen aus ganz Polen nach Gdańsk, um über Statut und Organisationsaufbau eine Entscheidung zu fällen. Ein Korrespondentenbericht gibt den Verlauf der Diskussion wieder:

> „Brauchen wir eine nationale Gewerkschaft mit gemeinsamer Führung oder genügt eine einfache Koordination? Diese Frage stand im Mittelpunkt der Diskussion in Gdańsk. Dabei boten sich den Delegierten drei Alternativen für das Statut ihrer Organisation: Dezentralisierte Gewerkschaften, deren Zusammenarbeit durch ein koordinierendes Organ gewährleistet wird; eine Förderation regionaler Gewerkschaften unter einer einheitlichen Führung, von denen aber jede eine eigene Rechtsperson ist; eine zentralisierte Gewerkschaft, deren unterschiedliche Zweige sich als Ganzes vor dem Warszawaer (Warschauer) Gericht registrieren lassen.
> Streikführer Lech Walesa hatte sich auf dem Treffen in Gdańsk bemüht, die Bewegung zur Vereinheitlichung zu bremsen. Dahinter stand bei ihm die Überlegung, den einzelnen regionalen Gewerkschaftsverbänden so viel Autonomie wie möglich zu lassen, einen Zentralisierungsprozeß nicht zu überstürzen, sondern langsam mit der Ausweitung der Bewegung wachsen zu lassen. Schwächere regionale Gruppen, oft aus kleinen Städten, sprachen sich aus Angst vor Isolation und Konfrontation mit den Behörden vehement gegen einen nur lockeren Zusammenschluß aus. Gegen den Vorschlag einer starken zentralisierten Gewerkschaft wurde zu bedenken gegeben, die polnische Arbeiterpartei könne dies als Konkurrenzorganisation auffassen.
> In der Diskussion kamen auch politische Kontroversen zum Ausdruck.

Manch ein Mitglied des Gdańsker Expertenrats, der dem Club der katholischen Intelligenz nahestand, von der ‚Fliegenden Universität' kam, oder von der Gruppe DIP (‚Erfahrung und Zukunft'), predigte die Mäßigung. Mäßigung, das hieß in Gdańsk: Eine einheitliche Führung und ein gemeinsames Statut sind nicht notwendig. Über das KOR (Komitee zur gesellschaftlichen Selbstverteidigung) war zu hören, daß das politische Gleichgewicht im Land und institutioneller Druck ihnen wichtiger erschien, als der noch jungen Bewegung eine eigene Struktur zu geben. KOR-Mitglied Jacek Kuroń, beunruhigt über die Entwicklung, war nach Gdańsk gereist, um den Arbeitern seine Befürchtung vorzutragen.

Während der Versammlung trug ein alter Weggenosse Kurońs, Karol Modzelewski (beide hatten Anfang der 60er Jahre einen offenen Brief an die polnische Arbeiterpartei verfaßt), ... Thesen vor, die von der Mehrzahl der Anwesenden geteilt wurden. Modzelewski: „Unsere Bewegung ist zu stark, um erstickt zu werden. Aber sie kann im Sande verlaufen. Deshalb kann ich nicht mit Walesa übereinstimmen, wenn er sagt, daß wir kein einheitliches Statut brauchen. Wenn sich die verschiedenen Gründungsausschüsse unabhängig voneinander registrieren lassen, werden wir mit der Zeit liquidiert werden. Es ist unbedingt notwendig, eine einheitliche Gewerkschaft zu haben, im nationalen und nicht im regionalen Rahmen, und deshalb brauchen wir ein gemeinsames Statut. Sonst können wir keine gesetzgeberischen Initiativen ergreifen, keine kollektiven Übereinkommen auf nationaler Ebene unterzeichnen. Wir werden nichts erreichen und schließlich werden uns die Arbeiter verlassen. Ich verstehe und teile eure Befürchtungen bezüglich einer neuen Zentralisierung, aber dabei handelt es sich nicht darum, eine neue künstliche Zentralisierung, einen neuen Apparat zu schaffen." Und er schlägt die Gründung einer Kommission vor, die die regionalen Gewerkschaften im nationalen Rahmen repräsentiert und auch als solche anerkannt wird.

Nach der Diskussion tagten die Repräsentanten der verschiedenen Streikkomitees eine Stunde in Arbeitsgruppen. Am Donnerstagabend gab Walesa dann im Plenum bekannt, daß ein Kompromiß gefunden worden sei: ‚Wir haben uns einstimmig dafür entschieden, das Statut von Gdańsk für alle zu übernehmen und gemeinsam nach Warschau zu fahren, um uns als nationale Gewerkschaft registrieren zu lassen.' Provisorischer Präsident der neuen Gewerkschaft: Lech Walesa. Rauschender Beifall der Delegierten.

Die neue Gewerkschaft wird ihren Sitz in Gdańsk haben, aber die regionalen Verbände, aus denen sie sich zusammensetzt, werden in ihrem Gebiet volle Autonomie haben. Die Gewerkschaft wird sich alle zwei Jahre zu einem nationalen Kongreß treffen, und sein Exekutivorgan wird eine nationale Kommission sein, die sich zur Hälfte aus den Präsidenten der regionalen Organisationen zusammensetzt und zur Hälfte aus Repräsentanten, die auf dem Kongreß gewählt werden.

Die Statuten der neuen Gewerkschaft sehen vor, daß die Repräsentanten direkt und geheim gewählt werden, durch die ‚souveräne Versammlung ihrer Mitglieder'. Die Verantwortlichen dürfen nur zweimal wiedergewählt werden und keinerlei Funktion in der staatlichen Verwaltung, in der Wirtschaft, in den politischen Organisationen oder in den jeweiligen Betriebsleitungen einnehmen. Unter den gleichen Bedingungen, wie sie gewählt worden sind, sind sie auch wieder abwählbar."[3]

Die „Unabhängige Selbstverwaltete Gewerkschaft ‚Solidarność' ",
die damit gegründet war, stellte eine Einheitsgewerkschaft neuen Typs
dar, wie sie die Welt bisher noch nicht gesehen hat. Sie war eine Föderation autonomer Regionalorganisationen, die ihrerseits nur eine Föderation autonomer Betriebsorganisationen waren. In diesen Betriebs-
und Regionalverbänden wurden die Beschäftigten aller Berufe und
Branchen einheitlich organisiert, in ein und derselben Gewerkschaft.
Die gewählten Funktionäre blieben ihren Wahlkörpern voll verantwortlich. Gegen Ämterhäufung, die Übernahme von Funktionen in
Erbpacht, und insbesondere gegen eine zu enge Einbindung in die betrieblichen und staatlichen Leitungsorgane waren Vorkehrungen getroffen. Über die Rechte der Mitglieder hieß es u.a.: „Jedes Mitglied
der Gewerkschaft hat das Recht, (...) 8. Forderungen und Anträge an
alle Ebenen des Verbandes zu stellen, 9. laufend Informationen über
alle Entscheidungen und andere Tätigkeiten aller Verbandsorgane zu
erhalten, 10. an allen Versammlungen teilzunehmen, auf denen Organe des Verbandes Beschlüsse fassen, die seine Person betreffen."[4]

Diejenigen, die die „Solidarność" als eine bloße Nachahmung westlicher „freier Gewerkschaften" sehen möchten, mögen Vergleiche anstellen! Tatsächlich war das *Statut der „Solidarność" (siehe Dokument 3)* der Versuch, in der inneren Gliederung der Organisation und
in ihrem eigenen Leben Elemente einer neuen, selbstverwalteten Gesellschaft vorwegzunehmen.

Am 24. Oktober nahmen die Pläne der Partei- und Staatsführung
konkrete Gestalt an: Das zuständige Warschauer Gericht registrierte
zwar die „Solidarność", änderte aber eigenmächtig das vorgelegte Statut ab. In § 1 fügte das Gericht einen Passus aus dem Danziger Abkommen ein: „Die Gewerkschaft beabsichtigt nicht, die Rolle einer
politischen Partei zu erfüllen. Sie steht auf dem Boden des Prinzips
des gesellschaftlichen Eigentums an den Produktionsmitteln, das die
Grundlage der in Polen bestehenden sozialistischen Gesellschaftsordnung bildet. Sie anerkennt, daß die Partei die führende Rolle im Staat
ausübt, und stellt das bestehende System internationaler Bündnisse
nicht in Frage ..." Weiterhin strich das Gericht den gesamten Abschnitt über die Ausrufung und Organisierung von Streiks und ersetzte
ihn durch einen allgemeinen Satz über die Zulässigkeit von Streiks,
„wenn sie nicht im Widerspruch zum geltenden Gesetz stehen"[5].

Das mußte zum offenen Konflikt führen. Die „Solidarność" sah ihre Unabhängigkeit zur Farce gemacht, wenn sie in ihrem frei ausgearbeiteten Statut die „führende Rolle" der Partei anerkennen würde, die
als *die* Partei der Arbeiterklasse dementsprechend auch eine „führende Rolle" innerhalb der Gewerkschaft für sich beanspruchen könnte.
Darüber hinaus entsprach die eigenmächtige Abänderung des Statuts
der Politik der Partei- und Staatsorgane, die neue Gewerkschaft aufs
engste für eine Lösung der Wirtschaftskrise in die Pflicht zu nehmen.

Sollten ihr auf der einen Seite politische Wirkungsmöglichkeiten versperrt werden, so wurde ihr andererseits auch nicht zugestanden, dem staatlichen Arbeitgeber als wirklich unabhängige Gewerkschaftsorganisation gegenüberzutreten, die die vorgelegten Pläne selbständig prüfen und dann ihnen zustimmen oder sie öffentlich kritisieren und notfalls bekämpfen könnte. Sie sollte vielmehr „Mitverantwortung" übernehmen.

In dieser Situation größter Spannung kündigte die „Solidarność" an, für eine unveränderte Registrierung ihrer Statuten notfalls am 12. November den Generalstreik auszurufen. Das Regime seinerseits stand unter schwerem Druck seiner Verbündeten. Ein Außenministertreffen in Warschau Mitte Oktober hatte von einer „Aktivierung der imperialistischen Politik der Stärke und der Einmischung" gesprochen. Unmittelbar danach hatten die DDR und die CSSR ihre Grenzen für den Besucherverkehr von und nach Polen geschlossen. Polen stand also innerhalb des Bündnisses unter Quarantäne.

Aber gerade in dieser Periode erlebte die neue Gewerkschaft ihren größten Massenzulauf. Bis Anfang November hatten sich schon sechs bis sieben Millionen Mitglieder eingeschrieben, es wurden täglich Hunderttausende mehr. Die Parteiführung, die sich bis auf weiteres auf einen „Kampf mit politischen Mitteln" (wie Kania wiederholt betonte) festgelegt hatte, mußte einsehen, daß sie in diesem Kampf einen weiteren Rückzug antreten mußte, wenn sie nicht das gesamte Volk gegen sich aufbringen wollte. Am 10. November revidierte der Oberste Gerichtshof die Entscheidung der ersten Instanz. Das Statut blieb unverändert, der Passus über die „führende Rolle der Partei" etc. wurde in einen Anhang zum Statut verbannt. Damit – und erst damit – hatte sich die „Solidarność" ihre legale Existenz erkämpft.

Anmerkungen

1 Zit. nach: Projet des statuts du syndicat indépendant autogéré, in: L'Alternative, Pologne, a.a.O., S. 50.
2 Zit. nach: Archiv der Gegenwart, a.a.O., S. 23 872.
3 Zit. nach: „die Tageszeitung", Sonderheft Polen, „Euch den Winter, uns den Frühling", 1981, S. 16/17.
4 Vgl. den Text des Statuts im Anhang zu diesem Kapitel, § 11.
5 Zit. nach: Archiv der Gegenwart, Folge 1-2, 1. Januar 1981, S. 24 145.

DOKUMENT 2
Das Aktionsprogramm der freien Gewerkschaft

Die unabhängige Gewerkschaft vertritt die Interessen der Arbeitenden, die ihr beitreten; in ihrem Namen interveniert sie bei den Arbeitgebern, der Verwaltung und den staatlichen Behörden.

Indem sie die Interessen ihrer Mitglieder verteidigt, kämpft die Gewerkschaft dadurch gleichzeitig für die Verbesserung der Einkommen, der Arbeits- und Lebensbedingungen der Gesamtheit der Arbeitenden. Ihre Aktivität basiert auf der tiefen Überzeugung, wonach die Verteidigung der Rechte der Arbeitenden und eine authentische Vertretung der Interessen ihrer verschiedenen Schichten unabdingbar sind für das Wohl des Vaterlandes, der gesamten Gesellschaft wie auch jedes einzelnen Bürgers.

Die Verwirklichung der Ziele, die sich die Gewerkschaft steckt, erfordert Bedingungen, die vom Gesetz garantiert und vom Staatsapparat sowie dem politischen Apparat respektiert werden. Die Gewerkschaft wird sich bemühen, diese Mindestbedingungen zu erlangen, die für ihre Aktivität unerläßlich sind.

Unsere Gewerkschaft wird verlangen, daß die Arbeitenden, individuell oder in Gruppen, jeglichen Vorschlag machen und jegliche Initiative ergreifen können, und daß diese Initiativen von den zuständigen Behörden, Betriebsdirektionen oder höheren Direktionen berücksichtigt werden. Das erfordert die völlige Öffentlichkeit sämtlicher Fakten über die sozioökonomische Wirklichkeit. Hingegen wird die Gewerkschaft selbst keine Initiativen ergreifen, die in den Kompetenzbereich der Direktionen fallen würden. Sie will weder an ihre Stelle treten noch mit ihnen assoziiert werden.

Gegenwärtig macht sich die unabhängige Gewerkschaft zur Aufgabe:
— Die Verwirklichung des Abkommens zu überwachen, das zwischen der Regierung und dem überbetrieblichen Streikkomitee (MKS) am 31. August 1980 unterzeichnet wurde;
— ihre Aktivität zu organisieren;
— die als dringlichst betrachteten Probleme zu lösen.

1. In Übereinstimmung mit dem Punkt 9 des Abkommens vom 31. August schlägt die Gewerkschaft vor, die Erhöhung der Lebenshaltungskosten auf die folgende Weise zu kompensieren:
— Entschädigungssummen für alle Arbeitenden, Rentner und Pensionsempfänger einführen;
— Einfügung dieser Summen in die Familienbeihilfen (oder in eine spezifische Beihilfe für alleinstehende Personen).

Die Berechnungsgrundlage müßte das soziale Minimum sein, das heißt die als notwendig betrachtete Summe für die Befriedigung der Bedürfnisse einer Person während eines Monats. Dieses Minimum beläuft sich derzeit auf 2200 Zloty. In Zukunft müßte die Berechnung dieses Mindesteinkommens durch unabhängig wissenschaftliche Institutionen geschehen. Die Höhe dieser Teuerungsabgeltungen müßte sich nach der Zahl der vom Empfänger zu versorgenden Personen richten, wird doch der Anstieg der Lebenhaltungskosten proportional zur Zahl der Familienmitglieder verspürt.

Die Kompensationszahlungen müßten spätestens am 2. Januar 1981 eingeführt sein. Diese Frage ist wichtig, denn der Text des Abkommens sieht unter Punkt 10 die Regulierung des Fleischpreises auf dem Niveau des durchschnittlichen Preises vor, was zwar einerseits bedeutet, daß die „kommerziellen" Preise sinken, aber anderseits die nicht-kommerziellen Preise ansteigen werden. Wenn die Fleischpreisregulierung vor der Einführung der gleitenden Lohnskala (automatische Teuerungsabgeltung) stattfinden sollte, so werden die schlechtest bezahlten Arbeiter, die Pensionsempfänger und die Rentner am härtesten davon betroffen sein. Wenn das passieren sollte, müßte man vorrangig für diese Personen eine ausgleichende Gehaltserhöhung einführen.

2. Die *Kollektivverträge* sind das Hauptinstrument der Verteidigung der Interessen der Arbeitenden. Man muß dafür sorgen, daß die unabhängigen Gewerkschaften an den Verhandlungen über diese Kollektivverträge aktiv teilnehmen können.

Dies impliziert die folgenden gesetzlichen Veränderungen:
— Abschaffung des Monopols der Branchen-Führung der aktuellen Gewerkschaften auf Vertretung der Arbeitenden bei den Kollektivverträgen;
— Abschaffung des Monopols auf Vertretung der Arbeitgeber durch die Ministerien und die zentralen Direktionen der Kooperativen;
— Abschaffung der Einschränkungen bei den Löhnen.

Die neuen von der Gewerkschaft unterzeichneten Kollektivverträge müßten zeitlich begrenzt sein und eine dreijährige Laufzeit nicht überschreiten. Außerdem muß man die Möglichkeit vorsehen, sie einseitig aufzukündigen nach einer Vorankündigung von drei Monaten (was die Kollektivverträge von mehr als einem Jahr Laufzeit betrifft).

Die von der unabhängigen Gewerkschaft unterzeichneten Kollektivverträge können für eine Branche oder einen Berufszweig gelten. Sie werden von den Gewerkschaftsrepräsentanten der betroffenen Gruppen auf der Grundlage ihrer Statuten unterzeichnet. Das Hauptziel der in den kommenden Monaten zu unterzeichnenden Kollektivverträge muß die Vereinfachung des Entlohnungssystems sein durch eine Beschränkung der Zahl seiner Bestandteile. Die Bezahlung sollte einzig aus dem Lohn, den Prämien und den Zuschlägen bestehen, wobei letztere einen noch festzulegenden Teil des Lohnes nicht zu übersteigen haben. Abschaffen muß man die sogenannten „Achtungs-Prämien" und die anderen Entlohnungsformen, die vom Gutdünken der Betriebsdirektion abhängen.

Die Kollektivverträge müssen ebenfalls ein Mittel sein, um die Akkordarbeit einzuschränken, wobei man danach streben sollte, sie völlig zu beseitigen. Weiter muß man die Überstunden ohne Lohnverluste beschränken.

3. Als Konsequenz aus dem Streik haben die Arbeiter in der Mehrzahl der Betriebe die *Betriebsräte* aufgelöst, wodurch sie zum Ausdruck brachten, daß diese Räte die Interessen der oberen Instanzen, darunter des Zentralrates der Gewerkschaften (CRZZ), vertraten und nicht die der Arbeiter.

Man muß also so bald wie möglich Betriebsräte wählen, die, wie das unmittelbar nach dem Krieg der Fall war, als Vertretungsorgane der Arbeitenden wirken werden, unabhängig von den Gewerkschaften und frei von jeder Bevormundung. Jeder Arbeitende hat das Recht zu wählen und gewählt zu werden. Diese Wahlen müssen auf der Grundlage des Verhältniswahlrechtes durchgeführt werden. Das bedeutet, daß jede Gewerkschaft, aber auch jede andere Organisation, die im Betrieb existiert, und jede Gruppe von Arbeitern die Möglichkeit haben muß, Listen zu präsentieren, wobei die Wähler für eine der vorhandenen Listen stimmen. Die Zusammensetzung des Rates wird von der Zahl der Stimmen abhängen, die die jeweiligen Listen auf sich vereinigen werden können. Wenn beispielsweise drei Listen vorliegen — diejenige der unabhängigen Gewerkschaft (NSZZ), diejenige der offiziellen Gewerkschaft (CRZZ) und eine dritte Liste, die von einer Gruppe von Arbeitern gebildet wurde — und wenn 60 Prozent der Stimmen auf die erste Liste und jeweils 20 Prozent auf die beiden anderen entfallen sind, dann wird der Betriebsrat 60 Prozent Mandate der NSZZ und jeweils 20 Prozent der beiden anderen Listen umfassen. Neben dem Betriebsrat müssen die Führungen der verschiedenen Gewerkschaften existieren, die den Rat nur mittels ihrer gewählten Mandate beeinflussen können.

Die Kompetenzen des Betriebsrates müssen die Verwaltung des Sozialfonds (Urlaube, Ferienheime, ...) und des Wohnungsfonds umfassen, die Kontrolle des Funktionierens der Kassen für gegenseitige Hilfe und Kredite sowie sämtliche Kompetenzen, die im Arbeitsrecht vorgesehen sind.

Diese Kompetenzen umfassen namentlich: die Teilnahme an den Entscheidungen, die die Entlassungen oder freiwillige Abgänge betreffen (der Betriebsrat muß Stellung nehmen und in gewissen außergewöhnlichen Fällen seine Einwilligung geben; auch wird man das Monopol der offiziellen Gewerkschaft in diesen Fragen abschaffen); die Teilnahme an der Abstimmung in dem Fall einer Berufung, die ein Arbeiter gegen eine Sanktion einlegen würde; mit der Direktion gemeinsam die Erstellung der betrieblichen Arbeitszeitregelung (wenn sie durch interne Regelung nicht vorgesehen ist); die Konsultierung bezüglich der Urlaubsplanung, usw. ...

Die Verteidigung der Arbeitenden gehört zu den Kompetenzen des Betriebsrates, soweit es ihm seine Rechte gestatten; wenn aber der Betriebsrat seine Rolle nicht erfüllt, wird die unabhängige Gewerkschaft diese Verteidigung direkt in die Hand nehmen. Das betrifft insbesondere die Fälle von Repression für geäußerte Meinungen oder anti-gewerkschaftliche Repression. Wenn sich alle Maßnahmen als ergebnislos erwiesen haben, ist die Gewerkschaft verpflichtet, zum Streik aufzurufen.

4. Um den Arbeitenden die *Sicherheit bei der Arbeit* zu garantieren, wird unsere Gewerkschaft die neuen Arbeitsplätze untersuchen und die Einhaltung der hygienischen und sicherheitsmäßigen Normen regelmäßig überprüfen. Sie wird ihre Ergebnisse den Direktionen und Betriebsräten präsentieren. Für den Fall, daß die Arbeit an einem bestimmten Posten für das Leben oder die Gesundheit des Arbeiters gefährlich werden kann, muß die Gewerkschaft ihm verbieten, dort weiterzuarbeiten. Ein Arbeiter, der auf Beschluß der Gewerkschaft zu arbeiten aufhört, muß als Streikender betrachtet werden.

5. Die unabhängige Gewerkschaft wird solche *Änderungen in der Arbeitsgesetzgebung* verlangen, die die rechtliche Gleichstellung von Arbeitenden und Arbeitgebern gewährleisten.

Die diesen Aspekt betreffenden konkreten Vorschläge müssen erarbeitet werden. Vorerst können wir nur durch Beispiele einige notwendige Veränderungen anführen: Der Arbeitsvertrag müßte die Entlohnungsbedingungen stärker präzisieren (was bereits im Text des Abkommens als Zusatz zum Punkt 21 festgehalten wurde), ebenso wie die Art der Arbeit und den Ort, an dem diese Arbeit verrichtet werden muß.

Man muß ebenfalls so rasch wie möglich den Erlaß ändern, der die Arbeitsniederlegungen ohne Vorankündigung betrifft. Unabhängig von den bereits im Punkt 2 des Abkommens erwähnten Klauseln, die die Streiks betreffen, muß man die Möglichkeit der Arbeitsniederlegung für den Beschäftigten einführen, wenn der Arbeitgeber in flagranter Weise den Arbeitsvertrag mißachtet (das erfordert natürlich eine genaue Formulierung im Erlaß). Die Gleichheit der Rechte wird auch im Dekret über die Sanktionen und Belohnungen nicht respektiert, sie können zur Annahme verleiten, daß der Arbeitende der behördlichen Autorität des Arbeitgebers unterworfen ist. Die Belohnungen müssen, wie wir es ja bereits gesagt haben, abgeschafft werden. Was die Sanktionen betrifft, so müßten sie die Form von finanziellen Sanktionen annehmen, die gemeinsam beschlossen werden und deren Höhe begrenzt ist. Nur die Gerichte und die Schlichtungskommissionen sollten über diese Sanktionen entscheiden können.

Man muß auch die Normen verändern, die die Bedingungen für eine Modifikation der Löhne und der Arbeit betreffen, und zwar durch:
– die klare Formulierung, gemäß derer der Arbeitende ebenfalls die Initiative für diese Änderung ergreifen kann;
– die Einschränkung der Möglichkeit für den Arbeitgeber, einen Wechsel des Arbeitsplatzes ohne Vorankündigung zu bestimmen (Art. 42, Paragraph 4 des Arbeitsgesetzes);
– die Gleichheit der beiden Seiten wird auch belastet durch zahlreiche Erlasse, die die Rechte des Arbeitenden an seinem neuen Arbeitsplatz betreffen je nach den Umständen, die ihn zur Beendigung seiner vorherigen Arbeit veranlaßt haben. Eine ganz besonders flagrante Beschneidung des Gleichheitsprinzips stellt die Regelung der Schlichtungs- und Berufungskommissionen dar. Der Arbeitende muß das Recht haben, sich an einen Rechtsanwalt zu wenden – ganz wie der Arbeitgeber –, damit dieser ihn vor den Kommissionen unterstützt.

6. Die unabhängige Gewerkschaft wird sich bemühen, die Reduzierung der Lohnskala durch die *regelmäßige Erhöhung der niedrigsten Löhne* durchzusetzen. Der Kampf für ein System sozialer Beihilfen (Renten, Pensionen, Familienbeihilfen), das ein *soziales Minimum für alle* garantiert, ist eine der dringendsten Aufgaben.

Wir werden uns bemühen, daß keine einzige Mutter wegen der materiellen Schwierigkeiten ihrer Familie gezwungen ist, arbeiten zu gehen. Der Punkt 18 des Abkommens betreffend die Verlängerung des Karenzurlaubes und der Punkt, der sich auf die Ausgleichszahlungen bezieht, behandeln dieses Problem.

7. Unsere Gewerkschaft wird sich bemühen, das *Recht für Gesetzesinitiativen* für die unabhängige selbstverwaltete Gewerkschaft zu erlangen in den Fragen, die zu ihrem Tätigkeitsbereich gehören.

8. Wir werden so bald wie möglich die *Arbeiter-Universität* gründen, die die Schulungsaktivität betreiben wird.

Das konsultierende überbetriebliche Komitee
der unabhängigen Gewerkschaften von Danzig

(Aus: Gewerkschafter fordern: „Solidarität mit Solidarność", Frankfurt 1981)

DOKUMENT 3

Unabhängige Selbstverwaltete Gewerkschaft „Solidarität" — Statut

Kapitel I: Name, Wirkungskreis und Sitz

§ 1

Es wird eine Berufsorganisation mit dem Namen: Unabhängige Selbstverwaltete Gewerkschaft „Solidarität", fernerhin genannt Gewerkschaft, gebildet.

Die Gewerkschaft entfaltet, gemäß den in der Verfassung der Volksrepublik Polen gefaßten Grundsätzen, den von der Volksrepublik Polen ratifizierten Konventionen Nr. 87 und Nr. 98 der Internationalen Arbeitsorganisation, sowie dem Punkt 1 der vom Überbetrieblichen Streikkomitee und der Regierungskommission in Gdańsk geschlossenen Vereinbarung, eine auf die Verteidigung der Interessen der Arbeitnehmer und Verwirklichung ihrer materiellen, sozialen und kulturellen Bedürfnisse bezogene Aktivität.

§ 2

Der Wirkungskreis der Gewerkschaft umfaßt das Gebiet der Volksrepublik Polen.

§ 3

Die Hauptverwaltungsorgane der Gewerkschaft haben ihren Sitz in Gdańsk.

Kapitel II: Allgemeine Festlegungen

§ 4

Die Gewerkschaft ist unabhängig von Organen der Staatsverwaltung und politischen Organisationen.

§ 5

Die Gewerkschaft vereinigt auf Grundlage eines Arbeitsvertrages (auch eines genossenschaftlichen Arbeitsvertrages in landwirtschaftlichen Produktionsgenossenschaften), einer Wahl, Berufung oder Ernennung beschäftigte Arbeitnehmer. Weiter Schüler der Betriebsberufsschulen oder andere Absolventen einer beruflichen Lehre, Auftragsarbeit ausführende Personen, sowie Personen, die auf der Grundlage eines Agentur-Arbeitsvertrages beschäftigt sind. Ein Verlust der Beschäftigung hat den Verlust der Rechte auf Mitgliedschaft in der Gewerkschaft nicht zur Folge. Mitglieder der Gewerkschaft können auch Ruheständler und Rentner werden.

§ 6

Das Ziel der Gewerkschaft ist es, den Schutz der Rechte, der Würde und Interessen von Arbeitnehmern zu gewährleisten, inbesondere:

1. Schutz von materiellen, sozialen und kulturellen Interessen der Mitglieder und ihrer Familien,
2. Sicherung von Arbeitnehmer-Rechten in bezug auf die ausgeübte Berufstätigkeit, Entlohnung, die sozialen Bedingungen sowie Bedingungen der Arbeitssicherheit und des Arbeitsschutzes,
3. Aktivitäten, um das ordnungsgemäße Funktionieren des Betriebs und die Interessen der Werktätigen in Übereinstimmung zu bringen,
4. Stärkung der Familie und Schutz des Familienlebens,
5. Verbreitung der Demokratie und Stärkung der kollegialen Solidarität,
6. Sicherstellen von Bedingungen zur Hebung der Berufsqualifikation der Arbeitnehmer,
7. Einfluß auf die Gestaltung der Wirtschafts- und Gesellschaftspolitik, Förderung einer aktiven Haltung bei der Tätigkeit für die Heimat.

§ 7

Die Gewerkschaft verwirklicht ihre Ziele durch:
1. Vertretung ihrer Mitglieder gegenüber Arbeitgebern, Behörden und Organisationen der Staatsverwaltung, sowie den gesellschaftlichen Organisationen und Institutionen,
2. Abschluß und Kündigung von Betriebs- und Tarifverträgen,
3. Erteilen von rechtlicher Hilfe sowie Intervention in Konfliktfällen zwischen Arbeitnehmer und Arbeitgeber,
4. Organisieren und Leiten von Protestaktionen der Belegschaften im Falle einer wesentlichen Verletzung von Arbeitnehmerinteresse, und in besonders gerechtfertigten Fällen Proklamierung desStreiks,
5. Anregung von Selbsthilfe der Mitglieder der Gewerkschaft,
6. Bemühungen um die Sicherung des Feriendienstes, Befriedigung der Wohnungsbedürfnisse, Sicherung der Plätze in Kinderkrippen und Kindergärten, sowie Sicherung des entsprechenden Anteils an den Sozialleistungen aus dem Sozialfond und anderen Fonds des Betriebes für die Mitglieder und ihre Familien,
7. Maßnahmen gegen den Alkoholismus,
8. Unterstützung von Anstrengungen hinsichtlich der Rationalisierung der Wirtschaft, Entwicklung von Kultur, Bildung, Wissenschaft und technischem Fortschritt,
9. Durchführung von Bildungs- und Kulturaktivitäten, Schaffung von Voraussetzungen für die Erholung nach der Arbeit,
10. Zusammenwirken mit Behörden und Organen der Staatsverwaltung im rechtlichen Bereich,
11. Überwachung der Einhaltung von Bedingungen der Arbeitssicherheit und des Arbeitsschutzes, Sicherung von periodischer Überwachung der Arbeitsplätze, sowie Arbeitsverbot für Mitglieder auf Arbeitsstellen, die den festgelegten Bedingungen nicht entsprechen,
12. Zusammenwirken mit dem Gesundheitswesen hinsichtlich des Gesundheitsschutzes der Mitglieder und ihrer Familien,
13. Durchführung von Untersuchungen über die Lebensbedingungen der Gesamtheit der Arbeitnehmerschaft und insbesondere über das Niveau der Lebenshaltungskosten,
14. Entfaltung von Verlags- und Presseaktivitäten,
15. Öffentliche Begutachtung von Projekten und Verordnungen, die die Le-

bensbedingungen der Werktätigen, die Vertretung von Werktätigen, Teilnahme von Werktätigen an der Verwaltung betreffen; weiter die soziale Gesetzgebung; sowie Schlüsselentscheidungen über: Verteilung des Nationaleinkommens, Richtung der Investitionen, Verteilung des Gesellschaftlichen Konsumfonds, Marktversorgung, Wohnungswirtschaft, Gestaltung von Preisen und Löhnen, wie auch andere für die Werktätigen wesentlichen Angelegenheiten.

§ 8

1) Die Mitglieder der Gewerkschaft schließen sich einem Territorial- und Berufs-Prinzip entsprechend zusammen, d.h. daß
a) gewerkschaftliche Grundorganisation eine alle Beschäftigten aus jeglichen Berufen im betreffenden Betrieb vereinigende Betriebsgewerkschaftsorganisation ist,
b) die Gewerkschaft Angehörige von allen Berufen vereinigt,
c) die Betriebsgewerkschaftsorganisation erforderlichenfalls untere Organisationszellen bildet; Beschäftigte von kleinen Betrieben eine zwischenbetriebliche Gewerkschaftsorganisation bilden können; Mitglieder einer zwischenbetrieblichen Gewerkschaftsorganisation Beschäftigte auch derjenigen Betriebe werden können, in denen keine Betriebsgewerkschaftsorganisation existiert,
d) innerhalb der Gewerkschaft, auf allen ihren Organisationsstufen, Berufssektionen oder Branchensektionen gebildet werden können. Berufssektionen umfassen die einen Beruf oder einige verwandte Berufe ausübenden Beschäftigten.

2) Die Gewerkschaft kann Vereinbarungen über ein Zusammenwirken mit Gewerkschaften, die die Beschäftigten eines Berufs oder einiger verwandter Berufe vereinigen, schließen, falls Statute und Tätigkeiten jener Gewerkschaften den in diesem Statut bestimmten Grundsätzen entsprechen.

§ 9

Gewerkschaftsleitungen aller Stufen werden in einem Wahlverfahren gebildet. Die Wahl findet nach folgenden Prinzipien statt:
1. die Zahl der Kandidaten wird nicht begrenzt;
2. es wird für jeweilige Kandidaten abgestimmt;
3. die Abstimmung ist geheim;
4. der Vorsitzende – Vorsitzende der Landeskommission ausgenommen – wird direkt durch die Vollversammlung der Organisation der jeweiligen Stufe gewählt;
5. die Besetzung derselben Funktionsstelle durch eine Person ist in der Gewerkschaft auf zwei aufeinanderfolgende Amtsperioden begrenzt,
6. Funktionen in der Gewerkschaft können von Personen, die in einem Betrieb leitende Stellen innehaben, nicht ausgeübt werden (Direktoren, stellvertretende Direktoren, Leiter, stellvertretende Leiter von Betrieben, sowie Abteilungsleiter von Großbetrieben, wie auch Personen, die leitende Stellen innehaben und zugleich der Direktion direkt unterstellt sind oder eine leitende Funktion in Instanzen der politischen Organisationen ausüben);
7. die Abberufung eines Mitglieds der Gewerkschaftsleitung wird nach den gleichen Prinzipien wie bei der Wahl vollzogen.

§ 10

Einheiten der Gewerkschaft entstehen auf Initiative der Beschäftigten, die zu diesem Zweck betriebliche Gründungskomitees bilden. Die Gründung einer betrieblichen Grundorganisation soll der regionalen Gewerkschaftsleitung vorgelegt werden.

Kapitel III: Mitglieder, ihre Rechte und Pflichten

§ 11

Jedes Mitglied der Gewerkschaft hat das Recht,
1. an den Versammlungen des Verbandes teilzunehmen,
2. Mitglieder aller Organe des Verbandes zu wählen oder abzuwählen oder in diese Organe gewählt zu werden, unter Beachtung der Vorbehalte nach § 9, Pkt. 6,
3. sich an Beschlüsse über Mandate für Delegierte zu beteiligen,
4. Schutz und Hilfe durch den Verband im Falle der Beeinträchtigung seiner Rechte durch betriebliche oder staatliche Verwaltungen in Anspruch zu nehmen; in einem solchen Fall ist der Verband verpflichtet, die ihm zugänglichen Abwehrmaßnahmen bis hin zu einem Streik zu ergreifen; der Verband kann auch in dem Fall intervenieren und Hilfe zukommen lassen, wenn andere Rechte des Verbandsmitgliedes verletzt werden,
5. auf finanzielle Unterstützung bei der Geburt eines Kindes oder dem Tod von Familienangehörigen; im Todesfall des Mitglieds erhält die Familie eine Unterstützung,
6. auf finanzielle Unterstützung bei Arbeitslosigkeit als Folge der Verbandstätigkeit sowie in besonders begründeten Schicksalsfällen,
7. auf soziale Hilfe vom Verband sowie von Kultur-, Sport- und anderen Abteilungen, die zur Disposition des Verbandes stehen,
8. Forderungen und Ansprüche an alle Ebenen des Verbandes zu stellen,
9. laufend Informationen über alle Entscheidungen und andere Tätigkeiten aller Verbandsorgane zu erhalten,
10. an Versammlungen teilzunehmen, auf denen Organe des Verbandes Beschlüsse fassen, die seine Person betreffen.

§ 12

Das Mitglied ist verpflichtet,
1. die beschlossenen Statuten und die Beschlüsse der Organe der Gewerkschaft einzuhalten und regelmäßig seine Mitgliedsbeiträge zu zahlen,
2. am Leben der Gewerkschaft Anteil zu haben,
3. sich solidarisch an Aktivitäten der Gewerkschaft zu beteiligen,
4. auf die Herausbildung richtiger Beziehungen im Zusammenleben zwischen den Angehörigen eines Betriebes zu achten.

§ 13

Ein Mitglied der Gewerkschaft kann nicht gleichzeitig Mitglied einer anderen Gewerkschaft sein.

§ 14

Die Mitgliedschaft in der Gewerkschaft wird in dem Augenblick erworben, in dem die Mitgliedserklärung durch Beschluß der zuständigen Betriebskommission (einer überbetrieblichen oder Abteilungskommission) angenommen wird.

§ 15

1) Die Mitgliedschaft erlischt mit ihrer Kündigung.
2) Mitglieder, die hartnäckig die Mitgliedsverpflichtungen nicht erfüllen oder sich als Mitglied des Verbandes unwürdig verhalten, kann die zuständige Betriebskommission (überbetriebliche oder Abteilungskommission) durch Erteilung von Verweisen bestrafen. In besonderen Fällen kann die Mitgliedschaft entzogen werden. Gegen den Beschluß über Entzug der Mitgliedschaft steht dem daran Interessierten die Berufung vor der Hauptversammlung der Betriebsorganisation (überbetriebliche oder Abteilungskommission) zu.

§ 16

Die Betriebskommissionen, überbetriebliche Kommissionen, Abteilungskommissionen stellen ein Verzeichnis der Mitglieder auf und geben die Mitgliedsausweise aus.

Kapitel IV: Organe der Gewerkschaft

§ 17

Organe der Gewerkschaft sind:
1. der Delegiertenkongreß,
2. die Landeskommission,
3. die Revisionskommission.

§ 18

1) Zum Aufgabenbereich des Kongresses gehören
1. die Beschlußfassung über eine Änderung der Statuten,
2. die Beschlußfassung über das allgemeine Aktionsprogramm des Verbandes,
3. die Festsetzung der oberen und unteren Grenzen der Mitgliedsbeiträge,
4. die Wahl der Mitglieder der Landeskommission in Übereinstimmung mit dem § 19, Pkt. 3 sowie die Wahl der Mitglieder der Revisionskommission,
5. die Prüfung des Rechenschaftsberichts der Landeskommission und der Revisionskommission.

2) Der Kongreß versammelt sich einmal in zwei Jahren. Er wird von der Landeskommission einberufen; auf Antrag von mindestens einem Drittel der Regionalverbände ist die Landeskommission verpflichtet, einen außerordentlichen Kongreß im Verlauf von drei Monaten vom Datum der Antragstellung an einzuberufen.

3) An dem Kongreß nehmen die Delegierten aus den Regionalorganisationen des Verbandes teil, die auf den regionalen Hauptversammlungen gewählt werden. Der Modus ihrer Wahl und die Zahl der Delegierten aus den einzelnen regionalen Organisationen legt die Landeskommission proportional zu der Zahl der Mitglieder in den einzelnen Regionen fest.

4) Zur Beschlußfassung des Kongresses ist die Anwesenheit von mindestens der Hälfte der Delegierten notwendig.

5) Der Kongreß faßt Beschlüsse mit der einfachen Mehrheit der abgegebenen Stimmen. Bei Beschlüssen über eine Änderung der Statuten oder über die Auflösung des Verbandes ist die absolute Mehrheit der Stimmen der zur Teilnahme

am Kongreß berechtigten Delegierten notwendig. Diese Beschlüsse werden wirksam von dem Augenblick ihrer Bestätigung durch mindestens die Hälfte der Regionalverbände, die nicht weniger als die Hälfte der Mitgliederzahl der Gewerkschaft umfassen dürfen.

6) Die Beschlüsse werden in offener Abstimmung gefaßt. Auf Antrag von mindestens einem Zehntel der anwesenden Delegierten ordnet der Vorsitzende des Kongresses die geheime Abstimmung an.

§ 19

1) Zum Aufgabenbereich der Landeskommission gehört:
1. die Repräsentation des gesamten Verbandes gegenüber den Behörden und Verwaltungsorganen des Staates und der Wirtschaft und auch gegenüber anderen Organisationen und Institutionen,
2. die Koordinierung der Tätigkeiten der Regionalorganisationen des Verbandes,
3. das Beschließen des Haushalts,
4. die Festsetzung der Gründungsgrundsätze für Branchen- und Berufssektionen,
5. der Abschluß von Kollektivarbeitsverträgen,
6. die Wahl des Vorsitzenden der Landeskommission und der Präsidiumsmitglieder.

2) Das Präsidium wacht über die Erfüllung der Beschlüsse der Landeskommission, führt die Arbeit des Büros und verrichtet die rechtlichen Arbeiten.

3) Die Landeskommission setzt sich zusammen
1. zur Hälfte aus den Vorsitzenden der Regionalorganisationen der Gewerkschaft (im Fall der Abwesenheit des Vorsitzenden von der Sitzung der Landeskommission kann das vom Präsidium eines Regionalvorstands delegierte Präsidiumsmitglied an der Sitzung teilnehmen),
2. zur Hälfte aus Mitgliedern, die vom Kongreß gewählt werden.

4) Die Amtsdauer der Landeskommission beträgt zwei Jahre.

§ 20

Die Revisionskommission beaufsichtigt und kontrolliert die finanzielle Tätigkeit der Landeskommission.

§ 21

Die Regionalorgane der Gewerkschaft sind
1. die Hauptversammlung der Delegierten,
2. das Präsidium des Vorstands,
3. die Revisionskommission.

§ 22

1) Zum Aufgabenbereich der Hauptversammlung der Delegierten gehört
1. der Beschluß des Aktionsprogramms der Regionalorganisation,
2. die Wahl des Vorsitzenden und der Mitglieder des Vorstands sowie der Mitglieder der Revisionskommission der Regionalorganisation,
3. die Wahl der Delegierten für den Gewerkschaftskongreß,
4. die Überprüfung der Tätigkeit des Vorstands und der Revisionskommission sowie die Erteilung der Entlastung des Vorstands. (...)

2) Die Hauptversammlung der Delegierten findet einmal in zwei Jahren statt. Die außerordentliche Hauptversammlung wird vom Vorstand aus eigener Initiative oder auf Antrag der Revisionskommission oder von Betriebskommissionen (überbetrieblichen, Abteilungskommissionen), die mindestens ein Drittel der Gewerkschaftsmitglieder repräsentieren, einberufen. Falls der Vorstand nicht im Laufe eines Monats vom Tag der Antragsstellung an die außerordentliche Hauptversammlung der Delegierten einberuft, wird sie von der Revisionskommission einberufen.

3) An der Hauptversammlung der Delegierten nehmen Delegierte der Gewerkschaftsorganisationen teil. Den Modus ihrer Wahl wie die Zahl der Delegierten der einzelnen Organisationen legt der Vorstand proportional zu der Zahl der Mitglieder fest.

4) Zur Beschlußfassung der Hauptversammlung der Delegierten ist die Anwesenheit von mindestens der Hälfte der Delegierten notwendig.

5) Die Hauptversammlung der Delegierten faßt Beschlüsse mit einfacher Mehrheit der Stimmen der anwesenden Delegierten.

6) Für die Beschlußfassung wird die Bestimmung des §18, Pkt. 6, angewandt.

§ 23

1) Zum Aufgabenbereich des Vorstands gehören
1. die Berufung der Mitglieder des Präsidiums des Vorstands mit Ausnahme des Vorsitzenden,
2. die Repräsentation der Regionalorganisation des Verbandes gegenüber den Behörden und Organen staatlicher und wirtschaftlicher Organisationen und auch gegenüber anderen Organisationen und Institutionen,
3. die Festlegung der Richtlinien für die laufende Arbeit der Regionalorganisation der Gewerkschaft,
4. die regelmäßige Bewertung der Arbeit des Vorstandspräsidiums,
5. die Festsetzung des Haushaltes der Regionalorganisation,
6. auf Antrag des Präsidiums die Entscheidung über einen Streik zu fällen.

2) Die Zahl der Mitglieder des Vorstands und des Präsidiums wird auf der Hauptversammlung der Delegierten festgesetzt.

3) Die Amtsdauer des Vorstands dauert zwei Jahre.

§ 24

Zu dem Aufgabenbereich des Präsidiums des Vorstands gehört
1. die Führung der laufenden Tätigkeiten der Regionalorganisation der Gewerkschaft in Übereinstimmung mit den Beschlüssen der Hauptversammlung der Delegierten und den Richtlinien des Vorstands,
2. die Verrichtung rechtlicher Arbeiten,
3. auf Antrag der Betriebsorganisationen die Entscheidung über einen Streik zu fällen (§29) sowie in anderen Fällen an den Vorstand den Antrag auf Durchführung eines Streiks zu stellen.

§ 25

1) Die Revisionskommission beaufsichtigt und kontrolliert die finanzielle Tätigkeit des Vorstands und seines Präsidiums.

2) Die Zahl der Mitglieder der Kommission wird auf den Hauptversammlungen der Delegierten festgelegt.

3) Die Amtszeit der Kommission dauert zwei Jahre.

§ 26

1) Organe der Betriebsorganisation sind
1. die betriebliche Mitgliederversammlung und im Falle, daß die Zahl der Mitglieder im Betrieb 500 Personen übersteigt, die betriebliche Delegiertenversammlung,
2. die Betriebskommission und ihr Präsidium,
3. die betriebliche Kontrollkommission.

2) In bezug auf den Aufgabenbereich und die Arbeit der Betriebsorgane kommen die entsprechenden Statutenbestimmungen, die die Organe der regionalen Organisationen der Gewerkschaft betreffen, zur Anwendung, außer
1. daß die betriebliche Mitglieder-(Delegierten-)Versammlung Abteilungsorganisationen bildet und die innere Struktur der Betriebsorganisation bestimmt,
2. daß zum Aufgabenbereich der Betriebskommission ebenfalls gehört
   a) die Mitwirkung bei der Herausgabe der Betriebsordnung,
   b) die Fassung von Beschlüssen über die Bestimmung des Sozialfonds und des Wohnungsfonds in dem Umfang, in dem es im Sinne verbindlicher Verordnungen der Gewerkschaften obliegt,
   c) die Fassung von Beschlüssen über Beschäftigung, Beförderung, Prämierung und Entlohnung der Werktätigen sowie die Auflösung von Arbeitsverträgen in dem Umfang, wie es die Vorschriften des Arbeitsrechts regeln; in größeren Betrieben wird diese Funktion von der Abteilungskommission und vom Präsidium der Betriebskommission ausgeübt.

§ 27

Für die Organe der überbetrieblichen Organisationen, für ihren Aufgabenbereich und ihr Funktionieren gelten die entsprechenden Verordnungen für die Betriebsorganisation.

§ 28

Einen Kreis und seine Arbeit leitet der Vorsitzende oder sein Stellvertreter.

Kapitel V: Aufgaben der Berufs- und Branchensektionen

§ 29

Die Berufs- und Branchensektionen werden auf regionaler Ebene durch die Regionalverwaltung der Gewerkschaft auf Initiative der gewerkschaftlichen Betriebsorganisationen gegründet. Als Ergebnis einer Verständigung zwischen den entsprechenden Sektionen auf der Regionalebene.

§ 30

Struktur und Gründungsprinzipien, Funktionen und Wahl der Organe der Berufs- und Branchensektionen bestimmen interne Statuten, die von der Landeskommission beschlossen werden.

§ 31

Die Organe der Berufs- und Branchensektionen bereiten Vorschläge vor oder äußern sich zu Vorschlägen für kollektive Arbeitsverträge. Die Landeskommission kann die Organe der Berufs- und Branchensektionen ermächtigen, in ihrem Namen kollektive Arbeitsverträge abzuschließen.

Kapitel VI: Streik

§ 32

Nach Ausschöpfung anderer Formen der Einflußnahme kann von der Gewerkschaft eine Streikaktion durchgeführt werden.

§ 33

1. Ein Streik kann ein Warnstreik oder ein eigentlicher Streik sein;
   a) wenn die Umstände es erlauben, soll dem eigentlichen Streik ein Warnstreik vorausgehen;
   b) der Warnstreik soll nicht länger als die Hälfte eines Arbeitstages dauern;
   c) der eigentliche Streik dauert bis zum Moment seiner Beendigung durch die entsprechenden Gewerkschaftsorgane; die Beendigung des Streiks kann Inhalt der Vereinbarung mit dem Arbeitgeber oder den Staatsorganen sein.
2. Wenn die Ursache des Streiks ein Konflikt in einem Betrieb ist, kann der Streik nur auf Beschluß der absoluten Mehrheit der Mitglieder der Betriebsgewerkschaftsorganisation ausgerufen werden.
3. In den Fällen, in denen die Ursache des Streiks andere als die im Punkt 2 genannten Umstände sind, wird die Entscheidung über Ausrufung des Streiks von der Leitung der regionalen Organisation, die zugleich den Umfang des Streiks bestimmt, getroffen.
4. Wird die Leitung der Gewerkschaft Repressalien ausgesetzt und werden dadurch entsprechende Entscheidungen unmöglich gemacht, so sind die Belegschaften von Betrieben zur sofortigen Aufnahme der Streikaktion berechtigt.
5. Wenn die Ausrufung des Streiks in einem Betrieb zu keinem Ergebnis führt, kann von der Leitung der Gewerkschaft ein Solidaritätsstreik ausgerufen werden.

§ 34

Die oben genannten Festlegungen gelten nicht für Beschäftigte von Betrieben, die aufgrund der von ihnen ausgeübten Funktionen nicht streiken können. Zur Unterstützung ihrer Forderungen kann ein Solidaritätsstreik ausgerufen werden.

Kapitel VII: Arbeitszentrum für Gesellschaft und Beruf.
Veröffentlichungen

§ 35

1. Innerhalb der Gewerkschaft wirkt ein Arbeitszentrum für Gesellschaft und Beruf, von dem Untersuchungen über die Lebens- und Arbeitsbedingungen und über die Lebenshaltungskosten der Gesamtheit der Arbeitnehmerschaft durchgeführt, sowie Gutachten über Gesellschafts- und Wirtschaftspolitik für Zwecke der Gewerkschaft erarbeitet werden.
2. Die Struktur des Zentrums, sein Funktionieren und sein Etat werden vom Präsidium der Landeskommission der Gewerkschaft bestimmt.
3. Von regionalen Organisationen der Gewerkschaft können ähnliche, sich mit der Problematik des Gebiets, der Berufe und Branchen beschäftigende Zentren ins Leben gerufen werden.

§ 36

Die Gewerkschaft besitzt eine eigene Presse und eigene Veröffentlichungen. Organisierung und Finanzierung der Verlagstätigkeit werden von entsprechenden Organen der Gewerkschaft bestimmt.

Kapitel VIII: Juristische Personen, Fonds und Vermögen der Gewerkschaft

§ 37

1) Juristische Personen sind
    1. die Gewerkschaft in ihrer Gesamtheit,
    2. die Regionalorganisationen der Gewerkschaft.

2) Die übrigen organisatorischen Glieder handeln in Anlehnung an die juristische Person der Organisation, zu deren Bereich sie gehören.

§ 38

Die Fonds der Gewerkschaft werden gebildet aus
    1. Mitgliedsbeiträgen,
    2. Schenkungen, Vermächtnissen und Spenden,
    3. Einkommen aus Vermögen des Verbandes,
    4. kulturellen, sportlichen und anderen Unternehmungen.

§ 39

Die Fonds sind für die Finanzierung der Tätigkeit der sozialen und kulturellbildenden Organisationen des Verbandes und andrer in seinen Statuten festgelegter Tätigkeiten bestimmt.

§ 40

1) Grundlage der finanziellen Tätigkeit der Organe der Gewerkschaft sind die Haushalte, die alle Mittel umfassen, die diesen Organen zur Verfügung stehen.

2) Die Haushalte erstrecken sich auf ein Jahr.

3) Das Finanzgeschehen der Gewerkschaft erfolgt öffentlich.

§ 41

1) Die Grundsätze der Verteilung der Einnahmequoten aus den Mitgliedsbeiträgen zwischen den Betriebsorganisationen (überbetriblichen Organisationen) und den Regionalorganisationen bestimmt die Hauptversammlung der Delegierten auf regionaler Ebene.

2) Die Hauptversammlung der Delegierten bestimmt gleichzeitig die Grundsätze der Finanzierung der Sozialleistungen (Beihilfen, Unterstützungsgelder).

3) Zur Deckung der Kosten der Tätigkeit der allgemeinen Verbandsorgane beteiligen sich die Regionalorganisationen nach den Grundsätzen, die vom Kongreß festgelegt werden. (...)

Gdańsk, am 22. September 1980

(Zusammengestellt aus: G. Koenen u.a., Freiheit, Unabhängigkeit und Brot – Zur Geschichte und den Kampfzielen der Arbeiterbewegung in Polen, Frankfurt 1981, und aus: Sozialistisches Osteuropa-Komitee, Osteuropa-Info, H. 1/1981, Hamburg)

3. „Solidarność" wird zur gesellschaftlichen Bewegung — Strategien und Gegenstrategien

Mit der Registrierung der „Solidarność" am 10. November 1980 verschärfte sich noch die Kampagne gegen die „antisozialistischen Elemente". Immer drängender wurde das Verlangen der Bruderparteien, Maßnahmen gegen die „schleichende Konterrevolution" zu ergreifen. Die tschechoslowakische Parteipresse etwa verglich die Situation in Polen bereits unverhüllt mit der in der CSSR 1968 und nannte auch täglich die Namen des „reaktionären Abschaums in Walesas Gewerkschaft" (so etwa das Zentralorgan „Rudé Pravo").

Der Sinn dieser Kampagne war klar: Konnte schon der „Solidarność" als Gewerkschaft, in der die Masse der Beschäftigten (bis zum Jahresende neun bis zehn Millionen) sich organisierten, nicht der Weg verlegt werden, so mußte sie auf jeden Fall abgeschreckt werden, sich im Sinne ihrer Danziger Forderungen auch als Sachwalterin demokratischer Interessen und Forderungen zu engagieren. Und es mußte verhindert werden, daß sie sich zum Kristallisationspunkt einer alle gesellschaftlichen Bereiche durchdringenden Bewegung entwickelte.

Gerade das aber spielte sich, in unmittelbarer Verbindung mit der Organisierungkampagne der Gewerkschaft, allenthalben ab. Auf dem Land bildeten sich Gründungskomitees einer „Land-Solidarność", denen binnen weniger Monate mehrere hunderttausend Mitglieder beitraten. An den Schulen formulierten die Schüler ihre Kritik am Schulwesen und forderten eine Schülerselbstverwaltung; ein Großteil der Lehrer trat in die Sektion der „Solidarność" ein. Dasselbe taten die Mehrzahl der in den Gesundheitseinrichtungen beschäftigten Ärztinnen und Ärzte, Krankenschwestern und Pfleger. Es kam allenthalben zu Streiks, Sit-ins, Versammlungen, auf denen die unhaltbaren Zustände im Gesundheitswesen angeprangert und die schon in Anhängen zum Danziger Abkommen detailliert aufgeführten Forderungen eingeklagt wurden. An den Hochschulen verknüpfte sich die Unruhe unter den Studenten, die ebenfalls im Herbst Besetzungsstreiks an Hochschulen und Instituten im ganzen Land organisierten, mit der aktiven Teilnahme vieler Wissenschaftler und Dozenten an der gesellschaftlichen Bewegung. Und schon beim Streik auf der Lenin-Werft war deutlich geworden, in welchem Umfang die entstehende unabhängige Gewerkschaft sogleich von einem Großteil der Schriftsteller, Künstler,

Wissenschaftler, der überwiegenden Mehrheit der traditionellen Intelligenzberufe begrüßt wurde. Der gesellschaftliche Freiraum, der durch die bloße Existenz dieser Bewegung entstand, wurde durch eine stürmische Publikations- und Kulturtätigkeit jeden Genres ausgefüllt. Und das blieb nicht in den Sälen, sondern drängte auf die Straßen, die mit Plakaten, Parolen, Karikaturen, Wandzeitungen, Fotodokumentationen, mit Flaggen, Wimpeln und Emblemen der „Solidarność" übersät wurden. Im Schriftstellerverband, im Journalistenverband, in so gut wie allen Berufsverbänden der Intelligenz kam es zu handfesten Machtumschwüngen.

Es war angesichts dessen irreal zu verlangen, „Solidarność" möge sich auf die Position einer reinen Arbeitergewerkschaft und eine enge ökonomische Interessenvertretung zurückziehen. Aus einer langen Geschichte intellektueller Debatte, aus vielen Fermenten kultureller Veränderungen war diese Gewerkschaft selbst hervorgegangen. Und als eine reine, spontane Arbeiterbewegung, die sich nun zu den übrigen gesellschaftlichen Bewegungen als zu „Bündnispartnern" verhielt, ließ sie sich im August 1980 und danach erst recht nicht fassen.

Ebenso irreal war es dementsprechend zu verlangen, die Gewerkschaft solle nicht nur darauf verzichten (wie im Danziger Abkommen vereinbart), „die Rolle einer politischen Partei zu spielen" – was niemandem in den Sinn kam –, sondern sie solle verhindern, überhaupt zu einem Forum politischer Diskussion zu werden und sich zu Fragen der Politik zu äußern. Wäre eine solche Forderung schon in einem kapitalistischen Land absurd, so ist sie in einem staatsmonopolistischen System, wo jeder Streik von vornherein ein Politikum ist und jede wirtschaftliche Maßnahme von politischen Instanzen getroffen und verantwortet wird, um so absurder. Tatsächlich konnte die „Solidarność" schon ihre bloße legale Existenz nur in einer handfesten politischen Auseinandersetzung erkämpfen, und sie war bei jedem einzelnen Schritt ökonomischer Interessenvertretung darauf verwiesen, sich im gleichen Atemzug die entsprechenden demokratischen Rechte herauszunehmen. Ohne mehr Demokratie zu erkämpfen, konnte „Solidarność" auch ökonomisch nichts erkämpfen.

Andererseits wollte das Regime – wie sich beim Streit um die Registrierung gezeigt hatte – gerade auch verhindern, daß sich die „Solidarność" als wirklich unabhängige *gewerkschaftliche* Interessenvertretung verhielt. Vielmehr wurde systematisch versucht, durch Angebote betrieblicher und gesamtwirtschaftlicher Mitbestimmung die Gewerkschaft „in die Verantwortung zu ziehen" und dadurch ihren Forderungen den Stachel zu ziehen.

Strategische Überlegungen im Herbst 1980

Schon Mitte September hatte Jacek Kuroń in einem Aufsatz im „Biuletyn Informacyjny" des KOR die komplizierte Situation nach dem August analysiert und dort eine Taktik vorgeschlagen.

In diesem Artikel mit dem Titel *„Wie weiter?" (siehe Dokument 4)* faßt Kuroń die Paradoxien der Situation in das Bild von den „zwei Fahrplänen", nach denen weder die Eisenbahn noch ein Land funktionieren könne. Das Regime sei nicht mehr in der Lage, dem Land seinen „Fahrplan" vorzuschreiben. Es müßte das entweder mit militärischen Mitteln tun, „und in der momentanen Situation müßten es fremde Truppen sein"; oder es müßte das System sehr schnell demokratisieren, was ebenfalls undenkbar ist. Ebensowenig aber lasse sich die Bewegung für Demokratisierung und gesellschaftliche Selbstverwaltung aufhalten, auch nicht durch die Gefahr einer Intervention von außen. „Kann irgend jemand der Dynamik der Bewegung Grenzen setzen? Doch, dies kann und muß getan werden. Aber man kann das nur machen durch ein Programm, das die Bewegung in die Lage versetzt, sich zu entwickeln, und das gleichzeitig ihre Grenzen deutlich macht."

Kuroń löst das Paradox in die folgende Handlungsanweisung auf: Nicht nur sei es sinnlos zum Sturz des Machtapparates aufzurufen, sondern die Bewegung müsse dem Apparat geradezu „helfen, auf die Forderungen einzugehen", indem sich Experten und Wissenschaftler an die dringliche Aufgabe der Ausarbeitung einer Wirtschaftsreform machten. Gleichzeitig müsse sich die ganze polnische Gesellschaft „in unabhängigen Bewegungen der Selbstverwaltung auf allen Ebenen" organisieren. Dabei tritt Kuroń entschieden für die Herausarbeitung der verschiedenen Elemente dieser Bewegung in ihrer Besonderheit ein. „Erstens ist es notwendig, die Aufgaben der unabhängigen Gewerkschaften, die sich gebildet haben als Organisation der Arbeiter zur Verteidigung ihrer Interessen, klar zu bestimmen. Sie dürfen nicht in den Verantwortungsbereich der Regierung eingreifen, keine Wirtschaftsreformen oder Strukturveränderungen durchführen ..., kurz, sie dürfen nicht dem Apparat die Kohlen aus dem Feuer holen." Die Gewerkschaft solle sich nicht einmal aller im Danziger Abkommen aufgeworfenen Fragen annehmen, sondern dies andern Teilen der gesellschaftlichen Bewegung überlassen. Auf der Ebene der Wirtschaft und der einzelnen Betriebe sollen dies vor allem reaktivierte Betriebsräte sein, die auch die Verwaltung der Sozialversicherungskassen und anderer sozialer Belange übernehmen könnten – aber eben in strikter Trennung von „Solidarność" als Gewerkschaft, die so „ihren Klassencharakter bewahren" könne. Daneben erwähnt Kuroń die Entwicklung einer Bauern-Selbstverwaltung, einer Selbstverwaltung in Wissenschaft, Kultur und im Erziehungswesen. Und er spricht von einer Bewegung zur Verteidigung der Menschenrechte, die zugleich eine zur Stärkung der Unabhängigkeit der Gerichte und der Anwälte sein soll.

Nur im Zusammenwirken dieser verschiedenen Bewegungen und „Parteien" und in regelrechten Verhandlungen zwischen ihnen könne überhaupt noch ein gesamtgesellschaftliches Interesse und Ziel formuliert werden. Das Regime müsse gezwungen werden, sich auf diesen Prozeß einzulassen. Und die Sowjetunion müsse vor die vollendete Tatsache gestellt werden, daß Polen sich „auf einem Weg, auf dem es kein Zurück mehr gibt," demokratisiere. Heute werde die SU vor einer Intervention zurückschrecken, morgen werde sie diese Demokratisierung akzeptieren gegen militärische Garantien. „Übermorgen – wer weiß ..."

Man sieht, daß dies Programm der „Selbstbeschränkung" eine durchaus vorwärtstreibende Strategie von einiger Kühnheit ist. Erscheint sie von heute aus gesehen irreal, so wird allzu leicht vergessen, daß die bloße Erkämpfung einer eineinhalbjährigen legalen Existenz für eine gesellschaftliche Bewegung wie „Solidarność" etwas war, das bis zum August 1980 jedermann für völlig undenkbar gehalten hätte. Es geschah keineswegs im Selbstlauf, sondern war auch ein Ergebnis kluger Realpolitik.

Adam Michniks Einschätzung der Lage, die er in einem Vortrag im November 1980 unter dem Titel *„Was wir wollen, was wir können" (siehe Dokument 5)* vertritt, ist im Vergleich zu Kurońs Überlegungen sehr viel ausdrücklicher auf einen langsamen, evolutionären Reifungsprozeß der Bewegung abgestellt. Michnik faßt das in Gdańsk geschlossene Abkommen als einen „Gesellschaftsvertrag", als einen historischen Kompromiß mit den Machthabern, als einen „spanischen Weg" auf: „In einer gemeinsamen Anstrengung aller offenen Elemente innerhalb der Macht und innerhalb der Opposition hat es die Gesellschaft verstanden, das Land aus einer verhaßten und repressiven Diktatur heraus- und zu demokratischen Formen hinzuführen." Und für ihn ist „die Kirche – nicht unmittelbar, aber langfristig – das perfekteste Modell für die Koexistenz einer unabhängigen sozialen Formation mit der Macht", indem sie einerseits den Realitäten Rechnung trägt, andererseits aber wirkungsvollen Druck auf diese Staatsmacht auszuüben versteht. Von der Rolle der Kirche – in der Michnik auch gefährliche Tendenzen in entgegengesetzter Richtung am Werk sieht, die jedoch in der Minderheit seien – hängt für die Evolution der polnischen Gesellschaft, die er im Auge hat, Wesentliches ab. Entscheidend aber wird es ihm zufolge sein, daß die Gesellschaft eine Übereinkunft mit sich selbst schließt, d.h. ein positives Programm entwickelt für einen Ausweg aus der Krise, in dem alle Federn lassen müssen. Und daß die Gesellschaft ihre eigene Sprache findet und sich von den Fesseln des Totalitarismus im eigenen Denken befreit.

Den Gegenpol im Lager der Linken bildet im Herbst 1980 das „Forum August 80" in Warschau. Es war eine der wenigen politischen Gruppen, die bewußt an den Versuchen einer sozialistischen Erneuerung 1956 und 1968 und den darin entwickelten theoretischen und praktischen Ansätzen wiederanzuknüpfen versuchten, sowie an den

Traditionen einer strikt marxistischen Kritik des realen Sozialismus in Polen, wie sie im „Offenen Brief an das ZK der PVAP" von 1964 wohl am schärfsten geführt worden war. Karol Modzelewski, der dies Dokument zusammen mit Jacek Kuroń verfaßt hatte, sagte einem westlichen Linken auf die Nachfrage, wie er heute dazu stehe: „Was unseren Brief betrifft, so muß ich Sie möglicherweise enttäuschen. Dieser Brief stand — in Polen hat der Begriff eine andere Bedeutung — in der polnischen politischen Tradition des ‚Revisionismus'. Für Sie ist der Revisionismus etwa die sozialdemokratische Tendenz, während in Polen, unserer Tradition entsprechend, der Revisionismus die Revolte gegen das Regime meint, die motiviert ist durch die ideologischen Werte, die dieses Regime anerkennt, d.h. den politischen Marxismus, den Kommunismus etc. Man könnte sagen, daß dieser Brief eine Revolte — die radikalste zumindest des polnischen politischen Denkens — war, die sich auf folgende Motivation stützte: Es ist notwendig, dieses Regime zu stürzen, da es diese Werte und Ideale, die die unseren sind, verraten hat. Das war also, wenn Sie wollen, eine Art Häresie. Aber jetzt sind wir Atheisten, Ungläubige. Man kann nicht mehr Häretiker sein ..."[1]

Demgegenüber versucht das „Forum August '80" in dem Memorandum „Für eine selbstverwaltete Gesellschaft"[2] im November 1980 unter systematischer Wiederaufnahme der Arbeiterräte- und Selbstverwaltungs-Diskussion von 1956 einen Ausweg aus der Krise zu konzipieren. Den Autoren Wypich und Szlajfer zufolge ist dieser Ausweg nur möglich, wenn die „Solidarność" ihre Aufgaben so umfassend wie möglich auffaßt: Sie muß ein Gesamtprogramm soziökonomischer Reformen ausarbeiten und zur Diskussion stellen; sie muß eine Selbstverwaltungsbewegung initiieren, die in der Lage ist, die staatlichen Verwaltungsorgane auf Betriebs-, Regional- und Landesebene einer effektiven Kontrolle zu unterwerfen; sie muß im Zusammenwirken mit Landarbeiter-Räten ein Agrarprogramm ausarbeiten; und sie muß die Initiative zu einem nationalen Arbeiterräte-Kongreß (wie er 1957 hatte stattfinden sollen, aber verhindert wurde) ergreifen, über den eine Veränderung des parlamentarischen Systems mit dem Ziel einer „Arbeiterkammer" durchgesetzt werden soll, die kompetent ist, wesentliche sozialökonomische Strukturreformen durchzusetzen. Wypich und Szlajfer sehen eine solche Strategie aber nicht als „einen Kampf um die Macht im Staate" zwischen PVAP und „Solidarność", sondern ihr Programm wendet sich offenbar gerade auch an Mitglieder der Partei, die ihre führende Rolle „in den Gewerkschaften und in den Selbstverwaltungsorganen und den Vertretungsinstanzen der aktiven Mitglieder", also in der Praxis beweisen sollen. Vor allem von den Parteimitgliedern in den Großbetrieben werde es abhängen, „ob die Partei in der Lage sein wird, sich selbst zu reformieren"[3].

Diese Überlegungen, die erst im Laufe des Jahres 1981 in der sich verschärfenden Krise eine gewisse Resonanz finden (vor allem im Rahmen der sogenannten „Lubliner Gruppe" von Selbstverwaltungs-Aktivisten), bleiben im Herbst 1980 ohne Echo, da sie als eine allzu doktrinäre Aufpfropfung historischer Erfahrungen (dazu noch historischer Fehlschläge) auf die konkrete Situation erscheinen. So etwa, wenn Henryk Szlajfer in seinen Thesen zu diesem Aktionsprogramm schreibt: „Sie (die Arbeiter) fordern ihre Rechte nicht nur als Arbeitskräfte, sondern auch als Eigentümer dieses Landes, denen das Recht zusteht, dessen Kurs zu bestimmen." – „Mit einem Wort: Sie wollen regieren und sie sind fähig dazu."[4]

Auf dem anderen Flügel der Bewegung trat nach dem August 1980 die nationalistische Opposition an die Oberfläche, vor allem vertreten durch die „Konförderation Unabhängiges Polen" (KPN). Ihren Begründer Leszek Moczulski, einen Warschauer Geschichtsdozenten, umgab mit zweien seiner Jünger zusammen eine ganze Zeitlang der Nimbus, die letzten verbliebenen politischen Gefangenen zu sein (und damit offenbar die Staatsfeinde Nr. 1). Die Attraktivität, die die KPN auf Teile der gesellschaftlichen Bewegung ausübte, lag ohne Zweifel in der radikalen Phrase, mit der an das Tabu gerührt und der Abzug der sowjetischen Truppen verlangt wurde. Moczulski hatte in dem Spiegel-Interview, dessentwegen er erneut verhaftet wurde, die Ziele seiner Organisation u.a. so umrissen:

„MOCZULSKI: Unser Ziel ist ein unabhängiges, souveränes Polen, frei von der sowjetischen Oberherrschaft und von der totalitären Diktatur der Polnischen Vereinigten Arbeiterpartei.
SPIEGEL: Auf welchem Wege soll denn der sowjetischen Oberherrschaft ein Ende gesetzt werden?
MOCZULSKI: Eine unabhängige Republik Polen bedeutet, daß die Stationierung fremder Truppen im Lande nur aufgrund einer klaren Zustimmung des polnischen Staates möglich sein wird.
SPIEGEL: Gehört zu Ihren Forderungen auch der Austritt Polens aus dem Warschauer Pakt?
MOCZULSKI: Zu unseren Forderungen gehört auf lange Sicht, daß Polen volle Bündnisfreiheit erhält. Für die nächste Zukunft haben wir allerdings keine Bedenken, daß Polen weiterhin im Warschauer Pakt bleibt, doch unter gewissen Bedingungen.
SPIEGEL: Und die wären?
MOCZULSKI: Ich spreche hier nicht von Deklarationen. Wir fordern, daß ein militärischer Eingriff wie die Invasion in der Tschechoslowakei oder wie in Afghanistan automatisch zu einem Austritt Polens aus dem Warschauer Pakt führt. Und was den Abzug sowjetischer Truppen aus Polen betrifft, so könnte dieser zwar etappenweise, müßte jedoch bis zum letzten Bataillon durchgeführt werden.
SPIEGEL: Glauben Sie im Ernst, die Sowjetunion könnte bereit sein, eine solche Forderung zu erfüllen? 1956 führte die Forderung des ungarischen Premiers Nagy nach dem Austritt Ungarns aus dem Warschauer Pakt zum sofortigen Einmarsch sowjetischer Panzer und zu einem Blutbad. Befürchten Sie nicht eine ähnliche Tragödie für Ihr Land und damit auch für Europa?

MOCZULSKI: Als Historiker weiß ich genau, wie irreführend historische Analogien sind. Sie sprachen von einer Zeit, in der die Sowjetunion eine imperiale Großmacht war, ohne all die Sorgen, sie sich im Laufe der vergangenen 20 Jahre angesammelt haben.
SPIEGEL: Sie wollen doch wohl nicht behaupten, die Sowjetunion sei inzwischen eine Mittelmacht geworden?
MOCZULSKI: Die Sowjetunion hat heute einen Krieg in Afghanistan am Hals, die Gefahr einer Verständigung zwischen USA und China und sehr schlechte Beziehungen zu Japan. Sie hat Streiks in Togliatti und kann nicht mehr, wie sie das zu Zeiten Chruschtschows ohne Zögern getan hätte, Maschinengewehre gegen Streikende einsetzen.
(...)
SPIEGEL: Sie wollen freie Gewerkschaften als eine mit der regierenden Partei rivalisierende politische Kraft im Lande, die dem bisherigen Machtmonopol der Kommunisten ein Ende setzt?
MOCZULSKI: Wir, die ‚Konföderation Unabhängiges Polen' sind tatsächlich dafür, daß im Lande neue politische Parteien entstehen, die im Endeffekt die Entmachtung des Kommunismus erzwingen werden. Die Alternative lautet: entweder eine Diktatur im sowjetischen Interesse – oder eine Selbstbestimmung der polnischen Nation. Auf den Knien leben – nein!"[5]

Tatsächlich ging von solchen radikal-nationalistischen Parolen für das Regime keine wirkliche Gefahr aus; und das, obwohl Moczulski ja unbestreitbare Tatsachen und Wahrheiten aussprach. Aber es gab in Polen wenig Leute, die Lust hatten, sich in einem Kampf für eine abstrakte „Unabhängigkeit" gegen einen weit überlegen Feind einzulassen. Viel mehr Sinn machte es, so wie die KOR-Leute vorschlugen, die Spielräume auszufüllen, die die Furcht der Sowjetunion vor einer Intervention in Polen ließ.

Diese Spielräume schienen zunächst einmal gar nicht so gering zu sein. Die Parteiführung befand sich in einer unbehaglichen Situation: Die Organisierung von Millionen in der „Solidarność" hatte nicht verhindert werden können. Diese Gewerkschaft praktizierte nun gerade, was ihre Funktion war, aber was sie nicht sollte: nämlich energische Interessenvertretung. Zugleich war sie gesellschaftlichen Initiativen und Bewegungen in allen Bereichen des öffentlichen Lebens Vorbild. Die Gesellschaft politisierte sich an allen Ecken, sie hallte wider von politischen Diskussionen – aber beim besten Willen ließ sich der „Solidarność" nicht vorwerfen, als politische Gegenpartei zur herrschenden Arbeiterpartei zu agieren.

Provokationen von oben

In dieser Situation kam es zu zwei aufeinanderfolgenden, wie es schien wohl geplanten, Provokationen von oben, aus dem Apparat. Wie sie sich zur Politik der Parteiführung verhielten, ob es sich etwa um Versuche der orthodoxen Parteileute im staatlichen Machtapparat handelte, einen gewaltsamen Zusammenstoß herbeizuführen, der letztlich die Sowjetunion zwingen würde zu intervenieren, ist bis heute kaum auszumachen. Es war zumindest damals eine verbreitete Interpretation, für die auch einiges spricht.

Der erste Vorstoß folgte der Registrierung und damit Legalisierung der „Solidarność" auf dem Fuße. Am 20. November überfiel ein Polizeikommando die Zentrale der Gewerkschaft in Warschau und stellte Exemplare eines Infos sicher, in dem eine geheime Dienstanweisung des Obersten Staatsanwalts Czubinski an die örtlichen Staatsanwaltschaften veröffentlicht war[6]. Das Schriftstück datierte bereits vom 30. Oktober und trug den Titel „Grundsätze zur Überwachung von illegalen Aktivitäten antisozialistischer Elemente". Es ging daraus klar hervor, daß insbesondere gegen die führenden Mitglieder des KOR und andere Oppositionelle juristische Maßnahmen in Vorbereitung waren, und zwar unter demonstrativer Berufung auf die Gültigkeit der Zensur, über deren Einschränkung gerade im zuständigen Ausschuß des Sejm und in der ganzen Gesellschaft verhandelt und gestritten wurde.

In den Warschauer Betrieben wurde die allgemeine Bedeutung der Auseinandersetzung denn auch sofort erkannt. In den Ursus-Traktorenwerken und der Warschauer Stahlhütte traten die Belegschaften in den Streik. Die Führung der „Solidarność" stellte sich auch hinter die weitergehenden Forderungen, die von den Streikenden aufgestellt wurden: Freilassung aller politischen Gefangenen, Einstellung aller politischen Verfahren, Untersuchung gegen Staatsanwälte und Polizisten, die sich insbesondere in den Jahren 1970 und 1976 des Mißbrauchs ihrer Amtsgewalt schuldig gemacht hatten, Veröffentlichung der geheimen Untersuchungsberichte über die Vorkommnisse 1976 und – Kürzung des Budgets für die Sicherheitsorgane[7].

Die Situation steuerte auf einen neuen Generalstreik zu. Aber noch dominierten im Konfliktfall die Kräfte in der Partei- und Staatsführung, die – aus durchaus unterschiedlichen Gründen – einen Kompromiß vorzogen. Der verhaftete NOWA-Drucker Narozniak wurde freigelassen, mit dem neuen Vorsitzenden des Journalistenverbandes, Bratkowski, als Bürgen. Damit war das erste polizeilich-juristische Komplott geplatzt.

Es dauerte nur wenige Wochen, bis eine neue, ernstere Machtprobe anstand. Im Januar 1981 hatte sich die soziale Atmosphäre erheblich aufgeladen. Es zeichnete sich eine noch weitere Verschärfung der wirtschaftliche Krise ab. Die Regierung Pińkowski – die als ein Kabinett quasi neutraler Wirtschaftsfachleute ausgegeben wurde – hatte ohne Konsultation der „Solidarność" und anderer gesellschaftlicher Kräfte eine „kleine Wirtschaftsreform" und eine neue Arbeitszeitordnung in Kraft gesetzt, die nichts Gutes ahnen ließen. Die „kleine Wirtschaftsreform" setzte die Betriebe instand, selbst über Lohnauszahlungen und über den Personalbestand, d.h. über Entlassungen zu entscheiden, ohne daß aber die Rahmenbedingungen einer solchen Reform gegeben waren. Daß diese Reform ganz auf die Knochen der Arbeiter gehen würde, zeigte die Arbeitszeitverordnung, die die in den Abkommen des Sommers vereinbarte 5-Tage-Woche einseitig aufhob (statt sie wie vorgesehen in Kraft zu setzen). Als wäre mit einer extensiven Verlängerung der Arbeitszeit die niedrige Arbeitsproduktivität zu kurieren gewesen!

Es gab eine Vielzahl von Streiks und Demonstrationen dagegen, ein langes Tauziehen, das schließlich mit einem erneuten Kompromiß beendet wurde. Zu diesem Zeitpunkt hatten aber neue Streiks an den Hochschulen begonnen. Außerdem machten die Bauern ernst mit ihrer Forderung nach Anerkennung der Gründungskomitees für eine „Land-Solidarność". Kania hatte geradezu die Ehre der Partei darauf verwettet: „Soll das Dorf Terrain der Zusammenarbeit der Volksmacht mit den Bauern, den Landwirten sein? Oder soll es Terrain des politischen Kampfes mit der Volksmacht werden? Solcherart ist das Wesen dieses Konfliktes."[8]

Das beeindruckte niemanden. In verschiedenen Provinz-Metropolen hatten Bauern öffentliche Gebäude besetzt, um ihren Forderungen Nachdruck zu verleihen. Und abermals machte die Staatsmacht einen Rückzieher. Nach langer Weigerung kam es zu Verhandlungen, die binnen kurzem durch Abkommen mit den Bauern und streikenden Studenten beendet wurden. Dies schien in einem unmittelbaren Zusammenhang mit der am 12. Februar überraschend verkündeten Ernennung des Generals Jaruzelski, des bisherigen Verteidigungsministers, zum Ministerpräsidenten zu stehen. Jaruzelski, dem der Spruch zugeschrieben wurde: „Polnische Soldaten schießen nicht auf polnische Arbeiter", wurde von nicht wenigen in der Gewerkschaft mit einer gewissen Hoffnung begrüßt; man erhoffte sich wenigstens die bescheidenen, ganz systemkonformen Reformen, auf die allgemein gewartet wurde. Von den meisten wurde Jaruzelski als Parteigänger des zentristischen Kurses von Kania angesehen. Die Gefahr schien zu diesem Zeitpunkt viel eher von den orthodoxen Kräften in der Partei auszugehen, als deren Häupter die Politbüro-Mitglieder Grabski, Olszowski und Zabinski sowie der Warschauer Parteichef Kociolek angesehen wurden, im Volksmund die „Viererbande" genannt. Sie repräsentierten den Teil der Bürokratie, der sich gegen die Abkommen des August 1980 und die seither eingetretenen Veränderungen überhaupt stemmte und populär „der Beton" hieß, was die Haupterscheinungsform ihres Verhaltens charakterisieren sollte: nämlich die Gesellschaft durch bloße Untätigkeit zu erpressen. Diese bloße Untätigkeit und Blockade hatte allein schon zur Anheizung aller sozialen Konflikte geführt. Eine spontane Radikalisierung der Gewerkschaftsbasis machte sich in allen Konflikten bemerkbar.

In diese gespannte Situation schien die Provokation von Bydgoszcz

Mitte März mit kalter Absicht hineinplaziert. Mitglieder der „Solidarność" und der „Land-Solidarność", darunter die örtlichen Vorsitzenden beider Organisationen, wurden von Milizionären schwer mißhandelt, als sie bei einer Sitzung des Regionalparlaments durch ein Go-in die „Land-Solidarność" betreffende Forderungen vortragen wollten. Der Vorgang blieb unaufgeklärt.

Charakteristisch für die Interpretation, die diese Ergebnisse in Teilen der „Solidarność" fanden, sind die Erläuterungen, die das Regionalkomitee Wroclaw seinen Mitgliedern zur Vorbereitung eines Generalstreiks gab:

„Die Ernennung Jaruzelskis ist von der Gesellschaft mit Hoffnung aufgenommen worden. Zur gleichen Zeit aber zeigen die Ereignisse der letzten sechs Monate – und insbesondere der letzten Tage –, daß die Versuche, notwendige Reformen durchzuführen, durch antidemokratische Kräfte sabotiert werden, die ‚den Lauf der Ereignisse umkehren' und zur Situation vor dem August 1980 zurückkehren möchten. Diese Kräfte, die wir eindeutig als antisozialistisch bezeichnen, sitzen im Unterdrückungsapparat und den Entscheidungsorganen. ... Es ist für uns offensichtlich, daß diese Kräfte sich systematisch auf eine Aggression gegen die Gesellschaft vorbereiten. Wir nennen sie daher Aggressoren. Das Ziel der Aggressoren ist die vollständige Machtergreifung, also ein Staatsstreich, der den Sturz der verfassungsmäßigen Regierung zum Ziel hat. Die Ereignisse von Bydgoszcz bezeugen noch einmal, daß die Aggressoren, um ihre Ziele zu erreichen, vor keinem noch so brutalen Gewaltakt zurückschrecken, vor keinem Blutvergießen und auch nicht vor nationalem Verrat, indem sie zu einer ausländischen Intervention auffordern."[9]

Es wurde mithin ein direkter Bezug zu den Aufforderungen der KPdSU an die Führung der polnischen Arbeiterpartei hergestellt, „den Gang der Ereignisse umzukehren". Die Gefahr wurde in einem Komplott der Sicherheitskräfte im Verein mit einer drohenden ausländischen Intervention gesehen. Dem entsprachen auch die detaillierten Instruktionen, die von einem „Nationalen Streikkomitee" herausgegeben wurden, das von der Landeskommission der Gewerkschaft gewählt worden war. Der für den 31. März angesetzte Generalstreik sollte die Fähigkeit der Gewerkschaft unter Beweis stellen, das ganze öffentliche Leben zu paralysieren wie auch zu organisieren. Für den Fall der Ausrufung des Notstands (Kriegsrecht) war ein General- und Okkupationsstreik sowie die Wahl von Führungsorganen der „zweiten Linie" angeordnet. Instruktion Nr. 3 galt für den Fall einer ausländischen Intervention und sah passiven Widerstand vor, ließ aber auch die Möglichkeit aktiven, bewaffneten Widerstands offen: „Die Aktivitäten der Okkupationskräfte, insbesondere ihr Vorrücken ins Landesinnere, sind *unter Anwendung aller Mittel* zu behindern."[10]

Es erscheint im nachhinein fraglich, ob die Bedrohung von dieser Seite in dieser Form und zu diesem Zeitpunkt existierte. Gleichwohl war die Demonstration von Abwehrbereitschaft und die Einmütigkeit, mit der die Instruktionen befolgt wurden, für jeden inneren oder äußeren potentiellen Aggressor eindrucksvoll. So mag die bloße Androhung des Generalstreiks tatsächlich ihren Zweck erfüllt haben. Die von Walesa selbst geführte Verhandlungskommission der Gewerkschaft sah am Vorabend des 31. März allerdings keine Notwendigkeit mehr, den Generalstreik auch tatsächlich durchzuführen. Sie sagte ihn über die staatlichen Medien ab.

Das rief nicht nur eine Sturm der Empörung über die Eigenmächtigkeit des Vorsitzenden und eine Grundsatzdiskussion über die Demokratie in der Gewerkschaft hervor. In weiten Teilen der Mitgliedschaft von „Solidarność" hat sich, vor allem noch einmal nach dem 13. Dezember, die Überzeugung fest verankert, damals, im März, hätte man es dem Regime zeigen müssen. Daran mag durchaus etwas Richtiges sein. Ein vollständig durchgeführter Generalstreik, an dem sich – allen ultimativen Ermahnungen der Parteiführung zum Trotz – auch die Masse der PVAP-Mitglieder beteiligt hätte, hätte vielleicht eine neuerliche Reinigung der Atmosphäre gebracht und dadurch der Gewerkschaft noch einmal neuen Spielraum verschafft.

Aber der Tatbestand bleibt, daß die Gefahr nicht von der Seite her, von der sie schließlich kam, gesehen wurde; und daß angesichts der sich rapide verschärfenden Wirtschaftskrise die Gewerkschaft sich genötigt sah, doch die lange abgelehnte Verantwortung zu übernehmen, ohne dafür wirkliche Reformkonzepte parat zu haben.

Anmerkungen

1 Interview mit Karol Modzelewski, in: Das KOR und der „polnische Sommer", a.a.O., S. 191.
2 „Forum August 80". Für eine selbstverwaltete Gesellschaft, in: Internationale Presse-Korrespondenz 2/81, Frankfurt, S. 29/30.
3 Ebenda, S. 30.
4 Henryk Szlajfer, Thesen zum Aktionsprogramm, in: Internationale Presse-Korrespondenz 2/81, a.a.O., S. 27.
5 „Die Sowjets sollen abziehen". Interview mit Leszek Moczulski, in: Der Spiegel Nr. 38/1980.
6 Der vollständige Text der Dienstanweisung des Oberstaatsanwalts war abgedruckt in: die Tageszeitung, 1. Dezember 1980.
7 Vgl. G. Koenen u.a., Freiheit, Unabhängigkeit und Brot, a.a.O., S. 285.
8 Frankfurter Allgemeine Zeitung, 4. Februar 1981.
9 La société polonaise et l'état d'urgence. Précisions et instructions du syndicat Solidarité de Wroclaw, in : L'Alternative, Pologne, a.a.O., S. 142.
10 Les instructions de Solidarité en mars 1981, Instruction N° 3 „En cas d'intervention venant de l'exterieur", in: L'Alternative, Pologne, a.a.O., S. 141.

DOKUMENT 4

Jacek Kuroń: Wie weiter?

Die Ereignisse, deren Zeugen wir waren, erschütterten die Grundlagen des Systems, unter dem wir leben. Das Hauptprinzip, nach dem alle Institutionen dieser Gesellschaft funktionieren, wurde untergraben: das staatliche Monopol an Organisation, Information und Entscheidungen. Die streikenden Arbeiter leiteten diesen Prozeß ein, indem sie die Regierung zwangen, die Organisation der unabhängigen Gewerkschaften anzuerkennen, und indem sie diese Gewerkschaften gleich organisierten. Das System fällt auseinander.

Man stelle sich vor, was geschehen würde, wenn bei den polnischen staatlichen Eisenbahnen, wo der gesamte Verkehr einem von oben festgelegten Plan untergeordnet ist, einige Züge anfangen würden, nach einem Plan zu fahren, der demokratisch beschlossen wurde von den Bahnbediensteten oder den Fahrgästen. Genau das bedeuten die unabhängigen Gewerkschaften für ein System, in dem die ganze Gesellschaft geleitet wird von der zentralen partei-staatlichen Regierung.

Ein soziales System, selbst ein totalitäres, ist natürlich niemals so streng und genau wie ein Fahrplan für Eisenbahnen. Aber es kann ebenfalls nicht reibungslos funktionieren mit zwei gegensätzlichen Prinzipien.

Das Problem, das ich meine, kann man am Wirtschaftsplan erkennen. Jedes Jahr Ende September/Anfang Oktober erhalten die Planungsleiter und Arbeitskollektive die Entwürfe für den Plan des nächsten Jahres. Diese werden ihnen scheinbar zur Beratung vorgelegt. Üblicherweise werden diese Vorschläge mit mehr oder weniger scharfer Kritik begrüßt. Und dann schickt die zentrale Planungskommission den fertigen Plan nach unten, ohne daß irgendein Versuch gemacht wird, auf die erhobenen Einwände einzugehen.

Diese Situation kann sich dieses Jahr nicht wiederholen. Die Menschen sind stark; sie haben ihre Organisation. Man kann bereits absehen, daß auf den Betriebsversammlungen verschiedener Fabriken die Planentwürfe zurückgewiesen werden.

Kann die Regierung unter solchen Umständen einen Plan aufstellen, der sowohl effektiv ist, als auch den Erfordernissen der Gesellschaft genügt? Es muß betont werden, daß dies die grundlegende Frage für das System ist, unter dem wir leben, und es hat viele Versuche gegeben, auf diese Frage eine positive Antwort zu finden.

1956 arbeiteten in Polen Wirtschaftsfachleute, Betriebsleiter und die Bewegung für Arbeiter-Selbstverwaltung an dieser Frage. Das Problem wurde damals nicht gelöst. Es wurde bisher nicht wieder aufgegriffen. Niemand arbeitet heute an dem Thema. Aber der Wirtschaftsplan wird entweder von der ganzen Gesellschaft angenommen, oder er wird zurückgewiesen. Im letzteren Fall werden die Züge, die nach verschiedenen Plänen fahren, zusammenstoßen.

Dieses Phänomen hat bereits begonnen, auf andere Bereiche überzugreifen, in denen die Entwicklung der unabhängigen Gewerkschaften soziale Aktivitäten förderte. Wir kennen alle die Wohnungsgenossenschaften, deren Mitglieder begonnen haben, die Statuten ernstzunehmen und wirklich die Genossenschaften selbst zu leiten. Ein ähnlicher Kurs wurde in manchen medizinischen Genossenschaften eingeschlagen. Es wird demnächst die Entwicklung eines ganzen Feldes kooperativer Arbeit folgen: Verbraucher-Kooperativen, Bauern-Kooperativen, An- und Verkaufs-Kooperativen usw.

Letztere werden eine wichtige Grundlage für die Selbstverwaltung der Bauern werden, ein Programmpunkt, für den sich die Bauern-Gewerkschaften stark machen.

Die intellektuellen Arbeiter, die sich in unabhängigen Gewerkschaften gruppiert haben, und die sich entwickelnde unabhängige Studentenbewegung wollen ein Programm der Eigenständigkeit der Hochschulen, der schulischen und wissenschaftlichen Arbeit verwirklichen.

Jede dieser Bewegungen, und ich habe sie keineswegs alle aufgezählt, trägt dazu bei, den Einflußbereich der zentralen Entscheidungen radikal zu beschneiden. Dadurch hilft jede von ihnen, das System der zentralen Herrschaft und folglich den Apparat der zentralen Herrschaft aufzulösen.

Um diese Auflösung aufzuhalten, muß der Apparat entweder die sozialen Bewegungen unter seine Kontrolle bringen und aushöhlen, oder er muß das System demokratisieren, und zwar ziemlich schnell.

Die erste Lösung ist nicht sehr wahrscheinlich. Die Gesellschaft ist bereits unabhängig von der staatlichen Leitung organisiert. Sie kann infolgedessen eine Demokratisierung durchsetzen und gleichzeitig als Garant dieser Demokratisierung auftreten. Das erste Mal in 35 Jahren stellen wir uns dieser Situation der Selbstorganisierung der Gesellschaft, diesem Druck nach Reformen.

Angesichts einer organisierten Gesellschaft ist die Regierung hilflos. Sie hat keine soziale Basis. Es gibt keine Gruppen, auf die sie sich stützen kann. Sie kann höchstens Truppen einsetzen, und in der momentanen Situation müßten es fremde Truppen sein.

Ist nun die zweite Lösung möglich? Kann der Apparat seine Natur und sein System so schnell ändern? Das ist unwahrscheinlich. Wenn er das nicht kann, wird er dann den selbstmörderischen Versuch unternehmen, die Bewegung durch Gewalt aufzuhalten? Dieser Versuch könnte leicht zu einer sowjetischen Intervention führen. Die Regierung neigt dazu, diese Drohung zu übertreiben, aber man darf sie auf keinen Fall unberücksichtigt lassen. Sollen wir also versuchen, die Bewegung aufzuhalten, um die drohende Intervention zu vermeiden?

Um diese Frage zu beantworten, müssen wir berücksichtigen, daß jede soziale Bewegung ihre eigene Dynamik hat. Sie kann nicht durch Schlichten mal in diese und mal in jene Richtung gewiesen werden, weder von innen durch ihre Führer noch von außen durch ihre Besatzer.

Die Dynamik der Bewegung

Die Menschen, die jahrelang ihrer Rechte beraubt, eingeschüchtert und unterdrückt wurden, haben sich erhoben als machtvolle Kraft. Aber sie sind sich dessen noch nicht voll bewußt. Sie glauben nicht recht daran, daß sie ihre

Rechte auch durchsetzen können, und das um so weniger, als sie noch nicht in der Lage sind, ihre Rechte zu formulieren. Sie rebellieren ganz einfach gegen ihre Lebensbedingungen und die dafür verantwortliche Regierung.

Viele glauben zwar immer noch nicht, daß etwas erreicht werden kann, aber sie haben bereits begonnen zu handeln. So ist es am Anfang möglich, selbst die kleinsten Forderungen aufzustellen, und die Bewegung wird sich um sie organisieren. Würden wir heute Forderungen aufstellen, die weiterreichen, wie „Unabhängigkeit für den polnischen Staat" und „parlamentarische Demokratie" – Forderungen, die zweifellos dem Bedürfnis des polnischen Volkes entsprechen –, dann würden sie nicht die breite Massen der Gesellschaft hinter sich bringen. Die Bewegung würde sich nicht aufgrund solcher Forderungen reoganisieren, weil dieses Programm im Bewußtsein der Massen undurchführbar ist. In den Anfängen der Bewegung kann man also nur sehr begrenzte Forderungen aufstellen, die weniger den Bedürfnissen der Gesellschaft entsprechen als dem, was für die Menschen unabdingbar ist.

Wie gesagt, wenn Menschen sich um begrenzte oder auch nur die minimalsten Forderungen scharen, beginnen sie zu handeln. Eine Bewegung entwickelt sich. Und jeder Erfolg hilft ihr, Ziele und Forderungen zu entwickeln, die den Bedürfnissen der Gesellschaft immer näher kommen. Wir können das sehr klar an der Entwicklung der großen Streikwelle im August und September beobachten.

Diese Aktionen hatten sich entwickelt, lange bevor die Forderung nach unabhängigen Gewerkschaften aufgestellt wurde. Bis dieser Punkt erreicht wurde, mußte ein langer Weg gegangen werden von den ersten Anfängen der Arbeiterkommissionen in Ursus. Anfangs wurden sie nicht mal so genannt. Es war erst einmal notwendig, klare Forderungen zu formulieren über organisatorische Fragen, Redefreiheit, Freiheit für die politischen Gefangenen usw.

Im letzten Juli, während des Eisenbahner-Streiks in Lublin, lösten die Arbeiter die alten Betriebsräte auf und schrieben neue Wahlen aus. An diesem Punkt der Streikwelle entsprach dies voll den Bedürfnissen der Arbeiter nach eigenen Vertretern. Diejenigen Führer, die diese Forderung erhoben, wurden gewählt. Aber wenn während des Streiks an der baltischen Küste die Streik-Komitees auf das Niveau der Lubliner Forderungen zurückgegangen wären, hätten sie die Führung verloren. Sie wären abgesetzt worden, was aber nicht sehr wahrscheinlich gewesen wäre, oder die Bewegung hätte eine Niederlage erlitten. Wäre es zur Wahl gekommen, dann wären die Streikführer nicht gewählt worden.

Aus diesem Grund können die heutigen Gewerkschaftsführer auf keinen Fall ein Programm vertreten, das die Forderung nach Demokratie auf Lohn- und Arbeitsfragen einschränkt. Sie können nicht verhindern, daß die polnische Gesellschaft ein Programm der Selbstverwaltung in den Genossenschaften, der Landwirtschaft und der Industrie sowie der Autonomie von Wissenschaft und Kultur aufstellt. Sie können nicht verhindern, daß die Arbeiter die Planforderungen ablehnen. Das heißt, sie können natürlich dazu aufrufen – aber keiner würde ihnen zuhören, und sie würden ein für alle Mal ihren Einfluß verlieren.

Es ist ebenfalls keine Lösung, über den Machtzerfall der Regierung, den ich beschrieben habe, nichts zu sagen. Dies ist eine Tatsache. Und wenn die Bewegung für Demokratisierung der Gesellschaft diese Tatsache in ihrem Programm nicht berücksichtigt, kann sie einen Rückschlag mit unvorhersehbaren Folgen erleben. Je schwächer die Regierung und – das ist dasselbe – je unfähiger sie ist, ihre Politik den Gegebenheiten anzupassen, desto mehr wird sich die demokratische Bewegung radikalisieren. Radikalisierung bedeutet hier direkte Opposition gegen die Regierung und ihre Struktur.

Jeder Schritt den Drohungen entgegen verringert die Angst vor der Gefahr. Zwar spüren die Polen die Gefahr der sowjetischen Intervention. Aber die Regierung (und auch einige Kreise der liberalen Intelligenz) haben sie überstrapaziert. Während des Streiks in Lublin, bei dem keinerlei politische Forderungen erhoben wurden, wurde dieses Argument offen benutzt, und es fiel auf fruchtbaren Boden. Aber andere Streiks folgten, und die Drohung verlor nach und nach an Gewicht. Während der Streiks an der baltischen Küste tat die Regierung alles, um das Gerücht zu verbreiten, daß sowjetische Panzer jeden Moment einrollen. Als die Streikenden siegten, ohne auf eine eventuelle Gefahr der sowjetischen Intervention Rücksicht zu nehmen, verlor diese Gefahr im öffentlichen Bewußtsein an Bedeutung.

Kann irgend jemand der Dynamik der Bewegung Grenzen setzen? Doch, dies kann und muß getan werden. Aber man kann das nur machen durch ein Programm, das die Bewegung in die Lage versetzt, sich zu entwickeln, und das gleichzeitig ihre Grenzen deutlich macht.

Es ist Zeit, sich klarzumachen, daß wir in das Stadium einer Massenbewegung eingetreten sind, und nur die wirksam handeln können, die klar und öffentlich ihre Ziele und Befürchtungen darlegen. Halbe Wahrheiten, Verhandlungen hinter verschlossenen Türen oder Geheimabsprachen haben keinerlei Einfluß auf die Bewegung. Diese Art von Politik kann höchstens den Weg für Gerüchte und Intrigen öffnen. Demokratische Methoden dagegen helfen, Meinungsverschiedenheiten zu klären und zu überwinden. Die Zeit ist reif, ein Programm der Demokratisierung öffentlich auszuarbeiten mit Hilfe einer öffentlichen Diskussion. Bevor wir uns auf ein gemeinsames Programm einigen, müssen wir uns auseinandersetzen. Wir müssen einzig und allein sicherstellen, daß jeder versteht, worin die Meinungsverschiedenheiten bestehen.

Der Vorschlag, Programme klar zu bestimmen und einzugrenzen, wird allein bei denen auf Widerstand stoßen, die meinen, bestimmte Worte und die Namen derer, die vor langer Zeit diese Worte gesprochen haben, seien heilig. Diese Gegner sind nur dann im Recht, wenn die hier vorgelegte Analyse falsch ist, nämlich wenn der Prozeß der Demokratisierung hier und heute beschränkt werden kann auf die Gewerkschaften und auf Fragen von Löhnen und Arbeitsbedingungen. Sie werden noch mehr im Recht sein, wenn die Gewerkschaften die Forderungen nach höheren Löhnen angesichts des Abbaus des Lebensstandards zurückhalten können, oder wenn sie das tun können, ohne ein Programm zur Beseitigung der Fehler der Wirtschaft aufzuzeigen oder aber ein Programm zu bringen, das – und das wäre nicht zum erstenmal – von der Regierung stammte. Ich denke, daß solch ein Gedanke utopisch, deshalb abenteuerlich ist. Ich denke nicht, daß die sowjetische Regierung geneigt ist, solche Gedanken ernstzunehmen. Ich denke, daß sie entweder eine Demokratisierung in bestimmten Grenzen anerkennen wird, oder sie wird intervenieren ohne Rücksicht auf die Worte, die wir wählen.

Unsere Ziele

Ich habe gesagt, daß eine Möglichkeit besteht, die sozialen Bewegungen so zu beeinflussen, daß sie ihre Forderungen innerhalb der Grenzen der nationalen

Sicherheit halten. Diese Möglichkeit hängt ab von der Ausarbeitung eines Programms der Demokratisierung, das den Bedürfnissen der Polen entspricht, ohne diese Grenzen zu überschreiten.

Der Entwurf solch eines Programms ist vor langer Zeit geschrieben worden von dem Umkreis – im weitesten Sinne –, der mit der KOR zusammenarbeitete. Das sind die Gruppen um die Zeitung „Robotnik", die freien Gewerkschaften um die Gdansker Gegend, die Selbstverteidigungskomitees der Bauern, die Aktivisten in den Studenten-Solidaritätskomitees usw.: ein Programm der Selbst-Organisierung der Gesellschaft.

Eine solche Bewegung kann nicht zum Sturz des Machtapparates aufrufen. Aber durch ihr Bestehen und die Organe, die sie sich schafft, stellt sie Forderungen an diesen Apparat. Mehr noch – und das ist in der jetzigen Situation ihre dringendste Aufgabe – sie hilft dem Apparat, auf die Forderungen einzugehen. Ich denke hier an die Bewegung der leitenden Kader, der Experten und Wissenschaftler, die die Aufgabe übernehmen wollen, ein Programm zur Wirtschaftsreform auszuarbeiten und die verschiedenen Selbstverwaltungs-Körperschaften in der Wirtschaft im Rahmen des Planes fördern wollen. In Zukunft muß diese Bewegung ihr Arbeitsfeld auf den ganzen Staatsapparat ausdehnen. Schon heute kann bereits in der Diskussion von Reformprojekten für Wirtschaft und Plan weitgehende Arbeiterselbstverwaltung zum Tragen kommen, die sowohl Bedingung für die Durchführung des Programms als auch treibende Kraft dieses Prozesses sein wird.

Im Prozeß der Demokratisierung kann die Gesellschaft ihre Zukunft aufbauen, ohne die Grenzen der nationalen Sicherheit zu verletzen. Außerdem sind diese Grenzen nicht ein für allemal festgelegt. Sie weiten sich mit der Verschlechterung der internationalen Stellung der UdSSR, mit dem Anwachsen zentrifugaler Kräfte in ihr und ihrem Einflußbereich, und ebenso mit der wirtschaftlichen Abhängigkeit des sowjetischen Blocks vom Westen.

Parlamentarische Demokratie und nationale Unabhängigkeit sind die Hauptwünsche der Polen. Wir können solche Forderungen heute nicht als Sofortziele aufstellen. Wir stellen sie uns jedoch als langfristige Ziele, auf die alle unsere Aktivitäten ausgerichtet sind.

Wir sind auf einem Weg, auf dem es kein Zurück mehr gibt. Ich denke, daß die UdSSR heute eher bereit ist, diese Demokratisierung von unten – so wie ich sie beschrieben habe – zu akzeptieren, als auf die bewaffnete Intervention zurückzugreifen. Morgen wird sie möglicherweise weitere Schritte dieser Demokratisierung akzeptieren gegen Garantien auf militärischem Gebiet. Übermorgen – wer weiß ... Das Wichtigste ist, daß die polnische Gesellschaft bereit sein muß, jede sich bietende Gelegenheit zu nutzen. Und das bedeutet Organisierung in unabhängigen Bewegungen der Selbstverwaltung auf allen Ebenen.

Die unmittelbaren Aufgaben

Welche kurzfristigen Forderungen sollten heute im Rahmen eines solchen Programms aufgestellt werden?

Erstens ist es notwendig, die Aufgaben der unabhängigen Gewerkschaften, die sich gebildet haben als Organisation der Arbeiter zur Verteidigung ihrer Interessen, klar zu bestimmen. Sie dürfen nicht in den Verantwortungsbereich der Regierung eingreifen, keine Wirtschaftsreformen oder Strukturänderungen duchführen oder in das Funktionieren des Apparats eingreifen, kurz, sie dürfen nicht dem Apparat die Kohlen aus dem Feuer holen. Es ist verständlich, daß diese Bestrebungen heute sehr stark sind, weil die Gewerkschaften im Moment der Brennpunkt der Selbstorganisation der Gesellschaft sind und die Gesellschaft ihre Geschicke selbst bestimmen will. Das Gdansker Abkommen bringt das klar zum Ausdruck. Es ist ein Abkommen zwischen Staat und Gesellschaft, und es berührt nahezu alle Bereiche des Lebens.

Aber die Aktivisten müssen diesem Druck widerstehen. Nicht um ihm auszuweichen, sie können das gar nicht. Die Gewerkschaften können nur eines übernehmen: die Verteidigung der klar und unzweideutig bestimmten Interessen und Forderungen der Arbeiter. Aber sie sollten an deren Formen der Demokratie Anstöße geben, und zwar solchen sozialen Organen, die die Aufgaben, welche die Gesellschaft angeht, übernehmen können, wie zum Beispiel verschiedene Formen der Selbstverwaltung, vor allem im wirtschaftlichen Bereich.

In diesem Zusammenhang scheinen mir zwei Initiativen der Gdansker Gewerkschafter von Bedeutung zu sein. Die eine ist das Konzept der kleinen Arbeiter-Parlamente[1], organisiert oder gefördert durch die Gewerkschaft. In diesen Parlamenten würden die Arbeiter verschiedene Fragen aufgreifen, wie z.B. die Zusammenarbeit der Betriebe oder ganzer Branchen (es gibt ein Projekt eines kleinen Arbeiter-Parlaments der Bauarbeiter)[2]. Die Verantwortung für die Entscheidungen dieses Gremiums würde von dessen Mitgliedern und den Behörden, mit denen es verhandelt, getragen — nicht von der Gewerkschaft.

Die zweite Initiative ist in institutioneller Hinsicht noch interessanter: Die derzeitigen Betriebsräte sollen wirkliche Vertretungen der Belegschaften werden. Sie müßten den sozialen Fonds der Betriebe[3] verwalten, der bislang der Aufsicht und Verwaltung durch die Gewerkschaft vorbehalten war, wodurch letztere administrative Aufgaben zu erfüllen hatte. Solche Räte, die von allen Beschäftigten gewählt werden aufgrund von Kandidatenlisten der Gewerkschaften und anderer Organisationen, dürfen nicht formell an die Gewerkschaften gebunden sein. Diese Räte würden den Sozialversicherungsfonds und die Hilfs- und Kreditfonds verwalten. Die Gewerkschaften würden nicht selbst an der ganzen Verwaltungsarbeit beteiligt sein. Sie würden Kandidaten für die Wahlen aufstellen, deren Ablauf überwachen und dann über ihre Vertreter in diesen Räten ihren Einfluß geltend machen, sie kontrollieren, unterstützen und verteidigen. Aber sie würden sie in keiner Weise ersetzen.

Der unmittelbare Effekt wäre, daß nicht alle möglichen Verwaltungsaufgaben auf junge Gewerkschaftsaktivisten abgeschoben werden. Ohne den Ballast der Verwaltungsarbeit können die Gewerkschaften ihren Klassencharakter bewahren, und die Gewerkschaftsführer werden nicht zu Verwaltern umfunktioniert. Diese Betriebsräte wären eine gute Schule der Demokratie und gleichzeitig Kern der Arbeiterselbstverwaltung, die in keiner Weise mit den Gewerkschaften vermischt wäre.

Zweitens denke ich, daß die im Moment wichtigste Aufgabe ist, eine Bewegung zur Wirtschaftsreform aufzubauen. Ich habe bereits ausgeführt, wer sie anpacken muß und welche Aufgaben anstehen. Die Gewerkschaften müßten zuallererst um Fragen kämpfen, die den Lebensstandard und die Arbeitsbedingungen betreffen. Sie müssen dies von Anfang an tun, von dem Moment an, wo sie beginnen, sich zu organisieren. Und sie müssen diesen Kampf beständig und wirkungsvoll führen. Ich erinnere daran, daß die Gewerkschaften nur einen Standpunkt vertreten, und dieser Standpunkt muß mit allen anderen in den Verhandlungen diskutiert werden. Die Gewerkschaften können nicht schon jetzt von vornherein den Standpunkt der ganzen Gesellschaft übernehmen. Das Interesse der Gesellschaft im ganzen kann sich nur herauskristallisieren auf der Grundlage des Abwägens der verschiedenen Tendenzen und Interessen, wenn die unmittelbar Betroffenen ihre Belange frei äußern können.

Daß der Staat die Bevölkerung beherrscht, fußt auf der Tatsache, daß niemand ihre Belange ausdrückt. Genaugenommen vertritt jeder den Standpunkt des Staates und dessen Interessen. Das ist nicht nur schädlich für die Bevölkerung, sondern auch für den Staat oder vielmehr gerade für den Staat. Der Ausgleich der verschiedenen Interessen hat auf der Grundlage sozialer Bewegungen vor sich zu gehen.

Was die Fragen des Plans und der Wirtschafsreform angeht, so wird es Verhandlungen geben zwischen der Gewerkschaftsbewegung, der Bewegung zur Wirtschaftsreform und der Arbeiterselbstverwaltung. Aber der Prozeß kann nicht darauf beschränkt bleiben. Die Bewegung der Bauern-Selbstverwaltung entsteht bereits. Sie wird ein Programm zur Reform der Landwirtschaft aufstellen, und sie benötigt die Unterstützung von Fachleuten auf den wichtigsten Gebieten. Diese Bewegung muß die besonderen Interessen der Landwirtschaft und der Bauern mit denen der Gewerkschaft und der Reformbewegung in Einklang bringen.

Eine weitere wichtige Frage ist – wie bereits erwähnt – die unabhängige Organisierung in allen Bereichen des sozialen Lebens. Neben der Selbstverwaltung in Wissenschaft, Kultur und Wirtschaft ist es notwendig, die Selbstverwaltung auch im Erziehungswesen aufzubauen. Es ist weiterhin notwendig – und keinesfalls weniger wichtig – eine Bewegung zur Verteidigung der Menschenrechte und zur Verteidigung der Unabhängigkeit der Gerichte und der Anwälte aufzubauen.

Sicher habe ich nicht alle Aktionsbereiche der sozialen Bewegung aufgeführt. Es besteht kein Zweifel, daß jeder mögliche Bereich mit einbezogen wird, weil die ganze Gesellschaft sich mehr und mehr mobilisiert und in alle Richtungen ausgreift.

Angesichts dieses Pluralismus der sozialen Bewegung sind alle Versuche, die Aktivitäten von oben her zu zentralisieren, zum Scheitern verurteilt. Wichtig ist, daß man sich auf die Grundlagen der Organisation und des Programms einigt. Die Aktivisten der verschiedenen Bewegungen müssen gemeinsam – und das heißt öffentlich – Programme ausarbeiten, ihre Differenzen klarlegen und sich auseinandersetzen, sich einigen und zusammenkommen. Die enorme Aufgabe, die Demokratie aufzubauen, liegt vor uns. Sie kann nur mit demokratischen Mitteln vollendet werden.

Warschau, September 1980

Anmerkungen

1 Im Polnischen „sejmik", wörtlich „kleines Parlament". Der Begriff stammt aus der Geschichte des Landes, als in der „Repulik der Edlen" die polnische Aristokratie es fertiggebracht hatte, die zentrale Staatsgewalt

stark einzuschränken und sogar den König zu wählen und die lokalen Angelegenheiten im Rahmen solcher Institutionen zu führen.
2 Beide Projekte sind Absichten geblieben.
3 „Sozialfonds" ist der Teil des sozial (nicht individuell) verteilten Lohnes, mit dem insbesondere die Kantinen und Kindertagesstätten der Betriebe, die Erholungsstätten usw. finanziert werden. Die alten Gewerkschaften hatten dessen Verwaltung über die Betriebsräte an sich genommen.

(Deutsche Übersetzung in: Internationale Presse-Korrespondenz, Nr. 2/1981, Frankfurt)

DOKUMENT 5

Adam Michnik: Was wir wollen, was wir können
(Auszug)

Wir leben von nun an in einem anderen Polen. Dies kann man auch von völlig offiziellen Institutionen sagen, wie dem PEN-Club, dem Verein der Schriftsteller, dem Verein der Soziologen oder dem polnischen Wirtschaftswissenschaftler. Sie entwickeln sich um eine neue Problematik herum, und jeder Weg zurück ist von nun an unmöglich. Nach der Formulierung Lenins ist dies der klassische historische Augenblick, in dem die Regierenden wissen, daß sie nicht mehr weiterhin auf die gleiche Weise regieren können, und in dem die Regierten wissen, daß sie diese Art von Regierung nicht viel länger tolerieren werden.

Die Frage, die sich nun stellt, ist die, in welchem Maß sich die Diagnosen der oppositionellen Kreise im weitesten Sinne bewahrheitet haben. Meines Erachtens haben sich sowohl die Diagnosen als auch die Prognosen bestätigt. Völlig bestätigt wurde auch die These, nach der das Regierungssystem der Macht und dessen Art der Wirtschaftsführung zu einer tiefen Krise führen, die nur in einer sozialen Explosion münden kann. Und auch wenn diese Explosion eine solche Form angenommen hat, daß Bratkowski sie als „Revolution des gesunden Menschenverstandes" hat bezeichnen können, so ist doch sicher, daß wir diese Revolution nicht der Macht verdanken. Es handelt sich trotzdem um eine Revolution der Arbeiter — und nicht, wie ich es vor einigen Tagen aus der Feder von A. Werblan (einem Mitglied des Zentralkomitees) in der „Zycie Warszawy" habe lesen können, um eine Revolution, die von den „gesunden Kräften der Partei" ausgeführt wird.

Wie soll man die determinierende Rolle der katholischen Kirche verstehen? Diese Rolle ist direkt weder an die Wahl Wojtylas zum Papst noch an seine Polenreise gebunden. Ich will meinerseits versuchen, diese Frage anders zu formulieren, denn auch die Rolle der Kirche kann diffizil und komplex sein. Beobachtet man die sozialen Phänomene, zwingt sich die Überlegung auf, daß die Kirche — nicht unmittelbar, aber langfristig — das perfekteste Modell für die Koexistenz einer unabhängigen sozialen Formation mit der Macht bietet. Dieses Modell vereint zwei grundsätzliche Faktoren: die Berücksichtigung der Realitäten und den konstanten Druck auf die Macht. In den letzten Tagen war diese Haltung sicherlich Zufällen unterworfen, aber das ist nicht so wichtig. Entscheidend bleibt dieses Verhaltensmodell in einer Realität, die man nicht geschaffen hat, ein Modell, aus dem wir noch viel lernen müssen. Der Papstbesuch hat eine neue Haltung der Polen enthüllt, die den konfessionellen Rahmen überschreitet. Heute ist die Frage wichtig, welche Art von „Modus vivendi" die Kirche mit der Macht sucht. Wird sie versuchen, um sich herum eine monolithische politische Institution aufzubauen und zu führen? Hätten wir es in einem solchen Fall, wie westliche Beobachter fürchten, mit einer „Iranisierung" Polens zu tun, einerseits ein Schah, dem es kaum gelingt, sich über Wasser zu halten, andererseits ein mächtiger Ayatollah, der nur an den Umsturz des Regimes denkt? Tatsächlich sehe ich in unserer Kirche solche Tendenzen. Ich sehe aber auch andere, insbesondere eine Tendenz zur „Pazifikation". In dieser letzten Perspektive erhielte die Kirche um den Preis einer neuen Variante des Bündnisses zwischen Altar und Macht große konfessionelle Freiheiten. Die Antwort, die man in den Predigten des Papstes lesen kann und in denen der Priester, die der „Solidarität" nahestehen, ist eindeutig: Für sie muß es sich um eine offene Kirche in einer pluralistischen Gesellschaft handeln; um eine Kirche, die sich nicht autoritär versteht, sondern der ihre Rechte als Teil der gesamten Menschenrechte verteidigt. Ich betone jedoch noch einmal, daß dies nicht die einzige Tendenz ist, die man dem Episkopat aufzuzwingen versucht.

Im August 1980 wird ein neuer Gesellschaftsvertrag verfaßt. Was bisher nur gelebt wurde, wird jetzt schwarz auf weiß geschrieben; was bisher nur zerstreut und ungeordnet war, wird jetzt organisiert. Und dies ist unsere Chance – eine Chance, die nicht leicht zu konkretisieren ist. In Frage steht nicht mehr bloß der Kompromiß zwischen der souveränen Gesellschaft und der ihrer Souveränität beraubten Macht, sondern der Kompromiß, den die Gesellschaft mit sich selbst schließen muß. Die schwer angeschlagene Macht wird jetzt für die einzige Zielscheibe gehalten. Jeder fordert Erhöhungen und unsere Einheit und Solidarität sind fantastisch – aber dies kann nicht mehr lange dauern. Diese Art Gesellschaftsvertrag, in dem alle gleichzeitig so viel wie möglich fordern, ist in Wirklichkeit keiner. Ich möchte hier – Gott bewahre! – keinesfalls den Eindruck erwecken, daß ich gegen Massenforderungen bin. Solange uns die Behörden kein realistisches globales Programm für ökonomische Reformen geben, das aus der Krise herausführen können, sind alle Appelle, mit den Forderungen aufzuhören, nichts als billige Demagogie. Das heißt, sobald man ein limitiertes Budget hat, trifft man Entscheidungen: Was erhält die Priorität? Der Gesundheitsbereich, der Bereich der Ausbildung oder der Wohnungsbau? Soll man den Forderungen der Landbevölkerung entsprechen und den Fleischpreis erhöhen, oder soll man den Forderungen der Stadtbevölkerung nachkommen und den Fleischpreis senken? Es ist sehr schwer, hier zu entscheiden. Deshalb fordert der Gesellschaftsvertrag – unabhängig von einer Übereinkunft zwischen Macht und Gesellschaft – eine Übereinkunft der Gesellschaft mit sich selbst.

Wie wird die Haltung der Macht sein? Diese Frage stellen wir uns jeden Tag, weil sie entscheidend ist. Was wir alle feststellen können, ist ihre totale Unfähigkeit. Selbst ihre beste Fraktion – die Fraktion, die weiß, daß es unmöglich ist, wie bisher zu regieren – ist nicht in der Lage, eine neue Art Regierung zu bilden. Für sie ist es ein Beweis der Liberalität der Macht, daß es gegenwärtig nur zwei politische Gefangene gibt, Leszek Moczulski und Wojciech Ziembinski. Sie verstehen nicht, daß diese Tatsache trotzdem eine symbolische Ohrfeige ist, die genausoviel Bedeutung hat und ebensoviele unkalkulierbare Folgen haben kann, wie der Fall der Registrierung der Gewerkschaft „Solidarität".

Seit dem 31. August 1980 ist die Macht des Solidaritätsprinzips in unserer Gesellschaft einfach zu groß, als daß eine Person wegen ihrer politischen Meinung eingesperrt werden könnte. Es ist kein Zufall, wenn in den 21 Punkten des Abkommens von Gdańsk die Namen und Vornamen von drei Personen erscheinen, die freizulassen sind.

Ich nutze diese Gelegenheit, um meine Trauer darüber auszudrücken, daß die dafür zuständigen Behörden nicht verstehen, daß diese beiden restlichen Gefangenen (Moczulski und Ziembinski, Anm. d. Hrg.) im Gefängnis doppelt so gefährlich sind wie in Freiheit.

Auch der Konflikt um die Registrierung der Gewerkschaft „Solidarität" ist im wesentlichen ein Sprachkonflikt, denn die Macht versucht erneut, das Abkommen von Gdańsk seines Sinns zu entleeren und austauschbare und nichtssagende Gummibegriffe durchzusetzen. So fordert sie konkret, daß überall die führende Rolle der Partei hineingeschrieben wird. Der Sinn dieser Formulierung wird jedoch an keiner Stelle präzisiert. Was soll es bedeuten, daß ich die führende Rolle der Partei im Staat billige, ja billigen muß? Für mich persönlich bedeutet das nichts anderes als das, was ich hier zu erklären versucht habe, nämlich daß unser Land im Hinblick auf unsere geopolitische Situation und unsere Stellung in Europa von der Kommunistischen Partei regiert werden muß. Wie soll ich nun wissen, ob ich antisozialistisch oder prosozialistisch bin? Mich, wie es M. Tejchma in seinem Artikel tut, als antisozialistische Kraft zu definieren, hat überhaupt keinen Sinn, solange man mir nicht erklärt, was die Respektierung der führenden Rolle der Partei noch bedeutet. Aber soviel ich weiß, hat das bisher kein Mensch definiert. Ein Parteijournalist schrieb heute in der „Zycie Warszawy", daß die führende Rolle der Partei darin besteht, zu *inspirieren*. Einverstanden! Wenn sie mich inspiriert ... Ich warte nur darauf! Aber ich möchte damit keineswegs sagen, daß ich die Realität in Frage stelle. Nein, ich glaube wirklich, daß wir lernen müssen, mit der Macht zu koexistieren. Und wir müssen ihr beibringen, mit uns zu koexistieren – auf andern Grundlagen als denen, die vor 35 Jahren errichtet wurden. Denn sie stützt sich jetzt auf Formeln à la „antisozialistische Kräfte", womit im Grunde nur diejenigen gemeint sind, die die Macht stören. Aber warum benutzt man eine solche Formulierung, wenn man gleichzeitig schreibt, daß der Primas Polens ein großer Patriot und ein bewundernswürdiger Mensch ist. Soll das heißen, daß sich der Primas jemals für den bestehenden Sozialismus ausgesprochen hat? Das ist doch Unsinn!

Ich glaube, daß wir den Weg eines wirklichen Kompromisses und einer realistischen Haltung gehen müssen, in dem sich ziviler Ungehorsam gegenüber der Macht und Mäßigung der Gesellschaft, überlegte Forderungen und unbeugsame Haltung zu verbinden wissen.

Meine letzte Frage wird sein, ob das polnische Volk, das das Territorium zwischen der Sowjetunion und Deutschland einnimmt und auf die Hilfe keines Menschen rechnen kann, eine demokratische Existenzweise erreichen kann. Wird es nicht nur die Tugend des Mutes, sondern auch die der Geduld und der Gelassenheit aufbringen? Wird es sich die Technik des lang anhaltenden Widerstandes gegen Druck und Manipulation einer Macht zu eigen machen, die bestand, besteht und die zweifellos weiterbestehen wird? Polen hat weder die Perspektive der Tschechoslowakei im Jahre 1968, als der Staatsapparat selbst Motor der Veränderung war, noch die Ungarns aus dem Jahre 1956, wo praktisch sämtliche politischen Strukturen zerstört wurden. Wenn ich einen Kompromiß für den polnischen Weg und ein Beispiel suchen sollte, so wäre es der spanische Weg: In einer gemeinsamen Anstrengung aller offenen Elemente innerhalb der Macht und innerhalb der Opposition hat es die Gesellschaft verstanden, das Land aus einer verhaßten und repressiven Diktatur heraus- und zu demokratischen Formen hinzuführen. Ich verkenne nicht, daß es Unterschiede gibt ... z.B. in der geopolitischen Situation. Aber dieses Beispiel ist des Nachdenkens wert.

Was in Polen geschehen ist, ist so außerordentlich, daß wir es selbst um den Preis eines sehr wichtigen Kompromisses bewahren müssen. Wohlgemerkt, ich spreche von Kompromiß, nicht von Kapitulation. Denn wenn auch das Abkommen von Gdansk ein Kompromiß gewesen ist, so beinhaltet es doch die Schaffung institutioneller Formen des Dialogs zwischen Regierenden und Regierten. Es ist genau dieses Kompromißprinzip, das unsere Forderung leitet, die Mechanismen, die zur Repression gegenüber den Studenten von 1968, 1970 und 1976 geführt haben, öffentlich zu machen. Dieses Prinzip sollte dazu führen, daß die Immunität derjenigen, die für diese Repression verantwortlich waren, aufgehoben wird – ob sie nun im Polizei oder Propagandaapparat sitzen. Brzozowski sagt irgendwo: „Lernen wir, von dem zu sprechen, was zu tun wir gewagt haben." Ich denke, daß dies der Sinn der zukünftigen Diskussion sein wird.

Zum Schluß möchte ich sagen, daß wir, „wenn wir von dem sprechen, was wir gewagt haben", die Sprache der Wahrheit benutzen müssen. Die Sprache ist ein Bereich, in dem uns jeder Kompromiß verboten ist – selbst wenn wir uns entschlossen haben, ihn im politischen Bereich zu akzeptieren. Wenn wir den Kompromiß auf dem Gebiet der Sprache akzeptieren, werden wir unsere Glaubwürdigkeit verlieren. Deshalb müssen wir immer wieder wiederholen, daß ein Kompromiß ein Kompromiß ist – und nicht Geschichte; daß eine Kapitulation eine Kapitulation ist – und keine Übereinstimmung; daß Angst vor einer ausländischen Intervention nicht brüderliche Liebe zu einem anderen Staat ist.

(Deutsche Übersetzung in: W. Brus u.a., Polen – Ursachen und Symptome der politischen Krise, Hamburg 1981)

4. Die Verbündeten –
Die „Land-Solidarność" und der
„Unabhängige Studentenbund" (NZS)

Neben der „Solidarność" und in engem Bündnis mit ihr entstanden eine Reihe weiterer unabhängiger Organisationen – so im Verlaufe des Jahres 1981 z.B. noch ein Verband der Taxifahrer oder gar eine Gewerkschaft der Polizei (Miliz), die jedoch noch vor dem Dezember 1981 durch die Entlassung aller unzuverlässig erscheinenden Leute aus der Miliz zerschlagen wurde.

Zwei Organisationen waren von besonderer Bedeutung und hatten daher erst in einem mehrmonatigen heftigen Konflikt ihr eigenes Existenzrecht erstritten: der „Unabhängige Studentenbund" (NZS) und die „Land-Solidarność" als Gewerkschaft der Landwirte. Ihre Bedeutung lag in der gesellschaftlichen Schlüsselrolle der Sektoren, die sie vertraten: die Hochschulen und die Landwirtschaft.

Die Abkommen von Lódz (mit den Studenten) und von Rzeszów (mit den Bauern) wurden beide am 18./19. Februar 1981 unterzeichnet. Nachdem sie von der Parteiführung lange Zeit kategorisch abgelehnt, dann aber in sehr kurzer Zeit ausgehandelt wurden, bildeten sie nun mit den Abkommen vom August, die mit den Arbeitern abgeschlossen worden waren, ein ganzes System gesellschaftlicher Vereinbarungen, stellten sie quasi jenen „Gesellschaftsvertrag" dar, von dem Kania eine ganze Zeitlang mit Vorliebe gesprochen hatte. Jetzt erschrak die Staatsmacht vor dem Resultat. Ein diesen Abkommen entsprechend umgestaltetes Polen wäre bereits ein anderes Land gewesen. Daher war nun von „Gesellschaftsvertrag" nicht mehr die Rede. Tatsächlich blieben *alle* wichtigen Folgegesetze, in denen die Abkommen näher hätten ausgeführt und in geltendes Recht umgesetzt werden sollen – das Gesetz über die Gewerkschaften, über die Zensur, über die Hochschulen, über die Landwirtschaft –, das ganze Jahr 1981 über als Entwürfe in den Ausschüssen des Sejm liegen, nachdem auf allen Gebieten die Regierungsvorschläge auf eine Teilrevision dieser Abkommen abzielten, ohne das freilich offen zu erklären. Im Gestrüpp juristischer Klauseln und Paragraphen blieb der Versuch eines „Gesellschaftsvertrages" hängen. Kaum ein Punkt der Vereinbarungen wurde erfüllt.

Der „Unabhängige Studentenbund" (NZS)

Der NZS hatte sich in den Hochschulstreiks des Herbstes 1980 und dann des Januars und Februars 1981 konstituiert. Damit war an einer gesellschaftlichen Nahtstelle, nämlich dort, wo die herrschende Bürokratie ihren Nachwuchs heranzieht, das staatliche Organisationsmonopol durchbrochen. Die *Posener Forderungen des NZS* (siehe Dokument 7) waren der Entwurf eines Studenten- und Hochschulprogramms und basierten selbst schon auf dem Abkommen von Lódz.

Der übergeordnete Gesichtspunkt des Forderungskatalogs ist die Selbstverwaltung der Hochschulen unter weitgehender Einbeziehung der Studenten in Form der Drittelparität in die universitären Gremien – eine alte, unerfüllt gebliebene Forderung auch der westdeutschen Studentenbewegung von 1968. Freilich, wenn sich diese Forderung hierzulande hauptsächlich gegen die alte „Ordinarienuniversität" richtete, so sehen sich die polnischen Studenten sehr viel mehr in einer Front mit den Professoren und wissenschaftlichen Mitarbeitern gegen die allseitige Gängelung durch den Staat. Daraus resultieren solche fast altmodischen „bürgerlich" erscheinenden Forderungen wie die nach „Freiheit der Wissenschaft und Ungebundenheit der Lehre" sowie nach einem „Pluralismus der Ansichten, Richtungen und wissenschaftlichen Schulen". Daraus resultierten auch die Forderungen nach Beseitigung der obligatorischen Pflichtkurse in Marxismus-Leninismus und des Russischen als obligatorischer erster Fremdsprache – Forderungen, die natürlich besonderen Anstoß erweckt hatten. In diesem Forderungsprogramm tauchen sie nur noch positiv in Form der Selbstbestimmung der Studiengänge durch die Fakultäten und der freien Wahl der Fremdsprache auf.

Einen demokratischen Charakter tragen, über ihren unmittelbaren Inhalt hinaus, auch die Forderungen nach Angleichung der Stipendien an das soziale Minimum, da die materielle Gängelung der Studenten eines der Hauptmittel war, sie gefügig zu machen, und da die niedrigen Stipendien, verbunden mit hoher Kreditverschuldung für das Studium, längst auch zu einem Hebel sozialer Auslese geworden waren.

Die Forderung nach einer „besonderen Behandlung des Hochschulwesens in den Programmen zur Wirtschaftsreform" trug der Tatsache Rechnung, daß die unbefriedigende Situation der Hochschulen natürlich direkte Bezüge zur allgemeinen Misere des Landes hatte.

Die „Land-Solidarność"

Die Gründung der „Land-Solidarność" als einer Gewerkschaft selbständiger Landwirte hatte zwar ihre Vorgeschichte in den Selbstverwaltungskomitees der Bauern seit 1978, die Bestandteil der ganzen gesellschaftlichen Bewegung waren, die zur Gründung der „Solidarność" hinführte. Dennoch – wo hatte es das schon einmal gegeben, eine *Gewerkschaft* selbständiger Landwirte (deren Kleinproduktion nach der klassischen leninistischen Theorie doch „täglich, stündlich und im Massenumfang Kapitalismus erzeugen" mußte)?

Andererseits wurde es im Jahre 1981 zum augenfälligsten, dramatischsten Aspekt der Krise in Polen, daß in den staatlichen Läden sich nicht einmal mehr das Minimum der notwendigen Lebensmittel fand. Und das in einem (noch immer) großen Agrarland wie Polen, in dem ein rundes Viertel der erwerbstätigen Bevölkerung durch Haupt- und Nebenerwerb mit der Landwirtschaft verbunden war.

Der Hauptgrund, warum die Bauern einen immer geringeren Teil ihres Produkts an die staatlichen Aufkaufstellen ablieferten, lag darin, daß sie für das Geld nicht die Konsumtionsmittel und Industriewaren kaufen konnten, die es ihnen überhaupt lohnend erscheinen ließen, eine größeren Überschuß zu erwirtschaften und auf den Markt zu bringen.

Fast noch schlechter als die Versorgung mit Konsumtionsmitteln war und ist für die selbständigen Landwirte die mit den notwendigen Produktionsmitteln. Es fehlen: Pflüge, Hacken, Spaten, Sensen, Gummistiefel und ähnliche einfache Materialien. Es fehlen kleine Traktoren und einfache Maschinerie. Dabei sind die Produktionsziffern z.B. von Traktoren nicht einmal gering (von 7 700 pro Jahr 1960 auf 38 700 im Jahr 1970 und 57 500 im Jahr 1975).[1] Aber von allen diesen Produktionsmitteln sind die übergroße Mehrzahl in die Maschinenpools der Staatsgüter und Genossenschaften gegangen, die etwas mehr als 20 Prozent der Ackerbaufläche bearbeiten, während die Bauern die zu großen und zu teuren Maschinen nur aus den Maschinenpools der „Agrarzirkel" für die Bearbeitung ihrer Felder mieten können – was ihnen meist zu teuer ist. Die Auslastung des gesamten Bestands an Landmaschinen wird auf kaum 60 Prozent veranschlagt.

Besitzen die privaten Bauern also nominell noch knapp drei Viertel des Bodens, so befinden sich alle wichtigen Produktionsmittel im Monopol des Staates. Von diesem selben Staatsmonopol müssen sie ihr Saatgut, ihren Dünger, alle Produktionsmittel kaufen, an dasselbe Monopol müssen sie ihre Produkte verkaufen. Politisch drückte sich die allseitige Abhängigkeit – jedenfalls vor dem Jahr 1980 – in der eingeschränkten Herrschaft des Parteisekretärs und des Gemeindevorstehers im Dorf aus. Der Boden, damit auch der Hof, ist nicht *frei* vererblich und verkäuflich. Das eröffnet ein weites Feld bürokratischer Reglementierung der landwirtschaftlichen Produktion, über alle ökonomischen Zwangshebel hinaus: „Der Gemeindevorstand entscheidet darüber, was wir anbauen oder wann wir ernten sollen, ohne Rücksicht darauf, ob sich die Produktion lohnt oder nicht. In manchen Regionen bekommen wir jedes Jahr andere Felder zum Anbau, während man uns die alten wegnimmt."[2]

Man sieht, daß es mit dem bäuerlichen Privatbesitz nicht weit her ist. Die logische Folge ist, daß ein immer größerer Teil der Bauernwirtschaft sich auf rein selbstgenügsame Betriebsweise einrichtet und bestenfalls einen kleinen Überschuß zum Tausch erzeugt. Alle langfristigen Investitionen in Produktionsmittel und vor allem in den Boden selbst werden gescheut. Nur die Hälfte aller Arbeiten wird mit mechanischer Kraft ausgeführt; wichtigste Betriebsmittel sind noch immer Hunderttausende von Pferden, die eine Hauptursache der großen Futtermittelknappheit (und damit -importe) sind. Von den 3,3 Millionen Betrieben wird ein Drittel von Rentnern betrieben, ein weiteres Drittel von Nebenerwerbsbauern, und *nur ein Drittel von voll erwerbstätigen jüngeren Bauernfamilien.*

Ist die bäuerliche Parzellen-Wirtschaft also doch die Ursache der polnischen Agrarmisere? Diese Betrachtungsweise bleibt oberflächlich. Denn woher kommt die Misere der bäuerlichen Wirtschaft? Daher, daß ihnen allenthalben das Staatsmonopol als übermächtiges Hindernis für die *Entwicklung ihrer Wirtschaft* entgegensteht. So betrachtet, hat die Dauermisere der polnischen Landwirtschaft ganz ähnliche Ursachen wie in der Sowjetunion, obwohl dem äußeren Anschein nach die Agrarsysteme kaum unterschiedlicher sein können. In der Sowjetunion, wo die landwirtschaftlichen Betriebe faktisch einen direkten Bestandteil des Staatsmonopols bilden, und in Polen, wo sie ihm nur indirekt unterworfen sind, befinden sich jedenfalls alle wesentlichen landwirtschaftlichen Produktionsmittel in den Händen des Staates und ist jede selbständige Entwicklung der bäuerlichen Wirtschaften unterbunden. Die Forderungen der polnischen Bauern und ihrer Gewerkschaft, der „Land-Solidarność", gingen dahin, ein erbliches Nutzungsrecht auf den Boden zu erhalten, den sie bearbeiten; zumindest das in den siebziger Jahren verlorene Land (ca. 1 Million ha) von den Staatsbetrieben zurückzuerhalten; und in der Belieferung mit Produktionsmitteln diesen gleichgestellt zu werden. Die „Agrar-Zirkel" sollten in wirkliches genossenschaftliches Eigentum rücküberführt werden. Diese Forderungen des Abkommens von Rzeszów hat die Staatsmacht, obwohl feierlich unterzeichnet, nie eingehalten (siehe Dokument 6).

Anmerkungen

1 Vgl. Statistisches Jahrbuch 1980 für die Bundesrepublik Deutschland, Internationale Übersicht, hrsg. vom Statistischen Bundesamt, Wiesbaden 1981, S. 630.
2 Zit. nach: Der Spiegel Nr. 3/1981, S. 99.

DOKUMENT 6

Die Vereinbarung von Rzeszów zwischen „Land-Solidarność" und Regierung, 18.2.1981

In den Tagen vom 1. bis 6. und 16. bis 18.2.1981 fanden im Sitz des ehemaligen WRZZ (Woiwodschaftsrats der alten Gewerkschaften, d. Übers.) Gespräche zwischen der Regierungskommission und dem Streikkomitee, das im Namen des Gesamtpolnischen Gründungskomitees der Gewerkschaft der individuellen Landwirte wirkt, sowie dem Überbetrieblichen Gründungskomitee NSZZ „Solidarność" in Rzeszów, unter Beteiligung von Vertretern der Landeskoordinierungskommission von NSZZ „Solidarność" statt.

Als Ergebnis der Gespräche, deren Gegenstand die Forderungen des Streikkomitees waren, sind folgende Festlegungen angenommen worden:

Teil I: Bodenwirtschaft

In bezug auf Forderungen hinsichtlich der Bodenwirtschaft legte man folgendes fest:
1. Eine gesetzliche Stärkung der Garantien für die Unantastbarkeit des bäuerlichen Eigentums, insbesondere des Bodeneigentums und des Rechts auf Vererbung, sowie die Anerkennung der bäuerlichen Landwirtschaft als festem und gleichberechtigtem Bestandteil unserer Volkswirtschaft wird für zweckmäßig erklärt. Obiges Prinzip wird konsequent in der Gesetzgebung und der Praxis verwirklicht werden.
2. Mit Frist bis zum 31.12.1981 wird die Regierung mit einem Projekt der Novellierung der Vorschriften für den Bodenumsatz hervortreten, das folgende Prinzipien berücksichtigt:
a) Aufhebung des Verbots des Verkaufs der landwirtschaftlichen Liegenschaften,
b) Aufhebung der bisherigen Obergrenzen, bei Aufrechterhaltung der im Dekret über die Bodenreform festgelegten Normen, die sich aus der Gesellschaftsordnung ergeben,
c) Vereinfachung der Vorschriften, die eine Teilung der landwirtschaftlichen Wirtschaften begrenzen,
d) Aufhebung überflüssiger formaler Barrieren, die den Erwerb von landwirtschaftlichen Liegenschaften durch in der Landwirtschaft tätige Personen unmöglich machen, ebenso wie die Aufnahme von Arbeit in der Landwirtschaft durch Personen, die eine Garantie für deren ordentliche Führung geben.
3. Mit Frist zum 31.12.1981 wird die Regierung dem Sejm ein Projekt des Gesetzes über die Flurbereinigung vorlegen. Das Projekt wird mit Vertretern der Landwirte beraten werden. Dieses Gesetz wird die Institution des Aus-

tauschs von Grundstücken zum Vorteil von Einheiten der vergesellschafteten Wirtschaft aufheben. Die Regierung wird den Organen der regionalen Staatsverwaltung gegenüber die Nichtdurchführung eines solchen Austauschs anordnen.
4. Entscheidungen bezüglich der Verfügung über Flächen des Staatlichen Bodenfonds werden unter Teilnahme der Vertretung der Landwirte getroffen werden. Eine entsprechende Ergänzung der Rechtsvorschriften wird bis zum 30.6.1981 durchgeführt werden.
5. Beginnend mit dem 1.7.1981 werden Subventionen und Kredite zur Bewirtschaftung des Bodens bei Einhaltung des Prinzips der Gleichberechtigung allen Sektoren der Landwirtschaft zuerkannt werden.
6. Die bisherige Form der Übereignung landwirtschaftlicher Wirtschaften auf dem Wege eines vom Vorsteher der Gemeinde verfaßten Vertrages hat dieselbe Rechtskraft wie die notarielle Form. Bei der nächsten Novellierung des Rentengesetzes (siehe Teil IV/1) wird dennoch von der Regierung eine Möglichkeit zur Übereignung der Wirtschaften an Nachfolger in Form eines kostenlosen Notariatsaktes angeboten werden. Die Wahl einer der beiden Formen wird dem Landwirt überlassen.
7. Vorschriften über den Schutz der Böden im Hinblick darauf, ob die Pflicht zur Nutzung der landwirtschaftlichen Grundstücke eingehalten wird, werden zwecks Ausschließung von Mißbrauch dieser Vorschriften nur unter Teilnahme der Vertretungen der Landwirte angewendet werden.
8. Bis zum 31.12.1981 wird die Regierung ein Projekt des neuen Gesetzes über Baugelände auf dem Land vorlegen, das u.a. folgende Prinzipien berücksichtigt:
a) die Ausweisung und Übernahme von Baugelände in Staatseigentum wird unter Beteiligung der Dorfversammlungen vorgenommen werden,
b) die Höhe der Entschädigung für zu übernehmende Grundstücke muß den Interessen der Eigentümer der übernommenen Grundstücke entsprechen, d.h. auf dem Niveau der Preise des freien Marktes liegen,
c) der bisherige Eigentümer der zu übernehmenden Grundstücke kann das Eigentumsrecht auf ausgewählte Parzellen für sich oder in direkter Linie von ihm abstammende Personen aufrechterhalten, falls diese Personen nicht im Besitz von anderen Bauparzellen sind.
9. In allen Fällen einer rechtswidrigen oder offenkundig nachteiligen Übernahme von Liegenschaften, die als Bestandteile einer individuellen Wirtschaft gelten, durch die vergesellschaftete Wirtschaft müssen diese auf Antrag der betreffenden Person zurückerstattet werden, und wenn dies unmöglich ist, muß eine Entschädigung in Form einer Ersatzliegenschaft oder in Form von Geld erfolgen. Anträge dazu sollen mit Frist bis zum 31.12.1981 an den Woiwoden gestellten werden.
10. Bis zum 30.9.1981 wird die Regierung beim Sejm die Aufhebung der folgenden Gesetze beantragen:
a) Gesetz vom 24.1.1968 über den zwangsweisen Aufkauf von Liegenschaften, die Bestandteile von landwirtschaftlichen Liegenschaften sind.
b) Gesetz vom 28.6.1962 über die Übernahme der landwirtschaftlichen Liegenschaften in Staatseigentum gegen Außenstände (Schulden, z.B. aus nichtgezahlten Steuern, d. Übers.).
Bis zu diesem Zeitpunkt wird die Regierung den Organen der regionalen Staatsverwaltung die Nichtanwendung der oben genannten Gesetze anordnen.

11. Bis zum 31.3.1982 wird von der Regierung dem Sejm ein Projekt zur Novellierung des Gesetzes über die Enteignung der Liegenschaften vorgelegt werden. Das Projekt wird einen besonderen Schutz der landwirtschaftlichen Nutzflächen beinhalten und das Verbot der Enteignung für landwirtschaftliche Zwecke vorsehen.
12. Die Regierung wird bei der nächsten Novellierung des entsprechenden Gesetzes (siehe IV/1) eine Änderung der Vorschriften über die Übernahme landwirtschaftlicher Wirtschaften gegen Rente von Amts wegen vorschlagen, die Kritiken der Übernahme präzisieren und eine Teilnahme der Vertretung der Landwirte in den sich auf diese Angelegenheit beziehenden Verfahren gewährleisten.

Teil II: Landwirtschaftliche Investitionen und Versorgung der Landwirtschaft

Bezüglich der Forderungen, die die landwirtschaftlichen Investitionen und die Versorgung der Landwirtschaft betreffen, legte man folgendes fest:
1. Mit Frist bis zum 30.6.1981 wird unter Beteiligung der Vertretung der Landwirte und von Experten ein Projekt zur Novellierung des Beschlusses des Ministerrats über spezialisierte Wirtschaften und landwirtschaftliche Betriebsgemeinschaften bezüglich der Bevorzugung dieser Wirtschaften bei der Kreditgewährung und der Versorgung mit Produktionsmitteln ausgearbeitet.
2. Mit Frist bis zum 30.6.1981 wird unter Beteiligung der Vertretung der Landwirte und ihrer Experten ein Regierungsprogramm über die Versorgung der Landwirtschaft mit Produktionsmitteln, insbesondere landwirtschaftlichen Maschinen, Ersatzteilen für sie und Baumaterialien erarbeitet werden. Dieses Programm wird eine bessere Anpassung der Produktion von landwirtschaftlichen Maschinen an die Bedürfnisse der Familienwirtschaften (einschl. Garten- und Obstbauwirtschaften in Gebirgsgegenden) und insbesondere ein Anwachsen der Lieferungen von Traktoren für individuelle Landwirte vorsehen.
3. Mit Frist bis zum 30.6.1981 wird eine Überprüfung der typisierten Projekte für das individuelle ländliche Bauwesen durchgeführt und über eine Senkung der Gebühren für Dokumentation beraten werden. Bis zum 31.3.1981 wird vom Minister für Verwaltung, Regionalwirtschaft und Umweltschutz eine Arbeitsgruppe unter Beteiligung der Vertretung der Landwirte einberufen, die bis zum 30.6.1981 detaillierte Vorschläge zur Vereinfachung des Verfahrens bei Baugenehmigung erarbeitet.
4. Mit Frist bis zum 30.6.1981 werden, unter Einbeziehung einer Stellungnahme der Vertretung der Landwirte, die Preise für landwirtschaftliche Maschinen überprüft werden, wobei die wirklichen Produktionskosten zugrundezulegen sind. Neue Preise für landwirtschaftliche Maschinen werden spätestens ab 1.1.1982 eingeführt. Mit Frist bis zum 31.12.1981 wird das gültige System des Umsatzes von Ersatzteilen analysiert und werden Schlußfolgerungen in die Praxis umgesetzt werden.
5. Zwecks voller Versorgung der individuellen Landwirtschaft mit einfachen landwirtschaftlichen Geräten (Gabel, Hacke, Pflugschar, Ketten u.ä.) werden Produktion und Lieferung kontinuierlich vergrößert.

6. Mit Frist bis zum 31.12.1981 werden Änderungen im Bankrecht, bezüglich der Statuten der Bank für Nahrungswirtschaft und der Genossenschaftsbanken, durchgeführt, die eine Stärkung ihrer Selbstverwaltung und Selbständigkeit zum Ziel haben.
7. Bis zum 31.12.1981 werden Vorschriften über die Gleichstellung der individuellen Landwirtschaft mit anderen Sektoren der Landwirtschaft hinsichtlich des Zugangs zu und den Prinzipien der Nutzung von Krediten erlassen. Innerhalb der gleichen Frist wird für alle Sektoren der Landwirtschaft ein System von Zins- und Kreditsätzen für Investitionen erarbeitet.
8. Bis zum 30.6.1981 werden Vorschriften, die das System von Bezugspreisen zum Erwerb von Transportmitteln wiederherstellen, eingeführt.
9. Ab dem 1.4.1981 wird der Verkauf von Maschinen und Produktionsmitteln für die Landwirtschaft gegen Devisen eingestellt.
10. Beginnend mit 1982 wird die Richtlinie verwirklicht werden, daß landwirtschaftliche Produktionsmittel für die jeweiligen Sektoren der Landwirtschaft proportional zu den durch sie bewirtschafteten Flächen zugeteilt werden. Die Anwendung dieser Richtlinie darf nicht zur Verminderung des Wertes des festen Eigentums (Wirtschaftsgebäude und landwirtschaftliche Geräte) der Einheiten der vergesellschafteten Wirtschaft führen.
11. Bis zum 30.9.1981 werden günstigere Rechtsbindungen sowie Bedingungen der Kreditgewährung und Versorgung für die Inbetriebnahme kleiner ländlicher Industrien (insbesondere Mühlen, Sägewerke, Ziegeleien und Verarbeitungsbetriebe) geschaffen. In einzelnen Fällen werden vom Woiwoden die bis zum 31.12.1981 eingegangenen Anträge auf Rückerstattung von ehemaligen Eigentümern derartiger Betriebe geprüft werden.
12. Mit wachsender Kohleförderung wird die Regierung die Normen der Kohlezuteilung zu Zwecken der Lebenshaltung auf 1,5 Tonnen pro Wirtschaft vergrößern und gewährleisten, daß die Kohlezuteilungen für individuelle Landwirte fortlaufend vergrößert werden, bis der Verkauf auf dem freien Markt in vollem Umfang wiederhergestellt werden kann.
13. Es wird als Richtlinie akzeptiert, daß über das System der Versorgung der Geschäfte und der Lebensmittelkarten die volle Gleichheit des Verzehrs von Nahrungsmitteln in den Städten wie auf dem Land zu gewährleisten ist. Alle Entscheidungen in dieser Hinsicht sind mit der Vertretung der Landwirte abzustimmen. Praktiken, wonach das Recht der Landwirte auf den Erwerb von Industriegütern und Nahrungsmitteln vom Verkauf ihrer landwirtschaftlichen Produkte abhängig gemacht wurde, werden beendet.
14. Bei der Reform der Preise für Versorgungsgüter werden einheitliche Preise für Treibstoffe, Öle und Schmierstoffe für alle Sektoren der Landwirtschaft eingeführt.
15. Bei der Reform der Preise für Versorgungsgüter werden einheitliche Preise für elektrische Energie für Bewohner der Städte und des Landes eingeführt. Die Produktion von 2fach-Tarifzählern (für den Tag- und Nachtbetrieb, d. Übers.) wird vergrößert. Das elektrische Netz in den Dörfern, die keinen Anschluß an Starkstrom haben, wird fortlaufend vervollständigt.
16. Bis zum 30.6.1981 werden unter Beteiligung der Vertretung der Landwirte neue Vorschriften über die landwirtschaftliche Versicherung erarbeitet. Die Änderungen werden sich vornehmlich auf den Umfang und die Formen der Versicherungen, ebenso aber auf Prinzipien und Verfahren bei der Schätzung und Liquidierung von Schäden beziehen.

17. Von 1982 an werden die Aufwendungen zur Produktion von veterinärmedizinischen Arzneimitteln bedeutend vergrößert. Im laufenden Jahr werden für die Bedürfnisse der veterinärmedizinischen Dienste und der künstlichen Besamung, die direkt die ländlichen Wirtschaften bedienen, zweitausend neue Wagen vom Typ Polski Fiat 126p zur Verfügung gestellt.
18. Bis zum 30.6.1981 wird die Zahl der Verkaufsstellen für alkoholische Getränke auf dem Lande bedeutend eingeschränkt und die materiellen Anreize des Verkaufs werden für deren Personal aufgehoben. Die Organe der Verwaltung sowie der Strafverfolgung werden energischer die Vorschriften der Antialkoholgesetzgebung ausführen.
19. Die Preise für produktive Dienstleistungen in der Landwirtschaft werden nach Vereinbarung mit den Räten der Genossenschaften, der landwirtschaftlichen Zirkel und der Vertretung der Landwirte festgelegt. Die Zahlungsfristen für die Durchführung der Dienstleistungen auf Kredit werden auf 30 Tage verlängert.
20. Die Verteilungszwecke der Mittel aus dem Fonds zur Entwicklung der Landwirtschaft werden von den Vollversammlungen der Landwirte des Dorfes bestimmt.

Teil III: Preise der landwirtschaftlichen Produkte, Ankauf und Lieferverträge

Bezüglich der Forderungen zu den Preisen für landwirtschaftliche Produkte, Ankauf und Lieferverträgen wurde folgendes festgelegt:
1. Die Regierung wird bis zum 31.12.1981 eine grundlegende Reform des Preissystems durch Erhöhung der Ankaufpreise der landwirtschaftlichen Produkte oder durch Senkung der Preise der Produktionsmittel und anderen Kosten der landwirtschaftlichen Produktion erarbeiten. Diese Reform wird unter Beteiligung der Vertretung der Landwirte, der Gewerkschaften und von Experten vorbereitet werden. Sie soll vorsehen, daß die oben genannten Preise und Kosten regelmäßig überprüft werden, um die Rentabilität der individuellen landwirtschaftlichen Wirtschaften zu gewährleisten.
2. Muster der Lieferverträge und die Bedingungen vertraglicher Lieferungen werden nach Vereinbarung mit der Vertretung der Landwirte festgelegt.
3. Eine Beteiligung der Vertretung der Landwirte bei der gesellschaftlichen Kontrolle der Ankaufstellen wird gewährleistet.

Teil IV: Soziale Angelegenheiten des Landes

Bezüglich der Forderungen zu sozialen Angelegenheiten des Landes wurde folgendes festgelegt:
1. Mit Frist bis zum 31.12.1981 wird dem Sejm von der Regierung ein Projekt zur Novellierung des Gesetzes vom 27.10.1977 über die Ruhegehälter und andere Leistungen für Landwirte und ihre Familien vorgelegt. Als grundlegende Voraussetzung wird dieser Novellierung das Streben nach voller Gleichberechtigung der individuellen Landwirte hinsichtlich ihrer sozialen Rechte mit andern gesellschaftlichen bzw. beruflichen Gruppen, insbesondere was die Familienbeihilfe betrifft, zugrunde liegen. Der Gesetzesent-

wurf wird unter Beteiligung der Vertretung der Landwirte und von Experten unter weitestmöglicher Berücksichtigung der Forderungen der Landwirte ausgearbeitet werden. Insbesondere werden bei der Erarbeitung dieses Gesetzesentwurfs die im Anhang zu dieser Vereinbarung enthaltenen Forderungen berücksichtigt werden.
2. In nächster Zeit wird ein Projekt der Erhöhung der niedrigsten Sozialleistungen für Landwirte auf dem Niveau des Sozialminimums erarbeitet werden. Die neuen Festlegungen werden nicht später als am 1.1.1982 in Kraft treten. Renten und Ruhegehälter für Landwirte werden gleichzeitig mit denen für andere Berufsgruppen erhöht werden.

Teil V: Verwaltung der Gemeinden

Bezüglich der Forderungen zur Verwaltung der Gemeinden legte man folgendes fest:
1. Auf Forderung der Gemeindeversammlung wird eine Korrektur der Einteilung der Gemeindeverbände durchgeführt.
2. Mit Frist bis zum 30.6.1981 werden vom Landwirtschaftsministerium neue Prinzipien der Organisation und der Funktionen des landwirtschaftlichen Dienstes ausgearbeitet werden, die die Trennung der landwirtschaftlichen Verwaltung von der Fachberatung berücksichtigen.
3. Im Einklang mit dem Prinzip der Selbstverwaltung der Gemeindegenossenschaften „Bäuerliche Selbsthilfe" werden die Vorsteher der Gemeinden künftig in deren Angelegenheiten nicht eingreifen.
4. Die Regierung wird beim Staatsrat beantragen, daß das von der Kommission des Staatsrats erarbeitete Projekt des neuen Gesetzes über die Nationalräte eine Vorschrift aufnimmt, die u.a. die Wählbarkeit der Vorsteher der Gemeinden durch die Nationalräte der Gemeinden enthält, wobei die Möglichkeit der geheimen Wahl – je nach Festlegung des jeweiligen Rats – aus den von den Abgeordneten aufgestellten Kandidaten gewährleistet sein soll. Ähnliches wird von der Regierung hinsichtlich der Aufhebung der Rechtsvorschriften beantragt, die die Präsidien der Gemeinderäte zur Bestätigung der Wahlen der Dorfschultheiße berechtigen.

Teil VI: Schulwesen und Religion

Bezüglich der Forderungen, die das Schulwesen und die Religion betreffen, wurde folgendes festgelegt:
1. Mit Frist bis zum 30.4.1981 wird seitens der Regierung eine Kommission berufen, die sich aus Vertretern des Ministeriums für Bildung und Erziehung, der Gewerkschaften, die im Bereich der Lehrer wirken, sowie der Vertretung der Landwirte zusammensetzt, um die Angelegenheit des Landesschulwesens, insbesondere die Organisierung des Schulnetzes auf dem Lande, zu untersuchen.
2. Mit Frist bis zum 31.12.1981 wird vom Ministerium für Bildung und Erziehung ein Programm der Entwicklung des Kindergartennetzes sowie ein Plan der Entwicklung von Ferienkolonien für Landkinder unterbreitet. Vom Ministerium für Gesundheit und Sozialhilfe wird in derselben Frist

ein Programm der Entwicklung eines Netzes von Kinderkrippen auf dem Lande erarbeitet werden. Die Funktionsweise der ländlichen Kindergärten und Kinderkrippen soll den Besonderheiten der Arbeit in der Landwirtschaft angepaßt werden.
3. Zur möglichst vollständigen Darstellung der geschichtlichen Wahrheit im Geschichtsunterricht werden vom Ministerium für Bildung und Erziehung ab dem Schuljahr 1981/82 Quellenmaterialien für den Geschichtsunterricht als gültige Vervollständigung der Lehrbücher eingeführt. Ab dem Schuljahr 1982/83 werden sukzessive neue Schulbücher eingeführt.
4. Die Organe der staatlichen Verwaltung werden für sakrale Objekte, die sich auf Bedürfnisse der Gläubigen richten, Baugenehmigungen erteilen. Die Gesamtheit der Angelegenheiten des sakralen Bauwesens wird von der Gemeinsamen Kommission der Vertreter der Regierung und des Episkopats festgelegt werden.
5. Im Zusammenhang mit der Forderung der Nichtbehinderung der religiösen Praktiken von Kindern, die sich in Sammellagern und Ferienkolonien befinden, wird festgestellt, daß dieses Problem durch die Gemeinsame Kommission der Vertreter der Regierung und des Episkopats positiv gelöst wurde.
6. In bezug auf folgende Forderungen:
a) Gewährleistung der seelsorgerischen Grundversorgung in der Armee,
b) Genehmigung zur Führung von Kinderkrippen und Kindergärten in Klöstern,
c) Berücksichtigung der ethischen Prinzipien der Gläubigen im Schulunterricht, der aufs Familienleben vorbereitet,
d) Gewährleistung der Seelsorge in Strafvollzugsanstalten,
e) Vergrößerung der Auflage von katholischen Zeitschriften,
7. wird von der Regierungskommission festgestellt, daß diese Angelegenheiten besprochen und erledigt werden bzw. worden sind durch die Gemeinsame Kommission der Vertreter der Regierung und des Episkopats. Die Regierungskommission wird diese Forderungen des Streikkomitees der Gemeinsamen Kommission zur Erledigung vorlegen.

Teil VII: Rechtliche Garantien

Es wurde folgendes festgelegt:
1. Um die Sicherheit der Teilnehmer an der im Sitz des ehemaligen WRZZ in Rzeszów geführten Protestaktion zu gewährleisten, stellt die Regierungskommission fest, daß gegen die namens des Gesamtpolnischen Gründungskomitees der Gewerkschaft der individuellen Landwirte wirkenden Landwirte sowie gegen die Unterstützung leistenden Personen und ihre Familien keine Konsequenzen rechtlicher, administrativer oder anderer Natur gezogen werden, weder während der Dauer der Aktion noch nach ihrer Beendigung, und daß diese Personen aufgrund der von ihnen geführten Protestaktion keinerlei Schikanen zu gewärtigen haben.
2. Dies bezieht sich auch auf die der NSZZ „Solidarność" angehörigen Beschäftigten, die während der Protestaktion im Sitz des ehemaligen WRZZ in Rzeszów anwesend waren.
3. Bezüglich der an der Protestaktion teilnehmenden Beschäftigten der

Einheiten der vergesellschafteten Wirtschaft werden die in den Artikeln 52, 64 und 65 des Arbeitsgesetzbuches vorgesehenen Konsequenzen und entsprechende, sich auf Beschäftigte der Polnischen Staatseisenbahn und auf Beschäftigte der staatlichen Institutionen beziehende Vorschriften nicht angewendet werden.
4. Die obigen Festlegungen beziehen sich auch auf die Teilnehmer der auf dem Gelände des Gemeinde- und Stadtrates in Ustrzyki Dolne und im Lokal der NSZZ „Solidarność" stattfindenden Protestaktionen, sowie ihre Familien und die Unterstützung leistenden Personen samt ihren Familien.

Teil VIII: Schlußbestimmungen

1. Wenn oben von „Vertretung der Landwirte" die Rede ist, werden darunter alle legalen, gegenwärtig wie auch zukünftig wirkenden Organisationen der individuellen Landwirte verstanden.
2. Vom Streikkomitee wird unter Beteiligung der Landeskoordinierungskommission der NSZZ „Solidarność" die in Anhang 2 dieser Vereinbarung festgelegte Kommission in der darin bestimmten Zusammensetzung berufen. Die Aufgabe dieser Kommission wird die Kontrolle der Verwirklichung dieser Vereinbarung sein sowie die Wahrnehmung diesbezüglicher Gespräche mit der Regierung. Von dieser Kommission können auch andere sich ergebende Probleme geschlichtet werden.
3. Beide Seiten haben mit Zufriedenheit die Vereinbarung über die Aufteilung des Eigentums des ehemaligen WRZZ in Rzeszów zur Kenntnis genommen.
4. Integraler Bestandteil dieser Vereinbarung ist die von der Regierungskommission und dem Streikkomitee in Ustrzyki Dolne geschlossene Vereinbarung.
5. Der Text dieser Vereinbarung wird vollständig veröffentlicht, u.a. mittels Presse, Rundfunk und Fernsehen.
6. Die vorliegende Vereinbarung tritt mit dem Moment in Kraft, wo die Vereinbarung zwischen der Regierungskommission und dem Streikkomitee in Ustrzyki Dolne abgeschlossen wird.
7. Die Protestaktion im Sitz des ehemaligen WRZZ in Rzeszów wird mit dem Inkrafttreten dieser Vereinbarung beendet.

Die vorliegende Vereinbarung wurde in vier gleichlautenden Exemplaren angefertigt und unterschrieben.
Rzeszów, 18.2.1981
(Unterschriften)

ANHANG 1: Ruhegehälter, Renten und andere Leistungen an Landwirte (Zusammenfassung).
– Das Rentenalter ist auf 60 Jahre für Männer, auf 55 Jahre für Frauen herabzusetzen.
– Das soziale Minimum ist festzustellen und zu gewährleisten.
– Die Behindertenrenten sind anders auszurechnen (Vorschläge dazu).
– Zu den Kranken- und Unfallrenten.
– Zu den Krankheitsbeihilfen
– Zu Mutterschafts- und Schwangerschaftsbeihilfen, Recht auf bezahlten Mutterschaftsurlaub.

- Zu den Familienbeihilfen
- Zu den Bestattungsbeihilfen

(Es geht jeweils bei den hier festgehaltenen Forderungen um die Gleichstellung der Landwirte mit anderen Berufsgruppen, d. Übers.)

ANHANG 2: Kommission zur Verwirklichung der Vereinbarung (es werden drei feste sowie weitere austauschbare Mitglieder vereinbart.)

(Aus: Bulletin Nr. 5 der „Solidarność Wiejska", Land-Solidarität, März 1981 – Übersetzung aus dem Polnischen von J.D.)

DOKUMENT 7

Poznańer Forderungen des „Unabhängigen Studentenverbandes" (NZS)

I. Die Selbstverwaltung der Hochschule halten wir für eine grundlegende Bedingung der Verwirklichung ihrer Aufgaben und für ein grundlegendes Prinzip ihrer Grundordnung, wobei als deren Wesen die Mitanteilnahme der Mitglieder der Hochschulgemeinschaft beim Fassen von wesentlichen Entscheidungen über das Funktionieren der Hochschule anzusehen ist. Darauf bezogen fordern wir:
1. Einführung der Wählbarkeit von allen Organen der Hochschule, einschließlich der Einmannorgane, durch kollegiale Organe (gemeint ist Wahl des Rektors ausschließlich durch Organe der Hochschule, d. Übers.).
2. Einführung der Vertretung der Studenten in den kollegialen Organen der Verwaltung der Hochschule, insbesondere im Senat, in den Fakultätsräten und Institutsräten. Der Senat soll sich ausschließlich aus Vertretungen der Studenten, der jüngeren wissenschaftlichen Mitarbeiter (Assistenten, Promoventen, Doktoren; d. Übers.) und der selbständigen wissenschaftlichen Mitarbeiter (Dozenten und Professoren; d. Übers.) im Verhältnis 1:1:1 zusammensetzen.
3. Stimmrecht der Studentenvertretung in Kollegialorganen in bezug auf Berufung und Abberufung des Prorektors (Prodekans, Stellvertreter des Institutsleiters) für Studenten sowie das Recht auf Mitbestimmung in allen Angelegenheiten, mit Ausnahme der Verteilung der wissenschaftlichen Grade und Titel.

Wir fordern die Verwirklichung des obigen Postulats in Form des Dekrets des Staatsrats der Volksrepublik Polen bis ...

II. Garantie der Selbstverwaltung der Hochschule ist auch das Prinzip ihrer inneren Autonomie. Deshalb fordern wir:
1. Verbot des Eingreifens von außerschulischen Ordnungsorganen auf dem Gelände der Hochschule. In Ausnahmefällen können diese Organe auf Aufforderung des Rektors das Gelände der Hochschule betreten, so wie sie verpflichtet sind, auf seine Aufforderung das Gelände zu verlassen.
2. Recht auf freie Organisierung und Beteiligung bei den internen Zusammenkünften und Manifestationen auf dem Gelände der Hochschule. Ihre Veranstalter sind für ihren Verlauf ausschließlich vor den Organen der Hochschule verantwortlich.

III. Zum Prinzip des Funktionierens der Hochschule erklären wir die Freiheit der Wissenschaft und Ungebundenheit der Lehre, als deren Grundlage der Pluralismus der Ansichten, Richtungen und wissenschaftlichen Schulen anzusehen ist. Angesichts dessen fordern wir:
1. Volle programmatische Selbständigkeit der Hochschule einschließlich der Festlegung der Studienpläne durch Fakultätsräte (Institutsräte) in bezug

auf einzelne Fächer, ihre Zahl und ihren Umfang, Verfahren und Zahl der Prüfungen, bei Beibehaltung des Rechts des Ministers auf Koordinierung der Hauptfächer im Landesmaßstab. Programmatische Selbständigkeit umfaßt insbesondere: Selbständigkeit bei der Festlegung des Programms und Prüfungsverfahrens der allgemeinbildenden Fächer einschließlich der Aufstellung ihrer Liste. Dies bezieht sich auch auf Hochschulen und Fakultäten, die keine eigenen, diese Fächer lehrenden Kader haben.

2. Wir fordern das Recht auf freie Wahl des Fremdsprachenunterrichts der folgenden Sprachen: Englisch, Deutsch, Russisch, Italienisch u.a.
3. Wir fordern die Einführung eines fünfjährigen Studiengangs für polytechnische und Universitätshochschulen, der ab dem neuen Studienjahr zu gelten hat. Dies bezieht sich auf Studenten der jetzigen drei ersten Studienjahre. Wir fordern die Einführung des fünfjährigen Studiengangs für Richtungen, deren Studium jetzt neun Semester dauert.
4. Gewährleistung der Möglichkeit der Führung der Fächer von kompetenten Personen von außerhalb der Fakultät (Institut) oder Hochschule.
5. Aufhebung der Zensur des „Hauptamtes für Presse, Veröffentlichungen und Veranstaltungen" in bezug auf jegliche wissenschaftliche Arbeiten und insbesondere Ausschließung von Hochschulveröffentlichungen und Veröffentlichungen der Hochschulverlage, aus seinem Zuständigkeitsbereich.
6. Gewährleistung der Möglichkeit zur Durchführung von Lehrveranstaltungen von Hochschulmitarbeitern, ohne diese zu vergüten, unter Beibehaltung der Gleichberechtigung von diesen Lehrveranstaltungen in bezug auf Studien- und Prüfungsordnung.
7. Vergrößerung der Auflagen der Lehrbücher und Verkürzung der Herausgabezeiten für wissenschaftliche und didaktische Veröffentlichungen.
8. Gewährleistung der Versorgung der Hochschulen mit kleinen Druckmaschinen und mit entsprechenden Mengen an Papier.

IV. Finanzielle Selbständigkeit ist eine unumgängliche Bedingung und Garantie der Selbstverwaltung der Hochschule. Angesichts dessen fordern wir:

1. Vergrößerung des Anteils des Hochschulwesens bei der Verteilung des Nationaleinkommens sowie weitere Vergrößerung dieses Anteils in dem Maße,wie sich die finanzielle Lage des Landes verbessern wird.
2. Der Ministerrat der VRP soll objektive Normen der Zuteilung der Finanzmittel für das Hochschulwesen beschließen.
3. Volle Selbständigkeit der Hochschulen hinsichtlich der Verteilung der Finanzmittel, Aufhebung der Limitierung und Begrenzung der Zahl der Fonds. Volle Selbständigkeit der Verfügung über außerertatmäßige Einkommen. Zuteilung für die Hochschulen von unerläßlichen Devisenmitteln zwecks Entwicklung der didaktischen und technischen Basis.
4. Besondere Behandlung der Problematik des Hochschulwesens in Programmen der Wirtschaftsreform. Dies bezieht sich auf die Reform des Stipendiensystems, Probleme der Beschäftigung von Absolventen der Hochschulen und Verfahrensweisen der Dotierung der Hochschulen von Einheiten der vergesellschafteten Wirtschaft.

Wir fordern, daß die im Punkt 3 angeführten Angelegenheiten auf dem Weg einer Anordnung des Ministeriums für Wissenschaft, Hochschulwesen und Technik erledigt und im „Monitor Polski" (Amtliches Blatt für Veröffentlichungen der Gesetze, Rechtsvorschriften usw.; d.Ü.) veröffentlicht werden.

Wir fordern, daß zu dem sich auf Punkt 2 beziehenden Gesetzentwurf die Hochschulgemeinschaft konsultiert wird.

V. Für eine unerläßliche Bedingung der intellektuellen Entwicklung der künftigen polnischen Intelligenz halten wir die Gewährleistung von solchen materiellen Verhältnissen für Studenten, die nicht nur eine Garantie ihrer physischen Existenz, sondern auch Möglichkeiten zur Nutzung der kulturellen Güter sicherstellen. Im Zusammenhang damit fordern wir:

1. Änderung des Stipendiensystems, so daß das Anwachsen der Lebenshaltungskosten durch das Anwachsen der Stipendienhöhe ausgeglichen wird.
2. Anpassung der Höhe des Stipendiums an das Sozialminimum. Das Stipendium soll den Unterschied zwischen dem Durchschnitt pro Familienmitglied und dem Sozialminimum zumindest ausgleichen.
3. Anerkennung durch die PKO (Staatliche Sparkasse; d. Übers.) von Verpflichtungen gegenüber Besitzern von studentischen Wohnungssparbüchern, Anerkennung der Dauer des Studiums als Mitgliedschaftszeit in der Wohnungsbaugenossenschaft unabhängig von der Höhe des Beitrags und des Notendurchschnitts.
4. Aufhebung der Kreditverzinsung für junge Ehen bzw. Verpflichtung der Hochschule für das Aufkommen für diese Verzinsung.
5. Aufhebung von jeglichen Zusätzen für Rektorpreise und Bestimmungen von diesen Summen für das Anheben dieser Preise.
6. Berufung eines studentischen Organs, das diesbezüglich Rechtsvorschriften mit dem jeweiligen Ministerium beraten soll.
7. Komplexregelung der sozialen Situation der Studenten. Wir fordern eine Regelung dieser Probleme in Form des Beschlusses des Ministerrates der VRP, der im „Monitor Polski" bis ... veröffentlicht werden soll.

VI. Zum Prinzip der Demokratisierung des Lebens der Hochschulgemeinschaft erklären wir die erforderliche Information über vorgesehene und geführte legislative Arbeiten des Ministeriums für Wissenschaft, Hochschulwesen und Technik. Abstimmung dieser Arbeiten mit studentischen Organisationen ist eine unserer Hauptforderungen.

VII. Wir fordern die Aufhebung der sogenannten Arbeitspraktika schon in diesem Jahr. Der Minister für Wissenschaft, Hochschulwesen und Technik soll einen entsprechenden Beschluß des Ministerrates erwirken. (Nicht die Praktika während des Studiums, sondern ein Praktikum vor dem Studium, was in der Praxis lediglich Vernutzung billiger Arbeitskraft war; d. Übers.)

VIII. Wir fordern die Aufhebung des bisherigen Systems der Bevorzugung beim Bewerben um Studienplätze.

1. Aufheben der reservierten, dem Rektor und dem Minister frei zur Verfügung stehenden Plätze.
2. Aufhebung von Plätzen für sogenannte Primusse.

Wir fordern, daß der Minister diese Bevorzugungsregelungen in einer im „Monitor Polski" bis ... veröffentlichten Anordnung aufhebt.

(Übersetzung aus dem Polnischen von J.D.)

KAPITEL III

Durch Selbstverwaltung zur Bewältigung der Krise — Wirtschaftsreform, Arbeiterselbstverwaltung, „selbstverwaltete Republik"

In der ersten Phase ihrer Entwicklung bis zum Frühjahr 1981 stand im Mittelpunkt der Arbeit von „Solidarność" der landesweite, einheitliche Aufbau der Gewerkschaft, deren Rolle — wie im Danziger Abkommen beschrieben (siehe Dokument 1) — darin gesehen wurde, „den Werktätigen entsprechende Kontrollmittel zu sichern, deren Meinung auszusprechen und deren Interessen zu verteidigen". Hartnäckig hielt die Bewegung in dieser Zeit an der Beschränkung ihrer Aufgaben auf Kontrolle und Kritik, auf die Verteidigung der Arbeiterinteressen und Kritik und Kontrolle von staatlichen und betrieblichen Entscheidungen fest und lehnte jegliche Mitbestimmungsvorschläge ab. Sowohl das „Aktionsprogramm der Freien Gewerkschaft" (siehe Dokument 2) als auch eine Diskussion führender Gewerkschaftsfunktionäre mit der Zeitschrift „Polityka" vom Oktober 1980[1] machen diese Position deutlich. Die ablehnende Haltung zu jeder Form von Mitverantwortung wird verteidigt und der Aufbau der Gewerkschaft als einziger Garant für die Erfüllung weiterer Forderungen als vorrangig angesehen. „Solidarność" wollte um keinen Preis ihre unabhängige Position gegenüber der Regierung gefährden. Die Regierung sollte die Verantwortung für ihre Handlungen selbst tragen, „Solidarność" die Interessen und Forderungen der Arbeiter formulieren und durch Streik und Verhandlungen erreichen, daß die Regierung auf diese Forderungen eingeht.

Diese Haltung wird um so verständlicher, als die Regierung im gleichen Zeitraum, in dem „Solidarność" erst nach einer massiven Streikdrohung die endgültige Registrierung durchsetzen konnte und in dem die öffentliche Diskussion um die Novellierung des Gewerkschaftsgesetzes, d.h. um die gesetzliche Verankerung des Streikrechts[2] unterbunden wurde, eine Reihe von Integrationsmanövern machte. So versuchte das Gericht schon bei den Registrierungsverhandlungen im Oktober 1980, „Solidarność" „Mitverantwortung für die Tätigkeit der Betriebe" in das Statut schreiben zu lassen[3]. Von der Regierung gingen auch verschiedene Initiativen zur Einführung einer eingeschränkten Selbstverwaltung in den Betrieben mit Mitbestimmungsfunktion aus. Aus einem Gesprächsprotokoll vom November 1980 mit wissenschaftlichen Beratern der Gewerkschaft wissen wir, daß es gerade in dieser

Frage Differenzen in der im September 1980 gebildeten Kommission zur Ausarbeitung eines neuen Gewerkschaftsgesetzes gab. Die staatlichen Funktionäre in der Kommission bestanden damals auf einer Aufgabenbeschreibung der Gewerkschaften, die sich auf die Mitverantwortung für die Leitung der Betriebe erstrecken sollte, während die Vertreter von „Solidarność" die Gewerkschaft auf Schutz und Kontrolle im Betrieb beschränken wollten[4].

Die Bewegung war nicht bereit, „dem Apparat die Kohlen aus dem Feuer zu holen", wie es J. Kuroń formulierte (siehe Dokument 4), sondern erwartete und forderte Initiativen zur Reform und zur Beseitigung der akuten Wirtschaftskrise von den Staatsorganen. „Zuerst muß es eine Wirtschaftsleitung geben, dann wird man sich daran beteiligen können" – so beschrieb es A. Gwiazda in einem Interview vom Januar 1981[5]. In diesem Sinne hatten sich die meisten führenden Gewerkschaftsmitglieder sowohl gegen die Entwicklung einer Konzeption zur Arbeiterselbstverwaltung als auch gegen die Ausarbeitung eines eigenen Wirtschaftsreformentwurfs ausgesprochen.

Die Schwierigkeiten, denen sich die Gewerkschaft in der Verfolgung dieser Position zunehmend gegenübersieht, resultieren aus den besonderen objektiven Bedingungen, in denen sie sich befindet. Zum einen ist sie die einzige unabhängige Organisation in einem Land, in dem alle anderen gesellschaftlichen Institutionen und Organisationen von Staat und Partei kontrolliert werden. Zum anderen setzt die Haltung der Beschränkung auf Kontrolle und Verteidigung einen handlungsfähigen und -willigen Partner oder Gegner voraus, der tatsächlich in der Lage ist, eine gründliche politische und ökonomische Änderung, einen für die Gesellschaft akzeptablen Kompromiß vorzuschlagen. Daß dieser „Partner" nicht existierte, wurde jedoch zunehmend deutlich: Weder der im Januar 1981 veröffentlichte Wirtschaftsreformentwurf der Regierungskommission, noch die im Januar 1981 in Kraft getretene „kleine Reform" (siehe Kapitel III.1) zeigten ernsthafte Bemühungen, den vollständigen Zusammenbruch der Wirtschaft aufzuhalten. Gleichzeitig veröffentlichte die Regierung die ersten Gesetzentwürfe „Über die Selbstverwaltung der Belegschaften" und „Über die staatlichen Unternehmen", so daß die Gewerkschaft gezwungen wurde, sich mit der Frage der Selbstverwaltung zu befassen. Die Ergebnisse des 9. Parteitags der PVAP (siehe Kapitel VI) machten endgültig jede Hoffnung auf die Kompromißfähigkeit von Partei und Regierung zunichte.

Schon seit der Krise von Bydgoszcz (siehe Kapitel II), in der es der Gewerkschaft nicht gelungen war, die Regierung zur Einhaltung weiterer Punkte des Danziger Abkommens zu zwingen, war deutlich geworden, daß eine Radikalisierung der Kampfmittel keine Lösung sein konnte.

So waren denn die Sommermonate 1981 gekennzeichnet einerseits von einer Reihe zersplitterter Aktionen, Streiks und Hungermärschen (siehe Dokument 14), in denen sich vor allem die spontane Empörung gegen die sich rapide verschlechternde Lebensmittelversorgung Ausdruck verschaffte. Andererseits setzte eine Diskussion ein über die Gefahren, die aus der strategischen Konzeptionslosigkeit der Gewerkschaft angesichts des Zusammenbruchs des Systems resultierten, und über deren mögliche Beseitigung (siehe Dokument 26). Kam es vor allem auf die Durchsetzung einer authentischen Arbeiterselbstverwaltung an oder/und die Wirtschaftsreform, oder sollte der Kampf gegen die politische Zensur an erster Stelle stehen? Wie konnte die Regierung dazu gebracht werden, weitere Zugeständnisse in allen diesen Punkten zu machen? Diese Fragen wurden diskutiert und bearbeitet und führten schließlich zu den nachstehend vorgestellten Positionen zur Wirtschaftsreform und einer authentischen Arbeiterselbstverwaltung, die in das Programm des ersten Gewerkschaftskongresses mit seiner Leitidee der „selbstverwalteten Republik" mündeten.

Anmerkungen

1 An der Diskussion mit der Zeitschrift „Polityka", die am 1.11.1980 veröffentlicht wurde, nahmen Lech Walesa, Andrzej Gwiazda, Bogdan Lis, Bogdan Borusewicz und Alina Pienkowska teil. Eine französische Übersetzung veröffentlichte die Zeitschrift „L'Alternative" in: Pologne – Le dossier de Solidarité, Paris 1981.
2 Siehe dazu: U. Mückenberger, Streikrecht und Staatsgewalt in Polen, in: Kritische Justiz, H. 1, Frankfurt/Main 1982; U. Mückenberger, Gewerkschaftsfreiheit und Selbstverwaltungsreform in Polen 1980/81, in: Gewerkschaftliche Monatshefte, Sonderheft Polen, 1982.
3 B. Borusewicz, in: Diskussion mit der Zeitschrift „Polityka", zit. nach: L'Alternative, Pologne, a.a.O., S. 75.
4 U. Mückenberger, Streikrecht und Staatsgewalt, a.a.O., S. 47.
5 Interview der Zeitschrift „Literatura" vom 1.1.1981, zit. nach der französischen Übersetzung in: L'Alternative, Pologne, a.a.O., S. 85.

1. Die erzwungene Initiative – Vorstellungen von „Solidarność" zur Wirtschaftsreform

Die zunehmenden Krisenerscheinungen in der polnischen Wirtschaft hatten in der zweiten Hälfte der siebziger Jahre zu einem erneuten Aufleben der Diskussionen über die Wirtschaftsreform geführt. Die Gruppe „Erfahrung und Zukunft", eine nichtoffizielle Vereinigung von Fachleuten aus Politik und Wirtschaft mit und ohne Parteibindung, veröffentlichte bereits 1979 die Ergebnisse einer Umfrage, die vom drohenden Zerfall der Planwirtschaft ausging und die Reform der politischen Strukturen ins Zentrum rückte. Eine Arbeitsgruppe von Ökonomen der Warschauer Hochschule für Planung und Statistik legte Ende 1980 die Ergebnisse einer zweijährigen Studie vor, die die vollständige Ersetzung des bisherigen Planungssystems und eine Neubestimmung der Planungsinstitutionen vorsah. Die Polnische Ökonomische Gesellschaft (PTE) veröffentlichte ebenfalls Ende 1980 einen Reformentwurf. Fast zeitgleich erschienen weitere Entwürfe und Stellungnahmen von wissenschaftlichen Instituten. Schließlich kam zu Anfang 1981 der Reformentwurf der Regierungskommission heraus, der – umgearbeitet – dem Parteitag der PVAP vorgelegt und Grundlage der Regierungsvorschläge wurde[1].

In der Gewerkschaft „Solidarność" war man in der ersten Phase des Aufbaus der Meinung, es sei die Verpflichtung der Regierung, ein umfassendes Reformkonzept vorzulegen. Aufgabe der Gewerkschaft sei es demgegenüber, zu verhindern, daß die Kosten der Reform auf die Arbeiter abgewälzt würden. Aus dieser Haltung verbot sich die Ausarbeitung eines eigenen Plans der Wirtschaftsreform. Das bedeutete aber nicht den Verzicht auf ein Urteil über das bisher geltende System und auf eine Diskussion über die Grundlinien seiner notwendigen Veränderung. Eine große Zahl von Ökonomen unterstützte „Solidarność", nahm an deren Diskussionen teil und publizierte in den Organen der Gewerkschaft. Die im April 1981 erschienenen „Richtlinien" (siehe Dokument 8), die als Diskussionsthesen gedacht waren, stellten fest, daß die Wirtschaftsmisere ihre Ursache in dem „Befehls/Anweisungs-System" habe, einem System, das einer kleinen Zahl niemand verantwortlicher Menschen schrankenlose Machtausübung ermögliche. Deshalb müsse dieses System abgeschafft werden, die Pläne müßten ihren unmittelbaren Weisungscharakter verlieren und die Betriebe weitgehende Selbständigkeit erhalten. Im Laufe des Jahres 1981 war „Solidarność" gezwungen, ihre Haltung zur Wirtschaftsreform zu ändern. Die katastrophale Verschlechterung der Wirtschaftslage machte es nach Ansicht vieler Aktivisten von „Solidarność" notwendig, die Reform als Ganzes und zügig durchzuführen. Dem stand der Plan der Regierung entgegen, 1981 eine „kleine Reform" vorwegzunehmen und die eigentliche Reorganisation bis 1983 durchzuführen[2]. Konkret befürchtete „Solidarność", daß die Arbeiterklasse unmittelbar und schwer treffende Bestandteile der Reform, wie die Preisrevision, vorgezogen würden – wie es nach dem 13. Dezember dann auch geschehen ist. Weiter bestand die Gefahr, daß die unter Druck geratene zentrale Bürokratie auf Zeit spielen und den ihr angedrohten Kahlschlag zu vereiteln trachten werde. Schließlich wuchs im Laufe des Jahres 1981 bei „Solidarność" die Überzeugung, daß Wirtschaftsreform und Arbeiterselbstverwaltung so eng voneinander abhängig seien, daß die Gewerkschaft – um eine authentische Selbstverwaltung zu sichern – auch in der Wirtschaftsreform im ganzen initiativ werden müsse.

Das „Netz der ‚Solidarność'-Betriebsorganisationen in den führenden Großbetrieben" unter der Redaktion von J. Milewski, erarbeitete eine Stellungnahme, die im August 1981 erschien (siehe Dokument 10). Das Reformprojekt des „Netzes" lag den Delegierten des Danziger Kongresses vor, beeinflußte auch dessen Diskussion, wurde aber nicht zum offiziellen Dokument von „Solidarność" erhoben. Auf dem Kongreß selbst wurde die Diskussion zur Reform zum Teil überlagert durch die unmittelbaren Erfordernisse angesichts der Wirtschaftskatastrophe und durch die Probleme, die sich aus der Weigerung der Regierung ergaben, die demokratischen Forderungen des Danziger Abkommens zu erfüllen.

Die auf dem Kongreß ausgetragene Kontroverse zwischen „radikalen Marktwirtschaftlern" und „Gemäßigten" ging vor allem um die ökonomischen und sozialen Konsequenzen eines brachialen Investitionsstopps, einer Umleitung von Mitteln und Arbeitskräften in kurzer Zeit (Konversion) und einer raschen Preisreform. Diese Kontroverse fand ihren Niederschlag in den alternativen Anhängen zum Programm von „Solidarność" (siehe Dokument 11).

In der Phase nach dem Kongreß von „Solidarność" sah sich die Gewerkschaft einer Konfrontationspolitik der Regierung gegenüber – bei gleichzeitigem Versuch, sie in ein Konzept der „Nationalen Front" zu pressen und ihr damit die Verantwortung für eine Politik aufzubürden, die sie nicht mitbestimmen und nicht kontrollieren konnte.

In dieser Lage forderte „Solidarność" die Berufung eines unabhängigen Volkswirtschaftsrates (vgl. auch Kapitel IV), der Untersuchungen führen, Initiativen ergreifen und über einen eigenen Zugang zu Massenmedien verfügen sollte, sich aber auf kontrollierende Funktionen zu beschränken hatte. Ein solcher Rat hätte als Übergangsorgan bis zum Umbau, d.h. auch bis zur Demokratisierung der mit der Wirtschaft befaßten Organe für die Arbeiterklasse einen gewissen Schutz dargestellt und wäre selbst Bestandteil des Demokratisierungsprozesses gewesen. Die Antwort der Regierung auf diesen wie die anderen Vorschläge von „Solidarność" war die Verhängung des Kriegsrechts.

Vergleicht man – soweit dies möglich ist – den Vorschlag des „Netzes" mit den anderen bekanntgewordenen Entwürfen einschließlich des Regierungsentwurfs, so fällt auf, daß über das geltende, auf Direktiven und Weisungen der Zentrale basierende Planungssystem ein ziemlich einheitliches, vernichtendes Urteil gefällt wird. Allerdings vermeidet es der Regierungsentwurf wie der der Polnischen Ökonomischen Gesellschaft, die politisch-sozialen Ursachen der Misere herauszuarbeiten: das Kommando des Parteiapparates über die Wirtschaft vermittels des „Nomenklatur-Systems" und die damit verbundene Inkompetenz und Willkür. Eben diese Ursache betont der Entwurf der Warschauer Hochschule für Wirtschaft und Statistik. Gościński, einer der Mitarbeiter dieses Entwurfs, hat den verschleiernden Charakter der Analysen des Regierungs- bzw. PTE-Projekts hervorgehoben und bemängelt, daß klare Grenzziehungen zwischen Parteieinfluß und Wirtschaftstätigkeit, zwischen den Befugnissen der Zentrale und denen der Einzelbetriebe vermieden würden (siehe Dokument 9). Da eine Reihe der Ökonomen der Warschauer Hochschule gleichzeitig „Solidarność" berieten, hat diese Kritik den schließlichen Entwurf des „Netzes" stark beeinflußt.

1.1 Die ökonomische Debatte 1956 bis 1980 – Geschichte eines Fehlschlags

Die in der Reformdebatte von 1980/81 zutage getretenen Positionen waren der Sache nach keineswegs neu, verwiesen vielmehr auf eine jahrzehntelange Diskussion unter den polnischen Ökonomen, eine Diskussion, die eng mit der krisenhaften Entwicklung von Politik und Ökonomie im Nachkriegspolen verbunden ist. Die politischen Krisen von 1956, 1970 und 1976 bis 1980, ausgelöst durch die Massenbewegungen der Arbeiter, initiierten ihrerseits Reformprojekte, die dann jeweils in der Folgezeit durch den wiedererstarkten Machtapparat annulliert wurden. Es ist gerade diese Wiederkehr des Gleichen, was die Argumente so ähnlich macht, was deshalb auch den Unglauben breiter Schichten der Bevölkerung bewirkte, in diesem System sei irgend etwas reformierbar. Der ursprüngliche Gedanke der Wirtschaftsreform hat seine Wurzeln 1956, als der von der Arbeiterklasse getragene „polnische Oktober" eine freie Diskussion über die Voraussetzungen einer sozialistischen Erneuerungsbewegung möglich machte. Strenge Zentralisation, Konsumverzicht und striktes Kommando über die Arbeitskraft hatten im Polen Bieruts zu hohen Wachstumsraten geführt. Wie sollte *künftig* wirtschaftliche Effektivität mit der Selbstbestimmung der Arbeiterklasse und einer demokratisch kontrollierten Planung in Übereinstimmung gebracht werden? Oskar Lange und seine Schüler hatten seit den dreißiger Jahren eine „polnische" Antwort auf diese Frage ausgearbeitet: Indirekte Steuerungsmethoden der Zentrale, Ausnutzung von Marktbeziehungen im Rahmen des Plans, demokratische Wahl und Kontrolle der Entscheidungsorgane[3].

Für Lange war die Allmacht des sozialistischen Staates und die umfassende „Uhrwerksplanung" ein Zeichen der Schwäche der Arbeiterklasse und der Arbeiterbewegung. Parallel zu ihrem Wachstum im Sozialismus würde die Selbstorganisation an die Stelle der Organisierung durch den sozialistischen Staat treten.

Bereits 1956 standen sich im Prinzip die gleichen Positionen gegenüber wie in den folgenden 25 Jahren. Die flexibel operierende, auf den Erhalt ihrer Machtstellung orientierende Parteioligarchie, die die zentralen Machtbefugnisse verteidigte, eine „arbeiterdemokratische Strömung", die den Planungsprozeß demokratisieren und Marktmechanismen einführen wollte und schließlich die Strömung, die in der vollständigen Durchsetzung von Marktprinzipien den alleinigen Garanten von Effektivität und Demokratisierung sah. 1956 bestimmte die zweite Strömung die Diskussion. Ihr wesentliches Dokument waren die Thesen „Über einige Richtungen der Veränderungen des Wirtschaftsmodells"[4], ausgearbeitet innerhalb eines unabhängigen, von der Regierung berufenen Wirtschaftsrates. Zusammenfassend ging es darum, das System der detaillierten, den einzelnen Betrieben vorgegebenen, Kennziffern abzuschaffen und zu Kriterien wie der Rentabilität überzugehen, die autonomen Entscheidungen der einzelnen Betriebe bzw. Vereinigungen von Betrieben zu erhöhen, zu Methoden der indirekten Steuerung durch Preisfestsetzungen, Steuern und Krediten zu gelangen, die Löhne mit der Ertragslage zu verknüpfen. Gleichzeitig sollte versucht werden, die Qualität der Planung durch Selbstbeschränkung, fundierte Analyse und darauf fußende Schätzungen zu erhöhen, den Plan also zu einem funktionierenden Instrument des sozialistischen Aufbaus zu machen. W. Brus, der diese geschichtliche Periode mitgestaltet und beschrieben hat, spricht von einer Zentralplanung mit eingebauten Marktmechanismen[5].

Charakteristisch für die Vorstellungen zur Wirtschaftsreform war ihre enge ideologische und praktische Verbindung mit der Bewegung der Arbeiterselbstverwaltung. 1956 hatten die Arbeiter authentische Arbeiterräte mit weitgehenden Kompetenzen erkämpft. Als sich die Parteiführung unter Gomulka konsolidiert hatte, begann sie einen gleichzeitigen Angriff auf die Grundlagen der Selbstverwaltung und der ökonomischen Reform. Die Selbstverwaltung wurde 1958 durch den Einbau in vom Parteiapparat kontrollierte betriebliche Konsultativkonferenzen entmachtet. Der Wissenschaftsrat wurde nicht mehr einberufen, man kehrte schrittweise zur zentralen Kontrolle der Produktion und zum System der Kennziffern zurück. Die Nichtverwirklichung der Reform wurde, wie W. Brus es sagt, unter ständiger Betonung der Reformabsichten ins Werk gesetzt. Der zentrale Parteiapparat war mit Recht zu dem Ergebnis gekommen, daß die Kombination von Rätebewegung, Dezentralisierung der Entscheidungen und der Einführung rationaler, überprüfbarer und öffentlich diskutierbarer Methoden des Wirtschaftens der Machtelite zu viele Befugnisse entreißen könnte.

Die zweite Reformwelle in Osteuropa, für deren begrenzten und technokratischen Charakter die DDR stehen soll, ging an Polen Ende der sechziger Jahre vorüber. Als Gomulka seine Linie der Lohnstopp- und Austeritätspolitik 1970 als ökonomische Reform verkaufen wollte, wurde er durch den Aufstand an der Küste aus dem Amt geworfen. Auch Gierek versprach den Arbeitern Selbstverwaltung und Wirtschaftsreform. Die Selbstverwaltung verkam rasch wieder zur Farce, die Wirtschaftsreform, die eine Dezentralisierung auf der Basis „sozialistischer Konzerne" vorsah, mußte bald wieder rückgängig gemacht werden. Die Zentrale, erdrückt von den wachsenden Ungleichgewichten in der wirtschaftlichen Entwicklung, versuchte 1976 ihr „Manöver". Die meisten Entscheidungen wurden wiederum zentralisiert, man kehrte erneut zum System der Naturalkennziffern zurück. Aber gerade diese Rezentralisierung beschleunigte den Zusammenbruch der zentralen Planung. Nicht zuletzt den Funktionären der Planungsbehörden wurde klar, daß sie dem hereinbrechenden Chaos nicht begegnen konnten, es vielmehr, z.B. durch überstürzte Investitionsstopps, noch vermehrten. In der Umfrage von „Erfahrung und Zukunft" drückte sich Depression angesichts dieses Versagens aus. Es wurde ausgesprochen, daß das Wesen dieser Art von Planwirtschaft gerade in ihrer Planlosigkeit, in ihrer durch Desinformation und Willkür bewirkten Desintegration liege[6]. Wie es O. Lange einst ironisch formuliert hatte: „Wir haben zwar einen Plan, aber die Wirtschaft funktioniert spontan."

Mit dem Zusammenbruch des Giereckschen „Zweiten Polen" stellte sich für viele polnische Arbeiter, aber auch für viele Experten, die „Systemfrage". Kann es überhaupt eine rational und demokratisch funktionierende Planwirtschaft geben? Entsprechend verschieben sich die Gewichte in der Diskussion. Die Verfechter „rein" marktwirtschaftlicher Lösungen und eines faktischen Gruppeneigentums an Produktionsmitteln sind im Vormarsch, aber auch die meisten Ökonomen, die an planerischen Entscheidungen durch die Zentrale festhalten, wollen nur noch indirekt wirkende Mittel der Steuerung anerkennen. Im Entwurf der Polnischen Ökonomischen Gesellschaft, deren Vorsitzender Pajesta 1956 immerhin zu den Verteidigern einer starren Zentralplanung gehört hatte, wird vom Systemcharakter der Anweisungen/Zuteilungen der Zentrale gesprochen und dieses System wird verurteilt, nicht nur Deformationen. Trotz dieser weitgehenden Kritik, trotz der Übereinstimmung in wesentlichen Vorschlägen, haben die Vorschläge von „Solidarność", wie sie im Projekt des „Netzes" enthalten sind, eine andere und weitergehende Stoßrichtung.

1.2 Der Entwurf des „Netzes der führenden Großbetriebe"

Die politischen „Rahmenbedingungen"

Die Schwierigkeit für „Solidarność" besteht darin, von der „führenden Rolle der Partei", d.h. der regierenden Machtoligarchie ausgehen zu müssen, sich aber gleichzeitig vor die Notwendigkeit gestellt zu sehen, demokratische Reformen in Teilen des Staatsapparates durchsetzen zu müssen, weil sonst eine akzeptierte und wirkungsvolle Wirtschaftsreform nicht möglich ist. Der von „Solidarność" zur Lösung dieses Dilemmas eingeschlagene Weg fußt auf dem Gedanken, die Planung zu vergesellschaften. Wie kann schrittweise der Einfluß der Machtoligarchie beschnitten werden? Auf betrieblicher Ebene durch die öffentliche Ausschreibung und die Wahl des Direktors, durch die Abhängigkeit des Direktors von den Weisungen des Arbeiterrats, durch das gesetzliche Verbot für die örtliche oder zentrale Administration, den Betrieben unmittelbar Weisungen zu erteilen. Kein Wunder, daß es in den ersten dieser beiden Fragen sofort zur Kontroverse mit der Regierung kam, während in der dritten sich die Regierung eine Reihe von Hintertüren offenhält. Wie aber kann gegen die Nomenklatura in den Staatsorganen selbst vorgegangen werden? Der entscheidende Vorschlag liegt in der Demokratisierung und „Vermassung" des Planungsprozesses einerseits, im Aufbau eines rechtlich verbindlichen Verfahrens und genau festzulegender Zuständigkeiten andererseits. Die Verpflichtung zur Veröffentlichung ökonomischer Daten und die Auflage, Planvarianten auszuarbeiten und zur Diskussion zu stellen, vor allem aber die genaue Festlegung der Formen der Diskussion und Beschlußfassung sollen dazu dienen, eine Diskussion über Alternativen der wirtschaftlichen Entwicklung zu ermöglichen. Die Auflösung der Branchenministerien und der Plankommission in der bisherigen Form sind nicht nur „funktionale" Korrekturen, sondern richten sich gegen parasitäre, unkontrollierbare Machtstellungen. Die Übertragung der wichtigsten Plankompetenzen auf das polnische Parlament ist im „Netz-Projekt" der Angelpunkt, um in den Beziehungen zwischen Zentrale und Betrieben Rechtssicherheit herzustellen. Perspektivisch würde einem demokratisch erneuerten Parlament die Aufgabe zufallen, die Diskussionen über die weitere Entwicklung der Gesellschaft zusammenzufassen und zum Garanten ihrer Durchsetzung zu werden. Damit wäre eine grundsätzliche Machtverschiebung von der Regierung zum Parlament und seinen Ausschüssen und von Zentren informeller Machtausübung durch die Parteioligarchie zur öffentlichen Auseinandersetzung vollzogen, selbst wenn im Sejm die Vereinigte Arbeiterpartei kraft ihrer „führenden Rolle" die zahlenmäßig stärkste Partei bliebe.

Ein weiteres Feld der Demokratisierung ist für „Solidarność" die Selbstverwaltung der Kommunen und die Wiederbelebung des nur formal existierenden Genossenschaftswesens. Von der kommunalen Selbstverwaltung bzw. der Selbstverwaltung der Woiwodschaften, in der sich leichter unmittelbare Formen der Demokratie entwickeln lassen, können Impulse für die Demokratisierung der zentralen Staatsverwaltung ausgehen. Ebenso bildet die Wiederbelebung wirklicher Genossenschaften im Handwerk, Handel, bei den Dienstleistungen und auf dem Land die Möglichkeit, demokratische Organisationsformen zu entwickeln, die das Genossenschaftswesen traditionell beinhaltet. Dies führt zur Frage der Eigentumsformen.

Die Frage der Eigentumsformen

Im Vorschlag des „Netzes" werden verschiedene Eigentumsformen aufgeführt, wobei auf die Notwendigkeit ihrer Gleichbehandlung hingewiesen wird. Bei den Produktionsbetrieben wird zwischen solchen im staatlichen, gesellschaftlichen, kommunalen und genossenschaftlichen Eigentum unterschieden. Die „Normalform" des Eigentums bei Betrieben soll die gesellschaftliche sein. Gesellschaftlich bedeutet, daß der Betrieb von seiner Belegschaft selbständig und selbstverwaltet geführt wird, die Belegschaft treuhänderisch die im Eigentum der gesamten Nation befindlichen Produktionsmittel verwaltet. Deshalb fällt bei der Liquidation eines Betriebes das Vermögen nicht an seine Mitglieder, sondern an den Staat, deshalb bedarf es zur Gründung neuer Betriebe auch Gründungsorgane, die das gesamtstaatliche Eigentum repräsentieren. Staatliche Betriebe unterliegen demgegenüber der Verwaltung durch die zentralen bzw. örtlichen Administrationen, allerdings nach gesetzlich fixierten Regeln für ihr Eingreifen. Sie werden auch über den Staatshaushalt finanziert, während die Betriebe gesellschaftlicher Eigentumsformen sich selbst finanzieren müssen. Betrachtet man die Eigentumsformen nicht in erster Linie unter rechtlichen Aspekten, sondern als gesellschaftliche Verhältnisse, so ist die tatsächliche Verfügungsgewalt der unmittelbaren Produzenten über die Bedingungen und Resultate ihrer produktiven Arbeit im Rahmen des „gesellschaftlichen" Eigentums leichter zu verwirklichen als im Staatsbetrieb, obwohl auch dort Arbeiterräte initiierend und kontrollierend entscheidenden Einfluß gewinnen können. Obwohl im Vorschlag des „Netzes" ausdrücklich keine der Eigentumsformen privilegiert wird, geht aus der beherrschenden Stellung der Industriebetriebe hervor, daß das gesellschaftliche Eigentum Vorrang hat. Hier existieren Verbindungslinien zur marxistischen Diskussion über die Vergesellschaftung als höherer Form des Gemeineigentums unter der Bedingung des absterbenden Staates, aber auch zur traditionellen genossenschaftlichen Theorie.

Bezeichnend ist, daß das „Netz-Projekt" die Idee nicht übernommen hat, das Vermögen der Betriebe in einen Staatsanteil und einen betrieblichen Anteil aufzuteilen, einen gemischten Aufsichtsrat zu bilden und sich in das Vermögen wie in die möglichen Verbindlichkeiten zu teilen. Auch sieht der Entwurf nicht die Bildung von Aktiengesellschaften vor (mit Ausnahme der Firmen mit ausländischer Beteiligung). Dies mag als Indiz dafür gelten, daß die Eigentumsfrage in engem Zusammenhang mit der realen Verfügungsgewalt der Produzenten gesehen wird, die Selbständigkeit der Unternehmen mit ihrer Selbstverwaltung zusammenhängt. Firmenzusammenschlüsse und Liquidation müssen daher einem Referendum der Belegschaftsmitglieder unterworfen werden.

Selbständigkeit = Selbstfinanzierung

Der Gedanke der Selbständigkeit (= Selbstfinanzierung) der Betriebe ist im „Netz-Entwurf" mit einer Konsequenz durchgeführt, die sich nur auf dem Hintergrund der katastrophalen Erfahrungen des vergangenen Jahrzehnts erklären läßt. Selbständigkeit/Selbstfinanzierung setzt voraus, daß die Betriebe ausschließlich auf die von ihnen erwirtschafteten Gewinne bauen können bzw. auf Kredite, die sie aber nur bei Kreditwürdigkeit oder dem Vorliegen einer Bürgschaft erhalten sollen. Auch der Amortisationsfonds für die Produktionsmittel verbleibt auf der Betriebsebene. Die Betriebe bestimmen selbständig, was sie produzieren, ihr „Profil"; sie können sich auch Produktionen verschiedener Branchen angliedern etc. Sie sollen ferner das Recht erhalten, durch die Vermittlung von Import-/Exportfirmen direkte Verträge mit dem Ausland – auch dem kapitalistischen – abzuschließen. Andererseits soll der Staat nur mit Hilfe indirekter Methoden wie Steuern, Abgaben, Tarifen und der Bestimmung des Zinssatzes, die den einzelnen Unternehmen als „Parameter" für ihr ökonomisches Handeln dienen sollen, die Prioritäten des Plans durchzusetzen versuchen. H. Szyc drückt es so aus: „Der Plan gilt immer für die Ebene, die ihn macht." Eine besondere Problematik ergibt sich bei der Frage der Preise. Das „Netz" geht davon aus, daß sich die Preise grundsätzlich auf dem Markt bilden sollen. Damit wird die in der polnischen politischen Ökonomie lange vertretene Auffassung, eine Reihe von zentral festgesetzten Preisen sollten für die Betriebe eine parametrische Wirkung erhalten, fallengelassen. Ausnahmen sollen nur vorübergehend und für Grundnahrungsmittel gelten, Subventionen sollen die Ausnahme bilden und müssen zeitlich und dem Umfang nach ausgewiesen werden. Hinter diesen Vorstellungen steht das Modell der uneingeschränkten Konkurrenz aller Betriebe.

1.3 Grenzen von Markt und Konkurrenz

Ob ein Modell „vollkommener Konkurrenz" auf der Basis von Gemeineigentum an Produktionsmitteln überhaupt funktionieren kann, war in der Diskussion der polnischen (und linker westlicher) Ökonomen umstritten. Gościński weist in seiner vergleichenden Übersicht über die Reformprojekte (siehe Dokument 9) darauf hin, daß eine Reorganisation mit dem Ziel vollständiger Selbständigkeit der Betriebe angesichts der Geschichte und der gegenwärtigen Lage der polnischen Industrie aus objektiven und subjektiven Gründen kaum möglich wäre. Einerseits, so wird in der Diskussion eingewandt, bestünde auf Grund der überkommenen zentralisierten Branchenstruktur eine starke Tendenz zur Monopolisierung und zu monopolistischen Preisabsprachen. Die mangelnde Kapitaldecke der Betriebe verhindere durchgreifende Rationalisierungsmaßnahmen, der Staat müsse laufend eingreifen, um Pleiten und damit verbundene Arbeitslosigkeit zu verhindern. Andererseits würde die bisherige Planbürokratie keineswegs verschwinden, sondern die Plankommissare und Ministerialbeamten würden lediglich die Sessel wechseln und jetzt als Banker des neu gegründeten Bankensystems auftreten. Wie könnten sich unabhängig/selbstfinanzierte Betriebe angesichts von Rohstoff- und Zuliefererpreisen halten, die – nach erfolgter freier Konvertierbarkeit des Zloty – sich nach den Weltmarktpreisen orientieren müßten? Mit einem Wort: Operation geglückt, Patient tot?

Noch hinter der Frage der Realisierbarkeit eines Modells der „drei S" (Selbstverwaltung, Selbständigkeit, Selbstfinanzierung) steht das Problem, von welcher Vorstellung von Planung ausgegangen wird. Einigkeit unter den Mitgliedern von „Solidarność" bestand darüber, daß in Polen zumindest in den letzten Jahren der Plan nur in Fiktionen bestanden hatte. Umstritten hingegen war, ob verbindliche zentrale Planung notwendig in solchen Fiktionen enden müsse. H. Szlajfer, Berater von „Solidarność" in Warschau, gehörte zu denen, die an der Notwendigkeit zentraler Planung bei der Produktion von Rohstoffen und bei grundlegenden Investitionen im industriellen Bereich und in der Infrastruktur festhielten (siehe Dokument 20). Allerdings müsse der Prozeß der zentralen Planung von Grund auf demokratisiert werden, so daß die Planentscheidungen Ausdruck gesellschaftlicher Prioritätensetzungen durch die Produzenten wären. Würde man auf eine solcherart demokratisierte zentrale Planung verzichten, so seien grundlegende sozial-ökonomische Entscheidungen des Volkes nicht mehr umsetzbar.

Kann in einer Gesellschaft, die den Anspruch erhebt, Bedürfnisse demokratisch zu ermitteln und zu befriedigen, überhaupt von einem stabilen Gleichgewicht ausgegangen werden, oder verändern nicht große, in die Zukunft gerichtete Entwicklungsvorhaben ständig die Gleichgewichtsbedingungen? Die Auseinandersetzung über diese Fragen ist nicht neu. Sie wird zweifellos auch unter den Bedingungen des Kriegsrechts fortgeführt werden, wenn es darum geht, ein gemeinsames Aktionsprogramm auszuarbeiten. Gemeinsamer Ausgangspunkt wird bleiben, daß von Planung – in welcher Form auch immer – nur die Rede sein kann, wenn sie vergesellschaftet ist, d.h. wenn die unmittelbaren Produzenten das erste und das letzte Wort haben.

1.4 Die Kosten der Reform

Für die Durchführung einer Wirtschaftsreform, die von den Beschäftigten unterstützt wird, ist die Frage des Zeitpunkts, des Tempos, vor allem aber der nationalen und internationalen „Rahmenbedingungen" wesentlich. Um die Diskussionen von „Solidarność" zu dieser Frage zu verstehen, erscheint es notwendig, hier auf Giereks Wirtschaftspolitik und ihr Scheitern einzugehen.

Ursachen der Misere

Unter Gomulka hatten fallende Produktivität, eine ökonomische Linie des ständigen Vorzugs der schwerindustriellen Akkumulation und die Vernachlässigung des privaten Agrarsektors die späten sechziger Jahre geprägt. Ökonomisches Autarkiedenken, Sparsamkeitsregime und Vorsicht bei Verschuldung waren charakteristisch. Giereks Linie des „Aufbaus des zweiten Polen" ging von einem diametral entgegengesetzten Kurs aus. Mit Hilfe massiver Kreditaufnahmen aus dem Westen sollte der Produktionsapparat modernisiert und international in kurzer Zeit konkurrenzfähig gemacht werden. Dem diente auch der großangelegte Einkauf von Lizenzen und Patenten, der oft von devisenverschlingenden Nachfolge-Importen begleitet war. Im gleichen Zug sollte durch Lohnerhöhungen und Ankauf von Konsumgütern im Westen die Arbeitsmotivation gestärkt und die Produktivität erhöht werden. Produktion und Konsum sollten sich als wachstumsstimulierend erweisen und außerdem für zumindest passive Zustimmung zum

System sorgen. Auch die ständig mit Produktionsmitteln unterversorgte private Landwirtschaft sollte durch Erhöhung der Ankaufpreise, besseres Angebot an Maschinen, Selbstverwaltung des Maschinenparks zur höheren Produktion angeregt werden. Der Kurs Giereks führte zu einem regelrechten Investitionsboom, wobei die einzelnen Unternehmen die vorgesehene Investitionslinie meist noch überschritten. Man ging nicht von der Modernisierung vorhandener Anlagen und der Ausnutzung einheimischer Erfindungen aus, sondern stürzte sich auf riesige neue prestigeträchtige Investitionsvorhaben. Transportmöglichkeiten, Energieversorgung, infrastrukturelle Voraussetzungen und eine „vorlaufende" Qualifikation der Techniker und des Managements unterblieben.

Mitte der siebziger Jahre verschlang der Investitionsboom 35 Prozent des Nationaleinkommens bei extremer Betonung der schwerindustriellen Akkumulation. Aber die erhofften Produktivitätssteigerungen blieben aus. Die Projekte erforderten oft mehr als das Doppelte der vorgesehenen Bauzeit, die importierten Maschinen konnten nicht in Betrieb genommen werden, die Lizenzen wurden nicht effektiv genutzt. Der von „Solidarność" ausgearbeitete Untersuchungsbericht über die von Massey-Ferguson in Ursus errichtete Fabrik gibt detaillierten Aufschluß über das Ausmaß der Inkompetenz und Verschwendung. Zu allem Überfluß schwenkte die Staatsmacht gegenüber den Privatbauern auf einen harten Kurs ein, bevorzugte den staatlichen und genossenschaftlichen Sektor bei der Kapital- und Saatgutausstattung und setzte die Einzelbauern unter Druck. Sie konnten eine Pensionsberechtigung nur gegen die Abtretung ihres Landes erhalten. Prompt sank die landwirtschaftliche Produktion bereits 1974, um dann ständig weiter zu fallen.

Der wachsenden Kaufkraft der Massen stand kein entsprechendes Güterangebot gegenüber, es wurde immer aussichtsloser, das Marktgleichgewicht wiederherzustellen. Der Staat pumpte sich Devisen bei seinen Bürgern bzw. nahm Devisen als Sicherheitsleistung bei Darlehen an, wobei er von den Schwarzmarktnotierungen ausging. Denn es wurde für Polen immer schwieriger, weitere Darlehen zu erhalten. Die Gierek-Regierung hatte die internationale Entwicklung falsch eingeschätzt oder nicht zur Kenntnis genommen. Sie hatte die Verteuerung der Energie nach der Ölkrise von 1973 nicht prognostiziert, sie hatte die Weltwirtschaftskrise und die damit verbundene Schrumpfung der kapitalistischen Märkte nicht gesehen, sie hatte geglaubt, sie könne ständig weitere kurz- und mittelfristige Kredite auf dem Eurodollar-Markt aufnehmen. Sie hatte nicht einkalkuliert, daß die Sowjetunion ihre Öl- und Erdgaslieferungen rascher als vorgesehen den Weltmarktpreisen angleichen und außerdem kontingentieren würde. Sie hatte sich auf die rasche Expansion ihrer Exporte nach dem Westen eingestellt. Aber die neuen Produktionsanlagen wurden nicht rechtzeitig in Betrieb genommen, produzierten nicht in ausreichender Qualität und selbst, wenn dies der Fall war, waren Lieferverpflichtungen in die Sowjetunion zu berücksichtigen. Um ihren Zahlungsverpflichtungen nachzukommen, begann die Regierung die Lebensmittelimporte zu kürzen und gleichzeitig die Lebensmittelexporte zu verstärken, was zu einer weiteren Verstärkung des Marktungleichgewichts führte.

Als Gierek die Folgen des Investitionsbooms sah und eine Kürzung der Investitionen anordnete, wurde das Chaos komplett. Einige der wichtigsten Projekte wurden noch schleppender oder überhaupt nicht fertiggestellt. Da es an weiteren Devisen für die laufende Produktion der neuen Werke fehlte, mußte die Produktion eingestellt werden. Die panikartige Investitionskürzung führte zum Zusammenbruch der zentralen Planung.

Die genannten Tatsachen sind in Polen kaum umstritten, wohl aber deren Interpretation. Während in der Diskussion des Westens hauptsächlich die zunehmende Abhängigkeit vom (kapitalistischen) Weltmarkt und von den Banken hervorgehoben wird, wird in Polen die Nachgiebigkeit Giereks gegenüber den Forderungen der Sowjetunion betont. Da eine Reihe ökonomischer Daten wie z.B. die Preise der von Polen in die Sowjetunion exportierten Waren geheimgehalten werden, ist ein exaktes Urteil schwierig. Fest steht, daß eine Reihe von polnischen Großprojekten hauptsächlich die Sowjetunion begünstigte, daß Polen eine Anzahl für den eigenen Bedarf strategisch wichtiger Güter in die Sowjetunion exportieren mußte und daß in die polnischen Ostexporte viel Know-how einging, das vorher im Westen gegen Devisen gekauft worden war. Die extremste Prosition vertrat der Ökonom M. Rajski, ein Mitglied der Partei, der die Festlegung der Parität des Transferrubels zu einer wesentlichen Ursache des polnischen Niedergangs erklärte. Dieser Auffassung ist – auch im Westen – widersprochen worden[7].

Wer zahlt zu welchem Preis?

Diese bleiernen Gewichte als „Ausgangsbedingungen" der Reform einmal vorausgesetzt, war es innerhalb von „Solidarność" klar, daß die polnischen Arbeiter große Opfer würden bringen müssen, um einer von ihnen nicht verschuldeten Krise Herr zu werden.

Da kurzfristig keine entscheidende Steigerung der Lebensmittelproduktion zu erwarten war, waren Preiserhöhungen unvermeidlich. Die Industriepreisreform würde mittelbar weitere Preiserhöhungen bringen. Zwischen der Notwendigkeit, wegen der Devisen die Exporte zu erhöhen und der Notwendigkeit, den eigenen Markt zu versorgen, bestand weiterhin ein Widerspruch. Die Versorgungslage würde also weiterhin angespannt sein. Es wurde die Notwendigkeit gesehen, Betriebe zu schließen, die Belegschaften zu verringern, eine große Zahl von Verwaltungsstellen aufzulösen – all dies mit dem Effekt der „Freisetzung". Schließlich ging man von der Notwendigkeit aus, daß eine große Zahl von Arbeitskräften aus der Verwaltung, aber auch der Industrie in die Landwirtschaft, ländliche Betriebe und in den Bergbau „umgesetzt" werden müsse.

Bei der im Vorfeld des Kongresses heftig umstrittenen Frage, ob die Wirtschaftsreform „auf einen Schlag" eingeführt werden solle oder ob vorhergehende Schritte der Sanierung notwendig seien, handelte es sich im Kern nicht um ein technisches, sondern ein politisches Problem. Die Anhänger einer raschen und einschneidenden Umgestaltung konnten darauf verweisen, daß nur so dem bürokratischen zentralen Verwaltungsapparat ein entscheidender Schlag versetzt werden könne. Nur durch die rasche Reform könnten die notwendigen Schritte der Umorientierung des Produktionsapparats, der Umsetzung der Arbeitskräfte etc. vollzogen werden, nur durch die vollständige Einführung der Reform könne das Vertrauen der Bevölkerung, ihre Zustimmung zu weiteren Verschlechterungen des Lebensstandards gewonnen werden. Die Anhänger des schrittweisen Vorgehens verwiesen darauf, daß unter den bestehenden katastrophalen Bedingungen die Verselbständigung der Unternehmen gar nicht möglich sei, darüber hinaus das vorgeschlagene Programm der Umgestaltung der Produktion zu Massenarbeitslosigkeit und einem immensen Preisauftrieb führe. Die Wirtschaftsreform setze ferner eine breite Veröffentlichung und „Vermassung" aller bisher geheimen Daten und einen demokratischen Diskussionsprozeß voraus.

Sowohl Kurowski als Vertreter der ersten als auch Bugaj als Vertreter der zweiten Konzeption waren darin einig, daß die Reform nur mit einer starken Bewegung der Arbeiterselbstverwaltung durchsetzbar wäre, beide gehen von hohen „sozialen Kosten" der Reform aus. Der Unterschied liegt darin, daß für Kurowski der Markt die zentrale, entscheidende Kategorie ist. Von den Konkurrenzmechanismen selbst würden die stärksten Impulse der Demokratisierung ausgehen. Mit dieser „extremen" Haltung scheint Kurowski indes auf dem Kongreß keine Mehrheit gefunden zu haben.

Die „Solidarność" war bereit, diese „sozialen Kosten" mitzutragen, wenn eine künftige effektive Kontrolle der Wirtschaft durch die Gesellschaft eingerichtet würde, und wenn eine Reihe von Sicherungen zum Schutz der Arbeiter durchgesetzt werden könnten. Man hat im Westen der Gewerkschaft „Solidarność" völlig zu Unrecht den Vorwurf gemacht, sie hätte Massenarbeitslosigkeit und Verschlechterung der Lebensbedingungen auf lange Sicht akzeptiert. Ganz im Gegenteil zeigt die Forderung von „Solidarność" nach dem Mindestlohn bzw. der Mindestrente, die Forderung nach Lohnausgleich bei Preiserhöhungen, nach Herabsetzung des Rentenalters, nach Einrichtung bzw.

Verbesserung des Gesundheitsschutzes, sowie endlich die Forderungen nach Umschulung und Qualifizierung, daß die gesamte Politik von „Solidarność" auf die Sicherung der Lebensbedingungen aller Schichten der Werktätigen gerichtet war.

In dieser Politik für die Einheit der Arbeiterklasse drücken sich gerade die egalitären Traditionen der polnischen Arbeiterbewegung aus. Was aber die Haltung von „Solidarność" zur Frage der Durchsetzung der Wirtschaftsreform am stärksten charakterisierte, was sie deutlich von einer „Spezialistenhaltung" unterschied, war das Bewußtsein, selbst der Träger, „Subjekt", einer gesellschaftlichen Umwälzung zu sein. „Selbstverwaltung" und „Selbstbestimmung" waren nicht nur politische Forderungen, sondern drückten sich auch praktisch aus.

Wenn „Solidarność" beschloß, die in freiwilliger Samstagsarbeit hergestellten Produkte selbst zu verteilen, wenn „Solidarność" in Lódź die Versorgung der Bevölkerung zum Teil selbst übernahm, wenn die Arbeiter von Ursus sich verpflichteten, die Traktorenproduktion für die Individualbauern zu erhöhen, so waren das natürlich einmal außergewöhnliche, durch die Notlage verursachte Maßnahmen. Sie zeigten aber auch den Willen der Aktivisten von „Solidarność", selbst Hand anzulegen und dadurch die Beziehungen der Menschen untereinander im Geist der Einheit und Solidarität zu verändern – wie dies jeder Arbeiterbewegung zugrunde lag und zugrunde liegt.

Anmerkungen

1 Seitens der Regierungskommission erschien „Podstawowe Zalozenia Reformy Gospodarczej (Projekt)" (Grundvoraussetzungen der Wirtschaftsreform – Projekt) am 18.1.1981 in Zycie Gospodarcze. Das Projekt sah sich sogleich scharfer Kritik ausgesetzt, da es alle wesentlichen Probleme umgehe bzw. verwässere. Die auf 500 Mitglieder aufgestockte Regierungskommission arbeitete bis zum Parteitag der PVAP im Juli in Arbeitsgruppen; dem Parteitag wurden „Richtlinien der Wirtschaftsreform" vorgelegt, die aber nur als Zusammenfassung veröffentlicht wurden (in Zycie Gospodarcze, Nr. 28, 12.7.1981. Deutsche Übersetzung existiert m.E. nicht). Der Entwurf der Polnischen Ökonomischen Gesellschaft liegt in deutscher Übersetzung vor (siehe: K. v. Delhaes/R. Peterhoff, Zur Reform der polnischen Wirtschaftsordnung, Arbeitsberichte zum Systemvergleich Nr. 1, Marburg 1981), ebenso eine auszugsweise Übersetzung des Entwurfs der Hochschule für Planung und Statistik (siehe Dokument 12). Einen instruktiven Überblick über die verschiedenen Entwürfe gibt J. Gościński in seinem von v. Delhaes und Mrowka übersetzten und kommentierten Aufsatz „Fort von den Gemeinplätzen" in: Osteuropa-Wirtschaft, Heft 1, 1982.

2 Die „kleine Reform" sollte u.a. durch Neufestlegung der Investitionsvorhaben, durch Förderung der Kleinbetriebe im Bereich des Konsumgüterangebots kurzfristig eine wirtschaftliche Entspannung herbeiführen. Der zentrale Punkt war jedoch die Liquidierung von Beschäftigungs- und Lohnfonds-

limitierungen und die Anbindung des betrieblichen Lohnfonds an die Nettoproduktion. Damit sollten die Lohnauseinandersetzungen auf Betriebsebene beschränkt werden und die Direktoren die Möglichkeit erhalten, die Beschäftigtenzahl zu reduzieren. Daß diese Reform als „Dezentralisierung der Schwierigkeiten" von den Industriemanagern sehr negativ aufgenommen und als völlig unzureichend kritisiert und zudem vielfältig unterlaufen wurde, ist nicht weiter verwunderlich. Offensichtlich wurde, daß man mit solchen Mitteln nicht zur Überwindung der Krise beitragen konnte.

3 Vgl.: O. Lange, Ökonomisch-theoretische Studien, Frankfurt/M. 1977.
4 Vgl.: W. Brus, Sozialisierung und politisches System, Frankfurt/M. 1975.
5 Ebenda.
6 Vgl. den Bericht der Gruppe „Erfahrungen und Zukunft" von 1979; deutsche Übersetzung in: W. Brus u.a., Polen – Symptome und Ursachen der polnischen Krise, Hamburg 1981.
7 M. Rajski, Polen rinnt nach Osten aus. Rede auf der Danziger Parteikonferenz Mai 1981; auszugsweise deutsche Übersetzung in: die Tageszeitung vom 19.1.1982. Zur Diskussion der Thesen Rajskis in der westdeutschen Linken: G. Koenen, Rinnt Polen nach Osten aus? in: Kommunismus und Klassenkampf, Heft 4/1981, Frankfurt/M; R. Damus, Die polnische Wirtschafts- und Gesellschaftskrise – Folge des Ost/Westhandels, sowjetischen Raubhandels oder verfehlter wirtschaftlicher Entwicklungsstrategie? in: Probleme des Klassenkampfes, Nr. 48/1982, Berlin, S. 19 f.

DOKUMENT 8

Auszug aus den Richtlinien für die Tätigkeit der Unabhängigen Selbstverwalteten Gewerkschaft „Solidarność" in der gegenwärtigen Situation des Landes (Diskussionsthesen)

1. „Solidarnosc" und die andauernde Wirtschaftskrise des Landes

Die tiefe Wirtschaftskrise in unserem Land kommt zum Ausdruck vor allem im riesigen und wachsenden Mißverhältnis zwischen dem Angebot von Waren und Dienstleistungen und der Nachfrage, ein Mißverhältnis, das in allen Wirtschaftsbereichen herrscht. Diese Krise entstand nicht in den letzten Monaten und nicht in den letzten Jahren, sondern reifte Zug um Zug im Laufe der Jahrzehnte heran. Diese Krise resultiert aus der weitgehenden Degeneration des Produktionsapparates, der unfähig ist, die Nachfrage sowohl der Quantität als auch dem Warensortiment nach zu befriedigen. Die Krise hat einen unmittelbaren Einfluß auf die Lebensqualität der Gesellschaft, auf die Arbeitsbedingungen und das Niveau der Reallöhne der arbeitenden Menschen. Zur Zeit, da sich die Krise verschärft, stehen wir mit fallendem Realeinkommen da. Die Krise der Wirtschaft der VR Polen kommt zum Ausdruck in der Wirtschaftsstruktur und -politik sowie im System insgesamt; zusätzlich kamen in den letzten Jahren ungünstige konjunkturelle Erscheinungen hinzu.

a) Mängel in der Wirtschaftsstruktur als unmittelbare Gründe der Schwierigkeiten

Der strukturelle Charakter der Krise zeigt sich in der ständigen und wachsenden Disproportion zwischen dem Teil der Wirtschaft, der die Konsumbedürfnisse abdeckt und dem Teil, der für den Ausbau der Produktionsmittel eingerichtet ist. Ein übergroßer Teil des Wirtschaftspotentials des Landes ist auf die Produktion von Maschinen und Anlagen eingestellt. Demgegenüber nimmt die Produktion von Verbrauchsgütern eine Nebenrolle ein. Insbesondere die Landwirtschaft, der Bereich der Wirtschaft, der die Grundbedürfnisse der Bevölkerung befriedigt und ¼ der Bevölkerung einen Arbeitsplatz sichert, wurde auf eine untergeordnete Rolle in der gesamten Volkswirtschaft heruntergedrückt. Es ist offenkundig, daß eine Wirtschaft mit solch einer Struktur den in ihr Beschäftigten nicht einmal einen bescheidenen Wohlstand sichern kann.

b) Dauerhafte Fehler der Wirtschaftspolitik

Die strukturellen Mißverhältnisse in der Wirtschaft sind das Ergebnis der langfristigen Wirtschaftspolitik, die voluntaristisch durch einen engen Kreis von Menschen aus Institutionen, die keiner gesellschaftlichen Kontrolle unterliegen, betrieben wurde. Die Konzentration von Entscheidungen in einigen wenigen Zentren, das Fehlen einer Wirtschaftsrechnung und ein Preischaos machten eine gesellschaftliche Kontrolle völlig unmöglich. Das war ein Zustand der völligen Willkür und Verantwortungslosigkeit in der Wirtschaft, als dessen Ergebnis man wirtschaftlich schädliche Entscheidungen traf und gigantische Investitionen tätigte, ohne genügende Begründung und Absicherung der Bedingungen für ihr Funktionieren (Transport, Energie, Kooperation). Im Rahmen dieser voluntaristischen Politik wurde die private Landwirtschaft besonders diskriminiert, insbesondere bei der Zuteilung der ständig mangelnden Produktionsmittel und durch die Preise.

Die Ineffektivität des Systems und der Wirtschaftspolitik versuchte man durch wachsende Auslandskredite zu kompensieren. Die kapitalistischen Bankiers sollten die ökonomische Unfähigkeit der zentralen staatlichen Planwirtschaft finanzieren. Die Kredite muß man aber zurückzahlen und auch die fälligen Zinsen, was nur bei einer effektiven Wirtschaft möglich ist. So konnte diese Methode der Kompensation nicht lange gut gehen, im Gegenteil, sie wurde zum zusätzlichen Faktor des Zusammenbruchs. Ihr Endergebnis sind riesige Schulden von über 24 Mrd. Dollar, ohne die kurzfristigen Kredite und die Perspektiven einer weiteren Verschuldung. Das Land muß für die Zinsen und für die Tilgung der Kredite mehr aufwenden, als die Einnahmen aus dem Export betragen. Das bedeutet, daß der gesamte Import mit zusätzlichen Krediten gestützt werden muß. Diese zusätzlichen Kredite sind immer schwieriger und unter immer schlechteren Bedingungen (was Höhe der Zinsen und Rückzahlungsfristen angeht) zu bekommen, Bedingungen, die uns von ausländischen Banken gestellt werden. Wir werden schlichtweg als Bankrotteure beurteilt und dementsprechend behandelt.

Man kann in dieser Situation für unsere Wirtschaft keine ausreichenden Warenimporte aus dem Westen sichern. Der Import von Rohstoffen, Materialien und sogar Ersatzteilen wird beschränkt, und dies vor allem bedingt die unvollständige Nutzung der Produktionskapazitäten der Wirtschaft.

c) Faktoren, die aus dem System resultieren
Die tiefsten Ursachen der Krise tragen Systemcharakter. Die Gesamtheit der wirtschaftlichen Entscheidungen wurde durch wenige Zentren monopolisiert, die den einzelnen Betrieben Anweisungen gaben, was, wieviel und wie sie produzieren sollten. *Dies nennt sich Wirtschaftsverwaltung durch ein System der Anweisungen und Zuteilungen.* Die Betriebe haben in dieser Lage keinerlei Freiheit bei der Festlegung ihrer Produktionsprogramme und bei der Wahl der Produktionsmethoden; demzufolge ist die Wirtschaftsrechnung auf der Ebene der Betriebe gegenstandslos. Die Wirtschaftsrechnung kann auch kein zentraler Planer machen, weil entsprechende Informationen über die Warenpreise fehlen. Die Situation wird verschlechtert durch das Streben der Betriebe nach Maximierung der Aufwendungen, das seinerseits durch das Interesse der Betriebe an einer rein wertmäßigen Planerfüllung, u.a. auf dem Weg der Steigerung der Kosten, verursacht wird. Die wachsende Entscheidungskonzentration führte schließlich dazu, daß die Menschen und Arbeitskollektive nicht mehr richtig motiviert wurden. Dies alles zusammen führte zur riesigen Verschwendung menschlicher Arbeitskraft und anderer Bestände. Es genügt, darauf hinzuweisen, daß wir für die Produktion einer Einheit des Nationaleinkommens viel mehr Rohstoffe, Energie, Transportleistungen und Arbeit aufwenden als die Wirtschaften Frankreichs oder der Bundesrepublik.

d) Zufällige Faktoren
Es traten auch gewisse konjunkturelle Faktoren auf, die in den letzten Jahren

unser Land belasteten, wie z.B. die Mißernte in der Landwirtschaft 1980. Bei ihrer Beurteilung muß man berücksichtigen, daß jede Wirtschaft auf Erscheinungen schlechterer Konjunktur vorbereitet sein und über Reserven verfügen muß, damit sie unter ihren Auswirkungen nicht zusammenbricht. Tritt das trotzdem ein, so hat das keine objektiven Gründe, sondern ist das Ergebnis eines fehlerhaften Wirtschaftssystems, einer falschen Politik, einer extrem unausgeglichenen Wirtschaftsstruktur. Als Ergebnis des Wirkens aller dieser Faktoren funktioniert die Wirtschaft der VR Polen schlecht. Ausdruck dessen war die fallende Wachstumsrate des Nationaleinkommens und seit über zwei Jahren seine rapide Abnahme. Im Endergebnis befindet sich das Land in einer schweren Krise, die sich in einen völligen Zusammenbruch der Volkswirtschaft zu verwandeln droht.

e) Allgemeines Recht auf Arbeit
Zu verzeichnen sind schon jetzt die ersten Schwierigkeiten auf dem Arbeitsmarkt. Es ist zu erwarten, daß mit dem Anwachsen der Krisenerscheinungen *in einigen Bevölkerungsgruppen Arbeitslosigkeit auftritt*. Es ist damit zu rechnen, daß dieses Problem in der Anfangszeit der Einführung der Wirtschaftsreform zur Quelle ernster Schwierigkeiten wird und daher ein Engagement der Gewerkschaft und enge Zusammenarbeit mit den Leitungen der Betriebe sowie mit den zentralen Wirtschaftsorganen erfordern wird. Die Bewältigung des Problems der Vollbeschäftigung bedarf einer Aufgabenteilung zwischen den Unternehmen und den zentralen Wirtschaftsorganen, wobei die Unternehmen, um effektiv wirtschaften zu können, das Recht auf Änderung des Beschäftigtenniveaus gemäß ihren Bedürfnissen haben müssen und *zentrale Stellen für die volle Beschäftigung aller Werktätigen verantwortlich sind*. Dies kann durch eine aktive Politik der Schaffung von neuen Arbeitsplätzen sowie durch die Bildung eines gesellschaftlichen Fonds für Umschulungen und Hilfe für die durch die Unternehmen entlassenen Beschäftigen gesichert werden. Gleichzeitig sind durch den Staat finanzierte und durch die Gewerkschaft gebilligte und kontrollierte Programme für berufliche Umschulungen in Gang zu bringen.

Zu einer wichtigen, aber auch sehr schwierigen Aufgabe wird die *Sicherung von angemessenen Arbeitsplätzen für die Absolventen aller Schultypen*. Es bedarf einer Analyse der Nutzung der Qualifikation der Beschäftigten, einer Neuverteilung von denjenigen, die über eine entsprechende Ausbildung nicht verfügen, einer überlegten Umverteilung der Arbeitskräfte und Sicherung der verstärkten Mobilität der Beschäftigten im Landesmaßstab und dergleichen mehr. Als besonders schwierig ist in diesem Jahr und in den kommenden Jahren die Lage der Hochschulabsolventen anzusehen.

Die oben angeführten Vorhaben, die ernste Spannungen oder sogar soziales Unrecht verursachen können, sind rechtzeitig zu durchdenken und mit den betroffenen Berufsgruppen, je nach Schärfe der auftretenden Schwierigkeiten, zu diskutieren. Die Gewerkschaft hat deshalb die Bedürfnisse zu untersuchen und muß eventuell sogar erwägen, ob eine eigene Initiative zur Organisierung einer umfangreichen und langfristigen Aktion der beruflichen Umschulung notwendig ist.

f) Verbesserung der Arbeitsbedingungen
Die Wirtschaftsreform – hin zur Selbständigkeit und Befreiung der Betriebe vom System der Anweisungen und Direktiven – muß eine wesentliche Ver-

besserung der Arbeitsbedingungen der Belegschaften mit beinhalten. Ein beträchtlicher Teil der Belegschaften arbeitet gegenwärtig unter Bedingungen, die die Gesundheit belasten oder direkt schädigen. Daher sollten die Unternehmen verpflichtet sein, einen durch die Belegschafts-Selbstverwaltung zu bestimmenden Anteil des Amortisierungsfonds und des Entwicklungsfonds für diesen Zweck zu verwenden, wobei das Minimum an Aufwendungen für die Verbesserung der Arbeitsbedingungen gesetzlich festzulegen ist.

Im Zusammenhang mit den von der Gewerbeaufsicht festgestellten zahlreichen Fällen der Überschreitung der Normen des Gesundheitsschutzes in den Betrieben (Giftstoffe, Staub, Lärm, klimatische Bedingungen) ist zu fordern, daß Polen die Konvention Nr. 148 der ILO (International Labor Organisation, eine Untergliederung der UNO; d. Übers.) von 1977 über den Schutz der Beschäftigten vor Luftverschmutzung, Lärm und Vibration ratifiziert und die polnischen Vorschriften des Arbeitsschutzes an die Forderungen dieser Konvention strikt anpaßt.

Ein wichtiger Faktor bei der richtigen Gestaltung der Arbeit der Unternehmen und der ganzen Volkswirtschaft ist die Möglichkeit der Verkürzung der Arbeitszeit. Diese kann zum Stimulus der Rationalisierung der Arbeitsorganisation der Unternehmen und zum Ansporn der effektiven Arbeit der Werktätigen werden. Es gilt zu fordern, daß im Rahmen der Verhandlungen über die Einführung der zweiten Etappe der Verkürzung der Arbeitszeit von den Leitungen der Betriebe und der Wirtschaftsverwaltung konkrete Pläne organisatorischer Rationalisierung und technischer Maßnahmen zum Ausgleich der verkürzten Arbeitszeit vorbereitet werden.

2. „Solidarność" und die Wirtschaftsreform

a) Unterstützung der Reform als Bedingung für ihr Gelingen

Die Analyse zeigt, daß das gegenwärtige Wirtschaftssystem den gesellschaftlichen und ökonomischen Bedürfnissen nicht entspricht. Die einzige Möglichkeit der langfristigen Überwindung der Krise, um unsere Wirtschaft auf den Weg der ausgewogenen Entwicklung zu führen, ist eine tiefgreifende Reform des Systems, die die Ursachen der immer wiederkehrenden Krisenspannungen beseitigt. Unsere Gewerkschaft unterstützt voll die Wirtschaftsreform und betrachtet sie als das Anliegen ihrer Mitglieder und der ganzen Gesellschaft.

Daß wir diese Reform unterstützen, muß unter anderem in der Diskussion ihrer Grundsätze und in der genauen Definition ihrer Richtung, Formen und Ziele Ausdruck finden. Indem wir in der Diskussion die erwünschte Gestaltung der Reform bestimmen, beugen wir vor, daß sie nur oberflächlich bleibt und verdreht wird. „Solidarność" wird keinen eigenen Reformentwurf vorlegen und geht davon aus, daß die endgültige Gestalt der Reform in der Diskussion auf Grundlage der bereits vorliegenden Entwürfe erarbeitet werden kann. Man kann jedoch die Frage stellen, ob „Solidarność" sich nicht aktiver in die Vorbereitung und Verwirklichung der Reform einschalten sollte, z.B. mit der Ausarbeitung eigener Vorschläge für die Lösung von Schlüsselfragen.

Die Reformen sollten das Ergebnis freier und öffentlicher Diskussion von Fachleuten sein, aber sollten von den Organen der Staatsmacht durchgeführt werden, die die Gesamtheit der Volkswirtschaft kontrollieren. *Aufgabe der Gewerkschaft ist jedoch, darüber zu wachen, daß die eingeführten Reformen im Endergebnis zur Verbesserung der Lage der arbeitenden Menschen führen.*

Die Gewerkschaft wird solche Wirtschaftsreformen unterstützen, die mit den Prinzipien einer gerechten Gesellschaftspolitik vereinbar sind und zugleich die größten Chancen haben, eine dauerhafte und nicht nur eine kurzfristige Verbesserung der wirtschaftlichen Lage des Landes herbeizuführen. Indem wir die Bedingungen festlegen, die im Verlauf der Reform erfüllt werden müssen, sind wir uns bewußt, daß für eine weitreichende und wirkliche Verbesserung öfter kurzfristige Interessen zurückgestellt werden müssen. Solch ein Risiko können wir nur dann auf uns nehmen, wenn alle Entscheidungen, die die Reform betreffen, mit uns und der ganzen Gesellschaft abgesprochen werden, wenn uns die komplette Verlust- und Gewinnrechnung gezeigt wird, die bei den verschiedenen Lösungen herauskommt, und wenn die Grundzüge der Gesellschaftspolitik des Staates mit uns abgesprochen und dann auch eingehalten werden.

b) Der Charakter der erwarteten Veränderungen
Im Zuge der Wirtschaftsreform sollten die Struktur und das Funktionieren der zentralen Planungsinstanzen für die vergesellschafteten Betriebe und die übrigen Teile des Wirtschaftsgefüges geändert werden.

Die zentrale Planung sollte ihren Weisungscharakter verlieren, d.h., daß sie sich ihrer Aufgabe gegenüber den Betrieben nicht mehr mit Hilfe von Befehlen und Verboten entledigen sollte. Die Festlegungen für die Betriebe sollten nur durch Anwendung ökonomischer Instrumente (z.B. Preise, Steuern, u.ä.) getroffen werden.

Die zentralen Pläne sollten einen strategischen und keinen operativen Charakter besitzen und müssen für einen mehrjährigen Zeitraum festgelegt werden. Die Ziele des zentralen Planes, die über die Richtungen der Wirtschaftsentwicklung entscheiden, sollten in einem vergesellschafteten Planungsprozeß festgelegt werden. Die Teilnahme der Gesellschaft am Planungsprozeß und die Kontrolle darüber sollte durch die Öffentlichkeit der Beschlußfassung und Diskussionen, unter Einschaltung des Sejm, der Selbstverwaltungskörperschaften, gesellschaftlichen Körperschaften und der Gewerkschaften gesichert werden. Die Kontrolle sollte die allgemeine Wachstumsrate der Wirtschaft, sowie die Aufteilung des Nationaleinkommens auf Investitionen und Konsum betreffen. Dabei sollte bei der gesellschaftlichen Kontrolle über die Grundrichtungen der Konsumtion auch auf den Schutz der selbständigen vergesellschafteten Betriebe und Familienbetriebe vor Anordnungen und Beschränkungen seitens der Wirtschafts- und Staatsadministration geachtet werden. Die Verbindungsglieder zwischen den Betrieben und der zentralen Wirtschaftsleitung wie z.B. die Branchenministerien und die Vereinigungen (den Ministerien unterstehende Zwischenebenen der Wirtschaftslenkung, die jeweils eine Gruppe miteinander verbundener Betriebe „managen"; Anm. d. Übers.) sollten großteils ganz abgeschafft werden.

Die *vergesellschafteten Betriebe* sollten im Bereich der Festlegung des Produktionsprogramms und der Wahl der Produktionsmethoden *Selbständigkeit erhalten*. Damit verbunden sollte auch die zentrale Verteilung von Rohstoffen und anderen Produktionsmitteln eingeschränkt werden, mit dem Ziel, sie ganz abzuschaffen. Die Betriebe sollten auf Grundlage der Selbstfinanzierung arbeiten, d.h. die eigenen Ausgaben aus eigenen Einnahmen decken. Die Betriebe sollten nicht nach Planerfüllung, sondern nach ihren ökonomischen Ergebnissen beurteilt werden. Ein Betrieb sollte frei mit den erwirtschafteten Mitteln disponieren und sie auch für Investitionen, besonders für die rationelle Instandhaltung der Anlagen verwenden können. Die Funktionsweise eines Unternehmens, das Maß seiner Selbständigkeit und die Art seiner gesellschaftlichen Verwaltung hängen von seiner Größenordnung und seinen Produktionsaufgaben ab. Die Bedingung für die Funktionsfähigkeit eines Betriebes im neuen System ist die Entmonopolisierung des Marktes und die Entwicklung eines gewissen Grades von Konkurrenz der Produzenten untereinander.

Änderungen des Preissystems können für „Solidarność" zu einem ernsthaften Problem werden. Die Änderungen sind für das effektive Wirtschaften der Betriebe notwendig, wobei sich ihre Durchsetzung, vor allem was die Verbraucherpreise betrifft, als schwierig erweisen kann. Notwendig sein wird ein Lohnausgleich, und daß die Gewerkschaft sowie die Öffentlichkeit von der Notwendigkeit der Preisreform überzeugt werden. Das Problem soll noch breit erörtert werden.

Unterschiedliche Eigentumsformen an Produktionsmitteln sollten gleiche Rechte und wirtschaftliche Entwicklungsmöglichkeiten im neuen System genießen. Vergesellschaftete Unternehmen, Genossenschafts-, Kommunal- und private Familienbetriebe sollten bei den Verkaufspreisen, bei der Versorgung sowie der Personal- und Steuerpolitik gleich behandelt werden. Im einzelnen sollen jegliche Beschränkungen bei der Entwicklung der landwirtschaftlichen Familienbetriebe sowie der privaten Familienbetriebe, des Handels und des Dienstleistungsbereichs aufgehoben werden.

Die konsequente Verwirklichung des Programms der Versorgung der Nation mit Lebensmitteln aus eigenen Kräften der polnischen Landwirtschaft ist eine der wichtigsten Wirtschaftsaufgaben, vor denen das Land steht. Die volle Respektierung des Eigentums an Boden der privaten Landwirte, die erhebliche Verbesserung ihrer Versorgung mit landwirtschaftlichen Maschinen, Geräten, Kunstdünger und anderen für die Intensivierung der landwirtschaftlichen Produktion notwendigen Artikeln − das müssen Grundelemente eines solchen Programms sein.

Das Funktionieren einer solchen *Plan- und Marktwirtschaft* wird bestimmte gesellschaftliche Probleme schaffen, zu denen unsere Gewerkschaft eine klare Position beziehen muß. Die Gewerkschaft geht davon aus, daß *die Betriebe das Recht haben, nach ihrem Bedarf den Beschäftigungsstand zu verändern* und die Regierung weiterhin für die Verwirklichung der Vollbeschäftigung verantwortlich ist. Mit dieser politischen Aufgabe kann man nicht die Betriebe belasten. Statt dessen muß ein entsprechender zentraler Fonds eingerichtet werden zur Schaffung von Arbeitsplätzen und zur Deckung der Kosten von Umschulungen, der Umsetzung von Personen aus der Industrie und Versetzung in andere Bereiche der Wirtschaft und Berufe. Die selbständige Finanzierung der Betriebe kann gleichzeitig zu Einschränkungen und Stillegungen führen. In solchen Fällen wird die Gewerkschaft eine vorherige Absicherung entsprechend den Interessen der Belegschaft der betroffenen Betriebe fordern.

Eine effektive Beteiligung der Belegschaft an den Gewinnen der Betriebe kann die Unterschiede in den Löhnen der in verschiedenen Betrieben tätigen Arbeiter vertiefen. Diese Frage sollte diskutiert werden. Die weitgehende Selbständigkeit der Betriebe und das Prinzip der Marktwirtschaft können wirtschaftliche und gesellschaftliche Schwierigkeiten verursachen (Preisanstieg, Beschäftigungsprobleme u.ä.). Der Ablauf der Reform wird eine genaue Beobachtung und die Beseitigung der entstandenen Anomalien erfordern.

Die Selbständigkeit der vergesellschafteten Betriebe ermöglicht und macht es zugleich notwendig, *authentische Selbstverwaltungsorgane der Belegschaften zu berufen.* Unser Verband steht auf dem Standpunkt, daß die Einführung der Arbeiterselbstverwaltung ein unerläßliches Element der Wirtschaftsreform ist. Die betriebliche Selbstverwaltung soll befugt sein, effektive Entscheidungen zu treffen, sollte das Recht haben, über das Betriebseigentum zu verfügen, über die Richtungen der Produktion und des Absatzes sowie der Investitionen zu entscheiden. Sie soll auch über die Verteilung der Betriebsgewinne entscheiden können. Die konkreten Regelungen hängen u.a. von der Größe und Eigenart der Betriebe ab. Notwendig ist insbesondere die Beteiligung der Arbeiterselbstverwaltung bei der Berufung und Absetzung der Direktoren (Abstimmung, Begutachtung bzw. Ausschreibungen). Das Problem der Arbeiterselbstverwaltung sollte ein Punkt breitester Diskussion unserer Gewerkschaft werden.

Unsere Gewerkschaft wird die Basis der Arbeiterselbstverwaltung sein und wird sie voll unterstützen. *Die Kompetenzbereiche der Arbeiterselbstverwaltung und der Gewerkschaftsorganisationen im Betrieb müssen klar getrennt sein,* wobei Kriterium der Trennung das Prinzip sein sollte, daß die Gewerkschaften alle Interessen der Lohnabhängigen und das Selbstverwaltungsorgan die Produktions- und Wirtschaftsinteressen des Betriebes repräsentieren und für sie verantwortlich sind. In allen Fragen der Verteilung des Betriebsgewinnes, die die Belegschaft betreffen, muß die Selbstverwaltung die Gewerkschaftsorganisation zu Rate ziehen.

Unsere Gewerkschaft setzt sich dafür ein, daß die Wirtschaftsreform möglichst schnell und komplex auf demokratische Art durchgeführt wird. Insbesondere treten wir dafür ein, daß mit der Reform nicht so lange gewartet wird, bis sich unsere Wirtschaft voll stabilisiert hat. Deshalb ist es notwendig, die Vorbereitung eines Programms in Angriff zu nehmen, das der wirtschaftlichen Abwärtsbewegung entgegenwirken soll. Damit die Reform begonnen werden kann, ist die Rückkehr zum normalen Arbeitsrhythmus und das Feststellen von Bereichen der sachlichen Zusammenarbeit nötig, wie z.B. die Verbesserung des betrieblichen Wirtschaftens, Ausarbeitung der geeignetsten Formen der Selbstverwaltung, Kampf gegen den Alkoholismus u.a.

(Aus: Glos Pracy, 14.4.1981; deutsche Übersetzung in: Westberliner Komitee „Solidarität mit Solidarność", Informationsbulletin, Juni 1981)

DOKUMENT 9
Fort von den Gemeinplätzen!

Die Analyse bezieht sich auf folgende Reformprojekte:
- „Propozycje zmian w systemie funkcjonowania gospodarki" (Vorschläge für Veränderungen im Funktionssystem der Wirtschaft) verfaßt von den Mitarbeitern der Wirtschaftsakademie in Wroclaw (Breslau) (AE), veröffentlicht in *Zycie Gospodarcze*, Nr. 2, 1981;
- „Alternatywy rozwoju — reforma gospodorcza — glówne kierunki i sposoby realizacji" (Alternativen der Entwicklung — Wirtschaftsreform — Hauptrichtungen und Methoden der Realisierung) PTE (Verlag der Polnischen Ökonomischen Gesellschaft) November 1980, 89 S. (Arbeitskreis bei der SGPiS, (Hochschule für Planung und Statistik in Warschau)),
- „Propozycje zasadniczych rozwiazań reformy gospodarczej w PRL" (Vorschläge zu grundsätzlichen Lösungen der Wirtschaftsreform in der VRP) (PTE), Warschau 1980 (publ. als Beilage zur *Zycie Gospodarcze*, 16.11.1980),
- „Podstawowe zalozenia reformy gospodarczej — (projekty)" (Grundzüge der Wirtschaftsreform, (Projekte)) Kommission in Sachen Wirtschaftsreform (KRG), Verlag „Trybuna Ludu", Warschau, Januar 1981,
- „Projekt uniwersytetu Warszawskiego" (Projekt der Universität Warschau) (UW) (mit Rücksicht auf die Schwierigkeiten an den vollen Text zu kommen, nur teilweise herangezogen).

Vorbemerkung: Die vergleichende Analyse der (Grundsatz-) Entwürfe wurde gemäß Bewertungskriterien vorgenommen, auf die die Arbeitsgruppe sich geeinigt hatte.

Kriterium I: Das politische Bezugssystem

Solange die doktrinäre Problematik des bislang überwältigenden Primats der Politik und der Ideologie über die Wirtschaftswissenschaft und das Wirtschaftsleben nicht gelöst ist, kann keine Wirschaftsreform in die Tat umgesetzt werden. Es handelt sich dabei nicht um die Beseitung des Einflusses der Politik auf die Gestalt des Wirtschaftslebens und die Funktionsweise der Wirtschaft, sondern um eine klare Abgrenzung der Funktionen und Kompetenzen der Partei und der politischen Gruppierungen sowie auch des Umfangs und Charakters ihres Einwirkens. Die bisher verbindliche Formel wurde durch die Realität, durch die Bewegung gesellschaftlicher Erneuerung im Lande und auch durch die Autoren der Wirtschaftsreformprojekte in Frage gestellt.

Die erste Beziehung: Partei — Wirtschaft, beruht auf dem „Recht" der

Partei-Instanzen aller Ebenen, in die Funktionen der Wirtschaftsorganisationen sowie in den Ablauf der gesellschaftlichen und wirtschaftlichen Prozesse einzugreifen.

In den Projekten wurde diese Form der Beziehungen ziemlich einhellig abgelehnt. Das Problem wurde jedoch nicht in einer Weise klargestellt, die ein ordnungsgemäßes, von Eingriffen ungestörtes Wirken neuer Mechanismen ermöglichen würde.

In den Projekten UW, AE und KRG wurde dieses Verhältnis überhaupt nicht berührt. Im PTE-Entwurf wird die Einführung und strikte Befolgung einer Kompetenzverteilung zwischen Partei, Sejm und Regierung gefordert. Die Regierung wäre für die Durchführung der Entwicklungsstrategien und Reformrichtlinien vor dem Sejm verantwortlich, der seinerseits das als Gesetz verabschieden würde, was auf den Parteiforen (Parteitagen, Plenarsitzungen) beschlossen worden wäre. Dieser Vorschlag bestätigt nur das bestehende Verhältnis zwischen Partei und Sejm, führt jedoch Änderungen im Verhältnis Sejm – Regierung ein. Pragmatischer ist das SGPiS-Projekt. Es wird hier davon ausgegangen, daß die Einflußnahme auf einen engen, von den Autoren nicht definierten Bereich eingeschränkt werden soll. Die Forderung nach einer starken Einschränkung der Einmischung wird in dem Entwurf vor allem in bezug auf die laufende Wirtschaftsverwaltung formuliert. Es wurde, wohl zu Recht, vorausgesetzt, daß, wenn das Befehls-Zuteilungs-System abgeschafft werden soll, es keinen „Gegenstand" und keine Rechtsgrundlage für eine Einmischung des politischen Systems in Wirtschaftsangelegenheiten geben würde. Diese Annahme aber ist nur zum Teil richtig. Sie trifft zum einen nicht für die makroökonomische Sphäre, die Wirtschaftsstrategie und die Beziehungen auf höchster Ebene: Parteiführung – Sejm – Regierung zu. Andererseits ist auch nicht nur eine Begrenzung, sondern vor allem eine Definition der Pflichten und Rechte der staatlichen Verwaltung, etwa bei rechtlichen und finanziellen Regelungen und dergleichen, notwendig. Dies bezieht sich besonders auf Auflagen und Verbote, die sich an im Kompetenzbereich der entsprechenden Verwaltung tätige Wirtschaftsorganisationen richten.

Folgerungen: Aus der vorstehenden vergleichenden Analyse der Entwürfe ist zu ersehen, daß sich in den Projekten zur Wirtschaftsreform keine neue Formel für die Beziehungen zwischen Partei und Wirtschaft findet. Infolgedessen gehen die einen Entwürfe über dieses Problem hinweg zur Tagesordnung über, während die anderen seine Lösung im dunkeln lassen, indem sie bei ihren Forderungen zu Gemeinplätzen Zuflucht nehmen. Auch Vorschläge zur Definition eines angemessenen Bereichs der Befugnisse der zentralen wie der regionalen Staatsverwaltung zur Regulierung der Wirtschaftstätigkeit, werden nicht mit hinlänglicher Deutlichkeit formuliert.

Die zweite Beziehung: Das Verhältnis der Partei zu den Führungskadern, beruht derzeit auf zwei Prinzipien, zum einen auf der Formel der sogenannten Parteinomenklatur der Führungspositionen und zum anderen auf der Formel von der Schlüsselstellung der Partei in der Verteilung der Führungspositionen.

Beide Prinzipien sind im Lichte aller fünf verglichenen Entwürfe nicht aufrecht zu erhalten. Alle Entwürfe behandeln dieses Problem jedoch ziemlich oberflächlich. AE, UW und PTE beziehen generell keinen besonderen Standpunkt in dieser Angelegenheit. KRG vertritt im Artikel 47 über die Kaderpolitik und die Bewertungskriterien der Führungskader einen ziemlich orthodoxen Standpunkt. Das Projekt der SGPiS beschränkt sich bei dieser Materie auf das zweckdienliche Verbot der Kumulation von Partei- und Verwaltungsfunktionen. Diese hat zwar zweitrangige Bedeutung für die Wirtschaftsorganisationen, stellt jedoch ein wesentliches Problem auf der Ebene der Zentralverwaltung und bei den Volksvertretungsorganen dar. Auf dem Niveau der Wirtschaftsorganisationen sieht der SGPiS-Entwurf bei der Rekrutierung der Führungskader das Ausschreibungsprinzip vor. Diese Vorstellung findet sich übrigens auch im KRG-Entwurf als eines von drei Verfahren der Einstellung des Direktors einer Wirtschaftsorganisation (eines Unternehmens).

Das hier behandelte Verhältnis steht in enger Beziehung zur Regelung der Selbstverwaltung im allgemeinen und der Arbeiterselbstverwaltung im speziellen, ein Zusammenhang, dem nicht ausreichende Beachtung geschenkt wurde.

Folgerung: Aus vorstehenden vergleichenden Analysen geht hervor, daß die Probleme der Beziehungen zwischen Partei und Führungskadern in den Reformentwürfen nicht gelöst werden, obgleich die beiden bisher gültigen Gestaltungsprinzipien als den gesellschaftlichen Bedürfnissen und Forderungen nicht angemessen implizit oder explizit verworfen werden. Eine solche Lösung würde praktisch die Vorlage einer Regelung erfordern, die bei der Besetzung von Führungspositionen in der Wirtschaft fachliche Kriterien zur Entscheidungsgrundlage macht und die Einstellungsbefugnisse wie auch das Vorschlagsverfahren und das Vetorecht genau definiert. Sie müßte von dem Grundsatz ausgehen, daß die Partei ihre Politik durch ihre Mitglieder realisiert, die in den verschiedenen Organisationen arbeiten und nicht durch eine Verdoppelung der Administration, (d.h.) durch Ausübung von Befehlsgewalt und (außerdem) durch Erfüllung von gesellschaftlichen Funktionen, die der Arbeiterselbstverwaltung übergeordnet sind.

Die dritte Beziehung: Gesellschaftliche Gleichheit sowie Gleichheit vor dem Gesetz und Überordnung der Volksvertretungsorgane über Partei- und Regierungstellen.

In dieser Frage wurde den bisher gültigen Regelungen von den Reformentwürfen entschiedener widersprochen. Entsprechend weiter gehen auch die Änderungsvorschläge. Am weitesten geht hier — wie in der Mehrheit seiner Lösungsvorschläge — das Projekt SGPiS. Die vorgeschlagenen Lösungen würden die bisher gültigen Mechanismen (der Wahlordnung, der Schlüsselstellung der Partei, der ideologischen Diskriminierung des nichtstaatlichen Sektors) wirksam eliminieren. Sie würden durch gewählte, selbstverwaltete Organe ersetzt, die ihre verfassungsmäßigen Rechte geltend machen, und deren Zusammensetzung durch demokratische und direkte Wahlen bestimmt wäre. Der Entwurf der KRG bringt in diesem Bereich lediglich Fortschritte bezüglich der Kompetenzen des Sejm der VRP gegenüber der Regierung bei der Gestaltung des Wirtschaftsplanes und in der Bewertung seiner Ausführung (Art. 34 und 38). Aber das ist auch schon alles. Befriedigend löst dieses Projekt das Problem der Regeln für die Konstituierung der Arbeiterselbstverwaltung in den Unternehmen. Mehr aber wird darin, namentlich zum politischen Bedingungsrahmen, nicht gesagt. Der PTE-Entwurf legt (die Genossenschaften betreffend) — zu Recht — großen Nachdruck auf völlige Selbstverwaltung, d.h. auf eine tatsächliche Rückkehr zu genossenschaftlichen Prinzipien und Eigenschaften anstelle des verstaatlichten Quasigenossenschaftswesens. Dabei wird die Beseitigung aller derzeit bestehenden Formen sektoraler Diskriminierung (in der Kreditsphäre, bei den Steuern und dergleichen und sogar in der Schaffung des Klimas und in der Positionsbestimmung) gefordert.

Folgerung: Die Gleichstellung (privat-)bäuerlicher und (privat-)handwerklicher Betriebe mit staatlichen und genossenschaftlichen Betriebsformen hat in den weitestgehenden Entwürfen hinreichend institutionellen Schutz gefunden, ohne daß allerdings praktische Verfahren erläutert werden, wie ihnen bei der Verteilung des Nationaleinkommens ein, ihrem Beitrag zum gesellschaftlichen Produkt angemessener, proportionaler Anteil gesichert werden kann.

Kriterium II: Wirtschaftlicher Bedingungsrahmen im Zentrum

Es läßt sich keine Wirtschaftsreform durchsetzen, wenn nicht die strukturellen Prinzipien und die Funktionsweise sowie die Rolle der zentralen Organe der Wirtschaftsverwaltung, die übrigens von Grund auf mit der Staatsverwaltung verquickt sind, Änderungen erfahren. Die Grundzüge einer Reform müssen auch klar und hinreichend spezifiziert die Richtlinien einer neuen Wirtschafts- und Gesellschaftspolitik sowie neue Regeln für das Funktionieren der Wirtschaft (deren zentrale Planung und Ausrichtung) umreißen. Hiermit soll die Planung von und Entscheidung über Mechanismen ermöglicht werden, die sich auf die Regelung folgender Verhältnisse beziehen:
a) die Beziehungen: Zentrum − Wirtschaftsorganisationen,
b) die Struktur des Zentrums und die nähere Bezeichnung der Funktionen, die es in seiner Gesamtheit und durch seine Handlungsorgane (Plankommission, Ministerien, zentrale Ämter etc.) erfüllt,
c) die Beziehung zwischen zentraler und territorialer (regionaler) Staatsverwaltung,
d) die Grundsätze des Einwirkens der Zentrale auf die Wirtschaftsprozesse und Wirtschaftsorganisationen, das zur Erlangung allgemeinen wirtschaftlichen Gleichgewichtes, wie auch zur Anregung des Wirtschaftswachstums vorgesehen ist.

Vor dem Hintergrund solch allgemeiner Grundlagen und Prinzipien wurde die zentrale Lenkung der Wirtschaft in sechs Problemgruppen aufgeteilt, die die Beschreibung der Funktionen des Zentrums erleichtern sollen. In dieser Gliederung sollen deshalb die wichtigsten Probleme eines zukünftigen Zentrums betrachtet werden.

Die erste Forderung: Vergesellschaftung der Prozesse der zentralen Planung. Die Beseitigung grundlegender Regeln und Prinzipien der bisherigen zentralen Planung, die auf direktiven, an die einzelnen Organisationen adressierten Planauflagen mit Befehlscharakter beruhte, machen alle Reformentwürfe zur Vorbedingung. Die Grundsätze der gesellschaftlich-wirtschaftlichen Planung wären einer fundamentalen Umgestaltung zu unterwerfen. Besteht in dieser Hinsicht noch Einigkeit, so schwindet sie bereits, wenn es darum geht, in welcher Weise dieser Prozeß zu vergesellschaften sei. In allen Entwürfen meint man, daß der Sejm, allerdings in grundlegend anderer Art als bisher üblich, Beschlußorgan für die Mehrjahrespläne sein solle, die die Grundlage des Handelns in der gesellschaftlichen und wirtschaftlichen Sphäre sind. Auch die Bewertung der Planerfüllung müßte vom Sejm in konsequenter Weise vorgenommen werden. Bei der Landwirtschaft sieht der Entwurf der KRG sogar eine Einschränkung der Funktion der Pläne auf (bloße) Prognosen vor (Art. 27).

In allen Entwürfen wird ein variantenreiches Planungsverfahren als notwendig und zweckmäßig erachtet. Dabei wird gefordert, es der gesellschaftlichen

Diskussion zu unterwerfen. Allein der Entwurf der AE in Breslau macht die Vergesellschaftung der Planentstehung nicht zur Bedingung. Das Projekt der SGPiS fordert die Begutachtung und gemeinsame Beratung der Planvarianten durch die Regierung mit namentlich genannten Institutionen wie der polnischen Akademie der Wissenschaften und den Hochschulen, Gewerkschaften u.a.; zu Recht schlägt dieser Entwurf nicht lediglich eine allgemeine, nicht näher definierte, öffentliche Diskussion ohne Hinweis auf die Form der Artikulierung der Meinung des Diskussionsablaufs und dergleichen vor, sondern gibt Empfehlungen zu ihrer organisatorischen und institutionellen Ausrichtung.

Folgerung: Die Formel direktiver Planung wird fast in ihrer Gesamtheit in Frage gestellt (das Projekt PTE sieht immerhin noch die begrenzte Anwendung von Direktiven vor; ähnlich wie der Entwurf der KRG in Art. 39, 42 u.a.), und an ihrer Stelle erscheint die Form der gesellschaftlichen Planung, die inspirierend und informierend, aber direktiv einzig gegenüber der Regierung und deren Dienststellen sein soll. Dabei sollte sie jeweils mehrere Varianten aufweisen und gesellschaftlicher Beurteilung und Konsultation unterworfen werden. Das bedeutet jedoch nicht so sehr die gesellschaftliche Abstimmung über Pläne als Resultat (Produkt) des Planungsprozesses, als vor allem die gesellschaftliche Mitwirkung am Planungsprozeß, also in der Abfolge der Phasen der Planung, z.B. (bei der Festlegung) der grundlegenden Entwicklungsprizipien, der Strategie und der gesellschaftlichen und wirtschaftlichen Ziele, in der Auswahl der Entwicklungsrichtungen, der Prioritäten, der gesamtgesellschaftlichen Präferenzen und so weiter.

Die zweite Forderung: Funktionen des zentralen Planes. Es werden hier folgende Funktionen genannt:
a) Sicherstellung des wirtschaftlichen Gleichgewichtes (PTE),
b) Setzung des Rahmens spezieller gesellschaftlicher und wirtschaftlicher Pläne (SGPiS),
c) strukturelle Umgestaltung der Volkswirtschaft (KRG, SGPiS),
d) Formung von Regierungsprogrammen (KRG, AE, SGPiS),
e) Vorgabe von Art und Werten ökonomischer Parameter (KRG, SGPiS),
f) Definition der Prinzipien der Wirtschafts- und Gesellschaftspolitik (AE).

Folgerung: Die Form des gezielten, direkten Planes mit Allokations- und Verteilungsfunktion wurde ersetzt durch ein Bündel von Funktionen, die einerseits der Veränderung der materiellen Wirtschaftsstruktur, der Herstellung des wirtschaftlichen Gleichgewichtes sowie der Verwirklichung der Wirtschafts- und Gesellschaftspolitik und andererseits dem System parametrischer Steuerung der Wirtschaftsprozesse dienen. Die zum Verständnis dieser Funktionen und zu ihrer Umsetzung in die Praxis notwendige operationale Definition bleibt jedoch in allen Entwürfen zu sehr im Allgemeinen.

Die dritte Forderung: Verteilungs- und Anordnungsfunktion des Zentralplanes. Die Bandbreite der Vorschläge der Reformentwürfe ist in diesem Bereich sehr groß. Der Entwurf der PTE sieht für die Durchführung von Investitionsvorhaben den Verordnungsweg vor. Dies empfiehlt auch der entsprechende Artikel des Projektes der AE, der weiterhin die Dotierung (aus dem Staatshaushalt) als hauptsächliche Finanzierungsform nahelegt. Die gleiche Ansicht vertritt der Entwurf der KRG. Für die Zukunft wird die Abschaffung der Materialverteilung vorgesehen. In der Übergangsphase soll sie jedoch erhalten bleiben (PTE, KRG, Art. 43). Die vollständige Abschaffung der Rohstoffverteilung, ihre Ersetzung durch Lieferverträge und Marktbeziehungen, sowie die

Ersetzung von Produktionsauflagen in der Rüstungs- und Exportindustrie u.ä. durch Regierungsbestellungen usw. liegen dem SGPiS-Entwurf zugrunde und unterscheiden ihn so grundsätzlich von den übrigen Entwürfen.

Folgerung: Die Vorschläge der SGPiS sind weitreichend. Offen bleibt die Frage, inwieweit sie realistisch sind. Die Vorschläge der übrigen Entwürfe bleiben im Traditionellen.

Die vierte Forderung: Normativ-gesetzgeberische Funktion (des Zentrums). Hier ist die Bandbreite der Vorschläge sehr groß. In vielen Fällen sind diese Vorschläge recht allgemein gehalten. Das Projekt PTE sieht einen weiten Bereich der Regulierung mit Hilfe von Normen vor. Das Projekt der AE geht dagegen von einer durchgreifenden Kodifizierung und einem System des Managements der zentralen Steuerung mit Hilfe zentral festgelegter Handelsregeln für die Wirtschaftsorganisationen aus. Ähnlich sind die Empfehlungen des Regierungsprojektes in vielen Bereichen (Art. 24, 32 u.a.). Auch hier enthält der Entwurf der SGPiS die radikalste Veränderung, indem er zur so beschriebenen Regulationssphäre das Wirtschaftsrecht, die Antiinflations- und Antimonopolbestimmungen usw. zählt. Auch die Preise würden der Regulierung (durch Normen) unterliegen.

Folgerung: Einzig das Projekt des SGPiS bietet so etwas wie einen Lösungskomplex an, der – nicht nur bruchstückhaft – die normativen und gesetzgeberischen Funktionen einer zentralen Regierung umreißt. Offen bleibt die Frage, inwieweit diese Vorschläge realistisch sind.

Die fünfte Forderung: Zentrale ökonomische Regulierung. Parametrisch gesteuerte ökonomische Mechanismen sind eine übereinstimmende Forderung aller Vorschläge. Mit gewissen Abweichungen übernehmen auch alle das Prinzip der Selbstfinanzierung der Wirtschaftsorganisationen als Fundament der neuen Wirtschaftsordnung. Alle Projekte nennen die grundlegenden Parameter (Abgabesätze, Preise, Tarife, Wechselkurse u.ä.). Keiner der Entwürfe ermöglicht es jedoch, zur Durchplanung der ökonomischen Mechanismen überzugehen.

Folgerung: Der Antwort auf die Frage: „Wie wird es funktionieren" kommt der Entwurf der SGPiS am nächsten, aber selbst dieses Projekt läßt recht unterschiedliche konkrete ökonomisch-finanzielle Funktionsmodelle zu. Jede der Versionen setzt auch implizit einen Markt voraus, auf dem annähernd „vollkommene Konkurrenz" besteht, einen atomistischen Markt also, was im Lichte der Organisations- und Produktionsstruktur unserer Industrie eine irrige Prämisse ist.

Die sechste Forderung: Struktur des Zentrums. Alle Entwürfe fordern die Verkleinerung des zentralen Apparates. Die Verringerung der Zahl der Branchenministerien und die Reorganisation der Plankommission (letzteres die Entwürfe der KRG, SGPiS). Zwei Entwürfe (PTE, KRG) fordern weitgehende Stärkung der funktionalen Ministerien, insbes. des Finanzministeriums, des Ministeriums PPiSS (für Löhne, Arbeit und Soziales) sowie des Ministeriums für Materialwirtschaft und ein Entwurf (AE) fordert die Erhebung der NBP (Nationalbank) in den Rang eines Ministeriums.

Folgerung: Die von den Entwürfen hinsichtlich einer Reduktion, Rückstufung oder Liquidierung von Branchenministerien gezogenen Konsequenzen sind konsistent, die vom Zentrum zu erfüllenden Funktionen sind in ihnen hingegen nur recht verschwommen definiert.

Die siebte Forderung: Territoriale und zentrale Regierungsorgane. Gefordert wird die Stärkung des Einflusses regionaler Behörden. Geteilt sind dagegen die Meinungen über den Tätigkeitsbereich dieser Behörden. Das Regierungsprojekt bleibt in diesem Punkt völlig unklar und flüchtet sich in Gemeinplätze. Das Projekt der PTE fordert die (erneute) Einführung des Begriffs von kommunalem Eigentum, eine Verbesserung der regionalen Koordination sowie eine Ausweitung des Umfangs der Selbstfinanzierung territorialer Organisationen. Das Projekt der AE geht im Gegensatz zum letztgenannten davon aus, daß die territorialen Behörden zu Wirtschaftsbehörden mit Einfluß auf eine größere Anzahl von Wirtschaftsorganisationen werden sollten, während die regionalen Pläne den zentralen Plänen unterzuordnen seien. Es ist dies eine Neuauflage des gegenwärtigen Modells mit einer verstärkten Dezentralisierung der Kompetenzen. Der SGPiS-Entwurf hingegen sieht Kompetenzen der regionalen Organe gegenüber Staatseigentum von lokaler, infrastruktureller und ähnlicher Bedeutung vor. Dies bedeutet eine Festschreibung der wirtschaftlichen Funktionen der Organe der Staatsverwaltung.

Folgerung: Die Forderungen hinsichtlich der Beziehungen der regionalen Behörden zu den zentralen Behörden und den Wirtschaftsorganisationen veranlassen uns zu der Schlußfolgerung, daß die Aufteilung der Kompetenzen, vor allem aber das Ausmaß der Befassung staatlicher Verwaltungsinstanzen mit Wirtschaftsfragen ungeklärt bleibt. In dieser Hinsicht sind alle Projekte ungenügend ausgearbeitet. Beunruhigend ist die Tendenz zur Neuauflage des bestehenden Modells mit stärkerer Dezentralisierung der Kompetenzen, also zu einer Festschreibung der Einmischung von Verwaltungsorganen in den Wirtschaftsprozeß.

Kriterium III: Die Selbständigkeit von Wirtschaftsorganisationen und die Arbeiterselbstverwaltung

Die erste Hauptforderung: Die Selbständigkeit von Wirtschaftsorganisationen. Über eine auf Selbstfinanzierung (aus dem Überschuß der Einnahmen über die Ausgaben) beruhende Selbständigkeit herrscht in allen Entwürfen Einigkeit. Sie gehen daher von Selbständigkeit der Wirtschaftsorganisationen in der Planung ihrer wirtschaftlichen Tätigkeit aus, auch wenn die Projekte hier gewisse Abweichungen von diesem Grundsatz sowie innere Widersprüche enthalten (PTE sieht z.B. einerseits planerische Selbständigkeit, andererseits aber die Beibehaltung einiger direktiver Kennziffern vor).

Im Bereich des Vermögens (beim Erwerb, bei der Bildung und beim Verkauf von Vermögensanteilen) und der Einkommen (d.h. bei seiner Aufteilung auf verschiedene Fonds und bei deren Verwendung) ist eine deutliche geringere Selbständigkeit als in anderen Bereichen vorgesehen. Offenbar haben alle Entwürfe das Problem der Selbständigkeit im Einkommens- und Vermögensbereich verkannt.

Die Selbständigkeit bei der Produktion wird dagegen mit wesentlich größerem Nachdruck gefordert. Dies gilt auch für Profil und Umfang der Produktion sowie für die Sortimentsstruktur. PTE sieht einen gewissen, allerdings eingeschränkten Dirigismus vor (dessen Umfang unklar bleibt). Ähnlich ist in diesem Punkt der Entwurf der Regierungskommission, wie schon oben angedeutet wurde.

Die Lösung des Problems der ökonomisch-kommerziellen Selbständigkeit (das selbständige Auftreten am Markt) ist eine schwache Stelle aller Entwürfe. Im allgemeinen geht man zwar davon aus, daß Absatz und Versorgung nicht Gegenstand der Zuteilung und Reglementierung sind, sich also frei gestalten können. In einzelnen Projekten aber werden gewisse Einschränkungen vorgenommen. Einige Entwürfe fordern Handlungsvollmacht der Unternehmen im Außenhandel durch Zuerkennung des Rechts selbständigen Auftretens im Verkehr mit dem Ausland (AE, SGPiS). Das Projekt der SGPiS geht hierbei weiter, indem es beispielsweise vorschlägt, die Ausgabe von (Industrie-)Obligationen zuzulassen.

Einzig das Projekt der SGPiS sieht eine weitgehende Selbständigkeit in organisatorischen Fragen vor, die nicht nur Autonomie in der Festlegung der inneren Struktur und der Arbeitsorganisation beinhaltet, sondern auch fast vollständige Vereinigungsfreiheit mit anderen Organisationen umfaßt.

Die Selbständigkeit der Kaderfunktionen ist abgestuft: das Spektrum reicht vom Fehlen einer einschlägigen Stellungnahme im Entwurf der AE und von der Ernennung der Direktoren vorbehaltlich der Zustimmung der Selbstverwaltung (PTE) über verschiedene im Regierungsentwurf vorgesehene Lösungsvarianten (3 Varianten im Art. 69, darunter eine, die Ausschreibungen vorsieht) bis zum Entwurf der SGPiS, der auf vollständige Selbständigkeit und eine Besetzung der Funktionen im Ausschreibungswege abhebt.

Zweite Hauptforderung: Arbeiterselbstverwaltung. Die Arbeiterselbstverwaltung als gesellschaftlich-ökonomisches Grundsystem der Unternehmen ist Gegenstand aller Reformentwürfe. Schwach ausgearbeitet ist jedoch die Kompetenz der Selbstverwaltung im Bereich der Produktion, besser und vollständiger im Bereich der Einkommensverteilung und der Verwendung der Fonds und recht eindeutig für Organisations- und Kaderprobleme.

Das Projekt der AE begrenzt beispielsweise die Rolle der Selbstverwaltung im Bereich der Produktion auf die Bestätigung der Produktionspläne. Noch viel undurchsichtiger bleiben die allgemeinen Ausführungen im PTE-Entwurf, die die Kompetenzen der Selbstverwaltung betreffen. Am weitgehendsten in der Ausarbeitung von Vorschlägen zur Selbstverwaltung ist der Entwurf der Regierung. Der Entwurf der SGPiS dagegen beschränkt deren Kompetenzen auf die Auswahl der Kader und die Einsetzung des Direktors des Unternehmens im Ausschreibungsverfahren.

Methoden und Bedingungen der Einführung der Reform

Nur zwei Projekte (SGPiS und KRG) sehen Methoden und gewisse „Pfade" der Umsetzung der Reform in die Tat vor. Der von der KRG vorgelegte Ablaufplan (Art. 91-94) umfaßt formal 3 Phasen, aber einige Grundlösungen (Preisreform, strukturelle Änderungen u.ä.) sind so allgemein gehalten, daß sie ein wirkliches Funktionieren nicht gewährleisten können. Das Projekt der SGPiS hat den Methoden zur Einführung der Reform sehr viel Raum gegeben und diesen Aspekt auf viel komplexere Weise behandelt als der KRG-Entwurf.

Allgemeine Schlußfolgerung

Die hier dem Vergleich und der Bewertung unterworfenen Reformprojekte wurden inhaltlich so allgemein gehalten, daß sie eher als Skizzen zu bezeichnen sind, denn als Richtlinien oder Entwürfe, die Ausgangspunkt der ordnungspolitischen Planung sein könnten. Man setzte „im stillen" einen Markt mit Merkmalen des Wettbewerbs voraus, eine ungerechtfertigte Unterstellung, die die Gesamtheit der ökonomischen Mechanismen mit einem großen Fragezeichen versieht.

Schließlich wagte sich einerseits keiner der Entwürfe an eine Aufstellung der gesellschaftlichen Kosten der Reform (z.B. der Inflationstendenzen, der (durch die Umstrukturierung notwendigen)) Subventionen, der Freisetzung nicht effektiver Arbeitskräfte und der Kosten ihrer Umsetzung an neue Arbeitsplätze sowie ihrer beruflichen Umschulung). Andererseits wurden auch nicht die zu erwartenden ökonomischen Erfolge und die Bedeutung der Reform für die Überwindung wirtschaftlicher Schwierigkeiten dargestellt.

Die vorgeschlagenen Lösungen eröffnen keinen Ausblick darauf, wie die Krise bewältigt und wie die Wirtschaft in Stand gesetzt werden kann, ein ausgewogenes Wachstum und die Hebung des Lebensstandards der ganzen Gesellschaft herbeizuführen.

(Aus: Zycie i Nowoczesność, Nr. 565, Beilage zu Zycie Warszawy vom 14.5.1981, Verfasser: J. Gościński. Deutsche Übersetzung von K.v. Delhaes und H. Mrowka, in: Osteuropa-Wirtschaft, Heft 1/1982, S. 65 ff.).

DOKUMENT 10

Vorschlag für die Stellung von „Solidarność" zur gesellschaftlich-wirtschaftlichen Reform, Schlußzusammenfassung

(Entwurf des „Netzes der Solidarność-Betriebsorganisationen in den Großbetrieben")

Das System der zentralisierten sozialistischen Wirtschaft hat aufgehört zu funktionieren, Anweisungen sind wirkungslos, die verteilten Waren gelangen nicht dorthin, wo sie gebraucht werden, und die bürokratisierte Verwaltung vermag die einfachsten Angelegenheiten nicht zu lösen. Das Land versinkt immer tiefer in Chaos und Krise.

In dieser Situation stellen wir Entwürfe für eine eingehende und umfassende Reform unserer Wirtschaft vor. Einer Reform, die die Würde des arbeitenden Menschen und die allgemeine Achtung für gut organisierte Arbeit wiederherstellt und alle Hemmnisse beseitigt, die eine wirtschaftliche Initiative behindern.

Dies macht tiefgreifende Veränderungen auf der Ebene der zentralen Führungsgremien wie auch in den Betrieben notwendig.

Das ganze bisherige System der Festsetzung von Planaufgaben für die Unternehmen, der Belohnung für die Erfüllung der Kennziffern, der Zuteilung von Rohstoffen, Materialien, Investitionen und finanzieller Mittel entsprechend den Planvorgaben, der Begrenzung der Zahl der Beschäftigten und der Löhne, der Festsetzung der Preise usw. – die ganze sogenannte „Handsteuerung" der Unternehmen durch ein Zentrum – muß aufgelöst werden.

Die Unternehmen müssen selbständig, selbstverwaltet und selbstfinanziert sein.

Selbständigkeit

Die Erlangung der Selbständigkeit eines Unternehmens erfordert eine weitgehende Umorganisierung der zentralen Verwaltung. Alle Branchenministerien müssen aufgelöst und sachgerecht durch ein Ministerium für Industrie und Handel ersetzt werden. Man muß mit dem Grundsatz, der den planenden Institutionen auch die Lenkung der Unternehmen zugesteht, Schluß machen. Die Regierung sollte lediglich ihren Planungsstab haben; um eine Monopolisierung der Planung in der Hand der Regierung zu vermeiden und um die Anfertigung mehrerer Planungsvorschläge und eines wirklichen Einflusses der Gesellschaft auf die Pläne sicherzustellen, sollte ein Sejm-Büro für Analysen und Planungen der Wirtschaft gegründet werden. Man sollte die Zentralbank, die Gesellschaftliche Preiskommission und das Statistische Hauptamt von der Regierung unabhängig machen.

Man kann – aber nur in der Übergangszeit – die Existenz eines Provisorischen Amts für Materialwirtschaft zulassen, das nicht den Status eines Ministeriums hätte, sondern Bevollmächtigten der Regierung unterstellt wäre und das

Recht auf eine eingeschränkte Verteilung der wirklich defizitären Rohstoffe hätte.

Die Bedeutung des Ministerrates, der kollegial vor dem Sejm für die Gesamtwirtschaft und für das Tun jedes einzelnen Ministers verantwortlich sein wird, muß größer werden.

Damit die zentrale Verwaltung sich nicht wieder in eine bürokratische Maschine rückverwandeln kann, die die Unternehmen dirigiert, sollte der Grundsatz eingeführt werden, daß über die Zahl der Beamten und die Haushaltsausgaben für deren Versorgung (die mindestens um die Hälfte verringert werden) der Sejm entscheidet.

Der Plan hört auf, ein Instrument der Wirtschaftslenkung zu sein, denn die Unternehmen werden sich nach dem Gewinn ausrichten und nicht nach Kennziffern des Plans. Es wird lediglich einen Plan für die Regierung, nicht jedoch einen für die Unternehmen geben. Die Unternehmen werden für ihren Bedarf eigene unabhängige Pläne anfertigen können. Die Regierung wird das Recht haben, die Tätigkeiten der Unternehmen zur Erfüllung der strategischen Ziele des zentralen Plans zu lenken, aber in der Weise, daß ihnen ihre Selbständigkeit nicht genommen wird, also nicht mit Befehlen, sondern mit Hilfe solcher ökonomischer Instrumente wie Zölle, Steuern usw., die lediglich zu den vorgegebenen Tätigkeiten anreizen würden.

Man muß Schluß mit der Praxis machen, daß alle Preise durch den Staat festgesetzt und den Lieferanten und Abnehmern aufgezwungen werden. Man sollte den Kauf-Verkauf-Transaktionen nach Preisen, die sich auf dem Markt herausbilden, völlige Freiheit lassen. Nur für einige Produkte (Brot, Milch, Schulbücher usw.) sollte der Staat Höchstpreise festsetzen.

Damit die untereinander konkurrierenden Unternehmen kein Monopol zum Schaden des Käufers bilden, ist ein ganzes System festgelegter Sicherungen in einem Anti-Monopol-Gesetz vorgesehen.

Bis Ende 1981 müssen alle Vereinigungen, die eine Zwangsvereinigung von Unternehmen darstellen, aufgelöst und deren Besitz unter den Unternehmen oder unter anderen Unternehmen aufgeteilt oder anderen Zielen zugeführt werden. An deren Stelle werden freiwillige Zusammenschlüsse treten, die dem Willen der Selbstverwaltung der Unternehmen entstammen.

Selbstverwaltung

Die Selbstverwaltung in einem Unternehmen bedeutet die Ernennung der Belegschaft und ihrer Vertreter – die Arbeiterräte – zum obersten Führungsorgan. Man sollte die organisatorische und dienstliche Zugehörigkeit der Unternehmensdirektoren von den Verwaltungsorganen und der Parteinomenklatur trennen und den Grundsatz einführen, daß nur und ausschließlich der Arbeiterrat über die Einstellung und Entlassung des Direktors entscheidet. Der Direktor muß dem Arbeiterrat untergeordnet sein und seine Beschlüsse und Anordnungen operativ erfüllen. Der Arbeiterrat, der von allen Mitarbeitern des Unternehmens in allgemeinen, gleichen, unmittelbaren und geheimen Wahlen gewählt wird, legt die strategischen Ziele des Betriebs fest. Zu seinen Aufgaben gehören die Beschlußfassung über die Leitlinien der Tätigkeit und Entwicklung des Unternehmens, der Pläne, Strukturen, Regeln, der Grundsätze der Kaderpolitik, Entscheidungen über die Aufteilung der Erträge des Unternehmens, die Schließung von Kooperations- und Export-Import-Verträgen, die Entscheidung über die Bestimmung des Direktors und eine unbegrenzte Kontrolle der Tätigkeit des Betriebes.

Die territoriale Selbstverwaltung (die Nationalräte und andere Vertretungsformen der Stadt- und Dorfbewohner) muß vermögensmäßig und organisatorisch völlige Selbständigkeit erlangen. Der Veränderung bedarf insbesondere die Wahlordnung zu den Organen der territorialen Selbstverwaltung, in der nicht nur die politischen Organisationen das Recht haben, Kandidaten vorzuschlagen, sondern auch die Gewerkschaften, die Arbeiterselbstverwaltungen und Bürger, die eine entsprechende Anzahl von Unterstützungsunterschriften für ihre Kandidatur erhielten.

Selbstfinanzierung

Anstelle der Bezuschussung „geplanter Defizite" sollte man den Grundsatz der Selbstfinanzierung einführen, die darauf beruht, daß das Unternehmen alle Ausgaben aus eigenen Einkünften (und eventuell mit Bankkrediten) decken muß. Dies bedeutet, daß die Unternehmen zukünftig besser arbeiten und sich bessern entwickeln können, während den unwirtschaftlichen der Zusammenbruch drohen wird.

Die Einkommen der Belegschaften müssen von den Gewinnen der Unternehmen abhängig sein, damit die Belegschaft unmittelbaren Nutzen aus guter Arbeit ziehen kann. Dies würde jedoch bedeuten, daß in den unrentablen Unternehmen – und besonders in den zusammenbrechenden – die Löhne niedriger liegen oder auch bedroht sein würden. Um die Interessen der Belegschaften zu sichern, sollte man sogenannte Garantielöhne einführen. Ihre Größenordnung wird in Vereinbarungen festgelegt und nur der restliche Lohnbestandteil von den Gewinnen abhängig gemacht. Die Unternehmen würden auch auf Beschluß der Selbstverwaltung einen Reservefonds anlegen, der im Falle einer allgemeinen Zahlungsunfähigkeit die Löhne der Belegschaft sichern würde. Der Mindestlohn, die zulässige Spannweite der Löhne und die Korrektur der Löhne im Umfang des Anstiegs der Lebenshaltungskosten werden in Verhandlungen mit der Gewerkschaft festgelegt.

Damit der Gewinn zum Hauptantrieb der wirtschaftlichen Aktivität der Unternehmen wird, sollte man Schluß machen mit dem Grundsatz der Kreditgebung für jedes, sogar unrentable Unternehmen – wenn es nur geplant ist. Man sollte zu dem alten Grundsatz zurückkehren, daß man nur jenen einen Kredit gewährt, die ihre Zahlungsfähigkeit garantieren. Außer der Zentralbank, die für das wirtschaftliche und das Marktgleichgewicht verantwortlich wäre, sowie die Funktion der Notenbank und Kontrollfunktionen ausüben würde, müssen die übrigen Banken auf der Grundlage der Selbstfinanzierung tätig und daran interessiert sein, lediglich denjenigen Kredit zu erteilen, die rentabel wirtschaften und Rückzahlung garantieren.

Gesellschaftliche und andere Unternehmen

Den grundlegenden Unternehmenstyp werden die gesellschaftlichen Unternehmen darstellen. Es werden dies bisher staatliche Unternehmen sein, die volle

Selbständigkeit, Selbstverwaltung und Selbstfinanzierung erlangen. Auf dieser Grundlage muß die Mehrzahl der kommunalen Unternehmen tätig sein. Die Bezeichnung „Staatliches Unternehmen" ist für jene Unternehmen vorbehalten, die im Bereich der sogenannten wirtschaftlichen Infrastruktur (Bahn, Post, usw.) tätig sein werden. Sie erhalten eine begrenzte Selbständigkeit. In diesen Betrieben, ähnlich wie auch in den Handelsbanken und den Zweigstellen der polnischen Nationalbank, wird auch die Selbstverwaltung vorhanden sein, wird aber mit Rücksicht auf die eingeschränkte Selbständigkeit dieser Unternehmen etwas eingeschränkte Kompetenzen haben.

Ohne Selbstverwaltung werden nur Unternehmen sein, die auf privatem Kapital – sei es in- oder ausländischer Herkunft – basieren; sie sind in unserer Wirtschaft völlig gleichberechtigt.

(Aus: Solidarność (Specjalny), Nr. 29/59; deutsche Übersetzung in: Sozialistisches Osteuropa-Komitee (Hrg.), Osteuropa-Info, Nr. 2/1982, S. 63-104)

DOKUMENT 11

Anhänge II und III zum Programm der Unabhängigen Selbstverwalteten Gewerkschaft „Solidarność", (17. Oktober 1981)

II.
Die Bewertung des Regierungsprogramms für einen Ausweg aus der Krise

1. Erst angesichts der sich offenbarenden wirtschaftlichen Katastrophe des Landes und der gesellschaftlichen Proteste verkündete die Regierung ein Programm zur Überwindung der Krise und Stabilisierung der Wirtschaft. Unsere Gewerkschaft muß sich diesem Programm gegenüber eindeutig verhalten, weil es die Ankündigung von Aktivitäten enthält, die über das materielle Sein der arbeitenden Menschen für viele Jahre entscheiden und wovon praktisch gleichermaßen die Möglichkeit einer Gesellschaftspolitik abhängt, für die die Gewerkschaft kämpft.

2. Aus dem Regierungsprogramm geht hervor, daß das Niveau des Pro-Kopf-Einkommens, das vor der Krise bestand, nicht wieder vor dem Jahr 1990 erreicht werden wird. In der Industrie findet das als Folge der Nichtausnutzung eines gewaltigen Teils der Produktionsmittel und der Arbeitskräfte seinen Ausdruck in einem niedrigen Produktionsniveau, während die Produktionsinvestitionen auf einem unter diesen Bedingungen überflüssig hohen Niveau gehalten würden. In der Landwirtschaft würde die heutige bevorzugte Position der staatlichen Landwirtschaftsgüter (PGR) bei gleichzeitig andauernder faktischer Diskriminierung der Individualwirtschaften bestehen bleiben. Eine Befriedigung des Nahrungsmittelbedarfs der Bevölkerung tritt nach diesem Programm nicht ein, bis zum Jahr 1986 wird der Wohnungsbau drastisch verringert, die Schuldenlast gegenüber dem Ausland wird wachsen, da die Wirtschaft nicht in der Lage sein wird, die Zinsen für die laufenden Kredite zu zahlen.

Das Regierungsprogramm greift nicht auf die Reserven wirtschaftlicher Initiativen der Bevölkerung zurück, sieht keine Ausnutzung der Mechanismen einer Wirtschaftsreform durch Preisänderungen vor und bewahrt uns faktisch in den folgenden Jahren alles in allem nicht vor einem Produktionsrückgang.

3. Im Endergebnis wird das Regierungsprogramm zur Überwindung der Krise zu einer langandauernden Senkung des Lebensniveaus führen und – wie das heute schon zu sehen ist – durch einen sog. Antikrisenstab bei Aufrechterhaltung und Ausweitung der zentralen Verteilung mit Methoden der Kriegswirtschaft realisiert werden. Das erschwert eine erfolgversprechende Realisierung der Wirtschaftsreform oder macht sie sogar unmöglich und sichert daher *nicht* einen schnellen Ausweg aus der Krise und erfüllt auch nicht die gesellschaftlichen Erwartungen hinsichtlich einer weiteren, rationellen Entwicklung.

4. Von der obigen Bewertung ausgehend hält es unsere Gewerkschaft für

notwendig, der Gesellschaft ein alternatives Programm für einen Ausweg aus der Krise vorzulegen, das ökonomisch und gesellschaftlich effektiv sein wird.

Alternativprogramm: Umschichtung von Ressourcen und Arbeitskräften (Wirtschaftskonversion)

1. Grundlegendes Ziel des Alternativprogramms ist es, ein schnelles Wachstum der materiellen Produktion auf der Grundlage der vorhandenen Produktionsmittel und Arbeitskräfte zu erreichen, um dadurch ein schnelles Abbremsen des Rückgangs und als Folge davon eine Anhebung des Lebensniveaus der arbeitenden Menschen zu ermöglichen. Um dieses Ziel zu erreichen, muß der Wirtschaft ein kräftiger Anfangsimpuls gegeben werden, der sie aus der derzeitigen Spirale des Rückgangs in eine Spirale des Wachstums herüberführen würde. Dieser Anfangsimpuls muß hauptsächlich aus schon bestehenden eigenen Ressourcen hervorgehen, was durch ein Abgehen von der bisherigen Disposition über die vorhandenen Produktionsfaktoren im Zuge einer tiefgreifenden Umstellung der Wirtschaft, d.h. ihrer radikalen Konversion, möglich ist.

Hauptbereiche der Konversion müssen sein:

2. In einer Situation, in der über 20 Prozent der Produktionsmittel mit einem Wert von ungefähr 1 000 Milliarden Zloty nicht genutzt werden, müssen die Produktionsinvestitionen radikal verringert werden, die materielle Versorgung dagegen und das technische Potential, das von diesen Investitionen freigesetzt wird, muß der Versorgung der industriellen Produktion zugeführt werden – entweder direkt oder durch Vermittlung des Außenhandels. Dadurch erweitert sich der Engpaß in der Industrie, den die Versorgung darstellt, erweitert sich die industrielle Produktion bedeutend, wächst der Export und als Konsequenz auch der Import, wächst auch das Angebot auf dem Markt, was die Wiederherstellung der ökonomischen Bindungen zwischen Stadt und Land bewirkt, und es wächst die Deckung des Bevölkerungseinkommens durch Waren. Ohne eine radikale und schnelle Verbesserung der Versorgung der Industrie ist eine günstige Realisierung der Reform unmöglich.

3. Es muß der Arbeitskräfteüberschuß ausgenutzt werden, was mit einer radikalen Konversion der Investitionen für einen schnellen Zuwachs der Beschäftigung im Kohlenbergbau erreicht wird, mit dem Ziel, sofort die Kohleförderung zu erhöhen, ohne daß die Arbeitszeit der Bergleute verlängert wird.

4. Es muß ein Teil der Produktionsfaktoren, hauptsächlich der mineralischen Düngemittel und der Futtermittel, von der vergesellschafteten Landwirtschaft zur Individual-Landwirtschaft, die um vieles effektiver ist (annähernd proportional zur Nutzfläche) umverteilt werden. Es muß auch zu einer Umverteilung des im vergesellschafteten Sektor schlecht bewirtschafteten Bodens kommen, in deren Verlauf den Bauern ungefähr eine Million Hektar Land verkauft werden. Es muß die Struktur der landwirtschaftlichen Importe zugunsten von Importen von Pflanzenschutzmitteln und Futtermitteln mit hohem Eiweißgehalt auf Kosten von Getreideimporten verändert werden.

In der Industrie muß die Struktur der Landwirtschaftsmaschinen-Produktion zugunsten von Maschinen, Geräten und Ersatzteilen, die in der Individual-Landwirtschaft benötigt werden, verändert werden. Auf dem Land müssen kleine Betriebe zur Verarbeitung landwirtschaftlicher Erzeugnisse wiederaufgebaut und ausgebaut werden. Diese Maßnahmen erlauben eine schnelle Zunahme der Lebensmittelproduktion und bewahren uns für dauernd vor einer Hungersnot.

5. Es muß eine Verlagerung zwischen dem staatlichen Sektor und dem außerlandwirtschaftlichen Privatsektor stattfinden, der die Produktion und Dienstleistungen, die Distribution oder die Pacht stillgelegter Anlagegüter und Umlaufmittel umfaßt. Es sollte zu diesem Ziel Privatkapital reaktiviert werden und ihm die Chance einer dauerhaften und gesellschaftlich positiven Aktivität gegeben und angestrebt werden, daß der außerlandwirtschaftliche Privatsektor ungefähr eine Million Menschen in Industrie, im Bauwesen und im Dienstleistungssektor beschäftigt.

In der staatlichen Industrie selber muß im Rahmen der Wirtschaftsreform ein bedeutender Teil der ineffektiven Produktion aus großen Betrieben in kleine verlagert werden, die sie billiger und planvoller durchführen können.

6. Es muß ein bedeutend besseres Ergebnis im Austausch mit dem Ausland erreicht werden. Zu diesem Zweck müssen unsere Handelsverträge mit den ausländischen Vertragspartnern unter dem Gesichtspunkt ihrer tatsächlichen Wirtschaftlichkeit einer Revision unterzogen und auf der Grundlage dieser Analyse bessere Vertragsbedingungen ausgehandelt werden. Zur Verbesserung der Effektivität auf diesem Gebiet ist es auch notwendig, das staatliche Außenhandelsmonopol durch die Zulassung einzelner Unternehmen zum Außenhandelsmarkt einzuschränken. Der Außenhandel muß der gesellschaftlichen Kontrolle unter Teilnahme der Gewerkschaft unterzogen werden. Es muß ein Aufschub unserer Zahlungstermine gegenüber dem Ausland und eine Verbesserung der Rückzahlungsbedingungen angestrebt werden, was durch die Realisierung des Alternativprogramms erleichtert werden wird, und in Zusammenhang damit muß der Eintritt Polens in den Internationalen Währungsfonds erwogen werden. Für die wachsende Gruppe von Emigranten, die zur Verbesserung ihrer materiellen Situation im Ausland eine Erwerbstätigkeit aufgenommen haben, muß in den Ländern der Erwerbstätigkeit und für die Einbeziehung ihrer Einkommen in den wirtschaftlichen Umschwung in unserem Land gesorgt werden.

7. Man muß vorübergehend einen Teil der Produktionsfaktoren aus der Rüstungsindustrie für dringende Erfordernisse in der Rekonversion der Wirtschaft verlagern. Das kann durch die vorübergehende Reduzierung einiger Positionen für Rüstungsausgaben durchgeführt werden.

8. Die oben genannten allgemeinen Vorstellungen über Ziele und Mittel der Volkswirtschaft bremsen ihren Zerfall und bewirken einen erneuten schnellen Anstieg des Volkseinkommens und eine Veränderung ihrer Struktur in Richtung auf eine Ausweitung jenes Anteils, der für die Bedürfnisse der Bevölkerung bestimmt ist. Es wird schrittweise ein erneuter Anstieg der Investitionen und eine rationale Entwicklung der Wirtschaft durch ihre grundsätzliche Modernisierung ermöglicht, die die Verringerung des Kapital-, Rohstoff- und Energieaufwandes erlaubt. Das Konversionsvorhaben verkürzt im Zusammenhang mit der Reform, für die es günstige Bedingungen ihrer Durchführung schafft, den Zeitraum der Krisenüberwindung und erlaubt es, das Land aus der Überschuldungsfalle herauszuführen.

Im Unterschied zum Regierungsprogramm, das eine tiefe und langandauernde Senkung des Lebensniveaus der Bevölkerung verursacht, der jungen Generation keine Perspektive gibt und eine erschütterte Gesellschaft mit unberechenbaren Konsequenzen bedroht, würde das Alternativprogramm leicht die

Befriedigung der gesellschaftlichen Bedürfnisse ermöglichen und die wirtschaftliche Souveränität unseres Landes stärken.

Rückkehr zum Marktgleichgewicht

Eine günstige Realisierung des Alternativprogramms zur Überwindung der Krise und für die Wirtschaftsreform verlangt, daß schon in nächster Zeit zu einem Marktgleichgewicht zurückgekehrt wird. Es muß dies mit möglichst geringen gesellschaftlichen Kosten durchgeführt werden.

Das riesige Marktungleichgewicht ist einerseits Ergebnis des Produktionsrückgangs, andererseits und vor allem des Geldüberhangs. Die bedrohlichste Folge dieser Situation ist der Zerfall des Marktes, ein mangelndes Angebot an Lebensmitteln, ein sich drastisch offenbarender Mangel in der Deckung der Kartenzuteilungen und das Zerreißen der ökonomischen Bindungen zwischen Land und Stadt.

Um zu einem Marktgleichgewicht zurückzukehren, schlagen wir folgende Maßnahmen vor:

1. Es muß vorübergehend der Inflationsüberhang durch eine Umwandlung des Geldes in einer Höhe, die auf dem Wege der Konsultation mit der Gesellschaft festgelegt wird, eingefroren werden. Die festgelegten Quoten müssen bei der Allgemeinen Sparkasse (PKO) für einen Zeitraum von ungefähr drei Jahren eingefroren werden, ausgenommen bestimmte Auszahlungsquoten für dokumentierte Notwendigkeiten der Produktion und des Wirtschaftsumschwungs. Die eingefrorenen Ersparnisse werden proportional zum Preisanstieg aufgewertet und nach dem Zeitraum des Einfrierens schrittweise im Verlaufe von fünf Jahren freigegeben.

2. Die Inflationslücke muß in bedeutendem Maße durch die Einführung einer Pflichtanleihe, die den Charakter einer Progressivsteuer auf das Einkommen eines Familienmitglieds hat und für Einkommen über dem Durchschnitt verbindlich ist, begrenzt werden. Diese Anleihe würde über drei Jahre angewendet werden, der Aufwertung unterliegen und während der folgenden fünf Jahre zurückgezahlt werden (dieser Punkt ist in der Variante II nicht notwendig).

3. Bis zur völligen Wiederherstellung des Marktgleichgewichts muß die Zufuhr von landwirtschaftlichen Produkten zu den Ankaufspunkten mit der dem Landwirt verbürgten Möglichkeit verbunden werden, landwirtschaftliche Produktionsmittel in einer bestimmten Wertrelation zu seinen durchgeführten Lieferungen zu kaufen. Diese Verknüpfung kann die Form von Warenwertgutscheinen annehmen, die ihrem Besitzer den Kauf von Produktionsmitteln in der von ihm benötigten Anzahl zusichern.

Die weiteren Maßnahmen, um den Markt ins Gleichgewicht zu bringen, stellen wir in Form von zwei Varianten vor:

Variante I
a) Anhebung der Lebensmittelpreise auf das Niveau ihrer heutigen Produktionskosten und Ausgleichszahlung in gleicher Höhe der heutigen Haushaltszuwendungen an die Bevölkerung. Die Ausgleichszahlung soll unter allen Lohn- und Unterstützungsempfängern gleich aufgeteilt werden;
b) Festlegung eines vollständigen Warenkorbes von Nahrungsmitteln, deren

Reglementierung in zwei Gruppen zusammengefaßt wird: Fleisch und Butter in der bisherigen Form des Kartensystems nach Menge und Lagerung auf der Grundlage von Normen, die sich nach der Verringerung der vorhandenen Menge richten, die übrigen Waren in Form von Wertkarten;
c) der Überschuß an Lebensmitteln über voll garantierte Deckung der Karten wird zum freien Verkauf zugelassen;
d) zusammen mit der gegenseitigen Annäherung der Kartenpreise und der freien Marktpreise werden unter den Bedingungen des Marktgleichgewichts im Bereich einzelner Warengruppen diese aus der Reglementierung ausgegliedert.

Variante II
a) Der Teil der Inflationslücke, der nicht durch die progressive Pflichtanleihe von Einkommen beseitigt werden kann, muß durch die Anhebung der Lebensmittelpreise auf das Niveau ihrer Produktionskosten, durch die Aufhebung der Blockierung des freien Marktes für Fleisch beseitigt werden. Bei weiterem Bestehen eines Ungleichgewichts muß zusätzlich zur Versorgung auf Karten ein kommerzieller Preis für Alkohol und Zigaretten eingeführt und ein Preisanstieg für einige Industrieartikel zugelassen werden.
b) Es muß für die Preissteigerung eine Ausgleichszahlung geleistet werden, die jedem Lohn- und Unterstützungsempfänger das sog. Krisenminimum garantiert.
c) Das Krisenminimum erfaßt den Warenkorb und die übrigen Unterhaltskosten auf dem Standardniveau. Der Wert des Krisenminimums wird periodisch in Übereinkommen mit den Gewerkschaften aktualisiert.
d) Bis zur Durchführung der Wirtschaftsreform müssen sämtliche Lohnerhöhungen eingefroren werden.
e) Eine Ausgleichszahlung steht jenen Personen zu, deren Einkommen unter das Krisenminimum fällt, und zwar in der Höhe, daß sie diesen Unterschied ausgleicht. Die Ausgleichsquote darf den Gesamtanstieg der Unterhaltskosten nicht überschreiten.

*Institutionelle Sicherung
des ökonomischen Programms der Gewerkschaft*

Wenn ein Anti-Krisenprogramm und die Wirtschaftsreform mit Aussicht auf Erfolg in Angriff genommen werden sollen, muß sich die Gewerkschaft mit den Herrschenden auf Grundsätze der Zusammenarbeit verständigen. Der Gewerkschaft müssen Garantien gegeben werden, auf Grund derer sie Maßnahmen des Anti-Krisenprogramms, der Vorbereitungen der Reform bzw. ihrer Einleitung, der Geldemission, des Exports etc. kontrollieren kann.

Die Liste unserer Forderungen, die für jene Realisierung eine Ebene der Zusammenarbeit mit der Regierung bilden können, ist die folgende:
1. die Schaffung einer Kammer für Selbstverwaltung bei den Nationalräten, einer Kammer für Sozial-Ökonomie beim Sejm; alternativ muß die Durchführung von freien Wahlen zu den Nationalräten und eine entsprechende Reformierung des Sejm bedacht werden, was die Berufung der oben genannten Körperschaften überflüssig machen könnte;
2. bis zur Berufung jener Körperschaften muß ein Wirtschaftsrat einberufen

werden, der sich aus Vertretern der Selbstverwaltungsbewegung und der Gewerkschaften zur Ausübung der Kontrollfunktionen zusammensetzt;
3. die Annahme der Form eines gesamtnationalen Referendums als Prozedur für die Entscheidung über Streitfälle zwischen den Herrschenden und der Gewerkschaft, die wesentliche gesellschaftliche Angelegenheiten berühren;
4. die Ermöglichung des freien Zugangs zu den Massenmedien für die Gewerkschaft;
5. die Durchführung einer Gesellschaftspolitik bei enger Konsultation und Abstimmung mit den Gewerkschaften.

Die Gewerkschaft behandelt diese Forderungen als unerläßliche Bedingung für die Zusammenarbeit mit der Regierung, und ihre Zurückweisung begründet entsprechende Maßnahmen der Gewerkschaft.

Das vorgestellte Programm zur Überwindung der Krise und zur Wirtschaftsreform ist unerläßliche Bedingung für die Verwirklichung des gesamten Programms der Gewerkschaft.
(Ausgearbeitet von:
Stefan Kurowski, Grzegorz Palka, Waclaw Adamczak, Zbigniew Karwowski)

III.
Realistische Variante

1. Die polnische Wirtschaft bewegt sich am Rande der Katastrophe. Aus Mangel an Energie, Rohstoffen und Ersatzteilen stehen Fabriken still. Der Binnenmarkt ist zusammengebrochen. Es fehlt an den wichtigsten Grundwaren. Das Einkaufen ist eine Marter. Das Kartensystem wurde ausgeweitet. Die Lage der ärmsten Schichten der Bevölkerung wird in Hinblick auf die hohe und nicht kontrollierte Inflation immer dramatischer. Das alte Verwaltungssystem unterlag der Zersetzung, an seiner Stelle wurde kein neues eingeführt. In der Nachkriegsgeschichte Europas gab es in keinem Land einen derartig tiefen Wirtschaftszerfall.

2. Die Ursache der derzeitigen Krise steckt tief in dem ökonomischen und politischen System und in der Gesellschaftspolitik der Herrschenden, die die grundlegenden Interessen der Nation mißachteten, jegliche Reformansätze für das System blockierten und gewaltige Auslandsanleihen vergeudeten. Die Schärfe der Krise wuchs seit Mitte der siebziger Jahre, im letzten Jahr jedoch begann ihre gewaltige Beschleunigung. Die von inneren Kämpfen zerrissenen herrschenden Kreise, die in ihrer gewaltigen Mehrzahl unwillig sind, eine Veränderung zu initiieren und die sich in noch größerer Zahl aus nicht kompetenten und unfähigen Menschen zusammensetzen, erwiesen sich zur Ausarbeitung eines Anti-Krisenprogramms und zu dessen Realisierung in Zusammenarbeit mit der Gesellschaft als unfähig. Erst in letzter Zeit wurde ein Versuch unternommen, ein derartiges Programm zu formulieren. Es enthält jedoch bedeutende Fehler und erhielt nicht die Zustimmung der Gesellschaft.

3. Unsere Gewerkschaft entstand zu einem Zeitpunkt, als die Wirtschaftskrise in die Kulminationsphase eintrat, und deshalb kann der von uns getragene Kampf um eine Minimierung der gesellschaftlichen Kosten der Krise nur Teilerfolge erzielen. Diesen Kampf müssen wir in Zukunft aktiver und in sehr überlegter Weise führen. Die Aktivitäten der Gewerkschaft müssen vor allem auf die Verhinderung des völligen Zusammenbruchs der Wirtschaft und den

maximalen Schutz der Gesellschaft vor den Folgen der Krise gerichtet sein, aber parallel dazu müssen wir unnachgiebig und ausdauernd um grundsätzliche Reformen des ökonomischen und politischen Systems kämpfen. Die Geschichte hat bewiesen, daß, falls ein bestehendes System nicht reformiert wird, es erstarrt und eine grundsätzliche Überwindung der Krise nicht möglich wird.

Im Kampf um die Systemreform kann und wird unsere Gewerkschaft nicht resignieren. Mit Nachdruck wollen wir jedoch unterstreichen, daß wir nicht gegen die sozialistische Grundordnung auftreten, sondern gegen jene Elemente, die ihre Negation bedeuten.

4. Wenn wir den verstärkten Kampf gegen die Wirtschaftskrise erklären, halten wir es gleichzeitig für unsere Pflicht, offen zu betonen, daß es kein Wundermittel gibt, das unsere Wirtschaft schnell heilen könnte. Die Gesellschaft trägt bereits die Last der Krise auf ihren Schultern, und nach einer gewissen Zeit wird dieses Gewicht noch anwachsen. Wir werden jedoch danach streben, daß der Ausweg aus der Krise so kurz wie möglich dauert.

5. Grundlegendes Problem ist heute, den Produktionsrückgang aufzuhalten. Für dieses Ziel ist vor allem eine Erhöhung der Mittel für Rohstoff-, Material- und Ersatzteilimporte notwendig. Das Erlangen dieser Importe hängt in hohem Grade von der Haltung unserer Handelspartner im Osten und im Westen ab. Wir sollten jedoch nicht passiv abwarten, wir müssen alles tun, was möglich ist, um eine maximale Produktion auf der Grundlage jener Vorräte zu erzielen, über die das Land verfügt. Notwendig ist ihre richtige Verteilung. In Zusammenhang damit fordern wir die Regierung auf,

– den Anteil der Bauernwirtschaften an der Aufteilung der Produktionsmittel, besonders an Düngemitteln, Pflanzenschutzmitteln, Futtermitteln, grundsätzlich zu erhöhen, was eine Erhöhung der Lebensmittelproduktion erlauben würde, weil die Bauernwirtschaften effektiver als die vergesellschafteten Wirtschaften sind;

– den Investitionsaufwand für Produktionsmittel unbedingt auf das notwendige Minimum zu begrenzen und die auf diese Weise eingesparten Materialien den schon bestehenden Werken zur Verarbeitung zuzuführen;

– hinsichtlich der Bewirtschaftung entbehrlicher Vorräte (besonders bei Maschinen und Einrichtungen, die für Investitionen vorgesehen waren, welche wieder eingestellt wurden) durch die Erleichterung ihres Verkaufs ins Ausland und ihren Weiterverkauf an private Produktionsbetriebe im Land energische Schritte zu unternehmen.

6. Der Kongreß ist sich über die besondere Bedeutung einer Erhöhung der Kohleförderung und anderer Rohstoffe für das Land bewußt und wendet sich an die Regierung, damit sie die – nach den Grundsätzen der absoluten Priorität – unerläßliche technische Versorgung der Bergwerke sichert und entsprechende Bedingungen für einen zukünftigen Anstieg der Förderung herstellt. Die Gewerkschaft erklärt, daß es notwendig ist, ungeachtet der äußerst schweren Situation in vielen Regionen des Landes, über den Zeitraum von einem Jahr eine ausreichende Versorgung der Bergbaugebiete mit Lebensmitteln und Hygieneartikeln zu garantieren. Gleichermaßen müssen für die Einsparung von Kohle vor allem in den Unternehmen, aber auch in den Hauswirtschaften, Anregungen geschaffen werden. Der Kongreß verpflichtet die Organe der Gewerkschaft, zusammen mit den Vertretern der Bergleute ein gewerkschaftliches Programm zur Steigerung der Kohleförderung auszuarbeiten.

7. In Hinblick auf den akuten Mangel an Rohstoffen und Energie besteht

die Notwendigkeit, in den nächsten Monaten den Betrieb einer Reihe von Werken stillzulegen. Darüber muß mit dem Kriterium der ökonomischen Effektivität entschieden werden. Die Gewerkschaft versteht das, wird jedoch unter allen Umständen das Recht der Belegschaften der stillgelegten Unternehmen verteidigen, an anderen Plätzen zu arbeiten oder eine bezahlte Umschulung zu erhalten.

8. Die Gesamtarbeitszeit hat gegenwärtig keine entscheidende Bedeutung für die Produktion. Der Kongreß, der die Anforderungen der Krisensituation versteht, beauftragt die Organe der Gewerkschaft, sich bei der Forderung nach der Einführung einer größeren Zahl freier Samstage für das Jahr 1982 zurückzuhalten. Vom Willen der Belegschaften muß es abhängen, an den freien Samstagen zusätzliche Arbeiten aufzunehmen, soviel die technischen und organisatorischen Möglichkeiten zulassen. Indem wir diesen Standpunkt einnehmen, knüpfen wir an die Worte des Primas an, der uns bei der Eröffnung unseres Kongresses ermahnte, daß „das Vaterland den Dienst verlangt".

9. Die Gewerkschaft legt große Hoffnung in die Selbstverwaltungsinitiativen und in die Betriebskommissionen bei der Rationalisierung der Produktion und beim Einsparen von Materialien. Der Kongreß verpflichtet die Organe der Gewerkschaft, der Selbstverwaltung die unerläßliche organisatorische Hilfe zukommen zu lassen.

10. Die Hauptrichtung der Aktivitäten muß die Ausweitung der Produktion sein, aber wir sind uns dessen bewußt, daß sogar bei einer günstigeren Entwicklung der wirtschaftlichen Situation es nicht möglich sein wird, ausschließlich durch eine Ausweitung des Warenangebots zu einem Marktgleichgewicht zurückzukehren. Unvermeidlich ist die Verringerung der Nachfrage. Das kann auf dem Wege der vorübergehenden Einführung eines Kartensystems oder durch die Begrenzung der Geldmittel der Bevölkerung geschehen. Beide Wege ziehen hohe gesellschaftliche Kosten nach sich.

Unsere Gewerkschaft lehnt ein totales Kartensystem wie auch Projekte für hohe einmalige Preissteigerungen gleichermaßen ab. Das vorübergehende Kartensystem führt zur Verschwendung, läßt künstliche Knappheiten entstehen, führt zu einem Anwachsen der Bürokratie und des Schwarzmarktes, beseitigt die motivierende Funktion des Lohnes und garantiert nicht den Schutz des Realeinkommens der Bevölkerung. Dagegen ist eine sehr hohe, einmalige Preissteigerung nicht von der Gesellschaft zu akzeptieren und kann zu Konflikten mit nicht überschaubaren Folgen führen. Unsere Gewerkschaft erklärt sich für eine schrittweise Wiedereinführung des Marktgleichgewichts durch die Beibehaltung des Kartensystems für einen vorübergehenden Zeitraum und für einige Waren und bei unbedingtem Schutz der Einkommen der schwächsten Gruppen der Bevölkerung.

11. Am wichtigsten ist derzeit, daß ein völliger Zusammenbruch des Marktes verhindert wird. Der Kongreß ist jedoch der Ansicht, daß das Vorhaben, die Einkommen der Bevölkerung zu begrenzen, auf ein Minimum beschränkt bleiben muß. Die Gewerkschaft ist der Ansicht, daß es im Bereich der Grundwaren und Dienstleistungen – hinsichtlich der Anregung, mit allen Mitteln zu sparen – notwendig ist, die Preise für elektrische Energie und Gas zu erhöhen. Diese Erhöhung muß in hohem Grade ausgeglichen werden. Der Kongreß beauftragt gleichzeitig die Organe der Gewerkschaft, Preiserhöhungen bei Lebensmitteln unter der Bedingung zu akzeptieren, daß die Regierung nach der Preiserhöhung eine Verringerung der Karten und die völlige Versorgung garantiert. Die

Erhöhung der Lebensmittelpreise muß vollständig oder nahezu vollständig ausgeglichen werden.

12. Die Erhöhung der Preise für die Grundwaren kann nicht zu einer wesentlichen Begrenzung der Geldvorräte der Bevölkerung führen. Preiserhöhungen mit dem Ziel der Geldverknappung können ohne oder bei zu niedrigen Ausgleichszahlungen ausschließlich bei Waren vorgenommen werden, die nicht zur Gruppe des ersten Bedarfs gehören. Der Kongreß schlägt in Zusammenhang damit vor, daß die geringsten gesellschaftlichen Kosten nach sich ziehen würden:
- die Anhebung der Alkoholpreise auf das Niveau freier Marktpreise ohne Ausgleichszahlungen, aber unter der Garantie, daß die Erhöhung zur materiellen Unterstützung von Alkoholikerfamilien verwendet wird,
- die Anhebung der Benzinpreise und die Ausstellung von Karten für 60 bis 70 Prozent des Benzinverbrauchs, die übrige Menge des Benzins muß zu freien Marktpreisen verkauft werden — der Anstieg der Benzinpreise wird nicht ausgeglichen,
- die Einführung von freien Marktpreisen für Luxusgüter und Halbluxusgüter (z.B. Autos, Farbfernseher, Gefriertruhen, usw.) für den Zeitraum eines Jahres; das würde notwendigerweise bedeuten, den Realisierungstermin der Anzahlungen um ein Jahr zu verschieben.

13. In Hinblick auf die Anforderung der gesellschaftlichen Gerechtigkeit wie auch in Hinblick auf das Marktgleichgewicht spricht sich der Kongreß gleichermaßen für die Festlegung einer Progressivsteuer aus, die in dem Fall von dem Einkommen eines Familienmitglieds berechnet wird, wenn dieses den Durchschnittslohn übersteigt, sowie einer Steuer für Luxusartikel. Diese würde Güter erfassen, die bisher nur wenig belastet waren: Erholungshäuser, zusätzliche Wohnflächen, unabhängig von der Form des Eigentums, und Luxusautos. Diese Steuern müssen allgemein festgelegt werden, und eventuelle Ausnahmen müssen der allgemeinen Öffentlichkeit zur Kenntnis gebracht werden.

14. Die Verzinsung von Geldeinlagen bei der Allgemeinen Sparkasse (PKO) muß unbedingt erhöht werden, um die Bürger zum Sparen anzuregen. Es ist dies bei der derzeitigen Situation des Marktes besonders wichtig.

15. Wenn wir den Mitgliedern unserer Gewerkschaft vorschlagen, gewisse Opfer zu bringen, gehen wir von der Annahme aus, daß wir uns unter den derzeitigen Bedingungen nur durch allgemeine Anstrengung, Opferbereitschaft und Solidarität eine bessere Zukunft sichern können. Wir können nicht damit rechnen, daß unsere Anstrengung materiell belohnt wird. Wir appellieren daher an den moralischen Anreiz, an unser nationales Bewußtsein.

Gleichzeitig sind wir überzeugt, daß die vorgeschlagenen Opfer geringer sein und sich von denen als gerechter unterscheiden werden, die wir heute tragen, wenn wir in den unmenschlichen Schlangen anstehen.

Wir können keine Preiserhöhungen in der Höhe akzeptieren, wie sie von den Behörden angekündigt wurden, wobei sie obendrein verminderte Ausgleichszahlungen festlegten. Die Preisreform müssen wir bezahlen, wir werden jedoch vor ihren Kosten diejenigen verteidigen, die am schwierigsten zu leben haben. Deshalb weichen wir nicht von der Einführung einer Teuerungszulage für Löhne, vom Grundsatz abgestimmter Ausgleichszahlungen und von den Forderungen ab, den Mutterschaftsurlaub auszuweiten, die Familienunterstützung weiter zu erhöhen und das Sozialminimum als Leitlinie für die Erhöhung der untersten Löhne anzuerkennen.

16. Die Gewerkschaft entwickelt materielle Hilfsaktionen für ihre Mitglieder und für Rentner. Wir werden uns auch an einer gerechten Aufteilung der staatlichen Hilfe beteiligen. Die staatlichen sozialen Hilfsdienste müssen vor dem Hintergrund der Krise erweitert und verstärkt werden. Wir fordern die grundsätzliche Erhöhung der Mittel für die Sozialhilfe. Sie muß aus den vorgeschlagenen Ausgleichssteuern hervorgehen. Wir stimmen jedoch nicht damit überein, irgendein dauerhaftes System von Privilegien, die mit eingenommenen Positionen verbunden sind, zu erneuern.

17. Die Last, das Land aus der Krise herauszuführen, liegt auf uns. Der Hebel für diese Tat muß polnische Arbeit und Organisation, Erfindungsgeist und Initiative, Hartnäckigkeit und Ausdauer sein. Wir sollten uns jedoch nicht über wirkungsvolle mögliche Hilfe von außen beklagen. Das um so mehr, wenn wir selbst entsprechend der Reformgrundsätze beginnen, die Wirtschaft in Ordnung zu bringen.

Deshalb wenden wir uns an die Regierung, die Möglichkeit zu überprüfen, daß unser Land in den Internationalen Währungsfonds zurückkehrt, und der öffentlichen Meinung die Bedingungen vorzustellen, die Grundlage des IWF sind.

18. Die Einführung des endgültigen wirtschaftlichen Reformpakets muß im Jahr 1981 erfolgen. Unser Einverständnis mit schmerzhaften Verzichtleistungen, die für die Wiederherstellung des Marktgleichgewichts erfolgen, ist nur gültig unter der Bedingung der gleichzeitigen Einführung einer konsequenten Reform. Wir stimmen nicht mit der Ansicht überein, daß zuerst die Ausbalancierung der Wirtschaft erfolgen muß, und später die Einführung der Reform. Diese Prozesse müssen gleichzeitig verlaufen.

Die Realisierung der angekündigten Reform der Versorgungspreise und die Bereitschaft der Gewerkschaft, die erste Etappe für die Ausbalancierung des inneren Marktes in Angriff zu nehmen, schaffen ausreichende Bedingungen dafür, daß im Jahr 1981 in einer bedeutenden Zahl von Unternehmen das reformierte ökonomisch-finanzielle System eingeführt wird. Möglich und darüber hinaus notwendig ist es gleichermaßen, unverzüglich das Zentrum der Wirtschaftsverwaltung zu reformieren, Garantien dafür zu schaffen, daß der Prozeß der Planung vergesellschaftet wird, und Voraussetzungen für eine gesellschaftliche Aufsicht über die zentralen Wirtschaftsentscheidungen herzustellen.

Der Kongreß möchte mit Nachdruck unterstreichen, daß wir die von uns aufgestellten Thesen zur Wirtschaft als ein Ganzes ansehen. Wir stimmen einer Preiserhöhung nicht zu, ohne die Garantie dafür zu haben, daß gleichzeitig das Sozialprogramm realisiert oder die Einführung von Reformen aufgenommen wird. Das Sofortprogramm muß die erste Etappe einer komplexen Wirtschaftsreform bilden.

Unsere Gewerkschaft ist bereit, mit der Regierung Gespräche aufzunehmen, die auf die Festlegung eines Programms für Sofortmaßnahmen wie auch auf langfristige Grundsätze einer Wirtschaftspolitik und Einleitung einer Reform ausgerichtet sind. Wir möchten gleichzeitig daran erinnern, daß solche Gespräche bereits vor einigen Monaten begonnen und schließlich einseitig von der Regierung eingestellt wurden. Unsere Gewerkschaft wurde ebenfalls bei der Ausarbeitung des Korrektivplans für das Jahr 1981 übergangen. Das zeugt davon, daß die Herrschenden der Zusammenarbeit mit der Gewerkschaft auch in Wirtschaftsfragen ausweichen.

Der Kongreß macht die Regierung darauf aufmerksam, daß eine erfolgreiche AntiKrisenPolitik ohne Akzeptierung durch die Gesellschaft, besonders durch die Gewerkschaft, die fast zehn Millionen Arbeiter zählt, nicht möglich ist.

Bedingung für einen erfolgreichen Kampf gegen die Krise ist nicht nur die Ausarbeitung eines von der Gesellschaft akzeptierten Programms, sondern auch die gesellschaftliche Aufsicht über seine Realisierung. Die Gewerkschaft hofft, daß in Zukunft diese Kontrolle ein neubelebter Sejm und die Nationalräte sowie die Arbeiterselbstverwaltung ausüben werden.

Jedoch müssen die Institutionen für die gesellschaftliche Aufsicht bereits jetzt aufgebaut werden. Denn nicht nur die Zeugnisse der sechziger und siebziger Jahre, sondern auch die des letzten Jahres beweisen unwiderlegbar, daß, wenn die Initiative ausschließlich der Regierung überlassen bleibt und sie keiner Kontrolle unterzogen wird, zahlreiche Fehlentscheidungen gefällt und Unfähigkeit und partikulare Interessen begünstigt werden. Deshalb schlägt die Gewerkschaft die Gründung eines Gesellschaftlichen Rates für Volkswirtschaft beim Sejm vor. Zu seinen Kompetenzen muß die Bewertung der Wirtschaftspolitik der Regierung, die Bewertung der wirtschaftlichen Situation und der wirtschaftlichen Rechtsakte sowie die Initiierung von unumgänglichen Schritten in diesen Bereichen gehören. Der Rat muß das Recht haben, Gesetzesentwürfe vorzulegen.

Der Gesellschaftliche Rat für Volkswirtschaft muß vollkommen offen arbeiten, und seine Mitglieder müssen das Recht haben, sich mit der Gesellschaft mittels der Massenmedien zu verständigen.

Der Gesellschaftliche Rat für Volkswirtschaft muß sich aus Personen zusammensetzen, die die gesellschaftlichen Hauptkräfte des Landes repräsentieren sowie aus Vertretern des Sejm. Insbesondere müssen ihm Vertreter der Gewerkschaften, des Episkopats und gesellschaftlicher Organisationen angehören. Der Rat muß über einen ausreichenden Verwaltungsapparat verfügen.

Der Kongreß wendet sich an den Sejm und an die Regierung, unsere Vorschläge zu akzeptieren, an das Episkopat und an die gesellschaftlichen Organisationen, unsere Vorschläge zu unterstützen.

(Ausgearbeitet von einem Kollektiv in der Zusammensetzung:
Ryszard Bugaj, Zbigniew Janas, Wincenty Kazańczuk, Andrzej Krajewski,
Waldemar Kuczyński)

(Aus: Tygodnik Solidarność, Nr. 29, 16.10.81; deutsche Übersetzung in: Soz. Osteuropa-Komitee (Hrg.), Osteuropa-Info, Nr. 4/1981, S. 63 ff.)

DOKUMENT 12

Wirtschaftsreform: Hauptrichtungen und Methoden ihrer Realisierung (Entwurf der Hochschule für Wirtschaft und Statistik, „Balcerowicz-Entwurf")

(Auszug)

(...)
2. Entscheidende Teile der Wirtschaftsreform

Die Charakterisierung des bisherigen Systems erlaubt es, die entscheidenden Teile einer Wirtschaftsreform herauszustellen, d.h. solche Systemveränderungen, die unabdingbar sind, um die wirtschaftlich und gesellschaftlich negativen Erscheinungen zu beseitigen, ohne die also jegliche Reform nur scheinbar oder bruchstückhaft und zum Scheitern verurteilt wäre. Als entscheidende Teile der Reform erachten wir:

1. Die Abschaffung des Befehls-Verteilungs-Mechanismus der zentralen Lenkung:
- die Ersetzung des Verfahrens der Aufschlüsselung des Zentralplanes (auf die einzelnen Betriebe) durch Planungsautonomie verschiedener (Wirtschafts-) Subjekte unter institutionellen Bedingungen, die ihre freiwillige Teilnahme an der Planung der Entwicklung des Landes ermöglichen;
- die vollständige Ersetzung der Zuteilung der Produkte durch horizontale Beziehungen zwischen Anbieter und Nachfrager;
- die Beschränkung von Zuteilung von Finanzmitteln auf solche Bereiche, die aus sozialen Gesichtspunkten aus dem Staatshaushalt finanziert werden können und sollen. Die Entwicklung der übrigen Bereiche sollte sich nach dem Prinzip der Eigenfinanzierung vollziehen, die durch Steuern als Elemente des Finanzsystems reguliert wird;
- die vollständige Abschaffung der zentralen Anweisungen an einzelne Betriebe und ihre Ersetzung durch andere Steuerungselemente.

2. Tiefgreifende Veränderungen in der Organisationsstruktur der Volkswirtschaft und ihren Gestaltungsregeln als unerläßliche Voraussetzungen der Einführung und/oder der Verbesserung der Funktionsweise der oben vorgeschlagenen Lösungen. Sie hätten zu beruhen auf:
- einem radikalen Umbau der zentralen Wirtschaftsverwaltung, darunter insbesondere der Beseitigung ihrer Branchengliederung (Industriezweigministerien) und der Branchenorientierung in anderen Organen, vor allem in der Plankommission;
- Beseitigung der dienstlichen Abhängigkeit zwischen der Leitung von Wirtschaftsorganisationen und Ministern;
- der Eliminierung vieler überflüssiger Verwaltungsebenen in der vergesellschafteten Wirtschaft (Zentralvereinigungen, sog. Kombinate); dies ist eine notwendige Voraussetzung ihrer Entmonopolisierung und der Gewährleistung der Selbständigkeit der ökonomischen Grundeinheit – des Produktionsbetriebes;

- Einführung solcher Regeln der Gründung, Gruppierung, Dekonzentration, der Änderung des Tätigkeitsfeldes und der Liquidierung von Unternehmen, die der Organisationsstruktur der Wirtschaft die nötige Elastizität sichern und zugleich der Monopolisierung der Produktion vorbeugen könnten.

3. Institutionelle Voraussetzungen der Wirtschaftsreform

Das Funktionssystem unserer Wirtschaft befindet sich unter einem starken Einfluß des gesamten Institutionssystems des Landes, darunter insbesondere des politischen, das die Wirtschaftspolitik gestaltet und dem bisherigen Wirtschaftssystem den Rücken stärkt. Deshalb müssen außer den erwähnten Änderungen, und eng mit ihnen verbunden, im ganzen Institutionssystem des Landes viele Umstellungen vorgenommen werden.

1. Für eine entscheidende Vorbedingung der Wirtschaftsreform halten wir solche Änderungen in Apparat und Vorgehensweisen der Partei:
- die einen Anstieg der faktischen Kompetenz und des wirklichen Einflusses der (Volks-)Vertretungsorgane – des Sejm und der Nationalräte – in der zentralen und territorialen Verwaltung ermöglichen, die den Einfluß des Parteiapparates auf die laufende Wirtschaftsführung beseitigen.

Die unumgänglichen Veränderungen zur Erfüllung dieser beiden Bedingungen stimmen überein mit den allgemein vorgebrachten Forderungen nach einer Demokratisierung der Partei und des gesamten öffentlichen Lebens. Solche sind:
- Trennung der Parteiorgane von der Administration durch Verbot der Ämterhäufung;
- Annahme und Befolgung des allgemeinen Grundsatzes, daß die Partei auf die (Volks-)Vertretungsorgane nur indirekt durch ihre in diesen Gremien sitzenden Mitglieder Einfluß nimmt;
- Erweiterung des repräsentativen Charakters der (Volks-)Vertretungsorgane durch entsprechende Wahlgrundsätze, insbesondere durch Verringerung des Anteils der Vertreter des Parteiapparates und der Administration in diesen Organen;
- Umbau der Struktur und des Betätigungsfeldes des Parteiapparates, so daß er sich – als Basisstab für die Parteimitglieder, die in den (Volks-)Vertretungsorganen sitzen – auf ideell-erzieherische und gesellschaftliche Probleme sowie auf die Ausarbeitung allgemeiner Vorschläge zur gesellschaftlich-wirtschaftlichen Entwicklungsstrategie und zu Änderungen des Systems konzentrieren kann.

2. Die zweite unerläßliche institutionelle Voraussetzung für die Wirtschaftsreform sind die Systematisierung des Wirtschaftsrechts und im Rahmen allgemeiner Beschlüsse die gesetzliche Regelung der Schöpfung von Wirtschaftsrecht. (Bei der Formulierung dieses Punktes wurden die Bemerkungen von T. Gruszecki benutzt.)

Die Systematisierung des Rechts sollte eng verbunden sein mit den Forderungen weiterer tiefgreifender Veränderungen in Struktur und Kompetenz des zentralen Wirtschaftsapparates sowie in den Prinzipien der Bildung und Veränderung von Organisationsstrukturen in der vergesellschafteten Wirtschaft. Die rechtliche Grundlage für diese Veränderungen sollten Gesetze über das Unternehmen, über die Nationalräte, über die Planung usw. bilden. Gleichzeitig

müssen alle überflüssigen Rechtsvorschriften eliminiert werden. Dies steht in Verbindung mit der gesetzlichen Regelung und Rechtsschöpfung selbst, die die Entstehung überflüssiger oder gar schädlicher Vorschriften verhindern, die Kontrolle der Anwendung des Rechts gewährleisten und ihm wieder einen entsprechenden Rang verleihen könnte.
(...)

4. Ökonomischer und gesellschaftlicher Sinn des vorgeschlagenen Systems

Das im weiteren geforderte zweckmäßige System richtet sich an zwei grundsätzlichen Kriterien aus: der ökonomischen Leistungsfähigkeit und der gesellschaftlichen Adäquanz.

Unter ökonomischer Leistungsfähigkeit verstehen wir im weitesten Sinne sparsame Nutzung der Ressourcen, wirtschaftliches Gleichgewicht, Innovationsfreudigkeit der Wirtschaft und ihre Anpassungsfähigkeit an neue Bedürfnisse und Möglichkeiten.

Gesellschaftliche Adäquanz umfaßt: die Teilnahme der Gesellschaft an der Leitung unterschiedlicher Bereiche (auf gesamtstaatlicher, lokaler und betrieblicher Ebene) mit Hilfe verschiedener institutioneller Formen, die Unterordnung der wirtschaftlichen Entwicklung unter das Ziel der Lebensqualität der Gesellschaft, die Verteilung der individuellen Einkommen entsprechend dem sozialen Gerechtigkeitsempfinden sowie die Minimierung schädlicher gesellschaftlicher Phänomene, die unlösbar mit mangelnder wirtschaftlicher Leistungsfähigkeit verbunden sind (Korruption, Unredlichkeit bei Vertragsbeziehungen, Demoralisierung).

Das vorgeschlagene System stützt sich auf den allgemeinen Grundsatz der Übereinstimmung zwischen ökonomischer Leistungsfähigkeit und gesellschaftlicher Adäquanz in dem Sinne, daß viele der unter dem Gesichtspunkt des einen Zieles unerläßliche Lösungen auch zur Verfolgung des anderen notwendig sind oder es wenigstens begünstigen.

Eine starke Übereinstimmung beider Ziele ergibt sich im Falle der folgenden Lösungen, die im weiteren Teil dieser Ausarbeitung vorgeschlagen werden:
- der Einführung eines gesellschaftlichen Verfahrens der gesamtwirtschaftlichen Planung, das auf die freiwillige Teilnahme verschiedener Institutionen an der Planung gestützt ist;
- der Vergrößerung der Kompetenzen der Nationalräte, insbesondere auf unterer Ebene;
- der Entbürokratisierung des Genossenschaftswesens und der Schaffung der Möglichkeiten seiner freien Entfaltung;
- der Einrichtung von Institutionen zur tatsächlichen Beteiligung der Arbeiter an der Leitung der Wirtschaftsorganisationen.

Die Möglichkeit zur authentischen Wirksamkeit all dieser Lösungen hängt von der Beseitigung des Befehls-Verteilungsmechanismus der Lenkung und von der Änderung der damit verbundenen Organisationsstrukturen ab. Die Durchführung solcher Umgestaltungen ermöglicht gleichzeitig eine Stärkung der Rolle des Marktmechanismus (indem die Güterzuteilung durch Geschäftsbeziehungen und die Finanzzuweisung durch Selbstfinanzierung ersetzt werden

— womit auch die geforderte Reform des Bankensystems verknüpft ist), was hauptsächlich im Hinblick auf die ökonomische Leistungsfähigkeit nötig ist.

Wenn wir eine Stärkung der Rolle des Marktmechanismus fordern, so gehen wir gleichzeitig davon aus, daß
- sein Einfluß in der Sphäre der Unternehmen stärker sein wird als in der Sphäre der wirtschaftlichen und sozialen Infrastruktur;
- eine Organisationsstruktur und Gestaltungsgrundsätze eingeführt werden, die einer Monopolisierung des Marktes entgegenwirken;
- eine Institution und Verfahren der Monopolkontrolle eingeführt werden;
- eine Institution zum Schutz der Konsumenten gebildet wird;
- ein wirksamer, zentraler Einfluß auf die Preise, darunter die direkte Kontrolle der Detailpreise der Güter des Basiskonsums, gewährleistet ist.

Die geforderten Veränderungen haben den Marktmechanismus in den Wirkungsbereichen zu sichern, in denen er als Regulator der Wirtschaft unersetzlich ist.

Die so verstandene Erweiterung der Rolle des Marktmechanismus, die die Leistungsfähigkeit der Wirtschaft stärkt, soll gleichzeitig ihre gesellschaftliche Adäquanz steigern, und zwar durch:
- die Beseitigung der mit wirtschaftlichem Ungleichgewicht verbundenen negativen gesellschaftlichen Phänomene;
- die Beschränkung von Einkommen, die sich aus Monopolstellungen wirtschaftlicher Organisationen ergeben, also nicht auf deren tatsächlicher Arbeit beruhen.

Die Lösungsvorschläge, die möglichen negativen sozialen Folgen entgegenwirken sollen, umfassen:
- die Einführung von Instrumenten zur Regulierung der individuellen Einkommen: der Einkommenssteuer und des sozialen Minimums (Mindesteinkommen), die übermäßigen Einkommensunterschieden entgegenwirken; die Einkommenssteuer ist auch für die ökonomische Leistungsfähigkeit wichtig, weil sie eine elastische Lohnpolitik erlaubt;
- den Ausbau von Institutionen und Mechanismen der Beschäftigungspolitik;
- die Einführung von Verfahren, die eine zeitweilige, rückzahlbare Finanzhilfe an unrentable Unternehmen ermöglichen und gleichzeitig ihre Rückkehr zur Selbstfinanzierung erzwingen.

Die oben erwähnten Änderungen implizieren eine entschiedene Verlagerung des Schwerpunktes der zentralen Planung von Detailfragen zu strategischen Schlüsselproblemen der Wirtschaft und Gesellschaft insgesamt wie etwa: Niveau, Grundstruktur und Wachstumstempo der grundlegenden sozial-ökonomischen Größen, insbesondere unter dem Blickwinkel des wirtschaftlichen Gleichgewichts gesehen; die Hauptrichtungen der Entwicklung des Konsums insbesondere des kollektiven Verbrauchs (hierunter fällt auch der Umweltschutz); grundsätzliche Änderungen der sektoralen Struktur (des Produktionsapparates) und, damit einhergehend, der Investitionsströme in der Wirtschaft; allgemeine Ausrichtung und Programme der Forschungs- und Entwicklungstätigkeit im Lande usw.

Diese Änderungen bedeuten gleichzeitig einen qualitativen Umbau der Instrumente, mit deren Hilfe die Zentralorgane den geforderten Zustand in den erwähnten Bereichen herbeiführen sollen. Es handelt sich vor allem um den Übergang von Instrumenten, die der Logik des Marktmechanismus widersprechen, zu solchen, die sich auf seine Ausnutzung stützen, also durch Geldeinkommen und Nachfrage wirken (finanzpolitische Instrumente, Verträge).

Diese Veränderungen in Inhalt und Methoden der zentralen Lenkung, die im Hinblick auf die Konsistenz mit den obengenannten Lösungen unerläßlich sind, sind auch zur Steigerung der Wirksamkeit der zentralen Lenkung notwendig, denn:
- sie bedeuten, daß die Aufmerksamkeit der Zentralorgane auf jene Probleme konzentriert wird, die nur sie gut zu lösen vermögen, und daß sie gleichzeitig von anderen Aufgaben befreit werden;
- sie entlasten die Zentralorgane zugleich von den massenhaften, von unten kommenden Manipulationen, die mit den Befehls-Zuteilungsmethoden der Lenkung untrennbar verbunden sind;
- sie vergrößern die Glaubwürdigkeit der Information, auf die sich die Planung der Ziele und Instrumente stützt.

(Aus: „Reforma Gospodarcza, Propozycie, tendencjekierunski dyskusji", Warschau 1981, Auszugsweise deutsche Übersetzung in: K. v. Delhaes, Die Gewerkschaft Solidarität zur Neuordnung des polnischen Wirtschaftssystems, Wiss. Dienst für Ostmitteleuropa, H. 1/2, April 1982, S. 92 f.)

DOKUMENT 13
Jadwiga Staniszkis
Ökonomische Zyklen als Mittel der Politik

Wir hatten bisher in Polen folgende Krisensituationen: Die Jahre '53/'54 und '62/'63, die Krise im Jahr '68 und die gegenwärtige, die einen völlig neuen Charakter hat. Es ist eine „schleichende" Krise, die nicht auf einen bestimmten, kurzen Zeitabschnitt festzulegen ist. Schon '73 wurden die ersten Krisenerscheinungen sichtbar. Es stellte sich die Frage, warum trotz dieser ersten deutlichen Anzeichen die Politik weitergeführt wurde, die ja diese Situation erzeugt hat. Erst '76 hat man dann, inkonsequent, versucht, die Pläne zu korrigieren, indem man einfach nur die Planziele senkte. Diese Verzögerungen von notwendigen grundlegenden Entscheidungen, bei gleichzeitiger Ausschöpfung aller Ressourcen, führte zur gegenwärtigen Situation, in der es unmöglich ist, die Wirtschaftskrise in sich auszugleichen und damit ihre Auswirkungen auf die Bevölkerung weniger spürbar zu machen. Die „schleichende" Krise war bis '80 nur eine wirtschaftliche, die sich durch den August mit einer politischen Krise verband.

Das ist auch ein wesentlicher Unterschied im Vergleich mit der Vergangenheit, denn bisher entwickelte sich die politische Krise erst anderthalb oder zwei Jahre später. Sie lag damit schon in einem anderen Moment des Wirtschaftszyklus, auf der politischen Bühne standen schon andere Schauspieler. Die politischen Folgen von '53/'54 und '62/'63 etc. kamen '56, '64 und '70. '64 hatten sie einen harmlosen Charakter und beschränkten sich auf einen kulturellen Bereich.

Krise als Regulierungselement
In meinen Überlegungen werde ich die Konzeption benutzen, nach der die Krise ein Regulierungsmoment des Systems ist. Ähnlich analysierte auch Marx die Krisen der kapitalistischen Wirtschaft. Im „Kapital" ist die wirtschaftliche Krise ein Kulminationspunkt oder die sich selbst zerstörende Logik des Systems, aber gleichzeitig eine „Pause" in dieser Logik, in der das Fällen neuer Entscheidungen möglich wird, die die Spannungen ausgleichen, und dadurch auch das Überleben eben der Bedingungen ermöglichen, die auch die Krise produziert haben. Die Krisen in der sozialistischen Wirtschaft erfüllen, obwohl sie eine andere Genese haben, auch eine solche Regulierungsfunktion.

Willkürliche Preise
In einem System wie dem unseren sind Kategorien und Begriffe wie Preise, Kosten etc. nur scheinbar ökonomisch sinnvoll, sie sind willkürlich, in Büros gebildet. Es gibt keine Mechanismen wie den „Markt", durch den man die Preise objektivieren könnte oder die Effektivität von Investitionen überprüfen. In einem solchen System ist es eigentlich unmöglich festzustellen, in welchem Zu-

stand sich die Wirtschaft befindet, bis nicht die fünf Momente auftreten, die eine Krise signalisieren.

In der ersten Phase der Krise werden die Investitionsentscheidungen in Verhandlungen zwischen Planungskommission, der Regierung, dem ZK und den einzelnen Betrieben gefällt. Unter unseren Bedingungen ist es eigentlich unmöglich, die verschiedenen Branchen hinsichtlich ihrer Effektivität zu vergleichen, z.B. den Kohlenabbau mit der Leichtindustrie; jede dieser Branchen agiert nach anderen Spielregeln, die Kosten und Einnahmen werden jeweils anders berechnet, so daß in Krisenmomenten, wenn die zentralen Machtorgane Investitionen einschränken oder Mittel aus der einen Branche in die andere verschieben, all dies nur durch Machtkämpfe zwischen den Betrieben, Industriezweigen und Verwaltungsorganen erfolgt, denn es gibt keine Möglichkeit, eine ökonomische Berechnung durchzuführen.

So kommen viele zufällige, willkürliche und uneffektive Entscheidungen zustande. Deutlich sieht man es in der gegenwärtigen Krise: Seit ein paar Monaten wissen wir, daß man ungefähr 1 000 Investitionen streichen wird. Bis jetzt ist aber die konkrete Liste dieser Streichungen noch nicht bekannt. Sie verborgen zu halten ist im Interesse der Ministerien und Vereinigungen, denn sie fürchten ja gerade jetzt, ihren Einfluß zu verlieren und versuchen, ihr Überleben zu sichern, indem sie ein künstliches Spannungsfeld zwischen den Betrieben schaffen, die, solange sie nicht informiert sind, von ihnen abhängig bleiben, weil sie vermeiden müssen, auf die Liste der Streichungen zu kommen.

Der zweite Grund, die Liste nicht zu veröffentlichen, ist, daß unsere Nachbarn an der Beendigung einiger dieser Investitionen interessiert sind und die entscheiden jetzt, welche es sein werden. Die freie Hand, die die Regierung ihnen dabei läßt, ist eine Art Entgelt für die Möglichkeit politischer Veränderungen in Polen. Diese beiden, in ihrem Wesen politischen Elemente, verlängern die wirtschaftliche Krise. (...)

Ende der sechziger Jahre waren die meisten Mitglieder der Machtelite überzeugt, daß Krisen unvermeidbar sind und sogar notwendig, als eine Art außerordentliches Regulierungsmittel, eben weil es an ökonomischen Regulierungsmechanismen fehlt, die „vernünftige" Entscheidungen möglich machen würden. Sehr interessant ist es, wie man auf diese Feststellung reagierte.

Kosten der Krisen
Seit Beginn der siebziger Jahre gibt es Aktivitäten, deren Ziel es ist, durch gesetzliche Maßnahmen die Kosten der sich notwendig wiederholenden Krisen für die Regierungs- und Parteielite zu minimieren. 1972, zum ersten Mal in unserer Geschichte, formulierte man schriftlich die Zentral- und Bezirksnomenklatur, also die Liste der Posten, deren Besetzung durch die Partei- und Staatsorgane bestimmt wird. Für alle, die einen Posten hatten, der auf der Liste stand, war es die Garantie, daß sie bei der nächsten Katastrophe einfach einen anderen Posten – auch von der Nomenklaturliste – bekämen. Die Funktionäre hatten also die Sicherheit, bei den sich wiederholenden Krisen niemals selbst geschädigt zu werden.

Auch im Jahre '72 wurde ein Wiedergutmachungsgesetz verabschiedet, für jene, die während früherer Krisen gefallen waren. Außerdem wurde '72 im Parlament das erst jetzt wieder aufgehobene Gesetz über die materielle Versorgung der Funktionäre aus der zentralen Nomenklatur – fast 2 800 Personen – verabschiedet, das ihnen selbst für den seltenen Fall eines Postenverlustes ihre vollen Bezüge sicherte (die dann nach dem Tod auch noch die Kinder bekamen!).

Während der gegenwärtigen Krise wurden 1 Billion 200 Milliarden Zloty investiert und wurde jetzt der noch verfügbare Rest storniert, damit war der größte Teil der Kredite nutzlos verbraucht, die unser Land jetzt zurückzahlen muß.

Wie wir sehen, ist eine Regulierung durch Krisen sehr teuer. Wenn der „Apparat" versucht, Bedingungen zu schaffen, die ihm ein schmerzloses Überleben der Krisen ermöglicht, ist das ein Beweis, daß es ihm an jeglichem Verantwortungsbewußtsein mangelt.

Politische Krise nach der ökonomischen
In den jeweiligen politischen „Anschluß-Krisen" waren die bequemsten Mittel zur Beruhigung der rotierende Austausch der Kader und Lohnerhöhungen. Bisher hat es eben genügt, Lohnforderungen nachzugeben: '56 stieg im Laufe von nur ein paar Monaten der Lohnfonds um 22%. Angesichts der Streiks und des Drucks durch die Tätigkeit von Arbeiterselbstverwaltungsorganen stieg '70/'71 der gleiche Fonds um 30%. Im Jahre 1980 stieg er um 12%, die meisten Lohnerhöhungen betrugen nur 8% durch das zögernde Verhalten einzelner Branchen. Lohnerhöhungen sind keine Geschenke der Machtelite, weil in der Zeit vor der Krise die Löhne stagnierten. Lohnforderungen während der Krise holen nur das nach, was eigentlich geplant ist. Für die letzten Planjahre waren 15% Lohnerhöhungen geplant, erkämpft wurden 12%, damit wurde nicht überschritten, was eigentlich geplant war. Außerdem gab die Regierung den Forderungen in der Zeit einer schlechten, stagnierenden Wirtschaftssituation nach, so daß die Inflation das Erkämpfte fraß. So war es '56/'57, so war es '70 und so ist es jetzt.

Künstliche Rationalität
Alle diese Erscheinungen haben ihre Ursachen im politisch-ökonomischen System, das es unmöglich macht, analytisch-rationell zu planen; sowohl die Kosten wie die Preise werden willkürlich festgelegt. Zum Beispiel: '49 wurde entschieden, die Stahlpreise herabzusetzen, weil billiger Stahl den Wiederaufbau erleichtere. Die Stahlwerke mußten ihre Erzeugnisse unter dem Niveau ihrer Kosten verkaufen, dafür wurde ihnen die Energie fast „unentgeltlich" geliefert. So entsteht eine künstliche „Rationalität" in den Betrieben, die mit den wirklichen ökonomischen Bedingungen nichts zu tun hat, die außerdem jeden Effektivitätsvergleich unmöglich macht, besonders zwischen den Industriezweigen, die Produktionsmittel herstellen und denen, die Konsumgüter herstellen. Der Druck der Produktionsmittel herstellenden Branchen führte in den Jahren '49/'50 zu Investitionen in der Schwer- und Rohstoffindustrie, entsprechend einer generellen Neigung, in der ersten Phase eines Krisenzyklus in diesen Industriebereichen zu investieren.

Ende '71 beabsichtigte die Gomulka-Gruppe die Polarisierung zu beseitigen, aber eine der ersten Entscheidungen Giereks war die Rücknahme dieser Pläne, die sich vor allem gegen die Kohlengruben und die Schwerindustrie gerichtet hatten. Auch in den siebziger Jahren wurden nicht die Bedingungen geschaffen, die eine rationelle Planung und vernünftige Steuerung von Investitionen ermöglicht hätten, und es entstand kein ökonomischer Mechanismus aus Preisen und Kosten, der die Wirtschaft selbst reguliere. Dies geschah im Namen einer „totalitären Utopie", d.h. eines Staatsideals, in dem die gesamte Gesellschaftsproduktivität von einem Zentrum aus die Wirtschaft vergrößerte. Aber in der Praxis ist dieses Zentrum nicht imstande, die realen Prozesse zu kontrollieren, weil es keine Analyse-Maßstäbe hat, und es ist nicht einmal imstande, dem Druck von unten nicht nachzugeben.

Ein weiterer Komplex der Ursachen für die wirtschaftliche Misere entsteht durch die übertriebene Investitionspolitik während des beginnenden Krisenzyklus bis zu dem Moment, in dem sie deutlich sichtbar auftritt, dem Zeitpunkt also, in dem die Wirtschaft selbst diese Politik ablehnt. Diese Bedingungen wurden schon in den vierziger Jahren geschaffen, das wirtschaftliche Wachstum wird „politisch finanziert".

Dekapitalisierung der Landwirtschaft
Im Jahre 1949 wurden gewagte Planziele gesteckt, in einem so zerstörten Land wie Polen – 30% der Maschinen und Industrieanlagen waren vernichtet – sollte ein jährliches Wachstum des Bruttosozialeinkommens von 10 bis 12% erreicht werden, deshalb mußte die Regierung zu den gleichen Mitteln wie in der Sowjetunion greifen: '49 beseitigten sie die letzten Reste der gewerkschaftlichen Unabhängigkeit und verabschiedeten ein neues Gewerkschaftsgesetz, das die Entscheidungen der Lohnauseinandersetzungen durch die zentrale Gewalt regelt. Sie beginnen auch mit der Kollektivierung der Landwirtschaft, zwar nicht in dem Maße wie in der Sowjetunion, aber die Lebensmittel werden zu einem Preis aufgekauft, der nicht kostendeckend ist und somit die Entwicklung der Industrie mitfinanziert.

Es wurden durch die wenig energischen Maßnahmen nur 10% der Landwirtschaft kollektiviert, aber die Nichtbeachtung des Ablieferungszwanges wurde mit Gefängnisstrafen bedroht. Es entsteht eine Reihe negativer Folgen: Vor allem kam es zur Dekapitalisierung der polnischen Landwirtschaft, es fehlten Investitionen in die technische Entwicklung, für den Ankauf von Maschinen und Geräten, der Modernisierung der Höfe. An diese Situation paßte sich die Industrie an, indem sie nur noch einen kleineren Teil für die Landwirtschaft produzierte. Allein im Jahre 1952 sanken die Investitionen in der Landwirtschaft um 50%. Nur 4% der Industrie produzierten für die Agrarwirtschaft. Die in den vierziger Jahren installierten Maßnahmen bestimmen die polnische Wirtschaft bis heute.

Das Fehlen ökonomischer Motivation der Betriebe
Der dritte Ursachenkomplex, der die Dauersituation der Krisenzyklen verursacht, ist die praktische Abschaffung jeglicher ökonomischer Motivation der Betriebe. Die einzelnen Betriebe drängen darauf, soviel Investitionsmittel wie möglich zur Verfügung zu haben, was auch auf keinen ernsthaften Widerstand von seiten der Regierung und der Planungskommission stößt. Für die Betriebe hat die „Investition" mehr organisatorische Vorteile. Erstens ist es möglich, die Mittel auch für das Funktionieren des normalen Produktionsablaufes zu benutzen. Zweitens ist die Zuteilung von Investitionen eine Voraussetzung in den Verhandlungen mit der lokalen Verwaltung über sogenannte begleitende Investitionen. Außerdem werden die Betriebe sanfter beurteilt, wenn sie sagen können, daß sie gerade „investieren", und deshalb auch momentan negative Auswirkungen auftreten können. Die zentralen Staatsorgane gaben in den meisten Fällen diesem Druck der Betriebe nach, auch weil die Mitglieder der Machtelite

dazu neigten, die Erfolge der Wirtschaft nach dem Bruttogewinn zu beurteilen, und dieser hängt unmittelbar von der Höhe der Investitionen ab. So entsteht ein Investitionszwang,wenn die Wirtschaft schon signalisiert, daß es für sie negative Auswirkungen haben wird. Man muß sich überlegen, ob die Summe von 75 Milliarden Zloty für Investitionen, die in der Prognose der Planungskommission für '81 plötzlich erscheint, ohne daß sie schon Bestandteil des Stabilisierungsplanes der Regierung war, ob diese Summe nicht durch das gerade Erwähnte bedingt ist. Nebenbei gesagt: Ich kenne Leute, die behaupten, daß politische Krisensituationen, z.B. der Dezember '70, durch Mitglieder der Machtelite beschleunigt wurden, um Argumente in den Verhandlungen mit der Sowjetunion zu haben und damit bestimmten Paktpflichten bei der Einführung neuer Waffen zu entgehen.

Wende in der Landwirtschaftspolitik
Damit haben wir in groben Zügen alles beschrieben, was die Tendenz zu übermäßigen Investitionen in der ersten Krisenzyklusphase erklärt. Aber den ganzen Zyklus kann man in seinem Verlauf nicht verstehen, ohne noch zwei Elemente zu beschreiben. Das erste ist die Politik gegenüber der Landwirtschaft, besonders deutlich wird sie gegen Ende der siebziger Jahre: Es gab '74 eine politische Wende.

Noch '73 verpachtete man den Privatbauern 50% des Bodens, der im staatlichen Besitz ist. '74 dagegen nur noch 4%. In der gleichen Zeit wurde der Viehfutterimport gekürzt, was zu einer Katastrophe in der Viehproduktion führte. Zwar baute man '75/'76 einen gleich hohen Viehbestand aus, aber nicht mehr bei Privatbauern, sondern in den Staatsgütern, nur wird dort anderthalbmal mehr Futter pro Tier verbraucht. Die Situation setzte sich bis heute fort. Die verschiedenen Stabilisierungsplanentwürfe kennzeichnet eine sich vertiefende, doktrinäre Versteifung der Landwirtschaftspolitik. Noch in den Vereinbarungen von Rzeszów war festgelegt, 8% der in den LPG's vorhandenen Mittel den Privatbauern zur Verfügung zu stellen. Jetzt spricht man nur noch von der Überweisung vorhandener Überschüsse.

Das zweite Element sehe ich in der Situation der Handwerker. Auch hier sind außer ökonomischen, politische Motivationen bei Entscheidungen ausschlaggebend. Die erste Dezimierung der freien Handwerker fand '49 statt, während der Währungsreform. Die Handwerker und Privatbauern bekamen ihr Geld nach anderen, nachteiligeren Bedingungen als die Beamten und Arbeiter umgetauscht. Im Laufe von ein paar Monaten gingen 60% der freien Handwerksbetriebe Bankrott. Wie wir sehen, ist die Situation der Handwerker und Privatbauern sehr ähnlich. Die Forderungen von Rzeszów machen deutlich, daß die Bauern die „Ausmerzungspolitik" der Regierung bis heute fortgesetzt sehen: z.B. behaupten sie, daß die sogenannten Spezialfarmen der Versuch sind, auch die Reste der Bauern zu pauperisieren und zur Aufgabe ihres Landes zu zwingen. Deshalb richtet sich ein Teil der Forderungen von Rzeszów gegen diese Farmen, die beim Ankauf von Maschinen, Futtermitteln, etc. privilegiert sind – diese Farmen bearbeiten nur 6% des Bodens, bekommen aber 50% der vorhandenen Mittel und Materialien.

Beschäftigen wir uns jetzt mit dem, was an der gegenwärtigen Krise spezifisch ist. Ihre ersten Vorzeichen traten schon '73 auf, die Effektivität und Leistungsfähigkeit der Industrie war sehr niedrig, aber der Machtapparat kaufte sich den Hausfrieden durch Lohnerhöhungen. Ungefähr ein Drittel der 20

Milliarden-$-Kredite, die Polen bekommen hatte, wurden dazu verwendet. Die Machtelite wägte sich in Ruhe, weil die Kredite scheinbar leicht zu bekommen waren, sie konnten massiv investieren und eine expansive Lohnpolitik betreiben, außerdem waren die Manipulationstechniken sehr effektiv. Zwischen '76 und '80 hatten wir 1 000 Streiks, aber schon '74 war die Machtelite auf die Idee gekommen, daß es keinen Sinn hat, die ganze Gesellschaft, also alle Gesellschaftsgruppen und -klassen auf einmal zu kaufen, wie es noch unmittelbar '70 geschah. Sie verhandelten nur mit einzelnen Berufsgruppen, besonders mit denen, die gut organisiert waren und damit eine potentielle Gefahr darstellten.

Man gab also in lokalen Bereichen nach, deshalb vergrößerte sich nach '74 die Differenz der Löhne, im Jahr '78 betrugen sie schon 1:20, sie kauften die Kohlengrubenarbeiter, die Werftarbeiter, die Miliz, die Armee, Teile der Intelligenz. So bildete sich eine Situation, in der diese strategischen Gruppen als letzte von der Krise erfaßt wurden. Die Gesellschaft als Ganzes spürte die Krise erst '78/'79, obwohl der Konflikt wegen der Fleischpreise schon '76 stattfand. In den Anfängen traf es vor allen Dingen die wenig organisierten Gruppen: Rentner, Beamte und Arbeiter aus kleinen Betrieben, einige Industriezweige. Die Kredite waren aber weiterhin so leicht zu bekommen, daß selbst damals, als die Machtelite sich schon entschied, Investitionen um 10% zu kürzen im Jahr 1976, sie gleichzeitig entscheiden konnte, neue Investitionen anzufangen – z.B. die Eisenhütte von Katowice. Allein in den Jahren '76/'77 wurden für Investitionen außerhalb des Plans 150 Milliarden Zloty ausgegeben. Wenn man bedenkt, daß wir 110 Milliarden Zloty brauchen, um das Problem der Menschen zu lösen, die unter dem sozialen Minimum leben, sind es riesige Summen für Projekte, die bis heute nicht zufriedenstellend arbeiten. Je größer die wirtschaftliche Unsicherheit wurde, desto besser wurde die Schutzhülle um die strategisch wichtigen Gruppen und Klassen. Es entstand für sie ein interner Warenumlauf. Ende der siebziger Jahre hatten 15% der Polen Zugang zu Waren, an denen es mangelte, sie wurden in den internen Läden bestimmter Betriebe, in den Kasernen und Polizeigebäuden verkauft.

Es genügten diese zufriedenen 15%, um die Ruhe zu gewährleisten. Erst der plötzliche Zusammenbruch des Marktes durch die Entscheidung von Premierminister Babiuch im Mai '80, Lebensmittel für 30 Milliarden Zloty weniger einzuführen, führte dazu, daß die Machtelite nicht mehr imstande war, diese 15% zu befriedigen.

Unterauslastung der Kapazitäten
Indem lange Zeit die Auswirkungen der Krise durch leicht zugängliche Kredite gedämpft werden konnten, fällte man keine grundlegenden Entscheidungen, um die Wirtschaft ökonomisch-rationell zu strukturieren. So konnte sich die „Krise" in der ganzen Wirtschaft ungeniert einnisten und die Machtelite ist jetzt nicht mehr fähig, die Misere aufzulösen. Außerdem hat sich die wirtschaftliche Situation in unserem Land durch die Politik der siebziger Jahre im Gegensatz zu früheren Krisen ungemein kompliziert. Die Politik der siebziger Jahre war die Politik des Bildens „moderner Inseln", d.h. man stampfte mit massivem Kapitaleinsatz ein paar Dutzend moderner Betriebe aus dem Boden, ohne die Rohstofförderung, die Energieversorgung und den Transport zu modernisieren. Auf diese Weise schuf man eine Industrie, die im wesentlichen vom Import abhängig ist. 50% der Güter, die wir Ende der siebziger Jahre importierten, waren Halbfabrikate für die Produktion. Man kann sich also aus-

malen, was passiert, wenn dieser Import plötzlich gestoppt wird, wieviele der „modernen" Industrieanlagen stillstehen. Durch die wirtschaftliche Stagnation und Krise nahm der Export ab.

Dann kam noch der Moment, in dem die Auslandsschulden zurückgezahlt werden mußten. Dafür wurden alle Devisen verwendet, die durch den verringerten Export noch eingenommen werden konnten, und so gab es keine Mittel für den Kauf dieser Halbfabrikate. Die schicken, nagelneuen Betriebe arbeiteten in halben Schichten und es nützte nichts, andere Investitionen zu streichen, denn die „modernen" Betriebe können trotzdem nicht arbeiten, die Maschinen, spezialisiert wie sie sind, können nicht auf andere Produktionen umgestellt werden. In den vergangenen, früheren Krisen war es halt möglich, viel mehr zu manövrieren!

Die Machtelite bemerkte viel zu spät, daß sie gegenwärtig viel drastischer durchgreifen muß, um einen normalen Produktionsablauf wiederherzustellen. Das Stillegen von Betrieben, der Verzicht auf die Herstellung bestimmter Produkte fällt ihnen sehr schwer, deswegen haben wir jetzt eine ganze Reihe von Betrieben, die nur zu 30 bis 40% ausgelastet sind. Gleichzeitig aber sind es zumeist jene Betriebe, die für den Export produzieren, und so kommt es zur Quadratur des Kreises.

Noch '76 hatte Polen einen Anteil von 1,2% am Welthandel, im Jahre 1980 waren es nur noch 1,01%, wie 1939. Diese Lage wird sich noch verschlechtern, weil wir keine kurzfristigen Kredite mehr bekommen und unsere Auslandsschulden kaum gestundet werden.

Natürlich kann und soll man den August '80 nicht allein durch ökonomische Argumente erklären. Wichtig war die Frustration eines Teils der Exekutive, der die Spannungen innerhalb des immer feudaler werdenden Systems am Ende der siebziger Jahre auffangen mußte. Wichtig waren die moralischen Gedanken: als die Werftarbeiter verlangten, daß die Lebensmittelrationierung eingeführt wird, wußten sie, daß sie damit gegen ihre eigenen Privilegien antraten, ebenso wie die Kohlengrubenarbeiter, sie wußten, daß sich ihre eigene Versorgung bei einer gerechteren Verteilung der Mangelware verschlechtern wird, was auch passiert ist. Es war eine Geste, die übrigens von der Machtelite immer noch auf die Probe gestellt wird, da sie selbst in der jetzigen Lage versucht, die alten Methoden anzuwenden: Mit einzelnen Berufsgruppen getrennt verhandeln, ihnen besondere Bedingungen anbieten. Sie versucht, die Solidarität zu zerstören, die im August '80 entstanden ist.

Ansätze von Reformen
Es ist eindeutig, wie dramatisch unsere gegenwärtige Situation ist und wie uneffektiv alle halbherzigen Reformen der Machtelite sind, da sich Polen in einem Zustand tiefgreifenden wirtschaftlichen Ungleichgewichts befindet.

Wir haben den durch die Regierung befürworteten Reformplan, der aber erst endgültig durchgeführt werden soll, wenn das wirtschaftliche Gleichgewicht einigermaßen wiederhergestellt ist. Die bisherigen Ansätze zur Realisierung von seiten der Regierung sind halbherzig und damit unwirksam. Aber grundsätzlich bleibt die Frage, wie man diese Mechanismen beseitigen kann, die ständig Krisenzyklen und wirtschaftliche Unausgeglichenheit produzieren. Wir müssen uns bewußt sein, daß die Reform die Interessen von sehr vielen Menschen in Frage stellen wird, Monopole in vielen Bereichen müssen beseitigt, die Planungsministerien und Betriebsvereinigungen abgeschafft werden.

Der zentrale Verwaltungsapparat und die Vereinigungen beschäftigen zusammen 120 000 Menschen, sie alle würden zum größten Teil ihre Arbeit verlieren. Im Laufe der nächsten drei Jahre wird diese Gruppe in die Industrie, in die Landwirtschaft und in Dienstleistungsunternehmen wechseln. Das sind schmerzhafte Gesellschaftsprozesse, die mit unübersehbaren Konflikten innerhalb des Verwaltungsapparats verbunden sein werden. Die schwache politische Kraft, durch Fraktionierung blockiert, ängstlich alle Konfrontationen meidend, ist nicht mehr imstande, grundlegende Maßnahmen durchzuführen.

In unserem Block-System haben nur zwei Länder einen Erfolg durch Reformen erreicht: Jugoslawien und Ungarn. Beide hatten ganz spezifische Bedingungen, die diesen Erfolg ermöglichten. Die jugoslawische Machtelite war '49 bedroht durch Rußland, deshalb war die Idee der Selbstverwaltung für sie die rettende Perspektive, einmal unterschied sie sich vom sowjetischen Vorbild, beließ aber dennoch Jugoslawien in der Gruppe der sozialistischen Länder. Es ist insofern interessant, weil seine Wirtschaft damals am stärksten zentralisiert war. Es kam auch wieder zu Versuchen, den alten zentralisierten Zustand wiederherzustellen. Schon '49 versuchte es die ein paar Tausend Parteimitglieder zählende sogenannte „Kominterngruppe", die Tito stark bekämpfte, deren Mitglieder aber dann später zum größten Teil in die Sowjetunion emigrierten.

In Ungarn war die gesellschaftliche Organisation nach der Niederlage von Budapest zerschlagen, Kadar war unbeliebt, aber er hatte gleichzeitig eine so unanfechtbare Machtposition, daß er sich leisten konnte, ein paar Jahre lang unpopuläre Maßnahmen durchzuführen. Die Menschen waren eingeschüchtert, terrorisiert, viele umgekommen, andere wurden verschleppt. In einer solchen Situation konnte man die beabsichtigte Reform ein paar Jahre lang vorbereiten: Betriebe schließen, die Preise erhöhen etc. Es wurde ein annäherndes wirtschaftliches Gleichgewicht erreicht und die Reform durchgeführt, die jetzt in Ungarn sichtbar funktioniert.

Wir haben in Polen eine ganz andere Situation: Die Machtelite ist schwach, aber will ihre Autorität erhalten, obwohl nur ein „contrat social" die Quelle dieser Autorität sein kann. Die Machtelite ist praktisch der Exekutive beraubt, sie wird durch ihren eigenen Apparat und dauernde Fraktionskämpfe blockiert. Wahrscheinlich würde sie deshalb Stabilisierungsmaßnahmen ohne Reform bevorzugen, d.h. Sanierung der Steinkohleförderung, eine neue Festlegung der Preise, Stabilisierungskredite aus dem Osten etc. Das alles würde aber notwendig zur Erhaltung der Mechanismen führen, die die Krisen erzeugen. Und deshalb bauchen wir eine Reform, die radikale Selbstverwaltung realisiert.

(Aus „die Tageszeitung", 5.1.1982)

DOKUMENT 14

Nach dem Hungermarsch

Gespräch mit drei Arbeiterinnen der Textilfabrik
Julian Marchlewski in Lódź, 30. Juli 1981

Bitte berichten Sie uns über die Gründe, aus denen heraus Sie sich an diesem gestrigen Hungermarsch beteiligt haben.
– Bei uns herrscht folgende Situation: Um die Chance zu haben, um zwei Uhr nachmittags Fleisch zu bekommen, muß man sich am Vorabend vor der Fleischerei eintragen. Eine Frau vor der Fleischerei führt die Liste. Danach muß man die ganze Nacht warten ohne überhaupt sicher zu sein, daß das irgend etwas bringt. Im allgemeinen schaffen es nur die ersten zehn, etwas zu kaufen und der Rest ...
– Bei mir z.B. hat sich das das letzte Mal so abgespielt: Mein Mann ist abends zur Fleischerei gegangen und hat mich in die Liste eingetragen. Das traf sich gut, weil er gerade Ferien hatte. Er blieb bis fünf Uhr morgens, er hat die ganze Nacht geopfert. Normalerweise lehnt er es ab, Schlange zu stehen. Um halb sechs hab ich ihn abgelöst. Ich hab bis mittag Schlange gestanden und im Endeffekt nichts als Abfall bekommen. Ich hatte keine Zeit mehr, etwas zu essen, habe nur einen Tee genommen und bin zur Arbeit.
– Man muß sich nicht nur für Fleisch anstellen, Sie müssen es außerdem schaffen, sich mit Butter zu versorgen. Irgend jemand sagt, daß es vielleicht irgendwo Schlagsahne gibt. Also zerreißen Sie sich, um auch nur einen ganz kleinen Becher davon zu bekommen: Aber, natürlich, nachdem Sie eine enorm lange Schlange hinter sich gebracht haben ... Das macht 8 Stunden Schlange stehen und 8 Stunden Arbeit. Sie wissen, was 8 Stunden Arbeit hier bedeuten: das heißt 8 Stunden durcharbeiten mit nur 20 Minuten Pause fürs Frühstück oder für die Vesper.
– Weiter, wenn man mal die Schwierigkeiten, etwas zum Leben zu bekommen, für einen Moment beiseite läßt, dann muß man sich auch noch um Seife und Waschmittel kümmern. Meine Nachbarin ist Rentnerin und ab und zu holt sie mir etwas. Wenn es die nicht gäbe, wüßte ich nicht, was ich machen soll. Es gibt keine Waschmittel, kein Shampoon, die notwendigsten Dinge fehlen: Slips, lange Unterhosen, Büstenhalter, Zahnpasta – alles fehlt!
Gibt es Solidarität unter den Frauen bei den Einkäufen?
– Das ist nicht immer der Fall. Hier in der Fabrik existiert diese Solidarität. Jede hilft der anderen. Aber in den Schlangen gibt es nur noch Wut. Bei uns hat man diese Woche Schokoladenbonbons verkauft – 200 Gramm pro Person. Zwei Frauen haben sich gegenseitig mit Fußtritten traktiert. Die eine Frau sollte für Ordnung sorgen, eine andere wollte direkt in den Laden, ohne Schlange zu stehen. Schließlich mußte ein Mann sie veranlassen, aus dem Laden zu gehen, man hätte sonst nicht gewußt, wie das geendet hätte.
– Letzte Woche habe ich 2½ Stunden Schlange gestanden, um ein Pfund Bonbons zu kaufen. Schön! Man hat die letzten Bonbons an die Frau verkauft,

die unmittelbar vor mir an der Reihe war. Glauben Sie mir, ich habe geglaubt, daß meine Nerven mich im Stich lassen, ich habe mich völlig vom Leben angewidert gefühlt. Gestern, vor der Demonstration, hat meine 16jährige Tochter geweint. Sie sagte: „Mamma, geh' nicht hin, sie werden dich töten." Ein Kind in diesem Alter kann die Situation noch nicht verstehen. Sie ist sogar in die Fabrik gekommen, um mich daran zu hindern mitzudemonstrieren. Als ich sie sah, bin ich an einem anderen Tor rausgegangen. Sie hatte Angst. Ich hab ihr gesagt: „Hör mal Kleines, mir ist alles egal! Wir fordern nicht kiloweise Fleisch, Wurst, Schinken. Wir wissen, es gibt sie einfach nicht. Aber daß auch Milch knapp sein sollte – es gibt schließlich Milch – keine Sahne, kein Käse, keine Eier ...?

Warum sprechen vor allem die Frauen über diese Situation? Von den Männern hört man weniger darüber.

– Nehmen wir meinen Mann. Er arbeitet immer in der ersten Schicht, er steht niemals Schlange. Er weiß, daß es nichts gibt, weil ich es ihm gesagt habe. Aber er ist nicht selbst auf dem laufenden. Er kann nur sagen, daß der Kühlschrank leer ist. Die Männer haben keine Geduld, sie mögen nicht Schlangestehen. Es sind meistens die Frauen, die versuchen, die Besorgungen zu machen.

Gibt es aufgrund der Situation nicht Streit in der Familie?

– Ja, natürlich. Man ist wütend, wenn man nach Hause kommt, es reicht einem. Man kann diese Lage ein, zwei, drei Monate ertragen, aber das dauert schon zu lange. Wir sind so müde. Ich beobachte, daß ich meine Selbstkontrolle verliere. Ich wollte mich mit irgend jemand in der Schlange prügeln. Vielleicht nicht wirklich schlagen, aber viel hat nicht gefehlt. Das kommt, weil jeder auf den anderen wütend ist. Es gibt welche, die sagen, daß es an den Rentnern liege. Man gibt ihnen die Schuld, daß es nichts zu kaufen gibt. Sie hätten mehr Zeit, Schlange zu stehen. Aber sie tun das schließlich nicht, um zu spekulieren! Jede hat einen Sohn oder eine Tochter, die arbeitet. Sie müssen auch etwas für ihre Kinder einkaufen. Das alles ist schrecklich!

– Was einen am meisten nervt, ist, daß die Läden leer sind, aber auf dem Markt findet man alles im Überfluß – aber zu welchen Preisen!

– Man sagt ohne Unterbrechung im Radio und Fernsehen, daß die Effektivität der Arbeit fällt. Ich sehe das nicht. Wir arbeiten neun Stunden, um die Norm zu erfüllen, manchmal mit Tränen in den Augen. Sie geben uns jetzt russische Baumwolle zur Verarbeitung, die ist nichts als Abfall. Wie soll man guten Stoff aus diesem Müll herstellen? Radio und Fernsehen sagen, daß es auf dem Markt russisches Öl gibt. Wir haben es nicht gesehen. Warum erzählen sie das alles?

– Wir wollen irgend etwas kaufen und essen, wenn wir von der Arbeit kommen. Was können wir machen? Weinen? Schreien? Jetzt gibt es das Problem mit der Kantine. Wir profitieren von der Betriebskantine. Jetzt hat man uns aber gesagt, daß wir einen Teil unserer Fleischmarken an die Kantine geben sollen. Viele Frauen können das nicht machen, weil sie Kinder haben und sie den größeren Teil ihrer Ration an Fleisch und Wurst an die Kinder geben. Was die Kinder essen, soll man jetzt an die Kantine geben.

Stehen die Kinder auch Schlange?

– Ja, auch die ganz kleinen.

– Wir sind von Epidemien bedroht, von der Gefahr, daß die Nation physisch ausgelöscht wird. Wir wissen nicht, womit wir uns waschen sollen. Es ist nicht nur eine Frage der persönlichen Hygiene. Wir haben nichts für den Hausputz, für die Reinigung des WC und des Bades. Wie hat das alles auf einen Schlag verschwinden können?

Wir wissen z.B., daß die Produktion von Bonbons normal verläuft, vielleicht mit geringen Einbußen, aber sie läuft, das gleiche mit der Tabakherstellung. Wir selbst stellen Baumwollstoffe her. Versuchen Sie mal ein Stück Baumwolltuch zu kaufen! Die Regale sind leer. Seit einem Jahr suche ich ein Stück Stoff, um mir ein Nachthemd oder ein Stück Tuch, um Laken zu nähen. Es wird damit enden, daß ich ohne irgendwas schlafe. Es ist katastrophal! Wir hatten etwas Hoffnung, daß mit dem Parteikongreß ... Glücklicherweise haben wir in unserem Betrieb Anspruch auf einen Coupon (für Stoff) alle zwei Jahre.

– Diese Coupons, das ist ein Ergebnis unserer Forderungen. Die Gewerkschaften haben uns dieses Recht erkämpft. Dieses Jahr bekamen wir zwei Coupons. Einen für den Frauentag und dann noch mal einen, mit dem wir zum Normalpreis 12 Meter Baumwollstoff für Laken kaufen konnten. Das ist schon viel, weil es in den Läden nichts davon gibt.

– Es schmerzt uns, daß wir in den Läden nie etwas von dem sehen, was wir den ganzen Tag produzieren. Man muß bei uns nur in die Endfertigung gehen, um zu sehen, was für schöne Stoffe wir produzieren. Wir wissen selbst nicht, wo diese Stoffe hingehen. Die Betriebskommission von Solidarność weiß nicht, wo sie hin verschwinden. Sie wollen die Lager sehen und die sind leer. Irgend jemand hat zufällig einen Blick in einen Container geworfen. Er war voller Zigaretten. Wie soll man den Behörden glauben?

– Man kann sich schwer vorstellen, daß das so schlecht bei uns läuft. Ich selbst kann mir kaum vorstellen, daß alles in den Export geht, alles, unsere Slips, unsere Strümpfe, unsere Zahnpasta! Wer will sie haben, wenn sie doch bessere haben? Wer braucht das alles? Vielleicht die Sowjetunion? Kommen wir auf die Milch zurück. Im Juni gab es eine Milchkrise. Sie erklärten, es gäbe nicht genug Flaschen, um die Milch abzufüllen. Ich verstehe das nicht. Bis jetzt gab es genug Flaschen und genug Milch. Jetzt sind plötzlich alle Flaschen verschwunden, und man schüttet die Milch weg. Und wir stehen vier Stunden an, um Milch zu bekommen.

Wir haben Angst vor dem, was kommen wird, wenn sie die Preise erhöhen. Ich weiß nicht, wie wir weiterleben sollen. Die Lebensmittelkarten enthalten bereits jetzt Hungerrationen. Wenn sie die weiter verringern, werden es Todesrationen sein. Ich kann mir nicht vorstellen, was passieren wird. Es wird nicht Preiserhöhungen von 10 oder 20, sondern 300 oder 400 Prozent geben. Der Schinken wird 460 Zloty das Kilo kosten. Ich werde also zwei Tage arbeiten müssen, um ein Kilo Schinken zu kaufen. Ein Stück Butter kostet 25 Zloty, man sagt, daß es 80 Zloty kosten soll. Gut, wir akzeptieren Preiserhöhungen, aber die Waren müssen dann vorhanden sein. Wir sind zu allem bereit, aber dennoch, bis zu welchem Punkt, bis zu welchem Prozentsatz? Sie erklären, daß die Leute genug Geld haben. Ja, sie haben es, aber nicht wir, nicht die Arbeiter. Ich arbeite seit 35 Jahren. Ich habe kein Auto gekauft. Bewege mich, indem ich meine Gehwerkzeuge benutze. Jetzt wollen sie Gas und Strom erhöhen. Ich zahle jetzt 1 300-1 400 Zloty. Für meine Wohnung hätte ich dann 3 000 Zloty zu bezahlen. Ich verdiene jetzt 7 000 Zloty. Für mich alleine würde das vielleicht ausreichen, meine Kinder sind erwachsen. Aber was sollen die machen, die Kinder von 13, 14 Jahren haben, die noch kein Geld verdienen, für die man aber noch mehr ausgeben muß als für die Erwachsenen? Und die Al-

ten? Meine Mutter war bisher als Invalidin mit 1 800 Zloty eingestuft. Jetzt ist sie auf Rente und bekommt 2 400 Zloty.
Was passiert, wenn Eure Geduld zu Ende ist?
– Wir wissen es nicht. Wir versuchen, das alles so lange wie möglich zu ertragen. Das einfachste wäre, uns gegenseitig zu bekämpfen. Aber, wenn es die jüngere Generation auch nicht weiß, wir wissen gut, was Krieg bedeutet. Wir haben ihn erlebt. Also zwingen wir uns zur Vernunft ... das Einfachste wäre es, das alles nicht mehr zu ertragen ... ich weiß nicht, wie lange wir das noch aushalten werden ...
– In der Tschechoslowakei und Ungarn hat sich etwas ähnliches abgespielt. Ich kann mir vorstellen, daß es dort nicht so tragisch war wie bei uns, was die Ernährungslage angeht. Mit der Ernährung hatten die auch Probleme. Aber sie hatten die Möglichkeit zu flüchten. Wir haben sie nicht. Hier sind die Deutschen (der DDR), dort die Tschechen, dort die „Freunde" und da die Ostsee!
– Wir haben große Hoffnungen auf den Parteikongreß gesetzt. Wir sagten uns, vielleicht entscheidet es irgend etwas, wählen irgendeinen guten Mann, und daß es Verbesserungen geben könnte. Unglücklicherweise sind wir sehr stark enttäuscht worden. Es gab da einige Leute, die für die Erneuerung waren und die etwas hätten ändern können. Aber es gab zu viel von den alten. Man läßt die Befähigten nicht sprechen. Wir haben den Eindruck, daß es der Regierung auf Konfrontation ankommt, daß sie versucht, uns zu Dummheiten zu provozieren, so daß sie den Notstand ausrufen und Solidarność auflösen kann.
Das ist eine Sache, die sehr wichtig ist und nicht nur Polen betrifft. Wir sind im Zentrum Europas und die Leute sagen, wenn es bei uns losgeht ... Wir haben viele Rohstoffe: Kupfer, Kohle, sogar Erdöl ... Warum also ein solcher Mangel bei uns? Als Moskau die Olympischen Spiele vorbereitete, gab es bei uns nichts mehr. Nicht mal Farbe. Buchstäblich nichts. Was noch erstaunlicher ist: Die Sowjetunion läßt sich für ihre ökonomische Hilfe von Polen bezahlen – wo ist sie, diese Hilfe, wenn es nichts zu essen gibt?
Glauben Sie, daß diese Mangelsituation absichtlich als Waffe gegen Solidarność gebraucht wird?
– Ja. Es handelt sich um einen ununterbrochenen Angriff, um eine vorbedachte Aktion. Warum kauft der Staat nur die Schweine ab, über die bereits ein Vertrag besteht, während es an Fleisch mangelt? Die Regierung will von den Bauern nicht kaufen, statt dessen tun das die Spekulanten und verkaufen wieder zu unerschwinglichen Preisen!
Was kann Solidarność machen?
– Solidarność hat uns sehr geholfen. Sie sind sogar aufs Land gefahren, um Schweine und Geflügel einzukaufen und haben sie hier verkauft. Wir mußten mehr bezahlen, aber wir hatten, was uns fehlte. Warum schafft die Regierung nicht, was Solidarność schafft?
– Die Regierung selbst ermuntert die Spekulanten und den Betrug.
– Die ermuntert sie nicht – sie handelt, als ob sie wollte, daß die existieren.
– Sie tun nichts. Die Spekulanten profitieren davon.
Gibt es Leute, die glauben, daß das alles die Schuld von Solidarność ist?
– Nein, wir glauben das nicht.
Vielleicht beschränkte Leute?
– Die Branchengewerkschafter? Wir haben bewiesen, daß Solidarność keine Bande von Anarchisten ist, wie sie behaupten. Die Protestdemonstration gestern ist in Ruhe und Ordnung vor sich gegangen. Wir beherrschten die Lage.

Es ist einfach lächerlich, unseren Kampf um die Verbesserung der Lebensbedingungen einen politischen Machtkampf zu nennen.

Stimmt es, daß nach dem Hungermarsch sich die Versorgungslage in Lódź spürbar gebessert hat?

– Das stimmt, und zwar schon seit der letzten Woche (vor dem Hungermarsch). Das ist doch merkwürdig. Sie haben uns gesagt, daß die Depots leer wären. Dort wo ich wohne, konnte man plötzlich Öl, Kuchen, Bonbons, Margarine kaufen. Alles bis zum Mittag. Wo kam das alles her? Gestern bin ich zum Metzger gegangen und alles war da: Schinken, Schweinefleisch, Braten. Ich bin mit Tränen in den Augen rausgegangen. Ich hatte keine Marken mehr, außer für Geflügel. Glauben Sie, mir war schwer ums Herz. Wir wissen sehr wohl, daß binnen einer Woche nichts mehr da sein wird. Wir werden erneut nachtsüber Schlange stehen. Sie glauben, daß wir Blinde sind, daß wir nicht merken, daß sie all das in die Warenhäuser und Läden geworfen haben, damit der Hungermarsch nicht stattfindet! Schlecht für sie, daß wir wissen, sie tun das nur um uns die Augen zu schließen.

Es ist wie mit den Löhnen. Es ist Lódź, das weniger Lohn bekommt, weil sie uns in die Leichtindustrie einordnen. Welche „Leicht"industrie? Wir arbeiten in Staubwolken, in der Feuchtigkeit, unter infernalischem Lärm. Aber ihrer Meinung nach brauchen wir keine Ferienkolonien, wie die Bergleute und die Werftarbeiter. Sie glauben, sie können uns mit niedrigeren Löhnen abspeisen, weil wir Frauen sind. Gegenwärtig beträgt der Lohn ca. 7 500 Zloty. Es sind Lódź und die Leichtindustrie Schlesiens, die die niedrigsten Löhne haben.

(Übersetzung aus dem Französischen nach L'Alternative, Pologne – Le Dossier de Solidarité, Dezember 1981, S. 151 ff, von Chr. Semler)

2. Die Bewegung für die Arbeiterselbstverwaltung

2.1 Kritik an der Defensivstrategie –
Die ersten Selbstverwaltungsinitiativen entstehen

Während, wie bereits aufgezeigt, die Mehrheit der führenden „Solidarność"-Funktionäre im Herbst 1980 zunächst die Idee der Arbeiterselbstverwaltung ablehnten, gab es von Anfang an hierzu kontroverse Positionen. J. Kuroń, der selbst zu dieser Zeit zwar immer wieder die Haltung begründete, „Solidarność" dürfe als Gewerkschaft keine Mitverantwortung übernehmen, betonte aber gleichzeitig, daß es darauf ankomme, die „Selbstorganisierung der Gesellschaft" zu entwickeln. Die Gewerkschaft müsse unbedingt „anderen Formen der Demokratie Anstöße geben (...), und zwar solchen sozialen Organen, die die Aufgaben, welche die Gesellschaft angeht, übernehmen können, wie z.B. verschiedene Formen der Selbstverwaltung, vor allem im wirtschaftlichen Bereich" (siehe Dokument 4). Einen anderen Begründungszusammenhang sah Tadeusz Mazowiecki, einer der aus dem Kreis der katholischen Intellektuellen stammenden Berater von „Solidarność". Er plädierte vor allem deshalb für eine Reformierung der Arbeiterselbstverwaltung, um der Verschwendung von lebendiger Arbeit in den Betrieben Einhalt zu gebieten und damit die Arbeitsmoral zu heben[1].

Von Anfang an für die Entwicklung einer authentischen Arbeiterselbstverwaltung trat z.B. Henryk Szlajfer bzw. das ‚Forum August 80' (siehe Kapitel II) ein. In zwei im November 1980 veröffentlichten Diskussionspapieren[2] wird Selbstverwaltung in allen gesellschaftlichen Bereichen und eine Arbeiterselbstverwaltung gefordert, die sowohl Kontroll- und Entscheidungsrechte hat als auch die Autonomie der Betriebe voraussetzen soll.

Während so die grundlegende Bedeutung der Arbeiterselbstverwaltung zu diesem Zeitpunkt eher Gegenstand theoretischer Reflexion ist, findet sich z.B. im „Aktionsprogramm der Freien Gewerkschaft" (siehe Dokument 2) die Forderung nach einer möglichst baldigen Wahl von Betriebsräten, die in ihrem Charakter aber noch wenig zu tun haben mit der ein halbes Jahr später formulierten authentischen Arbeiterselbstverwaltung. Die Kompetenzen dieser Betriebsräte, die, „wie das unmittelbar nach dem Krieg der Fall war, als Vertretungsorgane der Arbeitenden wirken werden, unabhängig von den Gewerkschaften und frei von jeder Bevormundung", erstrecken sich im wesentlichen auf die im Arbeitsrecht festgelegten Aufgaben sowie die Verwaltung des Sozial- und Wohnungsfonds. Unter Zurückweisung der Vorherrschaft von Partei und Gewerkschaft bleiben sie vor allem ein Organ zur Verteidigung der Interessen einer Belegschaft auf Betriebsebene. In einem ähnlichen Sinne definiert ein Zirkular des MKZ Gdańsk „Warum wir Arbeiterräte wählen"[3], von Anfang 1981, die Funktion der Betriebsräte. In der Begründung für die Einrichtung der Räte lehnt es sich stark an die im September von Kuroń vorgetragenen Argumente an (siehe Dokument 4): Eine Arbeitsteilung zur Erfüllung der verschiedenen Aufgaben auf Betriebsebene zwischen Gewerkschaft und Arbeiterräten ist notwendig geworden. Der Aufbau der Gewerkschaft ist bis zu einem gewissen Grad erfolgt und erlaubt es jetzt, sich dieser Aufgabe zuzuwenden. Zugleich wird die Notwendigkeit einer gesetzlichen Fixierung sowohl der Existenz der Gewerkschaften wie der Arbeiterräte gefordert. Dieses Zirkular ist zugleich ein erstes Indiz, daß sich die ablehnende Haltung von „Solidarność" in der Frage der Arbeiterselbstverwaltung zu ändern beginnt.

Neben der offensichtlicher werdenden Unfähigkeit der Regierung zu einem wirksamen Antikrisenprogramm zwang die Veröffentlichung des Wirtschaftsreformprojektes der Regierungskommission (KRG) im Januar 1981 (siehe Dokument 9) und der ersten Gesetzentwürfe „Über die staatlichen Unternehmen" und „Über die Selbstverwaltung der Belegschaften" im März die Bewegung, sich intensiver mit ihren eigenen Forderungen an eine authentische Selbstverwaltung auseinanderzusetzen. Das Reformprojekt der KRG legt – im Gegensatz zur Nichtbehandlung der Rolle der Gewerkschaften – großen Wert auf die Einrichtung frei gewählter Arbeiterräte, deren Kompetenzen jedoch an entscheidenden Punkten unklar bleiben. Die Rolle der Arbeiterselbstverwaltung wird letztlich dadurch begrenzt, daß die grundsätzliche Verantwortung des Direktors gegenüber den vorgesetzten Instanzen nicht in Frage gestellt wird[4]. Die beiden erwähnten Gesetzentwürfe, die im März von einer Unterkommission der KRG vorgelegt wurden und Vorläufer der entsprechenden Regierungsentwürfe waren, enthalten in Varianten die verschiedenen Vorstellungen von Arbeiterselbstverwaltung, u.a. auch eine radikale Variante zur Stellung des Rates gegenüber dem Direktor, die letzteren nur noch als Vollstrecker der Beschlüsse des Rates definiert. Vor allem aber bewiesen sie, wie der weitere Verlauf der Behandlung dieser Gesetzentwürfe bis zur Verabschiedung im September 1981 bestätigte, daß die Regierung großen Wert auf eine forcierte Behandlung der Selbstverwaltung legte – im Gegensatz zur Verzögerungstaktik bezüglich des Gewerkschaftsgesetzes.

Es sind also zwei Motive, die sich in der spontanen Bildung von

Selbstverwaltungsorganen in den Betrieben im Frühjahr 1981 widerspiegeln: Der wachsende Wille der polnischen Arbeiter angesichts der Unfähigkeit der Regierung, die wirtschaftliche Entwicklung selbst in den Griff zu bekommen, und der Versuch, den Initiativen der Regierung eigene Vorstellungen entgegenzusetzen. Eine Umfrage, die von Soziologen der „Solidarność" im März 1981 in 178 Betrieben der Region Warschau durchgeführt wurde, zeigt, daß in den Monaten zuvor in 68 Prozent der untersuchten Betriebe neue Formen der Arbeiterselbstverwaltung entstanden sind. Diese Initiativen gingen zumeist von „Solidarność" aus (68 %), von den Direktionen der Betriebe (43 %), den alten Branchengewerkschaften (18 %), der Partei (7 %), von unorganisierten Arbeitern (13 %)[5].

Auch in den Diskussionsthesen „Richtlinien..." (siehe Dokument 8), die im Februar von der Landeskommission von „Solidarność" als Grundlage für die Arbeit der Programm-Beratungskommission angenommen wurden, wird gefordert: „Das Problem der Arbeiterselbstverwaltung sollte ein Punkt breiterer Diskussion in unserer Gewerkschaft werden." Gleichzeitig mußte geklärt werden, welche Position die Gewerkschaft zu einer Beteiligung an den „Konferenzen zur Arbeiterselbstverwaltung" (KSR), die 1958 eingerichtet wurden und als Farce auf eine authentische Selbstverwaltung nach wie vor bestanden (siehe Kapitel III.1), einnehmen sollte. In einem Artikel des „Solidarność"-Pressedienstes heißt es dazu: „Die Art der Ernennung der Mitglieder der KSR schließt die Beteiligung authentischer Vertreter der Belegschaft aus. Die KSR wird von der Partei kontrolliert. Wenn es nicht möglich ist, die vorgesehenen und von oben festgelegten Planziffern zu erfüllen, veröffentlicht man fingierte Dokumente..."[6]

Während so einerseits eine eindeutig ablehnende Haltung gegenüber den bestehenden, von der Partei kontrollierten Selbstverwaltungsgremien vertreten wird, zeigen die beiden Dokumente „Zehn Bedingungen für die Erneuerung der Arbeiterselbstverwaltung" (siehe Dokument 15), verfaßt von einer Arbeitsgruppe der „Solidarność'-Region Mazowsze, und das Protokoll einer Diskussion vom 9. März 1981 zwischen Vertretern der größten Betriebe Warschaus (siehe Dokument 16), daß in den Monaten März und April die Auseinandersetzung um eine positive Stellungnahme der Gewerkschaft zu einer authentischen Selbstverwaltung intensiviert wird.

In den „Zehn Bedingungen" werden, entgegen den bisher u.a. vom MKZ Gdańsk entwickelten Vorstellungen, Arbeiterräte gefordert, die „über die wichtigsten Angelegenheiten des Unternehmens entscheiden", das zu diesem Zweck seine volle wirtschaftliche Autonomie erhalten soll. Auch die Forderung nach einer zweiten Sejm-Kammer wird erhoben. Dieser neue Ansatz der Überlegungen, der eine authentische Selbstverwaltung nur als sinnvoll im Rahmen der Wirtschaftsreform sieht, die die Unabhängigkeit der Betriebe garantiert (siehe Kapitel III.1), enthält im Keim alle späteren Überlegungen, die weiter ausgearbeitet zu dem Gesetzentwurf „Über das gesellschaftliche Unternehmen" führten (siehe Abschnitt 2.3). Das Protokoll der Diskussion vom 9. März 1981 zeigt aber, wie unterschiedlich die Positionen innerhalb der Gewerkschaft zu einzelnen Fragen − wie etwa der Selbstverwaltungskammer im Parlament − als auch zur gesamten Vorgehensweise waren.

2.2 Verschiedene Zentren und Konzeptionen − Das „Netz der führenden Großbetriebe" und die „Lubliner Gruppe"

Das „Netz (Sieć) der Betriebsorganisationen von Solidarność in führenden Großbetrieben"

Ein erstes Ergebnis der in verschiedenen Regionen begonnenen Diskussionen über die Arbeiterselbstverwaltung war die Initiative zur Bildung des „Netzes", die von der Danziger Lenin-Werft ausging und deren Sekretariat unter Leitung von Jerzy Milewski auch in Gdańsk eingerichtet wurde. Als Entstehungsdatum gilt allgemein der 17. März 1981, gegründet wurde es am 15. April in Gdańsk. Bis Juli 1981 gehörten dieser Initiative bereits die folgenden 17 Großbetriebe an:

1. Lenin-Werft Gdańsk, 2. Warski-Werft Szczecin (Stettin), 3. Autoreifenwerke „Stomil" Olsztyn (Allenstein), 4. Baumwollindustriefabrik „Fasty" Bialystok, 5. Eisenbahn-Reparaturbetrieb Bydgoszcz (Bromberg), 6. Metallbetriebe „Cegielski" Poznań (Posen), 7. Stahlverarbeitungsbetriebe „Zastal" Zielona Góra, 8. Textilfabrik „Julian Marchlewski" Lódź, 9. Betriebe für die Flugzeugproduktion „PZL" Swidnik, 10. Waggonfabrik „Pafawag" Wroclaw (Breslau), 11. Kugellagerfabrik „Iskra" Kielce, 12. Betriebe für technische Geräte „Zgoda" Swietochlowice, 13. Steinkohlebergwerk „Wujek" Katowice (Kattowitz), 14. Flugzeugfabrik „PZL" Rzeszów, 15. Leninhütte Kraków (Krakau), 16. Mechanische Betriebe Ursus, 17. Hütte „Malapanew" Odzimek bei Opole (Oppeln). Darüber hinaus nimmt auch die gesamtgesellschaftliche Verständigungskommission NSZZ „Solidarność" in der Polnischen Akademie der Wissenschaft Gdańsk teil[7].

Bis zum Militärputsch führte das „Netz" mindestens zehn Plenartreffen durch. Auf den ersten Versammlungen (jedes Treffen wurde in einer anderen Stadt und von einem der Mitgliedsbetriebe durchgeführt) diskutierte und entwickelte das „Netz" vorrangig Vorstellungen über ein Konzept der authentischen Arbeiterselbstverwaltung. In den folgenden Sitzungen wurde ein Projekt zur Wirtschaftsreform erarbeitet, später über die Frage der Schaffung einer „Partei der Arbeit" diskutiert, ein Projekt, das vor allem J. Milewski einbrachte. Das „Netz" begreift sich als einen Zusammenschluß von Solidarność-Aktivisten für die Schaffung einer Arbeiterselbstverwaltungsbewegung und für die Formulierung der grundlegenden Positionen zu dieser Frage sowie zur Wirtschaftsreform vom Standpunkt der neuen Gewerkschaft. In einem Kommuniqué der Landeskommission von „Solidarność" vom 28. Mai 1981 heißt es ausdrücklich, daß die Auffassungen, die das „Netz der Betriebsorganisationen" über Arbeiterselbstverwaltung und die gesellschaftlich/wirtschaftliche Reform erarbeitet, bei der Ausarbeitung der Gewerkschaftspositionen berücksichtigt werden sollen. Damit erhält das „Netz" eine quasi-offizielle Funktion innerhalb von „Solidarność" als Konsultationszentrum für die Arbeit über diese Fragen[8].

Nach den Vorstellungen des „Netzes" soll eine authentische Arbeiterselbstverwaltung die Leitung und Verwaltung der Betriebe unabhängig von der Gewerkschaft ausüben. Auf dem dritten Treffen des „Netzes" in Poznań vom 1.-3. Juni wurde diese Begründung formuliert:

„... Die Gewerkschaft wird in die Rolle einer umfassenden Organisation gedrängt, die sich selbst mit allem beschäftigen muß. Diese Aufgaben übersteigen ihre Kraft und Befugnis; mehr noch, sie sind oft nicht damit vereinbar. Die Gewerkschaft braucht einen Partner mit ökonomischer Befugnis. ... Die Selbstverwaltung wird ‚Solidarność' davon befreien, die Last wirtschaftlicher Entscheidungen zu übernehmen und wird ihr erlauben, ihre Kraft und ihre Mittel auf den Schutz der Arbeiterinteressen zu konzentrieren."[9]

Die Arbeiterselbstverwaltungsorgane sollen die Interessen der unmittelbaren Produzenten der jeweiligen Unternehmen vertreten, die Gewerkschaft die umfassenden Interessen der Arbeiter und der Gesellschaft. Die Gewerkschaft soll im Konfliktfall auch gegen mögliche gruppenegoistische Fehlentscheidungen von Arbeiterräten bestimmter Betriebe bis hin zum Streikaufruf auftreten können. Das „Netz" begreift die Arbeiterselbstverwaltungsorgane in erster Linie als die einzig möglichen Subjekte für die Durchführung einer „demokratisch-gesellschaftlichen Wirtschaftsreform". Darin wird die Chance gesehen, die Nomenklatura (damit ist ein System von Ernennung und Bestätigung aller wesentlichen Leitungsfunktionen in allen gesellschaftlichen Bereichen durch die Partei gemeint) im Betrieb zu zerschlagen. Und das gilt als die Voraussetzung jeder wirklichen Veränderung, denn solange Partei und Regierungsapparat über willfährige Instrumente auf allen wichtigen Posten verfügen, ist jede grundlegende Veränderung unmöglich; Selbstverwaltung in einzelnen Unternehmen ist eingebunden und abhängig von den gesamtgesellschaftlichen grundlegenden Funktionsprinzipien in wirtschaftlicher wie in politischer Hinsicht.

Authentische Arbeiterselbstverwaltung heißt für das „Netz" tatsächliche Selbstverwaltung und nicht Beteiligung oder Mitbestimmung, das heißt Berufung und Abberufung des Direktors, Verfügung über die Produktionsmittel des Betriebes, Beschließung des betrieblichen Produktionsplans, Festlegung der Produktenpalette und der Produktionsmethoden usw. Das heißt auch Selbstverwaltung in unabhängigen Unternehmen: selbstverwaltet, selbständig und selbstfinanziert. Die Arbeiterselbstverwaltung als Arbeitgeber. Die PVAP kritisierte diese Vorstellungen als Abgehen vom sozialistischen Eigentum: „Die angekündigte Idee vom Gruppenbesitz ist dagegen Demagogie, die sich gegen die Grundfesten unseres Systems richtet."[10] Auf diesen Vorwurf antwortete J. Strzelecki, ein Soziologe, der mit dem „Netz" zusammenarbeitete:

> „Dieser Vorwurf stammt aus dem fehlenden Einverständnis und dem Nichtverständnis des Inhalts und der Intentionen des Gesetzentwurfs, der durch Sieć erarbeitet wurde. Weil St. Kania in seiner Rede auch Oskar Lange zitierte, muß man daran erinnern, daß nach Lange der sozialistische Betrieb ein Kollektiv der Mitarbeiter ist, dem man das allgemeingesellschaftliche Eigentum überträgt mit dem Ziel der Erfüllung bestimmter Aufgaben wie: die Produktion, die Dienstleistungen etc."[11]

Das „Netz" betrachtet das „sozialistische Eigentum" als gesellschaftliches Eigentum, von dem ein Teil der Belegschaft eines Unternehmens anvertraut bzw. übertragen wird.

> „Das gesellschaftliche Unternehmen verwaltet nationales (Volks-)Eigentum, das ihm anvertraut ist, mit dem Ziel, effektive ökonomische Ergebnisse durch Produktion, Handel und Dienstleistung zu erzielen. Die Produktionsmittel, konstituierender Bestandteil des Teils des Volkseigentums, das dem Unternehmen anvertraut wurde, können an Käufer, die Einheiten der Volkswirtschaft bilden oder auch nicht, verkauft werden. Einkommen, das auf diese Weise erzielt wurde, darf nicht für Löhne oder soziale Bedürfnisse der Beschäftigten benutzt werden, weil die Produktionsmittel nicht Gruppeneigentum der jeweiligen Beschäftigten sind. (...) Im Falle der Liquidierung eines Unternehmens trifft das staatliche Organ, das es gegründet hat, die Bestimmung bezüglich des Eigentums." (siehe Dokument 10)

Das „Netz" erarbeitete bis zum August 1981 sowohl einen alternativen Gesetzentwurf für „Das gesellschaftliche Unternehmen" (siehe Dokument 23), Statuten der Arbeiterselbstverwaltung[12] als auch einen Vorschlag „Zur gesellschaftlich/wirtschaftlichen Reform" (siehe Dokument 10).

In diesen Dokumenten sind diejenigen Vorstellungen des „Netzes" aufgenommen, die mehrheitlich akzeptiert waren, bzw. in denen wesentliche Übereinstimmung bestand. Dabei spielen Zielsetzungen der Aufhebung von Entfremdung in der Produktion keine zentrale Rolle. Im Vordergrund stehen Bestrebungen, das befehlsmäßig anordnende zentralistische System der Wirtschaftsführung abzuschaffen zugunsten einer Wirtschaft, in der das allgemeine gesellschaftliche Interesse durch „ökonomische Instrumente" (Kredite, Steuern, Zölle und gesetzliche Bestimmungen) verwirklicht wird. Es gab offensichtlich auch innerhalb des Netzes der Betriebsorganisationen unterschiedliche Auffassungen. Eine sehr umstrittene Frage war beispielsweise die der Schaffung einer zweiten Kammer beim Parlament (Sejm).

In einem ersten Dokument des „Netzes" „13 Thesen über die Arbeiterselbstverwaltung", das auf dem Treffen vom 11. bis 13. Mai in der Lenin-Hütte in Kraków verabschiedet wurde, wird noch die Schaffung einer 2. Kammer, einer „Selbstverwaltungskammer" gefordert, von vornherein jedoch keine reine Arbeiterrätekammer, sondern eher eine „gesellschaftliche Selbstverwaltungskammer".

> „Es muß eine 2. Kammer des Parlaments gebildet werden, die demokratisch gewählte Vertreter der Arbeiterselbstverwaltungsorgane, der Konsumentenverbände, der wissenschaftlich-technischen Verbände, der Umweltschutzbewegungen, der Nationalräte und der Gewerkschaften umfaßt. Über dieser Kammer steht die Abgeordnetenkammer, die die politischen Interessen des Landes repräsentiert. (...) Die Selbstverwaltungskammer wäre also der authentische gesellschaftliche Eigentümer der Produktionsmittel des ganzen Landes. Daraus ergäbe sich im Parlament eine Trennung von Politik und Ökonomie. Die Forderung nach einer gesellschaftlichen Verwaltung wäre ebenfalls erfüllt und sie würde das Spiel der pressure groups beseitigen, die individuelle ökonomische Interessen durchsetzen. Die Selbstverwaltungskammer würde die Koordination der Arbeiterräte auf nationaler Ebene bilden. Sie würde die grundlegende Entwicklungsrichtung der nationalen Wirtschaft in Form eines Mehrjahresplanes vorzeichnen, der strategische Perspektiven entwirft. Sie wäre die oberste gesellschaftliche Kontrollinstanz."[13]

Vertreter dieser Position, wie z.B. Strzelecki, Stankiewicz, Jakubowicz u.a. konnten sich jedoch innerhalb des „Netzes" nicht durchsetzen[14]. Kritisiert wurde diese Vorstellung vor allem von J. Milewski, Sekretär des „Netzes", J. Merkel, Mitglied der Landeskommission von „Solidarność", H. Szyc, Vorsitzender des Arbeiterrats der Danziger Lenin-Werft. Sie befürchteten von einer Zentralisierung erneute Bürokratisierung, von einer Selbstverwaltungskammer eine ungleichgewichtige Vertretung der gesellschaftlichen Schichten, die Gefahr des „Korporativismus", eine „Diktatur der Produzenten". Statt für Trennung von Politik und Ökonomie zu plädieren und zwei Kammern zu schaffen, wäre es besser, nur eine zu behalten, die aber zu demokratisieren: also freie Wahlen. Dagegen hielten die Propagandisten der Schaffung einer Selbstverwaltungskammer neben dem Sejm gerade die weitgehende Trennung von Ökonomie und Politik in zwei Kammern für realistischer angesichts der geopolitischen Lage Polens. Ihrer Meinung nach würde so die Möglichkeit eines Kompromisses zwischen Gesellschaft und Macht geschaffen. Diese Position wurde auch von J. Kuroń und B. Geremek[15] geteilt. Neben der taktischen Begründung scheint es aber auch Positionen gegeben zu haben, in denen die Entfremdungsproblematik eine größere Rolle spielte. Jedenfalls kann man das u.a. daraus schließen, daß z.B. in den „13 Thesen zur

Arbeiterselbstverwaltung" mehr Gewicht darauf gelegt wird, Abteilungsräte in den Betrieben zu schaffen und ihnen größere Kompetenzen zuzuweisen[16]. Auf einem Treffen am 25./26. August in Ursus wird beschlossen, die Forderung nach Schaffung einer Selbstverwaltungskammer nicht in den Vorschlag zur gesellschaftlich/wirtschaftlichen Reform aufzunehmen, weil innerhalb des „Netzes" in dieser Frage keine Einigung erzielt werden konnte[17].

Die „Arbeitsgruppe für die überregionale Zusammenarbeit der Arbeiterräte" (Lubliner Gruppe)

Die „Lubliner Gruppe" entstand später als das „Netz". Sie ging aus einer Konferenz am 12./13. Juli hervor, auf der Mitglieder von 40 Betrieben aus 14 Regionen vertreten waren. Die Gruppe beschloß, eine eigene Zeitung herauszugeben, „Selbstverwaltung" (Samorzad). Nach eigenen Angaben wurde sie von den Regionalkommissionen von „Solidarność" in Lublin, Lódź, Warschau und Oberschlesien unterstützt. Die Gruppe verstand sich nicht als Konkurrenz zum „Netz" oder zu „Solidarność", wenn auch offensichtlich ist, daß zumindest bei einigen Vertretern dieser Gruppe starke Kritik an den Positionen des „Netzes" vorhanden war[18]. Die Gruppe betrachtete sich auch nicht als Instrument von „Solidarność" (wie das „Netz"), sondern setzte sich zum Ziel, frühzeitig für die Koordination, die Zusammenarbeit und die Zentralisierung der entstehenden Arbeiterselbstverwaltungsorgane zu wirken. Gerade in dieser Frage gab es allerdings Kritik an der „Lubliner Gruppe", weil einige Betriebsorganisationen von „Solidarność", z.B. Ursus, von einer zu frühzeitigen Zentralisierung eine Behinderung und Gängelung der Entwicklung der Arbeiterselbstverwaltungsorgane von unten erwarteten. Andere Kritiker werfen einigen Vertretern dieser Gruppe vor, daß sie trotzkistische Positionen vertreten[19]. Auch in der „Lubliner Gruppe" gibt es jedoch unterschiedliche Meinungen. Von dieser Gruppe gehen die meisten Anstrengungen zur Schaffung eines nationalen Verbandes zur Koordination der Arbeiterräte aus (siehe Dokument 19). In der Gruppe wird von Anfang an die Schaffung einer zweiten Kammer gefordert. Bei Szlajfer basiert diese Kammer auf den Arbeiterselbstverwaltungsorganen in den Unternehmen und den regionalen Selbstverwaltungskomitees. Es ist also weniger eine „sozio-ökonomische" Kammer gemeint, wie bei bestimmten „Netz"-Vertretern oder Jacek Kuroń, sondern eine Kammer der Arbeiterräte. Allerdings scheint es auch innerhalb der „Lubliner Gruppe" hierzu unterschiedliche Positionen gegeben zu haben. In einem Artikel zur zweiten Kammer in der Zeitschrift „Selbstverwaltung" (Samorzad) wird folgende Vorstellung vertreten: Die Schaffung einer zweiten Kammer wird mit taktischen Überlegungen als Element eines Kompromisses mit der Macht aufgrund der geopolitischen Lage Polens begründet. Die gesellschaftlich/wirtschaftliche Kammer soll auf der Ebene des Sejm ebenso wie die „politische Kammer" aus parlamentarischen Wahlen hervorgehen. Die „politische Kammer" soll das Recht haben, Beschlüsse der „gesellschaftlich/wirtschaftlichen Kammer" zurückzuweisen, beide Kammern sollen gemeinsam entscheiden, sie müssen sich einigen[20].

Die Betonung der Notwendigkeit der Zentralisierung der Arbeiterselbstverwaltungsorgane hängt zumindest bei Szlajfer auch damit zusammen, daß er Gewicht legt auf die Notwendigkeit einer vergesellschafteten Planung. Während beim „Netz" in der Kombination von Markt und Plan die Marktelemente überwiegen und dem Plan (5-Jahres-Plan) vorwiegend prognostische Funktionen zugewiesen werden, forderte Szlajfer zwar auch die weitere Einführung von Marktelementen, legte aber größere Betonung auf das planmäßige Wirtschaften gerade gegenüber bisheriger Planlosigkeit (siehe Dokument 20). Im Unterschied zum „Netz" hat die „Lubliner Gruppe" keine alternativen Gesetzenwürfe zur Arbeiterselbstverwaltung oder zur gesellschaftlich/wirtschaftlichen Reform erarbeitet. Es wird jedoch ebenfalls betont, daß authentische Arbeiterselbstverwaltung nur in Verbindung mit einer grundlegenden Wirtschaftsreform eine Chance hat.

„... die Einführung der Selbstverwaltung (muß) engstens mit einer sehr komplexen und tiefgehenden Wirtschaftsreform verbunden sein, ... da andernfalls natürlich alle diese Widersprüche des gegenwärtigen Systems durch die betriebliche Selbstverwaltung nur verstärkt würden", und „Hände weg von der Verwaltung der Betriebe, ehe die Wirtschaftsreform beginnt!" (siehe Dokument 20)

Die wichtigsten Ziele auch hier: Demokratisierung und Unabhängigkeit der Betriebe, Zerschlagung der Parteinomenklatura. Über den Einfluß der „Lubliner Gruppe" auf die Entwicklung der Arbeiterselbstverwaltungsorgane bzw. der Positionen zu diesen Fragen innerhalb von „Solidarność" kann von außen schwer geurteilt werden. Sicher ist er erheblich begrenzter als der des „Netzes"[21].

Ein von der „Lubliner Gruppe" wohl zu unterscheidender besonderer Vorstoß zur Durchsetzung der Arbeiterselbstverwaltung kam aus Lódź. Zbigniew Kowalewski (der zugleich Sekretär der „Lubliner Gruppe" war) formulierte ihn Anfang August 1981 in seiner Broschüre „Zur Taktik des aktiven Streiks" (siehe Dokument 21).

Aufgrund der Tatsache, daß die Regierung offensichtlich nicht bereit war, authentische Arbeiterselbstverwaltung einzuführen und aufgrund der Tatsache, daß passiven Besetzungsstreiks irgendwann der Atem ausgeht, wenn nichts zu holen ist, entwickelte Kowalewski die Strategie des aktiven Besetzungsstreiks. Das heißt, die Produktion soll während des Streiks in eigener Regie wieder aufgenommen werden, die

Arbeiterselbstverwaltung übernimmt die Leitung und erklärt die Unabhängigkeit des Betriebs. Sie bildet Arbeitergarden im Betrieb zu ihrer Verteidigung. Nach Beendigung des Streiks soll die Macht nicht mehr an diejenigen zurückgegeben werden, die sie vorher innehatten, sondern an die Organe der Arbeiterselbstverwaltung übergehen. Dieses Konzept war umstritten, denn nicht wenige befürchteten Chaos und Anarchie als Konsequenz. Andere, wie z.B. Grzegorz Palka (siehe Dokument 26), ebenfalls aus Lódź, erläuterten den aktiven Streik weniger im Sinn einer Machteroberung von unten, sondern mehr als notwendige Maßnahme für den Fall des Zusammenbruchs der gesamten Versorgung.

Anfang August, zum Zeitpunkt der Ausarbeitung der Taktik des aktiven Streiks, fanden in vielen Städten Polens große Hungermärsche statt, die Versorgung mit Lebensmitteln und anderen Gütern des täglichen Bedarfs war katastrophal. Überall im Land hingen Karikaturen, auf denen ein Totenkopf abgebildet war, unter dem zu lesen stand: „Der erste Effekt des Parteitags der PVAP". Mißtrauen und Haß gegenüber dem Regime waren die allgemeine Antwort darauf, daß von seiten der Partei und der Regierung einerseits kein eigener Ausweg aus der Krise gezeigt wurde und andererseits die Forderungen von „Solidarność" nicht erfüllt wurden. In dieser Situation und noch verstärkt im Herbst 1981, als immer deutlicher wurde, daß die Regierung sich auf eine reine Konfrontationslinie begab, gewannen solche Vorstellungen in Übereinstimmung mit einer allgemeinen Radikalisierung an Einfluß. Aus dieser Zeit stammt auch der Beschluß der Gewerkschaft, die Arbeit an den erkämpften freien Samstage wieder aufzunehmen, an diesem Tag aber in eigener Regie zu produzieren und die Produkte selbst zu verteilen[22].

Die Haltung von „Solidarność"

Das „Netz" und die „Lubliner Gruppe" waren die beiden aktivsten Initiatoren für die Schaffung der Selbstverwaltungsbewegung. Von seiten der Landeskommission der Gewerkschaft erfolgte hingegen lange keine offizielle Stellungnahme zur Notwendigkeit der Schaffung der Arbeiterselbstverwaltung. Schließlich unterstützte sie aber doch den Gesetzesentwurf des „Netzes".

Die Bewegung an der Basis war in den einzelnen Betrieben sehr unterschiedlich. Im Juli/August 1981 gab es in den meisten Betrieben (auch in den größeren wie z.B. der Lenin-Werft oder bei Ursus) noch keine funktionierende gewählte Arbeiterselbstverwaltung, sondern in der Regel vorbereitende Gründungskomitees oder Ausschüsse. Man kann wohl sagen, daß es sich zu diesem Zeitpunkt um eine Bewegung vor allem der Aktivisten und noch nicht der Massen der Arbeiter im

Betrieb handelte, jedoch um eine Bewegung, die von unten – aus den Reihen von „Solidarność" – initiiert wurde und nicht etwa von den zentralen Führungsgremien.

Bei aller Unterschiedlichkeit der Vorstellungen von „Netz" und „Lubliner Gruppe" entwickelte sich seit Juli/August 1981 eine enger werdende Zusammenarbeit: Es gab gemeinsame Treffen, man vertrieb gegenseitig die Dokumente; der vom „Netz" ausgearbeitete Entwurf für das gesellschaftliche Unternehmen wurde von der „Lubliner Gruppe" unterstützt, das „Netz" freundete sich mit dem Gedanken einer Koordinierung der Räte auf den verschiedenen Ebenen an. Beide gemeinsam ergriffen die Initiative zur Durchführung des 2. landesweiten Treffens der Vertreter der Arbeiterselbstverwaltungsorgane (das erste fand in Gdańsk statt), das am 7. August in Warschau stattfand und an dem über 1 000 Vertreter teilnahmen, die eine gemeinsame Resolution und einen Appell verabschiedeten (siehe Dokument 22). Später, am 17. Oktober 1981, kurz nach dem zweiten Teil des ersten Delegiertenkongresses von „Solidarność", wurde ein Gründungskomitee für die „Nationale Föderation der Selbstverwaltungsorgane" gebildet, zu dessen Vorsitzenden Hans Szyc gewählt wurde. Henryk Szlajfer arbeitete für dieses Komitee als Experte[23].

2.3 Kampf um eine authentische Selbstverwaltung – Der umstrittene Gesetzeskompromiß vom September 1981

Am 22. Juni hatte die Regierung dem Sejmmarschall zwei Gesetzentwürfe vorgelegt, einer über die staatlichen Unternehmen und einer über die Selbstverwaltung in den staatlichen Unternehmen[24]. Diese beiden Gesetze stießen auf vollständige Ablehnung bei den aktiven Selbstverwaltungsbefürwortern. Sie enthielten weder eine authentische Arbeiterselbstverwaltung, sondern eher vage Rechte der Beteiligung/ Mitbestimmung, noch garantierten sie die Unabhängigkeit der Unternehmen. Mit anderen Worten: Die Nomenklatura blieb erhalten. Es gab genügend Regelungen, die es erlaubten, enthaltene Zugeständnisse zu umgehen oder rückgängig zu machen. Als Beispiel seien kurz 3 Artikel aus den Gesetzentwürfen zitiert:

Artikel 1, Abs. 1 des SV-Gesetzes
„Die Belegschaft *nimmt* an der Unternehmensführung gemäß der in dem vorliegenden Gesetz beschriebenen Grundlagen *teil.*"

Artikel 9, Abs. 1 des SV-Gesetzes
„Die allgemeine Versammlung (der Beschäftigten) hat das Recht zur *Meinungsäußerung* in allen das Unternehmen betreffenden Angelegenheiten."

Artikel 26, Abs. 3 des Unternehmens-Gesetzes
„In der Verordnung über die Errichtung eines Unternehmens kann vorgesehen sein, daß den Direktor des Unternehmens der Belegschaftsrat ein- und abberuft. Die Einsetzung und Absetzung des Direktors bedarf der Genehmigung

des *Gründungsorgans*." (Anmerkung des Verfassers: Im Gründungsorgan haben stets die Vertreter der staatlichen Institutionen die Mehrheit inne.)[25]

Die Verwirklichung der im Rahmen der Diskussionen über Arbeiterselbstverwaltung und über Wirtschaftsreform geforderten „drei Selbst" (Selbstverwaltung, Selbständigkeit, Selbstfinanzierung) wurde nicht gewährleistet. In der Auseinandersetzung über diese beiden Gesetze wurde das Recht zur Ein- und Abberufung des Direktors durch die Arbeiterselbstverwaltung nicht zufällig zur zentralen Frage, denn in ihr drückt sich das Problem aus, wer letztlich bestimmt: die Arbeiter des Betriebs oder die Regierung. In dieser Hinsicht wollten die aktiven Befürworter der Arbeiterselbstverwaltung keine Zweideutigkeit hinnehmen. Das „Netz" legte bereits am 11. Juni im Sekretariat des Sejm einen eigenen alternativen Gesetzentwurf über „Das *gesellschaftliche* Unternehmen" vor. Zur Charakterisierung der wesentlichen Unterschiede seien auch hier drei Artikel kurz zitiert.

„Das gesellschaftliche Unternehmen bildet das Grundelement der Volkswirtschaft und führt seine Tätigkeit selbständig nach den Grundsätzen der wirtschaftlichen Rentabilität durch. Es stellt eine juristische Person dar und umfaßt eine organisierte Belegschaft, die über die Organe der Arbeiterselbstverwaltung den Teil des gesamtstaatlichen (Volks-)Eigentums verwaltet, der ihr anvertraut ist."
Artikel 10, Abs. 1 und 7
„Die Belegschaft verwaltet das Unternehmen über ihre Selbstverwaltungsorgane."
„Der Direktor des Unternehmens leitet als Ausführender der Beschlüsse der Selbstverwaltung das Unternehmen entsprechend der Ein-Person-Leitung."
Artikel 42, Abs. 1 und 3
„Der Direktor wird vom Arbeiterrat nach einer öffentlichen Ausschreibung berufen."
„Der Rat entläßt den Direktor vor Ablauf der Amtszeit im Falle der nichterteilten Entlastung." (siehe Dokument 23)

Die Auseinandersetzung um die gesetzliche Fixierung der Rechte der Arbeiterselbstverwaltung wird von den Vertretern des „Netzes" und der „Lubliner Gruppe" mit gleichlautenden Argumenten geführt. Denn hier geht es in erster Linie um die Unabhängigkeit der Betriebe von der zentralen Bürokratie, von dem System der „Anweisung und Zuteilung", darum, daß die ASV-Organe nicht am verlängerten Arm der Bürokratie verkümmern.

In seiner ersten Sitzungsperiode schloß sich der 1. Delegiertenkongreß von „Solidarność" der Kritik der Aktivisten der Arbeiterselbstverwaltung an den Gesetzentwürfen der Regierung an. In der verabschiedeten Resolution verteidigt der Kongreß die Position der authentischen Arbeiterselbstverwaltung und fordert ein landesweites Referendum über die Kompetenzen der Arbeiterräte. Die Resolution droht mit Boykott, wenn das Gesetz in einer Form verabschiedet werden sollte, die den Willen der Arbeitenden verletzt (siehe Dokument 34).

Aber die Regierung hatte es mit diesen Gesetzen eilig und zeigte darüber hinaus kein Interesse, auf die erhobenen Forderungen einzugehen. Unmittelbar vor der zweiten Sitzungsperiode des Delegiertenkongresses verabschiedete der Sejm am 25. September die beiden Gesetze[26]. Der Sejm hatte allerdings (ein erstaunlicher Vorgang in Polen) selbstverantwortlich und in Verhandlungen mit der Landeskommission von „Solidarność" nicht nur unwesentliche Veränderungen an den Regierungsentwürfen vorgenommen. In der zentralen Frage: wer wählt den Direktor? wurde jedoch eine Lösung gefunden, die nach wie vor nicht den Forderungen entsprach. Im verabschiedeten Gesetz heißt es:

Artikel 34, Abs. 1-3 des Unternehmens-Gesetzes
„Der Direktor des staatlichen Unternehmens wird vom Gründungsorgan *oder* vom Beschäftigtenrat berufen und abberufen. Bei Berufung oder Abberufung des Direktors steht diesen Organen gegenseitig das Recht zu einem begründeten Widerspruch innerhalb der nicht zu überschreitenden Frist von zwei Wochen zu.
2. Der Ministerrat legt im Wege einer Verordnung und in Übereinstimmung mit den Gewerkschaften eine Liste von Unternehmen fest, die von fundamentaler Bedeutung für die Wirtschaft sind, in ihnen wird der Direktor durch das Gründungsorgan gemäß Abs. 1 berufen und abberufen.
3. Der Direktor eines öffentlichen Versorgungsunternehmens wird durch das Gründungsorgan gemäß Abs. 1 berufen und abberufen."

In anderen vorgenommenen Änderungen werden z.B. die Rechte der Vollversammlung der Beschäftigten erweitert von dem Recht auf Meinungsäußerung auf die Rechte, über das Statut des Unternehmens abstimmen (Art. 17 Abs. 2) und den Plan für das Unternehmen verabschieden zu können (Art. 46, Abs. 2). Nach Art. 23 Abs. 1 und Art. 11 Abs. 2 kann der Arbeiterrat entscheidenden Einfluß auf die Frage der Vereinigung von Betrieben nehmen. Ebenfalls neu werden im Art. 1 die „drei Selbst" positiv formuliert. Obwohl alle diese Abänderungen nicht unwesentlicher Natur waren, wurden doch die wichtigsten nicht im Sinne der Forderungen von „Solidarność" gelöst, zumal die Liste der Betriebe, in denen das Gründungsorgan den Direktor beruft und abberuft, vom Ministerrat festgelegt werden sollte. Die Landeskommission − zwar in minimaler Besetzung − hatte diesem Kompromiß zugestimmt, offensichtlich ohne sich vorher mit größeren Teilen der Organisation oder ASV-Befürwortern abzustimmen. Dieses Vorgehen führte zu heftigen Auseinandersetzungen auf dem Kongreß.

Die Vertreter des „Netzes" hatten unmittelbar vor dem Kongreß ein Treffen, auf dem sie sich auf keine einheitliche Stellungnahme einigen konnten. Einige, wie z.B. Vertreter der Warski-Werft Szczecin (Stettin) plädierten für Ablehnung und Boykott, andere hielten das Ergebnis für schlecht, plädierten aber für Ausnutzung des Gesetzes und Konzentration auf den Kampf um die Festlegung der Liste der ausgenommenen Betriebe. Letzteres war auch die Haltung von Kuroń, Modzelewski und Michnik. Gwiazda dagegen hielt die Zustimmung für „einen historischen Fehler". Ergebnis: das „Netz" einigte sich nicht auf ein gemeinsames Vorgehen[27]. Auf dem Kongreß selbst wurde zwar starke Kritik laut, aber zunächst wurde der Kompromiß hingenommen. Erst im Lauf der Diskussionen setzte sich mehrheitlich die Kritik durch.

Der Kongreß verabschiedete eine von Delegierten aus Łódź eingebrachte Resolution; er verwarf zwar nicht das ganze Gesetz, forderte aber Abänderungen an dem Gesetz und kündigte die Durchführung eines Referendums an (siehe Dokument 35). Jacek Merkel, führender Vertreter des „Netzes", setzte sich mit seinem Kompromißvorschlag, die Landeskommission solle nach sechs Monaten die Situation überprüfen und erst dann über ein Referendum entscheiden, nicht durch.

Die in der Resolution genannten fünf Kritikpunkte beziehen sich auf: 1. vollständige betriebliche Selbstverwaltung; 2. die alleinige Kompetenz des Arbeiterrates über die Ausschreibungskommission; 3. das Gründungsorgan soll nur in Rüstungsbetrieben und in Betrieben, die dem Finanzministerium bzw. dem Justizministerium unterstehen, Vorrang haben; 4. das Gründungsorgan soll dem Unternehmen nur im Falle von Naturkatastrophen und zwingenden Erfordernissen der Landesverteidigung feste Aufgaben von außen aufzwingen können; 5. der Anschluß an einen Verband von Unternehmen soll nur im unter 3. genannten Fall möglich sein.

Abschließend wurden die Betriebsorganisationen dazu aufgerufen, authentische Arbeiterräte auf der Basis der Gewerkschaftspositionen zu gründen. Auf Grundlage dieses Beschlusses, der den ASV-Organen auch die volle Unterstützung der Gewerkschaft aussprach, nahm am 17. Oktober das Gründungskomitee für eine „Nationale Föderation der Selbstverwaltungsorgane" seine Arbeit auf. H. Szlajfer arbeitete im Auftrag der Region Oberschlesien eine Instruktion für die Arbeiterräte zum Umgang mit den verabschiedeten Gesetzen aus, ohne die Positionen von „Solidarność" aufzugeben (siehe Dokument 25).

Die Landeskommission verfolgte die Durchführung des Referendums nur zögernd. Andere Auseinandersetzungen mit der Staatsmacht standen im Vordergrund. Nach dem Militärputsch wurden die Arbeiterselbstverwaltungsgesetze suspendiert.

2.4 Die Diskussionen vor und auf dem Gewerkschaftskongreß

Im Laufe des Sommers 1981 wurde die Forderung nach Selbstverwaltung Bestandteil der strategischen Vorstellungen der meisten Gruppierungen in „Solidarność", die ihr jedoch einen unterschiedlichen Stellenwert zuerkannten.

Von Juli/August gibt es zwei Diskussionen über die weitere Perspektive, eine in der Landeskommission und eine in der Zeitschrift Robotnik, in denen die Frage der Arbeiterselbstverwaltung eine zentrale Rolle spielt (siehe Dokument 26).

Rulewski, Vorsitzender des Regionalkomitees von „Solidarność" in Bydgoszcz, zeigte sich als einziger Gegner der Arbeiterselbstverwaltung. Sein grundlegendes Argument besagt, daß solange nicht das gesamte Machtsystem geändert und keine Unabhängigkeit des Landes erreicht sei, die Arbeiterselbstverwaltung von vornherein zum Scheitern verurteilt wäre. Darüber hinaus liege Apathie und Gruppenegoismus in der Natur der Arbeiter. Ihnen fehle die Kompetenz in fachlicher Hinsicht, ohne die seien aber Unternehmen nun einmal nicht zu leiten. Rulewski spricht hiermit sicher die Gedanken vieler aus, aber die Mehrheit in „Solidarność" entscheidet sich durch die Festlegung ihres Programms anders.

Von den Vorstellungen des „Netzes" und der „Lubliner Gruppe" war schon die Rede. Milewski, Sekretär des „Netzes", hält zwar an der großen Bedeutung der Arbeiterselbstverwaltung fest, sieht sie aber vor allem auf Betriebsebene. Eine effektive Zentralisierung der gesamtgesellschaftlichen Vorstellungen möchte er nicht in einem Wirtschaftsparlament sehen, sondern in einem durch freie Wahlen reformierten Parlament. Konsequent plädiert er daher auch für die Schaffung politischer Parteien; in Gdańsk gibt es schon die Anfänge der „Partei der Arbeit". Gegen beide Richtungen wenden sich in diesen Diskussionen besonders eindringlich Kuroń und Geremek. Beide verteidigen das Konzept der „sich selbst beschränkenden Revolution" im Hinblick auf die Interventionsgefahr der Sowjetunion. Beide verteidigen die Selbstverwaltungsbewegung als eine Möglichkeit zur Aktivierung und unmittelbaren Einbeziehung der Massen, als eine Möglichkeit, der Wirtschaftsreform zum Durchbruch zu verhelfen, als eine Möglichkeit, ein Anti-Krisen-Programm zu entwickeln. Sie begreifen Selbstverwaltung nicht als auf die Betriebe zu beschränkende Erscheinung, sondern „als ein politisches Programm mit dem Ziel eines neuen gesellschaftlichen Systems" (Kuroń). Sie sehen eine zweite Kammer – die Selbstverwaltungskammer – als Instrument der Veränderung der staatlichen Institutionen, als Mischung des parlamentarischen und Rätesystems, auch als Koexistenz zwischen der Macht und der Gesellschaft. Zwar spricht sich Kuroń für die Entwicklung einer politischen Programmatik aus, für die Gründung von „Klubs der selbstverwalteten Republik", die aber im Rahmen von „Solidarność" verbleiben und agieren sollen.

Es zeigt sich, daß die Forderung nach Arbeiterselbstverwaltung in Polen nicht „einfach" die Wiederholung einer Forderung der Arbeiterbewegung ist, wie sie seit deren Entstehung existiert. Obwohl es Tatsache bleibt, daß sich in allen revolutionären Erhebungen, an denen die Arbeiterklasse beteiligt war, spontan Arbeiterräte gebildet haben und immer wieder bilden werden, als Formen des Klassenkampfes, in denen sich die gesamte Klasse (natürlich durch ihre aktivsten Elemente) ausdrücken kann. In Polen wird die Forderung nach Arbeiterselbstverwaltung allerdings auf der Grundlage der Erfahrung des Schicksals der Arbeiterräte im „realen Sozialismus" erhoben.

Wie in den Zeiten der russischen und der deutschen November-Revolution geht es um Kampf- und Machtorgane zugleich. Als Machtorgane sind die Arbeiterräte im alten Sinn diskreditiert. Sie boten keine Barriere gegen die totalitäre Machtergreifung einer lediglich ihre eigenen Machterhaltungsinteressen verteidigenden Parteioligarchie.

Im verabschiedeten Programm von „Solidarność" erhält die Arbeiterselbstverwaltung einen neuen und anderen Stellenwert im Rahmen eines Gesamtkonzepts der dezentralisierten selbstverwalteten Republik. Arbeiterselbstverwaltung ist ein Element, das sich mit der Selbstverwaltung auf dem Land, in den Universitäten und wissenschaftlichen Zentren, im Gesundheitswesen und anderen Institutionen verbindet. Selbstverwaltung soll es vor allem auch auf der Ebene der Nationalräte — der territorialen Selbstverwaltung — geben.

Für „Solidarność" geht es um Volksherrschaft. Im verabschiedeten Programm heißt es: „Wir erkennen die Volksherrschaft als einen Grundsatz an, von dem wir freiwillig nicht abgehen werden. Volksherrschaft kann keine Herrschaft von Gruppen sein, die sich über die Gesellschaft stellen und sich das Recht aneignen, über Bedürfnisse und über die Interessenvertretung der Gesellschaft zu entscheiden. Die Gesellschaft muß die Möglichkeit haben, uneingeschränkt ihre Stimme zu erheben und die Verschiedenartigkeit gesellschaftlicher und politischer Ansichten hervorzubringen: Sie muß die Möglichkeit haben, sich in einer solchen Weise zu organisieren, die jedem einen gerechten Anteil an den materiellen und geistigen Gütern des Volkes und die Entfaltung eines jeden nach seiner Möglichkeit und seinen schöpferischen Kräften sichert. Wir wollen eine wirkliche Vergesellschaftung des Verwaltungs- und Wirtschaftssystems. Deshalb streben wir ein selbstverwaltetes Polen an" (siehe Dokument 37). Der Aufbau einer solchen selbstverwalteten Republik bedeutet die Dezentralisierung und Einschränkung der Funktion des Staatsapparats. In diesem Konzept sind die Klassenbeziehungen in einer umfassenderen und differenzierteren Weise geregelt und es hat einen starken emanzipatorischen, antistaatlichen Anspruch. Grundlage der selbstverwalteten Republik bleibt die authentische Arbeiterselbstverwaltung (These 20 des verabschiedeten Programms), und auch in der Praxis in Polen sind die Arbeiter die hauptsächlichen Träger der Bewegung. Im „sowjetischen System" starb der Staat nicht ab, sondern wurde unumschränkter Herrscher, abgestorben sind dagegen die Arbeiterräte. Die selbstverwaltete Republik ist auf neuer Stufe, unter den Bedingungen der Existenz des „realen Sozialismus", ein Versuch, den Staat zu entmachten. Dies ist das

Programm. Also Papier. Es wäre naiv, anzunehmen, daß alle „Solidarność"-Mitglieder eine solche Interpretation des Programms teilen. Aber es ist doch immerhin Programm und nicht nur vereinzelte Meinung, interessant und relevant nicht nur für andere Länder Osteuropas, sondern auch für diejenigen, die innerhalb der basisdemokratischen, der Gewerkschafts- und der Ökologiegewegung bei uns die Dogmen des Etatismus überwinden wollen.

Anmerkungen

1 Tadeusz Mazowiecki, Die Aufgaben von Solidarność, Oktober 1980, zit. nach der französischen Übersetzung, in: L'Alternative, Pologne, a.a.O., S. 81.
2 Forum August 80, „Über die selbstverwaltete Gesellschaft" und „Thesen zum Aktionsprogramm"; deutsche Übersetzung in: Inprekorr, Nr. 130, 12.2.1981, Frankfurt/M.
3 MKZ Solidarność Gdańsk, Warum Arbeiterräte wählen? Französische Übersetzung in: L'Alternative, Pologne, a.a.O., S. 136 f.
4 H. Gabrisch, Wirtschaftsreform in Polen: Notwendigkeit, Grenzen und Möglichkeiten, Berichte des Bundesinstituts für ostw. und intern. Studien, Nr. 13, Köln 1981, S. 14; siehe auch: P.M.v.d. Lippe/V. Heese, Die gegenwärtigen Bemühungen um die Wirtschaftsreform in Polen, in: Osteuropa-Wirtschaft, H. 4, 1981.
5 Umfrage des Zentrums für soziale Studien bei Solidarność. Zusammenfassung von J. Strzelecki, zit. nach: L'Alternative, Pologne, a.a.O., S. 134.
6 Agencja Prasowa Solidarność (AS), Nr. 5, Februar 1981, zit. nach: L'Alternative, Pologne, a.a.O., S. 134.
7 Diese Betriebe werden vom „Netz" im Kommuniqué Nr. 8 vom 30.7.1981 selbst aufgezählt.
8 Das Kommuniqué der Landeskommission vom 28.5.1981 ist abgedruckt in: Kommuniqué Nr. 5, Poznań, 3.6.1981, hrsg. vom „Netz".
9 „Die Gewerkschaften und die Arbeiterräte" in: NTO, Monatszeitschrift von NSZZ Solidarność Masowsze, Warschau, Juli 1981, zit. nach der englischen Übersetzung von Intercontinental Press.
10 Kania in seiner Eröffnungsrede vor dem 9. Parteitag der PVAP, in: Dokumentenband des 9. Parteitags, Verlag Interpress, Warschau 1981.
11 Jerzy Strzelecki in einem Interview, abgedruckt in einer Materialsammlung vom „Netz", zit. nach: express, Sondernummer Polen, Frankfurt/M. 1981, S. 4.
12 Statuten der Arbeiterselbstverwaltung in: Journal für Sozialforschung, H. 1/2, Wien 1982 (englisch).
13 „13 Thesen über die Arbeiterselbstverwaltung", vom „Netz" verabschiedet auf einer Versammlung vom 11.-13. Mai 1981 in der Lenin-Hütte Kraków, abgedruckt in: Agencja Prasowa Solidarność (AS), Nr. 16, Warschau 12.5.1981.
14 Vgl. Jakubowicz in: Agencja Prasowa Solidarność (AS), Warschau 15.-30. März 1981, S. 305, sowie seinen Diskussionsbeitrag in Dokument 16.

15 Vgl. den Abschnitt: „Die Diskussionen vor und auf dem Kongreß" in diesem Kapitel.
16 Diese Interpretation stützt sich auch auf Diskussionen mit den Vertretern dieser Positionen, bei denen im Unterschied zu anderen „Netz"-Vertretern deutlich wurde, daß sie eine mögliche Monopolisierung der Arbeiterräte durch die technische Intelligenz und deren Interessen als Gefahr sahen und ihr entgegenwirken wollten.
17 Vgl. Bericht über das Treffen des „Netzes" am 25./26. August 1981 in Ursus, abgedruckt in: Agencja Prasowa Solidarność (AS), Nr. 33, Warschau 1981.
18 Vgl. Zbigniew Kowalewski: „Solidarność für Arbeitermacht", Artikel vom 5. Februar 1982, geschrieben im Exil in Paris, abgedruckt in: Inprekorr, Frankfurt, Nr. 3/1982: „Die meisten Experten des Netzes und einige Mitglieder von Solidarność, die unter ihrem Einfluß standen, waren hingegen Vertreter einer Marktwirtschaft und für Konkurrenz zwischen den Betrieben. Auch zeigten sie sich oft als Gegner, wenn radikale Initiativen sich von seiten der Selbstverwaltungsbewegung entwickelten. Sie vertrauten mehr auf die parlamentarische Demokratie als auf die der Arbeiterräte, und sie wollten sich eher auf die technischen Kader als auf die Arbeiter selbst stützen." (S. 13).
19 Ebenda, S. 15: „Einer der einflußreichsten Experten der Landeskommission erklärte während eines Gewerkschaftstreffens in Lublin am 4. Dezember, der aktive Streik sei eine von den Ultralinken und den Trotzkisten verbreitete Idee, ein wohlklingendes Wort, von dem niemand so genau weiß, was es bedeuten soll."
20 Vgl. Samozad 2, Jahrgang 1, Informationsblatt der Arbeitsgruppe für eine überregionale Initiative der Zusammenarbeit der Arbeiterselbstverwaltungsorgane, Lublin, 3. Oktober 1981, S. 41 ff.
21 Wir danken Anke Walendzik, die längere Zeit in Polen lebte und studierte und selbst eine Examensarbeit über die Entwicklung der Arbeiterselbstverwaltung schreibt, für ihre wertvollen Hinweise, insbesondere zur Entwicklung des „Netzes" und der „Lubliner Gruppe".
22 „Einen Tag pro Woche Selbstverwaltung" von C. Ky, Gdańsk 13. August 1981. Französische Übersetzung in: Libération, „500 jours de liberté, qui ébranlèrent le communisme", Paris 1982, S. 131.
23 Vgl. Berichte in Agencja Prasowa Solidarność (AS), Nr. 45 und 47, Warschau, Oktober 1981.
24 Der vollständige Text der Regierungsentwürfe ist abgedruckt in: Arbeitsberichte zum Systemvergleich, Philips-Universität Marburg, Nr. 3, Mai 1982.
25 Ebenda.
26 „Gesetz über die staatlichen Unternehmen" (25. September 1981) und „Gesetz über die Selbstverwaltung der Belegschaft des staatlichen Unternehmens" (25. September 1981) in: Arbeitsberichte zum Systemvergleich, Nr. 3, Mai 1982, Marburg.
27 Vgl. Bericht über das Treffen des „Netzes" vom 26./27. September 1981 in: Agencja Prasowa Solidarność (AS), Nr. 40, Warschau 1981.

DOKUMENT 15

Zehn Bedingungen für die Erneuerung der Arbeiterselbstverwaltung

1. Die Belegschaft des Unternehmens ist das souveräne Subjekt der Arbeiterselbstverwaltungsorgane; nur ihr offen erklärter Wille kann die Grundlage für seine Erneuerung sein.

Solidarność ist interessiert an der Erneuerung von selbstverwalteten Organen der Arbeiter. Sie ist unerläßlich:
a) um die Beteiligung der Belegschaft an der Leitung des Unternehmens zu sichern, was die Gewerkschaft nicht übernehmen kann;
b) um das Land aus der tiefen Wirtschaftskrise zu führen;
c) damit die Gesellschaft im Sinne wirklicher gesellschaftlicher und wirtschaftlicher Reformen Druck ausüben kann.

Die mögliche Bildung von Arbeiterräten kann nur durch die Belegschaft selbst erfolgen und erfordert eine gründliche Vorbereitung.

2. Die sofortige Beseitigung der Konferenzen für Arbeiterselbstverwaltung (KSR) ist die unerläßliche Voraussetzung für eine authentische Selbstverwaltung.

Die KSR wurde geschaffen, wie die Erfahrung gezeigt hat, um die Arbeiterselbstverwaltung zu zerstören und nicht, um sie weiterzuentwickeln. Ihre Manipulierung durch die Partei (der erste Sekretär des Betriebskomitees der PVAP ist gleichzeitig Präsident der KSR!) und durch die Verwaltung hat sie in den Augen der Arbeiter kompromittiert. Das Modell der KSR hat daher keinen Wert für die Zukunft.

3. Die Mitglieder eines authentischen Selbstverwaltungsorgans werden von der Belegschaft, und nur von ihr, gewählt; der Arbeiterrat muß in seinen Entscheidungen unabhängig sein.

Die selbstverwalteten Organe der Arbeiter sind grundlegend dadurch definiert, daß die Belegschaft ihre Angelegenheiten in die eigenen Hände nimmt. Das heißt, daß
a) sie allein oder durch ein von ihr gewähltes Organ über die wichtigsten Angelegenheiten des Unternehmens entscheidet, und zwar in geheimer, direkter und allgemeiner Abstimmung;
b) sie in ihren Entscheidungen unabhängig ist.

Dieser Aufgabenbestimmung entspricht nur ein Arbeiterrat, der ein Vertretungsorgan der gesamten Belegschaft ist. Jede andere Organisationsform, wie z.B. Kontrollkomitees, kann eventuell neben, aber niemals an Stelle der Selbstverwaltungsorgane gebildet werden.

4. Die Arbeiterselbstverwaltung hat keine Existenzgrundlage, wenn sie nicht durch die Autonomie der Betriebe abgesichert wird.

Die Organe, die ein autonomes Unternehmen leiten, d.h. die die volle wirtschaftliche Autonomie besitzen, fassen selbst alle Entscheidungen, die das Unternehmen betreffen mit Ausnahme derjenigen, die eindeutig und auf demokratische Weise (d.h. durch das Gesetz) der Zentralmacht vorbehalten sind. Die Autonomie der Unternehmen erfordert eine authentische Wirtschaftsreform. Die Abschaffung des gegenwärtigen Systems von Anweisung und Zuteilung wird ernsthaften strukturellen Reformen vorhergehen müssen. Die Autonomie der Unternehmen wird nur in einer kurzen Periode der Umwandlung, bis zur Einführung der Reform, gewissen Beschränkungen unterliegen können. Solange diese Autonomie nicht tatsächlich vorhanden ist, wird der Arbeiterrat nur in den Angelegenheiten Verantwortung übernehmen, in denen das Unternehmen und die Räte entscheiden können.

5. Nur die Gewerkschaft ist in der Lage, die notwendigen Aktivitäten für die Einrichtung der Selbstverwaltungsorgane in den Betrieben vorzubereiten.

Solidarność kann und muß die Bildung der Arbeiterräte unterstützen. Im Einvernehmen mit anderen gewerkschaftlichen Organisationen muß Solidarność die Bildung der Selbstverwaltungsorgane durch Erläuterungen für die Belegschaft vorbereiten, muß in dieser Frage eine Entscheidung herbeiführen, provisorische Statuten vorbereiten und Wahlen so durchführen, daß alle Gruppen der Beschäftigten das Recht haben, Kandidaten vorzuschlagen und im Rat vertreten zu sein.

6. Die Belegschaft und der Arbeiterrat legen die Politik des Unternehmens fest, d.h. sie fassen die wichtigsten Entscheidungen über seine Produktion und Entwicklung.

Die Kompetenzen der Selbstverwaltungsorgane sind die folgenden:
– Wahl der Entwicklungsstrategie durch Aufstellen von Produktionsplänen und -programmen;
– Regelung der Lohn- und Sozialpolitik des Unternehmens im Einvernehmen mit der Gewerkschaft;
– Kontrolle der Tätigkeit der Direktion.

7. Die Ernennung und Absetzung des Direktors ist Aufgabe des Arbeiterrats.

Der Direktor ist Ausführungsorgan des Arbeiterrats. Seine Wahl findet prinzipiell auf dem Wege des Wettbewerbs statt. Der Minister, dem das Unternehmen unterstellt ist, hat das Recht, bei Wahl oder Absetzung des Direktors Berufung einzulegen. Im Konfliktfall wird die Angelegenheit auf dem Verhandlungsweg oder durch Schiedsspruch geklärt.

Die Kompetenzaufteilung zwischen Rat und Direktor, der in voller Verantwortung den Produktionsprozeß leitet, muß von beiden Seiten streng respektiert werden.

8. Das Recht auf Information hat große Bedeutung für die Belegschaft.

Grundlegende Bedingung für eine gute Arbeit des Arbeiterrats und Garantie gegen eine Bürokratisierung sind eine enge Verbindung zur Belegschaft, ihre Unterrichtung über die Vorgänge, die sich im Unternehmen abspielen, über die Arbeit und die Absichten des Rats. Hier hat Solidarność eine wichtige Rolle zu spielen. Der freie Zugang des Arbeiterrats zu allen Dokumenten, die das Unternehmen betreffen, ist die grundlegende Bedingung für die Kontrolle der Wirtschaftsführung. Der Rat verfügt über alle Informationsmedien des Unternehmens, wie Radio, Betriebszeitung usw.

9. Die Arbeiterräte haben das Recht, sich auf lokaler und regionaler Ebene zu koordinieren und zusammenzuarbeiten.

Es handelt sich hier nicht darum, eine hierarchische Organisation der Arbeiterräte zu schaffen, sondern um das Recht, Erfahrungen auszutauschen und je nach Bedarf, die Tätigkeit zu koordinieren.

10. Die Bildung einer Selbstverwaltungskammer (oder „zweiten Kammer") des Parlaments ist die Bedingung, die den Arbeiterräten und anderen Selbstverwaltungsorganen einen direkten gesellschaftlichen Einfluß auf die zentralenwirtschaftlichen Entscheidungen garantieren wird.

Die Verwirklichung dieser Forderung wird die Entwicklung einer direkten Form von Demokratie fördern, die Bedingung für die Entwicklung gesellschaftlicher Selbstverwaltung ist. Außerdem kann sie die ökonomischen Debatten im Parlament verbessern und damit auch die Entscheidungen des höchsten Vertretungsorganes.

NSZZ Solidarność, Arbeitsgruppe zur Arbeiterselbstverwaltung,
Warschau, März 1981

(Übersetzung aus dem Französischen nach: L'Alternative, Pologne – Le Dossier de Solidarité, Paris, Dezember 1981, S. 135/136, von B. Büscher.)

DOKUMENT 16

Diskussion zwischen Vertretern von Betrieben der Region Warschau über Arbeiterselbstverwaltung

Am 9. März hat eine Arbeitsgruppe für Fragen der Arbeiterselbstverwaltung der Region Mazowsze im Betrieb „Rosa Luxemburg" eine Diskussion organisiert, an der Vertreter der größten Betriebe von Warschau teilgenommen haben. Im folgenden fassen wir die wichtigsten Beiträge zusammen:

Kazanczuk (ZWAR): In dieser Fabrik hat der Sekretär des Betriebskomitees der PVAP versucht, die KSR zu reaktivieren, ohne jedoch deren Kompetenzen festzulegen. Solidarność hat die Auflösung der KSR gefordert. Schließlich hat man eine Kommission gebildet, die eine Regelung für die Arbeiterselbstverwaltung ausarbeiten soll, die sichtbar auf ein Gesetz über die Gewerkschaften und die Selbstverwaltung hofft. (...)

Obwohl viele Gewerkschafter in der Selbstverwaltung eine Bedrohung von Solidarność sehen, scheint sie unvermeidbar zu sein. Er ist der Meinung, daß das Selbstverwaltungsprogramm sehr viel radikaler sein muß als das, was am 6. März 1981 in Trybuna Ludu veröffentlicht wurde[1]. Er ist gegen die Bildung solcher Organe, wenn nicht vorher die damit angestrebten Ziele klar definiert werden.

Sadurski (Warschauer Stahlwerk): Im Stahlwerk hat man Solidarność vorgeschlagen, sich neben Vertretern des Betriebskomitees der PVAP, der sozialistischen polnischen Jugendorganisation, der Branchengewerkschaften und der technisch-wissenschaftlichen Organisationen an einem Organ zu beteiligen, das die kompromittierte KSR ersetzen soll. Solidarność hat abgelehnt, denn entsprechend ihrem Statut hat die Gewerkschaft kein Recht, sich an der Leitung des Betriebs zu beteiligen und Verantwortung für die wirtschaftlichen Ergebnisse des Betriebes zu übernehmen; andererseits hat sie einige Experten mit Beobachterstatus in die alte KSR entsandt.

Zawadzki (Foton): Auf Vorschlag der Belegschaft hat Solidarność die Initiative zur Organisierung der Selbstverwaltung ergriffen. Es wurde eine Redaktionskommission gebildet, um das Statut und die Wahlordnung auszuarbeiten; die Entwürfe werden einem Referendum im Betrieb zugrundegelegt. Sie unterscheiden sich in folgenden Punkten vom Entwurf, der in Trybuna Ludu veröffentlicht wurde: Die Direktion hat weder Stimmrecht noch kann sie Kandidaten für den Rat vorschlagen, das Präsidium gemäß dem Gesetz über die Räte von 1956 hat keine Rechte außerhalb der Verwaltungssitzungen. (...)

Sadkowski (Polfa Tarchomin): Die KSR ist formell aufgelöst worden, und es wurde auf einer Belegschaftsversammlung eine gesellschaftliche Kommission (die aus Vertretern aller Abteilungen besteht) gebildet, die vor allem Informationen verbreiten und ein Statut für die Selbstverwaltung erarbeiten soll. In diesem Entwurf wird das Unternehmen vom Rat geführt; andererseits erfüllt der Direktor leitende Funktionen – der vom Arbeiterrat ernannt wird. Im Augenblick wird das gewählt, was das höchste Machtorgan des Betriebs sein wird: die Vollversammlung der Delegierten des Betriebes.

Rachowski (FSO): Der Belegschaft werden zwei Selbstverwaltungsstatuten zur Abstimmung vorgelegt; das erste ist von mehreren Organisationen (unter anderem der Metallarbeitergewerkschaft, PTE, NOT, SZMP, dem juristischen Büro des Stahlwerks) unter Beteiligung von drei Mitgliedern von Solidarność als Beratern erarbeitet worden; das zweite wurde von NSZZ „Solidarność" vorbereitet. Die beiden Gruppen stimmen darin überein, daß das Selbstverwaltungsstatut nicht der gegenwärtig gültigen Gesetzgebung entsprechen kann. Wichtige Differenzen zwischen beiden Dokumenten gibt es bezüglich der Rechte des Direktors.

Tomaszewski (Depot Inflancka-Straße): Der Regierungsentwurf hat unter der Belegschaft Befürchtungen hervorgerufen. Man hat Angst, daß die gegenwärtige Selbstverwaltung dem Schicksal derjenigen von 1956 nicht entgehen würde. Man meint jedoch, daß die Selbstverwaltung notwendig ist, um die Macht und die Beteiligung der Arbeiter zu verstärken.

Jakubowicz (Privatdozent): Spricht über die zehn Punkte des Entwurfs, der von der Gruppe für die Fragen der ASV in der Region Mazowsze erarbeitet wurde. Entsprechend dem ersten Punkt gibt er zu bedenken, daß sich Solidarność deswegen die Mühe macht, die Selbstverwaltung zu organisieren, weil sie selbst über deren Form entscheiden soll. Er beharrt darauf, damit gesichert ist, daß die Selbstverwaltung von der Belegschaft ausgehen wird. Zu Punkt 3 besteht er auf der Unabhängigkeit der Selbstverwaltung von der Direktion und den Parteiinstanzen (in der letzten Variante der Wirtschaftsreform werden die Arbeiterräte verpflichtet, bei jeder Entscheidung die Parteiorganisation zu konsultieren).

Bezüglich des Punktes 4 gibt er zu bedenken, daß die Basis für den Erfolg der Selbstverwaltungsidee die Autonomie der Betriebe ist, was die Wirtschaftsreform einleiten müßte; und er fügt hinzu, daß sich auch in den Industrievereinigungen Arbeiterräte bilden müßten. Sie könnten von den Vertretern der Belegschaftsdelegierten bei der Vereinigung gebildet werden.

Zu Punkt 6: Er gibt zu bedenken, daß die Entscheidungen von der gesamten Belegschaft getroffen werden müssen und, wenn man ein Präsidium wählt, müssen seine Kompetenzen genau festgelegt werden, um nicht die Fehler der KSR zu wiederholen.

Zu Punkt 7: Der Direktor muß (wie im Entwurf von 1956) auf dem Wege des Wettbewerbs gewählt werden. Er hält es für angebracht, eine Stelle zu schaffen, die die Konflikte zwischen der Direktion des Unternehmens, der Belegschaft und dem Arbeiterrat löst.

Zu Punkt 8: Es ist notwendig, das Informationsmonopol zu brechen, eine nur teilweise Informierung der Belegschaft ermöglicht eine unkontrollierbare Machtstellung der Direktion.

Zu Punkt 9: Die Zusammenarbeit zwischen den verschiedenen Arbeiterräten einer Region wird notwendig sein. (Das Fehlen dieser Zusammenarbeit war einer der Gründe für das Scheitern der Räte von 1956.)

Zu Punkt 10: Er unterstützt die Idee einer Vertretung der Arbeiterräte im Parlament in Form einer zweiten Kammer. Er meint, daß dies die Arbeiterselbstverwaltung stärken würde.

Bak (Electromontaj): Er unterstreicht ausdrücklich, daß nur ein Rat der Selbstverwaltung, nicht einer der Mitbestimmung, Existenzberechtigung hat.

Er unterstützt Jakubowicz bei den Punkten 4 bis 7. Er ist dagegen nicht einverstanden mit dem Vorschlag einer zweiten Kammer. Er denkt, daß es realistischer sein wird, der Selbstverwaltung das Recht zu sichern, eigene Kandidaten für das Parlament und die Nationalräte zu stellen.

Kalicki (Waryriski): Er berichtet, daß in seinem Betrieb gerade Wahlen zur Selbstverwaltung stattfinden; für ihn muß das möglichst schnell organisiert werden, damit man der Regierung eine umfassende Wirtschaftsreform abnötigen kann: das ist die Rolle von Solidarność.

Cerski (Polimex-Cekop): Er ist mit dem Vorredner nicht einverstanden. Er ist der Meinung, daß Solidarność auf höchster Ebene die rasche Einführung von Gesetzen zur Wirtschaftsreform und zur Arbeiterselbstverlatung durchsetzen muß. In seinem Betrieb hat Solidarność beschlossen, keine Selbstverwaltung zu schaffen. Ohne Autonomie des Betriebes würde sie nur eine Fiktion sein.

Namystawski (Energprojekt): Unterstützt den letzten Redner. Er denkt, daß die besten Leute in Solidarność noch gar nicht gefunden sind. Darum muß man sich jetzt auf die Gewerkschaftswahlen konzentrieren und einmal mehr über die Frage der Selbstverwaltung mit der Regierung verhandeln. Er unterstreicht, daß er keinen Grund sieht, sich zu beeilen.

Jaworski (Vizepräsident der Region Mazowsze): Er sagt, daß er nur für sich persönlich spricht, da die Region dazu keine Stellungnahme erarbeitet hat. Er meint, daß es keinen Grund gibt, Vorschriften zu machen. Die Arbeiterräte sollen wie Solidarność entstehen: spontan und an der Basis. Wenn diese Bewegung künstlich – selbst durch Solidarność – ins Leben gerufen wird, werden nicht die wirklich engagierten Leute, die handeln wollen und nicht nur eine formale Vertretung bilden, in den Arbeiterräten sitzen. Die Arbeiterräte müssen außerdem von Solidarność unabhängig sein, denn sie werden die Belegschaft und nicht die Gewerkschaft vertreten. In den Arbeiterräten müssen sich erfahrene Leute befinden, die die Besonderheiten des Unternehmens und selbst der Chefs kennen. Die wichtigsten Fragen des Betriebs müssen auf dem Wege des Referendums entschieden werden. Er unterstützt den Standpunkt von Dr. Jakubowicz, was die Einschränkung der Kompetenzen des Präsidiums, die Wahl des Direktors und die Vertretung der Selbstverwaltung in den Industrievereinigungen und im Parlament betrifft. Man muß die Regierung vor vollendete Tatsachen stellen, sie zwingen, diese zu akzeptieren. Die Statuten der Arbeiterräte müssen den Bedürfnissen der betroffenen Betriebe entsprechen; die Region wird nur allgemeine Vorschläge erarbeiten.

Lewandowski (Ursus): Fragt, ob man über authentische Vertretungsorgane diskutiert oder über neue formelle Institutionen von der Art der alten KSR. Er unterstützt nur eine Selbstverwaltung, die die Kompetenzen einer souveränen Volksmacht hat. Er ist Anhänger der Auffassung, möglichst weitgehend vollendete Tatsachen zu schaffen. Er meint, daß man ein Referendum über folgende Frage vorbereiten soll: Sollen die Belegschaften sich zum Eigentümer der Produktionsmittel erklären?

Er unterstützt den Punkt 10 des Programms von Mazowsze mit Vorbehalten bezüglich der zweiten Kammer. Er unterstützt den Vorschlag, Verbände der ASV auf Stadt- und Woiwodschaftsebene zu bilden, die das Recht haben, Kandidaten für das Parlament, die Nationalräte und andere örtliche Selbstverwaltungsorgane vorzuschlagen; er ergänzt das Recht auf Abberufung und Rechenschaftslegung über ihre Tätigkeit.

Brusikowska (Mera-System): Bezieht sich auf die Erfahrungen mit dem Arbeiterrat, der in ihrem Betrieb seit dem 15. Januar tätig ist. Sie unterstreicht, daß für dessen Tätigkeit eine grundlegende Wirtschaftsreform unerläßlich ist. Sie fordert die Bildung einer Schiedsstelle für Konflikte zwischen der Direktion und dem Arbeiterrat.

Radzio (Pras Automatycznych): Er meint, daß die Zeit nicht für Solidarność arbeitet. In seinem Betrieb (80% der Belegschaft sind Mitglieder von Solidarność) nimmt die Gewerkschaft an der KSR teil, da man der Meinung ist, daß die Gleichgültigkeit der leitenden Kader uns verbietet, uns aus der Verwaltung des Unternehmens herauszuhalten.

Bugaj (Experte der Landeskommission): Unterstreicht die Notwendigkeit der Selbstverwaltung, selbst wenn durch die vergangenen Erfahrungen ihre Institutionen sich unablässig kompromittiert haben. Sie hat die Funktion der Motivation und Integration der Belegschaft und gibt uns die Möglichkeit, das technokratische Denken zu zerstören. Es gibt in der Tat Entscheidungen, die von der gesamten Belegschaft getroffen werden müssen. In der gegenwärtigen wirtschaftlichen Situation wird die Selbstverwaltung gezwungen sein, sehr unpopuläre Maßnahmen zu treffen, denn ihre Einrichtung wird von sehr schwierigen Bedingungen begleitet. Sie muß entscheidende Rechte bezüglich der Kaderpolitik haben; das Recht der vollständigen Information und der Erstellung eigener Gutachten, das Recht über die Entwicklung des Betriebs zu entscheiden, das der Aufteilung des Sozialfonds etc. Im Fall eines Schiedsspruchs zwischen Selbstverwaltung und Direktion muß die Gewerkschaft stark vertreten sein. Er denkt, daß wenn die Arbeiter die Mehrheit des Betriebs bilden, man ihnen ebenfalls im Rat die Mehrheit sichern muß. Er warnt vor der Bildung einer künstlichen Selbstverwaltung ebenso wie vor hierarchischen Strukturen, die über Strukturen auf Betriebs- und Industrievereinigungsebene hinausgehen. Er denkt, daß es für die Schaffung authentischer Vertretungsstrukturen besser ist, das Wahlsystem zu den Nationalräten und zum Parlament zu ändern, als eine neue Struktur zu schaffen, die die Selbstverwaltung mit Bürokratisierung bedroht.

Marszalek (Bank Gospodarki Zywnosciowej): Er meint, daß der größte Widerstand aus den jetzigen Leitungskreisen kommen wird.

Srebrny (Universität Warschau, Berater der Region Mazowsze): Glaubt, daß man das 10-Punkte-Programm als langfristiges Ziel betrachten muß, denn die vollständige Autonomie der Betriebe ist gegenwärtig unmöglich. Sie wird u.a. eingeschränkt durch die Entscheidungen der Industrievereinigungen, durch das Banksystem (den Kreditzins), die Zulieferung, die Zusammenarbeit usw. Er befürwortet ein radikales Selbstverwaltungsstatut, das gemäß den Anforderungen der Struktur, die durchgesetzt werden muß, begründet und entwickelt wird, ohne das Gesetz abzuwarten. Dennoch hält er fest, daß man gegenwärtig die Direktoren nicht ernennen solle, sondern sich nur auf das Recht der Abberufung beschränken solle – im Hinblick auf drohende Manipulation. Es entwickelt sich ein Streit unter den Anwesenden, die anderer Meinung sind. Srebrny gibt zu bedenken, daß man zuerst lernen müsse, wie die Ökonomie funktioniere, und erst dann könne man Verantwortung übernehmen.

Rybicki (Zespöl Objektow Turystycznych): Er ist für die sofortige Einführung der mit allen Rechten ausgestatteten Selbstverwaltung. Er unterstreicht, daß das jetzige ökonomische System von Leuten geschaffen wurde, die sich auf allen Ebenen mit Macht behaupten. Der gegenwärtige Oberbau (Ministerien,

Verbände) bemüht sich, die Reform zu überleben und zum System der Anweisungen von oben zurückzukehren, denn dafür ist er unentbehrlich. Das ist der Sinn dessen, was man kleine Reform² nennt, die unter der Bedingung des Rohstoff- und Energiemangels keinen Erfolg haben kann und die der Regierung einen bequemen Vorwand liefern wird, das alte System wieder zu installieren. Er meint, daß die sofortige Einführung der Selbstverwaltung uns vor künftigen Wahnsinnsentscheidungen schützen wird.

Wesolowski (Zaklady Urzadzen Telefonicznych): Unterstützt Rybicki voll. Er unterstreicht die Bedeutung, die die Übertragung der Produktionsmittel an die Belegschaft haben würde.

Hebda (Institut Badan Jadrowych): Bezeichnet das gegenwärtige System als eine Form des Staatskapitalismus. Er denkt, daß die Arbeiter selbst die Fragen der Leitung werden lösen können. Das Modell, das nach dem August geschaffen wurde, d.h. die Gegnerschaft zwischen „ihnen" und „uns" war für eine kurze Zeit gut, aber jetzt muß es durch ein neues Modell ersetzt werden, in dem wir die Selbstverwaltung repräsentieren, d.h. eine Art „Ober-Leitung". Dasselbe Modell, das im Betrieb herrscht, muß auf das ganze Land angewendet werden. Er polemisiert gegen Srebrny, indem er aufzeigt, daß es diese Schulen, in denen man in zwei Jahren die Leitung der Wirtschaft erlernen kann, nicht gibt. Er fragt: Wer wird in den nächsten zwei Jahren die Leitung übernehmen?

Malinowski (Osrodek Badan Techniki Komputerowej): Betont, daß das 10-Punkte-Programm sehr viel weiter geht als das Danziger Abkommen; daß dessen Realisierung fast eine Revolution bedeuten würde: der Bürokratie das Entscheidungsrecht zu entziehen, die tatsächliche Nationalisierung der Produktionsmittel. Er meint, daß Solidarność sich auf diese harte Schlacht vorbereiten muß; daß eine der wichtigsten gewerkschaftlichen Aufgaben die Koordinierung der Selbstverwaltungsbewegung ist.

Sadurski (Diskussionsleiter): Beendet die Diskussion. Er schlägt vor, die Bildung der Selbstverwaltungsorgane bis zur Abstimmung über das Gesetz zu unterbrechen. Er betont, daß die Diskussion über diese Frage weitergehen wird, und er schlägt vor, alle Anmerkungen und Vorschläge an das „Zentrum für gesellschaftliche Forschung" bei der Region Mazowsze weiterzuleiten.

Zusammenfassung erstellt von Agencja Prasowa Solidarność Nr. 7, Warschau

Anmerkungen
1 Es handelt sich um den Regierungsentwurf.
2 Übergangsreform, die von der Regierung vorgeschlagen wurde.

(Übersetzung aus dem Französischen nach: L'Alternative – Pologne, a.a.O., S. 137–139, von B. Büscher.)

DOKUMENT 17

Interview mit Hans Szyc, Vorsitzender des Arbeiterrats der Danziger Leninwerft

C.S.: Könnten Sie bitte das Regierungsprojekt über die Arbeiterselbstverwaltung in den Betrieben und das Projekt vom „Netz" miteinander vergleichen? Was sind die Hauptunterschiede?
Szyc: Es gibt nur drei Unterschiede, der Rest sind Kleinigkeiten, über die wir nicht streiten würden. Es handelt sich 1. darum, daß wir ein Projekt erarbeitet haben, das die betrieblichen Regelungen und die Selbstverwaltungsregelungen in einem Gesetz zusammenfaßt. Die Regierung hat hier zwei getrennte Entwürfe vorgelegt, womit wir nicht einig gehen, da wir vermuten, daß künftig der eine Entwurf vom anderen abweichen könnte, was ein bißchen gefährlich wäre. 2. Die Regierung garantiert den Arbeitern einen Anteil an der Verwaltung der Betriebe. Wir verlangen die direkte Verwaltung. 3. Es handelt sich um den Direktor. Wir verlangen, daß der Direktor von den Arbeitern direkt gewählt wird. Die Regierung schlägt vor, daß der Direktor durch den Minister nominiert wird (gemeint ist ernannt, C.S.) und die Arbeiter nur akzeptieren. Unsere Erfahrungen mit solchen Nominierungen zeigen, daß der Direktor keine anderen Sorgen hat, als dem Minister alles so zu machen, wie der das wünscht. Damit sind wir nicht einverstanden. Unserer Meinung nach muß der Direktor hauptsächlich daran interessiert sein, daß der Betrieb gut arbeitet. Das sind die Hauptdifferenzen, über den Rest könnten wir uns in einer Stunde einigen.
C.S.: Wie steht es mit den künftigen Aufgaben eines Arbeiterrates im Betrieb? Soll er entscheiden über die Bilanz des Unternehmens und die Aufteilung der Gewinne, über die künftige Akkumulation des Betriebs? Welche Vorstellungen gibt es?
Szyc: Ich würde sagen, der Arbeiterrat soll über alles bestimmen. Man darf es nur nicht so verstehen, als ob der Arbeiterrat die Funktion des Direktors und der ganzen Administration übernehmen würde.
Das heißt: der Arbeiterrat wählt den Direktor. Je nachdem wie der Direktor arbeitet, wird der Arbeiterrat ihm freie Hand lassen, ihn kontrollieren bzw. wird die Hauptaufgaben direkt bestimmen. Natürlich orientieren wir hauptsächlich darauf, daß der Arbeiterrat die Gewinne teilt, nicht direkt teilt, aber entsprechende Richtlinien erläßt.
C.S.: Das schließt die Kontrolle der Bilanzen ein?
Szyc: Selbstverständlich. Alles soll kontrolliert werden. Die Frage der Akkumulation muß – leider – durch Vorschriften (gemeint ist Gesetz, C.S.) festgelegt werden. Das geht nicht nur für einen Betrieb, das müssen schon allgemeine Vorschriften sein. Mit Vorschriften meine ich durch das Parlament bestimmte. Finanzfragen dieser Art müssen durch allgemeine Vorschriften reguliert werden, alles, was den Betrieb betrifft, was dort gemacht wird, was wir produzieren, wieviel, für wen, die Gewinne, mit wem wir Verträge eingehen, das soll

der Arbeiterrat bestimmen. Hier nun kommt es darauf an, wie der Direktor arbeitet. Entweder man kann ihm freie Hand lassen oder man muß selbst eingreifen. Wenn es ein guter Direktor ist, der durch den Arbeiterrat gewählt ist, dann läuft es.

R.U.H.: Bedeutet das auch, daß von Solidarność und/oder den Arbeiterselbstverwaltungen her ein zentraler Plan erarbeitet wird, der dann demokratisch diskutiert wird? Als eine Art Gegenplan?

Szyc: Eine sehr wichtige Frage. Zunächst: Wir wollen nicht zulassen, daß Solidarność oder Partei oder egal wer überhaupt einen direkten Einfluß hat. Der Arbeiterrat darf von niemand abhängig sein. Er ist eine unabhängige Institution. Die Leute werden demokratisch gewählt, egal ob sie zur Solidarność gehören, Parteigenossen sind, das ist ganz egal. Wie sehen wir überhaupt Planung? Wir behaupten, daß ein Plan für denjenigen ist, der den Plan macht. Also, wenn der Herr Minister einen Plan macht, soll er durch seine ihm zur Verfügung stehenden Möglichkeiten, durch seine gesetzlichen Handhaben so handeln, daß die verschiedenen Betriebe den Plan nachher erfüllen. Der Plan im Betrieb ist eben nur ein Plan für den Betrieb. Natürlich muß man ihn bekanntgeben, damit der Herr Minister oder falls es „Konzerne" (im Sinn der „sozialistischen Konzerne", C.S.) geben soll, der Konzern weiß, wie er sich dazu stellen soll. Wir sehen überhaupt keine Möglichkeit und halten es auch nicht für nötig, daß auf einmal wieder die fünfjährigen Pläne gemacht werden.

Wir meinen, ein Plan darf nie stabil sein, also für fünf Jahre und nachher fangen wir von Anfang an. Ein Plan muß für bestimmte Sachen für ein Jahr im voraus gemacht werden, für andere Sachen zwanzig Jahre im voraus. Er muß immer wieder korrigierbar und verbesserbar sein, wie ich gesagt habe: Der Plan ist für den, der ihn macht. Der soll ihn nachher auch erfüllen.

C.S.: Wie steht es mit der möglichen Koordinierung von Arbeiterräten? In der Warschauer Region hat man uns gesagt, daß es einen Versuch der überbetrieblichen Koordinierung gab, der noch nicht gut geklappt hat. Wie ist ihre Auffassung zu dieser Frage, sowohl für heute als auch für die Zukunft?

Szyc: Im Augenblick haben wir hier in dem Bereich Gdańsk/Elblag einen Rat, der koordiniert. Wir sehen das aber nicht als eine Instanz, die über den Arbeiterräten steht. Auf keinen Fall. Es handelt sich um Selbstbestimmung, die nicht von anderen „weiterbestimmt" werden kann. Der überbetriebliche Rat soll nur helfen, daß die verschiedenen Betriebe sich verständigen können, Material austauschen, Vorschriften etc. Das ist nur ein Rat zur Koordination für die Zukunft: Es gibt Vorstellungen, nach denen ein zweites Parlament entstehen sollte, nur für wirtschaftliche Angelegenheiten, das direkt aus den Arbeiterräten kommen sollte. Persönlich bin ich nicht für diese Idee. Meine Meinung ist: Es wäre viel besser, ein vernünftiges Parlament zu haben als zwei. Es hat keinen Zweck, aus der ganzen Sache eine Institution zu machen, die in Zukunft wieder die Selbstbestimmung hemmen würde. Überbetrieblich kann es nur Koordination geben. Wir treffen uns, wir sagen, was jeder macht, welche Möglichkeit wir haben, eventuell einem Betrieb zu helfen, aber das muß sich alles auf einer wirtschaftlichen (gemeint ist betrieblichen, C.S.) Grundlage abspielen.

R.U.H.: Welche Möglichkeiten gibt es, wenn man keine überbetrieblichen Arbeiterräte wählt, z.B. ungleichmäßige Entwicklungen zu steuern. Ein Betrieb macht hohe Gewinne, kann hohe Löhne auszahlen, ein anderer Betrieb, eine andere Region entwickelt sich auf Grund objektiver Schwierigkeiten, Materiallage usw. sehr schlecht, kann nur geringe Löhne zahlen, welche Möglichkeiten des Ausgleichs gibt es?

Szyc: Wir wissen, daß das eine unangenehme Sache ist. In Zukunft müssen wir damit rechnen, daß einige Betriebe höhere Gewinne haben, andere niedrigere. Wenn ein Betrieb zu hohe Gewinne macht, gibt es ein auf der ganzen Welt probates Mittel: das heißt progressive Steuer. Andererseits, bei Betrieben, die − sogar aus objektiven Gründen − keine Gewinne machen, sehen wir die Sache so: kurzfristig wird die Regierung versuchen zu helfen. Wenn das nichts hilft oder nicht geht, muß die Firma leider Pleite machen. Wir können uns den jetzigen Zustand nicht weiter erlauben, bei dem der größere Teil der Betriebe keine Gewinne macht, die anderen Betriebe müssen zuzahlen, so daß die nächste Krise vorprogrammiert ist. Das können wir nicht zulassen. Nehmen wir als Beispiel die Werft, die ich hier vertrete. Solange wir im Verhältnis zu anderen Ländern niedrige Löhne zahlen, werden wir noch effektiv arbeiten können. Aber in Zukunft werden wir − wie in Europa und auch sonst auf der Welt − Probleme mit Gewinnen haben. Dann wird die Regierung vor dem Problem stehen, entweder für soundso viel Tausende von Arbeitslosen zahlen zu müssen oder diesem großen Betrieb zu helfen. Ich würde sagen, das ist ganz normal. Wenn auf Grund der weltwirtschaftlichen Lage keine Gewinne zu machen sind, und es handelt sich um eine große Firma, wenn die Gefahr besteht, daß es Tausende von Arbeitslosen gibt, dann wird die Regierung helfen müssen.

C.S.: Bei der Festlegung der ökonomischen Prioritäten im Landesmaßstab: Was soll produziert werden? Umstellung von schwerindustrieller Akkumulation auf mehr Konsum; sollen hier die Arbeiterräte mitsprechen können, bzw. soll das nur die Aufgabe der gesellschaftlichen Kräfte sein, die im nationalen Maßstab wirksam sind? Z.B. Solidarność und die Regierung?

Szyc: Es gibt hier zwei Vorstellungen. Entweder − wie ich schon sagte − das zweite Parlament, oder − wofür ich bin −, daß für die Strategie der wirtschaftlichen Entwicklung die Regierung verantwortlich ist. Ich würde die Behandlung dieser Frage den Arbeiterräten nicht übergeben, da ein Arbeiterrat in einer Firma überhaupt nicht die Möglichkeit hat zu wissen, was im Augenblick nötig ist. Der Rat kann nur in seinem Betrieb die Produktion regulieren. Dafür, daß das ganze Land wirtschaftlich gut funktioniert, dafür sind ja gerade die wirtschaftlichen Instrumente, Steuern, Zölle, die Vorschriften und Verordnungen der Regierung vorgesehen. Sie muß das regulieren, bzw. − wenn es dazu kommt − das zweite Parlament.

C.S.: Auf nationaler Ebene wäre da Solidarność der Gegenpart?

Szyc: Ich sehe Solidarność nur als Gewerkschaft.

C.S.: Ich spreche die mögliche Rolle von Solidarność etwa bei der Diskussion der ökonomischen Prioritäten des Landes an.

Szyc: Auch hier kann Solidarność nur als Gewerkschaft wirken. Man muß sich entscheiden. Entweder ist das eine Gewerkschaft oder eine Partei. Wenn es eine Partei ist, kann man von ihr die Ausarbeitung einer wirtschaftlichen Strategie verlangen. Wenn es eine Gewerkschaft sein soll, kann man nur das von ihr verlangen, was sie für den Arbeiter verlangen soll. Also höhere Löhne, Waren, aber nicht Regulierung. Sonst geht das nicht. Bisher hatten wir eine Regierung, die keine Ahnung hatte. Sie hat reguliert und das, was wir jetzt haben, haben wir davon. Das (die Beteiligung von Solidarność am Planungsprozeß, C.S.) wäre die nächste Sache, die genauso aussehen würde. Dazu müssen wirklich Spezialisten ran, die wissen, was man mit der Wirtschaft machen kann.

C.S.: Streben Sie eine breite und demokratische Diskussion über die Frage der Planungsprioritäten an?

Szyc: Selbstverständlich. Eine Diskussion immer. Aber den endgültigen Beschluß müssen Spezialisten treffen. Man kann nicht zulassen, daß etwa die 13 Millionen Arbeiter, die jetzt bei Solidarność organisiert sind, einen bestimmten Entschluß fassen bzw. eine Vorschrift machen. Man kann und man muß mit den Leuten diskutieren, aber es muß auch Leute geben, die verantwortlich sind. Man kann doch nachher nicht sagen, daß 13 Millionen Menschen verantwortlich sind.

C.S.: Klar. Ich habe das so gesehen, daß beispielsweise auch in der Arbeiterselbstverwaltung Projekt gegen Projekt steht. Diskussion führt man immer am besten, wenn es Alternativen gibt.

Szyc: Das kam mehr zufällig, daß Projekt gegen Projekt steht. Das erste Projekt der Regierung war fast so gut, wie das, das wir von der Solidarność erarbeitet haben. Aber danach – wir wissen nicht, wie es dazu kam – wurde der Regierungsentwurf immer schlechter und schlechter. Der letzte Entwurf ist wegen der drei von mir genannten Gründe nicht mehr zu akzeptieren. Wir sehen das ganz einfach: Momentan sitzen wir in dem alten System, wo es nur Befehle gibt. Das war fast ein Militärsystem. Im Militär kann man Befehle geben, aber nicht in der Wirtschaft. Die Wirtschaft muß elastisch sein. Die Wirtschaft, ihre Berechnung usw. ist eine wichtige Sache, aber es gibt eine noch wichtigere. Ich würde das fast ein psychologisches Problem nennen. Bei uns müssen wir dem Arbeiter erklären und er muß auch daran glauben, daß er wirklich für seine Arbeit sein Geld bekommt. Das ist das Wichtigste. Der Arbeiter hat viele Jahre lang für gute Arbeit schlechtes Geld bekommen und umgekehrt. Jetzt zu bewirken, daß er auf einmal anders denken soll, ist viel schwieriger als die Fragen der wirtschaftlichen Berechnung.

C.S.: Wenn die alte Zentralplanung abgeschafft wird, wird es eine Reihe von schwierigen Problemen geben. Z.B. werden die Preise wirklich Wertausdruck sein müssen, was bedeutet, daß sie zum Teil beträchtlich werden steigen müssen. Wie sieht Solidarność hier ihre Rolle? Kann man z.B. solche Preiserhöhungen akzeptieren, wenn ja, unter welchen Bedingungen?

Szyc: Auch hier gibt es zwei Versionen. Es gibt einen Teil Leute, die dafür sind, daß wir alles auf einmal einführen müssen. Die Preise werden wahrscheinlich sehr hoch gehen. Am Anfang wird es wahrscheinlich wenig Waren (zu den jetzt geltenden Preisen, C.S.) geben, die es jetzt gibt. Aber diese Version hat eine gute Seite: Wir können vom ersten Moment an anfangen, wirtschaftlich zu arbeiten. Wir können im Augenblick überhaupt keine Berechnungen machen, vor allem nicht in den Firmen, die Import und Export betreiben. Wir können überhaupt nicht ausrechnen, ob wir Gewinn oder Verlust machen, das ist unmöglich. Wir haben eine Relation zwischen Dollar, Rubel und Zloty, die reiner Wahnsinn ist. Die zweite Version bestünde darin, die Umstellung allmählich einzuführen. Das wäre für die Leute einfacher, es gäbe nicht einen so großen Schock, aber es besteht hier wieder die große Gefahr, daß wir nicht zu Ende kommen, daß schon am Anfang abgewichen wird und wir zum alten System zurückkommen. Ich gebe nur ein ganz einfaches Beispiel: Unsere zentrale Kommission für Planung hat schon eine Enquête ausgeschrieben für das nächste Planjahr. Hier kann man ganz deutlich beobachten, daß bestimmte Betriebe noch mehr Zentralverwaltung verlangen als wir bislang schon hatten. Dies aus einem einfachen Grund. Jeder Betrieb will die Garantie haben, daß er im nächsten Jahr produzieren kann. Wenn er von seinem Minister nicht soundso viel Blech, Schrauben etc. garantiert bekommt, kriegt er es mit der Angst zu tun. „Wir haben keine Kooperanten, wir gehen pleite. Wir haben kein Geld, wir können nichts kaufen." Das ist der beste Beweis, daß die These, allmählich die Preise zu steigern, allmählich die zentrale Verteilung des Materials etc. zu liquidieren, noch tiefer in die Zentralverwaltung hineinführt, als wir jetzt schon drinstecken. Das ist wirklich gefährlich. Man sieht, wie das auch bei unserer Werft läuft. Auch sie verlangt mehr zentral verteilte Materialien für das nächste Jahr als wir schon jetzt bekommen.

C.S.: Das heißt, das gegenwärtige System müßte mit einem Schlag umgestellt werden von zentraler Verteilung auf Marktabsprachen?

Szyc: Ich würde sagen, ganz von zentraler Verteilung abzugehen, ist beim gegenwärtigen Stand unserer Wirtschaft unmöglich. Für Material — Rohstoffe und Energie — würde ich die zentrale Verteilung wenigstens noch ein Jahr belassen. Außerdem müßten die einzelnen Betriebe mindestens ein halbes Jahr im voraus wissen, mit wieviel Energie und Material sie rechnen können. Wenn man auf einen Schlag umstellen würde, würde die Wirtschaft zugrunde gehen. Aber mit Ausnahme der zentralen Verteilung würde ich alles andere auf einmal umstellen, z.B. Preise. Es gibt bestimmt einen großen Schock, aber ich sehe keine andere Möglichkeit. Wie gesagt: Ich kann im Augenblick auf der Werft keine Rechnung über Gewinn/Verlust anstellen. Ich muß wissen, wieviel Zloty ein Dollar kostet. Die Werft hat über 90% Export. Ich muß in Dollar und Rubel rechnen.

C.S.: Die Lieferungen in die Sowjetunion sind — soviel ich weiß — in festen Rubelrelationen ausgemacht.

Szyc: Ja, aber das ist ein sog. Transferrubel, man kann ihn verschieden beschreiben, mit Transfer hat er jedenfalls nichts zu tun.

C.S.: Hat die jugoslawische Erfahrung in der Diskussion eine gewisse Rolle gespielt?

Szyc: Ja, aber nur in der Hinsicht, daß wir uns dieses System genau angesehen haben, um zu erfahren, warum es in Jugoslawien (nach Einführung des Selbstverwaltungssystems, C.S.) auf einmal so viele Arbeitslose gab. Wir bilden uns ein, dahinter gekommen zu sein. Unser zukünftiges System würden wir ganz anders sehen, da wir eine ganz andere Situation haben. In Jugoslawien gab es und gibt es bis jetzt keine Gewerkschaft, auch keinen Arbeiterrat. Das sind Fiktionen, alles Ableger der Partei. Die Wirtschaft dort steht bestimmt höher als unsere, aber sie ist — würde ich sagen — unheimlich brutal. Da wir eine so starke Gewerkschaft haben, können wir uns viel mehr erlauben und wir haben nicht eine solche Gefahr der Massenarbeitslosigkeit. Wenn z.B. auf unserer Werft 3000 oder 4000 Leute entlassen werden sollen, sagt die Gewerkschaft nein, und dann müssen der Arbeiterrat und der Direktor einfach Arbeit für die 3000 Leute suchen.

C.S.: Ich glaube, daß das Problem der Arbeitslosigkeit in Jugoslawien sich auch aus der überstürzten Abwanderung vom Land, der Landflucht, ergab.

Szyc: Ich würde es eher so sehen: Es ist doch ganz einfach, wozu soll man in einem Betrieb überlegen, wie man für 1000 Arbeiter zusätzliche Arbeit findet, wenn man die Leute genausogut entlassen kann? Wenn es nur eine Partei gibt, die gleichzeitig Partei, Gewerkschaft und Arbeiterrat ist, dann kann man das jederzeit machen. Wir haben bei uns eine ganz andere Situation und die Gewerkschaft würde so etwas bestimmt nicht zulassen.

C.S.: Ich wollte darauf aufmerksam machen, daß bei einer weitgehenden Selbstverantwortung der Betriebe die Gefahr der Arbeitslosigkeit immer dadurch besteht, daß man „Überbeschäftigung" feststellt oder ganz einfach der Betrieb schlecht wirtschaftet.

Szyc: Wir wissen ganz genau, daß wir in bestimmten Betrieben zu viele Arbeiter haben. Zuviel, wenn man es mit der aktuellen Produktion vergleicht, aber nicht zuviel, wenn man es mit den Möglichkeiten der Produktion vergleicht. Es wird uns oft in der Diskussion zum Vorwurf gemacht, daß wir dem Arbeiterrat die Möglichkeit geben wollen, Maschinen und andere wie nennen Sie es – Produktionsmittel (C.S.) – zu veräußern. Wir geben dem Arbeiterrat diese Möglichkeit. Wir wissen genau, daß die Mehrzahl der Betriebe zwischen 30 und 40% Produktionsmittel zu viel hat. Wir können entweder diese Arbeitsmittel veräußern, so daß dann in neuen Betrieben zusätzliche Arbeitskräfte beschäftigt werden können, oder sie werden im gleichen Betrieb für zusätzliche Aufträge mit zusätzlichen Arbeitskräften eingesetzt.

C.S.: Das setzt doch immer Überlegungen voraus, die über den Betrieben gelagert sind, so daß wieder Solidarność ins Spiel käme.

Szyc: Ich bin nicht der Meinung, daß das die Gewerkschaft machen sollte. Die Gewerkschaft kann – wie gesagt – nur das verlangen, was sie für die Arbeiter verlangen kann. Wenn die Regierung und Solidarność in einem Fall gemeinschaftlich beschließen wollen – dann hängt das von ihnen ab. Aber was die Funktion der Gewerkschaft angeht, sehe ich das nicht so. Man kann nicht eine Verwaltung und eine Gewerkschaft in einem sein. Das geht nicht. Das sind zwei Dinge, die sich widerstreiten, das ist unmöglich.

R.U.H.: Aber die Solidarność-Vertreter können solche Gesichtspunkte im Arbeiterrat zur Geltung bringen.

Szyc: Natürlich, sie müssen es. Unser Arbeiterrat z.B. zählt 67 Mann, davon sind nur zwei nicht Mitglieder der Solidarność. Der Einfluß ist also da, aber er darf nicht direkt ausgeübt werden.

C.S.: Jetzt die Frage des Verhältnisses von Solidarność zur Arbeiterselbstverwaltung, jetzt und in der nächsten Phase. Gibt es Probleme, läuft es?

Szyc: Von der Vergangenheit her gesehen war es wirklich schlecht, daß Solidarność überhaupt nicht für die Einführung der Arbeiterräte und der Selbstbestimmung war. Das war ein Fehler, man nahm andere Sachen wichtiger. Im Augenblick kann man sagen, daß bei Solidarność ein 100%iges Verlangen nach Arbeiterselbstverwaltung und entsprechender Hilfe dafür existiert. Arbeiterräte und Selbstverwaltung würde ich mit einem kleinen Kind vergleichen, das anfängt zu laufen. Die Eltern dieses kleinen Kindes sind Solidarność. Hauptsächlich. In der Zukunft wird das Kind wachsen, wird selbständig. Dann wird jeder seine Sache machen und für die Zukunft sehe ich direkt Konflikte. Es ist wirklich viel besser für die Wirtschaft, wenn es einen Konflikt gibt in einer Firma und nicht gleich im Land. Also nicht zwischen Regierung und Solidarność die ganze Zeit Konflikte und Konfrontation, sondern zwischen Solidarność und dem Arbeiterrat in der Firma. Es geht meist um lokale, betriebliche Probleme, die man nicht einheitlich für das ganze Land regulieren kann.

C.S.: Ich glaube, daß die Einrichtung von Arbeiterräten eine große Bedeutung für die Demokratisierung der Gesellschaft von der Arbeiterklasse her hat.

Szyc: Natürlich. Ich sehe viel mehr (als in Direktiven, C.S.) Arbeit für den Arbeiterrat in der Überzeugung der Arbeiter, vor allem, daß es sich lohnt, zu arbeiten. Für einen durchschnittlichen Polen lohnt es sich im Augenblick nicht zu arbeiten. So sieht die Wahrheit aus. Das ist das Hauptproblem. Daran leiden wir jetzt. Die paar Häuser, Investitionen etc., das sind Kleinigkeiten.

C.S.: Wie könnte man das gesellschaftliche System charakterisieren, das Sie für die nächste Zukunft anstreben? Mit dem alten Parteiapparat, dem Bündnissystem und allem, was dazu gehört, auf der einen, Solidarność und den Arbeiterräten auf der anderen Seite. Kann ein solches System auf längere Zeit stabil bleiben?

Szyc: Da kann ich nur persönlich antworten, da diese Fragen gewerkschaftsoffiziell nicht diskutiert werden. Meine Meinung ist, daß das System nicht stabil sein kann. Man muß in einem Land so schnell wie möglich zu einer Entscheidung kommen, was eine Organisation macht und wofür sie verantwortlich ist. Was wir jetzt haben, daß Solidarność verantwortlich ist für alles, das ist ja keine Gewerkschaft, im Augenblick ist sie einfach alles – genauso unklar ist der Bewegungsraum der Regierung bestimmt. Wenn jetzt noch die Selbstbestimmungsorgane hinzukommen – ich würde das nie als stabiles System ansehen.

Man muß so schnell wie möglich die Entscheidung treffen, wer für was verantwortlich ist, wie die Arbeit geteilt wird.

C.S.: Würden Sie das gesellschaftliche Eigentum an Produktionsmitteln nach wie vor perspektivisch als Grundlage ansehen?

Szyc: Ja. Ich würde nie dafür sein, eine Reprivatisierung zu machen. Es geht nur in einer Richtung. Man kann nur Privateigentum in Volkseigentum verwandeln, nicht umgekehrt. Es gibt hier ein paar Leute, die dafür sind, daß man Aktiengesellschaften macht. Ich würde sehr dagegen sein, da im Augenblick die Leute, die in Polen Geld haben, es nicht auf reelle Weise erworben haben, und es wirklich nicht gerecht wäre, wenn auf einmal diese Leute ihr Geld anlegen würden, um noch mehr zu verdienen. Noch mal: Meines Erachtens gibt es keine Möglichkeit für eine Reprivatisierung. Privateigentum ist problemlos bei Privatwerkstätten, kleinem Handel, kleiner Landwirtschaft, aber im allgemeinen ist das unmöglich.

C.S.: Es gibt eine Befürchtung linker und demokratischer Kräfte in der BRD, daß es bei Ihnen Tendenzen gibt, den Kapitalismus auch formell wieder einzuführen.

Szyc: Tendenzen gibt es überall. Es gibt keine Tendenz, die in unserem Land nicht vorhanden wäre. Aber der größere Teil der Leute sieht das ganz einfach: Es ist unmöglich.

R.U.H.: Zur Frage der Stabilität des Systems. Man sollte die Frage noch etwas politischer diskutieren. Die Sowjetunion ist natürlich nicht einverstanden mit der Entwicklung in Polen, nicht mit den Vorstellungen von Solidarność und sicherlich auch nicht mit der Vorstellung der Arbeiterselbstverwaltung. Die Frage lautet: Kann es die Chance einer Evolution des Systems geben, die notgedrungen von der Sowjetunion akzeptiert würde?

Szyc: Eine Chance gibt es immer, die Frage ist nur, wie groß sie ist. Ich bin der Meinung, daß es auf Grund ökonomischer Fragen nie eine Konfrontation geben wird. Diese Konfrontation kann es nur aus politischem Grund geben. Es wäre wirklich das wichtigste für das Land, daß man so schnell wie möglich die wirtschaftlichen Probleme reguliert. Das ist wirklich ziemlich einfach zu schaffen. Die wichtigsten Kräfte müssen zusammenarbeiten. Das muß durch das Volk akzeptiert werden. Man muß zu arbeiten anfangen. Auf dieser Grundlage sehe ich keine Möglichkeit eines großen Konflikts, ich sehe die Möglichkeit ei-

ner Evolution des Systems. Wenn andere Länder sehen, daß es mit Polen bergauf geht, wird es dort jeder auch so haben wollen, also ich sehe die Möglichkeit einer Evolution. Am politischen System ist augenblicklich nicht zu rütteln.
August 1981.

(Das Interview führten Chr. Semler und R.-U. Henning.)

DOKUMENT 18

Interview mit Jacek Merkel, Mitglied des Regionalkomitees von Solidarność Gdańsk

(Auszüge)

H.H.: In der BRD gibt es eine Initiative „Solidarität mit Solidarność", in der etwa 25 lokale Initiativen seit etwa einem Jahr für Solidarität mit Solidarność werben. Unsere Hauptaufgabe ist Aufklärung innerhalb der westdeutschen Arbeiter- und Gewerkschaftsbewegung. In dem Zusammenhang möchte ich gern in einem Interview das Problem der Arbeiterselbstverwaltung hier in Polen aufklären, um dieses Interview dann in Westdeutschland zu veröffentlichen.

Meine erste Frage bezieht sich darauf, daß es verschiedene Vorschläge über die Arbeiterselbstverwaltung insgesamt gibt und wie sie sich in den Hauptzügen unterscheiden.

J.M.: Die wichtigste ist im Moment die Initiative, die einzige Initiative, die im März dieses Jahres den Anfang gefunden hat. In dieser Zeit damals entstand die Idee in der Werft in Gdańsk, ein „Netz von Solidarność-Betriebsorganisationen der führenden Großbetriebe" zu gründen. Es geht um eine Zusammenarbeit zwischen den Arbeiterkommissionen in den größeren Werken. Wir wollen uns mit den Dingen beschäftigen, die uns gemeinsam interessieren, und wie sich herausgestellt hat, war das die Arbeiterselbstverwaltung. Die Aufgabe war, ein Modell zu finden, das anders als das alte von 1956 ist. Die Aufgabe war besonders schwierig, da man an diese Fragen in der Gewerkschaft sehr unterschiedlich herangetreten ist, aus mehreren Gründen. Erstens, weil die Erfahrungen mit der KSR (Konferenz der Arbeiterselbstverwaltung) abgeschreckt hat. Es war ein künstliches Geschöpf von Parteimitgliedern, Regierungsmitgliedern und Mitgliedern der Arbeiterkommissionen. Und KSR war nur ein Etikett für die Tätigkeit, die vom Direktor geleitet wurde. Und man fürchtete zweitens, in der Arbeiterselbstverwaltung den Wunsch der Regierung, eine Kraft entstehen zu lassen, die zu Solidarność in Konkurrenz tritt.

Im März entstand die Gruppe, zu der ich gehöre, und die ging von folgendem Standpunkt aus: Die Gewerkschaft ist nicht imstande, ihre Ziele zu erreichen, wenn die polnische Wirtschaft nicht auf die Beine gestellt wird. Zweitens ist die Regierung außerstande, dies zu machen. Sie ist auch nicht genügend glaubwürdig, um die Bevölkerung davon zu überzeugen, daß sie tatsächlich etwas tun könne. Und Solidarność ist nicht stark genug, um mit Hilfe von Streiks und ähnlichen Aktionen die Regierung zu zwingen. Und wir kamen zu der Überzeugung, daß wir eine neue Kraft herstellen müssen, die die Rolle des früheren Arbeitgebers einnimmt, den der Regierung. In zwei Monaten entstand die Konzeption des gesellschaftlichen Unternehmens im Gegensatz zu dem, was im Moment existiert, nämlich das staatliche. Es geht um eine Schaffung von solchen Betrieben, wo die Leitung der Verwaltung in Selbstverwaltung geschieht, und der Direktor die ausführende Kraft ist. Die Selbstverwaltung ist weder eine Genossenschaft noch eine Aktiengesellschaft. Wir erkennen an, daß die Selbstverwaltung nur über einen Teil der Arbeitsmaterialien, der Maschinen, der Werkzeuge verfügen soll, die das Eigentum des Staates sind. So stellt sich die erste Konzeption dar, und diese Initiative ist von allen anderen als die beste anerkannt! Aufgrund dieser Initiative entstehen die Arbeiterselbstverwaltungen im ganzen Lande. Zu den stärksten gehören Gdańsk, Warschau. Es gibt noch eine Arbeiterselbstverwaltung in Schlesien und im Kreis Lublin.

Im Juli entstand noch eine zweite Initiative, die den Namen trägt: die Gruppe von Lublin. Die Lublin-Gruppe umfaßt die Gewerkschafter von Lublin, Lódź und Warschau. Diese Gruppe hat sich zum Hauptziel gesetzt, ein repräsentatives Organ der Selbstverwaltung für ganz Polen zu etablieren. Aber als Grundlage hat auch sie die Idee des gesellschaftlichen Unternehmens anerkannt.

H.H.: Zu welchem Konzept gehört die Vorstellung, daß aus der Arbeiterselbstverwaltung eine zweite Kammer des Sejm hervorgehen soll?

J.M.: Diese Idee einer zweiten Kammer des Sejm entstand früher als die „Netz"-Initiative. Diese Sache wurde in allen Sitzungen des „Netzes" diskutiert, sie steht aber nicht in den offiziellen Vorschlägen. In unseren Vorschlägen sind nur diejenigen Punkte enthalten, die die Zustimmung aller erhalten haben. Die Selbstverwaltungskammer hat dagegen sowohl entschiedene Anhänger wie auch Gegner gehabt, und ich bin ein Gegner.

H.H.: Ist die Frage der zweiten Kammer in Solidarność abgestimmt und behandelt worden?

J.M.: Im Programm von Solidarność ist sie als Variante aufgenommen. Alle stehen auf dem Standpunkt, daß der polnische Sejm reformiert werden muß. Es ist aber die Frage, ob die Reform durch die Schaffung einer zweiten Kammer eine Veränderung schaffen wird. Ich könnte jetzt auch aufzählen, welche Argumente in der Diskussion dafür und dagegen gestanden haben.

H.H.: Ja, bitte.

J.M.: Von seiten der Anhänger der Selbstverwaltungskammer: Das soll ein Organ sein, das die Politik von der Wirtschaft trennt. Die Selbstverwaltungskammer sollte sich nur mit den wirtschaftlichen Fragen beschäftigen und wäre diejenige Stelle, wo sämtliche Wirtschaftskräfte ihre Gegensätze und Positionen einbringen könnten. Und noch ein Argument dafür, vielleicht das wichtigste: Die Anhänger dieser Initiative stehen auf dem Standpunkt, daß die Schaffung der zweiten Kammer auch in der Sowjetunion akzeptiert werden könnte, als Kompromiß ihrer Herrschaft mit der Notwendigkeit der polnischen Entwicklung.

Und meine private Meinung ist es, daß dieses Argument der Entstehung dieser Idee zugrunde lag.

Und jetzt die Gegenargumente: Auf der staatlichen Ebene ist es nicht möglich, die Politik von der Wirtschaft zu trennen. Wenn die Selbstverwaltungskammer ein Organ der gewählten Vertreter der Selbstverwaltung sein sollte, und diese Kammer auch das Recht zur Gesetzgebung haben sollte, dann wäre es eine sehr undemokratische Lösung, denn eine gewisse Gruppe von Bürgern würde die allgemeinen Rechte der Bürger in Anspruch nehmen. Und zweitens würde so eine Kammer zur Diktatur der Produzenten führen. Und keiner hat eigentlich klar dargestellt, auf welche Art diese Kammer geschaffen werden könnte, ihre Kompetenzen, sowie das Verhältnis zur ersten Kammer, zum Sejm. Man sieht verschiedene Konzeptionen, aber vorherrschend ist die Meinung, daß die Vertreter der Selbstverwaltung in diese Kammer gewählt werden sollen. Also eine Art von Wahlsystem, wie es vor dem Ersten Weltkrieg zu der russischen Duma herrschte, das im Moment in keiner demokratischen Gesellschaft mehr zu finden ist. (...)

H.H.: Ich möchte noch auf einen weiteren Punkt der Funktionsweise der Selbstverwaltung kommen und fragen, wie sich die Selbstverwaltung mit der Einführung von Marktmechanismen in der Wirtschaft verträgt.

J.M.: Wir stehen auf dem Standpunkt, daß beides untrennbar ist. Die Selbstverwaltung ist eines der drei Merkmale des vergesellschafteten Betriebs. Die beiden anderen sind die Unabhängigkeit und die Selbstfinanzierung. Wir stehen auf dem Standpunkt, daß die Mehrzahl der Preise der Markt bestimmen soll. Der Staat soll nur die Preise der Grundstoffe garantieren und der Energie. Hier Marktbeziehungen einzuführen gehört auch zu den Idealen, die wir noch erreichen wollen. Der ganze Prozeß, Polen aus der Verwahrlosung herauszubringen, macht es notwendig, vom Prinzip des Marktes abzugehen, selbstverständlich nur vorübergehend und nur in drei Bereichen: Das Verteilungssystem der Energie, der Rohstoffe und der Devisen bleibt staatlich.

H.H.: Einführung von Marktmechanismen bedeutet Konkurrenz zwischen den Betrieben. Konkurrenz zwischen den Betrieben bedeutet wahrscheinlich Arbeitslosigkeit und ähnliche soziale Folgen. Wie steht das Selbstverwaltungskonzept zu diesen Problemen?

J.M.: Wir stehen auf dem Standpunkt, daß die Selbstverwaltung eine Angelegenheit des Besitzers des Betriebes sein soll – „Besitzer" in Anführungsstrichen –, also jemand soll sämtliche Befugnisse eines Eigentümers haben. Die Selbstverwaltung wird sämtliche Mitarbeiter des Betriebes vertreten, vom Standpunkt des Besitzers. Es gibt aber auch noch die Gewerkschaft, die die gleichen Leute als Arbeitnehmer vertritt. Wir stehen auf dem Standpunkt, daß einerseits in Zukunft die Rentabilität des Betriebes und das Ziel, höchste Erträge zu erhalten, andererseits die Lage der Arbeitnehmer in diesem Betrieb zwischen der Selbstverwaltung und der Gewerkschaft entschieden wird, im Interesse der gleichen Leute. Wir sind uns dessen bewußt, daß dies ein ideales Modell ist, und daß wir auch in Zukunft nicht die Frage der Arbeitslosigkeit beherrschen können, daß wir auch der Mobilität der Arbeiter von einem Beruf in den anderen nicht entgehen. Wir wissen auch um die mangelhaften Ergebnisse des jugoslawischen Modells, aber Jugoslawien verfügt nicht über wirkliche Gewerkschaften. Bei uns ist die Lage anders. Wir glauben fest, daß wir dieser Gefahr, die in Jugoslawien eingetreten ist, entgehen können. Das wichtigste, was wir sagen müssen, wir sind wirklich in einer jämmerlichen Lage. Und für uns ist es eine sehr wichtige Frage, den Winter zu überstehen. Die Frage der Arbeitslosigkeit und des Verschiebens der Arbeiter von einer Arbeitsstelle zur anderen ist viel unbedeutender als das, was wir im Moment in unserem Lande zu ertragen haben. Es scheint mir, daß es mit Hilfe der drei Elemente, der Selbstverwaltung, der Gewerkschaften und der Regierung, möglich sein wird, diese Gefahren so klein wie möglich zu halten, obwohl man sie nicht ausschließen kann. (...)

(Oktober 1981. Aus: Klassenkampf. Zeitschrift für internationalen Sozialismus, Heft 10/82, Hannover, S. 27 ff.)

DOKUMENT 19

„Unmittelbares Aktionsprogramm für die Arbeiterräte"

Präambel:

Die Anstrengungen der Vertreter von Solidarność und der Bewegung zur Selbstverwaltung in den Gründungskomitees für Arbeiterselbstverwaltung in den regionalen Koordinationskommissionen und dem „Netz der Großbetriebe" haben zur Ausarbeitung von Vorschlägen für Grundlagendokumente geführt, die die Art und Weise der Einberufung und den Handlungsspielraum der Organe der Arbeiterselbstverwaltung definieren. Diese Aktivitäten sind im Laufe der Treffen der Vertreter der Unternehmen am 8. Juli '81 in Gdańsk und am 12./13. Juli '81 in Lublin gebilligt worden.

Die beiden Versammlungen haben die Notwendigkeit gezeigt, kurzfristig eine Leitlinie für die Aktivitäten zu formulieren und den Organen der Arbeiterselbstverwaltung vorzulegen. Unsere Kommission hat einen solchen Entwurf vorbereitet in Form eines Thesenprogramms, das sich auf konkrete Erfahrungen der Organe der Arbeiterselbstverwaltung stützt, die schon in einigen Industrieunternehmen existieren.

Unserer Meinung nach werden die Organe der Selbstverwaltung im Laufe der nächsten Monate, wenn sie nicht gewissen vorherigen Bedingungen entsprechen, nicht in der Lage sein, die direkte Führung der Unternehmen vollständig zu übernehmen:
1. die Abstimmung des Parlaments über die Erlasse zu den Handlungsprinzipien der Unternehmen und der Organe der Arbeiterselbstverwaltung, die den Bestrebungen der Gesellschaft entsprechen sollen;
2. die Schaffung einer Infrastruktur der Organisation und der Koordination der Organe der Selbstverwaltung auf Regionalebene („Bank der Experten", Diskussionen über Gesetzesentwürfe etc.);
3. die Schaffung eines Informationssystems für die Organe der Selbstverwaltung auf nationaler Ebene.

Die Aktivitäten der Organe der Selbstverwaltung auf der Ebene der Unternehmen

1. Die demokratisch gewählten Organe der Arbeiterselbstverwaltung oder die Gründungskomitees ergreifen unverzüglich Maßnahmen, die darauf abzielen:
    a) die generellen Statuten der Arbeiterselbstverwaltung den spezifischen Bedingungen des Unternehmens anzupassen,
    b) sich der Verfügungsgewalt über die technischen Möglichkeiten und der Räume zu versichern.

c. eine Liste aller maßgeblichen Akten, die das Funktionieren des Unternehmens betreffen, aufzustellen,
d. die Vorgehensweise und eine Dokumentation vorzubereiten, um die Direktorenposten und die leitenden Angestellten für Bewerber auszuschreiben.
2. Vor der endgültigen Übernahme der Führung des Unternehmens hat der Arbeiterrat als wichtigste Aufgabe, einen Bericht der Direktion über das Unternehmen zu erlangen, zusammen mit einer Übersicht über die Organisation und die Verbreitung von Information innerhalb des Unternehmens. Dieser Bericht wird die Basis darstellen, um eine Rangordnung der Aktivitäten der Selbstverwaltung aufzustellen.
3. Dieser Bericht muß von Experten begutachtet und den Beschäftigten vorgelegt werden.
4. Nach Annahme des Berichts wird eine der Prioritäten der Selbstverwaltung die Kritik des im Unternehmen geltenden Lohnsystems sein und die Vorbereitung einer neuen Lohnpolitik, die durchsichtig und durch die Gesellschaft gebilligt sein muß.
5. Der Arbeiterrat muß ständig Kommissionen mit beratendem Charakter organisieren.
6. Während der Übergangsperiode, vor der endgültigen Übernahme der Unternehmensleitung, muß er von der Direktion die praktische Durchführung der Entscheidungen der Organe der Selbstverwaltung fordern.
7. Die Selbstverwaltung des Unternehmens bedeutet keine systematische Einmischung in die Entscheidung der Direktion, aber dagegen bedeutet sie das Recht zur Kontrolle der Direktion und die Möglichkeit, ihre Aktivitäten oder das Ausbleiben von Aktivitäten in Frage zu stellen.
8. Wenn Pläne nicht akzeptiert werden, muß festgestellt werden, ob die Mittel zur Realisierung bestehen.
9. Eine umfassende sozio-ökonomische Schulung der Beschäftigten und der Arbeiterräte muß durchgeführt werden.
10. Die Organe der Selbstverwaltung müssen Zugang zur Gewerkschaftspresse, zu den Medien, zum Radio und zu anderen Kommunikationsmitteln haben.
11. Die besser organisierten Organe der Selbstverwaltung müssen denen helfen, die dieses Stadium der Organisation noch nicht erreicht haben.
12. Alle Organe der Selbstverwaltung und ihre Gründungskomitees müssen sich einsetzen für die Bekanntgabe der Erlasse über ökonomische Reformen, über Selbstverwaltung und über das Unternehmen, die die Führung des Unternehmens durch die Beschäftigten selbst garantieren.
13. In kürzester Frist müssen Kontakte mit anderen Organen der Selbstverwaltung, mit wissenschaftlichen und technischen Stellen, die es am Ort oder in der Region gibt, aufgenommen werden.

Andere Initiativen

Es ist notwendig, regionale Kommissionen für die Zusammenarbeit der Organe der Selbstverwaltung zu schaffen und massiv die Bewegung der Arbeiterräte zu unterstützen. Das sind die Ziele der regionalen Kommissionen:
1. die Diskussionen über den Erlaßentwurf in bezug auf die Selbstverwaltung

und das Unternehmen zu koordinieren und eine gemeinsame Plattform über diese Frage vorzubereiten, die sich auf die Vorschläge der Arbeiter stützt;
2. ein Informationsnetz in den Regionen zu schaffen, in Hinblick auf schnelle und direkte Kontakte der verschiedenen Arbeiterräte und eine „Expertenbank" einzurichten, die sich aus technischen und ökonomischen Kadern zusammensetzt, unterstützt durch die wissenschaftlichen Stellen der Region. Die regionalen Kommissionen bilden ebenfalls, in Zusammenarbeit mit den Organen der Selbstverwaltung, Expertengruppen für die großen Unternehmen, die an ihren ständigen Kommissionen teilnehmen müssen.

Eine nationale Kommission zur Zusammenarbeit der Organe der Selbstverwaltung ist zu gründen, die die Funktionen der Koordination und der Information auf der Ebene der ganzen Volkswirtschaft sicherstellt. Folgendes sind die Aufgaben dieser nationalen Kommission:
1. Vorbereitung eines Erlaßentwurfs in bezug auf die Selbstverwaltung und das Unternehmen, indem sie sich auf die Arbeiten der regionalen Kommissionen stützt, und der Beginn einer Aktion zusammen mit Solidarność für die Abstimmung dieses Erlasses durch den Sejm (Parlament).
2. Vorbereitung eines konkreten Aktionsprogrammes auf wirtschaftlichem Gebiet, auf der Basis der ökonomischen Berichte und anderer Statistiken sowie Ausarbeitung von Thesen über die laufende sozio-ökonomische Politik.
3. Teilnahme an der Diskussion über die ökonomische Reform und eventuell, nach notwendigen Verbesserungen, Vorbereitung oder Unterstützung einer Formel, die von der Gesellschaft gebilligt wird.
4. Zusammen mit Solidarność Festlegung einer Plattform zu den sozialen Fragen, die die Arbeiter betreffen, unter anderem zu der des Lohnsystems in den selbstverwalteten Betrieben.
5. Ausarbeitung einer nationalen Plattform und Vertretung der Organe der Selbstverwaltung gegenüber den Führern, der Regierung und dem Sejm.

Redaktionskommission für das kurzfristige Aktionsprogramm der Organe der Arbeiterselbstverwaltung, Lubliner Konferenz vom 12./13.7.1981

Aleksander Koclega, KWK „Debiensko", Leszczyny am Rybnik, Bogdan Lewandowski, FSO Warschau (Automobilwerk), Krystyna Murat, Zaklady Azotowe, Pulawy, Edward Olszewski, MKP Lódź (Verkehrsbetriebe), Jan Pastorski, BSP Przemyslu Wlokienniczego, Lódź (Textil), Miroslaw Polipowski, WZPB „1. Mai", Lódź, Zbigniew Rychter, MKP, Lódź, Bogdan Rynkiewicz, MKP, Lódź, Henryk Szlajfer, PAN Warschau (Akademie der Wissenschaften), Wojciech Zaremba, WIFAMA, Lódź.

(Aus: Informationsbulletin Nr. 1, 1981 hrsg. v. Koordinationsausschuß der Komitees „Solidarität mit Solidarność", Frankfurt/M., S. 11)

DOKUMENT 20

Interview mit Henryk Szlajfer, Mitglied der Polnischen Akademie der Wissenschaften, Warschau

gegenstimmen: Könntest du kurz die Vorschläge der Regierung und der unabhängigen Arbeiterbewegung zur Selbstverwaltung charakterisieren?

Szlajfer: Man kann die grundlegenden Differenzen so formulieren: Wer soll der Eigentümer der Unternehmen sein? Die Selbstverwaltungsorgane oder die Staatsbehörden gemeinsam mit diesen? Soll der Direktor der Selbstverwaltung untergeordnet werden oder wohl zum Teil der Selbstverwaltung, hauptsächlich aber den Staatsbehörden? Um diese Hauptpunkte dreht sich heute der Kampf.

Aber es gibt auch wichtige Fragen, die nicht nur die Rechte der Selbstverwaltung betreffen, sondern Einschränkungen, denen Betriebe als Wirtschaftseinheiten unterworfen werden. Das bedeutet, daß die Forderung besteht, das System der Anweisungen und administrativen Befehle abzuschaffen und den zentralen Wirtschaftsplan durch die ökonomischen Mechanismen selbst zu verwirklichen und nicht via Telefonanweisung.

gegenstimmen: Sind hier die ökonomischen Mechanismen des Marktes gemeint?

Szlajfer: Ja, allerdings mit der Einschränkung, daß dies nicht für einige strategische, grundlegende Investitionen gilt, die vom Staat durchgeführt werden sollten.

Der Staat wird weiterhin das Recht haben, neue Betriebe und Wirtschaftszweige zu schaffen und eben strategische Investitionen durchzuführen. Natürlich sollte das vom Parlament überwacht werden und nicht so sein wie heute, wo das Büro des Regierungsvorsitzenden freie Hand bei der Tätigung neuer Investitionen hat. Das hatte den katastrophalen Effekt, daß praktisch alle zentralen Pläne, die vom Parlament beschlossen werden, dadurch praktisch gebrochen werden.

Zweitens spielt da das Problem der sogenannten Nomenklatur herein. Die Unterordnung des Direktors unter den Staat und die Nominierung des Direktors durch diesen bedeutet, daß das gesamte Ernennungssystem auf Cliquenkriterien beruht, die nichts mit Qualifikation zu tun haben. Die allgemeine Qualifikation unserer Spitzenmanager ist sehr, sehr niedrig. Eine echte Selbstverwaltung, die das Recht hat, den Direktor zu ernennen, wird einen offenen Wettbewerb für einen Posten eröffnen können und den Direktor finden, den der Betrieb braucht.

Die Regierung versucht, eine Lösung zu erzwingen, bei der eine solche Selbstverwaltung wohl für kleine und mittlere Betriebe eingerichtet werden kann, wo aber die etwa 200 größten Betriebe nur eine eingeschränkte Selbstverwaltung haben – was einfach bedeutet, die gesamte Großindustrie von der Selbstverwaltung auszuschließen. Die Bewegung wird das nicht akzeptieren können. Wenn das geschieht, ist es die Zerstörung der Selbstverwaltungsbewegung. Wir haben dann keine Macht.

Eine weitere Forderung, die heute sehr stark diskutiert wird, ist die Parlamentsreform, das heißt das Recht, eine zweite Kammer, die Selbstverwaltungskammer, im Parlament einzuführen. Die Diskussion ist in dieser Frage allerdings noch unterentwickelt — bis jetzt ist das nur eine Losung und es gibt noch kein konkretes Programm, wie diese Kammer funktionieren soll.

gegenstimmen: Wäre diese Forderung gleichbedeutend mit einem Bruch des Monopols der Partei bzw. der Nationalen Front, Kandidaten für den Sejm, das polnische Parlament, aufzustellen?

Szlajfer: Nein, es geht um eine zweite Kammer, die sich hauptsächlich — wenn auch nicht ausschließlich — mit Wirtschafts- und sozialen Fragen beschäftigen wird. Sie wird nicht die höchste Autorität des Landes sein. Sie soll das Recht haben, über die wirtschaftlichen Entscheidungen der 1. Kammer des Parlaments zu diskutieren und wahrscheinlich auch gegen sie zu protestieren und Veto einzulegen.

gegenstimmen: Die Abgeordneten dieser Kammer wären die Delegierten der regionalen Selbstverwaltungsräte?

Szlajfer: Die Diskussion darüber hat erst begonnen. Es ist vorstellbar, daß die Parlamentsvertreter dieser Kammer auf der Basis der Selbstverwaltungsgruppen der großen Betriebe und der regionalen Selbstverwaltungskomitees gewählt werden.

gegenstimmen: Welche Art der Arbeitsteilung könnte es zwischen Solidarność als Gewerkschaftsbewegung und den Selbstverwaltungskomitees geben?

Szlajfer: Innerhalb der Fabriken ist das klar. Solidarność als Gewerkschaft sollte sich vor allem auf die Rechte der Arbeiter konzentrieren, auf alle Fragen, die mit den Löhnen und Gehältern, dem Bonussystem, den Lebens- und Arbeitsbedingungen, Sicherheitsvorkehrungen zu tun haben. Die Selbstverwaltung hingegen vertritt die Arbeiter als Eigentümer des Unternehmens. Solidarność sollte die Aktivitäten der Selbstverwaltung so wie bei einem Fabrikeigentümer kontrollieren — ob er die Arbeiterforderungen nach besseren Löhnen und Arbeitsbedingungen erfüllt. Die Selbstverwaltung wird sich mit der eigentlichen Leitung der Betriebe unter den gegebenen Umständen befassen, d.h. bei der gegebenen Preisstruktur einen ausreichenden Gewinn zu erwirtschaften, die Investitionen zu steigern, die Produktion auszudehnen usw. Diese Art natürlicher Arbeitsteilung ist ziemlich klar.

Um das Verhältnis der beiden Bewegungen zueinander zu charakterisieren, ist noch folgendes wichtig: Im heutigen Stadium ist die Selbstverwaltungsbewegung der Solidarność nicht untergeordnet, aber sie kann nur durch Solidarność, durch ihre Hilfe und Verteidigung aufgebaut werden. Es gibt keine andere Kraft im Lande, die an echter Selbstverwaltung interessiert ist. Die Zusammenarbeit ist daher in der Praxis sehr stark und muß es auch sein. Nach einigen Monaten des Zögerns hat Solidarność jetzt auch der Selbstverwaltungsbewegung ihre volle Unterstützung gegeben.

gegenstimmen: Sind mit der Einführung der Selbstverwaltung in Polen nicht auch wirtschaftliche Probleme verbunden? Ein solches System könnte dazu tendieren, bestimmte Wirtschaftssektoren oder Betriebe zu begünstigen, die im Rahmen des gegenwärtigen Systems der Verteilung von Investitionen Gewinne erzielen, und es könnte andere benachteiligen, die aber vom gesellschaftlichen Standpunkt aus — was den Bedarf an von ihnen produzierten Gütern betrifft – keineswegs unwichtig sind. Wenn die Arbeiter in diesem System nur für die Gewinne ihres eigenen Betriebes arbeiten, wird es nicht schwierig sein, ein vernünftiges Gleichgewicht zwischen den Sektoren im nationalen Plan zu erreichen?

Szlajfer: Welcher nationale Plan?

gegenstimmen: Es wird doch weiterhin eine Art nationalen Plan geben?

Szajfer: Ja, aber heute gibt es keinen nationalen Plan.

gegenstimmen: Gut, sagen wir so: Gibt es in der Selbstverwaltungsbewegung das Bewußtsein, daß die zentrale Entscheidungsgewalt der Behörden durch einen neuen nationalen Plan ersetzt werden muß?

Szlajfer: Daß es keinerlei zentralen Plan gegeben hat, ist ein wichtiger Punkt. Es gibt ihn heute nicht und es hat ihn die ganzen siebziger Jahre hindurch nicht gegeben. Was existiert, ist ein zentralisiertes System der Verwaltung und nicht des zentralen Plans.

Natürlich ist dieses Problem, das du da anschneidest, eines der schwierigsten: Daß sozusagen heute die Startposition einiger Betriebe besser ist als die anderer. Um das zu ändern, müssen wir erstens das gesamte Preissystem ändern. Zweitens müssen wir auch ein System ausarbeiten, wie die zentralen Stellen – also die Regierung – mittels des Budgets die negativen Einkommen ausgleichen können, die zum Beispiel in der pharmazeutischen Industrie aufgrund der Differenz zwischen den Produktionskosten und den niedrigen, gestützten Komsumentenpreisen entstehen. Ein anderes Beispiel ist der öffentliche Transport, der ebenfalls vom Staat subventioniert wird, was in der Mehrzahl der Fälle beim gegenwärtigen Preissystem bedeutet, daß Verluste, und nicht Gewinne, erwirtschaftet werden. Aber daß einige Betriebe mit Defizit arbeiten ist kein Argument gegen sie oder gegen die dort beschäftigten Arbeiter; Verluste in dieser Art von Betrieben sollten vom Staat abgedeckt werden, da eben ein sozialer Grund dafür besteht. Das ist in Polen ein ganz selbstverständlicher Vorgang – er wurde jedoch überstrapaziert oder mißbraucht, dadurch daß man Betriebe auf die Budgetliste setzte, bei denen es nicht nötig war.

Ein Beispiel ist die polnische Stahlindustrie. Sie arbeitet heute mit Verlusten. Das rührt daher, daß mit der Politik der ausgedehnten Investitionen der Preis für Eisen und Stahl sehr niedrig ist, das heißt vor allem bewußt von der Regierung niedrig gehalten und deckt nicht die Produktionskosten – die Stahlwerke bringen daher Verluste. An dem Punkt, wo wir heute stehen, müssen die Investitionen eingeschränkt werden; wir müssen auch die Vergeudung im Materialverbrauch unter anderem bei Stahl eindämmen. Das heißt einfach, daß der Stahlpreis erhöht werden muß, um einen negativen Anreiz für andere Betriebe bei der mißbräuchlichen und excessiven Verwendung von Stahl zu schaffen. Ebenso ist es bei der Kohle, wo der Preis heute zwischen 400 und 800 Zloty pro Tonne liegt, während es zwischen 2000 und 6000 Zloty kostet, eine Tonne Kohle abzubauen. Während alle Bergwerke mit Verlusten arbeiten, gibt es auf der anderen Seite eine Tendenz in der gesamten Wirtschaft, Kohle zu verschwenden.

In diesem Sinn sprechen wir davon, daß die Einführung der Selbstverwaltung engstens mit einer sehr komplexen und tiefgehenden Wirtschaftsreform verbunden sein muß, da andernfalls natürlich alle diese Widersprüche des gegenwärtigen Systems durch die betriebliche Selbstverwaltung nur verstärkt werden. Es ist offensichtlich: Wenn die ökonomischen Mechanismen einen verschwenderischen Umgang mit Rohmaterialien, Energie usw. erzwingen –

und das tun sie tatsächlich –, dann würde die bloße Ersetzung des Direktors durch die Selbstverwaltung die Situation nicht ändern.

gegenstimmen: Heißt das, daß es nicht genügt, Pläne nur auf der Ebene von Betrieben oder auch Regionen zu entwickeln?

Szlajfer: Wir sagen, Selbstverwaltung muß mit der Wirtschaftsreform verbunden sein. Wir haben so etwas wie die zehn Gebote für die Selbstverwaltungsräte aufgestellt und verbreitet.

Das erste Gebot lautet: Hände weg von der Verwaltung der Betriebe, ehe die Wirtschaftsreform beginnt! Die Selbstverwaltungsräte sollten sich im Augenblick sehr wohl um die Formen der Vergeudung kümmern, die es im Betrieb gibt; sie sollten vom Direktor verlangen, daß brachliegende Maschinen wiederhergestellt werden, oder daß der Arbeitsplatz mit diesem und jenem versehen wird; aber sie sollten heute nicht bis zu der Ebene gehen, daß sie selbst die Verwaltung des Betriebes übernehmen. Denn unter den gegenwärtigen Umständen könnte das bedeuten, daß das gesamte Konzept der Selbstverwaltung kompromittiert wird: In Fabriken, die mit Verlusten arbeiten, werden die Arbeiter dann eben die Selbstverwaltung für diese Verluste verantwortlich machen.

gegenstimmen: Es gibt da ein zweites großes Problem. Du sagst, die Selbstverwaltung muß mit einer grundlegenden Wirtschaftsreform verbunden werden. Das bedeutet eine Änderung der Investitionsstruktur, was ja auch die Verlagerung von Arbeitskräften in gewinnträchtige Sektoren zur Folge haben würde. Es kann also Entlassungen geben. Sollen die Selbstverwaltungsorgane dafür die Verantwortung übernehmen?

Szlajfer: Das ist eines der schwierigsten Probleme – nicht bei den produktiven Arbeitern; das Hauptproblem liegt bei den Verwaltungsstäben. Jetzt gibt es etwa die Forderung, die Mehrheit der sogenannten Branchenministerien zu liquidieren und endlich ein einziges Wirtschafts- und Handelsministerium zu schaffen. Innerhalb der Betriebe herrscht auch ein Arbeitskräfteüberschuß, und zwar in der Verwaltung.

In vielen Bergwerken ist das Verhältnis zwischen den produktiven Arbeitern und dem Verwaltungsstab 1 zu 2. In einem mittleren Bergwerk, das 6000 bis 7000 Leute beschäftigt, müßten etwa 1000 Leute aus dem Verwaltungsstab entlassen werden. Einige dieser Leute können einfach den Beruf wechseln – es gibt im Dienstleistungsbereich in allen großen Städten noch großen Arbeitskräftemangel. Die Ingenieure in der Verwaltung könnten ihre Qualifikationen wiedererlangen und von neuem in den Produktionsprozeß eingegliedert werden. In Großstädten und in der Großindustrie sollte das kein Problem sein. Die Schwierigkeiten liegen in der kleinen Industrie außerhalb der großen Städte.

gegenstimmen: Wie ist nun das Verhältnis zwischen Gewerkschaft und Selbstverwaltung in dieser Frage?

Szlajfer: Natürlich wird die Selbstverwaltung an Rationalisierungen, was die Beschäftigung von Arbeitskräften betrifft, interessiert sein. Die Pflicht der Solidarność wird es sein, diese Leute, die abgebaut werden sollen, zu verteidigen. Dieser Konflikt kann nicht durch abstrakte Überlegungen gelöst werden. Die Selbstverwaltungsräte müssen gemeinsam mit der Gewerkschaft ein System für den Wechsel von Berufsqualifikationen ausarbeiten – diese Idee gewinnt heute an Bedeutung.

Ein zweiter Punkt, der heute diskutiert wird, betrifft jene, die noch fünf bis sechs Jahre bis zur Pension haben. Besonders solche in gesundheitsschädlichen Berufen sollten – wenn sie das wollen – frühzeitig in Pension gehen können.

Dadurch würde ein Teil der Arbeitskräfte vom Markt entfernt. Der nächste Schritt wäre, ein System der Arbeitsstellenvermittlung auszuarbeiten. Unsere Arbeitsämter funktionieren nicht als solche, sie erkennen den betrieblichen Bedarf sehr schlecht. Es gibt auch heute Branchen, in denen eine starke Nachfrage nach Arbeitskräften besteht − in den moderneren Industrien, in der Energiewirtschaft oder Lebensmittelindustrie. Schließlich muß ein System ausgearbeitet werden, wie die Leute aus den stillgelegten Betrieben sowie aus denen, wo die Beschäftigung reduziert wurde, in andere verlagert werden.

Dennoch wird das Problem einer Gruppe von Leuten da sein, die arbeitslos bleiben. Für sie muß man entweder Beschäftigung außerhalb der Großstädte finden, was bedeutet, die Nebenerwerbsbauern zu reduzieren. − Es arbeiten rund 2 Millionen Menschen, die ein Stück Land haben, zusätzlich in der Fabrik. − Durch landwirtschaftliche Kreditpolitik könnte man für sie Anreize schaffen, sich ausschließlich als Bauern zu betätigen. Man könnte dadurch mindestens eine halbe Million Arbeitsplätze für andere Menschen freibekommen.

gegenstimmen: Würdest du zustimmen, daß offene Arbeitslosigkeit in größerem Umfang über eine längere Zeitspanne das gesamte Reformprojekt gefährden könnte?

Szlajfer: Ja. Für uns bedeutet das, daß wir derzeit den Schwerpunkt darauf legen, daß Solidarność als Gewerkschaft die Regierung daran hindert, eine Beschäftigungspolitik in dieser Richtung zu betreiben. Wir müssen die Regierung zwingen, jetzt daran zu denken, wie sie durch wirtschaftspolitische Maßnahmen neue Arbeitsplätze schaffen kann.

gegenstimmen: Wird man nicht auch produktive Arbeiter entlassen müssen, wenn die Investitionen zum Beispiel im Stahlsektor sinken, daher die Preise steigen und weniger Stahl produziert wird?

Szlajfer: Nicht unbedingt. Denn das wird vor allem ein Anreiz für die Betriebe sein, Stahl zu sparen und die Technologie zu ändern. Heute ist der Stahl für die Betriebe so billig − davon kann einfach sehr viel verschwendet werden.

Die Zahlen sprechen für sich. Wir haben einen Stahlverbrauch in den Dimensionen von Frankreich oder England, aber davon sind 25 bis 30 Prozent einfach Vergeudung. Für das gleiche Produkt wird in Polen zwei- bis dreimal soviel Stahl verwendet wie in anderen Ländern. Das ist der Grund, warum unsere Maschinen um so viel schwerer sind. Es gibt derzeit keinen Bremsmechanismus für die Betriebe, der Materialeinsparungen erzwingt.

gegenstimmen: Aber dennoch würde das für jenen Sektor, der das Rohmaterial erzeugt, das in anderen Bereichen verschwendet wird, eine Kürzung der Produktion und damit der Produktionsarbeiter bedeuten.

Szlajfer: Nicht für die Bergwerke, nicht für die Energieerzeugung, nicht für Rohmaterial im allgemeinen. Bei Stahl kann so ein Problem entstehen. Aber die Mehrzahl der Stahlarbeiter sind qualifizierte Fachkräfte, die leicht in anderen Industriezweigen Beschäftigung finden werden. Was die Situation außerdem erleichtert ist, daß der Großteil der Stahlindustrie in Schlesien konzentriert ist, wo es kein Problem ist, einen Arbeitsplatz etwa im Rohstoffsektor zu finden.

gegenstimmen: Zum Abschluß noch zu den politischen Implikationen, die durch eine Wirtschaftsreform für die Selbstverwaltungsbewegung entstehen könnten. Nehmen wir an, die Wirtschaftsreform wird in Verbindung mit der Einrichtung von Selbstverwaltungsorganen auf betrieblicher und regionaler

Ebene durchgeführt. Das würde offensichtlich bedeuten, daß die Entscheidungsgewalt der zentralen Behörde, wie sie heute existiert, stark beschnitten wird. Glaubst du nicht, daß das eine Herausforderung für den Staatsapparat ist, die er nicht akzeptieren kann, die seine Existenz selbst bedroht?

Szlajfer: Natürlich ist das eine Herausforderung für den existierenden Staatsapparat. Was die Frage betrifft, ob er solche Lösungen akzeptieren könne, bin ich nicht so sicher, denn früher dachte auch niemand, daß er Solidarność bzw. eine unabhängige Gewerkschaft akzeptieren könne.

Andererseits meine ich, daß die Frage der Selbstverwaltung in den kommenden Wochen und Monaten der Hauptanlaß einer möglichen Konfrontation zwischen den Arbeitern und der Regierung sein wird. Denn einige der Forderungen sind – das kann man offen aussprechen – gegen das Monopol des Staats- und Parteiapparates gerichtet, nämlich das Topmanagement der Wirtschaft zu kontrollieren. Und dies ist ein Rückgrat für die Kontrolle des Partei- und Staatsapparates über die Gesellschaft.

Die einzige Chance des Staatsapparates wäre, die gesamte Selbstverwaltungsbewegung zu zerschlagen und zu versuchen, von neuem das alte zentralisierte System der Wirtschaftsverwaltung einzuführen. Die Aussichten für eine solche Politik sind ziemlich düster, sie kann nicht akzeptiert werden. Und was noch wichtiger ist: Die Selbstverwaltungsbewegung zu zerschlagen, heißt Solidarność wieder in die Ecke zu drängen – das würde zu einer direkten Konfrontation zwischen Gewerkschaft und Regierung führen.

Ich meine, daß die Regierung versuchen wird, eher eine Art Kompromiß zu finden.

Manche Implikationen der gesamten Bewegung, ihre weiteren Auswirkungen, sind sicherlich politisch. Aber wir sagen, daß wir nur für die Verwirklichung der Versprechen kämpfen, die in dieser Ideologie und in der Verfassung verankert sind. Das ist der Grund, warum dies für die Regierung eine so schwer zu knackende Nuß ist. Man kann ziemlich schwer behaupten, dies sei eine antisozialistische Bewegung.

gegenstimmen: Wo liegen die Hauptunterschiede zu den jugoslawischen Erfahrungen der Selbstverwaltung?

Szlajfer: Erstens gibt es in Jugoslawien keine Solidarność. Das ist für alle anderen Unterschiede ausschlaggebend. Zweitens lehnen wir in Polen nicht – wie das in Jugoslawien in den sechziger und am Beginn der siebziger Jahre der Fall war – das Recht der Staatsbehörden ab, einige wichtige zentrale Investitionen durchzuführen. Wir lehnen das Konzept und die Notwendigkeit eines zentralen Plans nicht ab; was wir zurückweisen, ist die Methode, mit der derzeit der zentrale Plan erstellt und verwirklicht wird.

Aber in Polen wird der zentrale Plan nur schwierig zu verwirklichen sein. Nicht, weil sich jemand dagegenstellen würde, sondern weil er eine Fiktion wäre. Wir sollten uns im nächsten Jahr lieber auf einige Programme für einige Sektoren der Wirtschaft konzentrieren als versuchen, einen einzigen zentralen Plan durchzusetzen. Lebensmittel, Gesundheitswesen, Bergwerke, Rohstoffindustrien und Exportgüterindustrien gehören dazu. Unter den gegenwärtigen Bedingungen einen zentralen Plan aufzustellen heißt, daß man nur ein Blatt Papier haben würde. Die Wirtschaft ist so desorganisiert, daß wir Zeit brauchen, um sie wieder in Ordnung zu bringen.

(Aus: gegenstimmen, Heft 5/1981, Wien, S. 10 ff.)

DOKUMENT 21

Zbigniew Kowalewski
Zur Taktik des aktiven Streiks

(Auszug)

Die Kampfformen von Solidarność, darunter auch vor allem die letzte Waffe, der Massenstreik, müssen ihrem strategischen Ziel untergeordnet werden. Der Streik mit Fabrikbesetzung, wie er bislang von Solidarność praktiziert wurde – also passiv –, stellt eine zweischneidige Sache dar. Die Unterbrechung des Produktionsprozesses, je nachdem, wie lange sie dauert, bremst mehr oder weniger immer die Produktion materieller Güter und kann dadurch die Möglichkeiten zur Befriedigung gesellschaftlicher Bedürfnisse einschränken. Angesichts der weiter um sich greifenden Wirtschaftskrise und der Versorgungsengpässe, angesichts des dramatischen Zusammenbruchs des gesellschaftlichen Reproduktionsprozesses erscheint der Massenstreik deshalb als sehr ambivalent.

Es soll hier nicht behauptet werden, daß ein Verzicht auf den Streik als Kampfmittel uns aus der Krise herausführen würde. Nicht 90 oder gar 1000 Tage sozialen Friedens könnten unser Land aus der Krise herausbringen, denn die ist nicht aufgrund der sozialen Unruhe entstanden, sondern weil das politische und wirtschaftliche Machtsystem der Bürokratie verfaulte und sich zersetzte. Auf der anderen Seite zeigt die Erfahrung, daß ohne einen längeren Generalstreik die Gesellschaft offensichtlich nichts anderes gegen die Bürokratie durchsetzen kann als unbedeutende Zugeständnisse. Außerdem besteht der soziale Friede nur scheinbar, und wir müssen uns im klaren sein, daß er jeden Augenblick gebrochen werden kann.

Während des passiven Besetzungsstreiks nehmen die Fabrikkommissionen von Solidarność automatisch die Macht innerhalb der Fabrik in ihre Hände. Genauso müssen sie auch während des aktiven Streiks handeln. Der Unterschied besteht darin, daß nach einer kurzen Einstellung der Produktion, also dem passiven Streik, die Streikkomitees sich um die Wiederaufnahme derselben kümmern, wobei sie die Produktion und allgemein die ganze Tätigkeit des Unternehmens kontrollieren. Außerdem kehrt im Unterschied zum passiven Streik nach Beendigung des Streiks die Macht nicht mehr an diejenigen zurück, die sie vorher innehatten, sondern geht an die Organe der Arbeiterselbstverwaltung über.

In den Fabriken mit fortlaufender Produktion kann man keinen passiven Streik durchführen. Dort gehen die Arbeiter direkt zum aktiven Streik über. Die Streikkomitees kontrollieren dann voll und ganz die öffentlichen Dienstleistungen. Das regionale Streikkomitee kann die Entscheidung treffen, einige Werke vom aktiven Streik auszunehmen.

Jedoch bedeutet dies nicht, daß die vom aktiven Streik ausgenommenen Betriebe nur passiv streiken. Deren Arbeiter müssen am aktiven Streik auf andere Art teilnehmen: Sie müssen eine ganze Reihe von gesellschaftlichen Arbeiten verrichten, z.B. die Einrichtungen und Maschinen erneuern, eine vollständige Überholung des Werkes vornehmen, die Werkstätten in Ordnung bringen, anfangen, an einer neuen internen Organisation der Betriebe zu arbeiten, und dies auf der Grundlage alternativer Pläne. Sie müssen an den zivilen Überwachungspatrouillen teilnehmen, sich in die Brigaden eingliedern, die den Einzelbauern bei der Arbeit auf den Feldern helfen sollen, etc.

Notwendigerweise muß der aktive Streik von der Ausrufung einer „Unabhängigkeitserklärung" für das Werk begleitet sein, die vor allem darin besteht, sich zu weigern, weiterhin der Industriellen Vereinigung untergeordnet zu sein, sich ihren Weisungen zu unterwerfen, und es ist die Überweisung der für den Unterhalt der Zentrale benötigten Zahlungen einzustellen.

Der aktive Streik muß unter der Parole: „Die Macht an die Arbeiter in den Fabriken!" ablaufen. Durch diesen Streik wollen sich die Arbeiter vor allem die Mittel schaffen, eine wirkliche Selbstverwaltung einzurichten und die Fabriken aus der Krise herauszuführen. Die während des Streiks vorgebrachten Vorschläge müssen sich deshalb vor allem auf das Statut der Organe der Arbeiterselbstverwaltung beziehen sowie auf die Unabhängigkeit der Unternehmen. Einer dieser Vorschläge sollte das Recht für die Arbeiterräte fordern, den Direktor in offener Abstimmung selbst zu wählen und ihn abwählen zu können, und es muß das Prinzip anerkannt werden, wonach die Direktion das ausführende Organ des Arbeiterrates ist und sich vor ihm als höchster Autorität des Unternehmens zu verantworten hat.

Zusammenfassung

Im Verlauf der Jahre 1944–45 haben die Arbeiter selbst die durch den Krieg zerstörten Fabriken wieder instandgesetzt, und sie haben aus eigener Initiative Arbeiterräte, Unternehmens- und Fabrikkomitees gewählt. Im Verlauf der Jahre 1956–57 wurden die von der Krise betroffenen Fabriken von den Arbeitern selbst wieder in Gang gesetzt, mit Hilfe von gewählten Arbeiterräten. Heute sehen wir zum dritten Mal das Wiederauftauchen einer Bewegung der polnischen Arbeiter für die Selbstverwaltung. Die Fachleute von *Zycie i Nowoszeność* bestätigen: „Jedes Unternehmen, das über hochqualifizierte Arbeiter verfügt, kann in einigen Monaten wieder auf die Beine gebracht werden, vielleicht schon in drei Monaten. Probiert es doch aus!"

Wir müssen es versuchen, denn wir haben keine andere Wahl und die Zentralbürokratie wird sicherlich nicht das Land aus der Krise führen. Beginnen wir also, die wichtigsten Produktionsmittel der Gesellschaft anzuvertrauen und gesellschaftliche Unternehmen zu errichten entsprechend den historischen Erfahrungen der polnischen Arbeiterklasse. Wenn Solidarność sich gezwungen sieht, zur letzten Waffe, zum Massenstreik, zu greifen, dann soll sie den aktiven Streik ausrufen, der den Prozeß der Selbstverwaltung der Gesellschaft als Besitzer beschleunigen, und der den Weg bahnen wird, das Land aus der Krise zu führen.

Lódź, 9. August 1981

(Aus: gegenstimmen Nr. 6/1981, Wien, S. 6)

DOKUMENT 22
Appell des landesweiten Treffens der Arbeiterselbstverwaltungsinitiativen

Die in Warschau versammelten Vertreter der Arbeiterselbstverwaltungsinitiativen, Gründungskomitees der Belegschaftsselbstverwaltung, der gewerkschaftlichen Organisationen sowie Mitglieder des Gesellschaftlichen Komitees für die Wirtschaftsreform bestätigen, daß die Betriebsbelegschaften tief davon überzeugt sind, daß die volle und konsequente Realisierung der selbstverwalteten Wirtschaftsreform die einzige Garantie dafür ist, Polen aus der Krise herauszuführen, der einzige Weg, der Gesellschaft die tägliche Unsicherheit über die Zukunft zu nehmen. Es ist unbedingt notwendig, diese Tatsache zur Kenntnis zu nehmen und mit langwierigen, oft fruchtlosen Debatten über die letztendliche Gestalt der polnischen Wirtschaft der achtziger Jahre aufzuhören, um schon lang erwartete und ernsthafte Aktivitäten zu unternehmen, die sich auf die allgemeine gesellschaftliche Überzeugung stützen, daß es einen Ausweg nur durch die Lösung der staatlichen Krise geben kann.

Der Staat muß endlich aufhören, die Gruppeninteressen des Apparats zu vertreten; vielmehr muß er sich der Gesellschaft nähern und ausschließlich als delegierter und damit integrierter Teil der Gesellschaft fungieren.

Die organisatorische Funktion des Staates wird dann vollständig durch die Gesellschaft akzeptiert werden, wenn sich die gesellschaftliche Überzeugung durchgesetzt hat, daß man mit der Kaderpolitik, die sich auf die politische Nomenklatur stützt, vollständig gebrochen hat, und die einzigen Kriterien für die Beurteilung und Berufung von Personen ihr Können, ihre Begabung und ihre Initiative sind. Deshalb sollte man mit Ausflüchten und der Verwendung falscher Argumente aufhören und zukünftige Konfrontationen vermeiden, nicht einfach, indem man sich unter Druck zurückzieht, sondern indem man Schritte ergreift, die guten Willen, Sorge um die Bevölkerung und ihren Staat und Glaube an die Klugheit der Polen beweisen. Es wird an dieser Klugheit mangeln, wenn sich die Krise weiter vertieft. Wir appellieren an die staatliche Verwaltung, Aktivitäten zu ergreifen, die von der Sorge um das Vaterland getragen werden. Die Gesellschaft wünscht vollständige Selbstverwaltung. Dieser Wunsch muß geachtet werden. Die Selbstverwaltung überzeugt die Menschen davon, daß sie ihr Schicksal in ihren Händen halten und nicht mit verschränkten Armen auf die von oben kommenden Entscheidungen warten sollen, aber dazu müssen sie die Initiative ergreifen. Sie gibt den Menschen das Gefühl der Würde und des Glaubens an die eigene Kraft und erlaubt ihnen, den Kopf zu erheben.

Durch Selbstverwaltung lernt man Verantwortung. Volle Selbstverwaltung im Betrieb, das bedeutet Teilnahme an der Verwaltung der Wirtschaft und des Staates. Selbstverwaltung bewirkt schnellen Zuwachs an Effektivität des Wirtschaftens, Beendigung totaler Verschwendung, die nach wie vor ein Greuel unserer Wirtschaft ist und Kraft zu Initiative und Fortschritt. Selbstverwaltung schränkt das Gestalten der Wirtschaft nach allein politischen Kriterien ein; sie garantiert, daß das Prinzip der Nomenklatur nicht wiederkommt, welches die Ursache für die Krise bildet, die wir erleben, und deren Andauern in der Schuld der Verteidiger dieses Prinzips liegt.

Selbstverwaltung erlaubt, die Dinge so zu sehen, wie sie sind und nicht so, wie sie uns erscheinen. Selbstverwaltung ist wirtschaftliche Staatsräson.

Die Selbstverwaltungsbewegung, deren Repräsentanten an dem zweiten landesweiten Treffen der Selbstverwaltungsinitiativen teilnehmen, ist eine authentische gesellschaftliche Bewegung, die einen ihr zustehenden Platz fordern wird in Einverständnis mit dem Willen derjenigen Betriebe, die ihre Vertreter nach hier entsandt haben. Diese Bewegung erklärt, daß sie nicht zum Schaden einer anderen gesellschaftlichen Gruppe tätig werden will, daß ihr Ziel der Zusammenschluß der Gesellschaft um ein selbstverwaltetes Programm des Auswegs aus der Krise ist. Wir appellieren an alle Menschen guten Willens, alle Belegschaften, Leitungskader der Betriebe, gesellschaftliche Organisationen und Berufsverbände, an die staatliche Führung, alle Anstrengungen zu unternehmen, daß das selbstverwaltete Modell der Wirtschaftsreform zu einer möglichst schnellen Lösung der polnischen Krise führt.

Warschau, 7.8.1981

(Aus: Agencja Prasowa Solidarność, Nr. 28, Warschau 1981. Übersetzung aus dem Polnischen von D. Leszczyńska.)

DOKUMENT 23

Entwurf für ein Gesetz über das gesellschaftliche Unternehmen

(Erarbeitet durch das „Netz von Solidarność-Betriebsorganisationen der führenden Großbetriebe")

Artikel 1
Das gesellschaftliche Unternehmen bildet das Grundelement der Volkswirtschaft und führt seine Tätigkeit selbständig nach den Grundsätzen der wirtschaftlichen Rentabilität durch. Es stellt eine juristische Person dar und umfaßt eine organisierte Belegschaft, die über die Organe der Arbeiterselbstverwaltung den Teil des gesamtstaatlichen (Volks-)Eigentums verwaltet, der ihr anvertraut ist.

Artikel 2
1 Ein gesellschaftliches Unternehmen übt seine Wirtschaftstätigkeit mit dem Ziel aus, ökonomische und soziale Ergebnisse, bei rationeller Ausnutzung der Mittel, zu erzielen.
2 Das Unternehmen setzt sich für ein gewissenhaftes Verhalten der Belegschaften gegenüber den Arbeitspflichten und Normen des gesellschaftlichen Zusammenlebens ein.

GRÜNDUNG VON UNTERNEHMEN

Artikel 3
1 Überregionale Unternehmen werden vom Minister oder einem anderen Organ der zentralen Staatsverwaltung gegründet, regionale Unternehmen von den Organen der regionalen Verwaltung.
2 Regionale Organe der Staatsverwaltung können Vereinigte Unternehmen bilden auf der Basis von verabschiedeten Resolutionen der zuständigen lokalen Nationalräte.
3 Resultiert die Pflicht zur Gründung eines Unternehmens nicht aus dem Plan eines der zuständigen Vertretungsorgane (Sejm, Nationalräte), so bedarf sie der Zustimmung dieser Organe.
4 Das Gründungsstatut definiert Namen, Sitz und Gegenstand der Tätigkeit eines Unternehmens.

Artikel 4
1 Das Gründungsorgan ist verpflichtet, eine Vorbereitungsgruppe einzusetzen, die sich zusammensetzt aus Vertretern des Finanzministeriums, der Gewerkschaften, Umweltschutzinstitutionen, wissenschaftlicher Vereinigungen und Experten.
2 Die Aufgabe der Vorbereitungsgruppe ist die Vorlage eines Gutachtens über die Zweckmäßigkeit der Gründung des Unternehmens.

Artikel 5
1 Das Gründungsorgan vertraut dem Unternehmen einen Teil des gesamtstaatlichen (Volks-)Eigentums an.
2 Über das anvertraute Eigentum verfügt das Unternehmen, das durch seine Arbeiterselbstverwaltung verwaltet wird.

Artikel 6
1 Das Unternehmen erhält einen gesetzlichen Status in dem Augenblick, in dem es bei allgemeinen Gerichten registriert wird.
2 Der Justizminister wird eine Regelung erlassen, wie diese Registrierung der gesellschaftlichen Unternehmen erfolgt.

Artikel 7
1 Das Unternehmen kann sich mit einer ausländischen juristischen Person zusammenschließen.
2 Die Prozedur der Gründung und die Richtlinien für Vereinigte Unternehmen wird ein separates Gesetz definieren.

Artikel 8
1 Die gesellschaftlichen Unternehmen können Zusammenschlüsse eingehen und aus ihnen austreten auf der Basis einer Urabstimmung unter den betroffenen Belegschaften.
2 Die oben genannten Zusammenschlüsse dürfen nicht zu einem Monopol im Sinne des Antimonopolgesetzes führen.

STATUT EINES UNTERNEHMENS

Artikel 9
1 Die Belegschaft verabschiedet in einer Urabstimmung das Statut des Unternehmens.
2 Die Bestimmungen des Statuts dürfen nicht gesetzwidrig sein.
3 Das Statut eines Unternehmens muß bei Gericht registriert werden, entsprechend der Bestimmungen in Artikel 6.

GRUNDSÄTZE DER UNTERNEHMENSVERWALTUNG

Artikel 10
1 Die Belegschaft verwaltet das Unternehmen über ihre Selbstverwaltungsorgane.
2 Die Arbeiterselbstverwaltung umfaßt alle Beschäftigten des Unternehmens.
3 Alle Selbstverwaltungsorgane, mit Ausnahme der Vollversammlung, werden gewählt. Die Mitglieder der Selbstverwaltungsorgane sind ihren Wählern gegenüber verantwortlich und können nur von ihnen abberufen werden.
4 Die höchste Form der Willensbildung der Arbeiterselbstverwaltung ist die Urabstimmung der Belegschaft. Sie wird aufgrund eines Beschlusses des Arbeiterrats oder auf Antrag von mindestens 10% der Belegschaft einberufen.
5 Die Selbstverwaltung verwaltet das Eigentum des Unternehmens, legt die allgemeine Richtung der Tätigkeit und Entwicklung des Unternehmens fest und entscheidet über die Verteilung des Gewinns.
6 Die zuständigen Selbstverwaltungsorgane können Vereinbarungen und Verträge mit Staats- und Verwaltungsorganen eingehen.

7 Der Direktor des Unternehmens leitet als Ausführender der Beschlüsse der Selbstverwaltung das Unternehmen entsprechend der Ein-Personen-Leitung.

DIE ORGANE DES UNTERNEHMENS

Artikel 11
Die Organe des gesellschaftlichen Unternehmens sind
1. die Vollversammlung der Belegschaft (Delegierte)
2. der Arbeiterrat
3. das Präsidium des Arbeiterrats
4. die Hilfsorgane der Selbstverwaltung
5. der Direktor des Unternehmens

VOLLVERSAMMLUNG DER BELEGSCHAFT (DELEGIERTE)

Artikel 12
1 Die Kompetenzen der Vollversammlung sind
   1. die jährliche Bewertung der Tätigkeit des Arbeiterrats und des Direktors,
   2. die Aufhebung von Beschlüssen des Arbeiterrats in begründeten Fällen.
2 In Unternehmen mit mehr als 200 Beschäftigten kann die Vollversammlung durch Delegierte durchgeführt werden.

Artikel 13
1 Die Einberufung der Vollversammlung gehört in die Kompetenzen des Präsidiums des Arbeiterrats.
2 Das Präsidium des Arbeiterrats ist verpflichtet, die Vollversammlung einzuberufen auf Antrag von
   1. 10% der Zahl der Belegschaftsangehörigen,
   2. der Betriebsorgane der Belegschaften,
   3. des Arbeiterrats.
3 Über Ort, Zeitpunkt und Tagesordnung der Vollversammlung müssen die Arbeiter mindestens sieben Tage vor dem Versammlungstermin in Kenntnis gesetzt werden.

Artikel 14
1 Beschlüsse der Vollversammlung werden mit einfacher Mehrheit der Stimmen bei Anwesenheit von mindestens 50% der Belegschaftsangehörigen gefaßt.
2 Beschlüsse, die in Angelegenheiten gefaßt werden, die zu den Kompetenzen der Vollversammlung gehören, sind für den Arbeiterrat, das Präsidium des Arbeiterrats, den Direktor und alle Arbeiter des Unternehmens verbindlich.

Artikel 15
Entscheidungen über Fusion, Teilung oder Liquidierung eines Unternehmens werden auf dem Wege der Urabstimmung der Belegschaften beschlossen.

ARBEITERRAT

Artikel 16
1 Die Zahl der Mitglieder des Arbeiterrats bestimmt die Wahlordnung.

2 Die Wahl der Mitglieder des Arbeiterrats ist allgemein, gleich, direkt und geheim.
3 Die Tätigkeitsperiode des Arbeiterrats beträgt vier Jahre.
4 Das aktive Wahlrecht besitzt jeder Beschäftigte des Unternehmens.
5 Das passive Wahlrecht besitzt jeder, der mindestens zwei Jahr im Unternehmen beschäftigt ist. Diese Einschränkung gilt nicht für neu gegründete Unternehmen.
6 Vom passiven Wahlrecht sind ausgeschlossen: der Direktor und sein Stellvertreter, der Hauptbuchhalter und der Rechtsbeistand. Dem Management, seinen Stellvertretern, Hauptbuchhaltern und Rechtsbeiständen von Abteilungen und Unternehmenszweigen steht auf diesen Ebenen kein passives Wahlrecht zu.
7 Die Mitglieder des Arbeiterrates können keine Leitungsfunktionen in gesellschaftlichen und politischen Organisationen ausüben.

Artikel 17
Die Funktion eines Mitglieds des Arbeiterrats kann nur über zwei aufeinander folgende Tätigkeitsperioden ausgeübt werden.

Artikel 18
Die Art und Weise der Durchführung der Wahl und der Abberufung der Ratsmitglieder bestimmt die Wahlordnung.

Artikel 19
Die Kompetenzen des Arbeiterrats sind
 1. Beschlußfassung über die Grundrichtungen der wirtschaftlichen Tätigkeit und Entwicklung des Unternehmens,
 2. Verabschiedung der Pläne des Unternehmens,
 3. Bestätigung der Organisationsstruktur des Unternehmens,
 4. Beschlußfassung über die Verteilung des Gewinns,
 5. Ernennung und Abberufung des Direktors,
 6. Beurteilung der Kandidaten für die Posten der stellvertretenden Direktoren und des Hauptbuchhalters,
 7. Beschlußfassung über die Änderung des Produktionsprofils bzw. der Dienstleistungen,
 8. Beschlußfassung über die Annahme der Jahresbilanz und der Wirtschaftsrechnung sowie über die Annahme oder Ablehnung des Rechenschaftsberichts des Direktors,
 9. Beschlußfassung über Wirtschaftsabkommen und Kooperationsverträge mit anderen Unternehmen,
10. Vereinbarung mit staatlichen Organen über gegenseitige Zusammenarbeit,
11. Festlegung der Personalpolitik,
12. Festlegung der Arbeitsordnung,
13. Kontrolle der Gesamtheit der Tätigkeiten des Unternehmens,
14. Wahl des Vorsitzenden und des Präsidiums des Rates,
15. Beschlußfassung über Erwerb und Veräußerung sowie Belastung von immobilem und anderem Vermögen,
16. Beschlußfassung über die sozialen, materiellen und kulturellen Belange der Belegschaft,
17. Beschlußfassung über Ein- und Ausfuhrverträge,

18. Bestätigung von Anträgen über die Verleihung von Orden und staatlichen Auszeichnungen,
19. Verfügung über die betrieblichen Kommunikationsmittel.

Artikel 20
Der Arbeiterrat kann vom Direktor und allen Mitarbeitern jederzeit Rechenschaftslegung, Informationen und Erklärungen verlangen. Er kann den Stand des Vermögens des Unternehmens prüfen.

Artikel 21
Der Direktor des Unternehmens ist verpflichtet, sich innerhalb von 14 Tagen nach der Vorlage durch den Rat schriftlich zu Antragsinitiativen und Gutachten des Rats zu äußern.

Artikel 22
Beschlüsse des Rats, die im Rahmen seiner Kompetenzen gefaßt wurden, sind für den Direktor und die Arbeiter des Unternehmens verbindlich.

Artikel 23
Die Sitzungen des Rats finden mindestens einmal im Vierteljahr statt.

Artikel 24
Das Präsidium des Rats ist verpflichtet, außerordentliche Sitzungen des Rats auf schriftlichen Antrag von ⅓ der Gesamtzahl der Ratsmitglieder, 10% der Belegschaftsangehörigen und des Direktors des Unternehmens einzuberufen.

Artikel 25
Beschlüsse des Rats werden mit der absoluten Mehrheit der Stimmen bei Anwesenheit von ⅔ der Ratsmitglieder gefaßt.

Artikel 26
Der Rat kann ständige oder zeitweilige Arbeitskommissionen berufen, ihre Kompetenzen und die Art und Weise ihrer Tätigkeit bestimmen.

Artikel 27
Die Mitglieder des Rats haben das Recht, Interpellationen und Anträge durch Vermittlung des Ratspräsidiums in allen Angelegenheiten, die das Unternehmen betreffen, einzureichen.

Artikel 28
Ratsmitglieder können während der Dauer der Tätigkeitsperiode und zwei Jahre nach Beendigung der Tätigkeitsperiode nicht aus ihrem Arbeitsverhältnis entlassen werden. Auch können während dieser Zeit dem Ratsmitglied weder die Arbeitsbedingungen noch sein Lohn zu seinem Nachteil verändert werden. Die Bestimmungen dieses Artikels berühren nicht die Vorschriften über die Lösung eines Arbeitsverhältnisses ohne Kündigung.

DAS PRÄSIDIUM DES ARBEITERRATS

Artikel 29
Das Präsidium des Arbeiterrats leitet die Arbeiten des Rats und ist dessen ausführendes Organ.

Artikel 30
Zum Ratspräsidium gehören: der Ratsvorsitzende, sein Stellvertreter, der Sekretär und seine Mitglieder.

Artikel 31
Zu den Kompetenzen des Präsidium gehören
1. die Vorbereitung der Beschlußentwürfe des Rates,
2. Kontrolle der Ausführung der Ratsbeschlüsse,
3. Einberufung der Ratssitzungen,
4. Organisierung der Arbeit der Beratungs- und Arbeitskommissionen,
5. Beglaubigung der Informationen über den finanzwirtschaftlichen und technischen Stand des Unternehmens, die vom Direktor der Belegschaft oder dem Rat vorgelegt werden,
6. Ausübung der Kontrolle über das Funktionieren der Hilfsorgane der Arbeiterselbstverwaltung (Sektionsräte, Abteilungsräte, Filialräte, Fabrikräte),
7. Ausübung anderer Funktionen im Auftrage des Rates.

HILFSORGANE DER SELBSTVERWALTUNG

Artikel 32
In Großunternehmen sind Organe der Arbeiterselbstverwaltung auch in Einheiten tätig, die mit eigener innerer Wirtschaftsrechnung arbeiten (Werksabteilungen, Filialen).

Artikel 33
Für die Organe der Arbeiterselbstverwaltung in den Einheiten, von denen Artikel 32 handelt, gelten die entsprechenden Vorschriften, die die Selbstverwaltungsorgane des Unternehmens betreffen.

Artikel 34
Das Unternehmensstatut kann die Berufung von Organen der Arbeiterselbstverwaltung auch in Einheiten vorsehen, die nicht nach Grundsätzen der Wirtschaftsrechnung arbeiten (in Sektionen, in organisatorisch abgesonderten Abteilungen).

Artikel 35
Die Kompetenzen der Organe, von denen Artikel 34 handelt, bestimmt das Statut der Arbeiterselbstverwaltung.

DIREKTOR

Artikel 36
Der Direktor ist Ausführender der Beschlüsse der Organe der Arbeiterselbstverwaltung.

Artikel 37
Der Direktor leitet die operative Verwaltung im Unternehmen, organisiert die Arbeit der Belegschaft nach dem Grundsatz der Ein-Personen-Leitung, repräsentiert das Unternehmen nach außen und führt im Namen des Unternehmens die Rechtshandlungen durch.

Artikel 38

Der Direktor kann jede das Unternehmen betreffende Entscheidung fällen, die nicht zu den Kompetenzen der Organe der Selbstverwaltung gehört.

Artikel 39

In Angelegenheiten, die der Kompetenz der Organe der Selbstverwaltung vorbehalten sind, müssen den Rechtshandlungen des Direktors entsprechende Beschlüsse jener Organe vorausgegangen sein.

Artikel 40

Vor jeder Beschlußfassung der Selbstverwaltungsorgane ist der Direktor verpflichtet, schriftlich eine Stellungnahme über deren wirtschaftliche, soziale und rechtliche Folgen abzugeben.

Artikel 41

Der Direktor ist verpflichtet, gegen Beschlüsse der Selbstverwaltungsorgane Einspruch zu erheben, wenn diese rechtswidrig sind. Der Einspruch des Direktors hat aufschiebende Wirkung.

Artikel 42

1 Der Direktor wird vom Arbeiterrat nach einer öffentlichen Ausschreibung berufen.
2 Die Amtsperiode des Direktors bestimmt der Arbeiterrat im Arbeitsvertrag.
3 Der Rat entläßt den Direktor vor Ablauf der Amtszeit im Falle der nicht erteilten Entlastung.
4 Der Direktor kann auch durch Urabstimmung der Belegschaft abberufen werden.

Artikel 43

Der Direktor beruft seinen Stellvertreter und den Hauptbuchhalter nach Begutachtung der Kandidaten durch den Arbeiterrat.

BEVOLLMÄCHTIGTE DES UNTERNEHMENS

Artikel 44

1 Bevollmächtigte des Unternehmens werden durch den Direktor berufen und abberufen.
2 Bevollmächtigungsrechte müssen schriftlich erteilt werden, sonst sind sie ungültig.
3 Erteilung von Bevollmächtigungsrechten muß im Unternehmensregister veröffentlicht werden. Dies gilt nicht für bestimmte Funktionen oder für Gerichtsvollmachten.

Artikel 45

Stellvertretende Direktoren handeln im Namen des Unternehmens auf der Grundlage von Bevollmächtigungsrechten, die durch den Direktor erteilt wurden.

LÖSUNG VON PROBLEMEN ZWISCHEN ARBEITERSELBSTVERWALTUNG UND DIREKTOR

Artikel 46

1 Auseinandersetzungen zwischen Organen der Arbeiterselbstverwaltung und dem Direktor, die aus den Bestimmungen des Artikels 41 resultieren, können mit Hilfe eines Schlichtungskomitees gelöst werden, das von beiden Seiten gemeinschaftlich eingesetzt wird.
2 Wenn so ein Komitee nicht berufen wird oder keine Lösung bringt, kann jede Seite den Fall vor Gericht bringen.

VERMÖGEN DES UNTERNEHMENS

Artikel 47

Dem Unternehmen stehen alle Rechte aus dem ihm anvertrauten Vermögen zu.

Artikel 48

Das Unternehmen haftet für seine Verpflichtungen nach den Bestimmungen des Zivilgesetzbuches.

Artikel 49

Wenn ein Unternehmen liquidiert wird, entscheidet das Staatsorgan, das das Unternehmen gegründet hat, wie das Vermögen verwendet wird. Vor dieser Entscheidung muß es die Meinung der Beschäftigten in einem Referendum einholen. Der Entscheidung des erwähnten Organs muß eine Untersuchung durch Experten vorausgehen.

Artikel 50

Das Unternehmen bildet Fonds, wie andernorts festgelegt.

Artikel 51

Die finanziellen Verpflichtungen des Unternehmens gegenüber dem Staats- und den Lokalbudgets regeln sich entsprechend den Steuergesetzen.

STAATLICHE AUFSICHT

Artikel 52

1 Der Staat beeinflußt das Unternehmen durch Rechtsvorschriften und bestimmte ökonomische Parameter wie Steuern, Zollabgaben und Kredite, die auf generelle Weise geregelt sind.
2 Die Festlegung der Preise, die nicht den Entscheidungen von Staatsorganen vorbehalten sind, liegt in der Kompetenz des Unternehmens.

Artikel 53

Die staatlichen Organe können in die inneren Angelegenheiten des Unternehmens nur im Rahmen gesetzlicher Befugnisse eingreifen.

Artikel 54

Die Tätigkeit des Betriebes unterliegt der Kontrolle der staatlichen Kontrollorgane.

Artikel 55
Das Unternehmen hat das Recht, innerhalb von sieben Tagen gegen Entscheidungen, die ihm von staatlichen Organen auferlegt wurden, Widerspruch einzulegen. Das Einreichen des Widerspruchs hat aufschiebende Wirkung.

Artikel 56
Streitfälle zwischen Organen des Staates und der Unternehmen entscheidet ein Gericht.

Artikel 57
1 Erleidet das Unternehmen einen Schaden im Fall, daß es eine Entscheidung von Organen ausführt, die die staatliche Aufsicht ausüben, steht ihm die Beanspruchung einer Entschädigung gemäß den Vorschriften des Zivilrechts zu.
2 Streitfälle, die aus Entscheidungen entstehen, die von Abschnitt 1 behandelt werden, entscheidet das Gericht.

GEMEINSAME REGELUNGEN FÜR ORGANE DES UNTERNEHMENS UND DER GEWERKSCHAFTEN

Artikel 58
Falls Beschlüsse, die von Organen der Selbstverwaltung gefaßt wurden, oder Entscheidungen des Direktors des Unternehmens Angelegenheiten berühren, die in den Tätigkeitsbereich der Gewerkschaften hineinreichen, sind die Organe vor der Durchführung jener Beschlüsse und Entscheidungen verpflichtet, den Gewerkschaften darin die Einnahme einer Position gemäß dem Gesetz über Gewerkschaften und dem Kodex der Arbeit zu ermöglichen.

ZEITLICHE BESTIMMUNGEN

Artikel 59
Staatliche Untgernehmen, die auf der Basis des Erlasses von 1950 (Gesetzesblatt Nr. 18 von 1960, Pos. 111) tätig sind, werden gesellschaftliche Unternehmen im Sinne dieses Gesetzes, es sei denn die Beschäftigten entscheiden anders.

ABSCHLIESSENDE BESTIMMUNGEN

Artikel 60
Dieses Gesetz betrifft nicht die Staatlichen Polnischen Eisenbahnen (PKP), den Staatlichen Postalischen Dienst (PPTiT), Banken, staatl. Versicherungsgesellschaften (PZU), Kraftwerke und Unternehmen, die vom Justizminister und Verteidigungsminister kontrolliert werden.

Artikel 61
Der Erlaß vom 26. Oktober 1950 bezüglich der staatlichen Unternehmen und die daraus folgenden Ausführungsbestimmungen verlieren ihre Gültigkeit.

Artikel 62
Das Gesetz über Arbeiterselbstverwaltung vom 20.3.1958 und die daraus folgenden Ausführungsbestimmungen verlieren ihre Gültigkeit. (. . .)

(Übersetzung aus dem Englischen nach: Journal für Sozialforschung, Heft 1/2, 1982, Wien, S. 241 ff. von R.-U. Henning.)

DOKUMENT 24

Erklärung des Gründungskomitees für die Nationale Föderation der Selbstverwaltungsorgane

(Auszüge)

1. Gebildet wird das Gründungskomitee der nationalen Föderation der Selbstverwaltungsorgane (KZ-KFS). (...)
4. Das KZ-KSF ist ein provisorisches Organ, bis ein nationaler Kongreß der Arbeiterräte zusammentritt oder bis die regionalen Selbstverwaltungsräte eine andere Entscheidung treffen.
5. Das KZ-KFS steht allen regionalen Koordinationen der Räte offen.
6. Das KZ-KSF hat keine Entscheidungsgewalt über die Arbeiterräte. Es kann seine Entscheidungen treffen
   a) als Resolutionen, die für seine ausführenden Organe bindend sind;
   b) als Resolutionen, die eine gemeinsame Sichtweise ausdrücken und die den regionalen Räten der Selbstverwaltung und den betrieblichen Selbstverwaltungsräten vorgeschlagen werden.
7. Ziel der Föderation ist es, die Bedingungen für die Schaffung und das Funktionieren gesellschaftlicher Strukturen und Organe herzustellen, die das Funktionieren eines Selbstverwaltungsmodells in Wirtschaft und Staat regeln.
8. Ihren statuarischen Zweck verwirklicht die Föderation durch:
   a) die Organisation der Zusammenarbeit zwischen den bestehenden oder in Gründung befindlichen Räten und ihren regionalen Vertretungen;
   b) die Teilnahme an der Ausarbeitung von Gesetzentwürfen des Sejm und anderer Dokumente (...);
   d) die Vertretung der Position der Selbstverwaltungsräte gegenüber den staatlichen Behörden, gegenüber Organisationen und Institutionen;
   e) die Organisierung von Befragungen über die wirtschaftlichen Probleme im weiten Sinn, auch in der Form des Referendums;
   f) die Darstellung ihrer Ansichten über die sozio-ökonomische Reform;
   g) Aktivitäten mit dem Ziel, sozio-ökonomische Kammern des Sejm und der regionalen Parlamente zu schaffen;
   h) den Vorschlag von Wegen und Formen der Vergesellschaftung von Wirtschaft und Staat;
   i) Vorbereitung und Verbreitung von Informationen;
   j) Zusammenarbeit mit anderen Organisationen und gesellschaftlichen Initiativen, soweit es gemeinsame Aktionsziele betrifft.

Warschau, 17.10.1981

(Aus: Agencja Prasowa Solidarność, Nr. 45, Warschau 1981. Eigene Übersetzung aus dem Polnischen.)

DOKUMENT 25

Henryk Szlajfer
Kommentar zu den Gesetzen über die Selbstverwaltung und die staatlichen Unternehmen

1.
Es bleibt ein Widerspruch zwischen den vom Parlament verabschiedeten Gesetzen über staatliche Unternehmen und Selbstverwaltung der Belegschaft einerseits und dem Beschluß des ersten Landesdelegiertenkongresses von NSZZ „Solidarność" vom 3. Oktober 81. Der Versuch, der Gewerkschaft und der Selbstverwaltungsbewegung am 22.9. einen Kompromiß aufzuzwingen, ist durch die Delegierten mit entschlossener Mehrheit der Stimmen zurückgewiesen worden. Der Beschluß des Kongresses fordert die Durchführung eines Referendums unter den Belegschaften zu den kritisierten Punkten beider Gesetze und eine Antragstellung an das Parlament für ihre Neuformulierung. Gleichzeitig wurden diejenigen Punkte der beiden Gesetze zurückgewiesen, die auf eine besonders deutliche Weise Prinzipien der Selbständigkeit und der Selbstverwaltung verletzen. „Der Kongreß ruft alle Belegschaften auf, eine authentische Arbeiterselbstverwaltung zu gründen, die mit den Prinzipien, die von der Gewerkschaft vertreten werden, übereinstimmen."

2.
In der gegenwärtigen Situation hängt das weitere Schicksal der Selbstverwaltungsbewegung direkt und entscheidend von den Aktivitäten der einzelnen Arbeiterselbstverwaltungsorgane ab und darüber hinaus von der Stufe der Koordination dieser Aktivitäten durch die regionalen Räte für die Zusammenarbeit der Selbstverwaltungsorgane sowie von der Kraft und dem Druck der Belegschaften auf die Machthaber. „Solidarność" unterstützt heute eine Bewegung, die zwar noch nicht über große Möglichkeiten verfügt, die aber in der Praxis ihren Willen, ihre Entschlossenheit und Konsequenz zum Ausdruck bringt. Man wird nicht mehr für uns kämpfen, sondern zusammen mit uns.

3.
Die Aktivitäten muß man heute der Verwirklichung zweier grundsätzlicher Ziele unterordnen:
a) der Vorbereitung der Betriebe und Arbeiterräte auf die Wirtschaftsreform,
b) dem Referendum und der Neuformulierung der Gesetze.
Die Aktivitäten, die zur Verwirklichung des ersten Ziels führen, werden in einem anderen Aufsatz behandelt. Hier werden wir uns konzentrieren auf die Aktivitäten, die mit der Vorbereitung der Verwirklichung des zweiten Ziels verbunden sind.

4.
Das Referendum soll zum schnellstmöglichen Termin stattfinden, spätestens bis zum 1.12.81, d.h. vor der Inkrafttretung der Bestimmungen beider Gesetze

und der Ausführungsverfügungen und auch vor dem Datum des Beginns der ersten Etappe der Wirtschaftsreform. Als Aufgabe der regionalen Räte für die Zusammenarbeit der Selbstverwaltungsorgane und der landesweiten Föderation der Selbstverwaltung (nach ihrer Entstehung) ist von „Solidarność" beschlossen worden, in einem dringenden Verfahren den genauen Termin, den Bereich sowie die Fragen des Referendums festzulegen und darüber hinaus seine Durchführung durch Vermittlung von gemischten Kommissionen (Gewerkschaft/Selbstverwaltung) auf Landes-, Regional- und Betriebsebene voranzutreiben.

Die direkte Teilnahme der Selbstverwaltungsorgane und ihrer regionalen und Landes-Vertretungen am Referendum, Verhandlungen mit der Regierung über das Thema Neuformulierung der Gesetze, Ausführungsbestimmungen usw. ist notwendig sowohl für die Selbstverwaltungsorgane als den am meisten daran Interessierten, wie auch für „Solidarność". (Ohne starke Selbstverwaltungsbewegung wird die Durchführung der gewerkschaftlichen Projekte für die Wirtschaftspolitik abhängig vom guten Willen der Regierung und des Managements.)

5.
In der Zeit vor dem Referendum wird in den Betrieben um die Gestalt der Arbeiterselbstverwaltung, um ihre faktischen Rechte und den Machtbereich ihrer Organe gekämpft. In diesem Kampf muß man alle Bestimmungen ausnutzen, die es erlauben, alle Anti-Selbstverwaltungsaktivitäten der Macht zu neutralisieren, unter anderem Bestimmungen der beiden erwähnten Gesetze.

6.
Gleichzeitig muß bei den Aktivitäten beachtet werden, keine Fakten zu schaffen, die die am meisten umstrittenen Bestimmungen der Gesetze bestätigen würden. Alle solche Aktivitäten würden dann propagandistisch durch die Macht ausgenutzt, um andere Belegschaften zu desorientieren und in den Augen der Öffentlichkeit die Richtigkeit des Referendums in Frage zu stellen. Deswegen soll man bei den Aktivitäten im Betrieb eine solche Interpretation der Gesetze zugrundelegen, die die Verwirklichung der authentischen Postulate der jeweiligen Arbeiterselbstverwaltung im Betrieb ermöglicht. In der Übergangszeit sind solche Interpretationen nicht nur möglich, sondern sie stehen auch nicht im Widerspruch zu der Rechtsordnung des Landes. Die Verfügungen des Ministerrates sowie andere Erlasse unterer Ebenen sind noch nicht in Kraft getreten und ihre Anwendung verlangt das Einverständnis der Gewerkschaft und der Selbstverwaltungsbewegung.

7.
Es existieren aber eine Reihe von Bestimmungen, die keiner vorteilhaften Interpretation für die Selbstverwaltung unterworfen werden können. In solchen Fällen soll man das Risiko eingehen, diese Bestimmungen zurückzuweisen und zu ignorieren, da sie Gegenstand des zukünftigen Referendums sind und im Widerspruch zu dem Prinzip der Selbständigkeit der Betriebe und der Arbeiterselbstverwaltung stehen. Man muß ununterbrochen daran erinnern und in den Kontakten mit den betrieblichen Kommissionen und Regionalvorständen der „Solidarność" darauf verweisen, daß der Beschluß des Kongresses die Gliederung der Gewerkschaft verpflichtet zur Verteidigung der authentischen

Selbstverwaltung und zur Verteidigung der Funktionäre, die in den Betrieben die Prinzipien der vollen Selbstverwaltung realisieren. („Im Kampf um die Arbeiterselbstverwaltung und das gesellschaftliche Unternehmen wird die Gewerkschaft in Übereinstimmung mit dem Willen der Belegschaft handeln. Die Gewerkschaft versichert den Belegschaften, daß alle Schritte unternommen werden, die für die Verteidigung der Selbstverwaltung unentbehrlich sind.")

8.
Die hier angegebenen Interpretationen einiger Bestimmungen beider Gesetze soll den Selbstverwaltungsorganen helfen, während der Periode vor dem Referendum „durchzuhalten". Als wichtigstes muß man in dieser Übergangszeit an den bereits erreichten Errungenschaften festhalten und verhindern, daß die Macht Manipulationen in folgenden Bereichen durchführen kann:
a) Gründung der Arbeiterselbstverwaltung und ihrer Organe,
b) Statut der Arbeiterselbstverwaltung,
c) Statut des Unternehmens,
d) Berufung und Abberufung des Direktors,
e) Vereinigung von Betrieben,
f) Kontrolle der Gründungsorgane über das Unternehmen,
g) Vermögen des Unternehmens,
h) Produktionspläne und Anforderungen von außen,
i) technisch-finanzielle Bedingungen für die Tätigkeit der Organe der Arbeiterselbstverwaltung.

Ad a) Am 1. Oktober dieses Jahres, d.h. am Tage des Inkrafttretens beider Gesetze wurde aus Łódź und Lublin bekannt, daß einige Direktoren schon entstandene Gründungskomitees der Selbstverwaltung und sogar die gewählten Arbeiterräte ignorieren; sie rufen nicht nur allgemeine Versammlungen der Belegschaft ein, sondern gründen auch „eigene" Gründungskomitees nach den Prinzipien der „Konferenzen der Arbeiterselbstverwaltung" unter der Leitung des Sekretärs der Parteizelle im Betrieb oder von Branchengewerkschaftern. Deswegen darf man nicht vergessen, daß in Übereinstimmung mit dem Gesetz über die Selbstverwaltung (Art. 51 Abs. 3) der Direktor nur dort das Recht hat, eine allgemeine Belegschaftsversammlung einzuberufen, wo keine Arbeiterräte existieren oder kein von der Belegschaft anerkanntes Gründungskomitee vorhanden ist. Dagegen hat er kein Recht, die Zusammensetzung des Gründungskomitees zu bestimmen und erst recht nicht die demokratisch gewählten Selbstverwaltungsorgane zu ignorieren.
Ratschläge für die Funktionäre der Selbstverwaltung: In den Betrieben, wo bis jetzt weder Arbeiterrat noch Gründungskomitee berufen worden sind: kontrolliert mit Hilfe der Gewerkschaft die Aktivitäten der Direktoren, Parteisekretäre usw., nehmt teil an der Vorbereitung der allgemeinen Vesammlung der Belegschaft! Stellt eine eigene Liste von Kandidaten zusammen! In den Betrieben, in denen schon Arbeiterräte oder Gründungskomitees existieren, muß man den Direktor vor den Konsequenzen seines Verstoßes gegen das Gesetz warnen und wenn notwendig die Belegschaft davon informieren; u.a. kann man hierfür die Versammlung ausnutzen, die von dem Direktor einberufen worden ist.

Ad b) Alle bisherigen Selbstverwaltungsstatuten, die sich auf die Projekte des

„Netzes" (Sieć) oder anderer gesellschaftlicher Projekte stützen, und die u.a. das Recht auf Verwaltung und auf Berufung und Abberufung des Direktors garantieren, müssen beibehalten werden und unverändert bleiben. Die neu entstehenden Selbstverwaltungsorgane sollen Statuten, die diese Prinzipien beinhalten, annehmen. Solches Vorgehen widerspricht nicht dem Gesetz. Die Statuten der Selbstverwaltungsorgane sollen bis zum 31. Dezember dieses Jahres festgelegt werden, in der Übergangszeit können verschiedene Statuten existieren.

Das Festhalten an den bisherigen Statuten hat eine grundsätzliche Bedeutung für das Referendum sowie für die zukünftigen Tätigkeiten der Gewerkschaft und der Selbstverwaltungsbewegung. Dies wird deutlich zum Ausdruck bringen, daß die Belegschaften mit bestimmten Vorschriften des Gesetzes nicht einverstanden sind.

Ad c) In Übereinstimmung mit Art. 10 Abs. 1 des Gesetzes über die Selbstverwaltung sowie Art. 17 Abs. 2 des Gesetzes über die staatlichen Unternehmen kann das Statut nur von einer allgemeinen Belegschaftsversammlung auf Antrag des Direktors beschlossen werden. Die Direktoren sind verpflichtet, bis zum 31. Oktober dieses Jahres Projekte für Statuten vorzulegen, und die Belegschaften sollen bis zum 31. November dieses Jahres ein Statut abstimmen. Die existierenden Arbeiterräte oder Gründungskomitees sollen sofort Kontakt mit den regionalen Räten für die Zusammenarbeit der Selbstverwaltung aufnehmen und gemeinsam die Strategie des Vorgehens festlegen.

Man muß beachten, daß in Übereinstimmung mit den Vorschriften sehr große Möglichkeiten bestehen, schlechte Projekte zu blockieren und zu fordern, daß der Direktor sein Projekt nach den Vorschlägen des Arbeiterrats verbessert. Hervorzuheben ist, daß mit Ausnahme des Art. 18 des Gesetzes über die staatlichen Unternehmen die Statuten des Unternehmens nicht der Genehmigungspflicht des Gründungsorgans unterstehen. Selbstverwaltungsorgane, die die Aufteilung der Vereinigten Betriebe in Einzelbetriebe planen, können dabei den Art. 27 des Gesetzes über die staatlichen Unternehmen verwenden. Er ist so formuliert, daß – sogar im Falle des Streits mit dem Gründungsorgan – die besondere Art der Verbindung zwischen den Betrieben bestimmt (z.B. durch Verträge) und im Statut aufgelistet werden kann.

Ratschläge für die Funktionäre der Selbstverwaltung: Die Projekte der Statuten sollte man vertrauten Juristen zur Konsultation geben. Im Fall der Unsicherheit kann man sich mit Fragen an die regionalen Räte für die Zusammenarbeit der Selbstverwaltungsorgane wenden.

Ad d) Bis zu dem Zeitpunkt, an dem die Liste der Industriebetriebe, in denen der Direktor durch das Gründungsorgane berufen und abberufen wird, mit der Gewerkschaft nicht ausgehandelt ist, gilt die Bestimmung, daß der Arbeiterrat den Direktor beruft und abberuft (Art. 34 Abs. 2 des Gesetzes über die staatlichen Unternehmen). Dies muß man so schnell wie möglich ausnutzen und eine öffentliche Ausschreibung durchführen (dort, wo die Belegschaft den Direktor entlassen will) oder den bisherigen Direktor verpflichten, die Ernennungsurkunde, die vom Arbeiterrat ausgestellt ist, zu akzeptieren und die bisherige an die Vereinigung der Industrieunternehmen zurückzuschicken. Die Ablehnung dieses Verfahrens durch den Direktor ist ein ausreichender Grund, um eine öffentliche Ausschreibung anzukündigen.

Ratschläge für die Funktionäre der Selbstverwaltung: In Übereinstimmung mit dem Kongreß der NSZZ „Solidarność" werden sich auf der Liste der Unternehmen, in denen der Direktor von Gründungsorganen berufen und abberufen wird, nur folgende Unternehmen befinden: Rüstungsbetriebe (d.h. diejenigen, die dem Verteidigungsministerium unterstehen), Unternehmen, die dem Finanzministerium unterstehen (d.h. Münzprägebetriebe, Banknotendruckereien) sowie Unternehmen, die dem Justizministerium unterstehen und im Bereich der Strafanstalten tätig sind. In allen anderen Unternehmen sollen die Selbstverwaltungsorgane deshalb die öffentliche Ausschreibung durchführen oder dem Direktor die neue Ernennungsurkunde einreichen.

Ausschreibungskommission: Die Art und Weise, in der die Bestimmungen interpretiert werden und die Form der Aktivitäten hängen von der Kraft der Selbstverwaltung und der Betriebskommission ab. Es gibt drei Varianten:
– Ignorieren der Gesetzesbestimmungen und Berufung der Kommission durch den Arbeiterrat in Übereinstimmung mit dem Beschluß von „Solidarność" (Variante für eine starke Selbstverwaltung);
– formales Akzeptieren der Zusammensetzung nach den Gesetzesbestimmungen, aber gleichzeitig Auswahl entsprechender Leute aus der Parteizelle usw., die bereit sind, die Priorität der Arbeiterräte anzuerkennen (Variante für ein gutes Verhältnis); dieser Typ von Aktivitäten sollte zuallerletzt angewandt werden – denn er verstößt gegen den Beschluß des Kongresses;
– Anordnung des Arbeiterrates an die Ausschreibungskommission, alle Kandidaten, die sich beworben haben, aufzulisten (von den Besten bis zu den Schlechtesten); dagegen bleibt das Recht für die Auswahl und Eliminierung der Kandidaten in den Händen des Arbeiterrates als dem Organ, das den Direktor beruft (Variante einer Kommission mit der Funktion eines Experten).

Der letzte von den hier genannten Vorschlägen ist generell gültig und soll (unabhängig von der Zusammensetzung der Ausschreibungskommission) als eine Möglichkeit verwendet werden, die dem Art. 35 des Gesetzes über die staatlichen Unternehmen nicht widerspricht, auch dann, wenn die ersten zwei Varianten angewandt werden. Man darf nämlich nicht vergessen, daß die Ausschreibungskommission nicht den Direktor beruft, sondern nur die Qualifikaton der Kandidaten beurteilt. Wenn die Kommission kein Recht hat, die Kandidaten zu eliminieren, vermeidet man eventuelle Aktivitäten der Machthaber, einen ihnen unbequemen Kandidaten einfach auszuschalten, bevor der Arbeiterrat ihn überhaupt zu Gesicht bekommt.

Ad e) Die Bestimmung über Pflichtvereinigungen (Art. 60 des Gesetzes über die staatlichen Unternehmen) soll dem „Solidarność"-Beschluß folgend ignoriert werden.

Ratschläge an die Funktionäre der Selbstverwaltung: In den Zweigen, die von dieser Bestimmung bedroht sind, muß man sofort einer freiwilligen Vereinigung beitreten, um den Aktivitäten des Verwaltungsapparats zuvorzukommen. Treffen mit den Abgeordneten müssen organisiert werden, weil nämlich die Parlamentskommissionen verpflichtet sind, ihre Meinung zu den Pflichtvereinigungen zu formulieren.

Der Direktor der Vereinigung: Hier soll man dieselbe Interpretation anwenden wie im Fall des Unternehmensdirektors, das bezieht sich besonders auf Art. 35 und Art. 64 Abs. 4 des Gesetzes über die staatlichen Unternehmen.

Zusammensetzung des Rates der Vereinigung: Die Vorschrift des Art. 63 Abs. 2 des Gesetzes über die staatlichen Unternehmen wird ignoriert. Der Direktor des Unternehmens kann in den Rat der Vereinigung nur eintreten, wenn der Arbeiterrat des Unternehmens, das in dieser Vereinigung ist, damit einverstanden ist. Man muß die Tätigkeit der Regierung beachten, die beabsichtigt, Organe zu schaffen, die die Vereinigung kontrollieren. Zwar erscheint der Begriff eines solchen Organs in dem Kontext des Art. 64 Abs. 2 (Pflichtvereinigung) als Ausnahmefall, aber man kann nicht ausschließen, daß sich die Machthaber bemühen werden, der Selbstverwaltung die Konzeption „des Organs über dem Organ" aufzuzwingen.

Ad f) Art. 55 und Art. 56 des Gesetzes über die staatlichen Unternehmen statten das Gründungsorgan mit dem Recht aus, die Aktivitäten des Direktors unter dem Aspekt ihrer Übereinstimmung mit dem Gesetz zu beurteilen (Suspendierung der Beschlüsse des Direktors sowie Suspendierung des Direktors von seinen Tätigkeiten).

Das ist eine gesetzgeberische Kuriosität, die der rechtlichen Ordnung der VR Polen widerspricht. Man muß diese Vorschrift kompromißlos ignorieren. Die Entscheidung der Rechtmäßigkeit von Handlungen der Bürger liegt bei den allgemeinen Gerichten.

Ratschläge für die Funktionäre der Selbstverwaltung: Der Versuch, diese Vorschrift anzuwenden, ist ein ausreichender Grund, zusammen mit der Betriebskommission einen aktiven Streik in dem Unternehmen auszurufen.

Ad g) Die Vorschriften über die Liquidierung (Art. 23) sowie über die Reorganisierung (Art. 40 Abs. 2) drohen mit willkürlichem Eingreifen des Gründungsorgans. Im Falle einer Liquidation, die nicht ökonomisch begründet ist, soll die Selbstverwaltung sich aktiv gegen die Beschlüsse des Gründungsorgans wehren, einschließlich der Möglichkeit, einen aktiven Streik auszurufen. Dasselbe betrifft die Reorganisierung; in diesem Fall soll die Selbstverwaltungsbewegung zusammen mit der Gewerkschaft versuchen, ein entsprechendes Gesetz (Verfügung) über die Reorganisierung des staatlichen Unternehmens vorzulegen, die in Art. 40 Abs. 2 des Gesetzes über das staatliche Unternehmen angekündigt wird. Bis zu diesem Zeitpunkt soll die Reorganisierung von oben boykottiert werden.

Zu dem Problem des Produktionsvermögens eines Unternehmens gehört auch die Frage des Verkaufs von Sachanlagen an nicht vergesellschaftete Einheiten der Wirtschaft. Das Gesetz über die staatlichen Unternehmen verweist die Selbstverwaltungsorgane an eine noch nicht veröffentlichte Verfügung des Ministerrates (Art. 43 Abs. 3). In begründeten Fällen, z.B. wenn es um Verträge mit NSZZ Landsolidarität geht, sollen die Selbstverwaltungsorgane solche Entscheidungen treffen, die im Interesse der Belegschaften und der individuellen Bauern liegen. Hier muß man darauf hinweisen, daß die Bestimmungen des Gesetzes den Selbstverwaltungsorganen nicht verbieten, Verträge über Produktionsmittellieferungen abzuschließen, die den Bedürfnissen bestimmter Käufer dienen. Das ganze Verteilungssystem von Produktionsmitteln ist im Lichte dieser beiden Gesetze unrechtmäßig.

Ad h) Die Planung der Tätigkeit eines Unternehmens untersteht ausschließlich der Verwaltung der Arbeiterselbstverwaltung – in Übereinstimmung mit dem

Gesetz über die Selbstverwaltung der staatlichen Unternehmen. In dieser Frage gibt es einen Widerspruch zwischen dem Gesetz über die Selbstverwaltung (vgl. Art. 24; eig. Anm.) und dem Gesetz über die staatlichen Unternehmen, besonders zu dem Art. 49 Abs. 2 (Veränderung im Produktionsprofil) sowie Art. 54 Abs. 1 (Aufgaben außerhalb des Plans).

Das Problem der Veränderung des Produktionsprofils kann man vorübergehend durch die Manipulation des Warenlagers lösen usw. Auf die Dauer gesehen ist eine Veränderung dieser Vorschrift notwendig. Im Kampf um die Veränderung des Produktionssortiments sollen die Selbstverwaltungsorgane darauf verweisen, daß das Gesetz über die Selbstverwaltung und das Gesetz über die staatlichen Unternehmen auf derselben Rechtsebene liegen und deswegen die Bestimmungen des einen Gesetzes nicht denen des anderen widersprechen dürfen.

In bezug auf die Aufgaben, die außerhalb des Planes aufgezwungen wurden, sollen die Selbstverwaltungsorgane nicht nur die notwendigen Mittel für die Realisierung dieser Aufgabe fordern, sondern auch Ausgleichszahlungen für entstandene Verluste (Zahlung des Betrages, der dadurch verlorengegangen ist, daß die Möglichkeiten für eine andere Verwendung des Produktionsvermögens nicht ausgenutzt werden konnten). Hier muß man darauf verweisen, analog dem Fall der Veränderung des Produktionsprofils, daß das Gesetz über Selbstverwaltung keine solche Situation vorsieht, in der die Gründungsorgane das Recht haben, Aufgaben außerhalb des Plans zu erzwingen; es sieht auch keine Aufgaben außerhalb des Plans vor. In Übereinstimmung mit dem Beschluß des Kongresses von „Solidarność" werden auch diese Bestimmungen dem Referendum unterworfen.

Ad i) Die existierenden Arbeiterräte sollen von dem Direktor verlangen, eine entsprechende Summe in der Unternehmensbilanz für ihre Bedürfnisse vorzusehen, ihnen Zugang zum Betriebsfunk und zu den Vervielfältigungsmitteln zu gewähren. Dies regelt eindeutig Art. 39 Abs. 2 des Gesetzes über die Selbstverwaltung. Der Arbeiterrat soll auch die Anzahl der Personen, die in die Arbeit der Selbstverwaltung delegiert werden, bestimmen.

In Übereinstimmung mit dem Art. 35 des Gesetzes über die Selbstverwaltung haben die Arbeiterräte freie Hand für gemeinsame Aktivitäten und Vorschläge für die Zusammenarbeit. Diese Bestimmung ermöglicht die Finanzierung des notwendigsten Bereichs der Tätigkeit der regionalen Räte für die Zusammenarbeit der Selbstverwaltungsorgane und die Tätigkeit der eventuellen landesweiten Föderation der Selbstverwaltung. Angesichts der Tatsache, daß die regionalen Räte unentbehrlicher Bestandteil der Selbstverwaltungsbewegung sind, daß die Funktionäre der Selbstverwaltung, die in diesen Räten tätig sind, technische und organisatorische Hilfe brauchen, muß man so schnell wie möglich entsprechende Entscheidungen in den Unternehmen zum Thema der Bereiche und zu den Formen der Finanzierung dieser Zusammenarbeit treffen.

Deshalb sollen sich die regionalen Räte formal registrieren lassen, dabei sollen sie sich auf die Entscheidung der Arbeiterräte der Unternehmen stützen, die in diesen regionalen Räten vertreten sind. Ähnliches wird gelten für die eventuelle landesweite Föderation der Selbstverwaltungsorgane. Man braucht nicht zu hoffen, daß die Registrierung ein rein formaler Akt sein wird.

Warschau, 10.10.1981

Die Ausarbeitung dieses Aufsatzes erfolgte im Auftrag des Rates für die Zusammenarbeit der Arbeiterselbstverwaltung der Region Slasko-Dabrowski sowie des Komitees für die gesellschaftliche Verständigung in der Angelegenheit der Wirtschaftsreform.

Das Projekt wurde im Rat für die Zusammenarbeit der Arbeiterselbstverwaltung in der Region Slasko Dabrowski in Katowice bearbeitet.
Katowice, 15.10.81
Genehmigt durch den Beschluß des Rates für die Zusammenarbeit der Arbeiterselbstverwaltungsorgane der Region Slasko-Dabrowski am 16.10.81

(Aus: Agencja Prasowa Solidarność, Nr. 47, Warschau 1981. Übersetzung aus dem Polnischen von D. Leszczyńska.)

DOKUMENT 26

Auszug aus einer Debatte der Landeskommission (KKP) über die Lage im Land und in der „Solidarność", Ende Juli 1981

Jacek Kuroń (Experte, Warschau)

Meiner Meinung nach hat das totalitäre System der Machthandhabung in Polen aufgehört zu funktionieren. Natürlich bleiben das Zentralkomitee, die Mitglieder des Politbüros und die Regierung dieselben, aber sie funktionieren nicht und können es nicht. Ich unterscheide mich hier von meinen Kollegen, weil ich die Tatsache strapaziere, daß die Führer machtlos sind: Nicht daß sie keine Macht ausüben möchten, sie können es einfach nicht.

Die Parteiführung hat keine Möglichkeit, gemeinsam mit der Gesellschaft ein Programm auszuarbeiten. Zuvor hat die Regierung auch nicht mit der Gesellschaft kooperiert. Trotzdem regierte sie durch ihr Organisations-, Informations- und Entscheidungsmonopol. Wir haben diese drei Monopole durchbrochen. Konsequenterweise brach das System der Machtausübung ebenfalls zusammen. Deshalb beschreibt der Begriff Revolution unsere Situation richtig. Dies ist eine Revolution, die die alte Ordnung abschaffte. Aber was dann? Sonst geschah nichts. Wir befinden uns in der dramatischen Situation, die alte Ordnung abgeschafft zu haben ohne den geringsten Versuch, eine neue zu schaffen. So leben wir in einem sozialen Niemandsland: Die Ökonomie und verschiedene Institutionen des sozialen Lebens degenerieren schnell. Und bis jetzt gibt es keine Kraft, die fähig wäre, das zu ändern.

Warum? In der Vergangenheit wurden Revolutionen gemacht, um die Macht zu ergreifen. Nach der Abschaffung der alten Ordnung übernahm die revolutionäre Führung die Macht im Staat. Sofort. Ob das zum Guten oder zum Schlechten von Staat und Gesellschaft war, will ich hier nicht beurteilen. Es reicht festzustellen, daß es so war. Viele Leute denken, weil weder „Solidarność" noch sonst irgend jemand die Wiederaufrichtung des Systems durchführen kann, müßten wir eine Partei gründen, um dies zu tun. Ich werde gleich über diese Frage sprechen, aber hier möchte ich darauf hinweisen, daß diese Definition der Situation die dramatischste und grundlegendste Formulierung des Problems darstellt, denn unser Schiff, das System, sinkt.

Wenn wir fortfahren wollen, uns als Gewerkschaft und nur als Gewerkschaft zu sehen (das ist, was die Regierung will), müssen wir uns daran erinnern, was Zbigniew Bujak (Vorsitzender der Region Warschau von „Solidarność") während der Warschauer Konferenz sagte. Er zeigte, daß „wenn wir nur eine Gewerkschaft sind, dann sind wir eine Gewerkschaft von Seeleuten auf einem sinkenden Schiff". Was sollte eine solche Gewerkschaft tun? Kämpfen für weniger Arbeitsstunden? Eine höhere Bezahlung im Heimathafen fordern? Wir können nicht größere Rationen fordern, weil nicht mehr da ist. Wir können nur versichern, daß jeder einen gleichen Anteil bekommt, aber es ist albern, sich auf die gleiche Verteilung zu konzentrieren, während das ganze Schiff in der Zwischenzeit sinkt. Die Frage der gleichen Verteilung liegt weit weg von den grundlegenden Problemen, mit denen Polen konfrontiert ist.

Die wichtigste Frage ist meiner Meinung nach, ob wir uns selbst beschränken sollen oder nicht. Sollte diese Revolution sich selbst beschränken? Meine generelle Meinung geht dahin: Wenn wir irgend etwas tun, was die Führer der UdSSR als direkten Angriff verstehen, werden sie intervenieren. Daran zweifele ich nicht. Darum glaube ich, daß diese Revolution sich bewußt selbst beschränken sollte, um diese Gefahr zu vermeiden. Darüber hinaus sind alle Diskussionen darüber, ob sie einmarschieren oder nicht, reine Spekulation. Unglücklicherweise gibt es nur einen Weg, eine definitive Antwort zu bekommen und diesen Schritt können wir nicht riskieren. Jetzt gibt es die Vorstellung, eine politische Partei zu schaffen, die für freie Wahlen kämpft und ein Wahlprogramm vorbereitet. Ich glaube nicht, daß wir uns darauf einlassen sollten, und zwar aus dem schon eben genannten Grund: Selbstbeschränkung. Wir sollten außerdem solche Konflikte vermeiden, weil die Frage der freien Wahlen in der gegenwärtigen äußerst gespannten Situation in Polen den Versuch aufschieben würde, mehr Druck für notwendige Lösungen unserer Probleme zu schaffen.

Was sollen wir dann tun? Da „Solidarność" ihrerseits kein neues System organisieren kann, das von der ganzen Gesellschaft organisiert werden müßte, müssen wir eine neue Regierungsorganisation bilden. Es soll keine Partei sein, sondern eine Bewegung für Arbeiterselbstverwaltung, die über die ganze Ökonomie, die regionale ökonomische Verwaltung und individuelle Unternehmen zu bestimmen hat. Darum sollte das erste Ziel die Selbstverwaltung sein, deren Programm die Rettung des Landes aus der gegenwärtigen Krise sein würde.

Jerzy Milewski (Sekretär des „Netzes von Solidarność-Betriebsorganisationen in den führenden Großbetrieben")

Ich möchte noch einmal die Vorschläge des „Netzes" an die KKP bestätigen. Während das „Netz" auf der grundlegenden Struktur von „Solidarność" aufgebaut bleibt (i.e. Betriebskommissionen), sollte es den Status eines Instruments der KKP bekommen. Als solches sollte es versuchen, ein vereinheitlichtes Programm für die Wirtschaftsreform im Namen der KKP zu formulieren. Das „Netz" schlägt ebenfalls vor, daß die Gewerkschaft auf oberster Ebene Kontakte mit der Unabhängigen Bauerngewerkschaft aufnimmt, um sie zu ermutigen, mit dem „Netz" zu kooperieren.

Mieczyslaw Gil (Vorsitzender der „Solidarność"-Kommission auf der Lenin-Hütte, Kraków)

Die Leute waren über die Vorschläge für Selbstverwaltung erschreckt, weil wir einige schlechte Erfahrungen damit in den vierziger Jahren gemacht haben. Dann gab es die Versuche mit Arbeiterräten 1956 und danach die sogenannten Konferenzen der Arbeiterselbstverwaltung.

Welche Art von Selbstverwaltung sollen wir denn unterstützen? Wir antworten, daß sie authentisch sein muß, deswegen werden in unserem Vorschlag die Arbeiter selber die Manager ernennen und helfen, den Produktions- und Entwicklungsplan der individuellen Unternehmen zu formulieren.

Um genau zu beschreiben, wie Selbstverwaltung in der Praxis aussehen wird, sollten wir eine Informations- und Publicity-Kampagne beginnen. Zuerst müssen wir dem Regierungsplan für die Selbstverwaltung entgegentreten. Wie wir alle wissen, ist dieser Plan dem Sejm vorgelegt worden und wird bald verabschiedet. Unabhängig von unseren anderen gegenwärtigen Problemen müssen wir einen Standpunkt gegen diese Vorschläge einnehmen.

Grzegorz Palka (Stellvertretender Vorsitzender des regionalen Exekutiv-Komitees, Łódź)

Wenn uns die ökonomische Situation drei oder vier Monate Ruhe und Frieden gestattet, haben wir eine Erfolgschance. Trotzdem besteht die Gefahr, daß die allgemeine Unzufriedenheit solche Ausmaße annimmt, daß konventionelle Protestaktionen, wie Demonstrationen oder Streiks, den Leuten nicht mehr genügen. Organe der Selbstverwaltung, die in der Lage wären, diese Aktionen weiter voranzutreiben, werden noch nicht existieren. Dann werden wir in eine gefährliche Phase eintreten, in der Selbstverwaltungsräte nicht bestehen, aber die Gewerkschaft in ihrer akzeptierten und populären Rolle fortfährt, keine direkte Verantwortlichkeit für die ökonomische Verwaltung zu übernehmen.

Wir brauchen eine Vorstellung, welche Notmaßnahmen ergriffen werden sollten, wenn solch eine Situation eintritt. Auf unserem letzten Treffen des regionalen Exekutiv-Komitees diskutierten wir, wie sich die Selbstverwaltung vorantreiben läßt. Wir forderten eine direkte Streikaktion. Es verursachte viele Kontroversen, weil wir für die Fortsetzung der Produktion und für die Verteilung unter der Federführung des Streikkomitees plädierten.

Wir könnten entscheiden, für mehr Essen zu streiken, aber die Regierung hat keine Waren für uns. Was dann? Einige Tage nach Beginn der Streiks wird sich die Frage stellen: „Wie soll es weitergehen?" Es wird kein Essen zu bekommen sein, weil die Regierung nichts haben wird. Den Streik fortzusetzen würde keinen Sinn haben, weil er selbsteingeführten Hunger bedeuten würde. Auf der anderen Seite wäre Streikabbruch eine totale Niederlage für die Gewerkschaft. Eine solche Situation würde ein anderes Herangehen erfordern. Deswegen schlage ich vor, daß wir die technischen Details einer Notmaßnahme „direkte Streik-Aktion" (aktiver Streik) ausarbeiten sollten. Wir müssen wissen, was zu tun ist, wenn nach zwei Tagen eines Generalstreiks die Regierung nichts hat, was sie uns geben kann.

Andrzej Gwiazda (Mitglied der KKP und des regionalen Exekutiv-Komitees, Gdańsk)

Wir müssen genau verstehen, was in unserem eigenen Aktionsbereich liegt, denn in vielen unserer Vorschläge und Reden werden unsere guten Intentionen und langfristigen Ziele verwechselt mit dem, was gegenwärtig in unseren Möglichkeiten liegt. Wir müssen anerkennen, daß „Solidarność" als Gewerkschaft oder als Bewegung, wie immer ihr es nennen wollt, einen spezifischen Aktionsbereich hat. Diese Aktivität ist begrenzt durch das, was derzeit nicht erfüllt werden kann. Bis jetzt können wir keine Veränderung durchführen, weder in

Hinsicht auf die Selbstverwaltung noch auf die Wirtschaftsreform. Aber als Gewerkschaft können wir die Haltung der Gesellschaft beeinflussen. Zum Beispiel kann die Gewerkschaft eine bestimmte Form der Wahl der Selbstverwaltungsräte in den Fabriken billigen. Das sollten wir auch tun. Die meisten Leute in unserem Land wollen heute, daß die Belegschaften die volle Kontrolle über die ökonomische Planung der Fabriken übernehmen. Die Meinungen mögen differieren über die Aufsichtsrolle der Arbeiterräte. Es erheben sich Fragen, ob wir einen sogenannten Generalmanager akzeptieren können oder nicht, ob wir ihn entlassen können, oder ob er in offenen Wahlen gewählt werden sollte. Aber das sind nicht sehr bedeutende Fragen. In allen Vorschlägen wird die entscheidende Machtausübung bei den Räten der Selbstverwaltung liegen. Wir müssen anerkennen, daß diese keine beratenden Körperschaften sein werden, wie es die Regierung in ihrem Plan für „staatliche Unternehmen" intendiert. Die Arbeiterräte werden nicht nur ihr Veto gegen unpopuläre Managerentscheidungen einlegen können, sie werden darüber hinaus eine bedeutende Stimme bei den Unternehmensentscheidungen haben.

Zbigniew Bujak (Präsidiumsmitglied der KKP, Vorsitzender des regionalen Exekutiv-Komitees, Warschau)

Wir müssen sehen, daß der Druck auf die Gewerkschaft, jedes soziale Problem zu lösen, vom Anfang bis zum Ende, nichts zu tun hat mit Demokratie in der Gesellschaft insgesamt, unabhängig von der besonders entwickelten internen Demokratie in der Gewerkschaft. Dieser Druck ist nicht mehr als ein einfacher Reflex auf die totale Monopolisierung und Zentralisierung aller Formen von Aktivitäten durch die Partei in den letzten 30 Jahren. Wenn der Gewerkschaft zum gegenwärtigen Zeitpunkt spezifische Vorschläge gemacht werden, wie z.B. die „Netz"vorschläge, müssen wir nicht alle als Gewerkschaft akzeptieren. Das „Netz" mag mit zehn Vorschlägen kommen, von denen uns zwei zusagen und unsere Unterstützung erhalten. Wir werden wahrscheinlich die anderen acht Vorschläge nicht annehmen, unter ihnen die Forderung, eine politische Partei zu bilden. Dies sollte die Art und Weise sein, in der die Gewerkschaft mit neu geschaffenen sozialen Organisationen verhandelt, also nicht mit vollständiger Akzeptierung.

Was die Schaffung von Arbeiterräten der Selbstverwaltung betrifft, möchte ich herausstellen, daß „KOR" sich nicht bei der städtischen Verwaltung hat registrieren lassen. Es begann einfach zu existieren. Ganz ähnlich kämpfte unsere Gewerkschaft nicht nur für die Registrierung – sie entstand einfach aus den Streiks; auch die Arbeiterselbstverwaltung wartet nicht auf statuarische Erlaubnisse – sie beginnt sich einfach zu treffen.

Jan Rulewski (Mitglied des Präsidiums der KKP, Vorsitzender des regionalen Exekutiv-Komitees, Bydgoszcz (Bromberg))

Ich habe den Eindruck, daß wir 1917 schreiben und ich an Kundgebungen in Petersburg und Moskau teilnehme, wo Lenin zu den Arbeiter- und Soldatenräten spricht. Wie er damals, so übernehmen wir heute die Macht. Wir erfüllen schließlich die Parolen, auf die die Menschheit gewartet hat.

Aber es ist 64 Jahre später, und wir hielten an einer Zwischenstation unterwegs, an einer Zwischenstation im Jahre 1956 an, wo wir die Gründung von authentischen Arbeiterräten in Polen sahen. Ich kann euch das nicht nur von den Dokumenten her sagen, die für uns zugänglich sind, sondern auch aufgrund von Erzählungen der Leute, die diese Räte gegründet hatten, und die es irgendwie schafften, sie zwölf oder achtzehn Monate am Leben zu erhalten. Diese Leute beschrieben sie sogar als echte Arbeiterräte. Sie hatten keine Parteimitglieder.

Sie sagten auch, daß sie weitgehende Machtbefugnisse hatten: die Ernennung und Absetzung von Managern, die Festsetzung von Löhnen und Prämien, was immer sie wollten. Diese Arbeiterräte von 1956 blieben nicht. Nicht weil Moskau sie verboten oder weil Gomulka die Polizei geschickt hätte. Kein Mensch wurde geschlagen, weil er 1956 oder 1958 die Prinzipien der Selbstverwaltung verteidigte. Dennoch blieben die Arbeiterräte nicht. Ein Arbeiter sagte, sie seien untergegangen aufgrund der Natur der Arbeiter. Arbeiter sind keine Leute, die um die Führung kämpfen. Sie sind verurteilt zu arbeiten. Ihre Würde liegt auf dem Markt, wo ihre Arbeit durch den Wert der Produkte, die sie schaffen, beurteilt wird. Deshalb gründen sich Arbeiterproteste niemals auf pseudogesellschaftliche rosa oder rote Ideen der Machtergreifung, sondern immer einfach auf soziale Ungleichheiten.

Laßt uns auch Jugoslawien im Gedächtnis behalten – das Land, das als ein Beispiel für eine wirklich selbstverwaltete Wirtschaft benannt wird. Auch ich habe mit ein paar Jugoslawen gesprochen. Einer sagte, daß er im Laufe der letzten 20 Jahre ab und zu in Selbstverwaltungsräte gewählt worden sei, aber er wisse auch heute noch nicht, was sie eigentlich tun. Die Errungenschaften der jugoslawischen Ökonomie, die weit größer als unsere eigenen sind, gründen sich nicht auf die sogenannte Selbstverwaltung, sondern auf politische und ökonomische Unabhängigkeit. Diese Unabhängigkeit erlaubt es Jugoslawien, innerhalb einer bestimmten Zeitperiode zwei Millionen Menschen zur Arbeit in den Westen zu vertreiben. Aber es macht es für die Jugoslawen auch möglich, diese Leute zu besseren Bedingungen wieder in ihre Wirtschaft aufzunehmen. Der entscheidende Faktor des jugoslawischen Erfolgs ist weit mehr diese Unabhängigkeit als die Selbstverwaltung.

Obwohl wir gezwungen sind, die Selbstverwaltungsräte von den Arbeitern selbst einrichten zu lassen, werden alle diese Räte von Fachleuten geleitet werden. Unglücklicherweise erfordert die wirtschaftliche Verwaltung Fachwissen. Die Apathie der Arbeiter wird hier vielleicht noch größer sein als auf den Gewerkschaftstreffen, wo es schon schwierig ist, Entscheidungen zu erreichen. In der Gewerkschaft selbst wird dann ein Konflikt entstehen.

Die wirtschaftliche Verwaltung könnte die Selbstverwaltungsräte dazu zwingen, harte unmittelbare Maßnahmen zu ergreifen. Zum Beispiel könnten aufgrund der niedrigen Produktivität oder vorhergegangener Mißwirtschaft in der Flugzeugproduktion die Arbeiterräte gezwungen sein, mehrere tausend Leute in Namen der Gewerkschaft hinauszuschmeißen. Das wird die Art ökonomischer Entscheidungen sein, die getroffen werden müssen. So etwas stimmt nicht immer mit den großen Visionen der Gesellschaftstheorie überein.

Wir haben weiterhin die unbewegliche ökonomische Situation am Hals, die weit unbequemer ist als Diskussionen über Demokratie. Wir werden die ökonomischen Fragen den verschiedensten Komitees und Fachtagungen überantworten – leicht auszumalen, was dabei herauskommen wird. Große Fabriken werden bald selbstverwaltet Schweinefleisch, Wurst und Zigaretten für sich selbst herstellen, ohne Rücksicht auf andere. Ich bin dagegen, für die Selbstverwaltung in einem Augenblick zu kämpfen, in dem „Solidarność" noch ganz am Anfang ihres Weges ist. Ich glaube nicht, daß wir jetzt Arbeiterräte bilden sollten, weil wir noch nicht die Regierungsstrukturen zerstört haben, die letztlich die Selbstverwaltung bestimmen und zur Unterordnung zwingen. Die Selbstverwaltung auf den Werften oder in den Bergwerken wird sich bald vor das Dilemma gestellt sehen, die Autoritäten daran zu hindern, Schiffe oder Kohle zu billig zu exportieren, und sie werden gezwungen sein, es dennoch zu tun.

Karol Modzelewski (Mitglied des Präsidiums, Wroclaw)

Die Metapher über die Gewerkschaft der Seeleute auf einem sinkenden Schiff, die von Bujak gebraucht und von Kuroń wiederholt wurde, ist unvollständig. Wenn ein Schiff sinkt, kümmern sich die Seeleute in der Regel nicht um eine Gewerkschaft. Wir sind auf einem Schiff mit einer kompetenten Arbeitergewerkschaft und einem Kapitän, der paralysiert ist und nicht sprechen kann. ... In dieser Situation fällt die Last, das Schiff zu retten, auf die Seeleute selbst. Es scheint, daß es für sie keinen anderen Ausweg aus dem Dilemma gibt: Wir sind für uns selbst verantwortlich. Dies bezeichnet einen drastischen Wechsel in der Politik unserer Gewerkschaft. Ich kann deshalb gut Rulewskis extreme Angst verstehen.

Nun sagt Rulewski, daß wir unsere Aufmerksamkeit nicht der Wirtschaftsreform oder der Selbstverwaltung zuwenden sollten, da diese Probleme nicht gelöst werden könnten, bevor nicht das gelöst ist, was er als die grundlegende Frage ansieht – Polens volle nationale und staatliche Unabhängigkeit. Aber wir können nicht damit fortfahren, alle politische Verantwortlichkeit für die Durchsetzung eines Aktionsprogramms zurückzuweisen – ich betone Durchsetzung eines Programms, nicht Machtübernahme. Wir können nur hoffen, die gegenwärtige Krise zu überdauern, wenn wir ein Programm der Selbstverwaltung durchsetzen. Nicht nur durch allgemeine wirtschaftliche Reformen, die in dem Programm eingeschlossen sind, sondern auch durch die Selbstverwaltung selbst.

Natürlich würden wir uns gegenüber der Position, die wir früher richtigerweise eingenommen haben, illoyal verhalten, wenn wir anfingen, unmittelbar zu regieren, ausgenommen Notstandssituationen, wie sie unser Kollege Palka von Lódź beschrieben hat. Eine außerordentlich gespannte Situation könnte aufkommen, in der wir gezwungen sein könnten, in eine „direkte Streik-Aktion" einzutreten, wie wir es früher diskutiert haben. Diese Situation ausgenommen, können wir nicht die Verantwortung für das Regieren übernehmen, nicht einmal für das Regieren durch die Organe der Selbstverwaltung.

Wir haben uns als eine gesellschaftliche und politische Oppositionsbewegung gegründet, die in Form einer Arbeitergewerkschaft organisiert ist, und wir sollten dieses Profil beibehalten, um uns treu zu bleiben. Wir sollten weder aufhören, eine gesellschaftliche und politische Bewegung noch eine Arbeitergewerkschaft zu sein.

In diesem Kampf ist es unbedingt notwendig, daß wir den Leuten erklären, daß die Lebensmittelknappheit nicht ein Resultat der Augustereignisse ist, sondern daß diese Knappheit den Fehlschlag des Systems in der Zeit vor August widerspiegelt, und daß Reformen und die Vorschläge für die Selbstverwaltung sich als Heilmittel erweisen können.

Ich weiß nicht, woher Rulewski seine Idee hat, daß der selbstverwaltete Arbeiterrat ein bolschewistischer Begriff sei. Ich möchte dich gern daran erinnern, daß die propagandistischen Argumente, die gegen das „Netz" vorgebracht worden sind, bereits gegen Tito verwandt wurden, als man ihn anklagte, Anarchosyndikalismus zu betreiben, „Gruppeneigentum" im Gegensatz zu Kollektiveigentum zu befürworten und all den anderen Mist. All dies muß man entmystifizieren. Wir müssen zeigen, wie falsch das in Wirklichkeit ist und klarmachen, daß das wirkliche Problem in dem politischen Patronage-System mit dem Namen Nomenklatura liegt. Wenn der Betrieb tatsächlich nicht durch Befehle der zentralen Autoritäten gemanagt wird, sondern in einer freien Antwort auf die wirkliche ökonomische Situation, dann kann es für außenstehende Autoritäten keinen Grund geben, Manager zu ernennen oder zu entlassen. Aber vom Gesichtspunkt des Patronage-Systems der Partei, in welchem der Parteiapparat seine Leute für Managerpositionen ernennt, ist das natürlich wichtig. Dieses System der Parteikontrolle ist offensichtlich unvereinbar mit dem professionellen Management der Wirtschaft. Wir müssen das den Menschen klarmachen: Nur die Selbstverwaltung kann die Machtpositionen der Partei brechen.

Bronislaw Geremek (Experte, Warschau)

Wir stehen dem Problem der Veränderungen der legalen Statuten gegenüber und wir fordern auch institutionelle Veränderungen. Die Frage der Arbeiterselbstverwaltung steht in direkter Verbindung zu dieser Frage. Wenn wir uns konzentrierten auf die Arbeiterselbstverwaltung als dem einzigen Problem, würden wir die polnische Wirtschaft einer fortgesetzten Ausweitung der Anarchie aussetzen. In unserer Sicht sind die Arbeiterräte jedoch die Mittel, durch die der Staat unter Druck gesetzt werden kann für eine gründliche wirtschaftliche Reform und für eine Veränderung der staatlichen Institutionen sowie des zentralen Machtapparates, die die Wirtschaft kontrollieren.

Es kann keinen Zweifel daran geben, daß diese Frage der prinzipielle Bereich der Konfrontation ist, denn sie stößt mit dem Staat und mit der Macht der Leute zusammen, die für Jahre im Besitz der Spitzenpositionen gewesen sind. Die Selbstverwaltungsfrage sollte uns zeigen, daß die staatlichen Institutionen umgewandelt werden müssen. Während wir auf der einen Seite darauf bestehen, daß wir nicht die Macht ergreifen wollen und daß wir keine politische Partei sind, müssen wir auf der anderen Seite Forderungen im Bereich der öffentlichen Angelegenheiten und der staatlichen Institutionen aufstellen. Dies wiederum verlangt, daß wir Veränderungen in den Gesetzen fordern, die bis jetzt die Souveränität der Gesellschaft eingeschränkt haben.

(Übersetzung aus dem Englischen nach: Solidarność-Bulletin, Nr. 1/1981, New York, von R.-U. Henning.)

3. Das Projekt „Selbstverwaltete Republik" – Die Programmerklärung von „Solidarność"

Im Programm von „Solidarność" bildet das Projekt einer selbstverwalteten Republik den Angelpunkt. Die „Diskussionsthesen" vom Frühjahr 1981 hatten bereits von der Selbstverwaltung als Prinzip gesprochen. Neben der betrieblichen Selbstverwaltung durch die Arbeiterräte handelten die „Richtlinien" (siehe Dokument 8) von der Selbstverwaltung der Landwirte und der Wiederherstellung des Genossenschaftswesens, der Selbstorganisation der wissenschaftlichen und künstlerischen Institutionen sowie des Gerichtswesens. Das Prinzip Selbstverwaltung sollte den Wunsch gesellschaftlicher Gruppierungen auch außerhalb der Arbeiterbewegung ausdrücken, das Band der sozialen Beziehungen neu zu knüpfen, das unter der Herrschaft staatlicher Zwangsorganisierung fast gänzlich zerrissen gewesen war. Durchgängig gebrauchten die Aktivisten und Propagandisten von „Solidarność" den Begriff der „Gesellschaft" im emphatischen Sinn und stellten ihn dem von der Nomenklatura beherrschten Staat gegenüber. Mit der Rekonstruktion der gesellschaftlichen Beziehungen wird die Sphäre der demokratischen Öffentlichkeit wiederhergestellt, in der sich die authentischen gesellschaftlichen Bedürfnisse artikulieren. „Die Gesellschaft fordert", „die Gesellschaft erinnert sich", „die Gesellschaft wird nicht verzeihen" – die Gesellschaft soll vielgestaltig und pluralistisch organisiert sein, sie wird aber als einheitlich handelnde Kraft, als Subjekt gedacht. Die Menschen überwinden im gemeinsamen politischen Kampf die Atomisierung. Im Beharren auf der Freiheit und Würde des Individuums kristallisiert sich der Protest gegen eine allgemeine Würdelosigkeit und Verantwortungslosigkeit, zu der die Machtelite des Landes die Menschen verurteilte – im Namen einer angeblich marxistischen Kritik der individuellen Freiheiten.

Marx war es darum gegangen zu beweisen, daß die Bourgeoisie zwar Freiheit und Gleichheit aller proklamiert, letztlich aber nur das „freie und gleiche" Verhältnis von Lohnarbeitern und Kapitalisten als Voraussetzung ihrer Klassenherrschaft schuf. Marx kritisierte nicht das Postulat individueller Freiheit, sondern dessen ideologischen Einsatz. Die Autoren des Programms von „Solidarność" wollten nicht irgendeinen abstrakten Individualismus durchsetzen. Ihnen ging es im Gegenteil darum, den Zwangskollektivismus aufzuheben, der zur Vereinzelung im realen Sozialismus führt, um statt dessen – durch einen bewußten und freiwilligen Zusammenschluß – zu einer wirklichen Vergesellschaftung zu kommen. Dem emphatischen Begriff der Gesellschaft entsprach ein emphatischer Begriff der Wahrheit. Die mit der gesellschaftlichen Selbstorganisation sich entwickelnde öffentliche Sphäre zerstört die manipulative Begriffswelt der Machtelite. Mit „Solidarność" verbundene Intellektuelle nannten dies: „Den Worten ihre Wahrheit und ihre Würde zurückgeben." Eine unter der uneingeschränkten Definitionsmacht der Partei stehende Phraseologie muß einer authentischen politischen Sprache weichen – es wird möglich, über die öffentlichen Angelegenheiten „die Wahrheit zu sagen". Wie in der Aufklärung geht es nicht, oder nicht nur, um Konfliktsteuerung und Effizienz, sondern um die umfassende Vorstellung einer vernunftgeleiteten und gerechten Gesellschaft.

Nach den Worten des Programms ist die betriebliche Selbstverwaltung die Basis der selbstverwalteten Republik. Diese Feststellung verdeutlicht die Traditionslinie der „selbstverwalteten Republik" innerhalb der Arbeiterbewegung. Historisch entwickelte sich der Gedanke der Arbeiterselbstverwaltung im Anschluß an die Commune (und deren Interpretation durch Marx) und die Bewegung der Sowjets. Die jugoslawische Theorie und Praxis des selbstverwalteten Sozialismus entstand im Kampf gegen Etatismus sowjetischer Prägung und basierte auf der Einsicht, daß die führende Rolle des Staates in der sozialistischen Umgestaltung nur temporär sein könne und von der Verfügungsgewalt der unmittelbaren Produzenten über die Produktionsmittel abgelöst werden müsse. Nur so könne Vergesellschaftung im sozialistischen Sinne entstehen[1]. Dieses Konzept der Arbeiterselbstverwaltung als Kern der gesellschaftlichen Selbstverwaltung hat in den Diskussionen des polnischen Oktober 1956 eine große Rolle gespielt und führende Theoretiker wie Oskar Lange und Wlodzimierz Brus waren ihm verpflichtet[2]. Ohne diese Traditionslinie zu leugnen – die Diskussionsthesen vom Frühjahr 1981 betonen sie –, sahen sich die Aktivisten von „Solidarność" selbst nicht in erster Linie als Vollstrecker des „wahren" selbstverwalteten Sozialismus. Vom jugoslawischen Weg trennt sie einmal die offen zutage liegende Beobachtung, daß in Jugoslawien mit „Solidarność" vergleichbare Gewerkschaften nicht existieren, daß das Verhältnis der herrschenden Partei, des „Bundes der Kommunisten", zu den betrieblichen und staatlichen Organen der Selbstverwaltung unklar bleibt bzw. in der Praxis so funktioniert, daß der „Bund" auf jeder Ebene und in jedem Moment die Entscheidungsgewalt an sich reißen kann.

Bei den polnischen Befürwortern der „selbstverwalteten Republik" fehlt aber darüber hinaus die für die jugoslawischen Theoretiker grundlegende Überzeugung, daß die Arbeiterschaft als Klasse der Motor eines Emanzipationsprozesses hin zur klassenlosen Gesellschaft sei. Die Verwirklichung der Produzentendemokratie hebe die Entfremdung auf, die unter dem Staatsmonopol fortdauert. Auch für die Autoren des Programms der „selbstverwalteten Republik" stehen die unmittelbaren Produzenten – ihre Würde und ihre „Arbeitsmühe" – im Mittelpunkt der künftigen Gesellschaftsordnung. Sie sollen die Basis und der Garant eines dauerhaften pluralistisch organisierten Zusammenschlusses sein. Es wird aber keine Dynamik ins Auge gefaßt, die innerhalb eines historischen Prozesses das kleinbäuerliche bzw. genossenschaftliche Eigentum aufheben würde. Die verschiedenen Eigentumsformen sind nicht nur vorübergehend nützlich, sondern beziehen eine dauerhafte, gleichberechtigte Stellung innerhalb der „selbstverwalteten Republik". Auch ist bei allem Vorrang von Selbstorganisation und unmittelbarer Selbstverwaltung nicht der Gedanke wirksam, die politische Gewalt könne oder solle vollkommen in die Gesellschaft zurückgenommen werden.

Man muß die Vorstellung von der „selbstverwalteten Republik" auch auf dem Hintergrund der polnischen Geschichte begreifen. In Polen hat sich niemals eine starke zentrale Staatsgewalt herausgebildet – dafür sorgte vor den Teilungen die Adelsrepublik, danach war Polen 125 Jahre nur in den Hoffnungen seiner Patrioten lebendig. Der Widerstandskampf gegen die Nazi-Okkupation war wesentlich das Resultat gesellschaftlicher Selbstorganisation – die illegalen bewaffneten Streitkräfte, die Schulen, Universitäten, Betriebe, das Kommunikationsnetz bildeten eine Gesellschaft im Untergrund – es war diese Tradition, an die sich das „Komitee für gesellschaftliche Selbstverteidigung" anschloß, von der heute der Widerstand gegen das Kriegsrecht lebt. So wird erklärlich, daß in Polen die Staatsvergötzung nicht gedeiht. Einige der liberalen Grundsätze der alten Adelsrepublik – ihre Geltung war auf die herrschende Aristokratie beschränkt – Meinungsfreiheit, religiöse Toleranz, Regierung durch Konsens, bewaffnetes Widerstandsrecht – prägen den Begriff der „Rzeczpospolita" bis heute und sind dem streng zentralistisch ausgerichteten autoritären Einheitsstaat realsozialistischer Prägung entgegengesetzt.

„Rzeczpospolita" – ursprünglich von res publica abgeleitet – wird durch den Begriff des „Gemeinwesens" am ehesten erhellt[3]. Die historische wie die gegenwärtige unabhängige politische Publizistik verstehen unter diesem Begriff eine Zusammenhang, der von der Familie bis zur Nation reicht – der „Staat" ist untergeordnet. In diesem Denken sind Motive der katholischen Soziallehre ebenso unverkennbar wie Gedanken des frühen Liberalismus und wie die staatskritischen Traditionen der revolutionären Arbeiterbewegung.

Untersucht man die hauptsächlichen Komponenten des Projekts „selbstverwaltete Republik" im Programm von „Solidarność", so könnte man neben der betrieblichen Arbeiterselbstverwaltung hervorheben:

- Demokratisierung der Staatsorgane auf der Grundlage der Dezentralisation der Staatsmacht, territoriale Selbstverwaltung;
- Gleichheit vor dem Gesetz, Sicherung demokratischer Rechte, richterliche Unabhängigkeit, Selbstverwaltung der Justiz;
- Wiederherstellung des Genossenschaftswesens und der Gleichberechtigung des bäuerlichen Eigentums;
- Selbstorganisation der Hochschulen und des Wissenschaftsbetriebs sowie der künstlerischen Vereinigungen;
- Demokratisierung und Selbstorganisation der Massenmedien.

Beim Kampf um gesellschaftlichen Pluralismus und die Demokratisierung des Staatsapparates standen die Autoren des Programms der „selbstverwalteten Republik" vor der schwierigen Aufgabe, Teilforderungen zu formulieren, die effektiv auf Demokratisierung abzielten, ohne die „führende Rolle der Partei" in der Staatsverwaltung umzustürzen. So wäre z.B. die Forderung nach sofortigen demokratischen Wahlen zu allen Ebenen angesichts des vollständigen Vertrauensschwunds in die PVAP für die herrschende Machtelite unannehmbar gewesen. Das Programm fordert zwar die „Erneuerung des Sejm" durch die Zulassung konkurrierender Programme, Initiativen und Gruppierungen, setzt sich aber konkret vor allem für demokratische Selbstverwaltung der Territorien und Städte ein. Entsprechend forderte das Programm eine neue Wahlordnung für die Parlamente der Woiwodschaften, die Nationalräte. Territoriale Selbstverwaltung auf der Grundlage eigener Steuern und mit eigener Rechtspersönlichkeit hätte den notwendigen Rahmen für die selbstverwaltete bzw. genossenschaftlich geleitete Tätigkeit der Betriebe „im Territorium" abgegeben. Die Herrschaft der Nomenklatura wäre geschwächt gewesen, weil schroffe Durchgriffsmöglichkeiten im Rahmen des „demokratischen Zentralismus" nicht mehr gegeben gewesen wären, sie wäre aber nicht zusammengebrochen. Der im Juli 1981 vorgelegte Entwurf der Regierung für die Nationalräte enthielt außer allgemeinen Absichtserklärungen keine entscheidenden Schritte weg vom zentralisierten Einheitsstaat. Demgegenüber wurde im Programm eine eigene Gesetzesinitiative von „Solidarność" angekündigt, der die Proklamation des Kriegszustandes zuvorkam.

Man muß sich die Erfahrung von mehr als 30 Jahren Rechtlosigkeit bzw. Willkür vor Augen halten, um den Nachdruck zu verstehen, den das Programm von „Solidarność" auf rechtsstaatliche Verfahren und die Unabhängigkeit der Justiz legte. „Solidarność" sah richterliche Unabsetzbarkeit, Ernennungen bzw. Beförderungen durch die Richterschaft und Selbstverwaltung des Gerichtswesens als die wichtigsten Hilfsmittel an, ergänzt durch die allgemeine Wahl der Laienrichter und eine gesellschaftliche Kontrolle des Strafvollzugs. Angesichts der tatsächlichen Einflußmöglichkeiten der Nomenklatura auf die Zusammensetzung der Gerichte und ihre Rechtsprechung muten die

Vorschläge des Programms auf den ersten Blick illusionär an. Die Entwicklung seit dem August 1980 zeigte aber, daß weitgehende Reformvorstellungen bis tief in die Reihen der Justizbürokratie hinein wirksam waren. Ähnlich wie im Kampf um die Arbeiterselbstverwaltung standen sich Regierungsentwürfe und gesellschaftliche Entwürfe gegenüber, die vom „Allpolnischen Forum der Justizangestellten" seit Januar 1981 im Auftrag von „Solidarność" ausgearbeitet worden waren. Wie stark der Druck auf die Nomenklatura war, zeigte sich in den weitgehenden Reformvorstellungen über die Rechte des Angeklagten und seines Verteidigers. Die Parteigrundorganisation im Justizministerium stellte im April 1981 fest, daß es „für einen zureichenden Schutz der richterlichen Unabhängigkeit vor einer Verletzung durch die Partei oder Verwaltungsorgane keine Mechanismen gibt"[4].

Die Vorstellung einer „juristischen Selbstverwaltung" im Programm von „Solidarność" war die Reaktion auf die mannigfachen Formen der Beeinflussung, die die staatlichen oder staatlich kontrollierten Organe der Justizverwaltung ausübten: Richtlinien, verbindliche Auslegungen, Konferenzen, direkte Einflußnahmen auf den Einzelfall. Die Selbstverwaltung hätte zumindest ein Mitspracherecht der Richterkollegien bei Ernennungen zu höheren Gerichten zur Folge gehabt und damit diese Positionen aus der Nomenklatur der Partei herausgelöst. Unter den Bedingungen der Selbstverwaltung wäre das Justizwesen insgesamt unter ständigen Reformdruck geraten und das Personal der Justiz hätte Pressionen seitens der Machtelite einen ebenso ständigen Widerstand entgegensetzen können.

Voraussetzung für das Gelingen jedes Demokratisierungsversuchs blieb die weitere Festigung einer kritischen Öffentlichkeit. Schon die direkte Übertragung der Verhandlungen von Gdańsk hatte die Richtung angegeben – die gesamte weitere Arbeit von „Solidarność" lebte davon, daß es über die jeweils wichtigsten Auseinandersetzungspunkte mit den Herrschenden eine kritische, kontrovers diskutierende, vor allem aber „massenhafte" Öffentlichkeit gab. Im Sog dieser Öffentlichkeit wandelten sich auch die Organisationen, die ursprünglich als „Transmissionsriemen" unter der Kontrolle der Machtelite gestanden hatten: der Journalistenverband, die Redaktionen wichtiger Zeitschriften, mit „Solidarność" verbundene Journalisten in Funk und Fernsehen. Die im Programm von „Solidarność" geforderte Selbstverwaltung von Rundfunk und Fernsehen sollte von Rundfunk- bzw. Fernsehräten in Gang gebracht werden, in denen neben der Regierung und den (konzessionierten) politischen Parteien gesellschaftliche Organisationen entsprechend ihrer Stärke vertreten sein sollten. Gefordert wurde Mitspracherecht der Redaktionskollegien bei allen personellen Entscheidungen und Autonomie in der Programmgestaltung. Auch die Papierkontingentierung und die Verteilung der Druckkapazitäten sollte unter gesellschaftlicher Kontrolle erfolgen.

Daß „Solidarność" in so kurzer Zeit „seine Sprache finden" konnte, liegt nicht zuletzt daran, daß viele bedeutende Schriftsteller und Künstler in den siebziger Jahren die Anpassung verweigert und – hierin ganz der polnischen Tradition folgend – den Anspruch erhoben hatten, für die Nation bzw. für die Gesellschaft zu sprechen. Der Machtelite war es nie gelungen, den Schriftstellern und Künstlern in dem Umfange Bedingungen und Inhalte ihrer Produktion zu oktroyieren wie etwa in der DDR. Aus diesem Grunde war die Tendenz zur Selbstverwaltung der Theater und Spielfilmkollektive im Laufe des Jahres 1981 unaufhaltsam. Die Entwicklungsmöglichkeiten dieser Selbstverwaltung sowohl gegenüber dem Realsozialismus als auch gegenüber der kapitalistischen Kulturindustrie ist von Künstlern wie A. Holland nachdrücklich verteidigt worden[5].

Eine Vorstellung wie die der „selbstverwalteten Republik" ist ohne ein durchgehendes radikales Demokratieverständnis undenkbar. Dieses Demokratieverständnis hatte seine Wurzel in den egalitären und solidarischen Haltungen der polnischen Arbeiter, die im August 1980 und danach politische Gestalt annahmen. Radikales Demokratieverständnis kennzeichnet auch das Statut von „Solidarność" und den politischen Stil, der in ihren Reihen praktiziert wurde. Deshalb spricht viel dafür, daß das Projekt der „selbstverwalteten Republik" auch dann beschlossen worden wäre, wenn keine Rücksicht mehr auf die von der Sowjetunion gestützte Staatsmacht zu nehmen gewesen wäre. Wenn die „selbstverwaltete Republik" das programmatische Ziel angibt, so sind damit zwei Auffassungen zurückgewiesen, die in der Diskussion von „Solidarność" eine Rolle gespielt haben. Die eine Auffassung befürwortete einen begrenzten, behüteten Pluralismus, der die ökonomischen Aufgaben von „Solidarność" hervorhob und demzufolge ein Projekt umfassender Demokratisierung nicht hätte in Angriff genommen werden können. Die andere Auffassung hielt den Begriff für illusionär und gefährlich, weil der Kampf um die nationale Unabhängigkeit entscheidend sei, mithin Selbstverwaltung und Selbstorganisation nur taktische Waffen zur Erreichung dieses Ziels sein könnten[6]. Gegenüber diesen beiden Auffassungen hat der Kongreß von „Solidarność" mit der Verabschiedung des Programms bekräftigt: „Entweder gelingt es Solidarność", ihre gesellschaftliche Umgebung zu verändern oder es werden ihr selbst die Normen und Ziele des Systems aufgezwungen, all unsere Bestrebungen paralysiert, wir alle zusammengeschlagen und all unsere Hoffnungen auf Wiedergeburt zunichte gemacht. Auf unserem Weg gibt es kein Zurück. Wir müssen zur völligen Erneuerung des Landes vorwärtsschreiten." (siehe Dokument 8)

Es wäre sicher verfehlt, wollte man behaupten, daß den Delegierten des „Solidarność"-Kongresses ein klar umrissenes Konzept der neuen Gesellschaftsordnung vor Augen gestanden habe. Von „Solidarność"-

Aktivisten wird immer wieder hervorgehoben, daß der Kampf zur Zurückdrängung der Nomenklatura der alles beherrschende Gesichtspunkt gewesen sei, mithin „selbstverwaltet" zunächst und vor allem hieß: vom Diktat der Nomenklatura befreit. Dennoch aber ist der Entscheid für die „selbstverwaltete Republik" nicht das Ergebnis des Handstreichs einiger „linker" Intellektueller, von dem der Kongreß überrollt worden wäre. Schon die Diskussionsrichtlinien des Februar/März waren in der gesamten Gewerkschaft diskutiert worden, auf den Delegiertenkonferenzen zur Vorbereitung des Kongresses wurden die Anträge zum Programm verabschiedet. Zwischen den beiden Teilen des Kongresses tagte zehn Tage lang ein Redaktionskollegium von insgesamt 400 Delegierten unter der Leitung von Bronislaw Geremek, dem Direktor des wissenschaftlichen Instituts von „Solidarność". Die wichtigsten Differenzpunkte wurden als Varianten formuliert und dem zweiten Teil des Kongresses vorgelegt. Der schließlich angenommene Text, vor allem aber der Abschnitt zur „selbstverwalteten Republik" zeigt den Einfluß derjenigen ehemaligen KOR-Mitglieder, die im Juli/August zur Gründung von „Klubs für die Selbstverwaltete Republik" aufgerufen hatten (siehe Dokument 27). Etwas summarisch könnte man festhalten, daß das Projekt der „selbstverwalteten Republik" das Ergebnis einer Zusammenarbeit bzw. eines Bündnisses zwischen sozial engagierten Kräften des Katholizismus und der kritischen laizistischen Strömung war, für die Kuroń und Michnik stehen. Es war diese Zusammenarbeit gewesen, die im Vorfeld des August 1980 bereits die demokratische Bewegung in Polen geprägt hatte. Religiös begründeter Solidarismus, Selbstverwaltung in der Tradition der Arbeiterbewegung und radikaldemokratisches Denken sind eine Verbindung eingegangen, die in der historischen Situation des Jahres 1981 die Wünsche und Hoffnungen der polnischen arbeitenden Menschen zum Ausdruck gebracht hat.

Anmerkungen

1 Vgl. E. Kardelj, Die Wege der Demokratie in der sozialistischen Gesellschaft, Belgrad 1978. In welchem Umfang sich die Praxis der jugoslawischen Kommunisten nach ihren Doktrinen richtet, wird hier nicht untersucht.
2 W. Brus, Sozialisierung und politisches System, Frankfurt 1975, S. 74 ff.
3 Zur Charakterisierung der alten „Rzeczpospolita" vgl. N. Davies, Gods own playground, London 1980, Bd. 1, S. 321 f.
4 Zit. nach: S. Lammich, Einige Probleme des Strafrechts und der Strafpraxis der sozialistischen Länder im Licht der polnischen Reformdiskussion, in: Recht in Ost und West, Jahrgang 1982, S. 61 f, hier S. 68.
5 Interview mit A. Holland, in: Filmfaust 30, 1982, S. 46 f.
6 Vgl. zur Analyse der unterschiedlichen Positionen: A. Arato, „Civil Society" gegen den Staat – der Fall Polen 1980/81, in: R. Fenchel, A.-J. Pietsch (Hrg.), Polen 1980-82. Gesellschaft gegen den Staat, Hannover 1982, S. 46 f.

DOKUMENT 27

Gründungserklärung der Klubs für eine selbstverwaltete Republik „Freiheit – Gerechtigkeit – Unabhängigkeit"

1. Gesellschaftliche Bewegung und Macht

Fast schon ein Jahr ist vergangen, seit große Hoffnungen in der polnischen Gesellschaft entstanden, Hoffnungen, an deren Stelle immer häufiger Mutlosigkeit und Enttäuschung treten. Die Erwartung, eine systematische Kontrolle über die Herrschaft der Polnischen Vereinigten Arbeiterpartei ermögliche Handlungen, die das Land aus der gesellschaftlichen und wirtschaftlichen Krise führen würden, erfüllte sich nicht.

Auch der Glaube, die gesellschaftliche Protestbewegung führe schnell zur Entstehung eines demokratischen und unabhängigen Staates, erwies sich als Illusion. Es stellte sich nämlich heraus, daß eine dem Druck einer unabhängigen Organisation unterworfene, totalitäre Macht im Bereich der Verwaltung des öffentlichen Lebens gelähmt ist und daß ihre einzigen Handlungen in der Demonstration äußerer Kraft, polizeilicher Repression und der Abwehr von allem Neuen besteht.

Die Gefahr einer Katastrophe

Aufmerksamkeit und Energie der Menschen wurden auf eine Globallösung, auf die Beziehungen zwischen Gesellschaft und staatlicher Macht gelenkt. Man erwartete grundlegende Entscheidungen von den Verhandlungen zwischen der Landesleitung der Gewerkschaft „Solidarität" und der Regierung. Der Zustand des Abwartens rief das Gefühl der Niederlage, der Undurchsichtigkeit der Situation, ja schließlich das der Passivität der Gewerkschaftsmitglieder von „Solidarität" hervor. Angesichts der sich immer weiter verschlechternden Lebensbedingungen entsteht damit ernsthaft die Gefahr gewaltsamer Ausbrüche gesellschaftlicher Unzufriedenheit, in deren Folge die Gesellschaft ihre Fähigkeit zu konstruktivem Handeln verlieren kann. Erschöpfte Menschen können leicht von einem Zustand der Apathie in den der Wut und Aggression verfallen. Weil Handlungsziele und -methoden nicht mehr erkennbar sind, taucht die Gefahr des Zerfalls der Gesellschaft auf.

Das Verhalten von demokratischen Bestrebungen leiten lassen

Es ist an der Zeit, neue Grundlagen für die gesellschaftliche Energie zu schaffen. Spontaneität muß einhergehen mit politischer Reflexion, der Glaube an den Sieg mit der Voraussicht der Erfolgschancen, die Hoffnung auf eine bessere Zukunft mit der Vision eines anderen Vaterlandes. Deshalb sehen wir in der Schaffung von ideologisch-politischen Gruppierungen heute einen notwendigen Schritt. Sie bilden Keimformen künftiger politischer Parteien in einem demokratischen Staat. Gleichzeitig gehen wir davon aus, daß der einzige Weg zum Erhalt der Einheit die sachliche Diskussion über programmatische Unterschiede, die Öffentlichkeit aller Abmachungen und aller programmatischen Vorstellungen ist. Nur dadurch besteht die Möglichkeit, die Einheit bei der Realisierung der grundlegenden inhaltlichen Ziele von „Solidarität" zu wahren und gleichzeitig eine demokratische, d.h. differenzierte Gesellschaft aufzubauen.

Einheit des Handelns

Mehrfach versuchte die Staatsmacht, die „Solidarität" zu zerschlagen, scheiterte jedoch an dem einhelligen Widerstand der ganzen Gewerkschaft. Dank der Einheit gelang die Überwindung selbst der bedrohlichsten Konflikte und die Abwendung nicht nur einer Katastrophe. Wir gelangten zu der Ansicht, daß eben die Einheit die Realisierung der grundlegenden Ziels ermöglicht – des Kampfes für einen unabhängigen, demokratischen Staat. Die Einheit stellt also für die Gewerkschaftsmitglieder eine besonders verteidigenswerte Größe dar. Darum sollten wir uns gemeinsam darum kümmern, wie die verschiedenen, sich in der „Solidarität" bildenden ideologischen und programmatischen Richtungen diese Einheit nicht zerstören, sondern sie festigen.

2. Verschiedene ideologisch-politische Vorstellungen

a) Eine Vorstellung verweist auf die Notwendigkeit schneller Lösungen durch die Stärkung zentraler Macht. Diese Richtung schürt weiter Illusionen über die – von der Gewerkschaft kontrollierte – kommunistische Regierung, unterstreicht also den unpolitischen Charakter von „Solidarität". Besonders populär war dieser Standpunkt nach dem Amtsantritt des neuen Premierministers Jaruzelski. Aber seine Regierung zeigte sich dem wachsenden Problemen gegenüber hilflos und begegnete ihnen mit fortschreitender Militarisierung der Verwaltungsbehörden.

b) Daher entstand die Vorstellung von einer Übereinkunft, die in die Schaffung einer auf breite gesellschaftliche Basis gestützten Koalitionsregierung münden sollte. Wir bestreiten nicht, daß eine derartige Koalition eine vorübergehende Verbesserung der Situation bewirken könnte, halten sie zugleich jedoch für unzureichend und gefährlich – unzureichend, weil alle Lösungen zentraler Art auf die Dauer die gesellschaftliche Passivität vertiefen, indem sie den Aufbau einer selbstverwalteten Gesellschaft verhindern – gefährlich, weil die Beteiligung von „Solidarität" an der Machtausübung zum Zerfall und zur Entmündigung der Gewerkschaft zu führen droht. Sollte eine derartige Regierung zustande kommen, treten wir ganz entschieden dafür ein, daß sich die Gewerkschaft ihr so wie jeder anderen Macht gegenüber verhalten sollte: einerseits positive Reformen (Wirtschaftsreformen, Verbesserung der Lebensbedingungen) und andererseits Rechte zur gesellschaftlichen Kontrolle (über die Massenmedien, über die Produktion und Verteilung der Lebensmittel etc.) zu fordern.

c) Eine weitere Vorstellung zielt auf eine Organisierung allein unter der Losung des endgültigen Siegs im Unabhängigkeitskampf. Kein Programm läßt sich nur aus dem letztendlichen Ziel ableiten. Der Erfolg dieses Kampfes wird auch von der durch demokratische Veränderungen bedingten inneren Stärke der polnischen Gesellschaft abhängen. Ohne Berücksichtigung dessen muß eine Organisation ohne Handlungsprogramm entstehen – was unnötige Illusionen und Scheinaktivitäten hervorbringen wird.

d) Ferner existiert eine Strömung, die ihre nationalen und katholischen Ideen unterstreicht und politisches Handeln gleichzeitig verurteilt. Häufig berufen sich Anhänger dieser Richtung unbegründet auf die sogenannten gewerkschaftlichen Massen und auf Arbeitermeinungen. Sie schaffen künstliche Trennungen nach Intelligenz und Arbeitern, nach guten Patrioten und solchen, die den Nationalgeist nicht verstehen. Es ist eine eigenartige Erpressung, ausschließlich für sich den Gebrauch von Unabhängigkeitsparolen wie von christlichen Werten zu beanspruchen. Vertreter anderer Ansichten sind demnach Träger national und religiös fremder Elemente. Das berührt grundlegende Werte, aus denen „Solidarität" entstand – Werte der Demokratie und des Pluralismus.

Wir glauben, daß in der Gewerkschaft Platz für verschiedene ideologische Tendenzen ist. Wir akzeptieren also die Existenz genannter Richtungen. Allerdings müssen wir zusammenzuarbeiten lernen, d.h. die Fähigkeit erwerben, sogar sehr scharfe, aber sachliche Polemiken zu führen. Die künftige Republik wird durch die Methoden geprägt sein, mit denen sie erbaut wurde. Wir glauben, daß nur die Aktivität der gesamten Gesellschaft den Weg zu einem unabhängigen Polen bahnt. Eine selbstverwaltete Republik kann nur so entstehen wie „Solidarität" – durch eine demokratische gesellschaftliche Bewegung von unten. Allein in einer derartigen Bewegung können Voraussetzungen für die Durchführung freier Wahlen entstehen.

3. Die selbstverwaltete Republik – ideologische Grundlagen

Die gesellschaftliche Ordnung der selbstverwalteten Republik ist dadurch geprägt, daß jeder Subjekt seines Handelns ist: beteiligt an der Schaffung und Aufteilung der Güter, an der Gestaltung des politischen und gesellschaftlichen Lebens.

Die selbstverwaltete Republik ist ein Land freier Menschen, die das gesellschaftliche Leben gerecht, in Übereinstimmung mit den unveräußerlichen Menschenrechten organisieren. Zu den grundlegenden Prinzipien gesellschaftlichen Lebens zählen die Vielfalt seiner Formen, die Aktivität und Entwicklung politischer, nationaler, kultureller und konfessioneller Minderheiten, gegenseitige Achtung und Toleranz. Die selbstverwaltete Republik wünscht mit den Nachbarvölkern in Frieden zu leben und schafft Bedingungen der Zusammenarbeit mit den Belorussen, den Tschechen und Slowaken, den Litauern, Deutschen, Russen.

Grundlegendes gesellschaftliches Ziel ist es, jedem Menschen eine ihm angemessene Existenz zu sichern. Diesem Ziel ordnet sich die gesellschaftliche und wirtschaftliche Politik des Staates unter; der Staat ist also zur staatsbürgerlichen Fürsorge verpflichtet. Jeder Mensch hat das Recht auf Realisierung seiner individuellen Ziele und Bestrebungen. Jeder hat das Recht auf politische, gesellschaftliche und wirtschaftliche Tätigkeit.

Grundlegend für die organisierte Staatsmacht ist das System des demokratischen Parlamentarismus. In fundamentalen, die gesamte Gesellschaft betreffenden Fragen ist jedoch die Wahrung unmittelbarer Formen der Demokratie durch Organisierung landesweiter oder territorialer Referenden erforderlich. Der Staat dringt nur so weit in das gesellschaftliche Leben ein, wie es die Verwirklichung grundlegender gesellschaftlicher Ziele erfordert. So weit wie möglich ist die Staatsmacht begrenzt durch eine Gesellschaft, die in Arbeiter- und Territorialselbstverwaltung, in Organen der Genossenschafts- und Konsumentenbewegung, in Vereinigungen und verschiedenen Abmachungen und Bündnissen zwischen ihnen organisiert ist. Der Staat garantiert das Recht auf die Existenz und Entwicklung von Privateigentum. Staatliches Eigentum sollte überführt werden in verschiedene Formen gesellschaftlichen Eigentums durch entsprechende Befugnisse der Arbeiterselbstverwaltungen, Genossenschaften, Arbeitererwerbsgesellschaften, durch Eigentum lokaler Selbstverwaltungen und Vereinigungen. Die Arbeiterselbstverwaltung ist die bei jedem gesellschaftlichen Eigentum verwendete Verwaltungsform.

4. Die Unabhängigkeit Polens und die Sowjetunion

Infolge des Abkommens von Jalta fand sich Polen − mit Zustimmung der westlichen Großmächte − im sowjetischen Einflußbereich. In der Stalin-Ära entwickelte sich das bis heute gültige Modell polnisch-sowjetischer Beziehungen, auf das die ihrer Bürgerrechte beraubten Polen keinerlei Einfluß nehmen konnten. Darauf beruht die Machtlegitimation der PVAP. Diese Tatsache ist nicht nur einmal Quelle einer Überlegung gewesen, die alle fundamentalen inneren Veränderungen mit dem Hinweis auf eine drohende sowjetische Intervention zu unterdrücken versuchte. Auf der anderen Seite haben wir es mit einer gegensätzlichen Haltung zu tun, die jegliche Bedrohung von seiten der UdSSR verneint.

Wir meinen, eine sowjetische Intervention ausschließen zu können. Dies erreicht man jedoch weder durch die Unterdrückung der Unabhängigkeits- und Demokratiebestrebungen des polnischen Volkes noch durch die Überzeugung oder Tätigkeit aus der Vorstellung heraus, die UdSSR sei militärisch und politisch nicht vorbereitet, um gewaltsam einen polnischen Aufstand niederzuschlagen. Auch wenn der August 1980 allein an den gesellschaftlichen Fesseln rüttelte, erschütterte er automatisch auch die bisherigen Beziehungen zur UdSSR. In künftigen Verhandlungen mit der UdSSR, in denen Polen durch eine authentische Nationalvertretung repräsentiert sein wird, ist eine neue Übereinkunft zu treffen, in der notwendige Selbstbeschränkungen nicht das Prinzip der nationalen Souveränität, d.h. des durch demokratische Institutionen garantierten Rechts auf Selbstbestimmung, berühren.

Wir wollen ausdrücklich darauf hinweisen, daß die Beziehungen zur sowjetischen Führung nichts über die Beziehung zum russischen Volk aussagen. Wir wünschten, die Freundschaft zwischen unseren Völkern wäre greifbare Tatsache und nicht nur Deklaration auf den Fahnen der Herrschenden, und das Gefühl von Abneigung und Verdächtigung würde ersetzt durch Wissen um Geschichte und Kultur.

In Mitteleuropa, wozu auch Polen gehört, arbeiten wir auf eine Demilitarisierung hin und streben nach Weltfrieden.

5. Unsere Herkunft

Das neu entstehende System findet in keinem heute bestehenden eine Entsprechung. Die selbstverwaltete Republik ist jedoch tief verwurzelt in unserer Nationalkultur, die ihrerseits Teil der europäischen Kultur und dem untrennbar mit ihr verbundenen Christentum ist, in dem Kampf der Arbeiterbewegung um die Befreiung der Arbeit und in den jahrhundertealten Traditionen von Demokratie und Toleranz. Das Gefühl traditioneller Verwurzelung darf jedoch zu keinem abgöttischen Verhältnis gegenüber den damals Herrschenden führen. Die Berufung auf die Vergangenheit beinhaltet die große Verpflichtung, die Werke jener fortzusetzen, die vor uns lebten, gleichzeitig jedoch ihre Fehler und Schwächen zu vermeiden. Das ist zu bedenken, wenn wir unsere Haltung zur eigenen Herkunft bestimmen. Wir knüpfen an die Tradition der Linken an, vor allem an die Tradition der polnischen Linken, die sich für die Unabhängigkeit einsetzte. Wir bemühen uns jedoch, die Fehler und Schwächen jener Richtung zu überwinden. Mit aller Deutlichkeit weisen wir darauf hin, daß die Überordnung des Menschen, des menschlichen Wesens gegenüber anderen Werten und Zielen kollektiven Lebens für uns ideologische Grundlage des Handelns darstellt. Ziel und Kriterium unserer Bestrebungen sind Werte christlicher Ethik, universale, absolute menschliche Werte. Im Bewußtsein der tiefen, die Gesellschaft spaltenden Konflikte stellen wir uns auf die Seite der Ausgebeuteten, Verfolgten, Benachteiligten. Wir suchen nach verbindenden und die Überwindung der Konflikte ermöglichenden Lösungen. Wir fühlen uns den Traditionen jener verbunden, die zur Realisierung ihrer Vorstellungen an gesellschaftliche Bewegungen appellierten, die über einzelne Differenzen und Sonderinteressen hinauszugehen imstande waren. Wir berufen uns also auf jene, für die die Angemessenheit der Mittel genauso wichtig war wie die Ziele selbst, die für sich nicht das Monopol auf Wahrheit beanspruchten.

Eingedenk des Widerspruchs im Produktionsmittelbereich wollen wir heute unsere Haltung zu diesem Problem entsprechend der Enzyklika von Johannes Paul II. „Über menschliche Arbeit" formulieren. Die Produktionsmittel dürfen nicht „... im Widerspruch zur Arbeit in Besitz genommen werden, sie dürfen auch nicht um des Besitzes willen besessen werden, denn der einzig legitime Anspruch auf ihren Besitz sowohl in Form des privaten wie des öffentlichen oder kollektiven Eigentums liegt darin begründet, daß sie der Arbeit zu dienen haben. Mehr noch: daß sie, indem sie der Arbeit dienen, die Verwirklichung des erstrangigen Prinzips innerhalb dieser Ordnung ermöglichen, des Prinzips der universalen Bestimmung der Güter und des Rechts auf ihren allgemeinen Gebrauch (...). Über Vergesellschaftung kann man nur dann sprechen, wenn die Subjektivität der Gesellschaft davon nicht berührt wird ..."

Besonders verpflichtet fühlen wir uns starken Gewerkschaften gegenüber, die sich für eine moralische Erneuerung, für gesellschaftliche Gerechtigkeit und Unabhängigkeit einsetzen, so wie es die Polnische Sozialistische Partei (PPS) und die Bauernbewegung getan haben. Eben aus der sozialistischen Bewegung kamen Leute wie Josef Pilsudski und Eduard Abramowski, die die Zaren herausforderten und deren Ideen von Unabhängigkeit, Selbstverwaltung und Freiheit bis heute aktuell sind. Die Führer dieser Bewegungen — Wincenty Witos und Ignacy Daszyński — standen also für eine Politik der staatlichen Unabhängigkeit und nationalen Souveränität, für eine Regierung, die den Staat in den für die neugewonnene Unabhängigkeit bedrohlichsten Augenblicken führte, als die bolschewistischen russischen Armeen sich der Vorstadt Warschaus näherten.

Unsere Herkunft suchen wir auch in der Tradition des polnischen Untergrundstaates zur Zeit der Okkupation, wo das Parlament unter unerhört schwierigen Bedingungen tätig war, und zwar in einer Art und Weise, die die Einheit in den Zielen mit einer Vielzahl von Programmen und Vorstellungen verband. Besonders nah sind uns das in jenen Jahren entstandene Programm der Bauernpartei mit seiner Vorstellung eines selbstverwalteten Polen und das Programm der Sozialisten von WRN (Freiheit – Gleichheit – Unabhängigkeit), das die Realisierung der Ideen von gesellschaftlicher Gerechtigkeit an die Existenz eines parlamentarisch-demokratischen System bindet.

(WRN: Mehrheitsfraktion der PPS, von der sich in der Illegalität des Zweiten Weltkrieges die PPS-Linke abgespalten hatte; unter Führern wie Zygmunt Zulawski und Kazimierz Puźak mehrheitlich antisowjetisch. Nach der Vereinigung mit der PPS-Linken im Dezember 1945 geriet die PPS insgesamt unter die Kontrolle der PPR (Polnische Arbeiterpartei) und mußte durch Verhaftungen ihrer Führer und eine Parteisäuberung die Ausschaltung des früheren WRN-Flügels hinnehmen.)

Diese Traditionen des Kampfes gegen jedwede Form des Totalitarismus – sowohl des linken der Kommunisten wie des rechten, der seine reinste Form im Faschismus fand –, die sich in der Zwischenkriegsphase herausbildeten, fanden ihre Fortsetzung nach dem Zweiten Weltkrieg im Widerstand gegen die kommunistische Macht. Dazu zählten die Anstrengungen der legal tätigen Funktionäre der polnischen Bauernpartei; dazu gehört aber auch die von den Sozialisten mit Kazimierz Puźak und den Gründern der Untergrundorganisation WiN (Freiheit und Unabhängigkeit) ausgesprochene konsequente Verweigerung der Anerkennung sowjetischer Diktatur.

(WiN: bewaffnete Nachfolgeverbände der polnischen Heimatarmee (AK), die nach dem Befehl zur Auflösung der AK-Einheiten vom 19. Januar 1945 aus Opposition gegen die sowjetfreundliche „Regierung der Nationalen Einheit" in den Untergrund gingen. Ab 1947 nahm dieser bewaffnete Widerstand im Untergrund jedoch auf Grund der Festigung des Systems stark ab.)

Die totalitäre Diktatur trug in unserem Land nie einen vollen Sieg davon. Ihr widersetzten sich die gesellschaftlichen Kreise aus den Reihen der Kirche, die Bauern, als sie gegen die Kollektivierung kämpften, die Posener Arbeiter im Juni 1956, die Bewegung der Arbeiter, Studenten und Intellektuellen im Oktober. Ihr widersetzten sich 1970 die Arbeiter der Küste, 1976 die Arbeiter aus Radom, Ursus und vielen anderen Industriezentren und 1968 die Studenten und die Intelligenz. Zu unserer Tradition zählt die Tätigkeit des Komitees zur Verteidigung der Arbeiter (KOR) und danach der Bewegung, die sich um das Komitee zur gesellschaftlichen Selbstverteidigung (KSS „KOR") gruppierte, eines Komitees, das unter den Bedingungen vor dem August 1980 die Idee zur Schaffung selbstverwalteter und unabhängiger Institutionen sowie der Zusammenarbeit mit anderen Nationen verwirklichte. Wir berufen uns auf die Zeitschrift „Arbeiter" und die Gründungskomitees der freien Gewerkschaft für eine unabhängige Arbeiterbewegung.

Die Realisierung der Idee einer Zusammenarbeit unterschiedlich denkender gesellschaftlicher Gruppen sehen wir in der „Solidarität". Wir möchten betonen, daß wir diese Traditionen weder monopolisieren, noch sie uns aneignen wollen. Wir glauben, daß jeder, unabhängig von seiner Denkrichtung, ein

Recht darauf hat. Um so mehr sind wir dagegen, daß irgendeine ideologische Richtung für sich das Recht auf Fortführung der nationalen Geschichte beansprucht. Diese Geschichte ist reich genug, daß jeder in ihr seine Herkunft finden kann.

6. Aufbau der Klubs und ihre Arbeitsweise

Grundlegende Organisationsform der Tätigkeit sind Klubs der selbstverwalteten Republik „Freiheit – Gerechtigkeit – Unabhängigkeit". Wir verpflichten uns zur Gründung von Klubs an unserem Arbeits- oder Wohnplatz. Mitglied des Klubs ist jeder, der die ideologische Deklaration „Freiheit, Gerechtigkeit, Unabhängigkeit" unterschreibt. Die Klubmitglieder entscheiden über seine Organisationsstruktur.

Zu den grundlegenden Aufgaben der Klubs zählen:
Verbreiterung der politischen Schulung durch die Schaffung von Bedingungen, die einen ungehinderten gesellschaftlichen und politischen Gedankenaustausch ermöglichen;
Konkretisierung und Differenzierung der Vorstellungen von einer selbstverwalteten Republik;
praktische Verwirklichung der Idee einer selbstverwalteten Republik, insbesondere aber die Initiierung lokaler betrieblicher und territorialer Selbstverwaltung;
Aktivitäten zur Humanisierung des Rechts und der Arbeit.

Die Klubs haben freie Wahl bei der Verwirklichung obengenannter Aufgaben und der Art und Weise, wie sie ihre Ansichten und ihr Aktionsprogramm verbreiten. Die Klubs besitzen die Freiheit, Arbeitskontakte mit anderen Organisationen aufzunehmen. Zur Erleichterung des Erfahrungsaustauschs zwischen den einzelnen Klubs gründen wir ein Zentrum gesellschaftlichen Denkens. Dabei handelt es sich um kein Entscheidungsgremium, vielmehr hat es die Aufgabe, den Austausch von Erfahrungen und Vorstellungen zu ermöglichen und ein Ort zu sein, an dem Diskussionen über Programm und Aktionsstrategie der Klubs geführt werden können. Das Zentrum arbeitet auf der Basis von Treffen, an denen jedes interessierte Klubmitglied teilnehmen kann. Die personelle Zusammensetzung des Zentrums ist daher weder festgelegt noch ständig. Die Treffen werden – beginnend im Januar 1982 – jeden ersten Sonnabend im Monat in Warschau stattfinden.

Anfragen über die Klubgründung, seinen Sitz, über die seine Tätigkeit koordinierende Person sowie die Zahl seiner Mitglieder bitte richten an:
Janusz Onyszkiewicz, Warschau, ul. Polna 54 m. 67, oder: Warschau, ul. Mokotowska 16/20, NSZZ „Solidarność", Region Mazowsze
Henryk Wujec, Warschau, ul. Neseberska 3 m. 48, oder: Warschau, ul. Mokotowska 16/20, NSZZ „Solidarność", Region Mazowsze

(Deutsche Übersetzung aus: Osteuropa, März 1982, Stuttgart, S. A 124 – 130.)

KAPITEL IV

Der „Gesellschaftsvertrag" von Gdańsk wird gekündigt – Vom ersten Landesdelegiertenkonkreß der „Solidarność" zur Verhängung des Kriegszustandes

1. Der Kongreß der zehn Millionen – Reden, Verhandlungen, Beschlüsse

„Diese Versammlung ist völlig einzigartig in der Geschichte der letzten Jahrzehnte"[1], so charakterisierte Edward Lipiński, Senior des oppositionellen KSS-KOR, in seiner Rede den ersten Landesdelegiertenkongreß der polnischen Gewerkschaft „Solidarność", der vom 5. bis 9. September und 26. September bis 7. Oktober 1981 in Gdańsk stattfand. 892 Delegierte versammelten sich damals in der Sporthalle von Gdańsk-Oliwa, nicht weit von einem jener riesigen typischen Neubauviertel, in denen viele Arbeiter wohnen, und auch nicht weit von der Lenin-Werft, wo die polnische Gewerkschaftsbewegung genau ein Jahr vorher ihren Ausgang genommen hatte. Fast neun Millionen Gewerkschaftsmitglieder hatten sich in den Sommermonaten an den Delegiertenwahlen in den verschiedenen Regionen des Landes beteiligt. Die größte Zahl der Delegierten stellten die Regionen Oberschlesien mit 106, Unterschlesien mit 91, Mazowsze (das Gebiet um die Hauptstadt Warschau) mit 92, Kleinpolen (das Krakauer Gebiet) mit 66 und Danzig mit 53 Delegierten.

Neben den Vertretern der Kirche, der verschiedenen Oppositionsgruppen und gesellschaftlicher Organisationen waren vor allem Delegationen der verschiedensten Gewerkschaften aus dem Ausland unter den Gästen: TUC (Großbritannien), CB (Australien), CSC und FGTB (Belgien), CFDT, CGT und FO (Frankreich), ICTU (Irland), SOHYO und DOMEI (Japan), LO (Norwegen), DGB (Bundesrepublik), AFL-CTO (USA), CGIL, CISL und UIL (Italien), die jugoslawischen Gewerkschaften und internationale Gewerkschaftsvereinigungen. Aber auch der damalige polnische Gewerkschaftsminister Ciosek sah sich gezwungen, aufzutreten. Grußbotschaften erreichten den Kongreß nicht nur aus dem Westen, sondern auch von Oppositionsgruppen aus der Sowjetunion, Ungarn und der Tschechoslowakei.

In den Verhandlungen vor dem Kongreß hatte sich die Regierung geweigert, eine ungehinderte Berichterstattung in den Medien zuzulassen. „Solidarność" schloß deshalb das staatliche Fernsehen von der

Teilnahme aus. Gleichzeitig mußte die Regierung für die Kongreßdauer zugestehen, daß „Tygodnik Solidarność", die Wochenzeitung der Gewerkschaft, in der doppelten Auflage, d.h. mit einer Million Exemplare, erschien.

Noch bevor der erste Redner am Kongreßpodium erschien, war klar, daß die unabhängige Gewerkschaftsbewegung an der Schwelle einer neuen Etappe stand. Aber nur wenige Delegierte und aufmerksame Beobachter ahnten, daß wenig später die Panzer des Generals Jaruzelski allen Bestrebungen zur Erneuerung des Landes ein vorläufiges Ende setzen würden. Schon bald nach Kongreßbeginn setzte wütendes publizistisches Sperrfeuer vor allem aus Moskau, Ostberlin und Prag ein, verhaltener auch aus Sofia, Budapest und Bukarest. Drohend begannen sowjetische Manöver im Baltikum und in Weißrußland.

Was erwarteten die Menschen in Polen von dem Kongreß? Jacek Kuroń charakterisierte wohl am besten die Situation, die Juli/August/September im Land herrschte: „Dies ist eine Revolution, die die alte Ordnung abschaffte. Aber was dann? Sonst geschah nichts. Wir befinden uns in der dramatischen Situation, die alte Ordnung abgeschafft zu haben ohne den geringsten Versuch, eine neue zu schaffen. So leben wir in einem sozialen Niemandsland: Die Ökonomie und verschiedene Institutionen des sozialen Lebens degenerieren schnell. Und bis jetzt gibt es keine Kraft, die fähig wäre, das zu ändern." (siehe Dokument 26)

Verzögerung und Sabotage bestimmten weitgehend die Regierungspolitik; später am 13. Dezember sollte deutlich werden, welche reale Strategie dahinter stand. Die Regierung ergriff lediglich Maßnahmen, um die Folgen der katastrophalen wirtschaftlichen Lage auf die Gesellschaft abzuwälzen, statt zu deren Überwindung beizutragen. Forderungen, die von „Solidarność" erhoben wurden, etwa nach Kontrolle über Bestände und Verteilung elementarer Gebrauchsgüter, wurden bis auf wenige Ausnahmen (Lódź!) abgelehnt.

Innerhalb der sozialen Erneuerungsbewegung und der Gewerkschaft hatte dies hauptsächlich zwei Folgen: Einerseits Aggressivität und verbalen Radikalismus, der im Widerspruch zur mäßigenden Haltung eines Teils der Gewerkschaftsführung stand; andererseits Enttäuschung bis hin zu Apathie. Viele Polen erwarteten ungeduldig von ihrer Gewerkschaft ein deutliches Zeichen, eine klare Antwort auf die Frage, was jetzt zu tun sei.

Die Bewegung stand also vor der Aufgabe, die theoretische, politische und praktische Lösung der tiefen Krise selbst in die Hand zu nehmen. Damit aber stellte sich die Frage nach Selbstverständnis und Programm von „Solidarność": − Sollte sie sich in eine politische Partei umwandeln oder auf die Bildung von Parteien Einfluß nehmen? − Welche reale Gestalt wollte man der Selbstverwaltung geben? − Stand die politische Machtergreifung auf der Tagesordnung? Oder aber: Wie weit sollte die Macht von Parteiführung und Regierung eingeschränkt werden? – Hatte sich seit August 1980 an den geopolitischen Rahmenbedingungen Polens etwas geändert oder nicht?

Gleichzeitig erforderte dies eine Überprüfung der organisatorischen Gestalt der Gewerkschaft und die Wahl einer Führung, die aus einem breiten Willensbildungsprozeß ihre Legitimität und ihr Ansehen schöpft. Schließlich galt es, praktische Vorschläge zu machen, wie das polnische Volk den bevorstehenden Winter ohne weitgehenden physischen Schaden meistern sollte.

Im Rechenschaftsbericht, den die Landeskommission zu Beginn des Kongresses vorlegte, wurde eine erste Antwort formuliert: In Polen vollziehe sich „eine Revolution, deren Hauptkraft „Solidarność" ist"[2]. Die Existenz der Gewerkschaft habe das gesellschaftliche und politische Leben des Landes verändert und tue dies weiter. Das begonnene Werk der Erneuerung stehe in der Tradition der unabhängigen Arbeiter- und Gewerkschaftsbewegung Polens und knüpfe an die Erfahrungen der Jahre 1956, 1970 und 1976 an, hieß es in dessen Einleitung. Im folgenden beschrieb und analysierte der Rechenschaftsbericht die wichtigsten Auseinandersetzungen zwischen Gewerkschaft und Regierung im Laufe des vergangenen Jahres, wobei vor allem die Registrierung der Gewerkschaft, die Debatte und Beschlußfassung über die Samstagsarbeit, die Ereignisse in und um Bydgoszcz (Bromberg) und die Straßenaktionen gegen die sich rapide verschlechternde Versorgungssituation im Sommer 1981 genannt wurden. Viele der Konflikte seien daraus entstanden, daß die Regierung die Abkommen von Gdańsk, Szczecin (Stettin) und Jastrzebie nicht richtig erfüllt habe, stellte der Bericht fest. Besonders scharf wurde die Haltung der Regierung in der Frage der Massenmedien kritisiert; immer wieder seien Vereinbarungen über den Zugang der Gewerkschaft zu Radio und Fernsehen nicht eingehalten worden.

Trotz aller Erfolge gestand man in dem Bericht gleichzeitig ein, daß die Gewerkschaft das polnische Volk nicht vor einem Sinken des Lebensstandards habe schützen können. Die herrschende Wirtschaftskrise drohe zu einer Katastrophe zu führen; angesichts der Unfähigkeit der Regierung, die Krise zu bewältigen, sei es jetzt die Aufgabe von „Solidarność", eine Strategie eigenen aktiven Handelns und ein Programm zur Rettung der Wirtschaft auszuarbeiten.

Als Fundament für die bevorstehende ausführliche Diskussion über die Veränderung des gewerkschaftlichen Statuts wurden im Rechenschaftsbericht die Stärken und Schwächen in der organisatorischen Entwicklung und im gesamten Gewerkschaftsleben analysiert. Das Fehlen einer klaren Kompetenzverteilung und Verantwortung für bestimmte Aufgabenbereiche innerhalb der zentralen Organe waren dabei Gegenstand scharfer Kritik.

Am zweiten Kongreßtag begann dann die Statutendebatte, die sehr ausführlich und mit scharfen Auseinandersetzungen geführt wurde und letztendlich eine Kontroverse aufnahm, die seit den Ereignissen von Bydgoszcz (Bromberg) eine Rolle gespielt hatte. Zentrale Probleme waren das demokratische Funktionieren der Gewerkschaft, d.h. die Art und Weise, wie Entscheidungen zustande kamen, und das Verhalten einiger Gewerkschaftsführer – insbesondere das von Lech Walesa – und einiger Berater. Im Hintergrund stand dabei die Tatsache, daß die Gewerkschaft am Anfang eine lockere Förderation regionaler Organisationen gewesen war, mit einem zentralen Koordinierungsorgan, der Landeskommission, das aber im Laufe der Zeit unter dem Druck der Auseinandersetzungen mit der Regierung immer mehr wichtige Aufgaben wahrnehmen mußte, dazu aber eigentlich nicht die Form und Kompetenz hatte. In ihr waren alle Regionen, unabhängig von ihrer Mitgliederzahl, mit jeweils einem Delegierten vertreten, wobei von Zusammenkunft zu Zusammenkunft große Fluktuation herrschte. Exekutive, beschlußfassende und auch kontrollierende Funktionen waren in der Landeskommission und ihrem Präsidium nicht eindeutig festgelegt. Dies begünstigte eine Entwicklung, in der einige Gewerkschaftsführer und bestimmte Berater immer wieder zu selbstherrlichen Entscheidungen kamen, die zudem von vielen Gewerkschaftsmitgliedern als zu kompromißhaft gegenüber der Regierung angesehen wurden. Bei einigen Beratern resultierte dies aus der vom katholischen Episkopat verfolgten Linie, die Gewerkschaftsarbeit auf die Lösung wirtschaftlich-sozialer Fragen zu beschränken und die Politik (des Ausgleichs) der Kirche zu überlassen.

Der Ausführlichkeit der Debatte, die zu einer Verlängerung des ersten Kongreßabschnittes um zwei Tage führte, entsprach auch ein sorgfältiges Abstimmungsverfahren bei den einzelnen Statutenänderungen.

Zunächst lehnten es die Delegierten mit großer Mehrheit ab, den ersten Paragraphen des Statuts und den dazu gehörenden Anhang zu verändern. Dieser enthält Aussagen über die politischen Rahmenbedingungen der Tätigkeit von „Solidarność", so z.B. die (aber nur taktische!) Anerkennung der führenden Rolle der Polnischen Vereinigten Arbeiterpartei im Staat und die Mitgliedschaft Polens im Warschauer Pakt.

Zur räumlichen Gliederung der Gewerkschaft wurden zwei Rahmenbestimmungen verabschiedet. Die eine davon legte fest, daß ab jetzt die Einrichtung einer Zwischenebene zwischen Betrieb und Region möglich sein sollte, allerdings nicht als eigenständiges Organ der Gewerkschaft. Die zweite Bestimmung betraf die Regionen, für die in Zukunft eine Woiwodschaft als Minimalgröße gelten sollte. In der Vergangenheit hatten die Regionen, aus denen sich die Gewerkschaft aufbaute, extrem unterschiedlichen territorialen Umfang und extrem unterschiedliche Mitgliederzahl, von 23 000 bis 1,4 Millionen.

Der Tätigkeitsbereich der Gewerkschaft wurde durch Kongreßbeschluß auf polnische Beschäftigte polnischer Firmen im Ausland ausgedehnt, also etwa Arbeiter polnischer Bauunternehmen in den anderen Ostblockländern. Zur Mitgliedschaft zugelassen wurden auch Angehörige schöpferischer Berufe. Die Öffnung für Fachschul- und Hochschulabsolventen, die trotz Bemühung keine Arbeit finden, lehnte man dagegen ab.

Eingefügt wurde weiterhin der Grundsatz, daß für leitende Funktionen jeweils nur Delegierte der wählenden Versammlung kandidieren dürfen, und zwar für alle Ebenen einschließlich des Gewerkschaftsvorsitzenden, der bisher von der Landeskommission gewählt worden war. Dahinter stand die Absicht, jeden „Seiteneinstieg" zu vermeiden, wie er in der herrschenden Partei gang und gäbe ist, um die zentrale Macht abzusichern.

Die Einführung eines Gewerkschaftsgerichts, an das sich neben dem zuständigen Wahlorgan ein Mitglied bei Ausschluß hätte wenden können, fand nicht die erforderliche Mehrheit. Die Bestimmung, daß ein Mitglied das Recht hat, an der Erstellung von Instruktionen für Delegierte mitzuwirken, wurde in das Recht zur Mitwirkung an der Erstellung von Empfehlungen für die Delegierten umformuliert.

Als weitere Zielsetzungen wurden aufgenommen: der Umweltschutz; die Sicherung nicht nur der sozialen Arbeiterrechte, sondern der allgemeinen Bürgerrechte der Gewerkschaftsmitglieder; die Vertiefung des Wissens der Mitglieder, d.h. eigene Bildungsarbeit der Gewerkschaft als praktische Kritik an der staatlichen Bildung.

Als Konsequenz aus den bisherigen Erfahrungen entschied sich der Kongreß bei der Zusammensetzung der Landeskommission für eine Regelung, wonach diese in Zukunft aus dem vom Kongreß zu wählenden Vorsitzenden, den Vorsitzenden der Vorstände der Regionen und vom Kongreß zu wählenden Personen bestehen sollte. Dabei wurde für jede Region eine Anzahl von Sitzen festgelegt, die sich nach der jeweiligen Mitgliederzahl richtete. Mit knapper Mehrheit lehnte der Kongreß eine Konzeption ab, die weiteren Mitglieder über den Vorsitzenden und die Regionalvorsitzenden hinaus in den Regionen bestimmen zu lassen, desgleichen Mitgliedschaft im Präsidium und Vorsitz einer großen Regionalorganisation für unvereinbar zu erklären. Beiden Entscheidungen gingen scharfe Kontroversen über die Frage voraus, was im Vordergrund stehen sollte: radikale Demokratie oder Handlungsfähigkeit der Organisation, die einem scharf zentralistisch operierenden Gegner in Gestalt der realsozialistischen Macht gegenüberstand. Schließlich wurden auch die Kompetenzen zwischen Landeskommission als Träger wesentlicher Entscheidungen und Präsidium als exekutivem Organ genauer abgegrenzt.

Für den demokratischen Geist in der Gewerkschaft sprach, daß die statuarischen Neufestlegungen der gesamten Mitgliedschaft in der

Pause zwischen den beiden Kongreßphasen zur Ratifizierung vorgelegt wurden: 61 Prozent der Regionalvorstände und 72 Prozent aller Gewerkschaftsmitglieder gaben dabei ihre Zustimmung.

Drei von den Kongreßdelegierten verabschiedete Resolutionen bewiesen schon während des ersten Kongreßabschnittes, wie ernst es „Solidarność" damit war, in Zukunft ein offensives Programm in die Tat umzusetzen. Großes Aufsehen erregte dabei die „Botschaft an die Arbeiter Osteuropas" (siehe Dokument 28), in der die Gewerkschaft den Arbeitern Albaniens, Bulgariens, der Tschechoslowakei, der DDR, Rumäniens, Ungarns und der Sowjetunion zurief: „Wir unterstützen diejenigen unter euch, die sich entschlossen haben, den schweren Weg des Kampfes um eine freie Gewerkschaftsbewegung zu gehen." Kaum hatten die Delegierten ihren Beschluß gefaßt, erließ die staatliche Zensur ein generelles Veröffentlichungsverbot für alle polnischen Medien. Dabei waren sich die in Gdańsk Versammelten sehr wohl bewußt, daß sie mit ihrem Beschluß kaum ähnliche Bewegungen für unabhängige Gewerkschaften in den anderen Ländern initiieren konnten. Ihnen ging es in erster Linie darum, der konzentrierten Hetzpropaganda aus den realsozialistischen Hauptstädten die Wahrheit über „Solidarność" entgegenzusetzen.

In einer zweiten Resolution wurde das Parlament aufgefordert, so schnell wie möglich eine Volksabstimmung über die Kompetenzen der Selbstverwaltung abzuhalten und die geplanten Gesetze über die Unternehmensverfassung und die Selbstverwaltung nicht in der von der Regierung eingebrachten Form zu verabschieden (siehe Dokument 34). In der Einleitung der Entschließung wurde der Regierung vorgeworfen, sie versuche, die Selbstverwaltung im Keim zu ersticken, indem sie ihr das Recht zur Verwaltung des Unternehmens, insbesondere zur Berufung und Abberufung des Direktors vorenthalte. Das geschehe angeblich im Namen des Schutzes des gesamtgesellschaftlichen Eigentums, „in Wirklichkeit aber im Namen der egoistischen Interessen des bürokratischen Partei- und Staatsapparats".

Ergebnis der ebenfalls bereits begonnenen programmatischen Debatte war die am Ende der ersten Sitzungsperiode verabschiedete 7-Punkte-Erklärung (siehe Dokument 29), in der die Delegierten in kurzer Form die wichtigsten zukünftigen Ziele von „Solidarność" formulierten. Herausragende Aufgabe von „Solidarność" sollte danach die „Schaffung anständiger Lebensbedingungen in einem wirtschaftlich und politisch souveränen Polen" sein.

Diese Erklärung nahm keineswegs die Verabschiedung eines Programms vorweg und bedeutete damit auch nicht das Ende der Programmdiskussion auf dem Kongreß. Aber angesichts der zugespitzten Lage im Land sahen es die Delegierten als ihre Pflicht an, dem polnischen Volk ihren Willen zur Lösung der drängenden Probleme zu dokumentieren.

Diese drei Resolutionen waren dann auch Anlaß erregter Attacken in den staatlich kontrollierten Medien Polens und des gesamten sowjetischen Machtbereichs, die bis zum Beginn des zweiten Kongreßabschnittes anhielten. Zunächst meldete sich der stellvertretende Ministerpräsident Rakowski in einem Interview zu Wort und sprach davon, daß „Solidarność" die „Machtfrage" gestellt habe; in Polen herrsche eine Art „Doppelherrschaft", die einer eindeutigen Klärung bedürfe.

Dann verabschiedete das Politbüro der Partei eine Erklärung, in der davon die Rede war, das „Solidarność" die Abkommen des Jahres 1980 gebrochen habe und jetzt Blutvergießen drohe. Die Forderung, per Referendum über die Form der Selbstverwaltung zu entscheiden, sei eine „arrogante Anmaßung", der Appell an die Arbeiter Osteuropas sogar eine „wahnsinnige Provokation", zu der „Solidarność" durch das „Diktat ihrer Führungsgruppen und mit psychischem Terror" getrieben worden sei, hieß es.

Schließlich erklärte Rakowski in einem weiteren Interview, daß die Hoffnung auf partnerschaftliche Beziehungen zwischen „Solidarność" und der Regierung tot und damit auch jeder Vermittlungsversuch überflüssig sei. „Solidarność" wolle ein „totalitäres System, in dem weder die Kommunistische Partei noch andere Parteien einen Platz haben" würden.

Stefan Olszowski, ZK-Sekretär und Mitglied des Politbüros, warnte vor einem Bürgerkrieg, plädierte aber gleichzeitig für eine Erweiterung der − durch die Partei kontrollierten − Front der Nationalen Einheit um „Solidarność" und die Kirche.

Die sowjetische Nachrichtenagentur Tass titulierte den ersten Kongreßabschnitt als „antisozialistische und antisowjetische Orgie", und in einer Erklärung der Ostberliner Agentur ADN hieß es sogar, „Solidarność" unterhalte „Kampfgruppen nach dem Vorbild der SA", der Sturmabteilung der Nationalsozialisten. Das rumänische Parteiorgan „Scinteia" forderte „Härte gegen reaktionäre Elemente". Wichtigstes Dokument war allerdings eine Erklärung des Moskauer Zentralkomitees, in der der polnischen Führung Unfähigkeit zur Eindämmung des Antisowjetismus und sogar Beihilfe vorgeworfen wurden. Hauptziel der Gewerkschaft sei „die Verleumdung des ersten sozialistischen Staates". Unmißverständlich wurden Jaruzelski & Co. aufgefordert, sofort „entschiedene und radikale Schritte" zu unternehmen (siehe Dokument 30).

Begleitet wurde dies alles durch inszenierte „Protestversammlungen" vor allem in sowjetischen, bulgarischen und tschechoslowakischen Großbetrieben, bei denen die Belegschaften „Offene Briefe" verabschiedeten und sich „entschieden gegen die Einmischung" von „Solidarność" aussprachen. Geschickt reagierten darauf die Arbeiter z.B. der Warschauer WSK-Werke, indem sie die Beschäftigten der

Moskauer Lichatschow-Werke dazu einlud, eine Arbeiterdelegation nach Polen zu schicken, um sich vor Ort über die Arbeit von „Solidarność" zu informieren.

Allein das ungarische Parteiorgan „Nepszabadság" wagte es, den Appell an die Arbeiter Osteuropas – versteckt in einem Kommentar – abzudrucken. Der ungarische Gewerkschaftssekretär Sandor Gaspar war auch der einzige Funktionär, der persönlich mit einem Antwortschreiben auf die Einladung zum Kongreß reagierte. Wenngleich er ähnlich scharfe Kritik an „Solidarność" übte, so hob sich sein Brief im Ton doch stark von der übrigen geifernden Propaganda ab (siehe Dokument 31).

Die Ziele dieser konzentrierten Hetzkampagne lagen auf der Hand: „Solidarność" und vor allem ihre Kongreßdelegierten sollten eingeschüchtert und dazu gebracht werden, während des zweiten Tagungsabschnittes einen Teil der Dokumente wieder zurückzuziehen. Gleichzeitig ging es darum, durch das Gerede von „Radikalen" und „Gemäßigten" Spaltung in die Reihen der Gewerkschaft zu tragen. Moskau schließlich versprach sich davon entschiedeneres Vorgehen der Warschauer Führung gegen die „Konterrevolution".

Am 24. September kündigte Jaruzelski dann auch an, daß er die Streitkräfte angewiesen habe, das Innenministerium bei bestimmten „Aufgaben" zu unterstützen. In der Armee wurde eine Diskussionskampagne inszeniert mit dem Ziel, „den Kampf gegen die antisozialistischen Kräfte" zu verstärken. „Solidarność" war zwischen den beiden Kongreßphasen bemüht, Ruhe und Einheit in der Gewerkschaft und der ganzen Bevölkerung zu bewahren und jegliche Provokation seitens des Staatsapparates zu vermeiden oder ins Leere laufen zu lassen. In ihrem Bemühen um freien Zugang zu Radio und Fernsehen (siehe Dokument 32) wurde sie indirekt durch die Kirche unterstützt. Konkret versuchte sie, möglichst viele gesellschaftliche Initiativen zur Lösung der gravierendsten Versorgungsprobleme zu ergreifen, etwa die Bildung von Ausschüssen, die die Lebensmittelverteilung kontrollierten (siehe Dokument 33).

Die Frage der Selbstverwaltung stand zu Beginn des zweiten Tagungsabschnittes im Zentrum der Debatte. Einen Tag vorher, am 25. September, hatte das polnische Parlament ein Gesetz zur Arbeiterselbstverwaltung verabschiedet, das zwar einige Verbesserungen gegenüber dem Regierungsentwurf enthielt, trotzdem aber den Vorstellungen der meisten Gewerkschaftsmitglieder noch nicht entsprach. (Vgl. hierzu das Kapitel über Arbeiterselbstverwaltung in diesem Buch.) Nach dem Gesetz sollten die Betriebsdirektoren vor allem in „strategisch wichtigen" Betrieben vom Staat berufen werden, allerdings nicht gegen den Willen des Arbeiterrates im Betrieb. In bestimmten Fällen wurde auch dem Arbeiterrat das Recht auf Berufung zugestanden, dann sollte jedoch die staatliche Zustimmung notwendig sein. In Streitfällen war Gerichten das letzte Wort vorbehalten. Über die Liste der „strategisch wichtigen Betriebe" sollte der Staat entscheiden.

Trotz weitgehender Ablehnung an der Basis stimmte das Gewerkschaftspräsidium noch am selben Tag dem Kompromiß zu, wobei allerdings nur vier Präsidiumsmitglieder anwesend waren und eins von ihnen noch gegen den Text votierte. Entsprechend scharf war dann die Kritik vieler Delegierter in der Kongreßdebatte.

Vor allem Lech Walesa und Andrzej Celiński, Sekretär des Gewerkschaftspräsidiums, argumentierten für den Kompromiß. Walesa erklärte, daß „Solidarność", wenn sie eine härtere Linie verfolge, Gefahr laufe, von „einem totalitären System verdrängt zu werden, das weit schlimmer sein wird als das, was wir jetzt haben'[3]. Celiński sprach davon, daß das Parlament zum ersten Mal seit 37 Jahren einen Gesetzentwurf der Regierung abgewiesen und von außen kommende Kritik aufgenommen habe. Die Gewerkschaft habe nun „im allgemeinen" das Recht auf Ernennung und Absetzung von Direktoren, und selbst in Betrieben von „nationaler Bedeutung"[4] verfüge sie über ein Einspruchsrecht.

Viele Delegierte befürchteten, daß der Staat auf dem Umweg über die Definition „Betrieb von nationaler Bedeutung" in vielen Fällen wirkliche Selbstverwaltung unterlaufen könnte. Schließlich wurde ein Beschluß gefaßt, der die Art und Weise, wie die Präsidiumsentscheidung zustande gekommen war, scharf kritisierte und als Verstoß gegen die gewerkschaftliche Demokratie qualifizierte. Gleichzeitig entschied der Kongreß, „in den Betrieben ein Referendum über die Teile des Gesetzes durchzuführen, die den Vorstellungen der Gewerkschaft direkt entgegengesetzt sind, die Selbstverwaltung und Selbständigkeit der Betriebe gefährden und gegen die Wirtschaftsreform gerichtet sind". Die Ergebnisse des Referendums sollten dem Parlament in Verbindung mit einem Antrag auf Gesetzesnovellierung übergeben werden (siehe Dokument 35).

Wichtigstes Anliegen in der zweiten Kongreßphase war die Verabschiedung des Programms. (Vergl. hierzu auch das Kapitel über die selbstverwaltete Republik.) Seit ihrer Gründung hatte sich „Solidarność" in ihrer Tätigkeit vor allem auf die August/September 1980 getroffenen Abkommen von Gdańsk, Szczecin (Stettin) und Jastrebie und auf die im Februar von der Landeskommission verabschiedeten – allerdings nur als Diskussionsthesen gedachten – „Richtlinien für die Tätigkeit der Unabhängigen Selbstverwalteten Gewerkschaft „Solidarność" in der gegenwärtigen Situation des Landes" (siehe Dokument 8) gestützt. Schon einige Monate vor dem Kongreß war dann immer deutlicher geworden, daß diese Dokumente als programmatische Grundlage bei weitem nicht mehr ausreichen.

Schon in der ersten Kongreßphase hatte es einen ersten Durchgang in der Programmdiskussion gegeben. Sprecher der Regionen trugen dabei thesenartig die Programm- und Zielvorstellungen ihrer Gewerkschaftsorganisationen vor. Außer der Selbstverwaltungsproblematik tauchte dabei die Forderung nach vorzeitigen Neuwahlen zum Parlament und zu den Volksräten mit veränderter Wahlordnung am häufigsten auf. Viele Delegierte betonten, die Erfahrungen des abgelaufenen Jahres hätten gezeigt, daß gesellschaftliche Veränderungen nur möglich seien, wenn es Personalveränderungen auf allen Ebenen gebe. Ein zweiter Schwerpunkt war die Frage der ungehinderten Zulassung von „Solidarność" zu den Massenmedien und, falls dies verweigert würde, der allmähliche Aufbau eines eigenen Rundfunks und Fernsehens. Drittens enthielten viele Redebeiträge auch die Forderung nach Vergesellschaftung des Bildungswesens und nach Aufbau einer eigenen gewerkschaftlichen Bildungsarbeit.

Für die Zeit zwischen den beiden Kongreßphasen wurde dann eine Programmkommission gewählt, die in dreizehn thematisch aufgeteilten Arbeitsgruppen einen Programmentwurf ausarbeitete. Dieser war Gegenstand der Debatte unter den Delegierten sowie auch Thema schriftlicher Diskussionsbeiträge, die in den verschiedenen Gewerkschaftszeitungen und Informationsdiensten veröffentlicht wurden.

Wie schon in den Debatten und Auseinandersetzungen seit dem Sommer 1981 (siehe Dokumente 26 und 36) zeigten sich auch in der Kommissionsarbeit und in der ausführlichen Kongreßdiskussion verschiedene politische Strömungen innerhalb von „Solidarność", die zum Teil auf die einzelnen Gruppen der Opposition vor August 1980 zurückgingen, sich zum Teil aber auch erst im Laufe des Jahres 1981 herausgebildet hatten. Sie unterschieden sich zunächst einmal in ihrer Haltung zu den Abkommen von Gdańsk, Szczecin (Stettin) und Jastrzebie, d.h. in der Frage, inwieweit sich „Solidarność" bei der Formulierung ihrer Strategie für absehbare Zeit innerhalb des durch diese Abkommen gesteckten Rahmens (Bündniszugehörigkeit Polens, dominierende Rolle der kommunistischen Partei, Charakter des gesellschaftlichen Systems) bewegen sollte. Sollte sich die polnische Revolution auch in Zukunft Selbstbeschränkungen auferlegen? Und wenn ja, welche? Das waren die entscheidenden Fragen.

Die nationalistische Strömung, der „Konföderation für ein unabhängiges Polen", der „Bewegung junges Polen" und dem „Bund zum Schutz der Unabhängigkeit" nahestehend und repräsentiert durch Namen wie Stefan Kurowski, Alexander Hall und Antoni Macierewicz, lehnten dies ab. Sie stellten die Forderung auf, möglichst schnell die nationale Unabhängigkeit zu erkämpfen, Fundamentalopposition gegen das herrschende Regime zu betreiben und „nicht Symptome zu kurieren, sondern Ursachen zu bekämpfen". Ihre Anhänger traten für baldige freie Wahlen und für die Errichtung eines Wirtschaftssystems nach dem Vorbild westlicher liberaler Ökonomie ein. Innerhalb von

„Solidarność" war diese Strömung vor allem bei politisch-theoretischen Auseinandersetzungen und weniger im Rahmen gewerkschaftlicher Praxis in Erscheinung getreten. Auf dem Kongreß stellte sie die Minderheit dar.

Die Mehrheit der Delegierten war mehr oder weniger bereit, die geopolitischen Rahmenbedingungen Polens in Betracht zu ziehen, und trat für demokratische Reformen, Selbstverwaltung, Vergesellschaftung von Produktion und Distribution sowie für den Abschluß eines neuen „Gesellschaftsvertrages" mit der herrschenden Bürokratie ein. Je nach Herkunft fühlte sich dieser Teil der Delegierten mehr der christlichen oder mehr der sozialistischen Tradition der polnischen Arbeiterbewegung verbunden. Allerdings gab es innerhalb dieser Mehrheit unterschiedliche Standpunkte zum Inhalt der Reformen, zum Tempo des Reformprozesses und zu den Kampfmethoden.

Berater von „Solidarność" wie Bronislaw Geremek, Vorsitzender des wissenschaftlichen Zentrums OPS-Z der Gewerkschaft und den Kreisen der katholischen Intelligenz nahestehend, plädierten dafür, daß sich die aktive Haltung des Volkes vor allem in der Selbstverwaltungsbewegung manifestieren sollte. Die Bildung politischer Parteien lehnten sie als Provokation gegenüber den herrschenden Machthabern ab; unterschiedliche Strömungen sollten ihrer Auffassung nach auf vielfältige Weise innerhalb der Gewerkschaft Ausdruck finden.

Berater und Gewerkschaftsfunktionäre wie Jacek Kuroń, Jan Lityński, Janusz Onyszkiewicz und Zbigniew Bujak, also aus dem Umkreis des früheren KSS-KOR (Komitee zur gesellschaftlichen Selbstverteidigung – Komitee zur Verteidigung der Arbeiter), sprachen sich für einen vorsichtigen politischen Formierungsprozeß aus, der sowohl die Entfaltung der Selbstverwaltung in der Wirtschaft und auf regionaler politischer Ebene als auch die Bildung politischer Clubs als Ausdruck politischer Willensbildung umfassen sollte (siehe Dokument 27). Ihrer Meinung nach sollte die Selbstverwaltung Schritt für Schritt bis auf nationale Ebene vordringen. Die Bildung politischer Parteien lehnten sie als verfrüht ab, traten aber für eine Modifizierung des Wahlgesetzes in bezug auf die Wahlen zu den Nationalräten ein.

Aktivisten der Selbstverwaltungsbewegung vor allem aus Lódź und Lublin forderten den raschen Aufbau von Selbstverwaltungsorganen in allen Bereichen der Wirtschaft und auf allen gesellschaftlichen Ebenen. Jerzy Milewski, Sekretär der Selbstverwaltungsinitiative „Netz", plädierte für die Bildung politischer Parteien, die sich an den Sejm-Wahlen 1984 beteiligen sollten, und für eine Reform des Wahlgesetzes.

Auch Ryszard Bugaj, Wirtschaftswissenschaftler und Berater von „Solidarność", der sich die Lösung der drängenden Wirtschaftsprobleme in erster Linie von einer starken, glaubwürdigen und anerkannten Regierung versprach, plädierte für die Zulassung unabhängiger politischen Parteien neben der herrschden PVAP, die sich in ein bis zwei Jahren an Wahlen beteiligen sollten. Er betonte auch die Notwendigkeit der Selbstverwaltung, die langfristig zur Demokratisierung des Systems beitragen sollte, maß ihr aber aktuell nicht die Bedeutung zu, die sie im Denken Jacek Kurońs oder Bronislaw Geremeks einnahm.

Innerhalb dieser Delegiertenmehrheit gab es auch Unterschiede in den taktischen Vorstellungen. Jacek Kuroń äußerte die von vielen führenden Gewerkschaftsfunktionären mit Skepsis aufgenommene Vorstellung, daß im Falle einer entscheidenden Konfrontation mit den herrschenden Machthabern die Bildung einer Regierung der nationalen Verständigung aus Vertretern von „Solidarność", Kirche und PVAP der einzige Ausweg sein könnte. Seiner Meinung nach wäre dann auch die Sowjetunion gezwungen, eine solche Übereinkunft zu tolerieren. Andrzej Gwiazda, Mitglied der Landeskommission, sah die grundlegende Aufgabe darin, konsequent die Selbstverwaltung durchzusetzen und so Positionen für eine entscheidende Konfrontation gegenüber den herrschenden Machthabern aufzubauen. Gewerkschaftsaktivisten aus Lódź und Lublin, als deren Sprecher Zbigniew Kowalewski aus Lódź auftrat, propagierten ein Konzept des Massenkampfes durch konsequente Entfaltung der Selbstverwaltung und durch aktive Streiks bis hin zur revolutionären Krise.

Letztendlich setzte sich in der Programmdiskussion die mittlere Position innerhalb der Delegiertenmehrheit durch. Das am 6. Oktober verabschiedete Programm (siehe Dokument 37) enthielt als wesentliche Forderungen: authentische Arbeiterselbstverwaltung in den Betrieben, authentische territoriale Selbstverwaltung durch Abhaltung freier Wahlen, Änderung der Wahlordnung für den Sejm, Prüfung der Zweckmäßigkeit einer Selbstverwaltungskörperschaft auf höchster staatlicher Ebene (Selbstverwaltungskammer oder sozial-ökonomische Kammer). Die Forderung nach freien Wahlen zum Parlament, die am Ende des ersten Kongreßabschnittes noch in einer Grundsatzerklärung der Delegierten enthalten war, wurde nicht ins Programm aufgenommen.

In der Diskussion um die Wirtschaftsreform erzielte keines der drei vorgelegten Projekte eine Mehrheit; der neuen Führung wurden Auftrag und Vollmacht erteilt, hier möglichst rasch eine Entscheidung zu treffen.

So ungewöhnlich wie der ganze Kongreß, war auch die Wahl des zukünftigen Vorsitzenden von „Solidarność". Vier Kandidaten stellen sich zur Wahl; neben Lech Walesa, dem bisherigen Vorsitzenden, Andrzej Gwiazda, einer der Initiatoren der freien Gewerkschaftsbewegung vor dem August 1980 und bis zum Kongreß einer der Stellvertreter Walesas; Marian Jurczyk, schon 1970 führend im Dezemberstreik in Szczecin (Stettin) und jetzt der dortige Regionalvorsitzende; und schließlich Jan Rulewski, Regionalvorsitzender in Bydgoszcz (Bromberg). Alle Kandidaten mußten in zehnminütigen Kurzreferaten ihr

Programm vorstellen und sich anschließend den Fragen der Delegierten stellen.

Rulewski sprach offen von imperialistischer Politik der Sowjetunion und davon, daß Polen aus dem Warschauer Pakt austreten könne. Die Konferenz von Helsinki, die es in ihrer Schlußakte allen Unterzeichnern freistellt, Bündnissen beizutreten oder zu verlassen, biete „eine ernstzunehmende Alternativmöglichkeit für die Außenpolitik Polens"[5]. Rulewski forderte zugleich, daß die Öffentlichkeit die Kontrolle über die Verteidigungsausgaben des Landes erhält.

Marian Jurczyk setzte sich für einen „harten und entschiedenen Kurs"[6] der Gewerkschaft gegenüber der Partei ein, der er vorwarf, seit Beginn der gesellschaftlichen Erneuerung ihre Führungsmethoden „nicht wesentlich geändert" zu haben. Jurczyk sprach sich zudem für freie allgemeine Wahlen in Polen aus.

Andrzej Gwiazda warnte vor einem zu großen Nachgeben gegenüber der politischen Führung Polens, denn dadurch könne man dem Grundsatzkonflikt nicht aus dem Weg gegen. Die staatliche Führung gebe nur unter Druck nach[7].

Walesa hatte schon vor den Wahlen selbstherrlich verkündet, daß er sich aus der Gewerkschaftsarbeit zurückziehen wolle, wenn er nicht wieder zum Vorsitzenden gewählt werde. Seinen Konkurrenten warf Walesa „verbalen Radikalismus"[8] vor; die Parteiführung dürfe nicht unterschätzt werden, denn sie sei „stark und intelligent" und könne „Solidarność" in Zukunft noch viele „Überraschungen" bereiten. Seine vielen Kritiker, die ihm selbstherrliche Führungsmethoden vorgeworfen hatten, kanzelte er damit ab, daß Entscheidungen manchmal rasch getroffen werden müßten. Er wolle nicht versprechen, daß er in Zukunft immer alle Regeln der Demokratie respektieren könne. Zugleich wies er den Vorwurf zurück, bestimmten Experten zu viel Gehör zu schenken. In Sachfragen müßten alle zu Rate gezogen werden, „die sich auskennen"[9].

Walesa wurde schließlich wie erwartet wiedergewählt mit 462 Stimmen (55,2 %); Jurczyk erhielt 201 Stimmen (24,0 %), Gwiazda 74 (8,8 %) und Rulewski 52 (6,1 %).

Wie schon in der Statutendiskussion und in der Debatte um das Gesetz zur Selbstverwaltung kam auch in der Kandidatendiskussion ein tiefsitzendes Mißtrauen vieler Delegierten gegen undemokratisches Verhalten führender Funktionäre – insbesondere von Walesa – und zu großen Einfluß bestimmter Berater, die in der Regel für Kompromisse plädierten, zum Ausdruck. Dabei ist aber zu sagen, daß die Kritik an Walesa unter den einfachen Gewerkschaftsmitgliedern bei weitem nicht so scharf geführt wurde, wie von den Delegierten auf dem Kongreß. Dies führte auch dazu, daß es im Prizip gar keine Alternative zu Walesa gab. Walesa war seit dem Danziger August das Symbol dieser Bewegung und Garant ihrer Einheit, Identifikationsperson vieler Gewerkschaftsmitglieder. Das Verhalten der Delegierten, Walesa einerseits scharf zu kritisieren und ihn andererseits wiederzuwählen, sprach für ihre Einsicht in diese Realität und für ihre politische Klugheit.

Nach dem Vorsitzenden wurden auch die Mitglieder der Landeskommission und der Revisionskommission gewählt.

Dem Anfang einer neuen Etappe, in die „Solidarność" mit der Verabschiedung ihres Programms eintrat, entsprach das Ende einer Ära, die genau fünf Jahre vorher begonnen hatte: die Tätigkeit des KSS-KOR (Komitee zur sozialen Selbstverteidigung − Komitee zur Verteidigung der Arbeiter), das am 23. September seine Auflösung bekanntgab (siehe Dokument 38). KOR hatte der polnischen Gesellschaft durch vielfältige Aktivitäten bewiesen, daß eine Organisierung der Gesellschaft außerhalb der offiziellen Machtstruktur möglich ist. Die publizistischen und organisatorischen Aktivitäten von KOR und Tausender seiner Mitarbeiter waren eine wesentliche Voraussetzung für den erfolgreichen Verlauf des Streiks im Sommer 1980 und − in ihrem Gefolge − die Herausbildung der „Solidarność". So war es nur zu verständlich, daß Edward Lipinski am 28. September großen Beifall von den Kongreßteilnehmern erhielt, als er auf diese Bedeutung des KOR hinwies. In der Auflösungserklärung vom KOR hieß es u.a.: „Als wir vor fünf Jahren unseren offenen und ungleichen Kampf aufgenommen haben, konnten wir uns nicht vorstellen, daß unsere Vision von der Gesellschaft so schnell Gestalt annehmen würde: Die Vision einer Gesellschaft, die Eigenständigkeit, Selbstverwaltung, Gerechtigkeit, Kontrolle über die Wirtschaft und über die Entscheidungen der Staatsmacht, Demokratie und Transparenz im politischen Leben, grundlegende Ausweitung der Gedanken- und Meinungsfreiheit, der Meinungsäußerung, den Zugang zu den Informationsmedien fordert; einer Gesellschaft, die sich der Unterdrückung Andersdenkender widersetzt. ... Wir sind überzeugt, daß alle, die früher den Zielen des KOR, danach des KSS-KOR nahestanden, ‚Solidarność' unterstützen und gemäß der eigenen Fähigkeiten und Talente in ihren Reihen oder in ihrer Unterstützung aktiv sein müssen. ... Unserer Ansicht nach ist es notwendig, heute in der Stunde ihres ersten Kongresses und ihrer ersten freien Wahlen ‚Solidarność' und ihre Kräfte mit dem Kampf für die Reform der polnischen res publica zu betrauen." (siehe Dokument 38) In diesem Geist verabschiedete der Kongreß am letzten Tag eine Dankesresolution − wie zuvor schon einzelne Betriebe (siehe Dokument 13) − „an all diejenigen, die die Gesellschaft verteidigt haben", die sich in erster Linie an das KOR und seine Mitglieder richtete.

Das, was im Herbst 1981 in Gdańsk vor sich ging, war in der Tat „einzigartig", um Edward Lipiński noch einmal das Wort zu geben. Es war einzigartig in einem Land, dem Moskau seit 37 Jahren seinen Stempel aufdrückte, daß Gewerkschaftsdelegierte frei gewählt wurden, diskutierten, Beschlüsse faßten und diese über eigene, freie, weitgehend unzensierte Medien im ganzen Land verbreiteten.

Nicht minder gilt dies auch für das Programm, das mit seiner Synthese von nationaler Tradition und konkreter Kampferfahrung, von Gesellschaft und politischer Macht, von Individuum und Kollektiv, Politik und Moral neue Maßstäbe setzte für die Emanzipation der Völker unter den Bedingungen des realen Sozialismus. Diesem Programm der sozialen Gerechtigkeit und radikalen Demokratie mit Kriterien wie bürgerlich − nichtbürgerlich oder kapitalistisch − sozialistisch gegen übertreten, würde in die Irre führen.

Anmerkungen:

1 Edward Lipiński, Rede auf dem ersten Landesdelegiertenkongreß der „Solidarność"; deutsche Übersetzung in: W. Mackenbach (Hrsg.), Das KOR und der polnische Sommer, a.a.O., S. 240.
2 Rechenschaftsbericht der Landeskommission von „Solidarność" an den ersten Landesdelegiertenkongreß, in: Tygodnik Solidarność, Nr. 24. September 1981.
3 Aus: Frankfurter Allgemeine Zeitung, 28.9.1982.
4 Ebenda.
5 Congress Post, hrsg. von BIPS, Foreign Department Gdańsk, 1.10.1981, S. 3.
6 Ebenda, S. 2.
7 Ebenda, S. 1.
8 Ebenda, S. 3/4.
9 Ebenda.

DOKUMENT 28

Die Botschaft an die Arbeiter Osteuropas

Die in Gdańsk zum ersten Kongreß der unabhängigen, selbstverwalteten Gewerkschaft „Solidarność" versammelten Delegierten senden den Arbeitern Albaniens, Bulgariens, der Tschechoslowakei, der DDR, Rumäniens, Ungarns und allen Völkern der Sowjetunion ihre Grüße und versichern sie ihrer Unterstützung.

Als erste unabhängige Gewerkschaft unserer Nachkriegsgeschichte fühlen wir tief unser gemeinsames Schicksal. Wir versichern euch, daß wir trotz der Lügen, die in euren Ländern verbreitet werden, eine authentische Organisation der Werktätigen sind, die zehn Millionen Anhänger umfaßt und durch Arbeiterstreiks entstanden ist. Unser Ziel ist der Kampf um die Verbesserung der Lebensbedingungen aller Werktätigen. Wir unterstützen diejenigen unter euch, die sich entschlossen haben, den schweren Weg des Kampfes um eine freie Gewerkschaftsbewegung zu gehen. Wir glauben, daß sich unsere Vertreter schon bald werden treffen können, um gewerkschaftliche Erfahrungen austauschen zu können.

(Aus: Tygodnik Solidarność, Nr. 25, 18.9.1981; Deutsche Übersetzung in: Osteuropa, Heft 3/82, S. A 133)

DOKUMENT 29

Grundsatzerklärung des Ersten Delegiertenkongresses von „Solidarność" (1. Teil)

Die herausragende Aufgabe von „Solidarność" ist die Schaffung anständiger Lebensbedingungen in einem wirtschaftlich und politisch souveränen Polen. Uns geht es um ein Leben frei von Armut, Ausbeutung, Furcht und Lügen, in einer Gesellschaft, die demokratisch und rechtsstaatlich organisiert ist.

Heute erwartet die Nation:

1. Die Verbesserung der Marktversorgung durch die Kontrolle von Produktion, Verteilung und Preisen in Zusammenarbeit mit der „Solidarność der Individualbauern".
2. Eine Wirtschaftsreform durch Schaffung einer authentischen Arbeiterselbstverwaltung. Abschaffung der Partei-Nomenklatura und Einführung effizienter wirtschaftlicher Mechanismen.
3. Wahrheit durch gesellschaftliche Kontrolle über die Massenmedien und durch Reinigung der polnischen Erziehung und Kultur von Lügen.
4. Demokratie durch Abhalten freier Wahlen zum Parlament und zu den örtlichen Volksräten.
5. Gerechtigkeit durch Gleichheit aller vor dem Gesetz. Freilassung aller, die wegen ihrer Weltanschauung inhaftiert sind und Schutz derjenigen, die wegen inrer politischen, redaktionellen und gewerkschaftlichen Tätigkeit unterdrückt werden.
6. Rettung der bedrohten nationalen Gesundheit durch Umweltschutz, erhöhte Ausgaben für den nationalen Gesundheitsdienst und Sicherung angemessener Rechte der Behinderten in der Gesellschaft.
7. Kohle für die Bevölkerung und die Industrie durch Gewährleistung angemessener Arbeits- und Lebensbedingungen für die Bergleute.

Die Ziele werden wir unter der Voraussetzung der Einigkeit unserer Gewerkschaft und der Solidarität ihrer Mitglieder erreichen. Aktionen verschiedener Kräfte, die Bedrohungen von außerhalb schaffen, werden uns nicht unseren Willen nehmen, für die Ideale des August '80 sowie für die Verwirklichung der in Gdańsk, Szczecin (Stettin) und Jastrzebie unterzeichneten Abkommen zu kämpfen.

(Aus: Tygodnik Solidarność, Nr. 25, 18.9.1981; Deutsche Übersetzung in: Osteuropa, Heft 3/82, S. A 135)

DOKUMENT 30

Warum macht Polens Führung nichts gegen den Antisowjetismus im Lande?

Das Zentralkomitee der Kommunistischen Partei der Sowjetunion und die Regierung der UdSSR sind gezwungen, die Aufmerksamkeit des Zentralkomitees der Polnischen Vereinigten Arbeiterpartei und der Regierung der Volksrepublik Polen auf die in Polen zunehmende Sowjetfeindlichkeit zu lenken. Sie ist so weit angestiegen, daß sie gefährliche Grenzen erreicht hat.

Die Tatsachen zeugen davon, daß im Lande offen, breit und straflos eine scharfe, hemmungslose Kampagne gegen die Sowjetunion und deren Außen- und Innenpolitik geführt wird, und daß dies nicht irgendwelche vereinzelte, unverantwortliche Rowdy-Ausschreitungen sind, sondern ein koordiniertes Vorgehen der Feinde des Sozialismus mit einer deutlich umrissenen politischen Richtung. Das Hauptziel ist es, den ersten sozialistischen Staat in der Welt und die Idee des Sozialismus selbst anzuschwärzen und zu verleumden, unter den Polen Feindschaft und Haß gegen die Sowjetunion und die sowjetischen Menschen zu wecken, die Bande der brüderlichen Freundschaft zu zerreißen, die unsere Völker verbinden, und im Endergebnis Polen aus der sozialistischen Gemeinschaft herauszureißen, den Sozialismus in Polen selbst zu liquidieren.

Die Sowjetfeindlichkeit dringt immer tiefer in verschiedene Bereiche des gesellschaftlichen Lebens im Lande ein, darunter in die Ideologie, die Kultur, das System der Volksbildung und der Erziehung. Kraß gefälscht wird die Geschichte der Beziehungen zwischen unseren Ländern. Die verbissene Propaganda gegen die Sowjetunion quillt aus den Seiten verschiedener Veröffentlichungen, von den Leinwänden der Kinos, von den Bühnen der Theater und Kabaretts. Unverhohlen ertönt sie in öffentlichen Äußerungen – vor einem Massenpublikum – der Wortführer des „KSS-KOR" (Komitee zur gesellschaftlichen Selbstverteidigung), der „Konföderation Unabhängiges Polen" und der „Solidarität".

Die erste Phase des Kongresses dieser „Gewerkschaft" wurde im Grunde zu einer Tribüne, von der aus Verleumdungen und Beleidigungen gegen unseren Staat ertönten. Zu einer empörenden Provokation wurde die in Danzig beschlossene sogenannte Botschaft an die Werktätigen Osteuropas. Die antisowjetischen Kräfte schmälern weiterhin das Gedenken an die sowjetischen Soldaten, von denen Hunderttausende ihr Leben für die Freiheit und Unabhängigkeit des polnischen Volkes hingaben, sie schänden ihre Gräber. Man hat auch mit Drohungen gegen die Soldaten der Einheiten der sowjetischen Armee begonnen, die an den westlichen Grenzen der sozialistischen Gemeinschaft Wache stehen, deren Teil auch die polnische Volksrepublik ist.

Die antisozialistischen Kräfte streben danach, in Polen die Atmosphäre eines extremen Nationalismus hervorzurufen und verleihen ihm einen deutlich antisowjetischen Charakter. Dabei nehmen das Ausmaß, die Intensität und der

Grad der Feindseligkeit der gegenwärtigen antisowjetischen Kampagne in Polen Merkmale einer antisowjetischen Hysterie an, wie sie in manchen imperialistischen Staaten geschürt wird.

Das muß bei uns die Frage aufwerfen, warum die offiziellen polnischen Behörden bisher keine entschiedenen Maßnahmen unternommen haben, um der feindlichen Kampagne gegen die UdSSR, mit der Volkspolen Beziehungen der Freundschaft und Bündnisverpflichtungen verbinden, ein Ende zu bereiten. Diese Haltung widerspricht sogar der Verfassung der Volksrepublik Polen, in der das Prinzip der Festigung der Freundschaft und Zusammenarbeit mit der UdSSR festgeschrieben wurde. Uns ist kein einziger Fall bekannt, daß die Initiatoren antisowjetischer Provokationen von seiten der Behörden auf eine scharfe Reaktion stießen und bestraft wurden. Mehr noch, man stellt ihnen ohne Schwierigkeiten staatliche Räume für ihre Versammlungen zur Verfügung. Man öffnet ihnen den Zugang zu den Massenmedien, teilt technische Mittel zu, obwohl von vornherein bekannt ist, zu welchen Zwecken sie benutzt werden.

Wiederholt haben wir die Führung der Polnischen Vereinigten Arbeiterpartei und die Regierung der Volksrepublik Polen auf die ansteigende Welle der Sowjetfeindlichkeit in Polen aufmerksam gemacht. Wir sprachen davon während der Treffen im März in Moskau und im April in Warschau; mit voller Aufrichtigkeit schrieben wir darüber im Brief des ZK der KPdSU vom 5. Juni; wir haben darüber auch bei dem Treffen auf der Krim im August dieses Jahres gesprochen.

Wir machen keinen Hehl daraus: All das weckt unter der sowjetischen Bevölkerung tiefe Empörung. Zum ZK der KPdSU und den lokalen Parteiorganen fließt ein ununterbrochener Strom von Briefen, in denen sowjetische Kommunisten und Parteilose ihr Erstaunen darüber ausdrücken, daß die antisowjetische Propaganda, wie sie in dem benachbarten befreundeten sozialistischen Staat geführt wird, ungestraft bleibt. Das sowjetische Volk, das gewaltige Opfer für die Befreiung Polens aus der faschistischen Knechtschaft gebracht hat, das eurem Land selbstlos geholfen hat und gegenwärtig hilft, hat ein volles moralisches Recht zu verlangen, daß der antisowjetischen Unverschämtheit in der Volksrepublik Polen ein Ende bereitet wird.

Das ZK der KPdSU und die sowjetische Regierung sind der Meinung, daß eine weitere Toleranz gegenüber irgendwelcher Äußerungen von Sowjetfeindlichkeit die polnisch-sowjetischen Beziehungen gewaltig schädigt, daß sie den Bündnisverpflichtungen Polens und den Lebensinteressen des polnischen Volkes unmittelbar widerspricht.

Wir erwarten, daß die Führung der Polnischen Vereinigten Arbeiterpartei und die Regierung der Volksrepublik Polen unverzüglich entschiedene und radikale Maßnahmen treffen, um die boshafte antisowjetische Propaganda und die gegen die Sowjetunion gerichteten feindlichen Aktionen zu unterbinden.

(Aus: Frankfurter Allgemeine Zeitung, 19.9.1981)

DOKUMENT 31

Brief des Generalsekretärs der ungarischen Gewerkschaften, Sándor Gáspár, an Lech Walesa

(...) Unsere öffentliche Meinung und die ungarischen Gewerkschafter haben mit lebendigem Interesse Euren Kongreß erwartet. Ich muß Ihnen offen sagen, daß wir uns in unseren Erwartungen enttäuscht fühlen. Die Botschaft Eures Kongresses „An alle Arbeiter in Osteuropa", in der zur „Bildung freier Gewerkschaften" und zur Nachahmung des polnischen Beispiels aufgerufen wird, hat Unwillen und Überraschung bei den ungarischen Gewerkschaftern hervorgerufen. Wir betrachten diese Botschaft als Einmischung in die inneren Angelegenheiten unseres Landes und lehnen sie ab. Dies macht uns die Teilnahme am zweiten Teil des Kongresses unmöglich. (...)

Was die ungarischen Gewerkschaften betrifft: Wir üben unsere Tätigkeit unter sozialistischen Bedingungen aus, dies erfordert große Anstrengungen und Verantwortung für das Schicksal unseres Vaterlandes, für die Vertretung und Verteidigung der Interessen der arbeitenden Menschen. Als Gewerkschaftsbewegung neuen Typs ziehen wir aus allen wertvollen Erfahrungen Nutzen, weil wir der ungarischen Arbeiterklasse und gleichzeitig der internationalen Arbeiterbewegung verantwortlich sind. Deshalb haben wir, die ungarischen Gewerkschaften, auch systematische und fruchtbare Kontakte zu allen europäischen und vielen anderen Gewerkschaften. Wir nutzen diese Erfahrungen zur Vertretung der wahren Interessen der arbeitenden Menschen und zur Verbesserung unserer Arbeit. Aber das, was Ihr uns vorschlagt, können wir nicht annehmen. Wir machen kein Geheimnis daraus, daß uns Euer Mut und Eure Selbstsicherheit, mit der Ihr – nach einjähriger Existenz – in Eurer Botschaft arbeitenden Menschen sozialistischer Länder Ratschläge erteilt, verwundert. Die ungarischen Gewerkschaften haben jahrzehntelange Erfahrungen mit realen Ergebnissen hinter sich. (...)

Im Geist internationaler Verpflichtung und der traditionellen polnisch-ungarischen Freundschaft sind wir bereit, in Zukunft einmal Gespräche zu führen und über Rolle und Aufgaben der Gewerkschaften zu diskutieren. (...)
Mit Grüßen
Sándor Gáspár

(Aus: Tygodnik Solidarność, Nr. 28, 9.10.1981; Deutsche Übersetzung in: Osteuropa, Heft 3/82, S. A 133)

DOKUMENT 32

Beschluß zur Frage der gewerkschaftlichen Rechte der Angestellten in Radio und Fernsehen

Unsere Gewerkschaft kämpft für die volle Verwirklichung von Punkt 3 des Danziger Abkommens: Der Zugang zu den Massenkommunikationsmitteln ist ein unentbehrliches Mittel zur Verständigung zwischen der Gewerkschaftsführung und der Gesamtheit der Mitglieder und damit eine Bedingung für das Funktionieren der Gewerkschaft: Deshalb ist die Anwendung wirksamster Druckmittel in dieser Angelegenheit erforderlich.

Die Mitglieder der „Solidarność" im Komitee für Radio und Fernsehen und in der staatlichen polnischen Radio- und Fernsehanstalt sind bereit, die Bemühungen der KKP (Landesverständigungskommission) um Zugang zu den Massenmedien durch eine Protestaktion zu unterstützen. Deshalb hat die Regierung den Beschluß Nr. 185/81 gefaßt, der den Teilnehmern von Protestaktionen in Radio und Fernsehen schwere Repressionen androht. Dieser Beschluß steht in Widerspruch zu bereits ausgearbeiteten Passagen eines Gesetzentwurfes über die Gewerkschaften und damit zu der Warschauer Vereinbarung, wonach sich beide Seiten an diese Bestimmungen halten wollen.

Der erste Landesdelegiertenkongreß der unabhängigen selbstverwalteten Gewerkschaft „Solidarność" fordert die Regierung auf, diese Angelegenheit zu überdenken und den Beschluß Nr. 185/81 zurückzunehmen. Gleichzeitig fordert der Kongreß die Regierung zu weiteren Gesprächen über die Verwirklichung von Punkt 3 des Danziger Abkommens auf, getragen vom Geist der Verantwortung für den gesellschaftlichen Frieden, der in einer Situation des Zusammenbruchs der Wirtschaftspolitik so wichtig ist.

(Aus: Tygodnik Solidarność, Nr. 25, 18.9.1981; Deutsche Übersetzung in: Osteuropa, Heft 3/82, S. A 135)

DOKUMENT 33
Kritik an der Regierungspolitik

In den letzten Monaten war die Regierungspolitik deutlich durch Verzögerung gekennzeichnet. Angriffe auf unsere Gewerkschaft und eine zunehmende Zahl von Provokationen seitens der Staatsanwaltschaft werden begleitet von einer gesellschaftlich-wirtschaftlichen Politik, die gegen die grundlegenden materiellen Interessen der arbeitenden Menschen gerichtet ist. Forderungen, die von „Solidarność" erhoben wurden, etwa nach Kontrolle über Bestände und Verteilung elementarer Gebrauchsgüter, wurden abgelehnt. Gleichzeitig kehrte man bei den Lebensmittelrationen nicht wieder zu der Einteilung zurück, wie sie vor dem 1. August gültig war – trotz früherer Erklärungen der Regierung. Im Gegenteil, die auf dem Markt vorhandenen Kontingente reichen sogar für die von der Regierung einseitig erniedrigten Normen nicht aus.

Statt wirksam gegen die Krise vorzugehen, ergriff die Regierung Maßnahmen, die die Folgen der Krise auf die Gesellschaft abwälzen, statt zu deren Überwindung beizutragen. Preiserhöhungen für Süßwasserfische und Zigaretten wurden ohne einen entsprechenden Ausgleich und ohne Konsultation der Gewerkschaft verkündet. Weitere Maßnahmen dieser Art stehen bevor. Dies hat überhaupt nichts mit Wirtschaftsreform zu tun. Im Gegenteil, die Bemühungen von „Solidarność", die Wirtschaftsreform auf dem Wege der Selbstverwaltung durchzuführen, stoßen seit Monaten auf den Widerstand der Regierung.

Unsere Gewerkschaft kann eine solche Politik nicht mehr lange tolerieren. Der erste Landesdelegiertenkongreß der Gewerkschaft „Solidarność" fordert:
1. Ausgleichszahlungen für die vor kurzem erfolgten einschneidenden Preiserhöhungen bei elementaren Gebrauchsgüter und Dienstleistungen sowie Verwendung der Einnahmen, die aufgrund der Preiserhöhungen bei Monopolwaren (Tabak, Alkohol) erzielt wurden, für die Zahlung von Sozialhilfe an besonders bedürftige Familien.
2. Einfrieren der Ladenpreise für den Zeitraum, in dem Gespräche mit der Gewerkschaft über Programm und zeitliche Abfolge von Preiserhöhungen stattfinden, die in Zusammenhang mit der beabsichtigten Wirtschaftsreform und der Garantierung einer ausreichenden Marktversorgung stehen.
3. Gewährleistung gesellschaftlicher Kontrolle über Inhalt und Durchführung der gegenwärtigen Antikrisenmaßnahmen. Schritte gegen die Krise können nur erfolgreich sein, wenn die Gesellschaft und ihre Organisationen aktiv daran teilnehmen, und dies ist nur durch gesellschaftliche Kontrolle über die Wirtschaft möglich.

Der Kongreß beauftragt die Landeskommission, einen allgemeinen Warnstreik zu proklamieren und Formen und Termin einer geeigneten Protestaktion festzulegen, wenn im Verlauf der nächsten zwei Wochen in dieser Angelegenheit keine Vereinbarung mit der Regierung erreicht wird.

Gleichzeitig ruft der Kongreß die Belegschaften aller Betriebe zum Verzicht auf lokale Protestaktionen auf, mit Ausnahme derjenigen, die zur Verteidigung der Gewerkschaft notwendig sind.

(Aus: Tygodnik Solidarność, Nr. 29, 16.10.1981; Deutsche Übersetzung in: Osteuropa, Heft 3/82, S. A 138)

DOKUMENT 34

Resolution über die Selbstverwaltung

(Beschlossen auf dem ersten Teil des Delegierten-Kongresses von „Solidarność")

Die Delegierten auf dem Ersten Nationalen Kongreß der unabhängigen selbstverwalteten Gewerkschaft Solidarność rufen die Kollegen der Gewerkschaft und alle Werktätigen auf, die Arbeiter-Selbstverwaltung zu verteidigen. Die Machthabenden, die vor der Entwicklung und dem Erstarken der Selbstverwaltung in Panik geraten, versuchen, diese im Keim zu ersticken, indem sie dem Arbeiterrat das Recht vorenthalten, den Betrieb zu leiten, und insbesondere das Recht, den Direktor zu ernennen und zu entlassen.

Unter dem Vorwand, den kollektiven und staatlichen Besitz zu wahren, will man die egoistischen Interessen des bürokratischen Apparats der Partei und des Staates durchsetzen. Daß kürzlich die „Nomenklatur" verteidigt wurde, ist nur ein zusätzlicher Versuch, das Auswahlsystem der Kader beizubehalten, nach dem die Verantwortlichen der Wirtschaft, nach politischen Kriterien ernannt, unsere Wirtschaft in die derzeitige Katastrophe führen.

Nach der offiziellen Propaganda wird der Regierungsentwurf von der Mehrheit der Gesellschaft verstanden und gebilligt. In dieser Situation wendet sich der Kongreß in Übereinstimmung mit Punkt 1 § 3 der Verfassung der Volksrepublik Polen, nach dem „die Gesetze der Volksrepublik Polen Ausdruck der Interessen und des Willens des arbeitenden Volkes sind", an das Parlament der Republik und ruft es dazu auf, sich für die Organisierung eines landesweiten Referendums über die Kompetenzen der Arbeiterräte in naher Zukunft auszusprechen. Natürlich muß dieses Referendum vor der Abstimmung des Gesetzes über die Betriebe und des Gesetzes über die Selbstverwaltung durch das Parlament der Volksrepublik stattfinden. Die Gewerkschaften müssen bei der Formulierung der Fragen und an der Prozedur des Referendums mitmachen.

Der Kongreß beschließt ebenfalls, daß, wenn die staatlichen Behörden sich weigern, dieses Referendum durchzuführen, die Gewerkschaft ein Referendum unter den Belegschaften der Betriebe durchführen wird.

Die Delegierten des Ersten Nationalen Kongresses sind der Hoffnung, daß die Abgeordneten den Willen der Werktätigen berücksichtigen und eine Entscheidung nach deren Bestrebungen treffen werden. Deshalb rufen die Delegierten des Ersten Nationalen Kongresses die Abgeordneten auf, all diese Gesetze nicht nach dem Verfahren, wie die Regierung es durchsetzen will, abzustimmen. Die Zustimmung zu einer Gesetzesvorlage, die dem Willen der Arbeitenden widerspricht, würde die Spannung verschärfen, den Wiederaufbau der ruinierten Wirtschaft erschweren und das Vertrauen der Gesellschaft in das Parlament völlig zunichte machen.

Handelt das Parlament so, dann ergreift es die historische Gelegenheit nicht, eine demokratische Reform anzugehen und die Gesellschaft sähe sich dann gezwungen, autonom aktiv zu werden. Die Kongreßdelegierten erklären, daß die

Gewerkschaft ihren Kampf um eine richtige Selbstverwaltung nicht aufgeben wird und daß sie mit allen Mitteln ihre Mitglieder gegen die Konsequenzen einer Reform, die von der Gesellschaft nicht akzeptiert wird, in Schutz nimmt. Wir möchten mit allem Ernst darauf hinweisen, daß, sollte das Gesetz über die Selbstverwaltung in einer Form, die den Willen der Arbeitenden verletzt, verabschiedet werden, die Gewerkschaft sich gezwungen sieht, es zu boykottieren und das Notwendige zu unternehmen, damit die Aktivitäten der richtigen Selbstverwaltungsräte nicht eingeengt werden.

(Übersetzung aus dem Polnischen nach: Agencja Prasowa Solidarność, Nr. 36, Warschau 1981, von D. Leszczyńska.)

DOKUMENT 35

Resolution betreffend die Gesetzentwürfe zur Arbeiterselbstverwaltung in staatlichen Betrieben

Die Position unserer Gewerkschaft zur Arbeiterselbstverwaltung und zur Unabhängigkeit der Betriebe wurde in der auf dem Kongreß vom 8. September dieses Jahres angenommenen Resolution dargestellt. Dies war also dem Sejm (Parlament, d. Übers.) der Volksrepublik Polen schon bekannt, als er den Gesetzentwurf über die staatlichen Betriebe sowie den Gesetzentwurf über die Arbeiterselbstverwaltung in den staatlichen Betrieben im September 1981 verabschiedete.

Der Sejm rückte von dem mit dem Präsidium des Nationalen Koordinationskomitees erzielten Kompromiß über die Regelung für die Ernennung der Direktoren in den staatlichen Betrieben ab. Der Kompromiß war eine besondere weitreichende Konzession, deren Zweck es war, einen Konflikt mit den staatlichen Instanzen zu vermeiden. Der Sejm ließ auch eine ganze Reihe weiterer Gewerkschaftspositionen über wichtige Aspekte der Arbeiterselbstverwaltung und der Selbständigkeit der Betriebe außer Acht.

Trotz allem hat der Kongreß im Geist der Verständigung die Gesetzentwürfe nicht in ihrer Gesamtheit verworfen. Im Einklang mit der vorigen Resolution hat der Kongreß beschlossen, in den Betrieben diejenigen Vorschriften, die im krassen Widerspruch zur Gewerkschaftsposition stehen und so die Arbeiterselbstverwaltung und die Selbständigkeit der Betriebe bedrohen und zugleich der ökonomischen Reform einen Schlag versetzen, durch ein Referendum abstimmen zu lassen.

Wir erwarten, daß insbesondere folgende Änderungen an den beiden Gesetzentwürfen vorgenommen werden:
1) Die Vorschriften betreffend das Management eines Betriebs: Der Kongreß ist der Ansicht, daß ein Betrieb durch das betriebseigene Personal geleitet werden sollte, das alle wichtigen Entscheidungen trifft.
2) Die Vorschrift, welche die Zusammensetzung der Wettbewerbskommission regelt, die die Kandidaten für den Posten des Betriebsdirektors aussucht: Wir sind der Ansicht, daß die Wettbewerbskommission in die alleinige und nichtübertragbare Kompetenz der Arbeiterkommission fällt.
3) Die Kriterien, nach denen die Betriebe bestimmt werden, in denen die Direktoren nur durch ‚Gründungsorgane' ernannt bzw. abberufen werden können: Der Kongreß ist der Ansicht, daß eine solche Regelung nur in Rüstungsbetrieben und in Betrieben, die direkt dem Finanzministerium bzw. dem Justizministerium (in den Strafanstalten) unterstehen, Anwendung finden darf.
4) Die Vorschrift, die dem Gründungsorgan das Recht einräumt, einem staatlichen Betrieb feste Aufgaben aufzuzwingen: Wir sind der Ansicht, daß dies nur im Fall von Naturkatastrophen und im Falle von Aufgaben, die den zwingenden Erfordernissen der Landesverteidigung entspringen, geschehen kann. In

all solchen Fällen sollten die Gründungsorgane für gesicherte und adäquate Mittel sorgen und auch alle anfallenden Kosten dafür übernehmen.

5) Die Vorschrift, die einem Betrieb den Anschluß an einen Verband von Betrieben ermöglicht: Der Kongreß ist der Ansicht, daß eine solche Regelung ausschließlich in den unter 3) aufgeführten Betrieben Anwendung finden darf.

Das Nationale Komitee wird dem Sejm die Referendumsergebnisse zusammen mit einem Entschließungsantrag für die Übernahme von angemessenen Änderungen in den beiden Gesetzentwürfen über die Arbeiterselbstverwaltung in den Staatsbetrieben und über die staatlichen Betriebe übergeben.

Der Kongreß vertritt die Position, daß der Inhalt der Ausführungsbestimmungen beider Gesetzentwürfe und auch der begleitenden Gesetzentwürfe im Einvernehmen mit den Gewerkschaften bestimmt werden sollten.

Im Kampf um die Arbeiterselbstverwaltung und für die Vergesellschaftung der Betriebe wird die Gewerkschaft auch weiterhin entsprechend dem Willen der Belegschaften handeln. Die Gewerkschaft hat den Belegschaften zugesichert, daß sie alle notwendigen Schritte für die Verteidigung der Arbeiterselbstverwaltung unternehmen wird.

Der Kongreß ruft alle Betriebsorganisationen auf, echte Arbeiterselbstverwaltungsräte auf der Basis der Gewerkschaftsposition zu gründen.
Delegiertenkongreß
Gdańsk, den 3. Oktober 1981

(Aus: Tygodnik Solidarność, Nr. 28, 9.10.1981. Übersetzung aus dem Polnischen von D. Leszczyńska)

DOKUMENT 36

Eine Diskussion zwischen J. Lityński, J. Kuroń, B. Geremek, J. Milewski, Z. Bujak und R. Bugaj

Jan Lityński: Wir sind jetzt in einer Situation, die ausweglos zu sein scheint. Die Wirtschaft und der Staat zersetzen sich. Man kann darüber diskutieren, in welchem Maße ihre Zersetzung der bewußten oder halbbewußten Sabotage des Machtapparates geschuldet ist und in welchem Maße sie aus seiner Machtlosigkeit folgt, die aus den Ereignissen des August 1980 resultiert – Ereignissen, denen selbst die Vorsichtigsten den Namen einer Revolution geben. Solidarność hat die allgemeine Zersetzung beschleunigt, indem sie die Organe der Macht in gewisser Weise lähmte. Die Strategie, darauf zu warten, was sie tut, und Kompromisse mit ihr zu schließen, erscheint unwirksam. Solidarność verliert Punkte und enttäuscht. Jene, die sich eine Verbesserung der Wirtschaftslage erhoffen, sind genauso enttäuscht wie die, die dachten, daß die Radikalität der Gewerkschaftsbewegung zu neuen Strukturen und zum Sturz der Staatsmacht führen würde. All diese Hoffnungen erwiesen sich als falsch.

Diese Situation schafft vielfache Gefahren. Sie begünstigt auf der einen Seite eine Radikalisierung vom KPN-Typ (Konföderation für ein unabhängiges Polen; d. Übers.) mit ihren in der aktuellen Situation unrealistischen Forderungen nach Unabhängigkeit. Die Situation ist um so schwerwiegender, als die Führer der Konföderation verhaftet worden sind – ein unverantwortliches Vorgehen, wie die Dinge liegen, das zudem ihrem Programm eine Popularität in einem Maße verschafft, daß es als wirklich umsetzbar erscheint. Übrigens ist es heute viel realistischer, als es vor zehn Monaten war. Eine andere Gefahr, der die Gewerkschaft schon erlegen ist, ist die Ausweitung der Bewegung gegen den Hunger. Sie riskiert, in wilde Streiks und in Tumulte auszuarten.

Seit dem letzten März (Ereignisse von Bydgoszcz; d. Übers.) war die Initiierung der Selbstverwaltungsbewegung die einzige offensive Aktion der Gewerkschaft. Aber man weiß nicht, wie sie sich in das bestehende System einordnen könnte, und sie ist zu schwach, um die ökonomische Macht in die Hand zu nehmen. Im übrigen würde ein solcher Machtübergang riskieren, zu völliger Anarchie des Wirtschaftslebens zu degenerieren.

Die Bestrebungen, Parteien zu gründen, sind gleichermaßen fehlgeschlagen, vor allem, weil diese kein klar definiertes Programm vorlegten und nicht den Charakter wirklicher politischer Parteien annahmen. Die Bestrebungen, Klubs zu organisieren, einschließlich der Klubs für gesellschaftliche Initiative, befinden sich noch im Embryonalzustand. Diese Klubs haben weder eine globale Strategie noch selbst eine Taktik. Sie sind bemüht, die Situation zu retten, nicht ein langfristiges Programm aufzustellen.

Jacek Kuroń: Man empfindet eine schreckliche Ungeduld und, was das noch verschlimmert, ein Gefühl, das, was geschieht, könne nicht mehr unterstützt werden. Das bedeutet für viele, daß es an der Zeit ist, die Staatsmacht zu stürzen. Die Überlegung ist die folgende: man hat eine Gewerkschaft geschaffen, um die Macht zu kontrollieren, aber man erreicht das nicht, weil diese raffiniert ist. Alle klagen sie an, uns etwas zu verheimlichen.

Was kann die Staatsmacht tun? Nehmen wir einmal an, daß sie ein besseres Anti-Krisenprogramm findet als das, welches sie schon hat – das im übrigen erhältlich ist. Es wird an den Zeitungskiosken vergilben. Die Staatsmacht hat keine Mittel, die Gesellschaft zu erreichen. Der Ausweg aus der Krise kann nur durch eine gesellschaftliche Bewegung gefunden werden, eine Bewegung, die ein neues System entwickelt. Aber das erfordert Zeit. Da liegt eine große Gefahr.

Mir ist wohl bewußt, daß die allgemeine Enttäuschung zu Verzweifelungstaten führen mag; in diesem Fall könnte sich ein Teil der Gesellschaft dem Gedanken einer starken Regierung als einem Hoffnungsschimmer zuwenden. Um Jaruzelski sieht man schon eine solche Vorstellung auftauchen. Das ist nicht nur deshalb der Fall, weil der Regierungschef den zu Ministern ernannten Generälen Vertrauen einflößt. Ich glaube, er denkt, daß eine starke Bewegung, die zudem über die Armee verfügt, uns retten könnte. Aber die Errichtung eines Militärregimes wird mit einer Katastrophe bezahlt werden. Selbst wenn es von einem Teil der Gesellschaft gestützt würde, wird es von den anderen heftigst bekämpft werden. Wir wären dann – und dies ist das erste Mal, daß ich diese Gefahr ins Auge fasse – von einem Bürgerkrieg bedroht.

Bronislaw Geremek: Das Land ist wie selten im Laufe seiner Geschichte in seiner Substanz bedroht. Wir riskieren nicht nur eine Intervention von außen, sondern auch den Zusammenbruch aus inneren Gründen. Ich kann mich irren, aber ich habe den Eindruck, daß niemand an diesem Tisch einen Ausweg aus der Krise sieht.

Die Katastrophe ist offensichtlich. Sie verschlingt uns. Bis jetzt gibt es keine Mechanismen, die sie aufhalten könnten, weder auf seiten der Macht, noch auf seiten von Solidarność, die der Staatsmacht ihr Monopol gelassen hat, sich weigerte, Verantwortlichkeiten in der Staatsführung zu übernehmen. Das wäre immer noch berechtigt, gäbe es nicht diese Katastrophe. Meiner Ansicht nach hat die Gewerkschaft die Situation des Landes begriffen. Dies zeigt sich daran, wie schlagartig der Gedanke der Selbstverwaltung aufgenommen worden ist. Das beweist, daß alle empfinden, Verantwortung zu tragen, ohne zugleich danach zu streben, die Macht zu übernehmen, obgleich dieser Gedanke sich ausbreitet. Der Staat existiert weiter und behält die Schlüsselentscheidungen in seiner Hand, wie den Außenhandel, die Investitionen, die Banken, einen großen Teil der Versorgung und schließlich die Justiz.

Man ist heute im allgemeinen davon überzeugt, daß die Gewerkschaft eine aktive Bewegung sein muß, die das Schicksal des Landes in ihre Hand nimmt. Der Handlungsspielraum ist in der Sache größer, als man es bei der Akzeptierung der führenden Rolle der Partei gedacht hat. Dank Solidarność, dank der Kirche und der Selbstverwaltungsbewegung ist die Veränderung auf legalem Gebiet und in den zentralen Verwaltungsorganen möglich geworden. Die Funktionsweise diese Organe wird von uns abhängen, aber nicht ihre Zusammensetzung.

Jerzy Milewski: Man sagt, daß das Land in seiner Substanz bedroht ist. Ich glaube, daß gleichermaßen eine große Chance vor ihm liegt. Eine solche Chance hat es 1918 gehabt, und es hat sie genutzt, damals, als die geopolitische Lage weniger gut als jetzt war. Nun aber höre ich alle nur von Krise und totaler Enttäuschung sprechen. Zum Henker, wie haben die Chance, die im siebzehnten, vielleicht im achtzehnten Jahrhundert verlorene nationale Seele wiederzuerobern. Hören wir also auf, die Polen mit Panzern zu erschrecken. Wenn sie noch nicht gekommen sind, heißt das, daß sie nicht kommen werden. Sie wissen, daß das nicht nur für uns, sondern gleicherweise für sie tragisch wäre.

Zbigniew Bujak: Unsere Bewegung ermattet. Zu Anfang stützte sie sich auf einen unversöhnlichen Haß gegen die Macht, auf den Haß gegen die Partei. Aber das genügt nicht. Ihre Motive müssen sich grundlegend ändern. Die Gewerkschaftsmitglieder verstehen die Taktik ihrer Führung nicht. Von der Entstehung der Solidarność an hat man sie ihnen nicht erklärt. Die Proteste, Streiks und lokalen Kämpfe bilden keine zusammenhängende Einheit. Ich habe mich davon auf einer Versammlung in Ursus überzeugt. Die Leute haben erst dann die Sache verstanden und „okay" gesagt, als ich sagte, daß alle diese Selbstverwaltungsaktionen zur Machtübernahme führen werden. Mit dem Gedanken politischer Parteien verhält es sich anders. Die Leute wollen sie nicht. Die wirtschaftliche Macht ja, aber keine politischen Parteien.

In diesem Augenblick erwarten die Leute ein klares Programm. Ob sie es verstehen oder nicht, sie wollen hören, daß es möglich ist, aus der Krise herauszukommen. Der Gedanke einer starken Regierung übt deutlich einen Reiz aus, selbst wenn diese Beschränkungen auferlegen sollte. Ich denke also, daß unsere Tätigkeit in zwei unterschiedliche Richtungen gehen muß: Unabhängig von der Taktik, die nicht immer verständlich für die Gesamtheit der Gewerkschafter ist, aber doch zu einer Strukturreform führt, brauchen wir konkrete Aktionen, deren Sinn sich leicht erklären ließe. Deshalb messe ich der Selbstverwaltungsbewegung eine solche Bedeutung zu.

Jerzy Milewski: Es gibt keinen Zweifel, daß die Gewerkschafter fordern, die Solidarność-Führung solle sich um alles, absolut alles kümmern. Und man weiß nicht ganz genau, ob sie das machen muß, indem sie den Staat kontrolliert, oder indem sie seinen Platz einnimmt. Ich meine also, daß sie sich daran machen sollte, ein Programm auszuarbeiten, ohne die Vorschläge der Staatsmacht abzuwarten. Die kommt auf jeden Fall immer zu spät, und wir können uns gegenüber unseren Anhängern nicht damit entschuldigen, in Ermangelung eines zu kritisierenden Regierungsprogramms keine Initiative ergriffen zu haben.

Das ändert nichts daran, daß Solidarność mit seiner schwachen Gewerkschaftsstruktur die Hoffnungen und Forderungen ihrer Anhänger nicht befriedigen kann. Sie muß also jegliche Intitiative seitens der Basis, von Organisationen, Halb-Organisationen, Gruppen zur Ausarbeitung von Programmen und Kontrollgruppen inspirieren und ermutigen. So ist das „Netz" geschaffen worden.

Warum haben wir die bei den Gewerkschaftern unbeliebte Idee der Selbstverwaltung vorgebracht? Das war in dem Augenblick, als man sagte, daß die Gewerkschaft sich auf die Verteidigung der Arbeiter beschränken sollte. Was die Reform betrifft, so ist jemand notwendig, der sie macht. Das wird weder die Staatsmacht noch ihre Kommission der 500 Personen sein. Es ist an den

Selbstverwaltungsorganen, sie durchzuführen. Es liegt an ihnen, darüber zu entscheiden. Ich bin weit davon entfernt, sie ihnen aufsetzen zu wollen.

Ich stelle mir die möglichen Selbstverwaltungsstrukturen so vor: vertikale, regionale und eine nationale Leitung oder Koordinationskommission. Einen Verband der Unternehmer parallel zur Gewerkschaft der Arbeiter. Es gäbe dann einen Partner, mit dem die Löhne und die sozialen Bedingungen auszuhandeln wären und nicht, wie jetzt, diese Käseglocke, genannt Politbüro. Ich bin skeptisch, was eine Selbstverwaltungskammer im Parlament betrifft. Ich sehe keinen Grund, eine der Kammern des Parlaments, ein Staatsorgan also, den Unternehmern zu überlassen. Das ist die Sache der Arbeiter. Eine wirkliche regionale Selbstverwaltung, also die Erneuerung der Volksräte in den autonomen Regionen oder Woiwodschaften, das ist eine ganz andere Sache.

Meiner Ansicht nach wird es, nachdem die Selbstverwaltung der Unternehmen organisiert ist, notwendig sein, zur regionalen und schließlich zur nationalen Selbstverwaltung, also zum Parlament, überzugehen. Im Februar 1982 finden Kommunalwahlen statt. Wenn wir sie der Front der Nationalen Einheit überlassen, werden die Leute sagen: Es wäre notwendig gewesen, etwas zu tun, einen Wahlmodus zu schaffen, eine Art Kandidatenaufstellung, sich mit dem Wahlgesetz zu befassen – ihr habt die Sache vernachlässigt. Es ist Zeit, sich an die Ausarbeitung einer Reform des Wahlgesetzes zu machen (übrigens ebenso, daraus mehrere zu machen) und einen Modus für die Kandidatenaufstellung zu schaffen. Das ist es, was wir eine politische Partei nennen. Sie anders zu nennen, ist sinnlos. Solidarność kann die Rolle der Partei nicht spielen, denn eine Partei, die die Mehrheit der Gesellschaft umfaßt, kann nur totalitär sein.

Man muß Parteien aufbauen, wie man Selbstverwaltungsorgane schafft. Man fängt an, davon zu sprechen, danach baut man Strukturen auf. Die Selbstverwaltung ist dabei, sie zu schmieden, die Parteien sind es noch nicht. Hier würde ich gerne ein paar Worte bezüglich der Polnischen Partei der Arbeit sagen. Diese Initiative ist aus dem gleichen Geist geboren wie das „Netz". Ich stelle mir vor, wie diese Partei Gestalt annehmen könnte: In einer Region oder einem Unternehmen würde sich ein Kern bilden, dann andere woanders, und sie würden Kontakte untereinander herstellen. Von da aus würde eine Zelle auf nationaler Ebene entstehen, genau wie beim „Netz".

Es ist selbstverständlich, daß die Parteien danach streben werden, Anteil an der Macht zu bekommen. In der Tat ist das Wählen von Abgeordneten schon eine Form der Teilhabe an der Macht. Das in drei Jahren zu wählende Parlament wird notgedrungen mehrere Fraktionen unabhängiger Abgeordneter enthalten, die unabhängige Programme vorlegen werden, und die Arbeit des Parlaments wird darin bestehen, unter ihnen auszuwählen.

Erzählen wir keine Geschichten, und erzählen wir sie nicht dem Großen Bruder. Sagen wir ihm offen: Sieh dir die Sache nur an: Garantiert dir diese totalitäre Macht, die alle Unterstützung innerhalb der polnischen Gesellschaft verloren hat, daß wir ein starkes Glied des Warschauer Pakts sein werden? Ich glaube wirklich nicht.

Jacek Kuroń: In der letzten Zeit höre ich viel von Bestrebungen, neue politische Parteien zu schaffen. Das ist ein Zeichen der Vernunft und der Erfahrung. Man erkennt darin klar das Bemühen, die Gewerkschaft vor der Versuchung zu bewahren, die Macht zu ergreifen. Die Gewerkschaft brauchen wir, um die Gesellschaft gegen die Macht zu verteidigen.

Aber welche Parteien können in Frage kommen? Eine Partei, die die bestehende Ordnung umstürzen und sich der Macht bemächtigen würde, würde eine Staats-Partei. So etwas kennt man seit sechsunddreißig Jahren. Das ist unannehmbar. Nehmen wir eine andere Konzeption: Eine Partei, die für freie Wahlen und anschließend für ihre Vertretung im Parlament kämpft. Eine solche Vorstellung liegt mir ziemlich nahe, aber ich glaube absolut nicht, daß die Zeit dafür reif ist. Man kann es sich weder erlauben, die Macht zu stürzen, noch eine Kampagne zu eröffnen, die, wenn wir die Wahlen mit entwickelten Programmen durchführen würden, lange Zeit beanspruchen müßte. Das ist nicht die Art und Weise, in der wir Brot und Fleisch herbeischaffen können, und wir werden so todsicher die ausländischen Armeen in Marsch setzen.

Ich wiederhole: Das neue System kann nur das Werk einer Bewegung sein, die gleichzeitig eine Anti-Krisenbewegung ist. Meiner Ansicht nach kann das nur die Selbstverwaltungsbewegung sein. Es ist notwendig, daß sie sich zunächst auf regionaler Ebene organisiert, dann auf nationaler. Hier sehe ich das enorme Verdienst des „Netzes", aber das, was ich mir vorstelle, ist eine weitergehende Organisation. Wir sind heute erst im Stadium eines Koordinationskomitees. Ich glaube, daß man eine Art Leitung wie für die regionalen und nationalen Verbände wählen muß. Sie organisiert auf nationaler Ebene den Kampf für die Wirtschaftsreform und für die gesellschaftliche Kontrolle ihrer Durchführung. Die regionalen Selbstverwaltungskommissionen könnten sich dann dem Kampf gegen die Arbeitslosigkeit, der Versorgung des Marktes durch den Einsatz der regionalen Industrie usw. widmen. Es gibt so viele Aufgabengebiete, Gesundheit, Bildung. ... Am wichtigsten ist, wie man die künftigen Volksräte vorbereitet: Die Leute, die um die Regionalkommissionen versammelt sind und an einem Anti-Krisen-Programm arbeiten, sollten zum großen Teil wie der künftige Rat und zu seinem Nutzen arbeiten. Es würde sich also gleichzeitig um den Kampf für ein neues Wahlgesetz, für neue Wahlen und um die Herstellung einer neuen Struktur der Regionalmacht handeln.

Dieser Gedanke weist einen anderen großen Vorteil auf: Er bezieht viele Leute mit ein. Und je zahlreicher jene sein werden, die die Krise bekämpfen und das Selbstverwaltungssystem, eine neue Struktur der Volksräte usw. schmieden, um so größer sind die Aussichten, in dieser schwierigen Periode Geduld zu üben. Ich weiß genau, daß die Leute, die an den Hungermärschen teilnehmen, und die, die um Selbstverwaltung kämpfen, nicht identisch sind, obwohl diese Gruppen auch nicht völlig voneinander isoliert sind.

Ich spreche hier von einer rein politischen Idee. Ich trete für politische Klubs ein. Diese sollten eine Bewegung all derer sein, die das Selbstverwaltungsprogramm als ein politisches Programm betrachten und deren Ziel ein neues gesellschaftliches System ist. Ist ein Klub eine Partei? Wenn wir jede politische Vereinigung Partei nennen, ist der Klub eine Partei. Aber eine solche Formel erscheint mir zu weit auslegbar. Ich denke eher an eine Bewegung, in der die Klubs voneinander unabhängig sind und sich über die Selbstverwaltungsbewegung, der sie alle angehören und in deren Rahmen sie ihre Programme formulieren, miteinander in Beziehung setzen. Sie würden sozusagen regionale Vereinigungen unter einem genügend großen nationalen Dach bilden, und von ihnen ausgehend würden Parteien entstehen, die sich bei den gesetzgebenden Wahlen präsentieren würden.

Diese Bewegung könnte also Parteien hervorbringen, aber gegenwärtig würden diese Initiativen im gewerkschaftlichen Rahmen verbleiben, die Selbstverwaltung voranbringen und, über diese, eine in die Tiefe gehende Reform des ganzen Systems. Das so geschaffene System wäre eine Mischung aus Räten und parlamentarischem System.

Ryszard Bugaj: In den zwei, drei kommenden Jahren können wir im besten Fall die Stabilisierung der Realeinkommen erwarten. Aber das Risiko, daß diese Jahre schlechter als die vorangegangenen sind und die Realeinkommen weiterhin sinken, ist auch ganz real. Das ist eine Folge der Krise. Machen wir uns keine Illusionen: Selbst wenn sich die Wirtschaftslage ziemlich günstig entwickelt, wird es viele Unzufriedene geben, einschließlich der Unzufriedenen in Solidarność. Das kündigt eine lange Periode gesellschaftlicher Unruhen an. Aus der Krise herauszukommen, ist für uns eine Frage auf Leben und Tod.

Ich sehe zwei Arten von Aktionen, die unmittelbar und für die Zukunft notwendig sind. In beiden spielt das Handeln des Staates eine Schlüsselrolle, denn er repräsentiert das Zentrum, das von keiner dezentralisierten Initiative ersetzt werden kann. Um unsere Wirtschaft unmittelbar zu retten, sind Kredite in der Größenordnung von zwei bis drei Milliarden Dollar nötig. Ohne diese werden wir untergehen. Nur der Staat, und zwar ein genügend starker Staat, kann die Garantie für solche Kredite übernehmen. Anschließend muß der Markt geordnet werden, was in klaren Worten eine Preissteigerung bedeutet. Ohne das riskieren wir eine völlige „Kubanisierung", Rationierung aller Lebensmittel und Abschaffung des Geldes, eine Erfindung, die bei uns keinen Ansatzpunkt hätte. Schließlich kann nur die Regierung eine Preiserhöhung verordnen. Das muß nach Konsultationen zwischen den Gewerkschaften und einer genügend starken und glaubwürdigen Regierung stattfinden.

Anschließend wird man zur Wirtschaftsreform übergehen müssen. Milewski hat gerade gesagt, daß man sie den Unternehmen nicht aufzwingen kann, denn jede Selbstverwaltungseinheit weiß, was sie zu tun hat. Aber das Wesen der Reform besteht in einer Koordinierung der Wirtschaftspolitik, in einem allen gemeinsamen Regelsystem. Das Zentrum muß diese Regeln aufstellen. Meiner Ansicht nach liegt der Hauptausweg aus der Krise nicht in Einzelaktionen, Selbstverwaltung der Unternehmen oder regionaler Selbstverwaltung. Nicht, daß ich solche Initiativen unterschätze: Sie sind unersetzbar, nicht nur, weil sie die sozialen Spannungen entschärfen und zur Verbesserung der Wirtschaftslage beitragen können, sondern vor allem, weil sie die Fundamente für den künftigen Wohlstand des Landes legen. Aber sie ersetzen nicht staatliches Handeln.

Hier erhebt sich vor uns eine dramatische Frage: Ist der Staat handlungsfähig? Ich muß sagen, daß ich bezüglich seiner Fähigkeiten unruhig wurde, als ich mir ansah, was auf dem Parteitag der PVAP geschah. Der Kongreß hat gewiß zu tiefen Veränderungen in der Partei geführt, aber es war ein Kongreß unserer Kollegen aus den Warteschlangen, frustrierte Leute, durchschnittliche Leute, Leute mit sauberen Händen, die nicht gestohlen haben. Die Räuber waren oben, und man hat die Verantwortung den Mittleren angelastet. Welche Forderungen stellten sie auf? Daß die Regierung handelt, daß die Regierung zusichert, daß die Regierung gibt. Haben sie eine Vorstellung von der Art und Weise, wie aus dieser Situation herauszukommen ist?

Um zu unserer Diskussion zurückzukommen. Es ist zu spät, um zu diskutieren, ob es Parteien geben wird. Es wird welche geben. Wir werden unausweichlich mit dem Problem der Wahlen konfrontiert werden, und das wird ein starker Katalysator sein. Aber das wird erst in drei Jahren sein, sagen manche.

Meiner Meinung nach wird das in einem oder zwei Jahren oder in anderthalb sein. Zur Zeit setzt sich das Parlament zu dreißig Prozent aus Leuten zusammen, die von allem abgeschnitten sind und niemanden repräsentieren. Es gibt gewissermaßen keine Seele des Zentralkomitees. Der Druck, vorgezogene Wahlen zu organisieren, wird nicht allein von der Gesellschaft kommen.

Politische Aktivitäten von der Art einer Partei, eines Verbandes oder einer Vereinigung erscheinen mir also wünschenswert. Es gibt Chancen, daß die Gesellschaft den geopolitischen Realitäten Rechnung trägt, die führende Rolle der Partei und eine realistisches politisches Modell akzeptiert. Man kann sich vorstellen, daß die PVAP bei den Parlamentswahlen ihre eigene Liste für ihre eigenen Sitze präsentiert und daß es daneben eine andere Liste geben wird, die die wirklich unabhängigen gesellschaftlichen Kräfte repräsentieren, aber zugleich das prinzipielle Minimum unseres Systems respektieren würde. Dieses Modell ist nicht risikolos, aber es ist meiner Ansicht nach die beste Variante. Es eröffnet die beste Chance für eine Reform des politischen Systems. Ohne eine solche Reform werden der Staat und die Verwaltung weder wirksam noch glaubwürdig sein.

Auf jeden Fall warne ich die Gewerkschaft vor dem Gedanken, sich in politische Initiativen von der Art einer Partei einzumischen. Ein jeder, der in diese Richtung plant, sollte eine Erklärung abgeben, daß er das als Privatperson tut. Wir haben die Pflicht, die Tatsache zu respektieren, daß die Leute einer Gewerkschaftsbewegung beigetreten sind, oder sagen wir, einer gesellschaftlichen Bewegung, deren Forderungen klar waren. Solange wir gegen die Zensur oder für die Wirtschaftsreform kämpfen, gibt es kein Problem. Von dem Augenblick an, da wir uns mehr für die eine Variante der Reform als für eine andere einsetzen, sind wir in einer anderen Lage.

Bevor sich nicht eine relative kohärente politische Struktur herstellt, sollte die Gewerkschaft ein Ort bleiben, wo zwischen Initiativen ausgewählt wird, wo Kompromisse zwischen verschiedenen Vorschlägen geschlossen werden und Stellung bezogen wird. Man sollte sich gegen jede politische Gruppierung wenden, die sie in ein Instrument des politischen Kampfes umwandeln will.

Bronislaw Geremek: Ich denke, daß es nicht notwendig ist, nach einem einzigen Anti-Krisen-Plan zu suchen, sondern vielmehr ein Klima zu schaffen, das alle möglichen Vorschläge begünstigt, die man dann ausprobieren kann. Diesbezüglich stimme ich mit Kuroń überein: Solidarność muß auf verschiedene soziale Bewegungen, auf die soziale Gärung bauen. Der Bezugspunkt bleibt für mich die Gewerkschaft, nicht die anderen Strukturen. Ich meine, daß der Ort für verschiedene Programmgruppen und verschiedene Formen des Drucks Solidarność ist. Ich fasse nicht die Gründung politischer Parteien ins Auge. Dementsprechend überprüfe ich die Möglichkeiten und Aktionsprogramme von Solidarność.

Beginnen wir mit der Strategie der Gewerkschaft. Es gibt die reale Gefahr, daß wir aus Furcht, den Kontakt zu den Massen verlieren, radikale Losungen aufstellen und eher taktische als strategische Ziele verwirklichen. Das Handeln der Gewerkschaft muß jedoch auf lange Sicht berechnet sein. Paradoxerweise sollte ihre Strategie die sein, gegen die ich mich gewandt habe, als von den unmittelbaren und taktischen Aufgaben gesprochen wurde. Die größte Gefahr für die Gewerkschaft besteht darin, daß sie ihre Dynamik verliert und schließlich an einen Punkt kommt, wo sie in einer radikalisierten Gesellschaft zu einer konservativen Kraft wird und in das Nach-August-System integriert ist.

Was verstehe ich unter „nicht die Dynamik verlieren"? Es ist vor allen Dingen notwendig, daß die Gewerkschaft nicht die materiellen Probleme, etwa die Versorgung des Marktes, vernachlässigt. Gleichermaßen muß sie den Selbstverwaltungsgedanken als bewegende Kraft voranbringen und erklären, daß mit ihm eine Änderung des sozialen Klimas und der Haltung gegenüber der Arbeit kommt. Die sterbende Wirtschaft führt zur Lähmung jeder menschlichen Aktivität. Um jedoch aus der Krise herauszukommen, müssen die Anstrengungen verdoppelt werden — und dies unter immer schlechteren materiellen Bedingungen. Die Selbstverwaltung erscheint mir als das einzige Mittel, eine aktive Haltung zu schaffen. Dieses Argument widerlegt in meinen Augen alles, was gegen sie sprechen kann.

Im Gegensatz dazu fasse ich die Schaffung politischer Parteien noch nicht ins Auge. Die Kraft ist zur Zeit auf seiten der Solidarność. Wenn die gesellschaftlichen Aktionen, von denen gerade gesprochen worden ist, sich so auswirken, daß die Gesellschaft die großen Fragen stellt, die die Zukunft des Landes bestimmen, wird sich alles gelohnt haben. Kann die Entstehung politischer Parteien eine Zweck haben? Ich glaube nicht, wenn man die führende Rolle der PVAP akzeptiert. Geben wir uns keinen Illusionen hin: diese Partei, so geschwächt und zersetzt sie auch ist, klammert sich mit allen ihren Kräften und mit einem bewundernswerten Geschick an die Macht. . . . Man braucht nur ihre Reaktion auf die Selbstverwaltung zu betrachten. Man sieht, mit welcher Hartnäckigkeit die Staatsmacht ihre Interessen und ihren Besitz verteidigt. Freiwillig wird sie nichts aufgeben.

Wenn wir die beschriebene Situation als Ausgangspunkt für unsere Überlegung nehmen, muß man ihrer Logik folgen. Ich glaube, es wäre unvernünftig, um nicht zu sagen lächerlich, nach dem August 1980 den parlamentarischen Klub „Znak", die einzige ehrliche parlamentarische Gruppe, die die Sprache der Gesellschaft sprach, wiederzubeleben. Diese Stimme wird ihren Wert für künftige Historiker haben, aber vergessen wir nicht, daß damals die Kraft auf seiten der Kirche lag. Jetzt ist sie auf seiten der Solidarność.

Das Machtmodell des Vor-August ist nicht mehr möglich. Man arbeitet zur Zeit ein neues Modell für die Koexistenz zwischen den Machthabern und der Gesellschaft aus. Man kennt seine definitive Form noch nicht, aber solange es nicht institutionelle Formen dafür gibt, wird es unsicher sein.

Diese Formen entstehen langsam und in unterschiedlicher Weise. Wir haben die erste Etappe vor uns: die Volksräte. Ich glaube nicht, daß es notwendig ist, mit einer Formation von politischen Parteien in die Kommunalwahlen zu gehen. Aber auf der anderen Seite kann man die „Front der Nationalen Einheit" nicht akzeptieren: Ihre Räte sind niemals ein Element der Macht und des repräsentativen Systems gewesen. Ich glaube auch nicht, daß sie es werden können. Aber sie können sich in ein Netz der regionalen Selbstverwaltung umwandeln und einen wirklichen Einfluß auf das Leben der Menschen gewinnen. Ich weiß nicht, welche Art Wahlgesetz wir bekommen können. Aber da ich gegen die Schaffung politischer Parteien bin, denke ich, daß in den Wahlen jede Region über einen Sitz verfügen, Autorität haben und imstande sein muß, konkrete Programme vorzuschlagen.

Es sind wohlgemerkt die Parlamentswahlen, die das schwierigste Problem darstellen. Meiner Ansicht nach wird die Frist von drei Jahren nicht eingehalten werden. Es gibt zwei mögliche Lösungen: die Entstehung einer wirklich pluralistischen Gesellschaft oder Wahlen, in denen drei Viertel der Sitze für die

„Front der Nationalen Einheit" reserviert sind. Im zweiten Fall würde ich zu einer zweiten parlamentarischen Kammer tendieren. Das ist eine Lösung, die den Realitäten Rechnung trägt und gleichzeitig eine Vertretung der Gesellschaft garantiert. Darüber hinaus hätte ich als Wähler nicht den Eindruck, daß man mir die Hand geführt hat.

Jerzy Milewski: Man kann die Wahlen nicht der Beliebigkeit überlassen und für Personen stimmen statt für Programme. Wenn die Wähler und die Gruppen der Räte oder der Abgeordneten jeweils ebensoviele Programme vorlegen, wie es Mitglieder gibt, wird man nichts anderes zustande bringen als eine Versammlung.

Jan Lityński: Ich stimme mit Ihnen überein. Für Personen stimmen, ist die schlechteste Lösung. Man stimmt dann für völlig unbekannte Menschen, von denen man sicher hat reden hören, von denen man aber letztlich nichts weiß. Die Wahlen innerhalb der Solidarność haben die Schwäche eines solchen Wahlmodus hinlänglich bewiesen. Im Rahmen der Gewerkschaft kann die Wahl von Leuten, die Vertrauen genießen, noch einen Sinn haben, aber in der Selbstverwaltung ist es nicht mehr so. Wenn man die Selbstverwaltungsmacht wählt, muß man für Programme stimmen.

Bronislaw Geremek: Ich möchte zu Protokoll geben, daß Sie meine Position nicht verstanden haben.

Jacek Kuroń: Ich sehe mich veranlaßt, zwei Bemerkungen zu machen. Ich habe letztes Jahr einen Text über den Gedanken zweier parlamentarischer Kammern geschrieben, von denen die eine die Gesellschaft repräsentieren sollte (man nannte dies noch nicht Selbstverwaltung) und die andere die Partei. Ich habe mich zugunsten einer solchen Konzeption in dem Glauben ausgesprochen, daß sie der Gesellschaft den Einfluß auf die zentralen Entscheidungen garantiert und der UdSSR die Bewahrung ihrer Interessen in Polen zusichert. Ich ging davon aus, daß der Garant der sowjetischen Interessen in Polen die PVAP ist. Doch die Partei spaltet sich über jede Frage. So hat sich diese Formel überlebt, und es ist in dieser Situation schwierig, eine neue zu finden.

Meine zweite Bemerkung: Ich verstehe sehr wohl, daß das Selbstverwaltungssystem die Krise überwinden kann, solange es auf die Unternehmen beschränkt bleibt. Ich glaube keinesfalls, daß die Hauptfunktion der Selbstverwaltung die Verwaltung der Unternehmen ist. Dies ist nur unter unseren Bedingungen möglich. Ich denke an eine Selbstverwaltungsbewegung, die durch ihre zentralisierte Struktur selbst ein neues Modell der Entscheidungsfindung schafft. In diesem Punkt stimme ich mit Bugaj überein: um aus der Krise herauszukommen, sind Wirtschaftsentscheidungen auf nationaler Ebene erforderlich. Ich denke, daß die Wirtschaft auf der Selbständigkeit der Unternehmen beruhen muß, aber gleicherweise auf einer zentralen Planung, die Einfluß auf den Markt nimmt und darüber sogar auf die Entscheidungen des Unternehmens.

Aber um der Planung einen gesellschaftlichen Charakter zu sichern, ist im Parlament eine Kammer der Selbstverwaltung erforderlich, die auch Gewerkschaftsvertreter umfaßt. Ein Staat, der zentrale wirtschaftliche Entscheidungen trifft, muß ein Staat bewußter Staatsbürger sein und von der Gesellschaft regiert werden. Dafür ist der Selbstverwaltungsmechanismus unabdingbar.

Ryszard Bugaj: Die Handlungsachsen, die sich in dieser Diskussion abzeichnen, sind einander nicht gänzlich entgegengesetzt. Die Unterschiede sollten auf jeden Fall ans Licht gebracht werden. Die Popularität des Selbstverwaltungsgedankens beunruhigt mich. Seine Anhänger denken im allgemeinen, diese Forderung sei realistischer als die einer Reform des Wahlgesetzes. Wenn man annimmt, daß letztere zwangsläufig die Form eines Aufrufs zu freien Wahlen annehmen muß – ja. In jedem anderen Fall hängt die Realisierbarkeit des Selbstverwaltungsgedankens von der Reichweite ab, die wir ihm zumessen. Wenn die Selbstverwaltung große Kompetenzen haben soll, ist es offensichtlich, daß sie auf die schärfste Opposition der Partei treffen wird. Ich akzeptiere daher nicht das Argument, daß sie „realistischer" sei.

Ich möchte wissen, ob die Selbstverwaltungskammer eine völlig demokratische Körperschaft sein kann, denn sie wird über indirekte Wahlen gebildet werden. Diesen geht eine lange Reihe von Kuhhändeln über die Anzahl der Sitze voraus, die jeweils uns, den Branchengewerkschaften, der Unternehmens- und regionalen Selbstverwaltung usw. zukommen. Noch schwerer wiegt die Tatsache, daß sie keine Gruppen umfassen wird, die in der Lage sind, globale politische und ökonomische Vorstellungen, welche die Interessen der ganzen Gesellschaft widerspiegeln, zu vertreten.

August 1981

(Aus: Robotnik, August 1981. Deutsche Übersetzung in: Werner Mackenbach, Hrg., Das KOR und der polnische Sommer, Hamburg 1982, S. 211 ff.)

DOKUMENT 37

Programm der NSZZ „Solidarność"

I. Wer wir sind und was wir wollen

Die NSZZ „Solidarność" ist aus der Streikbewegung des Jahres 1980 entstanden, der stärksten Massenbewegung in der Geschichte Polens. Diese Bewegung, die unter den Arbeitern der großen Betriebe in verschiedenen Regionen unseres Landes entstand, fand ihren historischen Höhepunkt im August 1980 in den Küstengebieten. Sie erfaßte im Laufe des Jahres alle Schichten der Arbeitswelt: die Arbeiter und die Bauern, die Intelligenz und die Handwerker.

Unsere Gewerkschaft ist aus den Bedürfnissen der Bevölkerung unseres Landes, ihren Leiden und ihrer Enttäuschung, ihren Hoffnungen und ihrer Sehnsucht entstanden. Unsere Gewerkschaft ist das Ergebnis der Revolte der polnischen Gesellschaft nach drei Jahrzehnten der Unterdrückung der Menschen- und Bürgerrechte, politischer Diskriminierung und ökonomischer Ausbeutung. Sie ist ein Protest gegen das bestehende System der Herrschaftsausübung.

Wir verlangten nicht nur einfach bessere Lebensbedingungen, obwohl das Leben armselig und die Arbeit hart und oft fruchtlos war. Die Geschichte hatte uns gelehrt, daß es Brot nicht ohne Freiheit gibt. Es ging uns gleichermaßen um Gerechtigkeit, Demokratie, Wahrheit, Gesetzlichkeit, Menschenwürde, Meinungsfreiheit, um die Wiederherstellung der „rzeczpospolita" und nicht nur um Brot, Butter und Wurst. Da sämtliche Grundwerte mißachtet wurden, konnte man nur hoffen, die Situation zu verändern, indem man sie wiederherstellte. Der ökonomische Protest mußte zugleich ein gesellschaftlicher Protest sein und der gesellschaftliche zugleich ein moralischer.

Diese Bewegungen entstanden nicht von heute auf morgen. In ihnen lebt die Erinnerung an das im Jahre 1956 in Poznań und im Dezember 1970 in den Küstengebieten vergossene Arbeiterblut, an die Studentenrevolte des Jahres 1968, an die Leiden in Radom und Ursus während des Jahres 1976. In ihnen lebt die Erinnerung an die selbständigen Aktivitäten der Arbeiter, der Intelligenz und der Jugend, an die Bemühungen der Kirche um die Bewahrung der Werte, an die Kämpfe für die Würde der Menschen in unserem Land. Unsere Gewerkschaft ging aus diesen Kämpfen hervor und wird ihnen treu bleiben.

Wir bilden eine Organisation, die in sich die Merkmale einer Gewerkschaft und einer umfassenden gesellschaftlichen Bewegung vereinigt. Die Vereinigung dieser Merkmale macht die Stärke unserer Bewegung und unsere Bedeutung im Leben des gesamten Volkes aus. Dank der Entstehung einer mächtigen gewerkschaftlichen Organisation überwand die polnische Gesellschaft ihre Zersplitterung, Desorganisierung und ihren Identitätsverlust. Durch „Solidarność" fand sie Kraft und Hoffnung. Heute besteht die Möglichkeit einer wirklichen nationalen Erneuerung. Unsere Gewerkschaft, die breiteste Vertretung der arbeitenden Bevölkerung in Polen, will und wird die tätige Kraft für diese Erneuerung sein.

Die NSZZ „Solidarność" vereint viele gesellschaftliche Strömungen, vereint Menschen mit unterschiedlichen politischen und religiösen Überzeugungen und Menschen unterschiedlicher Nationalität. Uns verbindet der Protest gegen die Ungerechtigkeit, gegen den Mißbrauch der Macht und die Monopolisierung des Rechts, im Namen der gesamten Nation zu sprechen und zu handeln. Uns verbindet der Protest gegen den Staat, der die Bürger wie sein Eigentum behandelt. Wir lehnen es ab, daß die arbeitende Bevölkerung im Konflikt mit dem Staat der authentischen Interessenvertretung beraubt ist, daß es keinen Schutz gibt gegen den „guten Willen" der Machthaber, die allein über den Grad der Freiheit entscheiden, den sie ihren Bürgern zugestehen.

Wir verurteilen, daß unbedingter politischer Gehorsam anstelle von Eigeninitiative und Selbsttätigkeit belohnt wird. Uns verbindet die Ablehnung der Lüge im öffentlichen Leben, der Verschwendung der Ergebnisse der harten Arbeit des Volkes.

Wir beschränken uns jedoch nicht nur auf den Protest, sondern wir wollen ein gerechtes Polen für alle.

Grundlage des Handelns muß die Achtung des Menschen sein. Der Staat muß dem Menschen dienen und darf nicht über ihn herrschen, die Organisierung des Staates muß der Gesellschaft dienen und darf nicht von einer einzigen politischen Partei monopolisiert werden. Der Staat muß so organisiert sein, daß er das Wohl des gesamten Volkes zum Ausdruck bringt. Arbeit dient den Menschen, ihr Sinn liegt darin, die menschlichen Bedürfnisse zu befriedigen.

Die Grundlage unserer nationalen und gesellschaftlichen Erneuerung muß die Wiederherstellung einer richtigen Gewichtung dieser Ziele sein. „Solidarność" stützt sich auf die Werte der christlichen Ethik, auf unsere nationale Tradition sowie die Arbeitertradition und die demokratische Tradition der Arbeitswelt. Neuer Antrieb zum Handeln ist für uns die Enzyklika über die menschliche Arbeit von Johannes Paul II. „Solidarność" ist als Massenorganisation der arbeitenden Menschen auch eine Bewegung zur moralischen Erneuerung des Volkes.

Wir erkennen die Volksherrschaft als einen Grundsatz an, von dem wir freiwillig nicht abgehen werden. Volksherrschaft kann keine Herrschaft von Gruppen sein, die sich über die Gesellschaft stellen und sich das Recht aneignen, über Bedürfnisse und über die Interessenvertretung der Gesellschaft zu entscheiden. Die Gesellschaft muß die Möglichkeit haben, uneingeschränkt ihre Stimme zu erheben und die Verschiedenartigkeit gesellschaftlicher und politischer Ansichten auszudrücken: Sie muß die Möglichkeit haben, sich in einer solchen Weise zu organisieren, die jedem einen gerechten Anteil an den materiellen und geistigen Gütern der Nation und die Entfaltung eines jeden nach seiner Möglichkeit und seinen schöpferischen Kräften sichert. Wir wollen eine wirkliche Vergesellschaftung des Verwaltungs- und Wirtschaftssystems. Deshalb streben wir ein selbstverwaltetes Polen an.

Teuer ist uns die Idee der Freiheit und der uneingeschränkten Unabhängigkeit. Wir werden alles unterstützen, was die nationale und staatliche Souveränität stärkt, die freie Entwicklung der nationalen Kultur und die Überlieferung des historischen Erbes unterstützt. Wir sind der Ansicht, daß unsere nationale Identität vollkommen respektiert werden muß.

Unsere Gewerkschaft, die unter schwierigen Bedingungen entstand und handelt, wird ihren Weg unbeirrt weitergehen. Mit uns verbinden sich all diejenigen, die zur Lösung der großen polnischen Probleme beitragen wollen. Es gibt wahrscheinlich keine Gebiete, auf denen man von unserer Gewerkschaft nichts erwartet und nicht mit ihrer Kraft und gesellschaftlichen und moralischen Autorität rechnet. Wir müssen gleichzeitig um die Existenz unserer Gewerkschaft kämpfen, uns auf allen Ebenen organisieren und – oft durch eigene Fehler – das geeignete Vorgehen und die Kampfmethoden für unsere Ziele lernen.

Unser Programm spiegelt die Wünsche und Hoffnungen unserer Gesellschaft wider. Es ist ein Programm, das auf die langfristigen Ziele durch Lösung kurzfristiger Probleme zugeht.

II. Die Gewerkschaft angesichts der heutigen Situation des Landes

Die Entstehung von „Solidarność", der gesellschaftlichen Massenbewegung, veränderte grundsätzlich die Situation des Landes. Es wurde möglich, neue unabhängige gesellschaftliche Institutionen zu schaffen bzw. diejenigen unabhängig zu machen, die bisher dem Staat unterworfen waren. Die entstandenen und von der Staatsmacht unabhängigen Organisationen muß man als grundsätzliche Tatsache für die Wandlungen ansehen, die in den sozialen und politischen Verhältnissen unseres Landes stattfinden. Dank dieser Wandlungen kann die Gesellschaft sich um die Realisierung ihrer Bestrebungen bemühen und wirksam ihre Rechte verteidigen. Dadurch veränderten sich die Bedingungen zur Ausübung von Herrschaft. Um sie wirkungsvoll auszuüben, muß man den Willen der Gesellschaft einbeziehen und unter ihrer Kontrolle handeln – entsprechend den Grundsätzen, die in den gesellschaftlichen Übereinkommen von Gdańsk, Szczecin und Jastrzebie enthalten sind. Es müssen Reformen der Wirtschaft, des Staates und seiner Institutionen durchgeführt werden. Wir haben das Recht, von der Staatsmacht zu erwarten, daß diese Veränderungen realisiert werden.

Die bisherige Art und Weise, in der das Land, gestützt auf die allumfassende Herrschaft der zentralen Partei- und Staatsinstitutionen, regiert wurde, führte das Land in den Ruin. Die sich über Jahre hinziehende Verzögerung von Veränderungen – mit der Ausnahme, daß es nicht mehr möglich war, wie früher zu regieren – beschleunigte diesen Prozeß und führte uns in Eilschritten der Katastrophe entgegen. Seit dem Zweiten Weltkrieg gab es nirgends in Europa einen so tiefgehenden Zerfall der Wirtschaft. Trotz der Erschöpfung und des Gefühls der Enttäuschung zeigte die Gesellschaft in diesem letzten Jahr gewaltige Geduld und zu gleicher Zeit Entschlossenheit. Aber es besteht die Gefahr, daß sich die Ermüdung und die Ungeduld schließlich in eine blinde, zerstörerische Kraft oder in Verzweiflung verwandeln. Wir – wie auch die Gesellschaft – dürfen nicht die Hoffnung verlieren, daß ein Ausweg aus der Krise möglich ist.

Angesichts der nationalen Tragödie kann sich „Solidarność" nicht länger nur darauf beschränken, Druck auf die Staatsmacht auszuüben, damit die aus den Übereinkommen hervorgehenden Verpflichtungen eingehalten werden. Für die Gesellschaft sind wir der einzige Garant dieser Übereinkommen. Daher sieht es unsere Gewerkschaft als ihre Verpflichtung an, alle im Augenblick und für die Zukunft möglichen Aktivitäten zu ergreifen, um das Land vor dem Zerfall und die Gesellschaft vor Elend, Entmutigung und Selbstzerstörung zu bewahren. Es gibt dafür keinen anderen Weg, als — gestützt auf die Demokratie und auf allseitige gesellschaftliche Initiativen — Staat und Wirtschaft zu erneuern.

Wir sind der tiefen Überzeugung, daß die polnische Gesellschaft eine Handlungsweise erwartet, die es den Menschen erlaubt, in Frieden zu leben. Die Nation verzeiht niemandem den Verrat der Ideale, zu deren Erfüllung „Solidarność" entstand. Die Nation verzeiht keine Handlungen — auch wenn sie mit bestem Willen begangen wurden —, wenn diese zum Blutvergießen und zur Zerstörung der materiellen und geistigen Errungenschaften des Landes führen. Dieses Bewußtsein gebietet uns, unsere Ziele schrittweise zu verwirklichen, so daß jede folgende Aufgabe die Unterstützung der Gesellschaft erhalten kann.

Unser Verantwortungsbewußtsein zwingt uns auch, die Kräfteverteilung, wie sie in Europa nach dem Zweiten Weltkrieg entstand, zu respektieren. Wir wollen unser großes Werk der Erneuerung durchführen, ohne die internationalen Beziehungen anzugreifen, wir geben ihnen sogar solidere Garantien. Unsere Nation, die einem tiefen Gefühl der Würde, dem Patriotismus und ihrer Traditionen verpflichtet ist, kann ein wertvoller Partner nur dann sein, wenn Verpflichtungen selbständig und bewußt eingegangen werden.

Die derzeitige Situation des Landes stellt uns vor die Notwendigkeit, ein Programm für die verschiedenen Bereiche zu schaffen. Es muß dies zuallererst ein Programm für Sofortmaßnahmen sein, um die schwere Zeit zu überstehen, die uns im Winter erwartet. Gleichzeitig muß es aber auch ein Programm für eine Wirtschaftsreform sein, die nicht verschoben werden kann, ein gesellschaftspolitisches Programm und ein Programm zum Wiederaufbau des öffentlichen Lebens des Landes — ein Programm für einen Weg zur selbstverwalteten Republik.

III. Die Gewerkschaft und die Wirtschaftsprobleme

Die Wurzeln der gegenwärtigen Krise sind im wirtschaftlichen und politischen System zu suchen, sowie in der Wirtschaftspolitik, die von den Behörden verfolgt worden ist. Die letztere hat, unter Mißachtung der fundamentalen nationalen Interessen, alle Ansätze zu Reformen blockiert und die riesigen ausländischen Kredite vergeudet.

Die Krise verschärfte sich seit Mitte der siebziger Jahre und erreichte ihren Höhepunkt im letzten Jahr aufgrund der Unfähigkeit der Staatsmacht, tiefgehende Änderungen durchzuführen.

Angesichts der Wirtschaftskatastrophe verkündete die Regierung ein Programm zur Überwindung der Krise und zur Stabilisierung der Wirtschaft. Die Gewerkschaft unterstützt dieses Programm nicht, da es eine Vielzahl wichtiger Reserven der Wirtschaft nicht ausnutzt und kein gesellschaftliches Vertrauen erweckt.

Der schnellste Ausweg aus der Krise ist unserer Meinung nach nur dann möglich, wenn Entscheidungen der Staatsmacht glaubwürdig sind.

Deshalb fordern wir die Zusicherung einer gesellschaftlichen Kontrolle über die Anti-Krisen-Entscheidungen der Regierung. Ihre Glaubwürdigkeit erfordert die Berufung von Leuten in leitende Positionen in der Volkswirtschaft, die fachliche und gesellschaftliche Autorität besitzen.

These 1:
Wir fordern die Durchführung einer selbstverwalteten und demokratischen Reform auf allen Ebenen der Verwaltung, einer neuen gesellschaftlich-wirtschaftlichen Ordnung, die Plan, Selbstverwaltung und Markt miteinander verbindet.
Die Gewerkschaft fordert eine Reform mit dem Ziel, die Privilegien der Bürokratie abzubauen und die Möglichkeit ihrer Wiederbelebung zu verhindern. Die Reform muß zu einer allgemeinen Hebung der Arbeitsproduktivität und des Unternehmungsgeistes führen. Deshalb darf sie keine Scheinreform sein. Die Reform zieht gesellschaftliche Kosten nach sich, und ihre Einführung wird besonderen Schutz für verschiedene Gruppen der Bevölkerung erfordern, um den sich die Gewerkschaft bemühen wird.

1. Das auf Anordnungen und Zuweisungen beruhende System der Wirtschaftsleitung, das eine rationale Wirtschaftsführung unmöglich macht, muß abgebaut werden.

In diesem System ist eine gewaltige Macht in den Händen des Partei- und Bürokratieapparates konzentriert. Die organisatorische Struktur der Wirtschaft, die dem Befehlssystem dient, muß zerschlagen werden. Notwendig ist die Lösung der Organe der Wirtschaftsverwaltung von der politischen Macht. Es muß die dienstliche Abhängigkeit der Unternehmensdirektoren von den Ministerien unterbrochen und ihre Nominierung aufgrund der Partei-Nomenklatur abgeschafft werden. Die Reform wird nur dann verwirklicht werden können, wenn eine Massenbewegung der Belegschaften existiert. Ein Beispiel für diese Bewegung ist das „Netz betrieblicher Organisationen NSZZ ‚Solidarność' bedeutender Betriebe". Die Aktivität des Netzes initiierte eine breite Selbstverwaltungsbewegung.

2. Es muß eine neue organisatorische Struktur der Wirtschaft geschaffen werden. Organisatorische Grundeinheit der Wirtschaft muß das gesellschaftliche Unternehmen sein, über das die Belegschaft, repräsentiert durch den Arbeiterrat, verfügt, und das operativ vom Direktor geleitet wird, der nach einer entsprechenden Ausschreibung durch den Rat berufen und durch ihn auch entlassen wird.

Das gesellschaftliche Unternehmen wird über das ihm anvertraute, dem ganzen Volk gehörende Hab und Gut im Interesse der Wirtschaft und der eigenen Belegschaft verfügen. Es wird seine selbständige Tätigkeit nach den Grundsätzen der wirtschaftlichen Rechnungsführung durchführen. Der Staat soll auf seine Tätigkeit durch Verordnungen und wirtschaftliche Mittel wie Preise, Steuern, Kreditverzinsung, Wechselkurse usw. Einfluß nehmen.

3. Die bürokratischen Barrieren, die die Wirkung des Marktes verhindern, müssen abgebaut werden. Die zentralen Organe der Wirtschaftsverwaltung dürfen dem Unternehmen weder Handlungsbereiche und -gebiete aufdrängen, noch ihm Lieferanten und Abnehmer bestimmen. Die Unternehmen sollten für den Umsatz im Inland frei tätig sein dürfen, mit Ausnahme von Bereichen, die einer Konzession unterliegen. Die Tätigkeit auf dem Gebiet des Außenhandels sollte gleichermaßen jedem Unternehmen zugänglich sein. Die Gewerkschaft schätzt die Bedeutung des Gewinn abwerfenden Exports für die Belegschaft und das Land gebührend ein.

Dem Streben des Unternehmens nach einer beherrschenden Stellung auf dem Markt sollte durch ein Anti-Monopolgesetz und durch Konsumentenorganisationen entgegengewirkt werden. Das Recht des Konsumenten sollte durch Gesetz geschützt werden. Die Höhe der Warenpreise sollte durch Nachfrage und Angebot bestimmt werden.

4. Die Reform sollte die Planung vergesellschaften. Der Zentralplan muß die Bestrebungen der Gesellschaft widerspiegeln und von der Gesellschaft akzeptiert werden. Deshalb sind öffentliche Diskussionen über den Zentralplan notwendig. Es sollte die Möglichkeit zugesichert werden, sämtliche Pläne in Varianten vorzulegen, die von gesellschaftlichen und Bürger-Initiativen ausgearbeitet wurden. Deshalb ist der breite Zugang zu den tatsächlichen Wirtschaftsinformationen notwendig. Das erfordert die Errichtung der gesellschaftlichen Kontrolle über das GUS (Glowny Urzad Statystyczny = Zentralamt für Statistik).

These 2:
Der kommende Winter verlangt energische Sofortmaßnahmen – die Gewerkschaft appelliert an die Bereitschaft aller Menschen guten Willens.
Angesichts des Zusammenbruchs der Wirtschaft kann der nahende Winter die Gesellschaft bedrohen. Es besteht die Befürchtung, daß die Staatsmacht dieser Bedrohung nicht gewachsen ist. Es wird daher notwendig sein, eine gesellschaftliche Selbsthilfe zu organisieren. Unsere Gewerkschaft weist auf die Bereitschaft der Menschen guten Willens hin.

1. Sofortmaßnahmen in der Wirtschaft

a) Die Gewerkschaftsführung verlangt von der Regierung die Bekanntmachung des Regierungsprogramms für diesen Winter.
b) Die Gewerkschaft verlangt die Zusicherung einer ausreichenden Versorgung mit Brennstoff und Elektrizität in der Stadt und auf dem Land sowie die Versorgung des Marktes mit notwendigen Konsumgütern (warme Bekleidung, Lebensmittel).
c) Die Arbeiterselbstverwaltungsorgane und die Betriebskommissionen sollten:
 – über die Nutzung der Güter, vor allem der Lebensmittel, wachen, die an freien Samstagen, im Rahmen zusätzlicher Produktion, hergestellt wurden;
 – sich über die Verteilung dieser Güter einigen und sie an die Orte leiten, an denen die größte Bedrohung besteht;
 – die Produktionsorganisation an die Energieeinschränkungen anpassen und sie in Zusammenarbeit mit den regionalen Organisationen der Gewerkschaft festlegen;
 – ebenso soll mit der Energiedisposition für die Zeit des Winters verfahren werden.

2. Gesellschaftliche Selbsthilfe

Die Gewerkschaft sollte auf der Regional-, Orts- und Betriebsebene gewerkschaftliche und gesellschaftliche Dienste für eine Winterhilfe organisieren.
– Ihre Aufgabe ist es, sich in Zusammenarbeit mit der Pfadfinderbewegung und dem NZS (Niezalezne Zrzesenie Studentów – Unabhängiger Studentenbund) um die Versorgung schutzloser Personen während des Winters mit Lebensmitteln und Heizmaterial zu kümmern.

- Ihre Aufgabe ist es, Gruppen zu organisieren, die die Schäden in Wohnungen von bedürftigen Personen beseitigen und sie vor den Folgen des Winters bewahren.
- Ihre Aufgabe ist es, gestützt auf das betriebliche und private Transportwesen im notwendigen Ausmaß den Schulverkehr, Arztverkehr usw. zu sichern.
- Ihre Aufgabe ist es, die Versorgung der städtischen Bevölkerung mit Kartoffeln, Gemüse und Obst zu sichern.
- Ihre Aufgabe ist es, eine Abteilung für ausländische Hilfe zu organisieren.

Diese Gruppen sollen sich an der Lösung von Versorgungsschwierigkeiten beteiligen und solidarisch auf der Kreis- und Regionsebene zusammenarbeiten.

These 3:
Die Verteidigung des Lebensstandards der arbeitenden Menschen verlangt gemeinschaftliche Gegenmaßnahmen gegen die rückläufige Produktion.
Eine grundsätzliche Angelegenheit ist heute, den Produktionsrückgang aufzuhalten. Es ist notwendig, die Versorgung zu verbessern, indem alle inneren Reserven ausgenutzt und die Mittel für den Import von Rohstoffen, und Ersatzteilen erhöht werden. Ob das erreicht wird, hängt von der Wirksamkeit unseres Anti-Krisen- und Reformprogramms ab, von der Zunahme des Exports und der Möglichkeit, Kredite aus dem Osten und Westen zu bekommen.

Wir sind der Ansicht, daß die Regierung die Bedingungen für die Rückkehr unseres Landes in den Internationalen Währungsfonds sowie in die Internationale Bank für Wiederaufbau und Entwicklung untersuchen und sie der öffentlichen Meinung darstellen sollte.

Gleichzeitig müssen wir jede Möglichkeit nutzen, um − gestützt auf die Vorräte, über die das Land verfügt − eine maximale Produktion zu erreichen.

1. Die Investitionen müssen begrenzt werden und das eingesparte Material muß zur Verarbeitung in die bestehenden Betriebe geleitet werden.

2. Überflüssige Vorräte an Materialien, Maschinen und Einrichtungen sollten durch eine Erleichterung ihres Verkaufs ins Ausland und Weiterverkauf an private Produktionsbetriebe im Inland genutzt werden. Notwendig ist der Abbau von Einschränkungen, die heute die Tätigkeit dieser Betriebe erschweren.

3. In Hinsicht auf ihre besondere Bedeutung ist es notwendig, der Förderung von Kohle und anderen Rohstoffen einen schnellen Zuwachs an Arbeitskräften, eine unbeschränkte technische Versorgung der Bergwerke und die Herstellung von Bedingungen zu sichern, die für die Zukunft eine Zunahme der Förderung gewährleisten. Trotz der äußerst schwierigen Situation in vielen Regionen des Landes sollte den Bergbauregionen eine vorrangige Versorgung mit Lebensmitteln und Hygieneartikeln zugesichert werden. Gleichzeitig sollten Anregungen zur Einsparung von Kohle, vor allem in den Unternehmen, aber auch in den Haushalten, gegeben werden.

4. Es sollte grundsätzlich der Anteil der privaten Bauernbetriebe bei der Verteilung der Produktionsmittel, besonders bei Maschinen und landwirtschaftlichem Gerät, Dünger, Pflanzenschutz- und Futtermitteln (besonders solchen mit hohem Eiweißgehalt) erhöht werden. Dadurch könnte die Lebensmittelproduktion erhöht werden, da die privaten Bauernbetriebe effektiver als die Staatsbetriebe wirtschaften.

5. Wegen des starken Mangels an Rohstoffen und Energie besteht die Notwendigkeit, in den nächsten Monaten eine Reihe von Betrieben stillzulegen.

Darüber sollte das Kriterium der Effektivität entscheiden. Derartige Entscheidungen müssen jedoch auf ein unentbehrliches Minimum beschränkt bleiben und dürfen ausschließlich in jenen Fällen vorgenommen werden, bei denen keine rationale Möglichkeit für die Fortführung der Produktion besteht.

6. In vielen Bereichen hat heute die Arbeitszeit keine entscheidende Bedeutung für den Umfang der Produktion. Wir verstehen jedoch die Forderungen der Krisensituation und können von daher von der Forderung, im Jahr 1982 die Zahl der freien Sonnabende zu erhöhen, zurücktreten. Die Aufnahme zusätzlicher Arbeit an freien Sonnabenden, sofern es eine Möglichkeit gibt, muß vom Willen der Belegschaft abhängen.

7. Während der Krise müssen die Rüstungsausgaben auf ein absolutes Minimum beschränkt und die dadurch freigesetzten Mittel für ein Wachstum der Produktion ausgenutzt werden.

These 4:
Die Gewerkschaft sieht die Notwendigkeit für die Wiederherstellung eines Marktgleichgewichts im Rahmen eines glaubwürdigen Anti-Krisen-Programms unter Berücksichtigung der Reformbestimmungen und bei Schutz der schwächsten Gruppen der Bevölkerung.

Hauptsächliches Mittel zur Herstellung des Marktgleichgewichts muß der Anstieg der Produktion und die Erhöhung des Warenangebots sein. Die Rückkehr zu einem Marktgleichgewicht wird jedoch nicht nur auf diesem Wege möglich sein. Unentbehrlich ist auch eine Verringerung der Marktnachfrage. Man kann das mit der folgenden Methode erreichen:
a) durch eine schrittweise Anhebung der Preise bei − vorübergehender − Beibehaltung von Rationierungskarten für Konsumtionsartikel;
b) durch eine einmalige Preisanhebung bei gleichzeitiger Einschränkung des Kartensystems;
c) durch eine Währungsreform verbunden mit einer Preisreform.

Im Rahmen dieser allgemeinen Methoden und ihrer Kombinationen gibt es viele Lösungen. Einige konkrete Vorschläge wurden von Autoren den Gewerkschaftsmitgliedern zur Beachtung im Anhang beigefügt. Das schließt andere Vorschläge nicht aus.

Bedingung für die Wirksamkeit der oben genannten Methoden ist eine gleichzeitige Zunahme der Produktion. Falls keine einzige der erwähnten Methoden zur Anwendung kommt, muß man ein Kartensystem für alle Waren einführen. Das allgemeine Kartensystem führt nicht zum Gleichgewicht, sondern zur Verschwendung, bringt einen künstlichen Warenmangel hervor, erzeugt ein Anwachsen der Bürokratie und des Schwarzmarktes, beseitigt die Motivation zu guter Arbeit und garantiert nicht den Schutz der Realeinkommen der Bevölkerung.

Welche Richtung für die Wiederherstellung des Marktgleichgewichts eingeschlagen wird, muß die Gesellschaft nach einer öffentlichen Diskussion auf dem Wege eines nationalen Referendums bestimmen. Die Gewerkschaft wird das verlangen. Je früher wir darüber entscheiden, um so geringer werden die gesellschaftlichen Kosten bei der Wiederherstellung des Marktgleichgewichts sein.

These 5:
Der Kampf gegen die Krise und die ökonomische Reform müssen unter gesellschaftlicher Kontrolle realisiert werden.
Die Bedingung für einen wirksamen Kampf gegen die Krise ist nicht nur die Ausarbeitung eines von der Gesellschaft akzeptierten Programms, sondern vor allem die gesellschaftliche Kontrolle seiner Verwirklichung. Die Gewerkschaft erwartet, daß in Zukunft diese Kontrolle von dem neu belebten Sejm und den Nationalräten wie auch von der Arbeiterselbstverwaltung ausgeübt wird.

Jedoch müssen die gesellschaftlichen Kontrollinstitutionen schon jetzt errichtet werden. Denn nicht nur die Erfahrungen der sechziger und siebziger Jahre, sondern auch das letzte Jahr beweisen unumstößlich, daß das Fehlen einer gesellschaftlichen Kontrolle zu fehlerhaften Entscheidungen führt. Deshalb fordert die Gewerkschaft die Gründung eines Gesellschaftlichen Volkswirtschaftsrats. Zu dessen Kompetenzen sollte die Bewertung der Wirtschaftspolitik der Regierung, die Bewertung der wirtschaftlichen Situation und Gesetzesvorhaben auf diesem Gebiet sowie die Initiierung von Sofortmaßnahmen gehören. Der Gesellschaftliche Volkswirtschaftsrat sollte vollkommen offen arbeiten, und seine Mitglieder müssen das Recht haben, sich mittels der Massenmedien mit der Gesellschaft zu verständigen.

These 6:
Der besondere Schutz der Gewerkschaft gilt den Ärmsten.
Vor den Folgen der Krise werden wir vor allem diejenigen schützen, deren Lebensbedingungen am schwersten sind. Übereinstimmend mit dem Übereinkommen von Gdańsk werden wir die Einführung von Teuerungszulagen, die Ausweitung der Erziehungsbeihilfen und eine weitere Erhöhung von Familienbeihilfen schon für das Jahr 1982 sowie die Anerkennung eines sozialen Minimums als Richtlinie der Einkommenspolitik fordern.

Die Gewerkschaft wird sich in ihrer Politik von dem Grundsatz leiten lassen, daß jene Ausgleichszahlungen die Erhaltung des Realeinkommens des weniger vermögenden Teils der Gesellschaft garantieren müssen. Um diesen Grundsatz zu verwirklichen, ist es unumgänglich, daß
- die Ausgleichszahlungen dem Arbeiter (Pensionär und Rentner) und jedem von ihm unterhaltenen Familienmitglied zuerkannt werden;
- bei einem Anstieg der Preise die Familienzulagen, Erziehungshilfen, Renten, Pensionen, Stipendien und andere Sozialleistungen angehoben werden;
- die Einkommensschwellen der zum Erhalt von Unterstützungen, Stipendien und anderen sozialen Leistungen Berechtigten auf eine höhere Stufe gehoben werden, ebenso die Budgets für Kindergärten, Altenheime, Krankenhäuser usw.

Die Gewerkschaft spricht sich für den allgemeinen Grundsatz aus, die Ausgleichszahlungen den Einkommen anzupassen.

Wir sehen die Notwendigkeit, eine Liste von Grundwaren und Dienstleistungen zu erstellen, deren Preisanstieg ausgeglichen werden sollte. Der Anstieg der Preise sowie die Grundsätze und die Höhe der Ausgleichszahlungen müssen die Zustimmung der Gewerkschaft erhalten.

Wir fordern eine grundsätzliche Erhöhung der Mittel für Sozialhilfe.

Die Gewerkschaft wird Schritte unternehmen, um die Folgen des unvermeidlichen Anstiegs der Lebenshaltungskosten zu lindern. Dazu
- werden wir eine Kontrolle des Lebenshaltungskosten-Index einführen,

- werden wir gesellschaftliche Initiativen fördern, die der Kontrolle der Warenqualität und der Richtigkeit der Preise dienen,
- werden wir die Gründung von Zuschuß-Fonds fordern, die eine Begrenzung des Anstiegs des Einzelhandelspreises ausgewählter, besonders wichtiger Waren und Dienstleistungen (Milch, Schulbücher, Kinderkleidung usw.) ermöglichen.

These 7:
Die Versorgung mit Lebensmitteln ist heute das größte Problem; die Karten müssen vollkommen gedeckt sein, die Verteilung der Lebensmittel muß der gesellschaftlichen Kontrolle unterstellt werden.
Angesichts des hohen Defizits an Grundnahrungsmitteln und Industriewaren ist die Gewerkschaft gezwungen, über deren Reglementierung zu wachen, damit jedem Bürger das notwendige Konsumtionsminimum gesichert ist. Diese Kontrolle besteht so lange, bis das Defizit beseitigt ist. Gegenwärtig stellen die Waren, vor allem Fleisch, die mit Karten zu beziehen sind, keine ausreichende Ernährungsgrundlage dar, weil insbesondere Ersatzprodukte fehlen (Fleisch, Milchprodukte).

Die Gewerkschaft verlangt von der Regierung energische Maßnahmen, um die Zuteilung der Lebensmittel auf Karten zu garantieren, und vor allem, um einen Anreiz für die Bauern zu schaffen, Vieh abzuliefern und die Viehzucht zu erhöhen.

Die Bewirtschaftungsnormen für die Waren müssen in demselben Umfang angehoben werden, wie Produktion und Lieferung zunehmen. Wir fordern eine Verbesserung der Handelsorganisation und des Bewirtschaftungssystems in der Weise, daß die Bürger ihre Kartenzuteilung einlösen können, ohne in Schlangen warten zu müssen. Die Ernährung des Volkes betrachten wir als vordringliche Angelegenheit.

Die Gewerkschaft wird angesichts der heutigen Versorgungssituation nicht untätig sein. Unumgänglich ist die Herstellung eines nationalen Netzes von Gewerkschaftskommissionen für den Markt und für Lebensmittel mit einer Koordinationszentrale. Diese Kommissionen sollen mit den Gliederungen der Gewerkschaft der Individualbauern „Solidarność" zusammenarbeiten. Sie müssen sich auch dem von den großen Betrieben praktizierten Tauschhandel entgegenstellen, da dieser unsere Solidarität schwächt.

These 8:
Die Gewerkschaft wird der zunehmenden Differenzierung zwischen den Betrieben und zwischen den Regionen entgegenwirken.
Mit der Wirtschaftsreform ist die Gefahr größerer Lohnunterschiede und sozialer Ungleichheiten zwischen Betrieben und Regionen verbunden. Wir müssen versuchen, dieser Entwicklung entgegenzuwirken.
Zu diesem Zweck werden wir folgendes anstreben:
1. die Übernahme der sozialen Einrichtungen der Betriebe durch eine authentische territoriale Selbstverwaltung und die Abwicklung ihrer sozialen Tätigkeit, die bisher zur Geschäftsführung der Unternehmen gehörte;
2. die Schaffung eines nationalen Sozialfonds, um eine Verteilung von Mitteln zu ermöglichen, die Unterschiede zwischen den Regionen ausgleicht.

Bereits jetzt wird die Gewerkschaft folgende Aktivitäten unternehmen:
1. Die Finanzierungsweise der betrieblichen Sozialarbeit verändern; im

reformierten Unternehmen muß die Höhe des Sozialfonds vor allem von der Zahl der Beschäftigten abhängen und nicht von der Höhe des Lohnfonds;

2. die Sozialstruktur eines Betriebs (Krippen, Kulturhäuser, Transportmittel usw.) für die Wohnbevölkerung eines in Frage kommenden Gebietes zugänglich machen;

3. eine gemischte Kommission schaffen mit Vertretern einer Siedlung oder eines Gebiets als Keim für eine territoriale Selbstverwaltung, die über die Nutzung und die Entwicklung der Sozialstruktur entscheidet.

IV. *Schutz der Arbeit als grundlegende Aufgabe der Gewerkschaft*

Die Hauptaufgabe der Gewerkschaft wird sein, die Rechte der Arbeiter zu schützen, eine würdige Behandlung durch den Arbeitgeber, sichere und für die Gesundheit unschädliche Arbeit und gerechte Entlohnung zu garantieren.

These 9:
Das Recht auf Arbeit ist zu respektieren, das Lohnsystem muß reformiert werden.

Wir erklären uns für das allgemeine Recht auf Arbeit und gegen Arbeitslosigkeit. Wir erkennen die Notwendigkeit an, daß das Beschäftigungssystem neu geregelt wird. Die Gewerkschaft ist der Ansicht, daß diese Neuregelung so durchgeführt werden kann, daß sie nicht zu Arbeitslosigkeit führt. In Betrieben, in denen Einschränkungen vorgesehen sind, soll die Betriebskommission diese Veränderungen innerhalb der Betriebe untersuchen, damit die betroffenen Arbeiter die Möglichkeit haben, einen anderen Arbeitsplatz zu suchen oder eine Arbeit mit verkürzter Arbeitszeit ohne Lohnverluste anzunehmen.

Die Gewerkschaft ist der Ansicht, daß es notwendig ist, rechtliche und andere Bedingungen für die Möglichkeit zu schaffen, Arbeitsverträge mit der vergesellschafteten Wirtschaft einvernehmlich zu lösen und Arbeit in der nicht vergesellschafteten Wirtschaft anzunehmen. Es ist unumgänglich, die Angelegenheit der Arbeitsemigration rechtlich zu regeln. In der Gewerkschaft hat in dieser Sache die Landeskommission Kontakte mit ausländischen Gewerkschaften mit dem Ziel aufgenommen, den gewerkschaftlichen Schutz polnischer Bürger zu übernehmen, die vorübergehend Arbeit im Ausland aufnehmen.

Die Gewerkschaft wird sich kategorisch jeder Einsparung von Arbeitskräften widersetzen, so lange nicht die soziale Absicherung der zeitweise Arbeitslosen gesichert ist (Regelung ihres Status, Bestimmung der Höhe ihrer Unterstützung, Regelung der Grundsätze für die Umschulung mit dem Ziel einer Qualifikationsänderung).

Besondere Fürsorge im Bereich der Arbeitsplatzsicherung übernimmt „Solidarność" für Alleinernährer von Familien, alleinstehende Mütter, Arbeiter, die vor der Pensionierung stehen, und für behinderte Arbeiter.

Die Regionalverwaltungen schaffen spezielle Kammern für Arbeit.

Notwendig ist die Reform des Lohnsystems, das jedem einen angemessenen Verdienst und gleiche Entlohnung für gleichwertige Arbeit garantiert. Als Bedingung für die Wirtschaftsreform sollte anerkannt werden, daß der Staat in Übereinkunft mit den Gewerkschaften einen Garantielohn-Spiegel festlegt, der im Durchschnitt der einzelnen Berufe und Arbeitsplätze für das ganze Land

einheitlich und unabhängig von den wirtschaftlichen Ergebnissen der Unternehmen gültig ist. In der Reform des Lohnsystems werden wir anstreben:
- Vereinheitlichung der Lohnzuschläge,
- Verstärkung der motivierenden Funktion des Lohns,
- Festlegung eines Minimallohns in der Höhe eines halben Durchschnittslohnes, jedoch nicht niedriger als das Sozialminimum,
- Besteuerung der allzu hohen Löhne (Variantenvorschlag),
- Einbeziehung von Zuschlägen für gefährliche Arbeiten oder für Arbeiten, die gesundheitsschädlich oder beschwerlich sind, in den Grundlohn, so daß diese Zuschläge nicht die Aktivitäten zur Verbesserung der Arbeitsbedingungen bremsen,
- Beseitigung des Akkord-Lohnsystems.

Wir erklären uns bereit, die bisher abgeschlossenen Branchenübereinkommen im Rahmen von Kollektivverträgen schrittweise zu verwirklichen, wobei jene Berufsgruppen Vorrang erhalten, bei denen Arbeitskräftemangel besteht. Der Kongreß empfiehlt, sich des Abschlusses neuer Kollektivverträge zu enthalten, bis von der Landeskommission die grundlegende Vorgehensweise in diesem Bereich festgelegt wurde. Das schließt die Möglichkeit laufender Konsultationen mit dem Arbeitgeber nicht aus.

Wir streben einheitliche Methoden für die Lohnfestsetzung an, deren freie Gestaltung in den Unternehmen zugesichert werden muß. Wenn eine Berufsgruppe über die Löhne verhandelt, wird sie als Bezugspunkt für den Grundlohn im Kollektivvertrag den in der Lohnskala festgesetzten Durchschnittslohn nehmen.

Die Landeskommission beruft eine Lohnkommission, deren dringliche Aufgabe die Ausarbeitung eines Reformvorschlags für das Lohn- und Kollektivvertragssystem sein wird.

These 10:
Arbeitssicherheit und für die Gesundheit unschädliche Arbeitsbedingungen müssen gewährleistet sein.

1. Die Gewerkschaft wird veranlassen, daß die Produktion von Maschinen, Einrichtungen und Werkzeugen gewährleistet wird, die den Arbeitsbedingungen entsprechend mit den Sicherheitsbestimmungen übereinstimmen. Die Gewerkschaft wird die Abschaffung von gefährlichen und gesundheitsschädlichen Arbeiten sowie von besonders beschwerlichen Arbeiten anstreben.

2. Die Gewerkschaft wird − nach neuen Grundsätzen − eiligst eine gewerkschaftliche Institution für Arbeitsinspektion einrichten. Die Tätigkeit der Gewerkschaft in dem Bereich des Arbeitsschutzes und der Arbeitshygiene koordiniert eine spezielle Kammer, die bei der Landeskommission geschaffen wird. Zu ihren Aufgaben werden u.a. gehören:
- die Ausarbeitung und Herausgabe einer verbindlichen Sammlung von Vorschriften für die Arbeitssicherheit und Arbeitshygiene für die Gewerkschaftskommissionen,
- die rechtliche Regelung von Fragen der Arbeitsbedingungen und Arbeitssicherheit, im besonderen:
  a) die Regelung der rechtlichen Angelegenheiten bezüglich der Unfallentschädigungen und des Versicherungssystems;
  b) die Ratifizierung der Konvention der IAO (Internationale Arbeitsorga-

nisation), die die Teilnahme der Gewerkschaft an der Festlegung der zulässigen Normen für die Arbeitsbelastung vorschreibt.

3. Die Gewerkschaft wird in allen Fällen, in denen die Sicherheits- und Arbeitshygienebedingungen außerordentlich verletzt werden, ihre statutenmäßigen Befugnisse ausnutzen (u.a., daß sie ihren Mitgliedern untersagt, bestimmte Arbeiten durchzuführen). Die Betriebskommissionen haben die Verpflichtung, die Normen für die höchste zulässige Arbeitsbelastung und Arbeitsintensität ständig zu kontrollieren.

4. Die Landeskommission wird unverzüglich hinsichtlich der Regelungen aktiv, die für die Arbeitsplätze (und nicht Berufe) der Beschäftigungskategorie 1 (Schwerarbeit, z.B. im Bergbau) gelten, an denen die Arbeitsbedingungen besonders beschwerlich, schädlich oder gefährlich sind.

5. Ähnliche Aktivitäten unternimmt die Landeskommission mit dem Ziel, die Vorschriften über den Schutz der Arbeit zu verändern, die infolge eines Arbeitsunfalls oder einer Berufskrankheit die Fähigkeit verloren haben, ihre bisherige Tätigkeit auszuüben. Die neuen Vorschriften sollten den Betrieb zur ständigen Zahlung eines Zuschlags verpflichten, der den Unterschied zwischen dem früheren und dem derzeitigen Verdienst ausgleicht.

6. In den selbstverwalteten und sich selbstfinanzierenden Unternehmen wird die Gewerkschaft eine ökonomische und finanzielle Planung fordern, die die notwendige Verbesserung der Arbeitsbedingungen einbezieht. Die Gewerkschaft wird die Realisierung der Planungen und Aufwendungen kontrollieren, die den Arbeitsschutz und die Arbeitshygiene betreffen. Notwendig ist die Koordination sämtlicher Dienste, die in dem Betrieb im Bereich des Arbeitsschutzes und der Arbeitshygiene tätig sind (Gewerkschaft, Gesundheitsdienst, Dienst für Arbeitsschutz und Arbeitshygiene, Sozialdienst, u.a.).

These 11:
Das Arbeitsrecht muß sich auf die Verteidigung der gemeinsamen Interessen der Arbeiter gründen.
Die Gewerkschaft sieht die Notwendigkeit für eine tiefgehende Reform des Arbeitsrechts und des Sozialversicherungssystems, insbesondere in Hinblick auf
– Abschaffung sämtlicher Beschränkungen in der Freiheit der Arbeitswahl;
– gleiche Rechte und Pflichten beider Seiten im Arbeitsvertrag;
– Erlangung der gesetzgebenden Initiative im Bereich der Arbeitsbedingungen und der Sozialversicherung durch die Gewerkschaft. Die Gewerkschaft sollte das Recht haben, Widerspruch gegen Gesetzesentwürfe einzulegen, die die Arbeitsbedingungen und die Sozialversicherung betreffen;
– die Möglichkeit, Kollektivverträge für einzelne Berufsgruppen, Branchen und Betriebe abzuschließen;
– die Entscheidung über alle Streitigkeiten, die aus Arbeitsbedingungen herrühren, durch unabhängige, paritätisch besetzte Gerichte;
– Nichtanwendung von Disziplinarstrafen, die in einer Beschränkung der Rechte des Arbeiters in Lohn-, Urlaubs- und Versicherungsleistungen liegen;
– die Verpflichtung, Abteilungen oder Arbeitsplätze zu schaffen, die schwangeren Frauen vorbehalten sind, und eine Gesetzgebung, die die Arbeit der Gefangenen regelt.

Die Gewerkschaft arbeitet, gestützt auf die Gewerkschaftskommission für die Reform des Arbeitsrechts und der Sozialversicherungen, eigene Vorschläge für entsprechende Regelungen aus.

V. Solidarische Gesellschaft – gesellschaftliche Politik

These 12:
Die Gewerkschaft macht sich alle Initiativen zu eigen, die sich im Rahmen der Verfassung bewegen, um die unmittelbaren Bedürfnisse zu befriedigen.
Das zentralistische System der Gesellschaftspolitik erwies sich als uneinheitlich und erfolglos. In der Gesellschaft wurde das Gefühl einer tiefen Unzufriedenheit hervorgerufen, das bewirkt, daß die Menschen untätig auf Leistungen des Staates warten. Die Sozialpolitik muß einer wirklichen Vergesellschaftung unterliegen.

Die Gewerkschaft nimmt die folgenden Grundsätze für eine Gesellschaftspolitik an:

1. Der Handlungsbereich der Gewerkschaft muß den spezifischen Eigenschaften ihres Wirkungskreises, der Branchen und der Regionen angepaßt sein. Es ist die Aufgabe der Gewerkschaft, die Entwicklungslinien und die Prioritäten für ihre Aktivitäten festzulegen; aus diesem Grund verwerfen wir die aktuelle Vorgehensweise und insbesondere die Tatsachen, daß die Gewerkschaften den Betriebskomitees besondere Anweisungen erteilen können.

2. In den Betrieben wacht die Betriebskommission vor allem über die Arbeitsbedingungen, die Entlohnung und Beschäftigung. Darüber hinaus gibt es weitere Aufgaben in den Wohnsiedlungen. Die Betriebskommission geht die Zusammenarbeit mit gesellschaftlichen Organisationen in ihrer unmittelbaren Umgebung ein; und wenn ihr Einfluß es gestattet, wird sie die Entwicklung der kommunalen Selbstverwaltung unterstützen.

3. Die Selbstverwaltung der Wohnsiedlungen durch ihre Bewohner, entsprechende kommunale Vereinigungen und gesellschaftliche Initiativen sollen Hilfsfunktionen für die territoriale Selbstverwaltung einnehmen. Diese faßt Beschlüsse, die gesellschaftliche Probleme im weiteren Maßstab betreffen, und versöhnt die einander widersprechenden Interessen der Belegschaften.

4. Entscheidungen, die Angelegenheiten der gesamten Gesellschaft betreffen, Abstimmungen über in den Regionen und Branchen divergierende Interessen müssen der Kontrolle der gesamten Gesellschaft unterzogen werden (z.B. sollte dem Aufsichtsrat für Sozialversicherungen seine Geltung zurückgegeben werden).

5. Indem die Idee der gesellschaftlichen Selbsthilfe ins Leben gerufen wird, drängt die Gewerkschaft gleichzeitig auf die Schaffung und schnelle Entwicklung von sozialen Diensten und unterstützt besonders die Verbesserung der Ausbildung für Sozialarbeiter.

These 13:
Die Gewerkschaft verteidigt das Recht der Familie auf Befriedigung ihrer Grundbedürfnisse und auf die Entwicklung eines gesellschaftlichen Bewußtseins.
Aufgabe der Familienpolitik ist die Sicherung von geeigneten gesundheitlichen, materiellen und erzieherischen Bedingungen für die Entwicklung der jungen Generation und des Familienlebens. Die Betriebskommissionen und andere In-

stanzen der Gewerkschaft werden Aktivitäten mit dem Ziel unternehmen,

1. die Nachtarbeit für Frauen entsprechend der Konvention Nr. 89 der IAO abzuschaffen;

2. die gleitende Arbeitszeit und Teilzeitarbeit für Mütter und schwangere Frauen einzuführen;

3. die Verpflichtung zu realisieren, schwangere Frauen auf geschützte Arbeitsplätze zu versetzen sowie Mutterschaftsurlaub vom siebten Schwangerschaftsmonat an zu gewährleisten, ohne daß der 98 Tage dauernde Urlaub nach der Geburt gekürzt wird;

4. einen gesicherten Markt zu schaffen für den Verkauf von Waren, die von Behinderten hergestellt werden.

Die Gewerkschaft wird sich einsetzen für:
- lokale Initiativen zur Selbsthilfe und für Familienselbstschutz, z.B. für die Bewegung „Familien-Solidarność",
- Familien- und voreheliche Beratung,
- die Schaffung entsprechender Lebensbedingungen für Familien und alleinstehende Mütter, damit Frauen nicht zu einer Entscheidung für den Schwangerschaftsabbruch veranlaßt werden,
- die Tätigkeit von Familienpflegern in den Wohnsiedlungen.

Darüber hinaus wird die Gewerkschaft fordern:

1. entsprechend den Streikübereinkommen vom August 1980 die Grundsätze für die Gewährung von Familienunterstützungen für alle Berufskategorien (darunter auch der bäuerlichen Arbeiter) zu vereinheitlichen. In den nächsten Jahren müssen die Beihilfen ein Element zur Einschränkung der vorhandenen Ungleichheiten sein und deshalb in Abhängigkeit vom Einkommen der Familie differenziert werden, um schrittweise zu erreichen, daß die Kosten für Erziehung und Ausbildung der Kinder gedeckt werden können;

2. Mutterschaftsbeihilfe und Erziehungsbeihilfe für jede Mutter, nicht nur für die arbeitende, für einen Zeitraum von mindestens drei Jahren zu bewilligen;

3. Vorschulen auszubauen, die Form der Fürsorge für die Kinder in den Krippen und Vorschulen zu verändern. Es müssen Korczak-Kindergärten und die Möglichkeit geschaffen werden, Krippen und Vorschulen von Ordensschwestern führen zu lassen;

4. das Kreditsystem zu verbessern;

5. die Konvention der IAO, die die Nachtarbeit für Frauen in der Industrie verbietet, zu ratifizieren.

These 14:
Die Gewerkschaft wird die Rechte der alten Menschen, der Behinderten und der unheilbar Kranken verteidigen.

Die Gewerkschaft erwartet vom Staat:

1. die Einführung eines einheitlichen, allgemeinen Renten- und Pensionssystems, das einheitliche Kriterien für die Anerkennung von Leistungen in Abhängigkeit vom Verdienst, von der Fachtätigkeit und den Arbeitsbedingungen anwendet;

2. die Einführung einer Sozialrente, die für diejenigen das Existenzminimum sichert, die wegen ihres Alters oder Krankheit nicht in der Lage sind, eine Arbeit aufzunehmen und nicht die Berechtigung haben, Renten- oder Pensionsleistungen zu erhalten;

3. Beseitigung des alten Systems der Rentenversicherung;
4. die Einführung besonderer Anspruchsberechtigungen für Pensionäre und Rentner (billige Bahnfahrten usw.)
5. die Abtrennung der „Kommission für Invalidenschaft und Beschäftigung" von der Sozialversicherungsanstalt.

Die Gewerkschaft wird die Entwicklung von Hausdiensten für alte und behinderte Menschen und die Organisation und Schaffung von Häusern für den vorübergehenden Aufenthalt in die Wege leiten.

Die Gewerkschaft wird gesellschaftliche Initiativen unterstützen, die die Sicherstellung von Hilfe für unheilbar Kranke anstreben.

Die Gewerkschaft wird durch die Betriebskommissionen die Betreuung der Arbeiter, die in Rente gehen, übernehmen, sie in der Anpassung an die neuen Bedingungen unterstützen und ihnen die Möglichkeit schaffen, die Bindung zum Betrieb aufrechtzuerhalten.

Die Gewerkschaft nimmt den Kampf gegen die Diskriminierung von behinderten Personen auf, und zwar durch:
1. die Initiierung und Organisierung ihrer gesellschaftlichen und beruflichen Rehabilitation;
2. die Forderungen nach solchen Plänen für Verkehrsmittel und Gebäude, die ihre Benutzung durch behinderte Personen erleichtern;
3. die Unterstützung bei der Schaffung neuer Rehabilitationszentren, die Entwicklung der Produktion von Rehabilitationsgeräten und anderer Einrichtungen für behinderte Personen; diese Vorhaben werden durch den überregionalen Invalidenfonds „Solidarność" unterstützt;
4. die Unterstützung der Arbeiter in den Invalidengenossenschaften, um die Genossenschaften zu veranlassen, ihren Rehabilitationsaufgaben nachzukommen;
5. die Tätigkeit der Betriebskommissionen, um eine größere Anzahl geschützter Arbeitsplätze zu erreichen. Das erlaubt die Einbeziehung der behinderten Menschen in das normale Leben.

These 15:
Die Gewerkschaft setzt sich besonders für den Gesundheitsschutz ein.
Einer wirksamen Gesundheitspolitik stehen mehrere Hindernisse entgegen. Es mangelt an Arzneien, medizinischen Instrumenten, an Geldern, der lokalen medizinischen Versorgung, an Transportmitteln usw. Dieser Zustand wird durch die mangelhafte Organisation des Gesundheitsdienstes noch verschlimmert.

Die Rettung der Gesundheit und die Beseitigung der physischen Bedrohung des Volkes verlangt heute die organisatorische Konzentration der Mittel und die Bestimmung der wichtigsten Handlungsrichtlinien. Nach Ansicht der Gewerkschaft umfassen diese Richtlinien
1. den Schutz der Mutterschaft sowie die Gesundheit der Kinder und der Jugend;
2. Aktivitäten hinsichtlich der Sicherung einer ausreichenden Versorgung mit Medikamenten und medizinischen Instrumenten, die für die unmittelbare Rettung von Leben und Gesundheit und für ausreichende sanitäre Bedingungen in den Stellen des Gesundheitsdienstes unerläßlich sind. Die Tätigkeit der Medikamentenbank „Solidarność" wird fortgesetzt;
3. Aktivitäten, die den Schutz der psychischen Gesundheit zum Ziel haben,

besonders die Schaffung von menschlichen Bedingungen in den psychiatrischen Anstalten; den Abschluß der Arbeiten für ein Gesetz zum Schutz der psychischen Gesundheit dergestalt, daß es nicht zur Verletzung bürgerlicher Rechte ausgenutzt werden kann;

4. Aktivitäten hinsichtlich der Resozialisation von Menschen, die dem Alkoholismus und der Rauschgiftsucht verfallen sind sowie die Unterstützung von gesellschaftlichen Initiativen, die gegen Alkoholismus und Rauschgiftsucht hauptsächlich unter den Jugendlichen gerichtet sind und ihren Familien helfen;

5. Aktivitäten hinsichtlich der Verbesserung des Gesundheitsschutzes für alte Menschen sowie ihre Eingliederung mit gesellschaftlicher Hilfe.

Die Gewerkschaft steht auf dem Standpunkt, daß es für eine wirksame Arbeit des Gesundheitsdienstes unumgänglich ist,

1. die Entscheidung und die Kontrolle über Gesundheitsschutz und die NFOZ (Narodowy Fundusz Ochrony Zdrowia = Nationaler Fonds für Gesundheitsschutz) der territorialen Selbstverwaltung anzuvertrauen;

2. die Struktur des Gesundheitsdienstes und die Grundsätze seiner Finanzierung durch eine Änderung des Sozialversicherungssystems im Rahmen der Wirtschaftsreformen zu verändern;

3. die allgemeine Zugänglichkeit und die wirkliche Ausnutzung sämtlicher Gesundheitsdienste (einschließlich der industriellen und ministeriellen) zu gewährleisten. Der Gesundheitsdienst in der Industrie muß sich vor allem auf die Vorbeugung konzentrieren, die Funktion der ärztlichen Behandlung (unter Beachtung der Besonderheit der Betriebe) muß hingegen die entsprechend organisierte Gesundheitsfürsorge am Wohnort übernehmen;

4. die Sanatorien sämtlicher Ortschaften ausschließlich dem Gesundheitsdienst anzuvertrauen;

5. auf die Anhebung der Berufsethik im Gesundheitsdienst hinzuwirken. Es verbindet sich damit die Notwendigkeit, das eigentliche berufliche Ansehen wiederherzustellen, unter anderem durch eine Änderung des Entlohnungssystems sowie durch eine Reaktivierung einer selbstverwalteten Ärztekammer.

Wir verlangen von den Behörden eine schnelle Berichterstattung über den Zustand des Gesundheitsschutzes, die Vorbereitung eines Verzeichnisses über grundlegende, nicht behobene Mängel sowie die Ausarbeitung eines Aktionsprogramms für die nächste Zeit und für die Zukunft.

These 16:
Die Gewerkschaft kämpft für einen wirksamen Schutz der menschlichen Umwelt.
Der Umweltschutz verlangt:
1. Priorität gesellschaftlicher Ziele vor Produktionszielen;
2. Öffentlichkeit der Entscheidungsprozesse und Schaffung von Bedingungen für eine gesellschaftliche Kontrolle in diesem Bereich;
3. Einführung der ökonomischen Rechenschaftslegung in der Wirtschaft, welche die Kosten für die Verwüstung der Umwelt einbezieht und somit dem Raubbau an den natürlichen Vorräten vorbeugen und die Einführung einer sauberen und von schädlichen Rückständen freien Technik bewirken würde;
4. aktiven Schutz der Natur durch Wiederaufbau der zerstörten Umwelt und eine Änderung der Funktionsbedingungen für die Nationalparks.

In diesem Zusammenhang fordert die Gewerkschaft:

1. unter den Voraussetzungen und bei der Realisierung der Wirtschaftsreform dem Umweltschutz die ihm gebührende Bedeutung einzuräumen;
2. einen entsprechend hohen Budgetanteil für einen Umweltschutzfonds festzulegen und ihn in die Verfügungsgewalt der territorialen Selbstverwaltung zu überführen;
3. die Gesetze und Verordnungen, die bisher dem Umweltschutz dienten, in einer Weise zu novellieren, die es der Gewerkschaft erlaubt einzugreifen;
4. auf allen Ebenen die Teilnahme von Vertretern gesellschaftlicher Organisationen und Vereinigungen, die für den Umweltschutz aktiv sind, in den Vertretungsorganen zu sichern;
5. die Aufstellung einer Liste von Unternehmen, die die Umwelt bedrohen. Insbesondere ist die sofortige Ausarbeitung und Anwendung von Vorschlägen zur Säuberung des Wassers (Meereswasser und Binnengewässer) sowie der Bau von Kläranlagen von Gemeinden und Industrien notwendig;
6. die Verpflichtung einzuführen, sämtliche Informationen über das Ausmaß der Bedrohung der Umwelt und der gesellschaftlichen Gesundheit zu veröffentlichen und die Schulprogramme um das Thema des Umweltschutzes zu ergänzen.

Zur Realisierung dieser Aufgaben wird empfohlen:
1. die Aktivisten der Gewerkschaft zu veranlassen, den Umweltschutzkomitees beizutreten; die Praktiken der Industrie zu überprüfen, neue Techniken ohne Gefahr für die Natur zu entwickeln, die Betriebe zu modernisieren;
2. die Kontrolle über den Zustand der Umwelt in der Region zu übernehmen, das Entstehen verschiedener Arten von Unternehmen (z.B. Genossenschaftsunternehmen), die auf dem Gebiet des Umweltschutzes arbeiten, zu begünstigen sowie eine entsprechende Nebenproduktion in den bestehenden Betrieben aufzunehmen;
3. die Regierungspläne und vorbereiteten Rechtsmaßnahmen von der Gewerkschaft begutachten zu lassen.

These 17:
Die Gewerkschaft verlangt die Respektierung des Grundrechts des Menschen auf eine eigene Wohnung und nimmt an der Gestaltung der Wohnungspolitik teil.

Um die langjährige Vernachlässigung des Wohnungs- und Kommunalbaus zu beseitigen, muß
1. die Möglichkeit geschaffen werden, um Initiativen im Wohnungsbau, besonders den genossenschaftlichen, zu realisieren; die Erschließung von Baugelände beschleunigt werden; für den Wohnungsbau die Leistung des industriellen Fertigbaus ausgenutzt werden; Baumaterialproduzenten, Unternehmen und Betrieben, die im Wohnungsbau tätig sind, allseitige Unterstützung gewährt werden; eine entsprechende Qualität in der Ausführung, u.a. durch die Abschaffung des Akkords und Verbesserung der Arbeitsbedingungen, geschaffen werden;
2. die Entstehung und Entwicklung von kommunalen, genossenschaftlichen und privaten Bauunternehmen und kleiner Herstellerbetriebe für Baumaterialien ermöglicht werden;
3. die Autonomie der Wohnungsbaugenossenschaften wiederhergestellt und gleichzeitig vom Patronats- und Werkswohnungsbau Abstand genommen

werden. Die Gewerkschaft sollte das Recht haben, neu entstehende unabhängige Wohnungsbaugenossenschaften registrieren zu lassen;

4. die Voraussetzung für eine rationelle Entwicklung des individuellen Wohnungsbaus (in der Stadt und im Dorf) geschaffen und ihm finanzielle, materielle und technische Hilfe zugesichert werden;

5. der Bau von Wohnsiedlungen auf ungeeignetem Gelände sowie die Verwendung von gesundheitsschädlichem Material unterbleiben;

6. kommunale und Dienstleistungs-Einrichtungen in Städten, Kleinstädten und Dörfern müssen modernisiert bzw. wiederaufgebaut werden;

7. alle Vorschriften müssen rückgängig gemacht werden, die die Möglichkeit eines Wohnungstausches ohne Rücksicht auf Qualität und Wohnungstyp erschweren;

8. die Miete mit dem Ziel geregelt werden, den Wohnungsbestand zu erhalten; Mittel zur Renovierung der Wohnungen zur Verfügung gestellt werden; Wohnbeihilfen für die ökonomisch schwächsten Gruppen der Bevölkerung gewährleistet werden. Die Betriebskommissionen sollten die Richtlinien verändern und neue Formen für die Ausnutzung des Wohnungsfonds einführen: Mietbeihilfen für verarmte Personen, Erhöhung der Beihilfen für Rentner und Pensionäre, Erhöhung der Zuschüsse für Renovierungskosten usw.

Die Regionalverwaltungen übernehmen die gesellschaftliche Aufsicht über die Durchführung der Wohnungspolitik, die Richtigkeit der Planungen für die Wohnraumbewirtschaftung und sichern die gesellschaftliche Kontrolle über die Projektierung und den Bau neuer Wohnsiedlungen.

These 18:
Die Gewerkschaft wird sich dafür einsetzen, daß jedem Arbeiter freie Zeit zur Verfügung steht und daß er diese auch durch Teilnahme am kulturellen Leben nutzen kann.

1. Mit dem Ziel, jedem arbeitenden Menschen wirklich freie Zeit zu sichern, wird die Gewerkschaft Schritte unternehmen, um die bestmögliche Arbeitszeitorganisation zu erreichen und Bedingungen zu schaffen, die die freie Wahl der Erholung und Unterhaltung ermöglichen.

2. Die Gewerkschaft strebt die schrittweise Einführung der Fünf-Tage-Woche an, und zwar in dem Maße, wie sich die wirtschaftliche Situation verbessert. Die Gewerkschaft muß darauf achten, daß die – gesellschaftlich nötige – Beschäftigung von Arbeitern im kommunalen Dienst, im Bereich des Handels, des Sports, der Kultur, in Vergnügungsstätten, usw. an Samstagen und Sonntagen durch freie Zeit im Verlauf der Woche, des Monats oder des Jahres ausgeglichen wird.

3. Die Gewerkschaft wird auf die sinnvolle Ausnutzung des Erholungsurlaubs hinarbeiten, und zwar durch:
– die finanzielle Unterstützung aus Sozial- und Betriebsfonds, um auf diese Weise den Zugang zum Erholungsurlaub für alle zu garantieren,
– die Entwicklung eines Netzes sogenannter Spezialferienplätze mit Erholungsprogramm und Ferienvergnügungen,
– die Förderung der Wander-, heimatkundlichen und qualifizierten Ferientouristik.

4. Die Gewerkschaft wird die Ferienzentren, die der Verwaltung der Branchengewerkschaften unterstehen, zurückfordern. Diese Zentren sollen zusammen mit betrieblichen und ministeriellen Erholungsstätten schrittweise

spezialisierten lokalen und landesweiten Diensten zugeeignet werden. In der Übergangsphase wird die Gewerkschaft sich dafür einsetzen, daß diese Erholungsstätten den Arbeitern der ärmeren Betriebe zugänglich gemacht werden.

5. Die Gewerkschaft wird die Gründung von überbetrieblichen und örtlichen Vereinen für Körperkultur initiieren und unterstützen, die der aktiven Erholung, der Entspannung, der Rehabilitation und dem Sport dienen sollen.

VI. Die selbstverwaltete Republik

These 19:
Der weltanschauliche, gesellschaftliche, politische und kulturelle Pluralismus muß die Grundlage für die Demokratie in einer selbstverwalteten Republik sein.

1. Das öffentliche Leben in Polen verlangt eine tiefe und umfassende Reform, die zu einer dauerhaften Einführung der Selbstverwaltung, der Demokratie und des Pluralismus führen muß. Deshalb werden wir sowohl eine Umgestaltung der staatlichen Strukturen als auch die Schaffung und Unterstützung von unabhängigen und selbstverwalteten Institutionen in allen Bereichen des gesellschaftlichen Lebens anstreben. Nur derartige Veränderungen sichern die Übereinstimmung zwischen der Organisierung des öffentlichen Lebens und den Bedürfnissen der Menschen, den gesellschaftlichen Bestrebungen und nationalen Erwartungen der Polen. Diese Veränderungen sind gleichsam für die Überwindung der wirtschaftlichen Krise notwendig. Den Pluralismus, den demokratischen Staat und die Möglichkeit, die verfassungsmäßigen Freiheiten voll auszunutzen, betrachten wir als Garantie dafür, daß die Bemühungen und Entsagungen der arbeitenden Menschen nicht ein weiteres Mal vergeudet werden.

2. Unsere Gewerkschaft ist zu einer Zusammenarbeit mit den verschiedenen gesellschaftlichen Bewegungen bereit, vor allem aber mit anderen Gewerkschaften, die nach dem August 1980 entstanden und zur gemeinsamen „Solidarność"-Bewegung gehören – der NSZZ der Individualbauern, der NSZZ der Handwerker, der NSZZ der Fahrer im privaten Transportwesen – und mit unabhängigen, selbstverwalteten Gewerkschaften jener Gruppen von Arbeitern, die mit Rücksicht auf sie verpflichtende Vorschriften nicht zur „Solidarność" gehören können. Diese Vorschriften bedürfen der Änderung. Heute hat in Polen die Freiheit, sich in Gewerkschaften zusammenzuschließen und die Freiheit des Arbeiters, sich seine Gewerkschaft zu wählen, grundlegende Bedeutung. Deshalb legen wir größtes Gewicht auf das Gesetz über die Gewerkschaften, das diese Freiheit garantieren muß.

3. Unsere Gewerkschaft knüpft enge Verbindungen zum unabhängigen Studentenverband, zum „Patronat", zur unabhängigen Pfadfinderbewegung und zu anderen Organisationen, die zur Realisierung des Übereinkommens vom August und der in den Statuten von „Solidarność" festgelegten Aufgaben beitragen.

Diese Organisationen und Vereinigungen stoßen in ihren Aktivitäten und bei ihrer Registrierung auf Schwierigkeiten. Deshalb halten wir es für notwendig, ein neues Vereinsgesetz zu beschließen, das dem Bürger die völlige Koalitionsfreiheit zusichert.

4. Wir sind der Ansicht, daß die Grundsätze des Pluralismus in das politi-

sche Leben hineingetragen werden müssen. Unsere Gewerkschaft wird Bürgerinitiativen stützen und verteidigen, die das Ziel haben, der Gesellschaft verschiedenartige politische, wirtschaftliche und gesellschaftliche Programme vorzustellen und die sich organisieren, um diese Programme in die Gesellschaft einzubringen.

Wir sind allerdings dagegen, daß die statutenmäßigen Organe unserer Gewerkschaft Organisationen mit dem Charakter politischer Parteien darstellen.

5. Unsere Gewerkschaft erkennt den Grundsatz des Pluralismus in der Gewerkschaftsbewegung an und sieht die Möglichkeit für ein aufrichtiges Nebeneinander mit anderen Gewerkschaften.

6. Der Pluralismus wird dauernd bedroht werden, falls es nicht zu einer umfassenden Reform des Strafrechts kommt, die sowohl die allgemeinen Strafgrundsätze als auch besonders jene Vorschriften des Strafgesetzbuchs und anderer Strafgesetze erfaßt, die zur Unterdrückung bürgerlicher Freiheiten ausgenutzt wurden oder ausgenutzt werden können.

These 20:
Eine authentische Arbeiterselbstverwaltung wird die Grundlage für eine selbstverwaltete Republik sein.
Ein System, das die politische mit der wirtschaftlichen Macht verknüpft, das sich auf das ununterbrochene Eingreifen von Parteikräften in das Funktionieren der Unternehmen stützt, ist der Hauptgrund für die bestehende Wirtschaftskrise und für die Chancenungleichheit im beruflichen Leben. Die Partei-Nomenklatura macht jede rationale Kaderpolitik unmöglich, macht aus Millionen von Arbeitern, die nicht in der Partei sind, eine zweite Kategorie. Der heute einzig mögliche Weg, diese Situation zu verändern, ist die Schaffung einer authentischen Arbeiterselbstverwaltung, die die Belegschaften zu den tatsächlichen Herren der Betriebe machen würde.

Unsere Gewerkschaft fordert die Wiederherstellung selbstverwalteter Genossenschaften. Es ist notwendig, ein neues Gesetz zu beschließen, das die Genossenschaften vor den Eingriffen der staatlichen Administration schützt.

These 21:
Die rechtlich, organisatorisch und finanziell selbständige territoriale Selbstverwaltung muß die wirkliche kommunale Vertretung der Gesellschaft sein.
Grundlage der authentischen territorialen Selbstverwaltung muß ihr Hervorgehen aus freien Wahlen sein, zu denen sowohl von gesellschaftlichen Organisationen aufgestellte Einzelpersonen als auch Bürgergruppen kandidieren können müssen. Keine Wahlliste darf bevorzugt werden. Notwendig ist es, die Durchführung einer Wahlkampagne zu gewährleisten, in deren Rahmen verschiedene Programme und verschiedene Kandidaten konkurrieren. Die NSZZ „Solidarność" wird mit aller Entschiedenheit darauf bestehen, daß die nächsten Wahlen zu den Nationalräten nach den vorgestellten Grundsätzen stattfinden. Zu diesem Zweck wird bis zum 31.12.81 ein Entwurf für eine neue Wahlordnung vorbereitet, der nach Konsultation mit den Gewerkschaftsmitgliedern dem Sejm vorgelegt wird.

Die Organe der territorialen Selbstverwaltung müssen die Berechtigung zu Entscheidungen über die Gesamtheit lokaler Angelegenheiten erhalten, in deren Bereich sie einzig und allein der gesetzlich geregelten Aufsicht staatlicher Organe unterliegen können, die die Einhaltung der Gesetze kontrollieren. Im

Falle von Streitigkeiten zwischen der Selbstverwaltung und der staatlichen Administration muß darüber ein Gericht entscheiden. Die territoriale Selbstverwaltung muß das Recht haben, wirtschaftliche Aktivitäten durchzuführen. Unerläßlich ist auch die Möglichkeit, daß zwischen den Selbstverwaltungsorganen Übereinkommen abgeschlossen werden. Zur Realisierung ihrer Aufgaben müssen die Selbstverwaltungen einen öffentlich-rechtlichen Charakter besitzen und über einen eigenen Etat verfügen (kommunale Steuern).

Der erste Kongreß der NSZZ „Solidarność" verpflichtet die Landeskommission, einen Gesetzentwurf über die territoriale Selbstverwaltung auszuarbeiten, der die oben erwähnten Grundsätze enthält. Er wird − wie der Gesetzentwurf über die Wahlordnung − beraten und anschließend dem Sejm vorgelegt werden.

Die NSZZ „Solidarność" wird ebenfalls Selbstverwaltungsinitiativen unterstützen, insbesondere Selbsthilfeaktionen im Kampf gegen die sich verstärkende Krise.

These 22:
Selbstverwaltete Strukturen und Körperschaften müssen Vertretungen auf der höchsten Ebene der staatlichen Organe erreichen.

1. Es ist notwendig, der Gewerkschaft das Recht auf Gesetzesinitiativen zuzuerkennen.

2. Wir werden danach streben, daß der Sejm die Rolle des höchsten Organs im Staat wiedererlangt und daß eine Änderung der Wahlordnung es allen politischen Parteien, gesellschaftlichen Organisationen und Bürgergruppen ermöglicht, ungehindert Kandidaten aufzustellen. Damit würde ein allgemein anerkannter Vertretungscharakter des Sejm wiederhergestellt werden.

3. Wir halten es für zweckmäßig, die Einrichtung einer Selbstverwaltungskörperschaft auf der Ebene der obersten staatlichen Organe zu prüfen (Selbstverwaltungskammer oder sozial-ökonomische Kammer). Ihre Aufgabe würde darin bestehen, die Verwirklichung des wirtschaftlichen Reformprogramms und der Wirtschaftspolitik sowie entsprechende Institutionen auf niedriger Ebene zu kontrollieren.

These 23:
Das System muß die bürgerlichen Grundfreiheiten garantieren, den Grundsatz der Gleichheit vor dem Gesetz für alle Bürger und alle Institutionen des öffentlichen Lebens respektieren.

Das verlangt:

1. die Realisierung der Grundsätze der auch von Polen ratifizierten Verordnungen internationaler Konventionen, insbesondere der internationalen Charta der Menschenrechte. Die Garantie dafür sehen wir in der Ratifizierung des nicht verbindlichen Protokolls zum Internationalen Abkommen über die bürgerlichen und politischen Rechte, das eine internationale Kontrolle über die Ausführung der Verordnungen des Abkommens vorsieht;

2. die ausdrückliche Feststellung des Grundsatzes der Gleichheit aller Bürger, unabhängig von ihren Anschauungen, politischen Ansichten und Zugehörigkeit zu Organisationen, in der Verfassung;

3. die Unterordnung sämtlicher Bereiche des öffentlichen Lebens, auch der politischen und gesellschaftlichen Organisationen, unter die Rechtsordnung. Es ist daher eine Änderung der verfassungsmäßigen Regeln notwendig,

die den Rechtsstatus dieser Organisationen sowie ihr Rechtsverhältnis zum Sejm und zu anderen Organen der Regierungsadministration betreffen;

4. die Berufung eines unabhängigen Verfassungsgerichts (oder einer entsprechenden Obersten Gerichtskammer), dessen Aufgabe es sein wird, über die Übereinstimmung von Gesetzen mit der Verfassung und die Übereinstimmung von Handlungen untergeordneter Gerichte mit den Gesetzen zu urteilen. In gleicher Weise muß die Übereinstimmung innerstaatlicher Gesetze mit den ratifizierten Konventionen der internationalen Charta der Menschenrechte überprüft werden;

5. die Novellierung der Verordnungen des Versammlungsrechts, des Koalitionsrechts auf Vereinigung und des Paßrechts (im Paßgesetz muß das Recht auf freie Wahl des Wohnortes außerhalb der Landesgrenzen und auf Rückkehr nach Polen enthalten sein). Entscheidungen, die die bürgerliche Freiheit einschränken, müssen der gerichtlichen Kontrolle unterstellt sein;

6. die Herstellung der völligen Öffentlichkeit im öffentlichen Leben und der Zugang des Bürgers zu den Dokumenten der Regierungsadministration. Die Einschränkung der Öffentlichkeit im öffentlichen Leben und des Zugangs zu den Dokumenten muß durch ein Gesetz klar bestimmt sein.

These 24:
Das Gerichtswesen muß unabhängig sein, und die Exekutivorgane müssen der gesellschaftlichen Kontrolle unterstellt werden.
Zur Realisierung dessen ist notwendig:
1. eine tiefgehende Reform des Gerichtswesens und die unbedingte Durchführung des Grundsatzes seiner Unabhängigkeit.
Die Garantie dafür ist:
a) die Einführung der richterlichen Selbstverwaltung, die u.a. die entscheidende Stimme bei der Berufung von Richtern und bei der Ernennung des Vorsitzenden des Gerichts hat;
b) die Anerkennung der Unabhängigkeit richterlicher Funktion von jedwedem anderen öffentlichen Dienst – insbesondere von politischen Organisationen –, der Nichtübertragbarkeit des Amtes und der Unabsetzbarkeit der Richter, die einzig und allein durch ein Disziplinarverfahren oder aus gesundheitlichen Gründen entlassen werden können.

Die Garantie dafür muß in der Novellierung des Gesetzes über das System der allgemeinen Gerichte und im Gesetz über das Oberste Gericht festgeschrieben sein.

Diese Gesetze müssen darüber hinaus die Möglichkeit sichern, einen Richter auf Antrag der Allgemeinen Versammlung der Richter nach Ablauf eines Jahres nach Inkrafttreten der Gesetze abzuberufen.

Im Obersten Gericht ist es darüber hinaus notwendig, die Berufung der Richter für die Dauer einer Sitzungsperiode abzuschaffen;
c) die Berufung von Schöffen und Mitgliedern der „Kollegien für Rechtsverletzungen" durch unmittelbare Wahlen, um die Teilnahme der Gesellschaft an der Rechtspflege zu erhöhen;

2. Die Abschaffung des Staatlichen Wirtschaftsgerichts und die Übertragung von Wirtschaftsstreitigkeiten an die gerichtliche Rechtsprechung;

3. die institutionelle Garantie für das rechtmäßige Funktionieren der Rechtspflegeorgane durch
a) die Wiedereinführung der Institution des unabhängigen Untersuchungs-

richters, der zur Zusammensetzung des jeweiligen Gerichts gehört; die Durchführung der Untersuchung und Entscheidung u.a. über eine vorläufige Inhaftierung müssen ausschließlich in seinen Zuständigkeitsbereich fallen;
b) die Beschränkung der Staatsanwaltschaft im Strafprozeß auf die Funktion des öffentlichen Anklägers und ihre Unterstellung unter den Justizminister. Dem Staatsanwalt muß bei der Beschlußfassung in den von ihm geleiteten Angelegenheiten Unabhängigkeit garantiert werden;
c) die Zusicherung vollkommener Unabhängigkeit für die Rechtsanwälte. Die Verteidiger müssen das Recht haben, unabhängig von der Einwilligung der Untersuchungsorgane an der Prozeßvorbereitung teilzunehmen;
d) die Herausnahme von Strafsachen, in denen Arrest- oder Freiheitsstrafen drohen, aus der Zuständigkeit der „Kollegien für Rechtsverletzungen" und Übertragung dieser Fälle an ein ordentliches Gericht; die Aufsicht über die Kollegien muß der Justizminister ausüben;
4. ein Gesetz über die Bürgermiliz, das diese ausschließlich zur Erhaltung der gesellschaftlichen Ordnung bestimmt und sie daran hindert, in das politische Leben einzugreifen. Die Verbindung dieser Funktionen ist der Grund für die weitgehenden Auswüchse der Miliz. Es muß ein gesondertes Gesetz über den Sicherheitsdienst herausgegeben werden. Beide Gesetze müssen den Kompetenzbereich der betreffenden Organe und die Art und Weise der gesellschaftlichen Kontrolle über ihre Handlungen festlegen.
5. Im Bereich des Strafvollzugs fordern wir eine gesonderte Regelung für die politischen Gefangenen, eine eindeutige Bestimmung der Rechte und Pflichten für alle Gefangenen und die Unterstellung der Gefängnisse unter gesellschaftliche Kontrolle. Die „Zentren für gesellschaftliche Eingliederung" müssen unbedingt abgeschafft werden.

These 25:
Im rechtsstaatlichen Polen kann niemand wegen seiner Überzeugung verfolgt oder zu Handlungen gezwungen werden, die nicht mit seinem Gewissen übereinstimmen.
Die Gewerkschaft drückt auf der Grundlage von Punkt 4 des Danziger Übereinkommens ihren Willen und ihre Bereitschaft aus, für die Verteidigung von Personen einzutreten, die wegen politischer Äußerungen verfolgt werden. Wir werden fordern, daß die Beschlüsse des Warschauer Übereinkommens in dem Teil realisiert werden, der die Freilassung politischer Gefangener und die Amnestie für jene Personen vorsieht, gegen die Strafverfahren wegen ihrer oppositionellen Tätigkeit laufen. Im Falle von Repressionsmaßnahmen, die gegen Gewerkschaftsaktivisten gerichtet sind, werden alle für ihre Verteidigung zugänglichen Mittel angewandt.
Bei den notwendigen Änderungen des Strafgesetzes und der Strafprozeßordnung sprechen wir uns für die Streichung derjenigen Vorschriften aus, mit denen Ideen und politische Gedanken, die von denen von Partei und Regierung abweichen, strafrechtlich verfolgt werden. Die Dauer einer vorläufigen Festnahme muß auf 24 Stunden begrenzt werden, die Rechtmäßigkeit ihrer Durchführung muß von einem Untersuchungsrichter kontrolliert werden, so daß die Fälle ausgeschlossen werden, in denen eine vorläufige Festnahme zum Mittel der Repression wird.
Niemand kann gezwungen werden, Handlungen auszuüben, die seiner Überzeugung widersprechen. Für Personen, denen ihre Überzeugung und Glau-

bensgrundsätze den Militärdienst mit der Waffe verbieten, muß die Möglichkeit geschaffen werden, daß sie statt dessen eine andere Tätigkeit im öffentlichen Dienst ableisten. Die Gewerkschaft wird die wegen ihrer gewerkschaftlichen, politischen und gesellschaftlichen Aktivitäten Verfolgten verteidigen.

These 26:
Personen, die schuldig sind, das Land in den Niedergang geführt zu haben, müssen zur Rechenschaft gezogen werden.
Wir fordern die Aufdeckung und die öffentliche Bekanntgabe der Schuldigen, die 1956 in Poznań und 1970 an der Küste auf Arbeiter schießen und sie verfolgen ließen; das betrifft auch die Schuldigen für die brutalen Handlungen der Miliz gegen Studenten im Jahre 1968 und gegen die Bevölkerung von Ursus und Radom im Jahre 1976. Das betrifft gleichermaßen die Provokationen von Bydgoszcz (Bromberg). Diese Personen müssen mit der ganzen Härte des Gesetzes bestraft werden.

In gleicher Weise müssen diejenigen, die durch ihre Tätigkeit in den Jahren 1970 bis 1980 das Land in den wirtschaftlichen Ruin geführt haben, behandelt werden. Personen, die höchste Leitungsfunktionen in Partei und Staat ausüben, können der Verantwortung nicht entzogen werden.

Der Grundsatz der Gleichheit vor dem Gesetz, das elementare Gerechtigkeitsempfinden zwingen die Gewerkschaft dazu, kategorisch die Erfüllung dieser Forderungen zu verlangen. Falls bis zum 31.12.1981 nicht mit strafrechtlichen Verfahren in den erwähnten Angelegenheiten begonnen wurde, beruft die Landeskommission ein gesellschaftliches Tribunal, das nach einer öffentlichen Untersuchung der Angelegenheit ein Urteil fällt.

These 27:
Den polnischen Kindern und Jugendlichen müssen für ihre physische und moralische Entwicklung entprechende Bedingungen zugesichert werden.
Die Erziehung unserer Kinder muß in unseren Händen liegen. Die Gewerkschaft wird sich entschieden der Unterordnung des Bildungs- und Erziehungssystems unter die ökonomischen und ideologischen Interessen von Staats- und Parteibehörden widersetzen.

Wir werden für den ungehinderten Zugang der Kinder und Jugendlichen zur nationalen und zur Weltkultur, für gleiche Chancen in der Entwicklung jedes Kindes, für seine Erziehung in Wahrheit und in Achtung vor dem menschlichen Individuum kämpfen.

Die Gewerkschaft wird sich einsetzen für:
— Maßnahmen, die auf eine völlige Befriedigung der Bedürfnisse der Kinder aus Familien mit niedrigem Einkommen und auf eine Erleichterung des Lebensstarts für Jugendliche, die aus Schichten und Regionen mit unzureichender Erziehung und Bildung kommen, gerichtet sind;
— Maßnahmen, die auf eine Verbesserung des Fürsorgesystems für Kinder gerichtet sind, die keine Familie mehr haben, sowie für Kinder, die der besonderen Fürsorge bedürfen;
— Initiativen, die auf eine Vervollkommnung des Vorsorgesystems und die Bekämpfung krankhafter gesellschaftlicher Erscheinungen wie Jugendalkoholismus, Drogengebrauch und Nikotingenuß gerichtet sind;
— eine Selbstverwaltung unter den Jugendlichen und ihre Selbstorganisation in Vereinen und Verbänden;

– alle unabhängigen Initiativen, die neue Kultur- und Erziehungsstätten schaffen, die der Befriedigung tatsächlicher gesellschaftlicher Bedürfnisse dienen.

Die Gewerkschaft wird sich für die wirkliche Einflußnahme der Eltern auf Inhalte und Formen der Bildung und Erziehung ihrer Kinder in den Bildungs- und Erziehungsstätten ebenso wie auf die Massenmedien einsetzen.

Bei der Landeskommission und bei den Regionalvorständen muß eine Kammer für Jugendangelegenheiten eingerichtet werden.

These 28:
Kultur und Bildung müssen für jeden zugänglich sein, sie erfordern Schutz und Unterstützung durch die Gewerkschaft.

1. Kultur und Bildung dürfen nicht dazu benutzt werden, einheitliche Meinungen durchzusetzen und Unterwürfigkeit und Untätigkeit zu produzieren.

2. „Die Geschichte unserer Nation hat bewiesen, daß sie, die vielmals zum Tode Verurteilte, überlebte und ihre Identität nicht durch physische Gewalt bewahrte, sondern ausschließlich durch die Besinnung auf ihre Kultur." (Johannes Paul II.) Deshalb muß die derzeitige Politik der Herrschenden, die Kultur und Erziehung in einen katastrophalen Zustand geführt hat, geändert werden.

Ziel der wirtschaftlichen und gesellschaftlichen Reformen muß nicht nur die Verbesserung der materiellen Bedingungen sein, sondern auch die Entwicklung der Kultur und der Bildung. Wir wollen nicht nur essen, sondern auch in würdiger und aufgeklärter Weise leben.

3. Angesichts der Zerstörungen in der Kultur und im Erziehungswesen und der wachsenden Wirtschaftskrise wird die Gewerkschaft einen Plan ausarbeiten, der zum Ziel hat:
a) die Verabschiedung neuer und den Bedürfnissen der Gesellschaft entsprechender Gesetze durch den Sejm über die Volkserziehung, das höhere Schulwesen, die Presse und das Verlagswesen;
b) die Beseitigung bestehender und schädlicher organisationsrechtlicher Bestimmungen (z.B. die Verordnung über das Zehnjahresprogramm, die zentrale Steuerung von Bildung und Kultur, die Veränderungen in den Bestimmungen für Schulgebäude);
c) die Unterstützung jeder Initiative zur aktiven Teilnahme am kulturellen Leben und Öffnung der Kultur für die am stärksten vernachlässigten Regionen;
d) ausreichende Finanzmittel für Erziehung und Wissenschaft durch entsprechende Aufteilung des gesamten Volkseinkommens und durch Schaffung anderer Finanzierungsquellen als der staatlichen Zuwendungen zu gewinnen. Insbesondere sollten kulturelle Einrichtungen so weit wie möglich – und so lange das nicht zu gesellschaftlichen Verlusten führt – finanziell autark sein;
e) die Initiierung eines gesellschaftlichen Fonds der nationalen Kultur (der an die Tradition der Mianowski-Kassen anknüpft).

4. Dieser Plan muß Teil eines breiten gesellschaftlichen Programms zur Rettung von Kultur und Bildung sein, der in Zusammenarbeit mit den regionalen Selbstverwaltungsorganen, gesellschaftlichen Organisationen, künstlerischen und wissenschaftlichen Vereinigungen geschaffen wird. Die Gewerkschaft würde die Übernahme der Rolle eines Förderers von Kultur und Kunst durch die lokalen Selbstverwaltungen unterstützen.

5. Die gewerkschaftlichen Aktivitäten im Bereich der Kultur und Erziehung werden durch den Gewerkschaftlichen Kulturrat und den Gewerkschaftlichen Rat für Volkserziehung, die durch die Landeskommission berufen wurden, koordiniert.

These 29:
Die Gewerkschaft wird alle unabhängigen Aktivitäten unterstützen und verteidigen, die auf die Selbstverwaltung in Kultur und Erziehung gerichtet sind.
Einer der wichtigsten Gründe für die heutige Krise in Kultur und Erziehung ist das staatliche Monopol auf diesen Gebieten. Die Gesellschaft muß Hüterin der eigenen Kultur und Erziehung werden.
Der Staat muß die rechtlichen, finanziellen und organisatorischen Mittel sichern, die notwendig sind, um schöpferische und von der Gesellschaft anerkannte Ziele und Werte zu verwirklichen.

1. Die Gesellschaft wird gesellschaftliche und unabhängige Aktivitäten im Bereich der Erziehung, Kultur und Kunst, Bestrebungen verschiedener Gruppen und Organisationen zur Schaffung eigener kultureller, künstlerischer, Bildungs- und Erziehungsstätten unterstützen und verteidigen. Sie wird mit den selbstverwalteten künstlerischen und wissenschaftlichen Vereinigungen zusammenarbeiten.

2. Die Gewerkschaft erkennt die Notwendigkeit einer wirklichen Autonomie der Kultur- und Erziehungsstätten und der gesellschaftlichen Kontrolle über diese an.

3. Es ist notwendig, das technische Kulturniveau durch freie schöpferische Aktivitäten der Ingenieure und Techniker anzuheben. Die Gewerkschaft wird die Gründung und Aktivitäten unabhängiger technischer Vereinigungen und einer Rationalisatorenbewegung unterstützen.

4. Mit der Bestimmung der Kultur- und Erziehungspolitik und der Gründung von Fonds für diesen Zweck sollten sich autonome gesellschaftliche Organe auf den entsprechenden Ebenen beschäftigen (wie z.B. die Gesellschaftliche Kommission für Volkserziehung oder der Gesellschaftliche Kulturrat), die von der gesamten Gesellschaft akzeptiert werden. Die staatliche Administration darf einzig und allein eine Hilfsfunktion ausüben.

5. Die Gewerkschaft wird eigene kulturelle und wissenschaftliche Institutionen schaffen. Es wird ein eigener Verlag unter Ausnutzung der drucktechnischen Basis des ehemaligen CRZZ (Centralna Rada Zwiazków Zawodowych = Zentralrat der (alten) Gewerkschaft) gegründet und es werden Vorbereitungen getroffen werden, eine eigene unabhängige Universität zu gründen.

These 30:
Die Gewerkschaft wird die Freiheit der wissenschaftlichen Forschung und die Selbstverwaltung der wissenschaftlichen Einrichtungen unterstützen.
Die Unterordnung der Wissenschaft unter politische Anschauungen bewirkte, daß sie nicht wirksam der gesellschaftlichen und wirtschaftlichen Krise entgegenarbeiten konnte. Die Gewerkschaft erwartet von den wissenschaftlichen Zentren fachliche und aufrichtige Hilfe für die Realisierung ihres Programms. Sie wird daher die Bestrebungen der wissenschaftlichen Zentren unterstützen,

1. Selbstverwaltung und Unabhängigkeit von administrativen und politischen Kräften für die Wissenschaft zugesichert zu bekommen;
2. Bedingungen zu schaffen, um die Ergebnisse von Forschungsarbeiten im

gesellschaftlichen, kulturellen und wirtschaftlichen Leben des Landes anzuwenden;

3. Forschungen über die Bedrohung des Lebens und der Gesundheit der Menschen in den Betrieben und in den Wohnorten aufzunehmen.

Darüber hinaus muß nach Möglichkeiten zur Erhaltung des wissenschaftlichen Potentials gesucht werden (wissenschaftliche Kader, Apparaturen, Zeitschriften und wissenschaftliche Bücher), das durch die derzeitige Krise und die Kosten der Wirtschaftsreform bedroht ist.

These 31:
Die Gewerkschaft wird gegen die Verlogenheit in allen Lebensbereichen kämpfen, da die Gesellschaft mit der Wahrheit leben will und auch das Recht dazu hat.
Die Wahrheit zu sagen und zu schreiben ist für die Entwicklung des gesellschaftlichen Bewußtseins und für die Erhaltung der nationalen Identität notwendig. Um unsere Zukunft besser aufbauen zu können, müssen wir die Wahrheit über unsere Gegenwart kennen.

1. Zensur in den Massenmedien halten wir für schlecht, wir sind mit ihr nur vorübergehend und nur, wenn es notwendig ist, einverstanden. Wir erkennen eine Zensur in Wissenschaft und Kunst nicht an. Eine Zensur kann ebenfalls nicht akzeptiert werden für das Recht des Volkes, seine Geschichte und Literatur kennenzulernen. Jeder Mißbrauch der Zensur wird auf Widerstand der Gewerkschaft stoßen.

2. Ein gefährliches Instrument der Lüge ist die Sprache der Propaganda, die unseren täglichen Gedanken- und Gefühlsäußerungen Schaden zufügt. Die Gewerkschaft wird sich dafür einsetzen, daß die Gesellschaft zu ihrer Sprache zurückkehrt, die eine wahrhaftige Verständigung zwischen den Menschen ermöglicht.

3. Die Gewerkschaft wird die Entwicklung unabhängiger Verlage unterstützen, da es allein durch ihre Aktivitäten möglich ist, die Wahrheit zu verbreiten und die Beschränkung der Zensur zu durchbrechen.

4. Die Auswirkungen der Zensur auf unsere Kultur und Geschichte sind katastrophal. Die Gewerkschaft ist verpflichtet, alle Aktivitäten zu unterstützen, die der Wahrheitsfindung in unserer Geschichte und Kultur dienen.

5. Eines der uns zugänglichen Mittel zur Verbreitung der Wahrheit über uns ist das gewerkschaftliche Bildungs- und Verlagswesen; mit ihm werden wir Wissen vermitteln und Kenntnisse über die von den staatlichen Lehrplänen ausgelassenen oder gefälschten Inhalte verbreiten.

6. Die Gewerkschaft wird unabhängige Initiativen von Kriegsteilnehmern unterstützen, die danach streben, die nationale Geschichte von Lügen zu befreien und die tatsächlichen Verdienste der Menschen deutlich zu machen, die ihre Gesundheit und ihr Leben im Kampf um die Unabhängigkeit und Souveränität Polens gaben.

These 32:
Die Mittel für die gesellschaftliche Kommunikation sind Eigentum der Gesellschaft, müssen der gesamten Gesellschaft dienen und unter ihrer Kontrolle stehen.
Der von der Gewerkschaft geführte Kampf um den Zugang zu den Massenmedien ist ein Kampf um die Wahrheit für die gesamte Gesellschaft.

Die Gewerkschaft fordert die Einhaltung des Verfassungsgrundsatzes der Rede- und Pressefreiheit.

1. Die Gewerkschaft hält es für unzulässig, den Empfang von Informationen durch Störung von ausländischen Rundfunksendungen zu behindern, Verlagserzeugnisse zurückzuhalten, Plakate abzureißen usw.

2. Die Gewerkschaft nimmt an der Ausarbeitung eines Gesetzentwurfs für Veröffentlichungen teil, der alle Mittel der gesellschaftlichen Kommunikation erfassen sollte. Der Kongreß verpflichtet die Gewerkschaftsorgane zu einer entschiedenen Unterstützung eines allgemein akzeptierten Gesetzentwurfs.

3. Die Gewerkschaft wird konsequent die Anerkennung und Realisierung des Rechts der Bürger und ihrer Organisationen verfolgen, Verlagshäuser zu besitzen und Zugang zum Rundfunk und Fernsehen zu erhalten. Im Fall von Organisationen ergibt sich ihr Anteil daran aus der Größe und der tatsächlichen gesellschaftlichen Bedeutung. Notwendig ist die gesellschaftliche Kontrolle über die Papierzuteilung, die Druckereien, die Sendezeit und den Zugang zum technischen Apparat von Rundfunk und Fernsehen.

4. Die Gewerkschaft wendet sich gegen jede Form der Informationsmonopolisierung. Die Gewerkschaft fordert die Aufhebung des Monopols der staatlichen Administration über Rundfunk und Fernsehen, das gegen die Verfassung der VR Polen verstößt; sie verlangt ebenso eine Änderung des Gesetzes aus dem Jahre 1960 über das Rundfunk- und Fernseh-Komitee. Die Gewerkschaft unternimmt Schritte, um die Errichtung einer tatsächlichen gesellschaftlichen Kontrolle über Rundfunk und Fernsehen durchzuführen. Dazu soll eine Verwaltungskörperschaft berufen werden, in der die Regierung, politische Parteien, Gewerkschaften, konfessionelle Vereinigungen, gesellschaftliche Organisationen, Künstlervereinigungen und die Selbstverwaltung der in Rundfunk und Fernsehen Beschäftigten, die das Programm erstellen und aussenden, vertreten sind.

5. Die bisherigen Aktivitäten der Gewerkschaft für einen Zugang der NSZZ „Solidarność" zu den Massenmedien war nicht ausreichend. Wir verlangen die schnellstmögliche Anwendung der unterzeichneten Vereinbarungen bezüglich der Massenmedien durch die Landeskommission der NSZZ „Solidarność". Gleichzeitig fordern wir, sowohl auf zentraler als auch auf regionaler Ebene, selbständige „Solidarność"-Redaktionen innerhalb der Rundfunk- und Fernsehstrukturen zu schaffen.

6. Die Gewerkschaft wird ihren Mitgliedern Schutz zukommen lassen, die in den Einrichtungen der Massenmedien beschäftigt sind und als Journalisten die Grundsätze der Glaubwürdigkeit und wahrheitsgetreuen Information befolgen. Wir erkennen das Recht eines Redaktionskollegiums an, an Entscheidungen über die Benennung und Entlassung von leitenden Redakteuren teilzunehmen.

7. Die Gewerkschaft wird eine eigene Informations-, Foto-, Videofilm-, Film-, Schallplatten- und Presse-Agentur schaffen. Die Organe der Gewerkschaft sollen sich darum bemühen, eine zentrale Presse- und Informationsagentur nach allgemeinen Grundsätzen aufzubauen.

8. Es soll ein Rat für Massenmedien bei der Landeskommission einberufen werden.

9. Entsprechend Art. 83, Abs. 2 der Verfassung der VR Polen fordert die Gewerkschaft die Möglichkeit, einen eigenen Rundfunksender in Betrieb nehmen und eigene Programme senden zu können.

10. Im Kampf um den Zugang zu Rundfunk und Fernsehen und um die Reform der Massenmedien wird die Gewerkschaft alle in ihren Statuten vorgesehenen Mittel anwenden.

VII. Unsere Gewerkschaft

Fundament des gewerkschaftlichen Lebens ist die Demokratie, die sich auf die Unterordnung unter den Willen der Mehrheit bei Wahrung der Achtung für die Ansichten der Minderheit stützt, auf die Unterordnung unter Entscheidungen der Gewerkschaftsorgane, die entsprechend dem Grundsatz gefaßt werden, die Einheit im Handeln zu garantieren. Grundlegendes Dokument, das die Regeln der Demokratie in der Gewerkschaft bestimmt, ist das Statut. Bei seiner praktischen Auslegung gehen wir davon aus, daß jene Aktivitäten erlaubt sind, die nicht ausdrücklich verboten sind. Das erlaubt die Bereicherung des gewerkschaftlichen Lebens um neue Aktionsformen.

Unter Beachtung des Grundsatzes, unterschiedliche Ansichten zu tolerieren, müssen die Organe der Gewerkschaft und alle ihre Mitglieder zusammen entschieden gegen eine Verletzung der Statuten auftreten.

Demokratie im Innern, Disziplin im Handeln und Ehrlichkeit ihrer Mitglieder machen die Stärke der Gewerkschaft aus.

These 33:
Die Mitglieder unserer Gewerkschaft haben das Recht auf unbeschränkte Meinungsäußerung und Willenskundgebung und auf freie Organisation für die Verwirklichung gemeinsamer Ziele.
Die Wirksamkeit des Handelns der Gewerkschaft hängt von den verschiedenartigen Verbindungen unter ihren Mitgliedern ab. Sie vergrößern den Bereich der Aktions- und Kampfformen, sichern die Authentizität unserer Bewegung und ihre Beteiligung an der Regelung der gesellschaftlichen Verhältnisse. Diese Verbindungen verlangen freien Meinungsaustausch und die Abstimmung der Positionen.

1. Regionen
Die grundlegenden Verbindungen zwischen den Mitgliedern der Gewerkschaft werden in den Betriebsorganisationen geschaffen. Die Betriebsorganisationen vereinen sich zu Regionen nach den Grundsätzen, die in den Statuten festgelegt wurden. Die Herausbildung der Regionen muß nach demokratischen Grundsätzen unter Kontrolle der Landeskommission erfolgen, so daß sie zur Entstehung territorial zusammenhängender Regionen führen und im Rahmen des Möglichen sich mit den staatlichen Verwaltungsgrenzen decken.

Es müssen so starke Regionen angestrebt werden, daß sie die entsprechende organisatorische und technische Basis für die in ihnen zusammengeschlossenen Betriebsorganisationen bilden können. Die Teilung von Woiwodschaften (Bezeichnung für regionale Verwaltungseinheiten) muß vermieden werden, weil das ein erfolgreiches Einwirken der Gewerkschaft auf die staatlichen Administrationsorgane verhindern würde.

2. Zwischengliederungen
Die Praxis des gewerkschaftlichen Lebens führte zur Entstehung verschieden-

artiger Zwischengliederungen zwischen den Betriebsorganisationen und den Regionalorganen.

Die Tätigkeit dieser Gliederungen müssen die Gewerkschaftsorgane organisatorisch, finanziell und technisch unterstützen. Hauptaufgabe der Zwischengliederungen ist die Unterstützung der Betriebskommissionen in den Bereichen Information, Beratung, Schulung usw., aber auch die Schaffung von Zentren gewerkschaftlichen Lebens, die lokale Verteidigung gesellschaftlicher Interessen und die Einwirkung auf die lokalen Organe der Regierung und der Administration.

3. Berufs-, Branchen- und andere Sektionen

Die Sektionen unterstützen und ergänzen die Tätigkeit der Gewerkschaftsorgane in der Verteidigung der Interessen verschiedener Gruppen von Arbeitern und Gewerkschaftsmitgliedern. Das darf nicht zur Verletzung der Interessen anderer Gruppen führen. Zu den Aufgaben der Sektionen gehören:
a) die Initiierung und Koordination der Arbeiten in ihrem jeweiligen Arbeitsbereich, insbesondere der Kollektivverträge,
b) die Interessenvertretung der entsprechenden Gruppe bei der Gewerkschaft,
c) das Auftreten in Vollmacht der Gewerkschaft gegenüber der staatlichen Administration.

Aus der bisherigen Praxis folgt, daß für die Lösung der Probleme einer bestimmten Sektion durch die Gewerkschaftsorgane eine breitere Teilnahme ihrer Vertreter als bisher notwendig ist.

4. Vereinbarungen

Vereinbarungen der Betriebskommissionen, von Mitgliedergruppen oder von einzelnen Mitgliedern, die außerhalb der in den Statuten vorgesehenen organisatorischen Formen handeln, tragen zur Ausweitung gewerkschaftlicher Initiativen bei. Sie können als programmatische, wirtschaftliche, gesellschaftliche Initiativgruppen handeln. Die Gewerkschaftsorgane schaffen für die verschiedenen Vereinbarungen die notwendigen Voraussetzungen. Sie müssen nicht als Organisatoren der Gruppen auftreten.

5. Mittel der Verständigung und Meinungsbildung

Die gewerkschaftlichen Informationsmittel sind der Hauptweg zur Verbreitung unverfälschter Nachrichten über die Ziele und Handlungsmethoden der Gewerkschaft und zur Formulierung der gewerkschaftlichen Standpunkte zu aktuellen gesellschaftlichen, wirtschaftlichen und politischen Problemen. Deshalb müssen sich die Organe der Gewerkschaften auch besonders um die Organisierung und um die technisch-materielle Basis von Informationen kümmern und die geeigneten Bedingungen für die Arbeit der Informationsdienste sichern. Man muß danach streben, daß das gewerkschaftliche Informationssystem hinsichtlich seiner Reichweite gegenüber den Medien, die vom Partei- und Staatsapparat monopolisiert werden, konkurrenzfähig wird.

Die wichtigsten Aufgaben in diesem Bereich sind heute:
a) Erhöhung der Auflage der *Tygodnik Solidarność* auf ungefähr eine Million,
b) die Gründung einer Tageszeitung für das gesamte Land,
c) soweit möglich die Herausgabe von regionalen Zeitungen,
d) die Herausgabe einer Zeitung und einer Wochenschrift für den internen Gebrauch in jeder Region,

e) die Sicherung geeigneter technischer Bedingungen zur Entwicklung eines gesamtpolnischen Informationssystems (täglicher Informationsdienst und Zusammenstellung publizistischer Materialien) in Anlehnung an bestehende Informationszentren (BIPS, AS = Informationsdienste der Gewerkschaft „Solidarność") und eines Netzes regionaler Informationsbüros,
f) Steigerung der regionalen Verbreitung (z.B. in Anlehnung an das System ABC (Informationsdienst) und Ausweitung anderer Nachrichtensysteme),
g) die Schaffung von Bibliotheken bei den Regionalverwaltungen und in den Betriebskommissionen.

Für ihre laufende Tätigkeit streben die Informationsdienste, die Presse und der Verlag von „Solidarność" ihre Eigenfinanzierung an.

Im Kampf um die Sicherung der Meinungsfreiheit muß die Gewerkschaft diese Grundsätze gegenüber den eigenen Informationsmitteln einhalten. Deshalb können auch die Instanzen der Gewerkschaft, denen die Redaktionen der Zeitungen und Verlage organisatorisch untergeordnet sind, nicht in die laufende Arbeit eingreifen und sollen ihnen die Freiheit im Rahmen der Redaktionspolitik lassen, mit der Ausnahme der völligen Verfügbarkeit in Zeiten einer besonderen Bedrohung für die Gewerkschaft (Protestaktionen, Streikvorbereitungen, Streik).

Eine Schulungs- und Bildungsarbeit, die durch Hochschulen verwirklicht werden soll, ist für die Gewerkschaft notwendig. Ziel dieser Aktivitäten ist, Wissen zu verbreiten, das frei von Fälschungen und Verschweigen ist, die Vergrößerung des Wissens der Funktionäre, die Anhebung staatsbürgerlichen Bewußtseins, die Anregung von gesellschaftlichen und schöpferischen Aktivitäten. Die Hochschulen sollen unterschiedliche Lehrmethoden verwenden: Vorlesungen, Schulungen, Seminare, Initiativclubs, Leseräume, Verlagstätigkeit. Das wird ihnen die Möglichkeit geben, alle Kreise zu erreichen, insbesondere die Betriebe. Die Hochschulen bewahren die Mannigfaltigkeit der angebotenen Programme und Methoden und tauschen untereinander Erfahrungen und Informationen aus. Die Tätigkeit der Hochschulen wird von Regionalverwaltungen oder den Betriebskommissionen finanziert.

Die Herstellung von Verbindungen zwischen allen Mitgliedern der Gewerkschaft, ihren Organen und Diensten ist die Hauptaufgabe der Informations- und Schulungs-, Meinungsbildungs- und Beratungstätigkeit. Diese Verbindungen werden den Rückhalt im gesamten Leben unserer Organisation auf dem Grundsatz der Meinungsfreiheit bei gleichzeitiger Einheit im Handeln begünstigen.

These 34:
Die Entscheidungen und Aktivitäten der gewerkschaftlichen Instanzen müssen sich auf die wirkliche Kenntnis der Meinungen und des Willens der Gewerkschaftsmitglieder stützen.

Die Gewerkschaftsmitglieder müssen einen wirklichen Einfluß auf die Aktivitäten der Gewerkschaftsorgane haben. Dieser Einfluß wird durch den Wahlmechanismus und die Äußerung von Meinungen in allen Fragen, die die Gewerkschaft betreffen, realisiert. Für eine wirkliche Meinungsbildung sind der Informationsfluß und die Transparenz im gewerkschaftlichen Leben notwendig.

1. Entscheidungen und Aktivitäten der Gewerkschaftsorgane
Die Gewerkschaftsorgane müssen sich von der Position der Mehrheit leiten lassen. Zur Sicherung der Transparenz im gewerkschaftlichen Leben müssen die Organe und Revisionskommissionen auf allen Ebenen die Mitglieder über ihre Arbeit durch die Veröffentlichung der Dokumente und besonders der Abschlußdokumente aus allen offiziellen Gesprächen und Verhandlungen informieren.

Die Landes- und Regionalorgane sind zur Zusammenarbeit mit den Zentren gesellschaftlich-beruflicher Tätigkeiten und mit den Branchen- und Berufssektionen verpflichtet. Die Mitglieder der gewerkschaftlichen Organe haben die Verpflichtung, sich regelmäßig mit ihren Wählern zu treffen.

2. Organisation der Programmarbeit
Das ordnungsgemäße Funktionieren der repräsentativen Demokratie setzt die Kenntnis über die Meinungen einer möglichst großen Zahl von Gewerkschaftern durch die Mitglieder der Gewerkschaftsorgane voraus. Den entsprechenden Meinungsaustausch und die Auswertung der Meinungen muß die organisierte Programmarbeit leisten. Bei der Landeskommission, den Regionalverwaltungen und den Betriebskommissionen müssen thematische Programm-Arbeitsgruppen arbeiten (z.B. Arbeitsgruppen für Lohnfragen, Fragen der Arbeitsbedingungen, für Beschäftigungsfragen), die sich aus Gewerkschaftsaktivisten und Experten zusammensetzen.

Gleichzeitig ist es notwendig, Zentren gesellschaftlich-beruflicher Tätigkeiten zu schaffen, deren Aufgaben die Erarbeitung von Studien, die Ausarbeitung von Expertisen und Programmen für die Gewerkschaft sind. Diese Zentren sollen selbständig unter der Kontrolle des Programmrates arbeiten, der sich aus wissenschaftlichen Autoritäten, Praktikern und Aktivisten zusammensetzt, die durch die Gewerkschaftsorgane berufen werden.

Auf der Grundlage der Forderungen und Konzepte, die von einzelnen gewerkschaftlichen Organisationen eingereicht wurden, und Materialien, die von den Zentren gesellschaftlich-beruflicher Tätigkeiten geliefert wurden, müssen die Programm-Arbeitsgruppen Probleme formulieren und an die Gewerkschaftsmitglieder weiterleiten.

Diese Arbeitsgruppen sollen auf der Grundlage des erhaltenen Materials
- laufend die Organe der Gewerkschaft und die Organe, denen sie für verschiedene Probleme konsultativ verbunden sind, über die Resonanz auf bestimmte Konzepte informieren,
- Empfehlungen für die gewerkschaftliche Informationstätigkeit und Propaganda ausarbeiten,
- Programme vorlegen, die von den Vertretungskörperschaften beraten werden.

Die so organisierte programmatische Arbeit soll
- den sachlichen Wert der getroffenen Entscheidungen erhöhen,
- die Betriebsorganisationen zur programmatischen Tätigkeit anregen.

3. Erforschung der Meinungen in den Betrieben
Gleichermaßen wichtig ist die Durchführung von Untersuchungen über die Meinungen in den Betrieben, auf Regionalebene, aber auch auf der Ebene der gesamten Gewerkschaft, die Methode der repräsentativen Umfragen. Zu diesen Untersuchungen werden die Zentren für gesellschaftlich-berufliche Tätig-

keit herangezogen. Die Durchführung dieser Art von Untersuchungen ist notwendig, um den Standpunkt der Gewerkschafter zu allen wesentlichen Problemen zu kennen. Das fördert die Richtigkeit und Schnelligkeit der getroffenen Entscheidungen und stärkt die Position der Gewerkschaft in den Verhandlungen.

Die Landeskommission muß die unerläßlichen Mittel für die Erforschung der Meinungen der Gewerkschaftsmitglieder zusichern.

4. Unmittelbare Demokratie

Außer der in den Statuten festgelegten Form der repräsentativen Demokratie können in der Gewerkschaft einige Formen der unmittelbaren Demokratie angewandt werden. Unter ihnen kommt dem Referendum hinsichtlich seiner möglichen Reichweite, damit auch dem Gewicht seiner Entscheidung oder der Stellungnahme, die im Referendum mit Erfolg angenommen wird, besondere Bedeutung zu. Diese Form kann auf den verschiedenen Ebenen der Gewerkschaft angewandt werden, wobei es immer, besonders aber auf der gesamtgewerkschaftlichen Ebene, genau überlegt angewendet werden muß. Die Entscheidung über die Durchführung des Referendums im überregionalen Bereich trifft die Landeskommission. Der Durchführung des Referendums muß eine Informationskampagne vorangehen, die die Darstellung der verschiedenen Positionen garantiert und eine offene Diskussion um die Probleme ermöglicht, um die es in dem Referendum geht.

Organe der Gewerkschaft, die sich vor einer Beschlußfassung auf Meinungen von Gewerkschaftern berufen wollen, müssen in jedem einzelnen Fall genau bestimmen, von wem und in welcher Weise sie diese Meinung erhalten wollen. In genauso ehrlicher Weise muß vorgegangen werden, wenn sie sich auf die Meinungen von Gewerkschaftern berufen.

These 35:
Die Realisierung der Interessen der Gewerkschaftsmitglieder als Arbeiter und Staatsbürger findet auf dem Wege der Verhandlungen und des Übereinkommens statt, und dort, wo sie fehlschlagen, auf dem Wege der Protestaktionen.
1. Bei der Verwirklichung der Bedürfnisse der Gewerkschaftsmitglieder müssen die Gewerkschaftsorgane an erster Stelle solche Mittel anwenden, die nicht die gesellschaftliche Ruhe verletzen. Grundlegende Handlungsweise ist die Unterbreitung von Ansichten und Vorschlägen der Mitglieder vor den entsprechenden Instanzen der Wirtschafts- und Staatsverwaltung und der Versuch, in Streitfragen zu einer Übereinstimmung in den Standpunkten durch gegenseitige Konsultationen, Arbeitstreffen usw. zu kommen. Wo bestehende Vorschriften den Einfluß von Gewerkschaftsmitgliedern auf Entscheidungen, die sie betreffen, nicht zusichern, sind die Gewerkschaftsorgane verpflichtet, Initiativen zu unternehmen, die auf eine Änderung dieser Vorschriften gerichtet sind.

2. Die Gewerkschaftsorgane haben die Verpflichtung, in Konfliktsituationen mit den zuständigen Organen der Wirtschafts- und der Staatsverwaltung Verhandlungen aufzunehmen, wenn die Entwicklung der Konflikte zeigt, daß eine Annäherung nicht möglich ist. Zur Führung der Gespräche berufen die Gewerkschaftsorgane eine Verhandlungskommission und bestimmen ihre Aufgaben und Kompetenzen. Die Verhandlungskommission besitzt ausschließlich die Berechtigung, Übereinkommen zu paraphieren, die sie anschließend den Gewerkschaftsorganen der zuständigen Ebene zur Bestätigung vorlegt. Die

Vorbereitung von Verhandlungen muß unter anderem umfassen: die Bekanntmachung mit den Meinungen der interessierten Mitglieder, die Bestimmung des Verhandlungsgegenstandes, der Ziele und der Taktik und auch die Feststellung der Konsequenzen der Verhandlungsgespräche. Die gewerkschaftliche Seite muß auf der Öffentlichkeit der geführten Gespräche bestehen. An den Gesprächen können Experten teilnehmen, deren Befugnis die Verhandlungskommission bestimmt.

Jedes Übereinkommen muß eine eindeutige Feststellung der Frist, der Art und Weise und der Bedingungen, unter denen die von beiden Seiten angenommenen Verpflichtungen ausgeführt werden, enthalten.

3. Wenn die Versuche für ein Übereinkommen fehlschlagen, können die Gewerkschaftsorgane Massenkundgebungen und Protestaktionen organisieren. Der Charakter dieser Aktionen (ökonomische, ökonomisch-politische, politische) hängt ab von den Anlässen, die sie hervorriefen, nicht vom Adressaten, gegen den sie gerichtet sind. Jede Aktion muß eindeutig festgelegte Ziele haben und solide organisatorisch vorbereitet werden, wobei die Möglichkeit, daß ihre Durchführung erschwert wird, berücksichtigt werden muß. Die Aktionen können den Charakter einer Manifestation des Standpunktes (um zu erreichen, daß Verhandlungen aufgenommen oder fortgeführt werden, aber auch, daß früher unterzeichnete Übereinkommen eingehalten werden) und einer Protestaktion (gegen ungünstige Entscheidungen oder gegen die Nichterfüllung abgeschlossener Übereinkommen) haben. Durch Warnstreiks müssen bestimmte Fristen für die Realisierung der Forderungen gesetzt werden und – wenn eine Warnung erste Folgen zeigt – muß das Datum für den Beginn einer geeigneten Protestaktion festgelegt werden. Sie hat die Entschiedenheit und die gesellschaftliche Unterstützung der Forderungen zum Ausdruck zu bringen. Zu diesem Typus von Aktionen gehören u.a. Boykottaktionen und Streiks. Streiks sind vor allem Protestaktionen. Mit Rücksicht auf die ökonomischen Verluste sind Streiks die letzte Form des Protestes. Jeder Streik muß einheitlich festgelegte Bedingungen für seinen Abbruch haben. Die Landesorgane müssen sich aufmerksam um die Vorbereitung von Anleitungen und Regelungen für die Verhandlungen und Protestaktionen kümmern. Darüber hinaus müssen die Organe jeder Ebene organisatorische Empfehlungen und Instruktionen ausarbeiten, die kurz- und längerfristige Handlungsformen der Gewerkschaft in Situationen der Bedrohung wie im Ausnahmezustand oder bei einer ausländischen Intervention bestimmen.

4. Entscheidungen über die Aufnahme von Verhandlungen und Protestaktionen, über den Umfang und die Höhe der Forderungen und über die Endbedingungen bei Übereinkommen müssen sich auf eine wirkliche Prüfung der Meinungen der Betroffenen stützen. Im Verlauf von Verhandlungen und Protestaktionen müssen die Mitglieder ständig konsultiert werden. Das geschieht, um zu gewährleisten, daß die von der Verhandlungskommission oder den Gewerkschaftsorganen beschlossenen Entscheidungen mit den Positionen und Stimmungen der Mitglieder übereinstimmen. Die Gewerkschaftsorgane sind verpflichtet, die Mitglieder über die Positionen beider Seiten und über die Folgen der nächsten Phase des Protestes oder der Verhandlungen umfassend zu unterrichten. Die Informations- und Propagandaaktivitäten müssen, insbesondere in Spannungszeiten, nicht nur an die Gewerkschaftsmitglieder, sondern auch an die gesamte Gesellschaft gerichtet werden. Indem sich die Gewerkschaft von gesellschaftlichen Interessen leiten läßt, muß sie sich um das allge-

meine Verständnis und um die Akzeptierung der Ziele, für die sie kämpft, kümmern.

5. Alle Mitglieder der Gewerkschaft verbinden grundlegende Ziele. Die Übereinstimmung in den Zielen ist die beste Garantie für ein gutes Zusammenleben der Mitglieder und Zusammenwirken der Gewerkschaftsinstanzen. Falls jedoch Streitigkeiten oder Konflikte entstehen, müssen sie auf dem Wege eines Übereinkommens und der Versöhnung gelöst werden. Im gut verstandenen Interesse der Gewerkschaft und sämtlicher Mitglieder liegt die Vermeidung einer administrativen oder gar disziplinarischen Lösung.

These 36:
Kontrolle und Kritik der gewerkschaftlichen Instanzen ist das Recht und die Pflicht eines jeden Mitglieds von „Solidarność".
Die Handlungen sämtlicher Organe der Gewerkschaft unterliegen einer permanenten Kontrolle. Voraussetzung dafür ist die Transparenz aller Aktivitäten, die von den Organen durchgeführt werden. Beschlüsse der gewerkschaftlichen Organe und die Berichte der Revisionskommissionen müssen veröffentlicht und schnell in der Gewerkschaft verbreitet werden.

Sämtliche Mitglieder der Gewerkschaft haben die volle Freiheit der Kritik an den Organen der Gewerkschaft. Dieses Recht kann auf Versammlungen und in der Presse genutzt werden. Den Kritisierten steht das Recht der Entgegnung zu.

Die Mitglieder und die Vertretungskörperschaften kontrollieren die Tätigkeit der leitenden gewerkschaftlichen Organe durch Anfrageinstitutionen, durch das Mißtrauens- und das Vertrauensvotum. Auf eine Anfrage muß in festgelegter Zeit geantwortet werden. Falls nach Ansicht des Interpellierenden die Antworten ungenügend sind, kann er den Antrag auf ein Mißtrauensvotum stellen. Im Fall, daß ein Mißtrauensvotum angenommen wird, muß das Mitglied des Gewerkschaftsorgans oder das entsprechende Gewerkschaftsorgan den Rücktritt von seiner Funktion anbieten. Er kann abgelehnt werden, und dann muß eine Lösung gefunden werden, indem gegebenenfalls eine besondere Kommission angerufen wird.

Die Kontrolle der gewerkschaftlichen Organe führt entsprechend den Statuten auch die Revisionskommission durch. Ihre Tätigkeit besteht darin, Informationen zu sammeln, sowie regelwidrige Handlungen und Methoden ihrer Verbesserung aufzuzeigen und zur Meinungsbildung in den Vertretungskörperschaften zu veröffentlichen.

VIII. Neues gesellschaftliches Übereinkommen

These 37:
„Solidarność" fordert ein neues gesellschaftliches Übereinkommen.
Die NSZZ „Solidarność" ist der Garant der gesellschaftlichen Übereinkommen aus dem Jahre 1980 und fordert ihre konsequente Realisierung. Es gibt keinen anderen Weg für die Rettung des Landes als die Realisierung des verfassungsmäßigen Grundsatzes von der Souveränität des Volkes.

Unsere Gewerkschaft legt ihr Programm in einem Augenblick fest, in dem dem Land eine Katastrophe droht. Es ist unmöglich, sich an ein Leben in der Krise zu gewöhnen, aus der Krise müssen wir heraus.

Anti-Krisen-Übereinkommen
Das Anti-Krisen-Übereinkommen muß der Gesellschaft das Überstehen der herannahenden schweren Wintermonate sichern. Wir müssen die Bedingungen für den Ausweg aus der Krise zeigen. Es muß die erste Prüfung des Zusammenwirkens der Herrschenden mit der Gesellschaft sein.

Übereinkommen zur Wirtschaftsreform
Das Übereinkommen in bezug auf die Wirtschaftsreform erfordert das Zusammenwirken der Herrschenden mit der Gesellschaft in Richtung auf eine radikale Änderung der bisherigen Wirtschaftsordnung. Die Reform muß die Verwaltung der Betriebe durch die Belegschaften in einem Wirtschaftssystem, das die Gesetze des Marktes mit einer vergesellschafteten Planung verbindet, garantieren.

Hunderte von der Regierung unterschriebene Übereinkommen standen nur auf dem Papier. Die von den Behörden abgegebenen Versprechen an die arbeitenden Menschen müssen realisiert werden.

Übereinkommen für eine selbstverwaltete Republik
Das Übereinkommen für eine selbstverwaltete Republik muß die Richtungen und Methoden für die Demokratisierung der Institutionen des öffentlichen Lebens angeben: für den Sejm, die politischen, territorialen und wirtschaftlichen Organe, das Rechtswesen, das Erziehungswesen usw. Die Realisierung dieses Übereinkommens bestimmt das eigentliche Verhältnis zwischen den Bürgern und dem Staat.

Der Weg zur selbstverwalteten Republik ist der einzige Weg, um Polen, im Innern stark, glaubwürdig zum gleichwertigen Partner für die anderen Nationen werden zu lassen.

Die Gewerkschaft betrachtet ein neues gesellschaftliches Übereinkommen als untrennbares Ganzes.

Das Handlungsprogramm der NSZZ „Solidarność" ist vor allem eine Verpflichtung, die die Gewerkschaft gegenüber dem Land übernommen hat. Wir rechnen damit, daß es von der Gesellschaft akzeptiert wird, daß keine Einzelinteressen von Individuen oder von Gruppen über die Interessen des Landes gestellt werden können. Wir sind nicht der Ansicht, daß wir das Monopol auf die Wahrheit haben. Wir sind zum Dialog bereit – ehrlich und loyal –, bereit, mit den Herrschenden zu reden, nach den richtigen Entscheidungen zu suchen, die dem Land am besten dienen und die die Interessen der arbeitenden Menschen und Bürger verwirklichen.

Das Übereinkommen soll als nationales, demokratisches und menschliches Übereinkommen gestaltet werden, so daß es uns verbindet und nicht trennt.

Die NSZZ „Solidarność" ist der Garant für das gesellschaftliche Übereinkommen des Jahres 1980 und fordert seine konsequente Realisierung. Es gibt keinen anderen Weg für die Rettung des Landes als die Realisierung der verfassungsmäßigen Grundsätze der Souveränität des Volkes.

(Aus: Tygodnik Solidarność, Nr. 29, 16.10.1981; korrigierte deutsche Übersetzung auf der Grundlage der französischen Übersetzung in: L'Alternative, Nr. 14, Jan./Febr. 1982, Paris, S. 13 ff. und der deutschen Übersetzung in: Sozialistisches Osteuropakomitee, Hrg., Osteuropa-Info, Nr. 4, Dezember 1981, Hamburg, S. 7 ff. - verglichen mit dem polnischen Original.)

DOKUMENT 38

Erklärung des „KOR" anläßlich seiner Selbstauflösung, 23. September 1981

Im Sommer 1976 starteten wir eine Hilfsaktion für polnische Arbeiter, die aufgrund ihrer Teilnahme an den Juni-Streiks des gleichen Jahres der Repression zum Opfer fielen. Zu diesem Zweck gründeten wir am 23. September das Komitee zur Verteidigung der Arbeiter (KOR). Wir waren damals eine Gruppe von Personen mit unterschiedlichen politischen und weltanschaulichen Ansichten. Was uns vereinte, war die Überzeugung, daß eine solidarische Aktion der Bevölkerung und die Schaffung unabhängiger Institutionen, die den Willen der gesellschaftlichen Gruppen ausdrücken und damit die Rechte des Bürgers wirksam verteidigen, das beste Mittel sei, um der Willkür Einhalt zu gebieten. Unser Handeln stützte sich auf den Grundsatz unveräußerlicher Menschenrechte und auf die Überzeugung, daß jede Gesellschaft die Pflicht hat, sich gegen Gewalt zu verteidigen. Während des Jahres 1977 haben wir Tausenden verhafteter, entlassener und von der Miliz mißhandelter Arbeiter materielle, juristische und medizinische Hilfe geleistet.

Nach der Freilassung der letzten verhafteten Arbeiter von Ursus und Radom im Sommer 1977 empfand das KOR die Notwendigkeit, seine Ziele und Forderungen auszuweiten, so daß es mit seiner Aktivität Menschen aller gesellschaftlichen Schichten und Kreise erreichen konnte, die ihrer Rechte und Möglichkeiten der Gegenwehr beraubt wurden. Das Komitee zur Verteidigung der Arbeiter benannte sich also um in „Komitee zur gesellschaftlichen Selbstverteidigung – ‚KOR'" und formulierte vier grundsätzliche Hauptziele:
– gegen die politische, weltanschauliche, religiöse und rassistische Repression zu kämpfen und den Opfern dieser Repression zu helfen;
– gegen die Verletzung der Legalität zu kämpfen und ihren Opfern zu helfen;
– für die institutionelle Sicherung der Menschen- und Bürgerrechte kämpfen;
– jede gesellschaftliche Initiative zu unterstützen und zu verteidigen, die beabsichtigt, die Menschen- und Bürgerrechte zu verwirklichen.

Die Kraft unserer Bewegung lag in der zwischenmenschlichen Solidarität. Die aufopfernde Hilfe seitens der Verteidiger der Menschen- und Bürgerrechte, insbesondere Hilfe seitens der Polen in der Emigration, schuf eine materielle Basis für unsere Aktivitäten – angefangen mit der Hilfe für jene, die ihre Arbeit verloren haben, bis zur Unterstützung vieler Initiativen größeren Ausmaßes.

Unsere Tätigkeit ist einzig durch die demokratische Bewegung Tausender von Mitarbeitern und Aktivisten, die sich um uns herum entwickelt hat, ermöglicht worden. Sie sind es, die Schikanen und Repressionen seitens der Miliz – Durchsuchungen, Verhaftungen und oft genug physische Gewalt – zum Trotz, unsere Dokumente und unsere Erkärungen vervielfältigten und verteilten, die die Informationen sammelten und uns übermittelten, die die unabhängige Presse organisierten und redigierten: das „Informationsbulletin", das „Informationsbulletin Niederschlesien", die „Stimme" (Glos), die „Kritik" (Krytyka), den „Puls" und den „Arbeiter" (Robotnik), bis zur berühmten NOWA-Verlagszentrale. Sie sind es, die Hunderttausende von Flugblättern verteilten, um der Bevölkerung die Notwendigkeit zu erklären, sich gegen die Willkür der Verfolgungs- und Justizorgane zu verteidigen. Sie sind es, die unzählige Kontakte zu den Arbeitern, den Bauern, den Studenten und Intellektuellen knüpften, die oft zu dauerhaften Verbindungen wurden. Sie sind es, die man vor die Gerichte und Strafgremien lud – jedoch nicht ihrer wirklichen Tätigkeit, sondern des Vandalismus und Parasitismus anklagte.

Dank ihrer haben wir ein Interventionsbüro einrichten können, dessen Hilfeleistungen den Opfern des Unrechts in ganz Polen zukamen. Dank ihrer konnten wir eine Informationsbank organisieren und so die Mauer des Schweigens und der Lüge um die Rechtsverletzung durchbrechen, die von einem Unterzeichnerstaat internationaler Übereinkommen über die Menschen- und Bürgerrechte begangen wurden. Dank ihrer konnten wir jahrelang die Aufgaben erfüllen, denen wir als Komitee zur gesellschaftlichen Selbstverteidigung dienten.

Wenn wir keine extremen Proben zu bestehen hatten, so vor allen Dingen deshalb, weil unsere Tätigkeit von der Bevölkerung unterstützt wurde. Wir verdanken viel dem verstorbenen Kardinal Stefan Wyszyński, dem Primas von Polen, der zu wiederholten Malen unsere Verteidigung übernommen hatte, ebenso zahlreichen Personen von unbestreitbarer moralischer Autorität aus der Welt der Wissenschaft und Kultur im In- und Ausland. Wir waren zutiefst überzeugt, daß nur eine offene Kampfansage an die Rechtslosigkeit die Niederlage dieses Unrechts einleiten konnte, und daß ihr einzig die Vereinigung der ganzen Gesellschaft zur Verteidigung ihrer Mitglieder gegen die Repression ein Ende setzten könnte.

Heute sind die unabhängigen gesellschaftlichen Institutionen mächtige Werkzeuge der gesellschaftlichen Selbstverteidigung geworden. Unter ihnen ist die Gewerkschaft Solidarność, die authentische Vertretung unserer Bevölkerung, das wichtigste.

Als wir vor fünf Jahren unseren offenen und ungleichen Kampf aufgenommen haben, konnten wir uns nicht vorstellen, daß unsere Vision von der Gesellschaft so schnell Gestalt annehmen würde: Die Vision einer Gesellschaft, die Eigenständigkeit, Selbstverwaltung, Gerechtigkeit, Kontrolle über die Wirtschaft und über die Entscheidungen der Staatsmacht, Demokratie und Transparenz im politischen Leben, grundlegende Ausweitung der Gedanken- und Meinungsfreiheit, der Meinungsäußerung, den Zugang zu den Informationsmedien fordert; eine Gesellschaft, die sich der Unterdrückung Andersdenkender widersetzt. Die Delegierten von Millionen Solidarność-Mitgliedern müssen diese Probleme, die für das Leben der polnischen Bürger von Bedeutung sind, auf höchster Ebene mit der Staatsmacht diskutieren können – wenn diese nur den unterzeichneten Verträgen treu bleibt.

Solidarność gründete und gründet immer noch Kommissionen und Instanzen, die sich damit befassen, womit sich bisher – im Rahmen seiner Kräfte – das Komitee für gesellschaftliche Selbstverteidigung – KOR befaßt hat. Mehrere Mitglieder oder Mitarbeiter des KOR sind jetzt in den Reihen der Solidarność; einige arbeiten als Experten mit, andere stellen ganz einfach ihre lange Erfahrung in ihren Dienst.

Wir sind überzeugt, daß alle, die früher den Zielen des KOR, danach des

KSS „KOR" nahestanden, Solidarność unterstützen und gemäß der eigenen Fähigkeiten und Talente in ihren Reihen oder in ihrer Unterstützung aktiv sein müssen. Wir sind davon überzeugt, daß die polnische Gesellschaft heute reif ist, um die Umwandlung unseres Landes in Angriff zu nehmen – verwüstet, wie es vom Totalitarismus, der Korruption und der Willkür der Staatsmacht wurde.

Unserer Ansicht nach ist es notwendig, heute in der Stunde ihres ersten Kongresses und ihrer ersten freien Wahlen Solidarność und ihre Kräfte mit dem Kampf für die Reform der polnischen res publica zu betrauen.

Heute, am fünften Jahrestag der Gründung des KOR betrachten wir unsere Tätigkeit als beendet. Niemand wird uns vorwerfen können, unsere Entscheidung unter dem Druck der Angriffe der polnischen und ausländischen Propaganda getroffen zu haben. Unsere Entscheidung ist durch die Werte diktiert worden, für die wir immer eingetreten sind: Rechtschaffenheit und Wahrheit.

Unter uns waren Menschen verschiedener Generationen, unterschiedlicher ideologischer Ansichten und unterschiedlicher Tradition. Wir waren vereint durch unsere Solidarität mit allen Opfern von Ungerechtigkeit und Gewalt. Im Bemühen, dieser Solidarität Ausdruck zu verleihen, achteten wir weder auf unsere persönliche Sicherheit noch auf politische Taktik noch auf die Person des Opfers. Wir wurden von der Überzeugung geleitet, daß die Achtung der Menschen- und Bürgerrechte eine Bedingung für den Frieden zwischen den Menschen und Nationen ist, von der Überzeugung, daß „es kein gerechtes Europa gibt, wenn es auf seiner Landkarte kein unabhängiges, gerechtes Polen gibt".

Wir haben uns in den Dienst der Freiheit Polens und seiner Staatsbürger entsprechend unserem Bewußtsein und unserer Sachkenntnis als Staatsbürger gestellt. Wir ließen uns leiten vom Ideal eines Polen, das einstmals auf seine Tradition der Toleranz und der Freiheit stolz sein konnte; eines Polen, das ein gemeinsames Vaterland der Polen, der Bjelorussen, der Litauer, der Ukrainer, der Juden, das Vaterland aller Bürger ungeachtet ihrer Sprache, ihrer Konfession und ihrer nationalen Herkunft war. Es kommt uns nicht zu, ein Urteil über unsere Arbeit zu fällen. Wir wünschen, daß sie dem großen nationalen Werk gedient hat, dem Aufbau eines unabhängigen, gerechten und demokratischen Polen.

Komitee für gesellschaftliche Selbstverteidigung – KOR

Jerzy Andrzejewski, Stanislaw Barańczak, Konrad Bieliński, Seweryn Blumsztajn, Bogdan Borusewicz, Andrzej Celiński, Miroslaw Chojecki, Ludwik Cohn, Jerzy Ficowski, Zbigniew Kamiński, Wieslaw Piotr Kecik, Jan Kielanowski, Leszek Kolakowski, Anka Kowalska, Jacek Kuroń, Edward Lipiński, Jan Józef Lipski, Jan Lityński, Antoni Macierewicz, Adam Michnik, Halina Mikolajska, Ewa Milewicz, Piotr Naimski, Wojciech Onyszkiewicz, Antoni Pajdak, Zbigniew Romaszewski, Józef Rybicki, Aniela Steinsbergowa, Józef Sreniowski, Maria Wosiek, Henryk Wujec, Jan Zieja

(Aus: Tygodnik Solidarność, Nr. 28, 9.10.1981; deutsche Übersetzung in: Werner Mackenbach, Hrg., Das KOR und der polnische Sommer, Hamburg 1982, S. 242 ff.)

DOKUMENT 39

Resolution der Ursus-Arbeiter an „KOR"

(28. September 1981)

Das Präsidium der NSZZ Solidarność der Maschinenfabrik Ursus versammelte sich am 28.9.1981 zu einer Sitzung anläßlich der Auflösung des Komitees für gesellschaftliche Selbstverteidigung − „KOR". Dabei wurde folgender Beschluß gefaßt:

Das KSS „KOR" − eine unmittelbar nach den Arbeiterprotesten von Ursus und Radom 1976 gegründete Organisation − vertrat und schützte in der gesamten Zeit seiner Tätigkeit unterdrückte Werktätige. Es protestierte gegen die Mißachtung der Demokratie und der von unserer Staatsführung in der Verfassung garantierten Bürgerrechte.

Die Tätigkeit der im KOR organisierten Menschen legte den Grundstein für einen moralischen Wiederaufbau unseres Volkes, dessen Erfolg die Entstehung der Solidarność war.

Heute überbringen wir allen, die das KOR gründeten und − in ihrer Aufgabe als Helfende − selbst schikaniert wurden, unsere herzlichsten Grüße als Arbeiter und Erfolgswünsche. So wie sie für Arbeiter eintraten, wird unsere Solidarität mit ihnen sein.

(Aus: Glos Wolny, Nr. 15, Gdańsk, 29.9.1981; Deutsche Übersetzung in: Werner Mackenbach, Hrg., Das KOR und der polnische Sommer, Hamburg 1982, S. 245 f.)

2. Die Herrschenden suchen die Konfrontation – Ablehnung des „Gesellschaftlichen Volkswirtschaftsrats", die Radomer Beschlüsse

Nur zwei Monate lagen zwischen diesen beiden Ereignissen: dem ersten nationalen Delegiertenkongreß, als sich für „Solidarność" eine neue Etappe in ihrer Geschichte anzubahnen schien, und dem Coup des Generals Jaruzelski, der für die Gewerkschaft eine entscheidende Niederlage bedeutete. Wie durch ein Brennglas zeigte dieser kurze Zeitabschnitt, wo die Stärken und Schwächen der polnischen Erneuerungsbewegung lagen, und vor welche Probleme sich jeder gesellschaftliche Emanzipationsversuch im System des realen Sozialismus gestellt sieht.

Der Kongreß hatte die programmatischen Vorstellungen von „Solidarność" auf drei Ebenen formuliert. Zunächst als Katalog von Antikrisenmaßnahmen, die Polen vor der drohenden Katastrophe bewahren und das Überstehen der herannahenden Wintermonate sichern sollten. Dann als Programm für die Wirtschaftsreform, die sich die Verwaltung der Betriebe durch die Belegschaften in einem System zum Ziel setzte, das die Gesetze des Marktes mit gesellschaftlicher Planung verbindet; über den konkreten Weg der Umgestaltung konnten sich die Delegierten allerdings nicht einigen. Und schließlich als strategisches Ziel: die selbstverwaltete polnische Republik, in die alle Bemühungen um Demokratisierung des gesellschaftlichen Lebens münden sollten.

Das herrschende System war somit in wesentlichen politischen Fragen herausgefordert. Durch die weitere Entfaltung der Selbstverwaltungsbewegung, durch freie Wahlen und durch Verhandlungen mit den Machthabern wollte „Solidarność" ihre Ziele erreichen. Konkret strebte sie ein neues gesellschaftliches Übereinkommen in der Art des Danziger Abkommens vom August 1980 an und betrachtete dabei die genannte Programmatik als „untrennbares Ganzes", das keinerlei Aufschub duldete. Wenngleich sich besonders beim Anti-Krisen-Programm Prioritäten erkennen lassen, so muß doch festgestellt werden, daß der Kongreß keinerlei strategische Gewichtung traf und auch zeitliche Vorstellungen vermissen ließ. Die wirtschaftliche Katastrophe und die dafür Schuldigen vor Augen, sahen die Delegierten alle ihre Forderungen und Ziele als dringend an, und sie befanden sich damit in Übereinstimmung mit der großen Mehrheit des Volkes.

Wie reagierte die herrschende Bürokratie auf diesen Angriff? Symptomatisch dafür waren die Ereignisse auf dem IV. ZK-Plenum der Polnischen Vereinigten Arbeiterpartei am 18. Oktober, als Kania „seinen Rücktritt erklärte" und Jaruzelski, jetzt Parteichef, Ministerpräsident und Verteidigungsminister in einer Person, dessen Nachfolge antrat. Prinzipiell hatte sich die Parteiführung nach dem August 1980 nie mit der Existenz unabhängiger Gewerkschaften abgefunden. Kania stand dabei aber für eine Gruppe von Funktionären, die aufgrund gegebener Kräfteverhältnisse für zeitweilige Kompromisse mit „Solidarność" eintrat. Nach dem Gewerkschaftskongreß konnte er sich dann nicht mehr halten, obwohl auch er auf dem ZK-Plenum für ein Streikverbot und eine härtere Gangart eintrat.

Praktisch hatten Parteiführung und Regierung sich schon seit August/September geweigert, über bestimmte institutionelle Veränderungen im Land zu verhandeln, und gleichzeitig gegenüber „Solidarność" eine Politik der Schwächung und Diskreditierung und der Demoralisierung der Massen betrieben. Auf dem ZK-Plenum setzten sich dann endgültig diejenigen durch, die auf eine baldige Konfrontation hinsteuerten und jetzt konkreter die Weichen dafür stellen sollten; wobei die Entscheidung über Form und Termin wohl erst später fiel.

Das Plenum diskutierte Varianten einer möglichen Konfrontation vom Streikverbot bis zum Kriegszustand, dazu andere „verfassungsmäßige Mittel", traf aber zumindest nach außen hin keine Entscheidung. Per Beschluß versuchte man, eine scharfe Grenze zwischen Parteizugehörigkeit und Mitgliedschaft in der Gewerkschaft „Solidarność" zu ziehen.

Die Ablösung Kanias durch den General versinnbildlichte außerdem die Tatsache, daß das Militär über die einzige noch funktionierende Infrastruktur verfügte, die eine gewisse Handlungsfähigkeit und Schlagkraft versprach. Partei- und Regierungsapparat waren weitgehend paralysiert, die Warschauer Regierung handelte gleichsam in gesellschaftlicher Leere. Außerdem war das Militär in den Augen des Volkes noch nicht so diskreditiert wie Partei und Verwaltung, denen man mit abgrundtiefem Haß gegenüber stand. Jaruzelski hatte schon vor seinem Amtsantritt als Parteichef verstärkt Militärs in die politischen und wirtschaftlichen Strukturen eingeschleust.

Als die Entscheidung an der Parteispitze fiel, lief in der polnischen Wirtschaft fast nichts mehr. Von Wirtschaftsführung konnte kaum noch die Rede sein, der Markt war weitgehend zusammengebrochen, die Bevölkerung wurde kaum noch mit dem Nötigsten versorgt. Die Wirtschaft fiel auf den Stand von 1974 zurück, die Produktionskapazitäten wurden nur noch zu 60 Prozent genutzt, die Lebenshaltungskosten lagen um 25 Prozent höher als im Vorjahr. Sinkender Export zog sinkenden Import nach sich, die Auslandsverschuldung kletterte in astronomische Höhen. Immer mehr Konsumgüter mußten rationiert werden; Polen fand sich in die Zeiten des Naturaltausches zurückversetzt, weil die Geldentwertung rapide voranschritt.

Viele Menschen kamen nicht zur Arbeit, weil Benzinmangel die Anfahrt verhinderte. Andere blieben der Arbeit fern, weil sie sich um die Versorgung kümmern mußten oder einfach, weil ihre Kräfte nachließen. Vier Millionen Stadtbewohner lebten zu diesem Zeitpunkt bereits unter dem Existenzminimum. Nur unter schwersten Opfern ertrug die Bevölkerung diese Situation, Zusammenbrüche waren an der Tagesordnung. Polen verzeichnete einen wahren Exodus an Arbeitskräften. Und über all dem stand die bange Frage, wie man den kommenden Winter würde meistern können.

Führende Mitglieder von „Solidarność" äußerten wie Karol Modzelewski die Befürchtung, „daß das Volk seine unglaubliche Geduld verliert, die man über Monate hinweg nur bewundern konnte"[1]. Die Stimmung vieler Menschen wurde von einem explosiven Gemisch aus Unruhe und Spannung, Wut und Radikalität beherrscht. Wie schon im Sommer war die Streikbereitschaft sehr hoch; in vielen Betrieben entwickelte sich eine Bewegung für aktive Streiks, d.h. eine Kampfform, bei der zwar weitergearbeitet wird, aber die jeweilige Belegschaft über Produktion und Verteilung entscheidet. Die Mehrheit der polnischen Arbeiter trat zu dem Zeitpunkt für freie Wahlen auf allen Ebenen des Staates ein, weil sie sich nur so eine Änderung z.B. der Wirtschaftspolitik vorstellen konnte. Mehr oder weniger zeichnete sich ab, daß eine Machtprobe zwischen Volk und Herrschenden in der einen oder anderen Form bevorstand.

In den zwei Monaten zwischen Gewerkschaftskongreß und Militärputsch unternahm „Solidarność" verzweifelt den Versuch, Zugeständnisse von Regierung, Partei und Militär zu erzwingen und vor allen Dingen selbst die Lösung der größten Probleme in Angriff zu nehmen, etwa eine gerechtere Lebensmittelverteilung zu organisieren. Die Machthaber dagegen verweigerten jeden wirklichen Kompromiß und bereiteten sich statt dessen durch eine Reihe von Maßnahmen, deren Systematik im einzelnen erst Monate später erkennbar wurde, auf eine entscheidende Auseinandersetzung vor.

Was waren die wichtigsten Stationen dieses Kampfes? Mitte Oktober rief das Präsidium von „Solidarność" die Arbeiter dazu auf, möglichst auf Streiks zu verzichten, und erklärte seine Bereitschaft, Verhandlungen mit der Regierung aufzunehmen. Themen: Verbesserung der Versorgung, Neufestsetzung von Preisen, Ausgleichszahlungen an die Bezieher niedriger Einkommen, gesellschaftliche Kontrolle der Produktion und – als wichtigstes Anliegen – Bildung eines „Gesellschaftlichen Rates der Volkswirtschaft". Bereits im September hatte eine Kommission aus Geistlichen und der Kirche nahestehenden Personen, darunter Wladyslaw Bartoszewski, Jozéf Tischner und Andrzej Micewski, die Zielsetzung eines solchen Rates formuliert. Das Programm der „Solidarność" enthielt ebenfalls die Forderung nach Bildung eines derartigen Gremiums, das aus Vertretern der Kirche, der Akademie der Wissenschaften und „Solidarność" bestehen und durch verschiedene Initiativen Einfluß auf die staatliche Wirtschaftspolitik gewinnen sollte. Dabei war die Gewerkschaftsführung der Auffassung, daß dieser Rat nur dann unabhängig handeln und dadurch auch das Vertrauen der Bevölkerung gewinnen konnte, wenn er keine Regierungsvertreter in seine Reihen aufnähme (siehe Dokument 40).

Die Regierung stimmte zweiseitigen Gesprächen zu, sprach ihrerseits aber von der Notwendigkeit, eine „ständige gemischte Kommission" aus Gewerkschafts- und Regierungsvertretern zu bilden. Politbüromitglied Olszowski propagierte die Aufnahme von „Solidarność" und Kirche in die bestehende, durch die Partei dominierte „Nationale Front". Und Jaruzelski selbst deutete in seiner Antrittsrede als Parteichef an, daß in den Gesprächen nicht viel herauskommen würde: „Wir haben niemals die Konfrontation gesucht. Auch heute streben wir nicht danach. Eines ist jedoch sicher: Die Möglichkeiten für ein Zurückweichen wurden schon ausgeschöpft." Abgesehen von ein paar kleineren Abmachungen blieben die Verhandlungen dann auch ergebnislos.

Handfester war da schon ein Dekret des Ministerrates, das Ende Oktober die Entsendung von 2 000 militärischen Sondereinheiten in Städte und Dörfer des ganzen Landes verfügte. Diese Einheiten, jeweils drei bis vier Pflichtsoldaten unter dem Kommando eines Berufsoffiziers, sollten „negative Erscheinungen ... melden, gegen solche Erscheinungen vorgehen und den Gemeinde- und örtlichen Behördenstellen unerläßliche Unterstützung bei der Gewährleistung der verfassungsmäßigen Ordnung und der Achtung des Gesetzes zu gewähren", wie sich Regierungssprecher Urban in einer Erklärung ausdrückte. Außerdem sollte es ihre Aufgabe sein, „gegen Mißwirtschaft und die Vergeudung von Gütern vorzugehen" und bei „Störungen ... der Versorgung einzuschreiten"[2]. Die Entsendung solcher Einheiten auch in die großen Städte war für die Folgezeit ebenfalls geplant. Jaruzelski probte also den konkreten militärischen Zugriff auf das ganze Land.

Unter dem Eindruck dessen breiteten sich Streiks und Proteste erneut wie ein Flächenbrand aus und stellten „Solidarność" selbst vor große Probleme. Mit dem Aufruf zu einem einstündigen Generalstreik versuchte die Gewerkschaftsführung, den Kämpfen eine einheitliche Stoßrichtung zu geben; Millionen legten am 28. Oktober die Arbeit nieder. In einem dramatischen Appell rief das Präsidium der Gewerkschaft, das mehrmals sogar über ein gewerkschaftsinternes „Streikverbot" diskutierte, zur Einheit auf: „Das Präsidium des Landesausschusses beurteilt die gegenwärtige wirtschaftliche und gesellschaftliche Lage des Landes als kritisch. Einerseits gibt es viele und nicht erledigte Dinge, viele Ungerechtigkeiten und Provokationen, die allgemeine Entrüstung hervorrufen. Andererseits haben die Protestaktionen einen spontanen und nicht organisierten Charakter angenommen. Damit drohen die Spaltung der Gewerkschaft und der Verlust der Unterstützung durch die Bevölkerung. ... In dem Willen, das zu retten, was wir als Gewerkschaft erreicht haben, und die Möglichkeit für weitere durchdachte und dem Interesse der ganzen Bevölkerung nicht zuwiderlaufende Handlungen zu bewahren, rufen wir die Mitglieder der Gewerkschaft auf, unverzüglich alle Streikaktionen einzustellen. ... Niemand kann uns das Streikrecht nehmen. Das werden wir nie erlauben. Aber wir müssen den Gebrauch programmieren, und wir müssen dies auf bedachte und planmäßige Art tun."[3]

Auch das polnische Parlament verabschiedete einen Aufruf, in dem es hieß:

„Angesichts der Bedrohung der Existenz der Nation und mit dem Ziel, die grundlegenden Bedürfnisse der Bürger sicherzustellen, ruft der Sejm zu einem unverzüglichen Verzicht auf alle das Land vernichtenden Streikaktionen auf. ... Gleichzeitig nimmt der Sejm den letzten Aufruf des Präsidiums ‚Solidarność' über die Aussetzung der gegenwärtig andauernden Streikaktionen wie auch vorangegangene Appelle anderer Gewerkschaften und gesellschaftlicher Organisationen in dieser Angelegenheit anerkennend zur Kenntnis. ... Wenn der Aufruf des Sejm keine Wirkung hat, wenn eine gewichtigere Bedrohung der nationalen Existenz entsteht, prüft der Sejm den Vorschlag zur Ausrüstung der Regierung mit solchen durch das Gesetz vorgesehenen Mitteln, die die Lage erfordern wird."[4]

Nachdem Jaruzelski im Anschluß an ein Dreiertreffen mit Lech Walesa und Primas Glemp die Fortsetzung der Verhandlungen angeboten hatte, ging die Streikwelle etwas zurück. „Solidarność" räumte der Regierung für die Verhandlungen eine Frist von drei Monaten ein, um zu konkreten Ergebnissen zu kommen. Das Gewerkschaftspräsidium formulierte noch einmal grundsätzliche Voraussetzungen einer nationalen Verständigung: Zulassung authentischer Arbeiterselbstverwaltung in den Betrieben, bezirklicher Selbstverwaltung und territorialer Selbstregierung, Zugang der Gewerkschaft zu den Massenmedien, ausreichende Maßnahmen zur Vorbereitung auf den Winter und behördliche Anerkennung gesellschaftlicher Selbsthilfe z.B. bei der Lebensmittelverteilung.

Grzegorz Palka, Vorsitzender der Gewerkschaftsdelegation, beschrieb außerdem bei Beginn der erneuten Verhandlungen am 19. November Aufgaben und Kompetenz des von der Gewerkschaft geforderten gesellschaftlichen Rates für die Volkswirtschaft[5]: Aufgrund einer gesellschaftlichen Vereinbarung mit der Regierung sollte der Rat bei der Bestimmung der Wirtschafts- und Entwicklungspolitik und bei der Festlegung systematischer Grundlagen des wirtschaftlichen Managements mit der Regierung kooperieren, Gesetzgebungsinitiativen des Parlaments beurteilen und selbst solche initiieren. Der Rat sollte kein neues Macht- oder Verwaltungsorgan sein, vielmehr gesellschaftliche Interessen vertreten, dabei aber auch bestimmte Bereiche des Staatsapparates kontrollieren.

Bald geriet auch diese Gesprächsrunde wieder ins Stocken, zu den Streiks von Betriebsbelegschaften kamen Kampfaktionen anderer Bevölkerungsschichten. So befanden sich Ende November 56 polnische Hochschulen im Streik, um endlich die Anfang 1981 in Lódź mit dem Hochschulminister vereinbarte Verabschiedung eines neuen Universitätsgesetzes zu erzwingen, das den Hochschulen mehr Autonomie und Selbstverwaltung bringen sollte. Bauern organisierten Streiks gegen die für sie unvorteilhafte vom Staat geforderte Verknüpfung des Verkaufs von Schlachtvieh mit dem gleichzeitigen Ankauf von Industriegütern. Als die Offziersschule der Feuerwehr in Warschau von Schülern mehrere Tage besetzt wurde, um die Aufhebung des paramilitärischen Charakters dieser Einrichtung zu erzwingen, führte Jaruzelski einen weiteren militärischen Operationstest durch. Obwohl sich Arbeiter aus Warschauer Betrieben demonstrativ am Schutz der Streikenden beteiligten, wurde die Schule von Polizeieinheiten geräumt und der Staatsapparat erprobte während der Räumung bestimmte Ausnahmebestimmungen.

Wenige Tage vorher hatte das VI. ZK-Plenum der Partei das Parlament in einer Resolution aufgefordert, der Regierung Vollmacht für „außerordentliche Maßnahmen" zu erteilten. Trotz Geheimhaltung erfuhr „Solidarność" vom Inhalt des Textes (siehe Dokument 41), in dem unter anderem die Rede war von Militarisierung der Betriebe, Verbot gesellschaftlicher Organisationen, Versammlungsverbot, uneingeschränkte Zensur, unbefristeter Aufschub der Wahlen zu den Nationalräten, Einschränkungen im nationalen und internationalen Verkehr. „Tygodnik Solidarność" schrieb: „... es entstand im Machtapparat die Auffassung, die Macht so auszüben zu müssen wie eine Militärregierung in einem eroberten Land".

Angesichts dieser Zuspitzung tagte des Gewerkschaftspräsidium zusammen mit den Vorsitzenden der Regionalverbände am 3. Dezember in Radom, um Handlungsvorschläge zu erarbeiten, die in der Gewerkschaft diskutiert werden sollten. Dort kam man zu der Einschätzung, daß weitere Verhandlungen mit der Regierung gegenstandslos waren, weil die Machthaber sie nur dazu benutzten, von anderen Maßnahmen abzulenken, so etwa vor der steigenden Zahl von Unterdrückungsmaßnahmen, dem geplanten Gesetz über Sondervollmachten, der Vorlage eines „Provisoriums" zur Wirtschaftspolitik im Parlament sowie von der Ablehnung aller Vorschläge von „Solidarność" zur Vorbereitung auf den Winter und der Nichterfüllung berechtigter Forderungen von Streikenden im ganzen Land. Für den Fall der Verabschiedung eines Gesetzes über Sondervollmachten und deren Anwendung durch die Regierung schlug man den Generalstreik als Antwort vor. Schließlich betonte man die wichtigsten Forderungen, wie sie schon zu Beginn der Verhandlungen mit der Regierung formuliert worden waren (siehe Dokument 42).

Bedeutender an der Radomer Tagung war aber, daß dort zum ersten Mal ausführlich über eine grundlegende Konfrontation zwischen herrschender Macht und Gesellschaft gesprochen wurde und dabei die Mehrheit der Anwesenden – auch Lech Walesa – die Auffassung vertrat, daß diese Auseinandersetzung in absehbarer Zeit bevorstünde und unumgehbar sei. Als mögliche Variante kam dabei die Einsetzung einer Übergangsregierung ins Gespräch, deren Funktion der von der Gewerkschaft geforderte gesellschaftliche Rat für die nationale Wirtschaft übernehmen sollte. Man diskutierte auch über die Bildung von Arbeitermilizen als Schutz bei Auseinandersetzungen mit der Staatsmacht. Möglicherweise wußten die in Radom Versammelten bereits von der Bildung eines „Direktoriums" aus Militärs und Mitgliedern der Parteiführung, das später den Kern des nach dem 13. Dezember als oberstes Machtorgan fungierenden „Militärrates zur nationalen Errettung"bilden sollte.

Dem polnischen Geheimdienst gelang es, die Radomer Tagung, die unter Ausschluß der Öffentlichkeit stattfand, abzuhören und in den folgenden Tagen mit aus dem Zusammenhang gerissenen Zitaten in den Medien eine wüste Hetzkampagne zu inszenieren. Tenor: „Die Führer der ‚Solidarność' lassen die Maske fallen." Primas Glemp bemühte sich um Vermittlung; einerseits warnte er in einem Schreiben das Parlament vor der Genehmigung von Sondermaßnahmen, andererseits bemühte er sich um ein erneutes Dreiertreffen mit Walesa und Jaruzelski. Aber der General zeigte wenig Neigung, er hatte Wichtigeres zu tun.

Am 11. Dezember kam dann die Landeskommission von „Solidarność" in der Danziger Leninwerft zu ihrer letzten Sitzung zusammen. Wie in Radom stand die bevorstehende Konfrontation mit der herrschenden Macht im Mittelpunkt der Diskussion. In einer Resolution (siehe Dokument 44), die in der Nacht vom 12. auf den 13. Dezember verabschiedet wurde, bestätigte die Landeskommission den Radomer Vorschlag, mit einem Generalstreik auf mögliche Sondermaßnahmen von Parlament und Regierung zu antworten. Vor allem aber enthielt diese Resolution die entscheidende Forderung nach einem „Referendum über die grundlegenden Probleme hinsichtlich der Einschätzung und Bestätigung der Verwaltung, einer Erneuerung der gesetzgebenden und repräsentativen Körperschaften". Deutlicher hatte es Jan Rulewski, Regionalvorsitzender der Gewerkschaft in Bydgoszcz (Bromberg), in seiner Rede im Versammlungssaal der Werft formuliert: „Dieses Referendum muß es ermöglichen zu wissen, ob die Gesellschaft diesem repräsentativen System, dem Parlament, der Regierung und dem System der Machtausübung, das aktuell in unserem Land besteht, ihr Vertrauen ausspricht."⁶ Rulewski und andere betrachteten dieses Referendum als erste Stufe der entscheidenden Auseinandersetzung mit den Machthabern, der später die Bildung einer provisorischen Regierung aus Spezialisten und schließlich freie Wahlen auf allen staatlichen Ebenen folgen sollten. Lech Walesa hatte sich dagegen für eine Art Koalitionsregierung mit Vertretern der „Solidarność", der Kirche und der Machthaber ausgesprochen, deren Aufgabe die Organisierung eines Referendums und die Abhaltung von Wahlen sein sollte — ein Vorschlag, den Jacek Kuroń schon einige Wochen vorher gemacht hatte.

Wenige Stunden nach Verabschiedung dieser Resolution rollten die Panzer des Generals Jaruzelski.

Sieht man einmal von möglichen Rivalitäten zwischen Partei und Militär oder zwischen einzelnen Gruppen in der Parteiführung ab, so liegt der Schluß nahe, daß sich die herrschende Oligarchie nach dem Kongreß von „Solidarność" zielstrebig auf die entscheidende Konfrontation vorbereitet hat. Während sie nach außen hin gegenüber der Gewerkschaft eine Politik der Verzögerung und Demoralisierung, ja der Drohung und Provokation verfolgte, stellte sie hinter den Kulissen die Weichen für die Zerschlagung der Volksbewegung. „Solidarność" konnte nicht verhindern, daß ihr diese Taktik aufgezwungen wurde. Ihr gelang es nicht mehr, real gestaltend zur Lösung drängender Probleme einzugreifen. Deshalb und unter dem Druck der radikalen Forderungen der großen Mehrheit des Volkes verschärfte sie den politischen Angriff auf die Herrschenden bis hin zu der Resolution von Gdańsk, die schließlich die Grundlagen des Systems in Frage stellte.

Generell war diese entscheidende Konfrontation wohl unausweichlich vorgezeichnet, seit eine unabhängige Gewerkschaft in einem Land des realen Sozialismus ihre Existenz durchgesetzt hatte. Zu dem Zeitpunkt aber, als sich dieser Zusammenstoß in Polen ereignete, war die Volksbewegung darauf nicht vorbereitet. Die Einsicht in die Unausweichlichkeit der Konfrontation setzte sich in der Führung der „Solidarność" mehrheitlich sehr spät durch, Bewußtsein und Organisierung der Gewerkschaftsmitglieder und der ganzen Bewegung entsprachen nicht der Schärfe ihrer politischen Forderungen. Die Schlagkraft des herrschenden Apparats wurde unterschätzt. Seweryn Blumsztajn in einem „Spiegel"-Gespräch: „Eigentlich waren alle überzeugt, daß etwas kommen mußte. Zugleich aber war die ‚Solidarność', was das Technische betrifft, darauf nicht vorbereitet. Sie war von der riesengroßen Unterstützung durch die Bevölkerung überzeugt und von der eigenen Kraft der Gewerkschaft. Natürlich hat sich kein Mensch vorgestellt, daß der Terror solche Ausmaße annehmen könnte. Die Anordnungen der Jaruzelski-Junta erinnern an die Nazibesetzung während des Zweiten Weltkriegs. Kein Mensch in Polen konnte sich vorstellen, daß sich so etwas wiederholt."⁷

Allerdings muß auch gesagt werden, daß die Volksbewegung in Polen gar nicht die Zeit und die Möglichkeit hatte, sich auf ein Niveau hinaufzuarbeiten, das s ihr unter Umständen ermöglicht hätte — abgesehen von außenpolitischen Faktoren — den Militärputsch zu verhindern. In den fünfzehn Monaten seit August 1980 hatte sie ohnehin bereits Großes geleistet.

Anmerkungen

1 Aus: Der Spiegel, Nr. 46/1981.
2 Erklärung des polnischen Regierungssprechers Jerzy Urban. Deutsche Übersetzung in: Frankfurter Rundschau, 27.10.1981.
3 Appell des Präsidiums der „Solidarność". Deutsche Übersetzung in: Frankfurter Allgemeine Zeitung, 29.10.1981.
4 Appell des polnischen Parlaments. Deutsche Übersetzung in: Frankfurter Allgemeine Zeitung, 2.11.1981.
5 Die Position von „Solidarność" zur „Nationalen Verständigung". Erklärung des Präsidiums vom 17.11.1981, in: Uncensored Poland News Bulletin, Nr. 19, 12.12.1981.
6 J. Rulewski, Rede auf der Lenin-Werft in Gdańsk. Deutsche Übersetzung in: Polen — Euch der Winter, uns der Frühling, Broschüre der „Tageszeitung", Berlin 1982, S. 61 f.
7 Aus: Der „Spiegel", Nr. 1/1982. Seweryn Blumsztajn war Redakteur der Presseagentur von „Solidarność" in Warschau und bis Oktober 1981 Mitglied des KSS-KOR.

DOKUMENT 40

Witold Trzeciakowski
Was soll der Gesellschaftliche Rat der Volkswirtschaft werden?

Entstehung des Projekts

Das Konzept ist aus einem Bedürfnis entstanden, effektiv der sich vertiefenden Krise der polnischen Wirtschaft entgegenzuwirken. Die Krise bewirkt wachsende politische Spannungen und eine Radikalisierung von Meinungen in der Gesellschaft. Leute fühlen sich ratlos und manipuliert. dieser Zustand wird verschärft durch die Konfrontationssuche von einem Teil des Machtapparats, der nicht fähig ist, sich neuen Situationen anzupassen und einen neuen Führungsstil zu wählen. Seit mehreren Monaten erleben wir eine ganze Reihe von Situationen, die auf Konfrontation zielen und mit einem offenen Konflikt drohen. Die offiziellen Mitteilungen zeigen, daß sich die Krisensituation zu einer wirtschaftlichen Katastrophe mit allen Konsequenzen entwickelt. Das Zusammenbrechen des inneren Markts wird von wachsenden Schulden des Landes (im Westen wie im Osten) begleitet. Das auf Befehlen beruhende Verteilungssystem von „Anweisung und Zuteilung" ist zusammengebrochen. Da das Geld als Einkaufsmittel entwertet wurde, hat auch das Motivationssystem versagt. Auf diese Weise ist ein System-Vakuum entstanden, das eine Wirtschaftsführung unmöglich gemacht hat. Eine drastische Beschränkung des Exports hatte eine Beschränkung des Imports zur Folge, was wieder eine Kette von gefährlichen Reaktionen bewirkt hat, wie eine Blockierung der Industrieversorgung und eine weitere Senkung des Volkseinkommens.

Die Regierung hatte die Möglichkeit, sogar die richtigen Entscheidungen durchzusetzen, verloren, weil das Vertrauen des Volkes nicht mehr da war. Aus den wachsenden Schwierigkeiten kommt man durch eine Konfrontation nicht heraus. Um aus der Sackgasse herauszukommen, muß man unter anderem die gesellschaftlich-wirtschaftlichen Entscheidungen garantieren. Bis jetzt kann das nur durch Streiks erreicht werden. Es geht hier um den Einfluß von authentischen sozialen Kräften und nicht um Dekoration. Es geht um Einfluß auf das Wesentliche in den Entscheidungen und nicht um formelle Berechtigungen im Verwaltungsbereich. Aus diesen Gründen entsteht das Bedürfnis, eine Gutachter- und kontrollfähige Körperschaft zu berufen, die der Regierung gegenüber eine Partnerrolle übernehmen sollte.

Es ist nicht möglich, aus dieser Krise ohne ernste gesellschaftliche Opfer herauszukommen. Die Gesellschaft kann diesen Opfern nur dann zustimmen, wenn sie garantiert zweckmäßig sind.

Zusammensetzung des Gesellschaftlichen Volkswirtschaftsrats

Die Grundbedingung für die Glaubwürdigkeit des Rats ist seine authentische

Unabhängigkeit von der Regierung. In der Gesellschaft herrscht allgemein die Ansicht, nur ein von der Regierung unabhängiges Organ könne Vertrauen erwecken. Solch ein Vertrauen besitzt die Kirche. Ein ähnliches Vertrauen hat die „Solidarność". In der Welt der Wissenschaft und der Kultur genießen dies Vertrauen ausschließlich die Körperschaft, die durch eine demokratische Wahl konstituiert wurde: der Vorsitzende der polnischen Akademie der Wissenschaft. Deswegen können eben diese Organe wahlberechtigt sein und die Zusammensetzung des Gesellschaftlichen Rats bestimmen. Sollte man zum Rat irgendeinen zulassen, der die Bedingung der Unabhängigkeit von der Regierung nicht erfüllt, wird der ganze Rat nutzlos. Man kann nämlich das gesellschaftliche Vertrauen nicht dekretieren. Die ausgewählten Kandidaten müssen eine persönliche, moralische, intellektuelle und berufliche Autorität nachweisen können.

Die endgültige Zusammensetzung des Rats soll auf Übereinstimmung aller berechtigten Wahlgremien beruhen. Es scheint möglich zu sein, daß das erste Treffen von wahlberechtigten Organen zur Wahl von Ratsmitgliedern die Kirche durchführen könnte. Die Kirche könne sich dabei auf ein Memorandum stützen, das die Zielsetzung des Rates beinhaltet und am 29.9.1981 von folgenden 18 Personen unterschrieben worden ist: Wladyslaw Bartoszewski, Wieslaw Fiszdon, Wladyslaw Findeisen, Aleksander Geysztor, Andrzej Micewski, Krzysztof Kasznica, Zdzislaw Najder, Stefan Nowak, Jan Olszewski, Maria Joanna Radomska, Klemens Szaniawski, Jan Józef Szczepański, Józef Tischner, Witold Trzeciakowski, Andrzej Tymowski, Jerzy Turowicz, Janusz Ziólkowski. Das Memorandum ist dem Primas J. Glemp, dem Vorsitzenden der „Solidarität", L. Walesa, und dem Sekretär des ZK PVAP, K. Barcikowski, überwiesen worden.

Eine Forderung an die Gesellschaft, sie solle bereitwillig Opfer bringen, muß von der Gewährung gesellschaftlicher Kontrolle über bestimmte Regierungstätigkeiten begleitet werden. Der Kontrolle sollen Regierungsvorhaben unterliegen, die dem Wachstum der Produktion und der Besserung des Marktes zu dienen anstreben. Die Kontrollfunktion kann kein Organ übernehmen, das von der Regierung abhängig ist, weil es die Regierung zu kontrollieren hat. Es kann auch kein gemischtes, gesellschaftliches Regierungs-Organ sein, weil es damit gleich den Verdacht erwecken würde, die Regierung könnte das Organ manipulieren. Die Bedingung vollkommener Unabhängigkeit von der Regierung ist also eine unerschütterliche Grundlage des Projektes. Sollte diese Bedingung nicht durchgesetzt werden, wird damit der Rat unglaubwürdig und der Sinn des Projektes völlig aufgehoben. Der S.R.G.N. soll alle wahlberechtigten Organe vertreten. In diesem Sinne ist er von jedem einzelnen Organ unabhängig. Die Mitglieder des S.R.G.N. vertreten alle beteiligten Organisationen und nicht nur eine von ihnen. Es ist also eine gesellschaftliche Repräsentation einer großen Mehrheit der Gesellschaft. Eine Anerkennung von bestimmten Regierungsunternehmen im wirtschaftlichen Bereich durch den S.R.G.N. bringt der Regierung ein wichtiges Argument in dem Dialog mit der Gesellschaft. Auf der anderen Seite ist Nichtanerkennung von Regierungsvorhaben eine ernste amtliche Warnung, die der Regierung unnötige Konflikte und Konfrontation vermeiden helfen kann. Eine Gründung des S.R.G.N. wäre als eine Alternative zu Konfrontationslösungen wie Protestreik, Generalstreik oder aktiver Streik zu verstehen.

Die Tendenz der polnischen Wirtschaft weist immer eindeutig darauf hin, daß hier ein Prinzip „Nichts über uns ohne uns" herrschen muß. Dennoch fehlt bis jetzt eine authentische Repräsentation der gesellschaftlichen Interessen im sozial-wirtschaftlichen Bereich. Die Kirche kann diese Funktion unmöglich übernehmen, weil sie die religiöse Mission zu erfüllen hat. „Solidarność" als Gewerkschaft interessiert sich nicht für die ganze Wirtschaft, das heißt nicht für beide Prozesse des Erarbeitens und Verteilens des Volkseinkommens gleich stark. „Solidarność" sieht aber ein, daß Probleme des Verteilens nur in einer Verbindung mit Problemen des Erarbeitens analysiert werden können und verzichtet deswegen auf Gründung eines eigenen Organs. Das von „Solidarność" vorgeschlagene Organ soll alle gesellschaftlichen Kräfte vertreten, die bis jetzt nicht repräsentiert waren.

Um seine Aufgaben zu erfüllen, muß der Rat Expertengruppen für konkrete Konsultationen berufen. In diesem Bereich kann eine aktive Zusammenarbeit mit der Regierung stattfinden im Rahmen von verschiedenen gemeinsamen Kommissionen.

Aufgaben des S.R.G.N.

Der S.R.G.N. soll ein Organ werden, das auf dem Wege der Verständigung mit der Regierung berufen sein sollte. Es bedeutet, daß Vorwürfe, die Gründung des Rats widerspräche der grundsätzlichen Ordnung, sei ein neues Machtorgan u.ä., gegenstandslos sind.

Es sind folgende Hauptaufgaben des Rates vorgesehen:
– Mitgestalten der Krisenbewältigungs-Politik,
– Mitgestalten einer Strategie der wirtschaftlichen Entwicklung,
– Mitgestalten von Prinzipien der Wirtschaftsführung,
– Begutachten von normativen Akten wie auch Einleiten von Initiativen im Bereich rechtlicher Normensetzung,
– Forschungsarbeit an einem Modell der zukünftigen Gesellschaft.

Unter „Mitgestalten" ist folgendes zu verstehen: Initiieren von Entscheidungen, soziale Kontrolle über ihre Durchführung, Kontrolle der Glaubwürdigkeit erlangter Informationen – also eine Partnerschaft in der Krisenbewältigung – bei den strategischen Entscheidungen wie auch im Bereich von Systemprinzipien, für heute wie auch langfristig.

Der Interessenbereich des S.R.G.N. ist von einer Hauptaufgabe bestimmt – von der Krisenbewältigung. Das bedeutet u.a., daß der Rat die Verteidigungsproblematik, Problematik der politischen Bündnisse und grundgesetzlichen Grundlagen des Systems nicht miteinbeziehen wird. Das Ziel des Konstituierens des Rates ist eine Begutachtung von Aktivitäten, die der Krisenbewältigung dienen sollen, die im Bereich von Regierungsentscheidungen liegen und mit dem S.R.G.N. abgestimmt werden sollten.

Handlungsbedingungen

Es ist selbstverständlich, daß das Durchführen so formulierter Aufgaben freien Zugang zu wirtschaftlichen Informationen erfordert, ein Zugang, der dem vom Sejm und den Verwaltungsorganen gleich ist. Es ist genauso selbstverständlich, daß die Aufgabe, die Regierungsentscheidungen glaubwürdig zu machen, einen uneingeschränkten Zugang zu den Massenmedien und einen kontinuierlichen Kontakt mit der Gesellschaft erfordert.

Institutionen, die den Gesellschaftlichen Rat berufen, übernehmen eine moralische Verpflichtung, die Handlungen zu unterstützen, die der Rat akzeptiert hat. Selbstverständlich wird der Rat Meinungen der wahlberechtigten Organe erforschen, bevor er wichtige Entscheidungen der Regierung akzeptiert. Es werden dabei Meinungen von führenden Instanzen berücksichtigt, aber auch, wenn es nötig wird, von breiten gesellschaftlichen Massen. So wird also der Rat Meinungsforschung mit Fragebogen initiieren, die die Präferenzen der Gesellschaft im Bereich von wirtschaftlichen Hauptzielen klären helfen sollen.

Der S.R.G.N. ist ein Organ von allen wahlberechtigten Körpern und muß deswegen das Recht haben, Meinungen oder Entscheidungen zu formulieren, die mit den Meinungen einzelner wahlberechtigter Gremien nicht übereinstimmen. Der Gesellschaftliche Rat handelt also im eigenen Namen und verantwortet eigene Handlungen, vom Wähler unabhängig. In diesem Sinne ist er von eigenen Wählern unabhängig, so lange bis er abberufen wird.

Zusammenfassend: Die Berufung des S.R.G.N. ist ein wichtiger Schritt in Richtung einer authentischen Verwirklichung der Nationalvereinigungsidee, bringt die Chance einer partnerschaftlichen Erarbeitung von effektiven Methoden der Krisenbewältigung und bricht die existierende grundgesetzliche Ordnung im Staat nicht. Man kann auch hoffen, daß es gleichzeitig eine große Chance ist, Reserven der gesellschaftlichen Initiative vom Protest auf schöpferische Arbeit für das Land umzustellen.

(Aus: Tygodnik Solidarność, Nr. 37, 11.2.1981; faksimilierte Ausgabe in deutscher Übersetzung, hrsg. vom Koordinationsausschuß der Komitees „Solidarität mit Solidarność", Frankfurt.)

DOKUMENT 41

Ernest Skalski
Das Attentat

Sondervollmachten für die Regierung, mit deren Durchführung das VI. Plenum seine Mehrheit im Sejm beauftragte, beinhalten außer Streikverbot eine breite Palette von Möglichkeiten. Es kann also ins Spiel gebracht werden:
- Militarisierung der Betriebe, wodurch eine Dienstanweisung zu einem Befehl wird,
- Verbot der Tätigkeit gesellschaftlicher Vereine, Organisationen und Verbände,
- Versammlungsverbot, ausgenommen Versammlungen aus religiösem Anlaß,
- Zurücknahme der Zensurbestimmungen, d.h. uneingeschränkte Zensur einschließlich der Möglichkeit, die Herausgabe von Schriften zu verbieten,
- unbefristeter Aufschub der Wahlen zu Nationalräten,
- Einschränkungen im Verkehr, international wie national.

Diese Informationen gelangen zu uns auf Umwegen. Wenn sie der Wahrheit nicht entsprechen, dann sollten die Machthaber selbst den wahren Inhalt der Sondervollmachten ans Tageslicht bringen.

Dann erfahren wir, ob die ZK-Mitglieder wußten, was den einfachen Parteigenossen sowie der ganzen Gesellschaft vorenthalten wurde. Das heißt, ob sie wußten, wofür sie stimmen, oder ob sie ihre Stimme blind für das Projekt abgegeben haben.

In Kenntnis unserer politischen Gepflogenheiten und der Praxis im Rahmen der Legislative ist es leicht vorauszusehen, daß diese Palette von Möglichkeiten nur eine der vielen (wie immer) geheimen Varianten ist. Wahrscheinlich ist sie sogar unvollständig, da die Möglichkeit zur Verhaftung und Verwahrung sowie zur Durchsuchung von Personen und Räumlichkeiten in diesem vorgegebenen Rahmen fehlt. Hier kann aber eine entsprechende Interpretation des „Anti-Spekulations-Gesetzes" genügen.

Wie auch immer, es entstand im Machtapparat die Auffassung, die Macht so ausüben zu müssen wie eine Militärregierung in einem eroberten Land. Es muß einen bizarren Eindruck machen, wenn das die Bedingung sein soll, unter der man die gesellschaftliche Verständigung, so wie die Regierung es vorschlägt, realisieren soll.

Die Ursache für ein solches Vorgehen soll die wachsende Anarchie und die Bedrohung der Verfassung und Rechtsordnung sein. Über Anarchie schreiben wir im selben Heft im Artikel mit dem Titel „Hysterie". Sehen Sie bitte selbst nach, wo sich das Attentat der Regierung auf die Verfassung und die Rechtsordnung stützt. Anders kann man dieses Vorgehen nicht nennen. Es wäre interessant zu sehen, ob es jemandem im Sejm in den Kopf kommt, eine qualifizierte Mehrheit zu fordern, die für eine Verfassungsänderung unabdingbar ist.

Es stellt sich die Frage, warum gerade jetzt die Regierung zu solchen unerhörten Mitteln gegen die eigene Bevölkerung greift. Der Grad der „Anarchisierung des gesellschaftlichen Lebens" rechtfertigt dies sicher nicht. Es ist aber nicht ausgeschlossen, daß einzelne Regierungsmitglieder mittlerweile selbst daran glauben, was sie den Medien zu verbreiten befehlen. Wahrscheinlich geht es jedoch um die Furcht vor dem herannahenden Moment der Abrechnung. Dieses Mal für die Zeit nach dem August '80. Die Regierenden scheinen nicht bereit zu sein, eine Wirtschaftsreform auf Kosten eigener Interessen durchzuführen. Also das zu tun, was einzig den Erfolg und die gesellschaftliche Unterstützung verspricht. Es ist ihnen klar, daß Teilmaßnahmen wie das „Provisorium" nicht zu einer Besserung führen. Die Erinnerung an die Wahlen zu Nationalräten ist lebendig, aber die Machthaber sind nicht in der Lage, ihren demokratischen Charakter anzuerkennen.

Und noch eine partikuläre, aber wichtige Angelegenheit. Es geht hier um den angeblichen Ausschluß der Partei aus den Betrieben. In Wirklichkeit hat man nur an einigen Stellen die Grundsätze der Aktivität von Parteikomitees in Frage gestellt. Diese Angelegenheit zielt auf Konfrontation und wird von den Machthabern zur Rechtfertigung der Sondervollmachten benutzt. Die Reaktion der Propaganda hat zum Ziel, aus wenigen Vorfällen einen allgemeinen Konflikt zu schüren.

Eine Partei, die sich selbst als Arbeiterpartei bezeichnet und die Notwendigkeit der Verständigung propagiert, sollte sich bezüglich ihrer Rolle in den Betrieben mit den Arbeitern verständigen.

Sie sollte nicht mit der Staatsgewalt und dem Regierungspräsidenten drohen. Das Gesetz über Sondervollmachten in seiner Endfassung wird voraussichtlich keine Einstimmigkeit im Sejm erreichen. Der Zustand also, an den sich die Machthaber gewöhnt haben, wird nicht eintreten. Es ist nicht ausgeschlossen, daß man, wie bei dem Selbstbestimmungsgesetz, eine Kompromißlösung vorschlagen wird, die viele Abgeordnete mit Erleichterung annehmen werden. Sie werden meinen, damit das Schlimmste vermieden und gleichzeitig ein reines Gewissen bewahrt zu haben. Hier muß etwas mit aller Deutlichkeit gesagt werden: Ein Kompromiß ist eine wertvolle und häufig erwünschte Sache, aber nicht unter allen Umständen. Es kann ein Kompromiß zustande kommen, der die Selbstbestimmung, die Kontrolle der Behörden, das System der öffentlichen Dienste, die Preise und die Löhne betrifft. Einen Kompromiß aber, der auf Kosten der Freiheiten des Bürgers geht, die wir bisher nicht erreicht haben, darf es nicht geben. Deshalb nicht, weil der heutige Zustand bereits ein Kompromiß ist. Ein Kompromiß zwischen den gesellschaftlichen Ansprüchen eines zivilisierten Landes einerseits und den objektiven äußeren Bedingungen andererseits, die seit den Verträgen von Gdańsk, Szczecin, Jastrzebie unbeeinflußbar geblieben sind. Daher ist die Abkehr vom bisher Erreichten und insbesondere die Einführung eines Polizeistaates unzulässig.

Noch ein anderes Szenario der Ereignisse wäre möglich. Der Stand der Gesetzgebungsverfahren zeigt, daß vor der Erteilung der Sondervollmachten an die Regierung ein Gewerkschafts-Gesetz verabschiedet werden könnte, das in seiner Form für beide Seiten annehmbar wäre. Das Gesetz würde ein zeitlich begrenztes Streikverbot vorsehen. Es wäre nicht ausgeschlossen , daß es bereitwillig angewendet würde, nachdem man eine grundlose Anti-Streik-Hysterie entfacht hat. Die Gewerkschaft könnte dann durch direkte Bedrohung zum Bruch dieses Gesetzes provoziert werden. Das würde erst recht Anlaß dazu geben, den Ausnahmezustand zu verhängen, den man bei uns Sondervollmachten nennt. Auch wenn nur diese Möglichkeit ins Spiel käme, die ja hypothetisch und zeitlich entfernt ist, ist es an der Zeit, vor ihr zu warnen. Die den Machthabern zur Verfügung stehende Mehrheit im Sejm, begründet in Wahlen, die von der Einheitsfront mit hundert Prozent der Stimmen gewonnen wurden, kann jedes Gesetz verabschieden. Damit kann sie eventuell das endgültige Urteil über sich selbst fällen.

Es wäre jedoch schlicht dumm, zu erwarten, daß die aggressive Minderheit in der Lage wäre, mit Hilfe eines so verfälschten Dokuments die bewußte und organisierte Mehrheit der Gesellschaft zu versklaven, um den Lauf der Dinge zu eigenen Gunsten zu beeinflussen. Drohen kann man immer. Es lohnt sich aber nur, wenn die Bedrohten bereit sind, Angst zu haben. In unserer Lage rufen Drohungen nur eine Irritation hervor, nicht Angst. So kann man Gehorsam nicht erzwingen. Aber man kann so einen gewaltsamen Konflikt heraufbeschwören.

Der Teil des Machtapparats, der die eigene Erlösung sucht, betrügt sich damit selbst. Der andere Teil weiß dafür, was zu tun ist und warum.

(Aus: Tygodnik Solidarność, Nr. 37, 11.12.1981; faksimilierte Ausgabe in deutscher Übersetzung, hrsg. vom Koordinationsausschuß der Komitees „Solidarität mit Solidarność", Frankfurt.)

DOKUMENT 42

Erklärung des Präsidiums der Landeskommission (KK) und der Vorsitzenden der Regionalvorstände von NSZZ „Solidarność", Radom

Das Präsidium der Landeskommission und die Vorsitzenden der Regionalvorstände von „Solidarność" stellen ihren folgenden Standpunkt den Mitgliedern von „Solidarność" zur Diskussion:

1. Regierung und Partei haben die Verhandlungen mit der Gewerkschaft und die Idee der nationalen Verständigung benutzt, um das Volk in die Irre zu führen. Die Gespräche über die wichtigsten Vorschläge von „Solidarność"(Kontrolle der Lebensmittelvorräte und ihrer Verteilung, regionale Selbstverwaltung, wirtschaftliche Reform, Wahrung der Rechtlichkeit, Zugang zu den Massenmedien) haben sich als ergebnislos erwiesen. Die Regierung hat die Gewerkschaft mit der Vorlage des sogenannten „Provisoriums" im Sejm (dem Parlament, d. Übers.) zu überrumpeln versucht, das gegen die grundlegenden Interessen der Arbeitenden gerichtet ist. Während der Verhandlungen haben sich die Unterdrückungsmaßnahmen gegen die Gewerkschaft verstärkt, insbesondere die polizeiliche Gewaltanwendung gegen eine Gruppe von Plakatklebern in Chorzów und der Angriff der Miliz auf die Feuerwehr-Hochschule in Warschau. Ein begründeter Streik der Studenten in Radom wurde absichtlich durch die Staatsmacht in die Länge gezogen, die alle Versuche, diesen Konflikt zu lösen, torpediert hat. Darüber hinaus hat das IV. Plenum des ZK der PVAP entschieden, ein Gesetz über Sondervollmachten im Sejm durchzusetzen, während gleichzeitig der Inhalt dieses Gesetzes, das über das Schicksal Polens entscheiden könnte, vor dem polnischen Volk geheim gehalten wurde. Die Gespräche über die nationale Verständigung wurden von der Regierungsseite als Vorwand benutzt, um die Vorbereitung eines Angriffs auf die Gewerkschaft zu kaschieren. In dieser Situation sind weitere Verhandlungen in Sachen „Nationale Verständigung" gegenstandslos geworden.

2. Ob nun das Gesetz über Sondervollmachten der Regierung das Recht gibt, zivile Bürger vor ein Militärgericht zu stellen, Versammlungen zu verbieten, die Befreiungsbewegung zu beschränken, oder ob es *nur* die Zurücknahme des Streikrechts bedeuten würde – in jedem Falle wäre es nicht möglich, dieses Gesetz anders als auf dem Wege des Terrors durchzusetzen. Es käme der gewaltsamen Entmündigung des Volkes gleich. Darum: Auf die eventuelle Verabschiedung dieses Gesetzes durch das Parlament antworten wir mit einem 24stündigen Generalstreik. Für den Fall, daß die Regierung, die ihr vom Sejm gegebenen Sondervollmachten dazu benutzt, außerordentliche Maßnahmen zu ergreifen, sind alle Gruppen von „Solidarność" und alle Belegschaften zum Generalstreik aufgefordert.

3. Das sogenannte „Provisorium" für das Jahr 1982 würde in der Praxis das alte wirtschaftliche System beibehalten, d.h. die Entscheidungen würden

weiterhin in den Händen der Zentralmacht verbleiben, während die Belegschaften die materielle Verantwortung für diese Entscheidungen tragen müßten. Damit würde der Wirtschaftsreform die Basis entzogen und die bereits vom Sejm verabschiedeten Gesetze über Selbstverwaltung der Betriebe mißachtet. Das würde die Gefahr eines Bankrotts für viele Betriebe oder Lohnsenkungen für die Arbeiter bedeuten. Gleichzeitig will die Regierung drastische Preiserhöhungen einführen. Das Volk soll für eine Reform zahlen, die es nicht gibt. „Solidarność" wird auf keinen Fall Preiserhöhungen ohne Wirtschaftsreformen zustimmen. Wir werden die Arbeitenden gegen Schließung von Fabriken, Senkung der Löhne und Erhöhung der Preise verteidigen, wie es das gesetzliche Ziel einer Gewerkschaft ist, und dies unter Anwendung aller Mittel, die unser Statut erlaubt.

4. Nationale Verständigung kann nicht die Eingliederung von „Solidarność" in eine „Nationale Front" (offizieller Rahmen, worin die PVAP und ihre Schattenparteien zusammenwirken, d. Übers.) mit neuem Anstrich bedeuten. Die Fassade des alten Systems der Staatsmacht, das das Land in die Katastrophe geführt hat, wird nicht mit der „Solidarność"-Plakette dekoriert werden. Auf diese Weise kann die Krise nicht gemildert werden, während unsere Gewerkschaft um ihre Unabhängigkeit und Glaubwürdigkeit gebracht würde.

5. Die Gewerkschaft wird auf die folgenden Forderungen nicht verzichten:
a) Beendigung der Unterdrückungsmaßnahmen gegen „Solidarność".
b) Mitspracherecht von „Solidarność" bei dem Entwurf eines Gesetzes über die Gewerkschaften, der dem Sejm von der Regierung vorgelegt wird.
c) Rücknahme des „Provisoriums"-Vorschlages und Beteiligung der Gewerkschaften an der Ausarbeitung einer Wirtschaftsreform auf der Grundlage der Selbstverwaltung der Betriebe.
d) Durchführung demokratischer Wahlen auf allen Ebenen (Gemeinde-, Kreis- oder Woiwodschaftsräten) und deren Ausstattung mit entsprechenden Kompetenzen der Verwaltung. Wir werden nicht mehr nach einer Einheitsliste wählen wie in früheren Jahren.
e) Zustimmung der Regierung zur gewerkschaftlichen Kontrolle der Wirtschaft, insbesondere der Versorgung, wo die Lage nicht weiter vor der Bevölkerung geheim gehalten werden kann.
f) Einrichtung eines „Gesellschaftlichen Volkswirtschaftsrates", der Kompetenzen erhält, die ihm einen tatsächlichen Einfluß auf die Entscheidungen der Regierung und Kontrolle über die Wirtschaftspolitik des Staates ermöglichen.
g) Sicherung des Zugangs zu Funk und Fernsehen für diesen Rat, für „Solidarność", für die Kirche und für alle anderen Träger der öffentlichen Meinung.

Das sind die Mindestbedingungen für die Nationale Verständigung, welche die gemeinsame und wirksame Beseitigung der Krise ermöglichen wird. Zu dieser Art von Verständigung bekennen wir uns.

(Aus: Tygodnik Solidarność, Nr. 37, 11.12.1981; faksimilierte Ausgabe in deutscher Übersetzung, hrsg. vom Koordinationsausschuß der Komitees Solidarität mit „Solidarność", Frankfurt.)

DOKUMENT 43
Erklärung der Kirche

Anläßlich des dem Parlament vorgelegten Gesetzentwurfs der Regierung über ein Ausnahmegesetz, das eine bedeutende Einschränkung der zivilen Rechte einschließlich des Rechts auf Streik ermögliche würde, hält es die Kirche in Anbetracht ihrer Sorge um die Einheit der Menschen und ihrer Gemeinschaft für ihre Pflicht, die Aufmerksamkeit der obersten Entscheidungsgewalt auf folgenden Sachverhalt zu lenken.

Die soziale und wirtschaftliche Lage unseres Landes ist angesichts des herannahenden Winters und der uns bevorstehenden Opfer sehr schwierig. Der innere Friede, gegenseitiges Verständnis und die Sorge, Konflikte möglichst zu vermeiden, sind Probleme von äußerster Dringlichkeit. Die Kirche hat große Angst und Sorge, daß die Annahme des genannten Ausnahmegesetzes den inneren Frieden erschüttern, die so schwer zustande gekommene Verständigung wieder zerrütten und schwere soziale Konflikte heraufbeschwören könnte.

Es muß festgehalten werden, daß die Gewerkschaften und unter ihnen „Solidarność" seit langem gegen spontane Streiks kämpfen. Die Annahme eines Ausnahmegesetzes zum gegenwärtigen Zeitpunkt, das auf administrativem Wege die Zuhilfenahme von Mitteln des Protests verbietet, droht die soziale Atmosphäre zu vergiften und setzt die gewerkschaftlichen Instanzen gegen ihren Willen dem Druck der (gewerkschaftlichen) Basis zugunsten eines Generalstreiks aus.

Das Land ist gegenwärtig nicht von großen Streikbewegungen bedroht. Jetzt ein Ausnahmegesetz zu verabschieden hieße, einen Generalstreik heraufzubeschwören, dessen Ausmaß und Folgen schwer absehbar wären.

Im Interesse der Arbeiter und des Landes warnt die Kirche, die seit 1000 Jahren die Geschicke des Landes in guten wie in schlechten Zeiten geteilt hat, das Parlament der Volksrepublik vor einer Entscheidung, die für die Zukunft unseres Landes tragische Folgen haben könnte.

(Aus: Frankfurter Rundschau, 10.12.1981)

DOKUMENT 44

Resolution der „Solidarność"-Landeskommission vom 12./13.12. 1981 in Gdańsk

Die Landeskommission unterstützt die in Radom eingenommene Haltung des Präsidiums, und diese ist zur Haltung der ganzen Gewerkschaft geworden. Falls der Sejm (das polnische Parlament) außerordentliche Maßnahmen billigt, wird an dem der Parlamentssitzung folgenden nächsten Arbeitstag ein Generalstreik beginnen.

Falls der Sejm (solchen Maßnahmen) am 21. Dezember zustimmt, wird der Streik gleich nach Weihnachten anfangen.

In dem Fall, daß außerordentliche Mittel und Vergeltungsmaßnahmen gegen Fabrik-Belegschaften ergriffen werden, sollten Gewerkschaftsmitglieder nicht auf Anweisungen von der Gewerkschaft warten, sondern sofort in den Streik treten.

Die Landeskommission tritt für ein Referendum über die grundlegenden Probleme hinsichtlich der Einschätzung und Bestätigung der Verwaltung, einer Erneuerung der gesetzgebenden und repräsentativen Körperschaften ein.

Die Landeskommission ersucht das Präsidium, das Amt eines Beauftragten für die Probleme eines Referendums zu schaffen. Er soll das Referendum vorbereiten, das nicht später als am 15. Februar 1982 stattfinden sollte.

(Aus: Informationsbulletin Nr. 2, 1982, hrsg. von dem Koordinationsausschuß der Komitees „Solidarität mit Solidarność", Frankfurt.)

KAPITEL V

Das Jahr 1982:
Jaruzelskis Krieg gegen die Gesellschaft –
„Solidarność" reorganisiert
sich im Widerstand

Zerschlagung der Gewerkschaft „Solidarność" und der durch sie repräsentierten Volksbewegung – darin bestand die entscheidende Zielsetzung der polnischen Partei- und Militärführung, als sie am 13. Dezember 1981 das Kriegsrecht verhängte. In der Sprache des „Militärrat(s) zur nationalen Errettung", der damals als Kommandozentrale installiert wurde, hieß es: „Die Tätigkeit von Verbänden, Gewerkschaften, Vereinen, Gesellschafts- und Berufsorganisationen wird suspendiert."[1]

Bis auf wenige Ausnahmen wurden die Mitglieder der Landeskommission von „Solidarność" in der Nacht vom 12. auf den 13. Dezember verhaftet und interniert; Lech Walesa hielt man seitdem an wechselnden Orten unter Hausarrest. Eine Verhaftungswelle erfaßte Funktionäre und Mitglieder, Berater und Sympathisanten der Gewerkschaft, Vertreter der verschiedenen Oppositionsgruppen und viele Intellektuelle, die der Reformbewegung nahestanden. Der materielle Besitz der Gewerkschaft wurde beschlagnahmt.

Militärkommissare übernahmen an den Schaltstellen die Macht, das gesamte öffentliche Leben und wesentliche Teile der Wirtschaft wurden militarisiert. Der Sicherheitsdienst setzte vor allem die Beschäftigten in der öffentlichen Verwaltung und in wichtigen Betrieben unter Druck, indem er „Loyalitätserklärungen" von ihnen forderte.

General Jaruzelski, Parteichef, Ministerpräsident, Verteidigungsminister und nun auch Chef des Militärrats, schreckte nicht davor zurück, dies alles als Grundvoraussetzung zur Weiterführung der sozialen Erneuerung zu apostrophieren. Demagogisch machte er „Solidarność" für den wirtschaftlichen Zusammenbruch verantwortlich. In seiner Weihnachtsansprache besaß er sogar die Stirn, die streikenden Arbeiter, die sich gegen das Kriegsrecht zur Wehr setzten, für die Härte des militärischen Einsatzes gegen sie verantwortlich zu machen. Während Krakauer Juristen eindeutig nachwiesen, daß die Einführung des Kriegsrechts gegen die polnische Verfassung verstieß, kroch der Sejm zu Kreuze: Am 26. Januar billigten die Parlamentsabgeordneten das Kriegsregime.

Für die ersten Wochen nach dem 13. Dezember lassen sich zwei Phasen des Widerstandes der Bevölkerung unterscheiden. Zunächst bestimmten Streiks, Betriebsbesetzungen, Straßendemonstrationen und andere aktive Protestformen den Gang der Ereignisse im ganzen Land. Gewerkschaftsgruppen in den Betrieben wandelten sich in Streikkomitees um und organisierten den Widerstand, neue Streikräte wurden gebildet. Untergrundpublikationen der Gewerkschaft wie „Tygodnik Wojenny" (wörtlich übersetzt: Kriegswochenzeitung) sprachen von Generalstreiks in Warschau, Szczecin (Stettin), Krakau, Lódź, im oberschlesischen Revier, in Wroclaw (Breslau), Radom, Lublin, Bydgoszcz (Bromberg), Gdańsk, Rzeszów und Olsztyn (Allenstein).

Je mehr allerdings die militärische Gewalt ihre Übermacht demonstrierte — bis heute wissen wohl nur die Generäle und Sicherheitsdienstfunktionäre, wieviele Tote und Verletzte die brutale „Befriedung" durch die ZOMO (Militärische Einheiten der Bürgermiliz) gefordert hat —, desto stärker ging der Widerstand in passiven Protest über.

Nach Jahresbeginn überwogen Kampfformen wie Verzögerung des Arbeitstempos und extensives Befolgen militärischer Anweisungen in den Betrieben, Boykott der staatlichen Medien, Gedenkfeiern für die Ermordeten und Verschleppten, Tragen von Abzeichen und vieles mehr. Intellektuelle und Künstler meldeten sich mit Erklärungen zu Wort, Journalisten zogen sich aus den Massenmedien zurück. Listen mit Namen derjenigen, die mit dem Regime kollaborierten, zirkulierten und wurden laufend erneuert. Mit einem „Okkupationskodex" gaben Funktionäre von „Solidarność", die sich der Verhaftung hatten entziehen können, Hilfestellung für die verschiedenen passiven Widerstandsformen; in diesem Dokument schlugen sich Erfahrungen nieder, die die Polen vierzig Jahre zuvor unter den Bedingungen der nationalsozialistischen Besetzung ihres Landes gemacht hatten. Der Einfallsreichtum, mit dem die Bevölkerung zum Ausdruck brachte, daß sie das Militärregime ablehnte, kannte keine Grenzen.

Die im Rahmen des Kriegsrechts eingerichteten Militärtribunale sprachen drakonische Strafen aus. Mitglieder von „Solidarność" und Aktivisten der Streikkomitees, verhaftete Demonstranten und Flugblattverteiler wurden zu Gefängnisstrafen bis zu zehn Jahren verurteilt, weil sie die gewerkschaftliche Arbeit in der einen oder anderen Form fortgesetzt, Untergrundpublikationen gedruckt und verbreitet, zu Streiks aufgerufen und diese organisiert und damit gegen das Kriegs„recht" verstoßen hatten. Nach Angaben von „amnesty international" betrug Mitte 1982 die Gesamtsumme der bis dahin verhängten Strafen über fünfhundert Jahre. Die Kirche — besonders viele einfache Priester — hatten wesentlichen Anteil daran, daß der Kontakt zu den Internierten und Verurteilten nicht abriß. Warschauer Gotteshäuser wie die Martinskirche in der ulica Piwna wurden zu Zentren der Solidarität, in denen sich täglich Hunderte einfanden, um ihre Spenden abzugeben und neueste Informationen über die Zustände in den Lagern zu bekommen.

Immer deutlicher wurde, daß Militärführung und Parteioligarchie nur ein politisches Konzept besaßen: das der verzweifelten „Verteidigung ihrer Position als herrschende Klasse", wie Adam Michnik es formulierte (siehe Dokument 46). Flexiblere Überlegungen einzelner Funktionäre oder Offiziere, die sich über die Zweckmäßigkeit des Kriegsrechts – im Sinne der Erhaltung des Systems – Gedanken machten, kamen nicht zum Zuge. Totaler Dirigismus, das Zwangsregime in den Fabriken und die allgemeine Repression ließen die Kluft zwischen Volk und Machthabern abgrundtief werden und änderten gleichzeitig nichts an der wirtschaftlichen Misere und dem katastrophalen Mangel an Versorgungsgütern. Selbst Absichten der Militärs, eine wie auch immer geartete Kriegswirtschaft zu installieren, erwiesen sich als illusionär. Lediglich in den Kohlegruben gelang es durch ein ausgeklügeltes System von Terror einerseits und Vergünstigungen andererseits, die Produktion wieder zu steigern.

Militärrat, Partei und Regierung scheiterten auch mit ihrem ersten Versuch, der Gesellschaft ihr Gewerkschafts„konzept" aufzuzwingen. Am 22. Februar veröffentlichte der Ministerrat eine Erklärung, die die Wiederzulassung von „Solidarność" auf absehbare Zeit ausschloß und statt dessen Gewerkschaften vorsah, die sich der Partei unterzuordnen hatten und deren Struktur und „Rechte" von vornherein jede Möglichkeit zu unabhängiger Tätigkeit ausschlossen. Anschließend inszenierte man in den Medien eine Scheindebatte, die der Bevölkerung dieses Konzept schmackhaft machen sollte. Dabei denunzierte man „Solidarność" als antipolnisch, antistaatlich und antisozialistisch.

Doch diese Rechnung ging nicht auf; vielmehr gelang es „Solidarność" vor allem unter dem Schutz der Arbeiter in den großen Betrieben, die gewerkschaftliche Struktur im Untergrund zum Teil wieder zu erneuern. Betriebsgruppen wurden aufgebaut, Kontakte zu anderen Fabriken geknüpft; schon im Januar entstanden in einigen Regionen neue Führungsgremien. Eine Vielzahl von Flugblättern, Bulletins und Zeitungen bewies die Existenz der Gewerkschaft. Am 22. April bildeten dann Zbigniew Bujak (Region Mazowsze), Wladyslaw Frasyniuk (Region Unterschlesien), Wladyslaw Hardek (Region Krakau) und Bogdan Lis (Region Gdańsk) eine „Vorläufige Koordinierungskommission", die so lange arbeiten sollte, bis der gewählte Gewerkschaftsvorstand seine Tätigkeit wieder aufnehmen konnte. Die Kommission erklärte ihre Bereitschaft, auf der Basis der vom Gesellschaftlichen Rat beim Primas der Katholischen Kirche vorgelegten Thesen für eine nationale Verständigung mit der Regierung zu verhandeln. Diese Thesen schlugen vor, durch gegenseitige Anerkennung zwischen gesellschaftlichen Organisationen, d.h. vor allem der Gewerkschaft „Solidarność", und Staatsmacht einen neuen Gesellschaftsvertrag abzuschließen, der eine schrittweise Wiederzulassung der Gewerkschaft ermöglichen sollte. Die Staatsmacht sollte dazu die Internierten freilassen und eine Amnestie für alle Verurteilten aussprechen; von „Solidarność" erwartete man, daß sie sich auf rein gewerkschaftliche Aufgaben beschränkt. Die gewerkschaftliche Koordinierungskommission erklärte ihre Bereitschaft, für die Durchsetzung dieses Programms zu Streiks und anderen Kampfmaßnahmen aufzurufen.

Parallel zum Aufbau von Untergrundstrukturen entfaltete sich in den Gewerkschaftsgruppen und auch in den Lagern, wo führende Funktionäre der „Solidarność" interniert waren, eine Debatte über die grundsätzlichen Ziele und längerfristigen Perspektiven des Widerstandes unter dem Kriegsrecht, aber auch über Fehler der Gewerkschaft vor dem 13. Dezember. Adam Michnik, bis 1981 Mitglied des KSS-KOR konstatierte in seinem Essay (siehe Dokument 46), daß „Solidarność" vor Verhängung des Kriegsrechts den Machtapparat unterschätzt und keine Etappenziele, keine klaren Vorstellungen über schrittweises Vorgehen und notwendige Koexistenz mit den Machthabern gehabt hätte. Jacek Kuroń, ebenfalls KOR-Mitglied und Berater von „Solidarność", forderte in seinem Text „Thesen zu einem Ausweg aus einer ausweglosen Situation" (siehe Dokument 47) den Aufbau einer gut organisierten Widerstandsbewegung, die sich ein mit weitgehenden Befugnissen ausgestattetes Entscheidungszentrum schaffen müsse, um so kollektive, landesweite Aktionen gegen die Zentren der Macht unternehmen und die Herrschenden zu Kompromissen zwingen zu können. Die Ziele eines solchen Kompromisses müßten programmatisch festgelegt werden, so Kuroń. Die Gegenposition dazu nahmen vor allem Zbigniew Bujak und Wiktor Kulerski (Mitglieder der regionalen Gewerkschaftsleitung in Warschau) ein, die einen organisierten Massenaufstand für gefährlich hielten und statt dessen eine Ermattungsstrategie – den „Positionskrieg" – und den Aufbau einer Gegengesellschaft vorschlugen (siehe Dokument 48). Ihrer Auffassung nach sollte sich die Staatsmacht einer weitgehend dezentralen und örtlich selbständig handelnden Bewegung gegenübersehen, die ihre Widerstandsformen den jeweiligen Bedingungen anpaßt. Kuroń antwortete auf die Polemik mit dem Text „Jetzt habt Ihr das goldene Horn"[2] (siehe Dokument 49), in dem er argumentierte, daß sich eine breit organisierte Gegengesellschaft und ein Entscheidungszentrum bedingten, und daß die Bevölkerung von „Solidarność" die Formulierung klarer Ziele und Handhabungsvorschläge erwarte. Die Verschlechterung der Lebensbedingungen, die Last des Elends und die Erniedrigung treibe die Menschen zur Empörung; die Alternative sei nicht Generalstreik oder Stellungskrieg, sondern so man einen unkoordinierten und spontanen Aufstand mit all seinen Opfern und Risiken in Kauf nehmen wolle; man könne die Aktivisten nicht zu einer gefahrvollen Untergrundarbeit gewinnen, wenn das strategische Ziel nicht klar sei, so Kuroń.

Neben den Genannten beteiligten sich eine Reihe weiterer Funktionäre aber auch Gruppen und einzelne Mitglieder der Gewerkschaft an der Diskussion, die in den vielen Untergrundpublikationen einen breiten Raum einnahm.

In den ersten Maiwochen erlebte der aktive Protest einen neuen Höhepunkt. Deutlich wurde dies am 1. Mai (dem traditionellen Kampftag der Arbeiterbewegung) und am 3. Mai (dem Jahrestag der ersten demokratischen Verfassung Polens von 1791), als sich Zehntausende an Demonstrationen in Warschau, Lódź, Szczecin (Stettin), Lublin, Krakau und in anderen Städten beteiligten. Desgleichen am 13. Mai, genau fünf Monate nach Verhängung des Kriegsrechts, als fast 80 Prozent der Belegschaften in den großen Warschauer Betrieben einem Aufruf von „Solidarność" folgten und für fünfzehn Minuten die Arbeit niederlegten.

Die Warschauer Regionalführung der Gewerkschaft zog daraus den Schluß, daß vor allem die Arbeiter bereit waren, sich aktiv gegen das Kriegsregime zur Wehr zu setzen, und forderte die Betriebsbelegschaften auf, sich organisatorisch auf einen Generalstreik vorzubereiten und Untersuchungen über den günstigsten Termin anzustellen. Auch in den anderen Regionen wurde über die Notwendigkeit eines Generalstreiks diskutiert, wurden Anfragen an die regionalen Gewerkschaftsführungen gerichtet, wann der entsprechende Termin festgesetzt werde.

Die „Vorläufige Koordinierungskommission" entschied sich allerdings zunächst dafür, dem Regime bis Ende Juli Spielraum für die Aufhebung oder Modifizierung des Kriegsrechts einzuräumen, und rief deshalb dazu auf, „bis Ende Juli keine Streiks und Massendemonstrationen zu veranstalten"[3]. Die Gewerkschaftsführer versprachen sich davon eine Phase organisatorischer Stärkung der Untergrundstrukturen und knüpften gleichzeitig bestimmte Erwartungen an den 22. Juli, den offiziellen Nationalfeiertag, d.h. an mögliche Zugeständnisse des Militärrats, beispielsweise durch die Freilassung von Internierten. Gleichzeitig formulierten sie erneut ihre Minimalbedingungen für einen möglichen Kompromiß zwischen Volksbewegung und herrschender Macht: Freilassung aller Internierten; Amnestie für alle Verurteilten; Zulassung der legalen Existenz von „Solidarność" als selbstverwalteter unabhängiger Gewerkschaft, die keine weitergehenden politischen Ziele verfolgt; Lösung der Konflikte durch Verhandlungen und Abkommen.

Doch die Kraft des Volkswiderstandes war nicht stark genug, die Herrschenden zum Einlenken zu zwingen. Keinerlei Verständigungsbereitschaft wurde signalisiert, weder vom Parlament, noch von der Regierung oder dem Militärrat; außer einigen Internierten kam niemand frei; der Kriegszustand wurde weder aufgehoben noch modifiziert, Bedingungen für die Wiederzulassung von „Solidarność" wurden nicht formuliert, konkrete Pläne zur Wirtschaftsreform nicht vorgelegt. „Die Vertiefung der Kluft zwischen den Regierenden und Regierten führte zu einer dramatischen Verminderung der Chancen für die Lösung der Krise", schrieb die „Vorläufige Koordinierungskommission" in einer Stellungnahme[4].

„Solidarność" war damit gezwungen, ihre Kräfte und ihren Rückhalt in der Bevölkerung genauer zu analysieren, ihre programmatischen Ziele deutlicher zu formulieren und die nächsten Schritte festzulegen. In einer „Vorläufigen Programmerklärung" unter dem Titel „Die Gesellschaft im Untergrund" (siehe Dokument 51) wurde das Konzept eines lang andauernden Volkswiderstandes formuliert, womit auch die strategische Diskussion, die seit Februar geführt wurde, zu einem ersten Abschluß kam: „Unser Ziel ist die Errichtung einer selbstverwalteten Gesellschaft, entsprechend dem Programm, das der Erste Kongreß der ‚Solidarność' verabschiedet hat. In der gegenwärtigen Situation können wir dieses Ziel nur durch eine Bewegung zur Schaffung einer Untergrundgesellschaft erreichen. ... Diese wird vor allem folgendes tun müssen: a) sich den Aktivitäten der Machthaber widersetzen, die auf die Desintegration der Gesellschaft zielen; b) die Fähigkeit zur Selbstorganisation und Selbstverteidigung herausbilden; c) das Niveau der politischen Kultur heben. ... Die Untergrundgesellschaft muß durch Ausübung von Druck auf die Staatsmacht Bedingungen schaffen, die eine gesellschaftliche Verständigung ermöglichen; gleichzeitig muß die Untergrundgesellschaft Schritt um Schritt Positionen erobern, die ihr erlauben, ihre sozialen und politischen Rechte weiter auszudehnen."

Gleichzeitig kam die Koordinierungskommission zu der Einschätzung, daß die Untergrundstrukturen nicht in der Lage waren, einen erfolgversprechenden Generalstreik zu organisieren; in der Durchführung friedlicher Massendemonstrationen sah sie die einzige Möglichkeit, die Stärke von „Solidarność" zu demonstrieren. Und obwohl die Meinungen darüber innerhalb der Gewerkschaft geteilt waren, rief die Koordinierungskommission für den 31. August, dem Jahrestag des Danziger Abkommens, zu Demonstrationen auf. Zbigniew Bujak argumentierte: „Wir sind uns darüber im klaren, daß die Entscheidung der TKK (der Koordinierungskommission, R.V.) zu Opfern führen kann. Demonstrationen gibt es aber in jedem Fall und sie werden vom Regime niedergeschlagen werden. Das wäre in jedem Fall schlimmer als Demonstrationen, die von einer Führung im ganzen Land organisiert werden. ... Ein Erfolg am 31.8. ist die letzte Chance, die Regierenden zu Verhandlungen zu zwingen. Bei einer Niederlage der Arbeiter wird das Regime künftig brutal zuschlagen."[5]

Trotz massiver Einschüchterungspropaganda und umfangreicher offen zur Schau gestellter militärischer Vorbereitungen seitens des Regimes und trotz der Warnung des Primas der katholischen Kirche vor blutigen Auseinandersetzungen, obwohl er gleichzeitig einen Teil der Gewerkschaftsforderungen unterstützte, erlebte Polen am 31. August Demonstrationen in einer Größenordnung, wie es sie unabhängig vom Staat wohl seit dem polnischen Oktober 1956 nicht mehr gegeben hatte. Allein in Gdańsk gingen Zwanzigtausend auf die Straße; nach offiziellen Angaben wurde in sechsundsechzig Städten und Orten in vierunddreißig Woiwodschaften demonstriert. Der Erfolg für die „Solidarność" zeigte sich also vor allem in dem landesweiten Echo, den ihr Aufruf gefunden hatte. Gleichzeitig lag das Tragische dieses Tages darin, daß es erneut Tote und Verletzte gab, Tausende in der Folgezeit in Schnellverfahren abgeurteilt wurden und die Zahl der aktiv Teilnehmenden in den Zentren der Bewegung letztendlich doch hinter den Erwartungen von „Solidarność" zurückblieb. In Einsicht dessen, daß so dem Machtapparat der Herrschenden nicht beizukommen war, mehrten sich auch innerhalb der Untergrundstrukturen der Gewerkschaft Stimmen, die von Straßenaktionen vorerst abrieten und statt dessen für den Verstärkten Aufbau der „Gesellschaft im Untergrund" eintraten.

Bald sollte sich auch herausstellen, daß „Solidarność" nicht die Kraft dazu hatte, ihre gesetzliche Liquidierung zu verhindern. Zunächst trug das Regime den Angriff gegen diejenigen vor, deren ideologisch-politischen Einfluß auf den Untergrund und auf die Bevölkerung es nach wie vor für besonders gefährlich ansah und mit denen es alte Rechnungen begleichen wollte, weil sie wesentlich zur Herausbildung der Massenbewegung „Solidarność" beigetragen hatten. Am 3. September wurden Jacek Kuroń, Adam Michnik, Jan Lityński und Henryk Wujec aus dem Internierungslager Bialoleka in ein Warschauer Gefängnis in Untersuchungshaft überführt. Zusammen mit Jan Józef Lipski, der am 15. September von einer ärztlichen Behandlung in London nach Polen zurückkehrte (siehe Dokument 52) und zwei Tage später verhaftet wurde, wurden sie beschuldigt, die Massendemonstrationen am 31. August vorbereitet und organisiert zu haben. Die Warschauer Staatsanwaltschaft begann damit, wegen Vorbereitung eines gewaltsamen Verfassungsumsturzes gegen sie zu ermitteln und Prozesse vorzubereiten. In einem Aufruf, der noch vor seiner Verhaftung aus dem Internierungslager herausgeschmuggelt wurde, schrieb Adam Michnik: „Ein Schritt in Richtung der Inszenierung eines politischen Prozesses mit summarischem Verfahren wurde gemacht. Das wird kein normaler Strafprozeß sein. ... Alles läßt eine juristische Farce von der Art des Prozesses gegen Kirow oder Dimitroff erwarten, der angeklagt wurde, den Reichstag angezündet zu haben."[6]

Am 8. Oktober verabschiedete der Sejm ein „Gesetz über die Gewerkschaften", das das endgültige juristische Aus für „Solidarność"bedeutete und gleichzeitig den Weg für die Gründung neuer, regimetreuer Gewerkschaften ebnete. „Die vor Inkrafttreten dieses Gesetzes erfolgte Zulassung von Gewerkschaften verliert ihre gesetzliche Kraft," heißt es in dem Gesetzesparagraphen, der die Auflösung von „Solidarność" wie auch der noch bestehenden Branchen-und autonomen Gewerkschaften verfügte. Das Gesetz sieht vor, daß bis Ende 1983 gewerkschaftliche Gruppen nur auf Betriebsebene gegründet werden dürfen. Erst im Laufe des Jahres 1984 ist es diesen betrieblichen Gruppen gestattet, sich landesweit zu Fachgewerkschaften zusammenzuschließen, denen wiederum erst im Jahre 1985 die Gründung eines zentralen Dachverbandes erlaubt sein wird. Ein dem neuen Gesetz beigefügtes „Modellstatut" (siehe Dokument 53), das weitgehend bindend ist, verpflichtet die neuen Gewerkschaften ausdrücklich die führende Rolle der PVAP „beim Aufbau des Sozialismus" und die verfassungsmäßigen Grundsätze der Außenpolitik der Volksrepublik Polen anzuerkennen – eine parteipolitische Gängelung, gegen die „Solidarność" sich nach dem August 1980 erfolgreich zur Wehr gesetzt hatte. Den neuen Gewerkschaften sollte es nicht erlaubt sein, Öffentlichkeitsarbeit durch eigene Presseorgane und Verlagsprodukte zu betreiben und auch nicht eigene sozialwissenschaftliche Untersuchungen über die ökonomische und soziale Lage der Werktätigen anzustellen. Das neue Statut verpflichtete sie außerdem nicht nur zu „partnerschaftlicher Zusammenarbeit" mit den Betriebsleitungen, sondern auch mit „politischen Organisationen", womit nur die herrschende Partei gemeint sein konnte.

Streiks sollten in Zukunft nur noch ausgerufen werden, wenn alle anderen Schlichtungsbemühungen erfolglos geblieben waren. Politische Streiks wurden gänzlich ausgeschlossen, wie auch Streiks in bestimmten Wirtschaftszweigen (Behörden und Betriebe, die dem Innen- und Verteidigungsminister unterstehen, Gesundheitswesen, Nahrungsmittelindustrie, Post und Kommunikation). Darüber hinaus war es Angehörigen der Streitkräfte, der Polizei und des Strafvollzugs untersagt, sich gewerkschaftlich zu organisieren. Solidaritätsstreiks oder Streiks zur Abwehr von Übergriffen auf die Gewerkschaften wurden ausdrücklich nicht erwähnt.

Während Vizepremier Rakowski das neue Gesetz zynisch als „Ereignis von historischer Dimension"[7] feierte, waren die Arbeiter verschiedener Großbetriebe nicht ohne weiteres bereit, diesen Frontalangriff hinzunehmen. Streiks, Betriebsbesetzungen und Straßendemonstrationen in Gdańsk und Gdingen am 11. und 12. Oktober wurden brutal niedergeschlagen. Bei einer Demonstration von Stahlarbeitern im Krakauer Vorort Nowa Huta wurde der 20jährige Bogdan Wlosik erschossen. Streiks und Demonstrationen fanden auch in Wroclaw (Breslau) statt, Bergleute aus Katowice und Arbeiter der Cegielski-Werke in Poznań (Posen) protestierten ebenfalls gegen das Verbot ihrer Gewerkschaft.

Die Untergrundführung von „Solidarność" versuchte noch einmal, dem Protest eine gesamtnationale Dimension zu geben. In einem Aufruf forderte sie zum Boykott der geplanten regimetreuen Gewerkschaften auf und propagierte für den 10. November, zwei Jahre nach der gerichtlichen Registrierung der Gewerkschaft, einen mehrstündigen Streik gegen das Gesetz vom 8. Oktober. Während der Boykottaufruf auf fruchtbaren Boden fiel und alle Versuche, Gründungskomitees für die neuen Gewerkschaften zu bilden, der Lächerlichkeit aussetzte, wurde der Streikaufruf selbst in den kampfstarken Betrieben kaum befolgt.

In Wroclaw (Breslau) versammelten sich 15 000 Menschen zu einer kurzen Protestversammlung in der Innenstadt, 2 000 kamen vor dem obersten Gericht in Warschau zusammen. Einen Tag später dagegen formierten sich über 10 000 Menschen nach der Gedenkmesse in der Warschauer Kathedrale zur Feier der polnischen Unabhängigkeit von 1918 zu einem Demonstrationszug, der aber bald von Sicherheitskräften aufgelöst wurde.

Wenige Tage danach mußte die Untergrundführung eingestehen, daß der 10. November eine Niederlage war. In einer Erklärung sprach sie davon, daß die Mehrheit der „Solidarność"-Mitglieder das Risiko eines Streiks zu hoch eingeschätzt habe. Vorherrschend sei die Meinung gewesen, daß die zu erwartenden Unterdrückungsmaßnahmen in keinem Verhältnis zu den Ergebnissen eines Streiks ständen. Außerdem seien die Menschen müde und durch vorangegangene Verhaftungen und Internierungen eingeschüchtert gewesen. „Die Nichtbeteiligung am Streik ist ein ernsthafter Schlag gegen die Autorität der vorläufigen Koordinierungskommission. Zum ersten Mal hat ihr Standpunkt nicht die Unterstützung der Mitglieder der Gewerkschaft gefunden."[8] In Zusammenhang mit der Freilassung von Lech Walesa am 13. November, der Bekanntgabe eines Termins für den Papstbesuch 1983 und den Vermutungen über eine Modifizierung des Kriegszustandes zum Jahresende zog die Koordinierungskommission auch ihren Aufruf zu Protesten am 13. Dezember, dem Jahrestag der Verhängung des Kriegsrechts, zurück.

Seit dem Militärputsch hatte sich nichts daran geändert, daß die große Mehrheit des polnischen Volkes dem herrschenden Regime mit Haß und Verachtung gegenüberstand. Staat und Nation waren weiter fast völlig getrennt. Aber viele Menschen glaubten nicht mehr daran, daß durch Aktionen wie Streiks und Demonstrationen Zugeständnisse von den Machthabern zu erreichen waren. Die fortdauernde katastrophale Wirtschaftslage, die nach wie vor schlechte Versorgung mit Gebrauchsgütern und ein ausgeklügeltes System von Repressalien am Arbeitsplatz gegen jeden, der irgendwie aufmuckte – das rief Müdigkeit hervor. Dazu kam bei nicht wenigen Menschen die Enttäuschung über die Kirche, d.h. vor allem die Kirchenführung, deren Kritik am Militärregime seit Mitte des Jahres immer zurückhaltender geworden war. Verhaftungen und Terrorurteile gegen Aktivisten hatten zudem die Untergrundstrukturen von „Solidarność" geschwächt.

Die Art und Weise, wie dann am 19. Dezember per Staatsratsbeschluß das Kriegsrecht „ausgesetzt" wurde, versprach ebenfalls wenig Gutes. Der Militärrat blieb weiter als oberstes Kontrollorgan über Regierung und Verwaltung bestehen. Einen Tag vorher hatte der Sejm bestimmte Sonderregelungen gebilligt:
– bei einer neuerlichen Inkraftsetzung des Kriegsrechts sollte keine Parlamentsentscheidung mehr nötig sein;
– einige Kriegsrechtsbestimmungen konnten bei Bedarf weiter angewandt werden;
– für bestimmte Betriebe wurde die Militarisierung nicht aufgehoben;
– die Suspendierung verschiedener gesellschaftlicher Organisationen wurde nicht revidiert;
– das Streikrecht wurde formal zugestanden, sollte aber konkret erst gelten, wenn überbetriebliche Gewerkschaftsorgane existierten, d.h. 1984.

Etwa 4 000 nach dem Kriegsrecht Verurteilte saßen weiter in den Gefängnissen, von Amnestie war keine Rede. Die Internierungslager wurden zwar aufgelöst; das Militär ging aber seit November dazu über, Mitglieder und Aktivisten von „Solidarność" einzuziehen und in Strafbataillonen zusammenzufassen. Sieben führende Gewerkschaftsfunktionäre wurden auf Anweisung der Warschauer Staatsanwaltschaft verhaftet und in Untersuchungshaft eingeliefert: Andrzej Gwiazda (47), Ingenieur aus Gdańsk; Seweryn Jaworski (51), Stahlarbeiter aus Warschau; Marian Jurczyk (47), Werftarbeiter aus Szczecin (Stettin); Karol Modzelewski (45), Historiker aus Wroclaw (Breslau); Grzegorz Palka (32), Wirtschaftswissenschaftler aus Lódź; Andrzej Rozplochowski (32), Stahlarbeiter aus Katowice; Jan Rulewski (38), Ingenieur aus Bydgoszcz (Bromberg). Offiziell hieß es, sie würden wegen „ernster Vergehen gegen den Staat"angeklagt.

Trotz allem kam die Untergrundführung von „Solidarność" in ihren Diskussionen zu dem Schluß, daß die Suspendierung des Kriegsrechts – so halbherzig sie auch sein mag – positive Ansatzpunkte bot. Zbigniew Bujak kündigte in einem Interview (siehe Dokument 54), das zugleich für 1982 kritisch Bilanz zog, ein konkretes Aktionsprogramm an, das die Koordinierungskommission zur Diskussion stellen wolle: „Was uns erwartet, ist der Kampf um die Möglichkeit einer legalen Betätigung. Es ist an uns, die Formen, die uns das erlauben werden, herauszufinden: die Schießscharten besetzen und das Feld legaler Aktionen erweitern. Vielleicht in der Selbstverwaltung oder in der Kooperativbewegung. Vielleicht auch in verschiedenen Formen von Vereinigungen und Clubs. ... Was die Betriebe angeht, denken wir vor allem an das Funktionieren der Gewerkschaften. Aber das ist im Moment in

legaler Form nicht möglich. ... Wenn die vorläufige Koordinierungskommission so weit kommt, ein ganzes Programm zu formulieren, wird dies ein auf die Legalität ausgerichtetes Programm sein mit dem Ziel, einen Ausgleich zu erreichen. ... Es handelt sich um eine Aktion zugunsten der Wirtschaftsreform, die gesamte Wirtschaft muß wieder auf die Füße gestellt werden; für eine Ausweitung der Presse- und Meinungsfreiheit; für die Entwicklung von Initiativen gegenseitiger Hilfe. Das sind alles Tätigkeiten, für die man die Leute nicht einfach ins Gefängnis stecken kann, ohne daß sich das System kompromittiert. Anders gesagt: Es geht nicht um ein Programm des bewaffneten Untergrunds, der einen Umsturz vorbereitet, sondern um ein positives Programm. Ein Programm mit dem Ziel einer Evolution des Systems."
Tatsächlich legte die Koordinierungskommission dann im Januar den „Vorschlag für ein Aktionsprogramm des Widerstandes" vor (siehe Dokument 55).

Anmerkungen

1 Bekanntmachung des Militärrats zur nationalen Errettung; deutsche Übersetzung in: Frankfurter Rundschau, 14.12.1981.
2 Der Titel ist ein Zitat aus dem Drama „Die Hochzeit" des polnischen Dichters Wyspianski. Das Drama spielt zur Zeit der polnischen Teilung im 18. Jahrhundert und beschreibt, wie aus mangelnder Kampfbereitschaft der Aufstand gegen das Besatzungsregime versäumt wird.
3 Aufruf an die Gesellschaft vom 26. Juni 1982; deutsche Übersetzung in: Informationsbulletin „Solidarität mit Solidarność", Nr. 4/5 1982, Frankfurt, S. 8.
4 Stellungnahme vom 28.7.1982. Deutsche Übersetzung in: Ebenda, S. 9.
5 Z. Bujak, In Verteidigung der Gewerkschaft; polnisches Original in: Tygodnik Mazowsze, Nr. 24, 18.8.1982. Deutsche Übersetzung in: Ebenda, S. 11.
6 A. Michnik, Appell aus dem Gefängnis, in: Gesellschaftliche Selbstverteidigung, 1977-1982, Aufsätze angeklagter KOR-Mitglieder, hrsg. von Stadt-Revue und Komitee „Solidarität mit Solidarność", Köln 1982, S. 76.
7 Frankfurter Rundschau, 6.10.1982.
8 Frankfurter Rundschau, 19.11.1982.

DOKUMENT 45

Beschlüsse der vorläufigen Koordinierungskommission von „Solidarność"

Verlautbarung Nr. 1

Am 22.4.1982 trafen sich Vertreter der NSZZ Solidarność aus den Regionen Gdańsk (Danzig), Dolny Slask (Niederschlesien), Malopolska (Krakau) und Mazowsze (Warschau). Nach Gesprächen über die Situation in der Gewerkschaft und im Lande wurde eine gemeinsame Stellungnahme hinsichtlich eines Aktionsprogramms sowie der Mittel und Methoden seiner Verwirklichung ausgearbeitet.

Die unterzeichnenden Vertreter der vier Regionen Gdańsk, Dolny Slask, Malopolska und Mazowsze verpflichten sich, ihre Aktivitäten zu koordinieren, die die Aufhebung des Kriegsrechts, die Freilassung der Internierten, Verhafteten und Verurteilten sowie die Wiederherstellung der Bürgerrechte zum Ziel haben. Sie koordinieren auch ihren Kampf um die Betätigungsfreiheit für „Solidarność". Wir werden unsere Aktivitäten im Rahmen der provisorischen Koordinierungs-Kommission durchführen, und zwar bis zu dem Zeitpunkt, an dem die Landeskommission von Solidarność unter Lech Walesa die Arbeit wiederaufnimmt.

Wir bitten andere Regionen und Zentren um Mitarbeit, soweit es die technischen und organisatorischen Möglichkeiten gestatten.

Erklärung hinsichtlich der gesellschaftlichen Übereinkunft

Die Lösung der Probleme, vor die Polen sich gestellt sieht, ist ohne die Aufnahme von Gesprächen zwischen Regierung und Gesellschaft unmöglich. Die Regierung muß gezwungen werden, die Notwendigkeit von Verhandlungen mit der Führung der NSZZ Solidarność unter Lech Walesa anzuerkennen. Wir sind entschlossen, jede mögliche Aktivität zur Ausübung des nötigen Drucks zu unternehmen. Als Grundlage für Verhandlungen sind wir bereit, die durch den „Sozialrat" beim Primas (der katholischen Kirche) formulierten Bedingungen für eine nationale Übereinkunft zu akzeptieren. Von uns aus ist die einzige Bedingung für die Aufnahme von Gesprächen die Freilassung aller Internierten und eine Amnestie für alle Verhafteten und Verurteilten. Das ist eine Bedingung, von der wir nicht abgehen werden.

Erklärung hinsichtlich der drohenden Illegalisierung der NSZZ Solidarność

Die Auflösung des NZS (Unabhängiger Studentenbund) und der SDP sowie

Artikel in der Presse, schließlich auch inoffizielle Informationen, die uns zugegangen sind – alles weist daraufhin, daß der NSZZ Solidarność die Illegalisierung droht.

Die Mitglieder von Solidarność sind moralisch und dem Statut nach verpflichtet, für die Betätigungsfreiheit der Gewerkschaft einen kompromißlosen Kampf zu führen. Wir appellieren an die ganze Bevölkerung und an die Gewerkschafter in aller Welt, unseren Kampf zu unterstützen.

Wir erklären, daß wir im Falle einer Auflösung der NSZZ Solidarność nicht zögern werden, den Generalstreik auszurufen und zur aktiven Verteidigung der Betriebe aufzufordern.

An alle Mitglieder der NSZZ Solidarność – an die polnische Gesellschaft

Der fünfte Monat seit Verhängung des Kriegszustandes verstreicht. Entgegen den Berechnungen der Regierung schwächt sich der Widerstand der Gesellschaft nicht ab. Die gesamte Nation brandmarkt Kollaborateure und lehnt die Zusammenarbeit mit dem WRON ab. Höchste Anerkennung verdient die Haltung der tausenden Internierten und Verhafteten, die sich in Lagern, Gefängnissen und Gerichtssälen nicht brechen lassen, die mutig die Idee von Solidarność verkünden. Solange sie nicht freigelassen sind, solange wird der 13. jedes Monats der Tag des Protestes gegen Gewalt und Unrecht sein, der Tag des Gedenkens und der Ehrung derer, die im Dezember 1981 ihr Leben für die Freiheit gaben.

Wir rufen dazu auf, daß am 13. Mai die Betriebe im ganzen Land von 12.00 bis 12.15 Uhr ihre Arbeit unterbrechen. Wir verlangen Freiheit für die Aktivisten der Betriebe und für die Führung der Gewerkschaft mit Lech Walesa an der Spitze. Wir rufen dazu auf, daß am 13. um 12.00 Uhr für eine Minute der Verkehr auf den Straßen der Städte erstirbt. Straßenbahnen und Busse, Autos und Fußgänger sollen stehenbleiben, die Stimme der Hupen soll ertönen.

Die Koordination der Aktion im ganzen Land soll Gradmesser unserer Solidarität und Stärke sein.

Wir fordern andere Regionen auf, sich unserem Protest anzuschließen, ohne jedoch von geplanten lokalen Aktionen am 13. Mai Abstand zu nehmen.

Erklärung: betreffend Formen und Methoden der Tätigkeit

Der Anschlag vom 13. Dezember hat ein Unrechtsregime in den Sattel gehoben, hat Bildung, Wissenschaft und Kultur zerstört und macht die Chance einer Verbesserung der wirtschaftlichen Situation zunichte, was Elend und Arbeitslosigkeit bedeutet. Wenn sich die Gesellschaft den Machthabern nicht widersetzt, droht ihr die Atomisierung und völlige Versklavung. Das wird nicht nur eine Rückkehr zu den Zeiten vor dem August (1980) sein, sondern eine Rückkehr zum stalinistischen System, mit erneuten Versuchen zur Kollektivierung der Landwirtschaft und zur Vernichtung der unabhängigen Existenz der Kirche.

Wie können wir uns gegen Gewalt und Terror verteidigen? Wie können wir um unsere Menschen- und Bürgerrechte kämpfen, und wie um die Wiederzulassung der NSZZ Solidarność? Vor allem müssen wir gewerkschaftliche Strukturen errichten, müssen wir uns zu gemeinsamer Aktivität organisieren. Im Laufe dieser wenigen Monate hat die Gesellschaft bereits allgemeine Formen des Widerstandes entwickelt. Die, die unter Verfolgungen zu leiden haben, und ihre Familien erfahren Fürsorge. Grundlagen für eine unabhängige Verbreitung von Informationen und für die Wiederherstellung der gewerkschaftlichen Strukturen sind geschaffen worden. In allen Orten werden Kollaborateure und Streber boykottiert. Der Protest gegen die Machthaber des WRON manifestiert sich auf unterschiedlichste Weise.

Um unsere gewerkschaftliche Tätigkeit fortzusetzen, bedarf es mehr, als nur moralischer Gegnerschaft. Wir müssen dem Widerstand eine organisatorische Gestalt geben, die einerseits ein Funktionieren auf Dauer gewährleistet, andererseits die Durchführung wirksamer und massenhafter Aktionen ermöglicht. Alle Initiativen, die dieses Ziel anstreben, werden von uns unterstützt.

Vor allem sollten wir uns darauf konzentrieren, in allen Betrieben folgendes zu organisieren:
– Komitees zur sozialen Hilfe, um den Werktätigen und Mitgliedern, die ihrer Unterhaltsmittel beraubt sind, materielle Unterstützung zu geben;
– Diskussionsclubs der Solidarität, die aus Vertretern verschiedener Zentren zusammengesetzt sind und die Taktik der Aktivitäten von Solidarność ausarbeiten;
– Druckereien, die eine wirksame Verbreitung von Informationen gewährleisten, in größeren Betrieben auch die Herstellung von Zeitungen.

Die Realisierung dieser Prinzipien ist Bedingung für den Erfolg der Aktionen, die auf regionaler und Landesebene koordiniert werden sollen, und im Falle, wo das unvermeidlich wird, für den Generalstreik.

Vorläufige Koordinierungskommission der NSZZ „Solidarność": Zbigniew Bujak (Region Mazowsze); Wladyslaw Frasyniuk (Region Dolny Slask); Wladyslaw Hardek (Region Malopolska); Bogdan Lis (Region Gdańsk)

(Aus: Bulletin d'Information Solidarność, Comité de Coordination du syndicat „Solidarność" en France, Mai 1982, S. 7 f.; eigene Übersetzung.)

DOKUMENT 46

Adam Michnik
Polnischer Krieg

1.

Dieser Krieg wurde nicht erklärt. Im Laufe einer Sonnabendnacht im Dezember hämmerten Funktionäre des Sicherheitsapparats an unsere Häuser, brachen die Türen mit Brecheisen auf, schlugen drauflos, spritzten uns Tränengas in die Augen, legten uns Handschellen an und fuhren uns – als Internierte – in die Gefängnisse.

Wir waren die ersten Gefangenen in diesem merkwürdigen Krieg des kommunistischen Establishments gegen die eigene Bevölkerung. Diese nächtliche Aktion war die erste siegreiche Schlacht des Generals.

So wird vor allem der Beschluß des 9. Parteitags der Polnischen Vereinigten Arbeiterpartei (PVAP) über die Ämter-Unvereinbarkeit realisiert. Jaruzelski, gleichzeitig Verteidigungsminister, Premier und Erster Sekretär der Partei, wurde nun auch noch Chef des „Militärrats zur Nationalen Errettung", abgekürzt Wrona. Wrona heißt auf deutsch aber auch „die Krähe". Die Polen werden das Wort nun für immer mit dem häßlichen Vogel in Verbindung bringen, mit der Karikatur des Adlers, der das Staatswappen ziert.

Künftige Geschichtsschreiber werden die Präzision des Schlags, die perfekte Wahl des Augenblicks, die gekonnte Durchführung der Aktion würdigen. Der Historiker wird die Konsequenz schildern, mit der aller Widerstand des Feindes gebrochen wurde, und der Dichter wird die großartigen militärischen Triumphe dieser Armee besingen, die sie auf den Straßen Gdańsks, in Warschauer Fabriken, in Hüttenwerken, Kohlengruben und Werften errang.

General Jaruzelski vermehrte den Ruhm der polnischen Waffen, indem er in einem geschickten Manöver auch das Warschauer Rundfunk- und Fernsehgebäude sowie die Telefonzentrale eroberte. Fürwahr, seit der Schlacht des Königs Sobieski vor Wien 1683 kann sich keiner unserer Führer solcher Erfolge rühmen. Nun werden die Musiker Sinfonien komponieren, die Maler die siegreichen Attacken verewigen, die Regisseure werden patriotische Filme drehen, und all das zu Ehren der Führer der Dezembernacht. Der Staatsrat wird zweifellos einen neuen Orden einführen – für die Teilnahme am Feldzug Dezember 1981 ...

Scherzen wir nicht. Obwohl die Regierungspropaganda eben solche Töne anschlägt, wollen wir, noch immer betäubt und schockiert, uns lieber selbst nach dem Sinn dessen fragen, was in Polen geschehen ist.

In der Nacht vom 12. zum 13. Dezember begann die kommunistische Machtelite verzweifelt mit der Verteidigung ihrer Position als herrschende Klasse, ihrer Macht und der damit verbundenen Privilegien. Der Status der Machtelite – man braucht dies nicht ausführlich zu begründen – war in der Tat bedroht, und zwar nicht nur in Polen, sondern im gesamten kommunistischen Block.

Der Staatsstreich hatte nicht etwa zum Ziel, die kommunistische Utopie zu verwirklichen – er war vielmehr eine klassische, gegen die Arbeiter gerichtete Konterrevolution im Namen der Verteidigung der konservativen Interessen des Ancien régime. Im Gegensatz zu den Behauptungen der offiziellen Propaganda war dies keineswegs die Antwort auf einen Versuch, die politische Macht zu übernehmen: Die „Solidarność" verfügte weder über ein Schattenkabinett noch über ein Programm für einen Staatsstreich.

Die Entstehungsgeschichte des Dezember-Putsches beginnt mit dem grundsätzlich unlösbaren Konflikt zwischen einer millionenstarken gesellschaftlichen Bewegung, organisiert in „Solidarność", und den totalitären Strukturen eines kommunistischen Staates. Ursache der Auseinandersetzung war allein die Existenz einer unabhängigen und selbstverwalteten, vom Volk unterstützten Institution.

Es ging hier also nicht um die Macht an sich, sondern um die Machtvollkommenheit, also um die Grenzen der Partei-Nomenklatura, um den Stil der Machtausübung, also um die Rechtsstaatlichkeit, um den Inhalt des zwischen Regierenden und Regierten geschlossenen Kompromisses – also um den Pluralismus im gesellschaftlichen Leben, um die Gestaltung der Selbstverwaltung in den Betrieben und auf territorialer Ebene.

Die Verwirklichung des Reformprogramms, das all diese Lebensbereiche umfaßte, stellte das fundamentale Prinzip der kommunistischen Herrschaft über Staat und Gesellschaft in Frage. Es war offensichtlich, daß der Apparat freiwillig nicht einmal auf einen Zipfel der Macht verzichten würde, daß Konflikte deshalb unvermeidlich waren. Wir meinten jedoch, daß sie anders laufen würden. Wir glaubten nicht, daß der Machtapparat versuchen würde, gesellschaftliche Konflikte mit militärischer Gewalt zu lösen, indem er an die Stelle der Stärke des Arguments das Argument der Stärke setzt.

2.
Dies ist nicht die erste Krise in der Geschichte der kommunistischen Staaten. Gleichzeitig dürfte jeder, der die jeweils zwölf Jahre auseinanderliegenden Ereignisse des Jahres 1956, des Prager Frühlings und die polnischen 15 Monate vergleicht, die spezifischen Merkmale und die – trotz einiger Gemeinsamkeiten – bedeutenden Unterschiede jeder Krise wahrnehmen.

Gemeinsam war der Wunsch nach einer Erweiterung der nationalen und der Bürgerrechte. Die Unterschiede lagen in der Dynamik der gesellschaftlichen Veränderungen. 1956 kam der Reform-Impuls aus Moskau, aus dem Saal des 20. Parteitages der KPdSU, wo die Parteibürokratie den noch immer anwesenden Schatten Stalins liquidierte und das Beil beiseite schob, das der Sicherheitsapparat über ihren Köpfen schweben ließ.

Die Bewegungen innerhalb der Partei, die Polen und Ungarn 1956 erschütterten, hatten hier ihren Ursprung. In Polen bedeutete die Autorität des frisch aus dem Gefängnis entlassenen Gomulka eine ausreichende Garantie für den Kreml wie für die polnische Gesellschaft. Für den Kreml war Gomulka ein widerspenstiger Kommunist, mit dem man sich dennoch verständigen konnte; für die Polen war er ein Sprecher ihrer nationalen und demokratischen Wünsche.

In Ungarn führte der Widerstand des stalinistischen Flügels im Apparat zu der Situation, in der die revoltierende Straße das Tempo der Veränderungen zu diktieren begann. Der Machtapparat fiel in sich zusammen wie ein Kartenhaus. Die sowjetische Intervention war eine direkte Konsequenz dieser Tatsache.

In der Tschechoslowakei waren es 1968 Kreise des Apparats innerhalb der Partei, die merkten, daß die ökonomische Ineffizienz des kommunistischen Systems und seine Anfälligkeit für Verschwendung und Rückständigkeit ohne tiefgreifende Reformen weiter zunehmen würden.

Das Wesen des Konflikts in der Tschechoslowakei lag in dem Wunsch der liberalen und siegreichen Fraktion Dubceks – hierin unterstützt von der ganzen Gesellschaft – nach von oben geplanten demokratischen Reformen, verbunden mit einer Lockerung der Abhängigkeit von der sowjetischen Zentrale.

Der tschechoslowakische „Sozialismus mit menschlichem Gesicht" hatte viele Gesichter: vom gemäßigten Reformismus der Apparatschiks bis hin zu einer pluralistischen Vision der Gesellschaft, wie sie in den Schriften nonkonformistischer Publizisten enthalten war. Die entscheidenden Faktoren waren jedoch die Auflehnung der tschechoslowakischen Führer gegen das sowjetische Diktat und ihr Wunsch, die Legitimation ihrer Macht in der Unterstützung durch die eigene Gesellschaft und nicht nur in den Amtszimmern des Kreml zu suchen.

3.
In Polen war es anders. Es ist schwierig, hier von einem „Sozialismus mit menschlichem Gesicht" zu sprechen; es war eher ein „Kommunismus mit ausgeschlagenen Zähnen"; ein Kommunismus, der nicht mehr beißen und sich gegen den Überfall der organisierten Gesellschaft nicht mehr verteidigen konnte. Dieser gesellschaftliche Druck hatte nichts mit Gewaltanwendung zu tun.

Im Gegensatz zu den hysterischen Erklärungen über die „offene Konterrevolution" und den „faschistischen Terror in den Betrieben" wurde während der polnischen Revolution niemand getötet, nicht ein Tropfen Blut vergossen. Viele Beobachter stellten die Frage: Wie ist das zu erklären?

Die Entwicklungsgeschichte der polnischen Reformbewegung – oder auch der polnischen sich-selbst-beschränkenden Revolution – hat ihren Ursprung außerhalb der Institutionen des offiziellen öffentlichen Lebens.

Seit vielen Jahren existierten und arbeiteten in Polen Gruppen der demokratischen Opposition, wohlwollend unterstützt von breiten Kreisen der öffentlichen Meinung und geschützt vom wirksamen Schirm der Kirche.

Unter dem relativ toleranten Kurs der Gierek-Equipe – diese Toleranz entsprang übrigens den Bindungen an den Westen und politischer Schwäche, nicht etwa politischem Liberalismus – wurden Versuche der Selbsthilfe und der gesellschaftlichen Selbstverteidigung unternommen, unabhängiges geistiges Leben organisiert und unzensierte Szenarien eines Freiheitskampfes entworfen.

Der Kernpunkt des Programms dieser oppositionellen Kreise – am populärsten wurde das nach den Streiks im Juni 1976 gebildete „Komitee zur Verteidigung der Arbeiter" (KOR) – lag in dem Wunsch, die Gesellschaft zu verändern und die gesellschaftlichen Bindungen außerhalb der offiziellen Strukturen wiederaufzubauen. Die Hauptfrage lautete nicht: „Wie kann man das System der Machtausübung reformieren?", sondern: „Wie kann man sich vor diesem System verteidigen?"

Diese Denkweise wirkte sich auf den Verlauf der August-Streiks aus, auf die Form der Streikforderungen, auf das Programm, auf Strategie und Taktik des Vorgehens der „Solidarność".

4.
Der heftige Kampf um die Reform der totalitären Strukturen dauerte 15 Mona-

te. Der Höhepunkt der Kämpfe war ebenso untypisch wie ihr Verlauf. Die offizielle Kriegserklärung an die Gesellschaft ergab sich aus der Natur der vorausgegangenen Konflikte. Der Krieg, sagte Clausewitz, ist die Fortführung der in Friedenszeiten verfolgten Politik mit anderen Mitteln. Diesmal war dies ein Krieg gegen die organisierte Gesellschaft, aufgenommen von einem Staat, der ein Instrument der im Warschauer Pakt organisierten politischen Kräfte ist.

Die Analyse der Fehler, welche „Solidarność" begangen hat, wird lange Gegenstand polnischer Auseinandersetzungen bleiben. Dem Volk und einer Frau – um an die treffende Formel von Karl Marx zu erinnern – werden niemals der Augenblick des Vergessens verziehen, in dem sie einem Lumpen erlaubten, sie zu beherrschen.

Die Gewerkschaft, die eine tatsächliche Front der nationalen Solidarität war, trug alle guten und schlechten Seiten jener Gesellschaft in sich, die sie geboren hatte, einer Gesellschaft, die 37 Jahre lang weit entfernt von jeglichen demokratischen Institutionen gelebt hat, außerhalb der Sphäre politischer Kultur; einer Gesellschaft, die systematisch belogen, verblödet und erniedrigt wurde; einer Gesellschaft, die widerspenstig und bedächtig zugleich ist, in der Ehre, Freiheit und Solidarität als höchste Werte gelten und Kompromiß allzu häufig mit Kapitulation und Renegatentum gleichgesetzt wird.

„Solidarność" war eine demokratische Bewegung der Arbeitswelt, die in einer anti-demokratischen Umgebung funktioniert, innerhalb der totalitären Strukturen eines Systems, dessen einzige, allgemein verständliche Legitimation im Inhalt der Beschlüsse der Konferenz von Jalta lag.

Die Polen mußten nicht an den Inhalt dieser Beschlüsse erinnert werden, wie dies neulich Herr Nannen tat, der zu meinen scheint, daß die Menschenrechte nur Menschen zustehen, die westlich der Elbe leben, wobei für die Wilden aus dem Osten Knute und Stacheldraht als geeignete Instrumente reserviert bleiben, um den Mechanismus des öffentlichen Lebens ordnungsgemäß zu regulieren.

Die Polen haben Jalta nicht vergessen. Das Problem bestand dennoch darin, die Realitäten von Jalta in eine zeitgenössische Sprache zu übersetzen. Das war nicht einfach.

Die machtvolle, spontane gesellschaftliche Bewegung, die sich, ohne Vorbilder, von einem Tag auf den anderen inmitten ständiger Konflikte mit dem Machtapparat konstituierte, hatte keine eindeutig präzisierten Etappenziele und keine klare Vorstellung über eine Koexistenz mit dem kommunistischen Regime. Sie ließ sich leicht zu Auseinandersetzungen um unwichtige Dinge provozieren, es gab in ihr viele Ersatzkonflikte, viel Unordnung, Unfähigkeit, Unkenntnis des Gegners und seiner Handlungsmethoden.

„Solidarność" konnte streiken, aber sie konnte nicht warten; sie beherrschte die Technik des Frontalangriffs, nicht jedoch des Rückzugs; sie hatte grundsätzliche Ideen, aber kein Programm für ein schrittweises Handeln.

Sie war ein Koloß auf stählernen Füßen, jedoch mit tönernen Händen; sie war machtvoll in den Fabriken, innerhalb der Arbeiterbelegschaft, aber hilflos am Verhandlungstisch.

Sie hatte einen Gegner vor sich, der nicht imstande war, die Wahrheit zu sagen, die Wirtschaft in Gang zu halten oder auch nur seine eigenen Verpflichtungen einzuhalten, der aber dafür eines konnte: die gesellschaftliche Solidarität zerschlagen. Diese Kunst hatte er in den 37 Jahren seiner Macht bis zur Vollkommenheit gelernt.

Dieser Partner – die Machtelite – war moralisch und finanziell bankrott, wegen seiner politischen Schwäche unfähig, irgendeine Politik zu realisieren.

Diese politische Schwäche wurde in der „Solidarność" als allgemeine Schwäche verstanden, wobei man vergaß, daß ein Apparat der Gewalt, unberührt von der demokratischen Korrosion, ein nützliches Instrument in den Händen einer diktatorischen Macht sein kann, vor allem in den Händen einer Diktatur, welcher der Boden unter den Füßen brennt.

Das kommunistische System in Polen war ein Koloß auf tönernen Füßen, jedoch mit stählernen Händen. Als sie demokratische Wahlen zum Parlament und zu den Volksräten forderten, schienen die Funktionäre von „Solidarność" zu vergessen, daß solche Parolen für die Herrschenden ein Alarmsignal und die Verkündigung ihres baldigen Endes bedeuteten.

Wiederholen wir: „Solidarność" hat niemals gefordert, die Kommunisten aus der Regierung zu verstoßen und den Staat durch den Gewerkschaftsapparat zu ersetzen. Dennoch ist es ein Problem, daß die regierenden Apparatschiks aus den Erklärungen von „Solidarność" eben solch ein Programm herausgelesen haben – es ist jetzt unwichtig, inwieweit dies so sein mußte.

Sie bemerkten den Drang der Basis, die Parteikomitees in den Fabriken aufzulösen, es erschreckte sie das Gespenst der Wahlen zu den Volksräten, sie hatten Alpträume von einem nationalen Referendum über die Form einer Selbstverwaltung, und sie sahen, daß eine drastische Preiserhöhung fällig war. Ihre Antwort darauf war der Staatsstreich vom Dezember, die letzte Antwort, über die sie verfügten.

5.

„Solidarność" erwartete keinen militärischen Staatsstreich, sie wurde von ihm überrascht. Die Verantwortung dafür tragen nicht die Arbeiterbelegschaften, sondern alle diejenigen, die (wie auch der Autor) aufgrund ihrer intellektuellen Tätigkeit dazu berufen waren, die politische Vision der Gewerkschaft zu gestalten.

Die theoretische Reflexion – dies nur in Paranthese – zum Thema Systemveränderungen hinkte den Ereignisssen hinterher. Außer gängigen Formeln gab es fast keinerlei politische Reflexion. Die Praxis überholte schließlich die Theorie, nicht zum erstenmal in der polnischen Geschichte.

Der grundsätzliche – wenn auch niemals klar präzisierte – Streit innerhalb von „Solidarność" betraf das Tempo der Veränderungen und ihren Umfang. Anfangs waren die Anhänger von Kompromißlösungen in der Mehrheit, mit der Zeit wurde jedoch offensichtlich, daß der Machtapparat jede Neigung zur Einigung als Schwäche auslegte. Alle Zugeständnisse mußten durch Streiks oder durch Streikdrohungen erzwungen werden.

Die ständigen Streiks, vom Machtapparat geschickt provoziert, zermürbten die Gesellschaft, die ohnehin von den Schwierigkeiten des Alltags erschöpft war. Das Ausbleiben positiver Folgen in Gestalt spürbarer Verbesserungen der Lebensqualität führte zu einer Polarisierung und stellte den Sinn dieser Taktik in Frage.

Die einen sagten: „Keine Streiks mehr, das bringt nichts", andere sagten: „Keine inkonsequenten Streiks mehr, wir brauchen einen Generalstreik, der die Regierung zu wesentlichen Zugeständnissen zwingt." Es ist schwer zu sagen, wer in der Überzahl war, mit Sicherheit jedoch waren die letzeren besser zu hören.

Eben sie, meist junge Arbeiter aus großen Betrieben, verlangten von der Führung von „Solidarność" radikales Handeln, dessen Verhinderung immer schwieriger wurde (obgleich sowohl Walesa als auch Kuroń dies versuchten).

Der Machtapparat wurde immer mehr verachtet und zu wenig ernst genommen. Fast niemand glaubte daran, daß es gelingen könnte, polnische Soldaten dazu zu benutzen, polnische Arbeiter anzugreifen, fast niemand glaubte an die Möglichkeit eines Militärputsches.

Ursache dafür waren Naivität und Wunschdenken – und auch die langjährige Tradition der polnischen Geschichte. Danach schien der Versuch, die polnische Gesellschaft mit Hilfe der polnischen Armee zu terrorisieren, schwer vorstellbar. Die vorausgegangenen Monate hatten im gesellschaftlichen Bewußtsein ein Bild vom Verlauf der Konflikte zwischen Staat und Gesellschaft gefestigt, in dem es keinen Platz für offene Siege gab. Die Pläne von Galgen und Proskriptionslisten existierten nur in der krankhaften Vorstellung von Parteinotabeln.

Die Gewerkschaft kannte auf den Angriff der Regierung nur eine Antwort: Besetzungsstreik. Der Sturm der Armee auf die Fabriken machte diese Taktik wirkungslos. Doch das Bewußtsein der Zwecklosigkeit friedlicher Formen des Widerstands kann katastrophale Folgen haben. Das vergossene Blut der Bergarbeiter aus der Grube „Wujek" kann zu einer konstruktvien Lektion der Sprache werden, in der man mit der Regierung reden muß, wenn man etwas erreichen will.

6.
Was dachten die Kommunisten über „Solidarność"? Die Krise im August war für sie keine Überraschung, obwohl der Verlauf der Streiks, die Reife der Forderungen, die Disziplin und die Solidarität der Belegschaften ein Schock für sie waren.

Für die Gierek-Equipe, die auf der Welle eines blutigen Aufstandes der Werftarbeiter im Dezember 1970 an die Macht kam, war es ein Dogma, eine bewaffnete Konfrontation mit der Arbeiterklasse zu vermeiden.

Die Zulassung einer unabhängigen Gewerkschaft 1980 war ein Akt der Verzweiflung, begleitet von dem Glauben, daß es gelingen würde, diese Bewegung auf die Ostseeküste zu beschränken und sie mit der Zeit zu manipulieren und von innen zu zerschlagen. Als die Welle der August-Streiks die Zulassung einer einheitlichen Gewerkschaft auf Landesebene erzwang, konnte der Apparat nur noch darauf hoffen, sie mit Provokationen zu zermürben und von innen her zu spalten. „Solidarność" stellte eine tödliche Bedrohung dar – sie liquidierte den Grundsatz der kommunistischen Ideologie, daß die Kommunistische Partei die Arbeiterklasse repräsentiere.

Der Plan, die Gewerkschaft mit „politischen Mitteln" zu zerstören, mißlang. Dennoch: Die ständigen Konflikte – etwa um die politischen Gefangenen, die freien Samstage, die Registrierung der Bauerngewerkschaft – ebenso wie die von außen inspirierten Personalstreitigkeiten schwächten die Gewerkschaft. Das verbesserte die Situation des Apparats jedoch keineswegs: Für ihn, zerstritten und vergiftet vom Kampf um die Macht, war ein übergeordnetes Problem entstanden – die Partei.

Die Partei, verstanden als organisierte Gemeinschaft ihrer Mitglieder, war während der August-Streiks gar nicht vorhanden. Dieses Instrument, in früheren Epochen nützlich zur Zerschlagung der gesellschaftlichen Solidarität durch den Apparat, hatte diesmal versagt. Bei seinem Versuch, die Partei wieder zum Leben zu erwecken, öffnete der Apparat die sprichwörtliche Büchse der Pandora.

Einerseits suchte man nach Sündenböcken und veröffentlichte dabei immer schockierendere Beweise für die Korruption der Gierek-Equipe. Andererseits begannen die Parteimassen ihre Ausweise zurückzuschicken oder, schlimmer noch, sich in „Basis-Strukturen" zu organisieren, die eine demokratische Reform der Partei verlangten, eine Aufhebung des stalinistischen Modells, das sich auf die Allmacht des Apparats stützt.

Hierin lag schließlich der grundsätzliche Unterschied zwischen den jüngsten Ereignissen in Polen und den Krisen der Jahre 1956 und 1968. Damals waren die kommunistischen Führer (Nagy, Gomulka, Dubcek) in der Lage, sich das Vertrauen der Gesellschaft zu erobern: Das Lager der Anhänger einer Parteireform von oben verfügte über gesellschaftlichen Rückhalt.

In Polen schleppte sich die gesamte Partei hinter den Veränderungen her. Nicht die Partei stimulierte die Veränderungen in der Gesellschaft, sondern eine gesellschaftliche Bewegung außerhalb der PVAP rief Veränderungen in den Reihen der Partei hervor. Die Reformprogramme der Partei waren – vor dem Hintergrund der Ziele von „Solidarność" – ein krasser Anachronismus.

Die Parteireformer in Polen bildeten kein einheitliches Lager. Unter den Leuten, die man so bezeichnete, waren so unterschiedliche Persönlichkeiten wie Andrzej Werblan, einer der ideologischen Diktatoren in der Ära Gomulka und Gierek; der bekannte Publizist Stefan Bratkowski, einer der Organisatoren der Gesprächsrunde „Erfahrung und Zukunft" und Vorsitzender des Journalistenverbandes; Wojciech Lamentowicz, ein 36jähriger wissenschaftlicher Mitarbeiter an der Parteischule; Zbigniew Iwanow, Parteisekretär und Führer des August-Streiks in einer Fabrik in Toruń.

Trotz ihrer Unterschiedlichkeit wurden sie alle zum Opfer eines Paradoxons, das zum Schicksal der kommunistischen Reformer in aller Welt gehört:

Sie verlangten die Reform einer totalitären Partei im Namen der menschlichen Freiheit und gesellschaftlichen Gerechtigkeit – gegen den bürokratischen Apparat, der die Freiheit des Denkens und die Kreativität unterdrückt, Durchschnittlichkeit und Korruption vorzieht. Deshalb konnten sie den Apparat nur dann wirksam angreifen, wenn sie eine Sammelbewegung organisierten, nicht aber in einer Fraktion, die um die Macht kämpft.

Als Fraktion klammerten sie sich automatisch aus der Partei aus, und außerdem waren sie im täglichen politischen Kampf dazu gezwungen, dieselben Praktiken anzuwenden, die sie beim Gegner scharf kritisierten.

Die „Basisstrukturen" einzelner Parteizellen waren ein Versuch, die Quadratur des Kreises zu lösen. Aber sie waren zu schwach, um zu gewinnen, und für den Apparat völlig unakzeptabel; sie hielten dem massierten Gegenschlag der konservativen Strukturen in der Partei nicht stand.

Die polnischen Parteireformer der letzten Ära erwiesen sich als eine Karikatur ihrer geistigen Väter und älteren Brüder aus dem Polnischen Oktober und dem Prager Frühling. Dem Anschein nach war ihr Reformertum weniger abstrakt, mehr im Alltagsleben verwurzelt; es enthielt keine verbissenen Debatten über die Philosophie des jungen Marx, statt dessen diskutierten sie über eine Wirtschaftsreform.

Doch über Anfänge ging es nicht hinaus. Diese Bewegung fand keinerlei Unterstützung im Gedankengut der geistigen Welt. Sie war ein Epigone und zugleich die Schlußetappe des ideellen Zerstörungsprozesses des realen Kommunismus.

Die Gesellschaft bediente sich schon einer normalen Sprache, während die Ideen der Parteireformer weiter in der Zange der marxistisch-leninistischen „Neusprache" hängen blieben. Für die Parteireformer lautete die zentrale Frage: „Wie kann man die Partei demokratisieren?", was ein Schlüssel zur Demokratisierung der Gesellschaft sein sollte; für die Gesellschaft hingegen lautete die zentrale Frage: „Wie kann man möglichst viele Gebiete des öffentlichen Lebens dem Diktat der Partei-Nomenklatur entreißen?"

Der Parteiapparat beschuldigte „Solidarność", sie sei eine politische Partei und keine Gewerkschaft. „Solidarność" suggerierte der PVAP, sie solle sich zu einer politischen Partei entwickeln, die um Glaubwürdigkeit in der Gesellschaft kämpft, anstatt beharrlich auf der Position einer *Gewerkschaft der Mitarbeiter des Machtapparats* stehenzubleiben. Dies nämlich war die präzisere Definition des gesellschaftlichen Charakters der regierenden Kommunistischen Partei. Und das war entscheidend.

Der demokratische Verlauf des 9. Parteitags der PVAP änderte hieran wenig – in die höchsten Ämter wurden auf demokratischem Wege endgültig kompromittierte Leute gewählt, unter ihnen Albin Siwak, aus dem seinerzeit ein polnischer Stachanow hatte kreiert werden sollen, ein Musterarbeiter mit dem Ausweis eines Funktionärs des Sicherheitsapparats in der Tasche.

Mit den Siwaks im Politbüro konnte die PVAP auf gesellschaftliche Glaubwürdigkeit nicht rechnen. Die neue Führung und das auf dem Parteitag verabschiedete Programm waren Totgeburten. Der Apparat konnte nur noch auf eine Spaltung innerhalb von „Solidarność" sowie auf die vermittelnde Rolle der Kirche hoffen.

7.
Eben darauf wurde gebaut. Die Konzeption war eine Front zur Nationalen Verständigung, deren Pfeiler sein sollten: der Machtapparat, die Kirche und „Solidarność", symbolisiert durch das Treffen von Jaruzelski, Primas Glemp und Walesa. Das war der letzte Versuch, die Gewerkschaft „unblutig" auszumanövrieren.

Die katholische Kirche, die größte moralische Autorität in Polen, durch den polnischen Papst noch zusätzlich gestärkt, neigt zweifellos zu Kompromißlösungen. Sie war bemüht, Brücken für eine Verständigung zu schlagen, Spannungen zu mildern, auf den Machtapparat wie auf „Solidarność" mäßigend einzuwirken.

Es sollte aber eben ein Kompromiß sein, kein Verzicht der Gewerkschaft auf ihre eigenen Grundsätze und Ziele. Denn nichts anderes als ein solcher Verzicht war die im September 1981 vom Machtapparat vorgeschlagene gemeinsame Liste für Kommunalwahlen – solche Lösungen konnte und wollte die Kirche nicht unterstützen.

Das war der Wendepunkt. Für die Gewerkschaft wurde klar, daß der Konflikt unvermeidbar war, der Staatsmacht erschien selbstverständlich, daß die Möglichkeit von Kompromissen bis zur Grenze ausgeschöpft war.

Man muß schon zugeben, daß die Nachtaktion im Dezember sehr perfekt ablief, wozu die vollständige Skrupellosigkeit ihrer Vollstrecker beigetragen hat. Mit Panzern und Bajonetten wurde die Gewerkschaft „befriedet", der Widerstand der Arbeiter in den Betrieben gebrochen.

Dieser Triumph des Apparates kann jedoch unerwartete Konsequenzen haben, kann zu einem Beweis für politische Kurzsichtigkeit werden. Mit einem Bajonett kann man Angst verbreiten, terrorisieren, töten, siegreiche Schlachten gegen ein unbewaffnetes Volk schlagen. Aber auf einem Bajonett – diesen Gedanken von Talleyrand pflegte Stefan Bratkowski zu zitieren – kann man schlecht sitzen. Und mit einem Bajonett, fügen wir hinzu, kann man nicht 15 Monate der Freiheit aus dem Gedächtnis der Menschen ausmerzen.

8.
Wir haben bereits zuvor nach der Antwort auf die Frage gesucht, wieso es der Staatsmacht gelang, in einer so kurzen Zeit den Widerstand zu brechen. Außer dem Überraschungsschock nebst der Überzeugung, Blutvergießen sei eine für alle Polen unüberschreitbare Barriere, gab es noch einen Faktor, der über den Lauf der Ereignisse entschieden hat: den Schatten Rußlands.

Über das Problem einer sowjetischen Intervention wurde oft diskutiert. Presseveröffentlichungen bestätigten täglich die unmißverständlichen Absichten Moskaus. Im Kreml, das wußten wir, war „Solidarność" unbeliebt.

Gestritten wurde über die Einschätzung der Richtungen der sowjetischen Politik, die in den Afghanistan-Konflikt, in innere Schwierigkeiten und ein kompliziertes internationales Spiel verwickelt ist.

Hier gab es keine Klarheit. Einige von uns hegten stillschweigend die Hoffnung, es sei möglich, ein Modell polnisch-sowjetischer Beziehungen zu schaffen, in dem es Platz für Polen als Subjekt geben würde. Wir glaubten auch, zu einer bewaffneten Intervention würden sich die sowjetischen Führer erst in einer extremen Situation entscheiden, im Falle eines Bürgerkrieges oder eines Versuchs der Machtübernahme. Wir waren der Meinung, der polnische Machtapparat bediene sich eilfertig des sowjetischen Schreckbildes, um den psychologischen Effekt einer Intervention ohne Intervention zu erreichen.

Der Verlauf der Ereignisse zeigt, daß diese Überlegungen rational waren; die Sowjetunion hat alles mögliche getan, um ihre Teilnahme an dem Dezember-Coup zu verschleiern. Das Szenario, das sich dann abgespielt hat, war aus Sicht der Russen optimal: „Die Polen haben sich selbst an die Lösung der Probleme gemacht."

Das Dekret über den Kriegszustand mußte die Bevölkerung an die Targowica erinnern, an das düstere Symbol nationaler Schande[1]. Das Schreckgespenst einer sowjetischen Intervention im Falle einer Niederlage von Jaruzelski hat über das Verhalten der Polen entschieden. Ich riskiere diese Hypothese in der Überzeugung, dies sei ein weiteres Argument dafür, wie groß der Vorrat an rationalem Gedankengut und gesundem Menschenverstand in diesem romantischen Volk ist, ein weiteres Argument dafür, daß die Polen nicht nur kämpfen, sondern auch denken können.

9.
Niemand in Polen hat mit Hilfe aus dem Westen gerechnet, so daß die starke Reaktion der westlichen Öffentlichkeit und der Regierungen eine eher angenehme Überraschung ist. Dieses Echo ermutigt und kann auch mit der Zeit zur Eindämmung der Repressionswelle beitragen.

Die Empörung der Weltöffentlichkeit hat eine wichtige moralische Dimension, weil sie betont, daß demokratische Werte unteilbar sind, daß diese Werte in aller Welt ihre Verteidiger haben und auch dann nicht aufhören, Werte zu sein, wenn sie mit Soldatenstiefeln getreten werden. Für verhaftete und verfolgte Menschen ist das eine Injektion von Hoffnung, ein wahres Licht in dem düsteren Tunnel, den der polnische Alltag im Kriegszustand darstellt.

Handlungen der Regierungen haben ihre politische Dimension, sie sind ein Stück der größten internationalen Strategie, in der die polnische Frage nur eine Episode ist. Man soll sich keinen Illusionen hingeben, daß es anders sei. Aber mit *einem* Element dieser Strategie – der Forderung nach wirtschaftlichen Sanktionen – lohnt es, sich etwas näher zu befassen.

Ich weiß nicht, was Präsident Reagans Motive gewesen sind. Ich bezweifle, daß – wie die offizielle Propaganda in Polen behauptet – die angekündigten Sanktionen Ausdruck seines Zorns darüber waren, daß es „Solidarność" nicht gelungen sei, den Kapitalismus in Polen zu restaurieren. Wäre es doch so, müßte Reagan schwachsinnig sein.

Ich glaube, die Sanktionen sind eine leicht voraussehbare Antwort des Westens auf den Militärcoup, und die Verantwortung für ihre Folgen fällt auf die Organisatoren dieses Coups zurück. Jaruzelski und der Militärrat, nicht Reagan oder das Pentagon tragen die Schuld an den katastrophalen Folgen der Sanktionen für die polnischen Familien.

Die Wirtschaft kommunistischer Staaten kann nicht ohne westliche Technologien und Rohstoffe auskommen, da sie von ihnen abhängig ist. Großzügige Kredite sind hingegen nicht unbedingt als Beschleunigungsfaktor für Reformen zu betrachten – der Fall Gierek ist in dieser Hinsicht sehr lehrreich.

Um so weniger ist es möglich, eine Volkswirtschaft mit Hilfe von Bajonetten, Denunziationen und Gendarmen zu reformieren. Die Kredite sind also in den Dreck gefallen. Was Wunder, daß dies eine für den Westen wenig ermutigende Perspektive ist.

Kann man es den westlichen Politikern verdenken, daß sie eine polnische Regierung zum Partner haben möchten, die zumindest bei der eigenen Bevölkerung ein Minimum an Glaubwürdigkeit besitzt? Daß sie weitere Kredite von einer Wiederherstellung der Bürgerrechte in Polen abhängig machen?

Die offizielle Propaganda ist bemüht, die Sanktionen als einen Angriff gegen die Existenz der Polen darzustellen, sie behauptet, durch Sanktionen würden demokratische Reformen verhindert, werde die polnische Souveränität verletzt. Ich bin kein Befürworter von Sanktionen, aber seitens der Verantwortlichen ist es schiere Feigheit, diese Verantwortung von sich zu schieben.

Nicht Reagan war es, der die polnische Wirtschaft ruiniert hat, sondern es waren diejenigen, die ihren eigenen, eng egoistischen Interessen das geistige und materielle Schicksal des polnischen Volkes unterordnen. Was muß denn noch alles geschehen, damit diese Leute begreifen, daß die Liquidierung unabhängiger Institutionen unter Anwendung von Methoden einer militärisch-polizeilichen Diktatur sie gegenüber ihrem eigenen Volk und der ganzen zivilisierten Welt isoliert?

10.
Wie geht es weiter? Um die Antwort auf diese Frage dreht sich jedes polnische Nachtgespräch, und die Gespräche werden trotz nächtlicher Ausgangssperre geführt.

In der Nacht vom 12. auf den 13. Dezember kehrten die regierenden Kommunisten zu ihrem ursprünglichen Status von 1945 zurück – zum Status einer zahlenmäßig kleinen Sekte, deren Macht sich auf Bajonette stützt. Zu jener

Zeit war das eine Sekte prosowjetischer Jakobiner, heute ist es eine Sekte prosowjetischer Mandarine; damals haben sie ihr Programm verteidigt, heute verteidigen sie ihre Privilegien.

Die geschichtliche Erfahrung verleitet dazu, an zwei verschiedene Modelle einer Entladung solcher Krisen zu erinnern. Das eine versehen mit dem Namen Kádár, das andere mit dem Namen Husák.

János Kádár in Ungarn begann mit seiner Machtausübung im Jahre 1956 als ein sowjetischer Statthalter, der sich auf sowjetische Panzer stützte. Die ersten Jahre seiner Regierung waren von grausamer Repressionspolitik gekennzeichnet, der eine langsame, von oben stufenweise gesteuerte „Lockerung der Schraube" folgte.

Gustáv Husák in der CSSR deklarierte von Anfang an seine Absicht, den „Prager Frühling" fortzusetzen. Nach der sowjetischen Intervention haben sämtliche zuvor gegründete Institutionen des öffentlichen Lebens zunächst weiterfunktioniert. Ganz langsam aber schritt der Liquidierungsprozeß voran. Die Menschen wurden zu erniedrigender Selbstkritik, zur Denunziation ihrer Arbeitskollegen gezwungen. Es wurden „extremistische Elemente" ausgeschaltet, unabhängige Institutionen liquidiert – und all das unter dem Vorwand, zumindest die Reste des Reformwerks müßten gerettet werden. So wurde der „Prager Frühling" mit den Händen seiner Schöpfer ermordet.

Das Kádár-Modell ist ein Weg von einer gesellschaftlich destruktiven Repressionsaktion zur Politik eines paternalistischen Liberalismus. Das Husák-Modell führt hingegen von einer fiktiven Fortsetzung demokratischer Strukturen zu einer totalen Sterilisierung des öffentlichen Lebens.

Für die polnischen Kommunisten ist Kádár ein positiver Held, dessen Weg sie gern wiederholen möchten. Gerichtsurteile werden von Beteuerungen über Fortsetzung der Erneuerung und der Reformen begleitet. Das Szenario der Handlungen ist leicht lesbar: „Solidarność" soll vernichtet, die totalitären Institutionen sollen wieder funktionsfähig, die Hoffnung auf ein würdiges Leben soll aus dem Herzen der Menschen ausgemerzt werden.

„Solidarność" soll mit den Händen jener ihrer ehemaligen Funktionäre vernichtet werden, die – gebrochen und erniedrigt – Ergebenheitserklärungen unterschrieben haben. Die Vertreter des Militärrats waren bemüht, Lech Walesa zur Hinnahme dieser Pläne zu bewegen. Sie hatten keinen Erfolg.

Eine „Solidarność" ohne Walesa, Bujak, Slowik könnte nur eine Attrape sein, die eine arbeiterfeindliche Politik zu verschleiern hätte. Eine breit angelegte Repressionsaktion – von Protesten der polnischen und internationalen Öffentlichkeit limitiert – umfaßt „Befriedungen" von Betrieben, Verhaftungen von Gewerkschaftsfunktionären, propagandistische Verleumdungskampagnen. Zugleich werden immer wieder Erklärungen abgegeben, alles sei in Ordnung, die Lage in Polen werde von Tag zu Tag normaler.

Aber von den kirchlichen Kanzeln – dem einzigen Ort, an dem die Sprache nicht besudelt worden ist – ertönen Worte der Wahrheit über die Lage der Nation. Von Repression ist die Rede und von Hilfsaktionen für deren Opfer. Andernorts ist zu erfahren, daß es Widerstand gibt. Es erscheinen illegale Zeitschriften, unabhängige Institutionen werden wiederaufgebaut. Nein, diese Bewegung ist nicht zu unterjochen.

Hier, in mein neues „Zuhause", das von bewaffneten Menschen in Uniformen bewacht wird, durch Gitter und Stacheldraht gesichert, gelangen nur Fetzen von Nachrichten aus Polen und der Welt. Es gibt mehr Zeit für Synthese.

11.
Diese 15 Monate waren eine Lektion der Freiheit. Man kann „Solidarność" von den Häuserfassaden, nicht aber aus dem menschlichen Gedächtnis waschen. Wie oft wurde der wegweisende Charakter der polnischen Erfahrungen, des polnischen Kampfes ohne Blutvergießen und ohne Anwendung physischer Gewalt betont − eines Kampfes, der in der Wiederherstellung gesellschaftlicher Bande außerhalb der offiziellen Strukturen bestand! Dieses Modell wird weiterhin funktionieren, unter veränderten Bedingungen; es kann sich nützlich nicht nur für die Polen, sondern auch für andere Gesellschaften dieser geopolitischen Zone zeigen.

Festzuhalten ist freilich, daß auch der Mechanismus des polnischen Coup d'Etat ein Wegweiser sein kann.

Es ist bislang noch nie im kommunistischen System vorgekommen, daß eine Militärelite Subjekt der Macht war. Ein solches Subjekt war für gewöhnlich der Parteiapparat und − in Zeiten des verschärften Terrors − der Staatssicherheitsdienst. Die Militärs galten nur als Instrument, und wenn sie den Versuch unternahmen, zum handelnden Subjekt zu werden, wurden sie eliminiert. Das Schicksal der sowjetischen Marschälle Tuchatschewski und Schukow scheint in dieser Hinsicht ziemlich überzeugend zu sein.

Der polnische Militärcoup kann zu einem Präzedenzfall werden. Überlegenswert ist die Hypothese, ob Jaruzelski, als er sich vornahm, „Solidarność" zu vernichten, nolens volens nicht auch die Macht des Parteiapparates zu einer Fiktion gemacht hat. Bislang war es der Parteiapparat, der regierte, während das Militär als sein bewaffneter Arm fungierte; vielleicht ist es heute so, daß der Militärapparat regiert und die Partei nur eine Fassade für seine Machtausübung bildet.

Ein Militärcoup ist eine der Techniken gesellschaftlicher Veränderung; er ist eine Form, die nicht unbedingt über den Inhalt bestimmt. Mit einem Militärcoup wurde in Chile eine Diktatur begründet, in Portugal aber ein Weg zur Demokratie eröffnet.

Das Militär, die einzige gegenüber der Partei und dem Sicherheitsapparat ziemlich souveräne kommunistische Struktur, kann verschiedene Rollen spielen. Eine Armee beispielsweise, die in den unpopulären Krieg gegen das tapfere afghanische Volk (von Marx im 19. Jahrhundert „die Polen Asiens" genannt) verwickelt ist, kann eine ganz andere Rolle erfüllen als in Polen, wobei sich das polnische Beispiel paradoxerweise nützlich zeigen könnte.

12.
Hier, hinter Gittern, ist jede Geste menschlicher Solidarität wie ein Atemzug frischer Luft. Ich danke dafür von Herzen im Namen meiner Kollegen und in dem eigenen. Jede gute Nachricht hilft leben.

Es gibt aber auch schwierige Augenblicke. Wenn etwa ein deutscher Sozialdemokrat versichert, die Lage der Internierten sei zufriedenstellend, wobei er sich auf die Worte des Vizepremiers der Volksrepublik Polen beruft, dann muß ich mit Erbitterung an das Schicksal deutscher Sozialdemokraten vor 45 Jahren denken und an die Beteuerungen verschiedener ausländischer Staatsmänner, in Deutschland sei alles okay, und die Gegner von Ruhe und Ordnung würden human behandelt. Ein regierender Vizepremier, der als Experte in Sachen seiner verhafteten Gegner auftritt, ist eine groteske und jämmerliche Gestalt; sein deutscher Gesprächspartner ist entweder zynisch oder naiv.

Ein paar Worte über die Internierten: Wir sind Häftlinge ohne den Haftbefehl eines Staatsanwalts; jeder von uns kann jederzeit in die Freiheit, wenn er bereit ist, eine Loyalitätserklärung zu unterschreiben und die Rolle eines Polizeikonfidenten zu spielen. Ein gebrochener Mensch, so die Überlegung unserer Bewacher, ist zum Widerstand nicht mehr fähig.

Wir alle – Arbeiter, Bauern, Intellektuelle – sind Geiseln. Unser Schicksal soll eine Warnung für andere Kollegen, unser Status eine Visitenkarte fürs Ausland, wir selbst sollen ein Tauschobjekt sein. Schlimmer ist es um jene bestellt, die wegen Teilnahme an Streiks verurteilt wurden.

Wie alle anderen sind auch wir durch den „polnisch-jaruzelschen Krieg", wie ihn der Warschauer Volksmund nennt, in eine neue Lage geraten. Es ist heute schwer, zu einer einheitlichen Verhaltensformel zu kommen. Jeder einzelne muß sich vor seinem eigenen Gewissen die Frage beantworten, wie man sich dem Bösen widersetzen soll. Nur jeder allein kann entscheiden, wie er die Menschenwürde verteidigen, wie er sich in diesem seltsamen Krieg verhalten will, der – man muß sich daran stets erinnern – eine neue Verkörperung des seit Jahrhunderten andauernden Ringens zwischen Wahrheit und Lüge, zwischen Freiheit und Gewalt, zwischen Würde und Erniedrigung.

Wiederholen wir also, daß es in diesem Kampf zwar keine endgültigen Siege, aber auch keine endgültigen Niederlagen gibt: Hier eine Prise Optimismus.

Der Glaube an das Letztere hat mich dazu bewegt, diese Reflexionen aufzuschreiben. Dies ist mein Anteil an diesem Krieg. Ich werde sicherlich nicht so schnell das Wort wieder ergreifen können. Ich wünsche deshalb meinen Freunden, vor allem jenen Verfolgten und Kämpfenden, viel Kraft, damit sie die Dunkelheit, die zwischen der Verzweiflung und der Hoffnung liegt, durchschreiten können.

Und auch viel Geduld, damit sie die schwierige Kunst des Verzeihens erlernen.

Anmerkung

1 In der Konföderation von Targowica schlossen sich 1792 polnische Magnaten gegen konstitutionelle Reformen zusammen und riefen russische Truppen zu Hilfe, was zur zweiten polnischen Teilung führte.

(Aus: A. Michnik, Listy z Bialoleki, Warschau 1982; Übersetzung aus dem Polnischen von D. Leszczyńska.)

DOKUMENT 47

Jacek Kuroń
Thesen zu einem Ausweg aus einer ausweglosen Situation

1. Jeder kann sehen, wie es um unsere Wirtschaft bestellt ist. Wenn man glaubt, das Kriegsabenteuer sei unternommen worden, um – wie seine Urheber versichern – die Wirtschaft zu retten, so kann man nur feststellen, daß die Operation gelungen, aber der Patient tot ist. Nach den Zahlen eines Berichts, der vom Statistischen Zentralamt herausgegeben wurde und nur offiziell Zugestandenes enthält, ist die Produktion im Januar, dem ersten ruhigen Monat unseres Krieges, im Vergleich zum Januar 1981, der von Streiks durchzogen war (sechs freie Samstage erkämpft), um 13,6 Prozent gefallen, und um 17,5 Prozent im Vergleich zum Dezember 1981, dem ersten Kriegsmonat. Wenn das so weitergeht, werden wir in fünf Monaten bei Null ankommen. Die nächsten Berichte wird man natürlich leicht aufbessern können. Aber kann man so die Produktion korrigieren und ihre Agonie aufhalten?

Die Antwort auf diese Frage hängt zusammen mit der Frage nach den Ursachen der Katastrophe. Darauf wird im allgemeinen angeführt: der Unwillen der Arbeitenden, die Informationsblockade unter den Bedingungen des Kriegszustandes sowie die westlichen Sanktionen. Das zweite hat aufgehört zu wirken, das dritte fängt gerade an. Die drei Gründe sind so selbstverständlich, daß sie einen weiteren – den wichtigsten – verdecken. Der Zerfall unserer Wirtschaft begann weder im Dezember 1981 noch im August 1980. Diejenigen, die Mut zum Sprechen hatten, kündigten ihn seit 1976 an. Nach dem August 1980 stimmten alle kompetenten Beobachter darin überein, daß unser gesellschaftlich-wirtschaftliches Leben tödlich an der zentralen Leitung erkrankt sei, dem einzigen Mittel zur Organisierung gesellschaftlicher Aktivität. Deshalb hatten die gesellschaftlichen Kräfte keinerlei Einfluß auf Prozeß und Ziele dieser Tätigkeit, was die Ursachen der Krankheit ausmacht. Eine Reform der Wirtschaft und des Staates hätte diesen Status quo radikal ändern müssen.

Inzwischen wird das Land seit dem 13. Dezember, abgesehen davon, was die Putschisten sagen oder sogar intendiert hatten, militärisch regiert. Das bedeutet die Unterordnung des gesamten gesellschaftlichen und wirtschaftlichen Lebens unter die Befehle eines zentralen Generalstabs. Alle aktiven Glieder der Gesellschaft einschließlich der Kader der mittleren Ebene sind verpflichtet, Befehle auszuführen und Lageberichte zu erstellen. Das ist bestimmt eine ganz gute Technik, um Krieg zu führen, aber bestimmt das Schlechteste, um das gesellschaftliche Leben zu organisieren.

Die Ursachen für die tödliche Krankheit sind so bis zur eigenen Karikatur übersteigert worden. Sogar wenn ein Wunder geschähe: Wenn die Polen miteinander um gute Arbeit wetteifern würden und die westlichen Kredite noch einmal jene Stufe aus der Gierek-Ära erreichten, selbst dann würden die Früchte der Arbeit so schnell vernichtet wie unser Leben wieder militarisiert wird.

2. Die Gesellschaft befindet sich im Kriegszustand. Diejenigen, die ihn proklamierten, verschweigen kaum, daß sie ihn gegen die Gesellschaft durchsetzten. Dank der außerordentlichen Selbstdisziplin der Polen wurden bisher blutige Zusammenstöße in großem Maßstab vermieden. Statt dessen erleben wir eine klassische Okkupation, mit Zensur der Korrespondenten, Ausgangssperre, massiven Razzien, Hausdurchsuchungen, Verhaftungen, Urteilen durch Militärtribunale, Kollektivstrafen usw., Gewalt, Drohungen und verzweifelte Appelle um Ruhe und Ordnung sind die einzige Sprache, die die Macht spricht.

Was erreicht sie und was kann sie erreichen? Verzweiflung und Haß aller; Furcht und Unterwerfung einiger; Entschlossenheit und Kampfeswille bei anderen. Mit den Verängstigten kann die Macht nicht rechnen: Ihre Unterwerfung dauert nur solange, wie der Terror anhält. Die Entschlossenen kämpfen, und sie kämpfen um so entschlossener, je schärfer die Repression durch die Macht ist. Der Ruin der Wirtschaft wird Elend und Hunger bringen – die Reihen der zum Kampf Entschlossenen werden wachsen. Die Okkupanten sollten sich nicht täuschen über die Dauerhaftigkeit der Teilungen Polens. Die Teilungen konnten sogar nicht das Netz der wirtschaftlichen und gesellschaftlichen Beziehungen zerreißen. Die Besetzung allerdings.

Es ist grundfalsch, sich auf die ersten Kriegsjahre zu berufen. Die Kommunisten verkündeten und realisierten teilweise damals das Programm der gesamten polnischen Demokratie, die PSL (die damalige bäuerliche Volkspartei, d.Ü.) eingeschlossen. Man baute das Land auf und erschloß die wiedergewonnenen Gebiete. Deshalb gab es damals trotz bewaffneten Untergrunds keinen Kriegszustand, sondern im Gegenteil einige gar nicht unerhebliche Freiheiten.

Es ist verhängnisvoll, Ungarn nach 1956 als Beispiel zu nehmen. Das Land dort war ausgeblutet, und die Leute, die darangingen, das gesellschaftliche Leben wiederherzustellen, waren nicht die Urheber dessen gewesen.

Gewalt führt zu Gewalt. Die Ungeduldigsten, weniger Beherrschte, tendieren zum Terror, einer zweischneidigen Waffe. Terror erzeugt Gegenterror, und die Terrorspirale kann nicht durch Terror unterbrochen werden. Wer Wind sät, wird Sturm ernten.

3. Durch die polnischen Ereignisse ist der gesamte sowjetische Block tief erschüttert worden. Die tödliche Krankheit, von der ich in These 1 gesprochen habe, ist in Polen am weitesten fortgeschritten, aber alle Länder des Blocks leiden an ihr. In dem Maße, wie die Wirtschaft modernisiert wird, wachsen die Ansprüche der Gesellschaft und ihre Teilnahme an der internationalen Arbeitsteilung. Die unentbehrliche Aufrüstung zwingt die Länder des Blocks zur Modernisierung ihrer Wirtschaft. Bei den herrschenden Bedingungen erfordert dies einen gewaltigen Zuwachs an Investitionen, während die Effektivität stagniert, d.h. sinkt. Eben daraus resultierten eine wachsende Abhängigkeit vom Westen und immer schärfere soziale Konflikte.

Wir wissen, daß das Kriegsabenteuer in Polen auf Drängen der UdSSR eingegangen wurde. Die Führer dieser Macht haben gute Gründe, eine Infektion durch die polnische Krankheit zu fürchten. Aber sie haben ganz offensichtlich einen Fehler in ihrer Rechnung. Die Sanktionen haben die Möglichkeiten zur Kooperation mit dem Westen beschränkt, ohne die die Wirtschaft des Blocks aber nicht mehr normal funktionieren kann; und die Rüstungslast, die immer kostspieliger wird, geht bereits jetzt über seine Kräfte.

Außerdem hat der Ruin der polnischen Wirtschaft dem Block selbst ein wichtiges Glied der wirtschaftlichen Kooperation entrissen. Die Länder des

Blocks müssen jetzt Polen helfen. Aber sie können nicht viel tun. Ihre Völker müssen die Last dieser Hilfe tragen; eine Last, die den Druck einer sich verschärfenden Krise verstärkt. Die Geduld der Gesellschaften hat ihre schon jetzt sichtbaren Grenzen. Das langsame Sterben des Imperiums hat begonnen, obwohl es sich noch eine blutige Auseinandersetzung leisten kann.

4. Kann die polnische Gesellschaft die Agonie des Imperialismus abwarten? Die Tschechen haben praktisch bis zum Ende der deutschen Besetzung gewartet. Gleichzeitig ging der Krieg nicht ohne ihr Mitwirken überall außerhalb ihres Territoriums weiter; und jeder wußte, worauf er wartete. Der gegenwärtige Krieg, wenn es einer ist, spielt sich in Polen ab, und die Agonie des Imperialismus ist nur eine Prognose.

Kein Appell kann die Jungen und Eifrigen vom Kampf abhalten. Würde ein solcher Appell ihnen andere Formen des Kampfes verbieten, führte er sie in die Sackgasse des Terrorismus. Kein Appell kann die Verzweiflung und den Haß dämpfen, jenes explosive Gemisch, das ein Funke entzünden könnte.

Das Elend ist das Werk des Kriegszustandes (These 1), ebenso wie die Gewalt. Und auf die Gewalt, die man ihr zufügt, auf das Elend, das man ihr auferlegt, antwortet eine gesunde Gesellschaft mit Kampf. Sie kann ihn an verschiedenen Fronten führen. Heute gibt es nur eine Front. Wir sind in Polen; und in diesem Land, das lehrt die Geschichte, kann ein Unterdrücker nur um den Preis von Blut und Ruinen und jeweils nur für die Zeit einer Generation Ruhe durchsetzen. Selbst Appelle höchster Autoritäten können, wenn sie dazu aufrufen, sich gewisser Aktionen zu enthalten, nur dann wirksam sein, wenn sie andere Wege zeigen, um das Problem zu lösen. Nun ist die Okkupation gerade dabei, einen Strich durch alle Möglichkeiten eines friedlichen Auswegs zu machen. Sie zerstört damit jedes Bestreben nach gewissenhafter Tätigkeit. Deshalb liegt es in der Macht von niemandem in Polen, den Frieden zu garantieren, solange die Okkupation andauert. Die einzigen, die dies unterbrechen können, sind die Machthaber, indem sie einen Kompromiß mit der Gesellschaft schließen, oder die Gesellschaft, indem sie die Macht stürzt. Im zweiten Fall werden wir uns dann Auge in Auge mit der Militärmacht der Sowjetunion gegenüberstehen.

5. Die nationale Verständigung ist eine unentbehrliche Bedingung für das Leben in Frieden. Bedingung dafür ist, daß sich die Bürger zumindest auf einige Grundwerte und -ziele verständigen. Seit dem August 1980 war die polnische Nation geeint wie nie in der Geschichte. Unsere Probleme resultierten aus der sowjetischen Bedrohung, durch die die Gesellschaft auf einen wesentlichen Teil ihrer Bestrebungen verzichten mußte. Wir stritten über das Maß und den Inhalt dieses Teils. Wir führten darüber eine Auseinandersetzung mit den Leuten, die in Polen die Interessen der UdSSR vertreten.

Im Namen eines Kompromisses akzeptierte die Gesamtheit der Polen die vorherrschende Rolle dieser Leute in der Regierung des Staates. Man bemühte sich nur darum, daß ihre Aktionen einer Kontrolle unterliegen und daß der Gesellschaft eine wirkliche Teilnahme an wichtigen Entscheidungen zugesichert wird. Die Männer der UdSSR wollten keinen Kompromiß. Statt an der Spitze der Gesellschaft zu stehen, einen – wie wenig auch immer – demokratischen Staat aufzubauen, vernichteten sie lieber Wirtschaft und Verwaltung. Nach dem 13. Dezember haben sie ihr Werk zu Ende geführt, indem sie alle Bedingungen eines gesellschaftlichen Kompromisses zerstört haben. Ein solcher, d.h. ein Kompromiß zwischen der Gesellschaft und dem Regierungslager ist heute noch weniger möglich als vor dem 13. Dezember. Die Okkupation wird aber, wenn sie weiter anhält, das Regierungslager unweigerlich in die Katastrophe führen.

Wenn es in diesem Lager Leute gibt, die sich der Tatsachen bewußt sind, werden sie sich allerdings fragen, ob die Initiative zu einem Kompromiß für sie nicht ebenso tragische Konsequenzen haben wird. Diese Frage stellt sich nicht grundlos. Die polnische Gesellschaft hat Gründe, Rechenschaft von den Okkupanten zu verlangen. Aber auch der Episkopat spricht sich für einen Kompromiß aus – das bedeutet in Polen eine gewaltige Autorität. Dieser Standpunkt wird unterstützt von der Mehrheit der Führung von „Solidarność", von Leuten aus Wissenschaft und Kultur, kurz allen, deren Stimme in Polen zählt. Das wichtigste aber ist, daß die Initiative zu einem Kompromiß das Lager der Regierung mit einem gesellschaftlichen Mandat ausstatten würde, an dem es ihm seit 1945 mangelt. Eine Kompromißinitiative wäre sicher riskant, aber die Okkupation ist ein Akt des Selbstmords.

6. Eine allgemeine gut organisierte Widerstandsbewegung ist die einzige Chance der Polen. Nur eine solche Bewegung kann für einen Kompromiß Verhandlungspartner sein. Nur eine solche Bewegung kann die Welle des Terrorismus aufhalten und das Risiko einer sowjetischen Intervention verringern in dem Falle, daß das Ausbleiben einer Kompromißinitiative im Regierungslager einen unweigerlichen gesellschaftlichen Ausbruch nach sich zieht. Die Kraft der Okkupanten liegt in ihrer Fähigkeit, die Gesellschaft zu desorganisieren und kleine Militäreinheiten zur Befriedung schnell an einen anderen Ort zu bringen. Anders als in der Zeit vor dem August 1980 müssen wir uns daher um eine Zentrale organisieren und ihr gegenüber volle Disziplin an den Tag legen. Wir müssen ein gut funktionierendes Informationsnetz organisieren. Wir müssen aber damit rechnen, daß es im entscheidenden Moment blockiert sein könnte. Deswegen müssen die konkreten Ziele und die Funktionsweise der Bewegung öffentlich bekannt sein.

7. Die Tätigkeit der Bewegung erstreckt sich über die verlegerischen Aktivitäten hinaus auf Aktionen, die vom Verteilen der Flugblätter über Wandinschriften bis hin zu verschiedenen Formen von Demonstrationen und mehr oder weniger langen Streiks reichen. Alle diese Formen haben sehr große Bedeutung, um die Moral der Nation zu erhalten, und sind ein Mittel, um Druck auf die Anhänger einer eventuellen Kompromisses im Regierungslager auszuüben. Das letzte Druckmittel und unsere letzte Chance für einen Kompromiß wäre der Generalstreik. Bei alldem müssen wir uns bewußt sein, daß diese Formen des Widerstandes Demonstrationen des Willens der Nation gegenüber Leuten sind, die sich bewußt gegen die Nation gestellt haben. Wenn es dabei bleibt und Vertreter eines Kompromisses im Regierungslager nicht hervortreten, wird die Katastrophe auf uns zukommen.

Vielleicht in zehn Wochen – möglicherweise früher oder später – wird irgendein lokaler Konflikt zu Unruhen in Gesamtpolen führen. Wahrscheinlich wird die Macht der Okkupanten gestürzt, aber mit dem höchsten gesellschaftlichen Risiko einer militärischen Intervention der UdSSR.

Daraus folgt, daß die Führung des Widerstandes die Gesellschaft auf größere Konzessionen im Hinblick auf einen Kompromiß mit der Staatsmacht wie auf die Liquidierung der Okkupation durch eine organisierte massenhafte Aktion vorbereiten muß. Ich meine, daß eine solche Manifestation die Form eines gleichzeitigen Schlages gegen alle Zentren der Macht und der Information im ganzen Land annehmen kann. Es ist notwendig, daß das Regierungslager weiß, daß es, um die Initiative zu einem Kompromiß zu ergreifen, nur noch über eine bestimmte Zeitspanne verfügt.

In Erwartung des Schlimmsten müssen wir schon heute alles, was möglich ist, tun, um der sowjetischen Führung klar zu machen, daß bei einem Minimum an gutem Willen ihrerseits eine nationale Verständigung der Polen – und sei es ohne Teilnahme der gegenwärtigen Machthaber des Landes – die militärischen Interessen der UdSSR nicht bedroht und in bezug auf ihre wirtschaftlichen Interessen äußerst positiv sein könnte.

Dagegen wird eine bewaffnete Intervention der letzte Akt der UdSSR sein. Ich behaupte nicht, daß ein organisiertes Auftreten unserer Nation, verbunden mit einer Erklärung des Wohlverhaltens gegenüber der UdSSR, uns Sicherheit von seiten dieser Supermacht garantieren wird. Ich behaupte nur, daß – solange die Okkupation andauert – ein solches Auftreten für uns noch das geringste Risiko bedeuten wird.

Viele Jahre meiner oppositionellen Tätigkeit hindurch war ich Befürworter des Prinzips, jede Gewaltanwendung zu vermeiden. Ich fühle mich also verpflichtet, das Wort zu ergreifen, um zu sagen, daß es gegenwärtig für uns das kleinere Übel bedeutet, sich darauf vorzubereiten, der Okkupation durch eine massenhafte Aktion zu begegnen.

Jacek Kuroń, Februar 1982, Bialoleka

(Aus: Kontakt. Monatszeitschrift, redigiert von Mitgliedern und Mitarbeitern der Gewerkschaft „Solidarność", Brüssel, London, New York, Paris, April 1982; deutsche Übersetzung in: Osteuropa, Heft 1/1983, S. A 32 – A 36, Stuttgart.)

DOKUMENT 48
Zbigniew Bujak
Positionskrieg

Der Leitgedanke des Textes von Jacek Kuroń besteht für mich in der folgenden These: „Wenn Du den Krieg vermeiden willst, dann bereite Dich auf den Krieg vor." Der Standpunkt von Kuroń bildet eine wichtige Stimme in der Diskussion um ein Aktionsprogramm. Als ein hervorragender Kenner der gesellschaftlichen Probleme besitzt Kuroń die Fähigkeit zur präzisen Prognose ihrer Implikationen. Das hindert mich aber nicht, seine Grundthesen im Kern nicht zu unterschreiben, ebensowenig wie die Konsequenzen, die sich daraus ableiten. Seine Argumentation beruht auf dem Prinzip, daß ein gesellschaftlicher Ausbruch angesichts des Elends, der Gewalt und in Ermangelung jeder Möglichkeit, anders als durch offenen Kampf wirksam etwas zu erreichen, unvermeidlich sei.

Meiner Meinung nach ist sich die Gesellschaft im allgemeinen dessen bewußt, daß ein Ausbruch nicht nur keins der gestellten Probleme lösen wird, sondern die Bedrohung durch innere Gewaltanwendung und Intervention von außen mit sich bringt. Selbstbewußtsein, Disziplin und Organisiertheit der Gesellschaft eröffnen die Chance, einen Ausbruch zu vermeiden. Auf den Terror der Behörden antwortet die Gesellschaft mit gewaltlosen Formen des Widerstandes. Und gerade in die Richtung muß die Ausarbeitung eines Aktionsprogrammes gehen. Wir müssen alle Phasen des Kampfes durchlaufen, bevor wir die letzte erreichen können. Deshalb glaube ich, daß die Bildung „eines Widerstandes, der in der Lage ist, der Besetzung durch eine organisierte kollektive Demonstration zu begegnen", ziellos ist. Ich schätze überdies, daß dieses Vorhaben unrealisierbar ist aufgrund der militärisch-polizeilichen Organisation der Staatsmacht, die gut darauf vorbereitet ist, eine Organisation dieses Typs auseinanderzunehmen. Die Tatsache, daß der Okkupant die gleiche Sprache spricht sowie „auf seinem eigenen Terrain" operiert, erleichtert hervorragend die Infiltration. Dazu kommt, daß wir von Staaten umgeben sind, die auf demselben System beruhen.

Ich möchte auch die These in Frage stellen, daß nur ein zentralisierter Widerstand fähig wäre, die Welle des Terrorismus aufzuhalten. Ich befürchte das entgegengesetzte Resultat von dem, was beabsichtigt ist: Eine zentralisierte Widerstandsbewegung muß Aufgaben übernehmen und sie ausführen, außer wenn es an solchen Aufgaben mangelt oder sie unzureichend oder wenig attraktiv sind; dann wäre es möglich, daß die Organisation selbst den Weg des Terrorismus einschlägt. Mit einem solchen Typus von Struktur könnte sich gerade die Spirale des Terrors rasch entwickeln.

Ich spreche mich für eine stark dezentralisierte Bewegung aus, die viele verschiedene Aktionsformen anwendet. Nur eine solche – nicht definierte, vielgestaltige – Bewegung wird nicht anzugreifen und schwer zu zerschlagen sein.

Ihre Einheit wird durch die folgenden gemeinsamen Ziele definiert:
- Aufhebung des Kriegszustandes,
- Freilassung der Internierten und Inhaftierten,
- Wiederherstellung des Gewerkschafts- und Koalitionsrechts.

Weiterhin bin ich nicht der Ansicht, daß ein zentralisierter Untergrund, indem er die Drohung eines Generalstreiks benutzt oder die Zentren der Macht angreift, einen ausreichend starken Druck auf die Verfechter eines Kompromisses im Lager der Regierung ausüben könnte, der diese zu einem Eintreten für ein Arrangement zwingt. Ich glaube, daß eine so starke Drohung die Regierung wieder vereinheitlichen und es ihr erlauben würde, Aktivitäten in Richtung einer endgültigen Zerschlagung der Bewegung einzuleiten. Darüberhinaus würde sie die Chancen desjenigen Teils des Apparates verbessern, der für eine Intervention von außen eintritt. Eine solche Intervention, die Moskau die Chance gäbe, ein für allemal die „Unruhestifter" und „Feinde des Sozialismus" zu eliminieren, könnte erfolgversprechend erscheinen. Die Existenz einer zentralisierten Bewegung in Polen, die aktiven Widerstand leistet, würde dafür einen Vorwand liefern.

Und schließlich noch ein letztes Argument gegen die zentralistische Konzeption für den Untergrund: Die Zerschlagung einer solchen Organisation – und das wäre schwer zu vermeiden – wäre ein neuer harter Schlag für „Solidarność" und für die Hoffnungen der Gesellschaft. Das können wir uns nicht leisten.

Schlußfolgern wir also: Die Schaffung einer Bewegung der „Solidarność" als monolithische Organisation, die darauf vorbereitet wäre, einen entscheidenden Kampf zu liefern, würde die Gefahr beinhalten, daß die Macht mit inneren Kräften eine erneute Pazifizierung der Nation unternimmt. Und sogar wenn es uns gelänge, uns zu verteidigen, würde uns eine äußere Intervention erwarten. Ich glaube also, daß das Prinzip eines frontalen Zusammenstoßes mit der Staatsmacht vermieden werden muß; es würde das Land einer zu großen Gefahr aussetzen, und unsere Chancen wären, wie ich versuchte zu zeigen, minimal.

Ich bin also Verfechter eines „Positionskrieges" – wenn ihr erlaubt, daß ich militärische Ausdrücke verwende – der meiner Meinung nach Wirksamkeit wie Sicherheit ermöglicht. Das ist der Typ von Widerstand, den ich vorschlagen möchte: Verschiedene Gruppen, gesellschaftliche Zusammenschlüsse müssen ein System des Widerstandes aufbauen, das in der Lage ist, sich dem Machtmonopol in vielen Bereichen des öffentlichen Lebens entgegenzustellen. Dank der Existenz einer solchen massenhaften Organisation wie „Solidarność" sowie dank der Aktivitäten der unabhängigen Zusammenschlüsse der Landbevölkerung, der Handwerker, der Studenten, kann dieser Widerstand allgemein sein und neue, unabhängige Strukturen des gesellschaftlichen Lebens schaffen. In den Betrieben können die Arbeiter um das Recht kämpfen, ihre gewerkschaftliche Arbeit fortzusetzen, d.h. die Verteidigung der Rechte der Arbeiter mit allen Mitteln, einschließlich Streiks (ohne Anführer). Das allerwichtigste Ziel muß, vor allem in der gegenwärtigen wirtschaftlichen Situation, eine Garantie für die Erhöhung der Löhne und Familienzulagen entsprechend des Anstiegs der Lebenshaltungskosten sein. Eine gewerkschaftliche Aktivität dieser Art ist nur dann möglich, wenn die Belegschaften durch vielfältige Protestaktionen die Wortführer gegen die Repression verteidigen. Wichtige Elemente eines gesellschaftlichen Lebens unabhängig von der Machtstruktur werden sein:

Die Schaffung von Komitees gesellschaftlicher Hilfe bei den Pfarreien, die den Bedürftigsten Hilfe bringen, Entlassenen die Existenz sichern und die Behörden an der Möglichkeit hindern, wirtschaftliche Erpressung zu betreiben; unabhängige Presse und Verlage (jeder größere Betrieb muß seine eigene Zeitung herausgeben, jede größere Stadt muß einen eigenen unabhängigen Verlag haben); ebenso müssen Räte für nationale Erziehung, Kultur und Wissenschaft aufgebaut werden, berufen aus den Kreisen der Künstler, Lehrer und Wissenschaftler, um Bedingungen dafür zu schaffen, unabhängig Wissen und Erfahrung zu vermitteln; Schaffung eines Netzes von Arbeiteruniversitäten, deren Absolventen später die gewerkschaftlichen Kader stellen können, die Gründer und Funktionäre für die Territorial- und Arbeiterselbstverwaltung. Mit Sicherheit können wir im Rahmen unserer Tätigkeit weitere Elemente einer unabhängigen gesellschaftlichen Struktur in Angriff nehmen.

Das ist nicht der Weg schnell wirksamer Erfolge, sondern lange und mühsame Arbeit, die die Aktivitäten eines großen Teils der Gesellschaft erfordern. Dennoch: „Solidarność", eine Gewerkschaft mit Millionen Mitgliedern, besteht und handelt, trotz des Kriegszustandes. Die gesammelten Erfahrungen „Solidarność" erlauben mir anzunehmen, daß diese Vorschläge real sind. Und was den Aufstand angeht, wenn er doch notwendig werden sollte, so wäre er das letztendliche Element eines Kampfes um die Realisierung des nationalen Programms des wirtschaftlichen Wiederaufbaus, der Wiederherstellung von Kultur, Wissenschaft, Erziehung und Unabhängigkeit.

(Aus: Tygodnik Mazowsze, Nr. 8, 31.3.1982; deutsche Übersetzung in: Osteuropa, Heft 1/1983, S. A 36-A 38, Stuttgart.)

DOKUMENT 49

Jacek Kuroń
„Jetzt habt ihr das goldene Horn!"

Wie man an der in Tygodnik Mazowsze Nr. 8 veröffentlichten Polemik zwischen mir einerseits und Zbigniew Bujak und Wiktor Kulerski andererseits sieht, gibt es relativ große Unterschiede in der Einschätzung der Situation und der Wahl der Aktionsmethoden. Das schadet nicht. Wichtig ist aber, daß wir die jeweiligen Argumente gut verstehen, denn dies ist gerade die Basis für eine sinnvolle Diskussion und für die Chance, daraus Nutzen zu ziehen.
1. Wenn ich es richtig verstanden habe, schlagt ihr vor, eine gesellschaftliche Bewegung nach dem Muster derjenigen, die wir vor dem August 1980 „Bewegung für soziale Selbstverteidigung" nannten, zu gründen. Diese Bewegung basierte auf der Organisierung der Leute in verschiedenen Milieus, um es ihnen möglich zu machen, gemeinsam die uns bewegenden Probleme zu lösen. Eine solche Selbstorganisation kann als Basis für die Entwicklung umfassender Aktivitäten wie Verlagstätigkeit, Selbstbildung und Programmdiskussion dienen. In meinem Text „Gedanken zu einem Aktionsprogramm" betonte ich, daß solch eine Bewegung sich auf völlig selbständige Branchen- und ortsgebundene Aktionsgruppen stützen soll. Ich bitte um Verzeihung für diese Eigenwerbung, aber ich möchte hervorheben, wie nahe mir der Gedanke ist, den ihr vertretet. Er hat sich in der Praxis dadurch bestätigt, daß er im August 1980 zum Sieg führte, zu einem Sieg, der unumkehrbar ist. Deshalb bin ich nicht erstaunt, daß diese Konzeption der Bewegung heute eine breite Unterstützung genießt. Wir denken alle in historischen Analogien und wollen aus Erfahrungen Lehren ziehen. Aber wir diskutieren über Aktionsmethoden, die eng mit den Kampfbedingungen verbunden sind, und diese sind heute ganz anders als vor dem August 1980.
2. Welche Bedingungen sind für die Entwicklung einer Bewegung zur Selbstverteidigung unentbehrlich? Ich meine drei:
– einzelne Personen müssen tätig werden können;
– diese Aktivität muß erfolgreich sein können;
– das gesellschaftliche System, in dessen Rahmen die Bewegung aufgebaut wird, muß – wenn auch minimale – Entwicklungsreserven haben.

Das System unter Edward Gierek erfüllte die ersten beiden Bedingungen. Das damalige Team wollte sich auf die Zustimmung der Gesellschaft stützen, um zu regieren, und drängte daher den Apparat, nachzugeben.

Heute sind die Generäle und Sekretäre entschlossen, nicht nur ohne die Zustimmung der Gesellschaft, sondern sogar gegen sie zu regieren. Die Grundlage ihrer Macht ist die Fähigkeit, Demonstrationen zu zerstreuen, Streiks zu brechen, Menschen zu inhaftieren und internieren, Prügeln, Erschießen ... Solange die Generäle und Sekretäre diese Fähigkeit haben, werden sie dem Druck nicht nachgeben. In der Hinsicht darf man sich nicht den geringsten Illusionen hingeben. Außerdem muß hinzugefügt werden: Sie können den Forderungen nicht nachgeben, weil sie absolut keine Reserven haben. Sie können nicht die Löhne herabsetzen, die Arbeiter nicht entlassen, die Lebensmittelrationen nicht kürzen.

Aber keine gesellschaftliche Bewegung kann auf Forderungen, die die Lebensbedingungen betreffen, verzichten, es sei denn, sie fühlt sich als Mitverwalter des Landes. Ohne wirkliche gesellschaftliche Versöhnung wird man die wachsende Agonie unserer Wirtschaft nicht stoppen können. Ich begann meine „Thesen" mit einer Begründung für diese Behauptung. Leider habt ihr das in eurer Polemik nicht berücksichtigt. Unter den Bedingungen des Kriegszustandes ist es unmöglich, daß die Bewegung für Selbstverteidigung und auch keine andere gesellschaftliche Bewegung durch ihre Existenz allein schrittweise Veränderungen des Systems durchsetzen.

Es entwickelt sich eine massenhafte Untergrundbewegung, innerhalb derer man Verlagstätigkeiten ausführt, Selbstbildung organisiert und vor allem Aktionsformen findet, die die Erwartungen der Gesellschaft zum Ausdruck bringen. Sind das die Aufgaben, wegen denen sich die Menschen trotz des hohen Risikos dieser Bewegung anschließen? Ich behaupte nein. Eine gesellschaftliche Massenbewegung ist immer eine Antwort auf große Ziele, ist deren Verwirklichung durch die gemeinsame organisierte Aktion.

Die Selbstbildung ist möglich ohne eine solche Bewegung. Die Verlagstätigkeit beschäftigt nur den besten Teil der Gesellschaft. Die Demonstrationen können zu keinem unmittelbaren Erfolg führen. Sie sind sicher sehr wichtig für die Moral, indem sie die Kraft der Bewegung zeigen. Wenn diese Kraft aber nur dazu dient, die Moral zu heben, dann wird sie mit der Zeit ohnmächtig.

3. Im Moment sind sehr viele Leute mit organisatorischen Aufgaben beschäftigt. Sie bauen Massenorganisationen auf, die die Aufgaben, die sich aus der Realisierung der verfolgten Ziele ergeben, erfüllen sollen. Das beschränkteste und gleichzeitig populärste Ziel zugleich sind heute Bedingungen für ein normales Leben. Die Aufgaben, die ihr in den Vordergrund stellt, können uns der Verwirklichung dieses Ziels keinen Millimeter näher bringen; auch keine Untergrundtätigkeit kann dies aus sich heraus erreichen, obwohl sie doch immer Vorbereitung auf etwas ist. Wenn ihr nicht konkret sagt, worauf sich diese Bewegung vorbereiten muß, dann bleiben nur die Organisation ohne Ziel und damit Enttäuschung, Zorn und Haß; aus diesem Haß muß Terrorismus entstehen.

Ein zentrales Führungsorgan wird in bestimmten Grenzen vermeiden können, daß Akte der Verzweiflung und Aggression begangen werden, wenn es wirklich in der Lage ist, alle Glieder der Bewegung zu erreichen. Aber so eine Führung wird jeden Einfluß auf die Bewegung verlieren, wenn es sich zeigt, daß sie kein Programm hat, mit dem man aus der gegenwärtigen Situation herauskommt. Nebenbei bemerkt führt die aktuelle Entfaltung der Organisationstätigkeit natürlich zu einer Zentralisierung der Bewegung. Wenn die Führer von „Solidarność" – oder nur ein Teil von ihnen – versuchen, diesen Prozeß zu bremsen, werden einige Zentren entstehen, was – abgesehen von unvermeidlichen Konflikten – beste Voraussetzungen für eine Provokation bildet.

4. Ihr behauptet, daß die Leute noch lange standhalten können, und ihr beruft euch auf die Geschichte. Da sind wir uns in bezug auf die Fakten nicht einig. Im vergangenen Jahr ist das Nationaleinkommen um 13 Prozent gefallen. Wenn wir in diesem Jahr deutliche Hilfe vom Osten und einige Kredite vom

Westen bekommen – laut offiziell bekannt gemachten Prognosen – wird das Nationaleinkommen um weitere 17 bis 20 Prozent fallen. Lassen wir die Tatsache beiseite, daß die Hilfe vom Osten nicht viel bedeutet und der Erhalt einiger Kredite vom Westen unsicher ist.

Nehmen wir nur dieses Fallen um 20 Prozent. Das ist in der Geschichte der modernen Gesellschaften eine noch nie dagewesene Katastrophe. Niemand kann sich die wirtschaftlichen, gesellschaftlichen und moralischen Auswirkungen vorstellen. Worauf stützt sich euer Glaube, daß ausgerechnet die Polen fähig sein werden, in einer Situation, in der die Regierung sie ständig durch Arroganz und Terror provoziert, so eine Katastrophe ruhig auszuhalten. Vielleicht auf die Tatsache, daß sie sich von Januar bis heute geduldig gezeigt haben? Lassen wir die Tatsache beiseite, daß sich die Lebensbedingungen immer schneller verschlechtern. Übersehen wir auch nicht, daß die Reife der polnischen Gesellschaft, worüber wir uns alle einig sind, nichts anderes ist als ihr Vertrauen in „Solidarność", das heißt in euch und in die Widerstandsbewegung.

Die Leute behalten ihre Verzweiflung bei sich und ebenso ihren Zorn und ihre Wut, denn sie haben eine Aktivität entwickelt, zu der ihr sie aufgerufen habt – oder von der sie annehmen, daß ihr sie dazu aufruft. Sie glauben, daß ihr den Weg kennt, und ihr sie zum Sieg führen werdet. Sie werden sich aber sehr schnell bewußt werden, daß die Losung, im Untergrund zu bleiben, der kostspieligste Weg zur Niederlage ist.

Was dann? Vielleicht wird es der Macht gelingen, einen nationalen Ausbruch zu verhindern. Möglicherweise wird es viele lokale Ausbrüche geben, die mehr oder weniger blutig unterdrückt werden. Dazu kommen die physischen, gesellschaftlichen und moralischen Auswirkungen der wirtschaftlichen Krise. Selbst ohne eine fremde Intervention werden wir vielleicht Zeugen der Zerstörung unseres Volkes sein. Ich weiß nicht, ob „Solidarność" sich eine erneute Niederlage leisten kann; aber ich weiß, daß wir die Niederlage nicht vermeiden, wenn wir auf den Kampf verzichten.

5. Als wir „Solidarność" organisierten, haben wir eine riesige Verantwortung auf uns genommen, wir, ihre Führer. Wir entgehen ihr nicht, wenn wir heute die Antwort auf die wesentlichsten Fragen verweigern. Um die Katastrophe zu vermeiden, in die der Kriegszustand Polen führt, bin ich bereit, die Notwendigkeit weitestgehender Konzessionen seitens der Gesellschaft zu proklamieren. Aber die Grenze dieser Konzessionen liegt da, wo sie die Schaffung einer unabdingbaren Voraussetzung für einen gesellschaftlichen Kompromiß verhindern – die Schaffung einer Situation, in der die Macht sich mit der Gesellschaft verträgt und nicht nur mit sich selbst (unter verschiedenen Namen und diversen Personen) als Reklameschild.

Man kann ein Programm nicht auf die Hoffnung aufbauen, die Generäle und Sekretäre würden freiwillig einen Kompromiß akzeptieren. Man muß die Tatsache sehen, daß die Gewalt nur der Gewalt weicht, und deutlich aussprechen, daß die Bewegung auch nicht davor zurückweichen kann, Gewalt anzuwenden.

Meiner Vorstellung nach hätte man diese Ankündigung präzisieren müssen, indem man sie zeitlich datierte, z.B. „im Herbst" oder im „Sommer". Das ist das wirksamste Mittel, um Verzweiflungs- und Gewaltakte zu unterbinden.

Von diesem Moment an erinnern alle organisierten Willensbekundungen im ganzen Land (Kerzen, Schweigeminuten, Hinweise durch bestimmte gemeinsame Kleidungsstücke, kurze Streiks) an diese Drohung und zeigen, daß die Bereitschaft vorhanden ist.

Ich stelle mir vor, daß die Bewegung sofort mit aller Kraft eine Agitation unter den Soldaten entwickelt. Man muß sie dazu aufrufen, sich zu koordinieren und durch ihre Koordinationsstruktur Kontakte aufrechtzuerhalten. Das ist meiner Auffassung nach die wichtigste Aufgabe der Bewegung.

Der angekündigte Aufstand kann selbstverständlich die Form eines Generalstreiks bis zum Erfolg annehmen. Damit aber geben wir den Generälen und Sekretären die Chance, an ausgewählten Stellen anzugreifen und ihre personelle und materielle Überlegenheit an einem bestimmten Ort zu konzentrieren. Wenn wir also nicht vorher die Gewähr haben, daß eine größere Mehrheit der Soldaten und Milizionäre mit uns arbeiten, muß man den Streik mit gezielten Angriffen auf entscheidende Macht- und Informationszentren der Herrschenden verbinden, im Einvernehmen mit denjenigen unter den Soldaten und Milizionären, die bereit sind, auf unserer Seite zu stehen.

Man kann auch ankündigen, daß ein solcher Angriff im Fall eines Überfalls auf bestreikte Betriebe stattfinden würde. Die Vermutung, die Angst könnte die Haltung der Generäle und Sekretäre nur noch verhärten, wäre begründet, wenn man als Prinzip annähme, daß etwas anderes als Angst sie zu einem Kompromiß zwingen könnte. Indem ihr erklärt, daß die Bewegung keine Gewalt anwendet, täuscht ihr sie. Sie fühlen sich in Sicherheit und werden keinen Millimeter nachgeben.

Zwar hat die Macht Gespräche mit dem Episkopat über die nationale Versöhnung und gesellschaftliche Verständigung geführt. Aber sie hat es deswegen getan, um eine Praxis zu legalisieren, die jeder Versöhnung konträr gegenübersteht. Sobald es eine reale Gefährdung gibt, wird der Episkopat nicht mehr Gesprächspartner, sondern erwünschter Vermittler sein. Denkt daran, daß die gemäßigten Vorschläge des gesellschaftlichen Rates beim polnischen Primas heute als extremistisch bezeichnet werden, weil sie die einzigen außer den offiziellen Vorschlägen sind. Wenn ihr als Gesprächspartner akzeptiert werdet, können diese Vorschläge als reale Plattform eines Kompromisses dienen. Wenn ein solcher Kompromiß realisiert wird, stimmt es, daß jene, die Angst machen wollten, am Rande des wiedergeborenen Lebens stehen. Schwierig.

6. Ich fordere euch nicht dazu auf, in die Offensive zu gehen. Dagegen bitte ich euch, ernsthaft ein Zentrum der Bewegung zu organisieren und ein effizientes Informationsnetz aufzubauen. Es muß ausdrücklich hervorgehoben werden, daß dies in keinem Fall die Selbständigkeit der verschiedenen Teile der Bewegung einschränken wird. Aber es schränkt die Gefahr von Provokationen und unbedachten Aktionen ein. Denn bestimmte Aktionen liegen ausschließlich in der Verantwortung des Zentrums.

Ich rufe euch auf, zu erklären, daß die Bewegung gezwungen sein wird, Gewalt anzuwenden, wenn die Herrschenden nicht auf den Willen der Gesellschaft hören, wenn sie keine Initiative ergreifen, um das Land vor einer Katastrophe zu retten, wenn sie die Versöhnung mit der Bevölkerung nicht eingehen.

Ich appelliere an euch, die Arbeit unter den Soldaten und Milizionären aufzunehmen. Ihr werdet dort gute Resonanz finden, und das ist an sich schon eine riesige Bedrohung für die Macht.

Und vor allem ist ein Programm unentbehrlich, das die Zustimmung aller Führer des Widerstandes besitzt.

Verzeiht bitte meinen etwas schulmeisterlichen Ton. Ich weiß, daß ihr schwer arbeitet und große Erfolge erzielt. Aber wir befinden uns in einer ausweglosen Situation, der wir widerstehen müssen, obwohl wir vielleicht nicht ganz darauf vorbereitet sind. Aber wir müssen einen Ausweg aus dieser Lage zeigen, die uns als Sackgasse erscheint.

Ihr habt euch diese schwierige Last nicht ausgesucht, aber ihr könnt euch auch nicht unter ihr beugen. Ihr habt jetzt das goldene Horn. (Eine Anspielung auf Wyspiańskis Drama „Die Hochzeit", das zu Zeiten der polnischen Teilungen spielt und beschreibt, wie aus mangelnder Kampfbereitschaft der notwendige Aufstand versäumt wird, d.Ü.)

(Aus: Tygodnik Mazowsze, Nr. 13, 12.5.1982; deutsche Übersetzung in: Osteuropa, Heft 1/83, S. A 43 – A 47, Stuttgart.)

DOKUMENT 50

Zbigniew Romaszewski
August 1980 – Dezember 1981: Wie geht es weiter?

(...)
Das Programm des gesellschaftlichen Widerstandes
Wenn wir uns darum bemühen, unsere Aktionsformen näher zu beschreiben, dann hängt vieles von der Beurteilung der gegenwärtigen Situation ab.
(...)
Meiner Meinung nach war die Nacht vom 12. auf den 13. Dezember 1981 nicht die Niederlage einer nationalen Erhebung, es war lediglich eine verlorene Schlacht. Ein Schlag, infolge dessen wir einiges an Ausrüstung verloren und unsere organisatorische Struktur vernichtet wurde, bei dem aber zwei grundlegende Elemente unserer Stärke erhalten blieben, die die Fortsetzung des Kampfes erlauben: Die Moral und 10 Millionen Menschen, die nach wie vor Mitglieder der Gewerkschaft sind. Unter diesen Bedingungen besteht kein Grund zur Kapitulation; wir müssen uns statt dessen auf die nächste Schlacht vorbereiten, die diesmal zu unseren Gunsten ausgehen sollte. (...)

Die materiellen Verluste sind von geringer Bedeutung; unabhängig von der Krise, die bald jede Familie spüren wird, werden Opferbereitschaft und Verantwortungsgefühl der Mitgliedermassen so groß sein, daß die Aktivitäten nicht durch materielle Mängel behindert werden.

Am wichtigsten ist gegenwärtig der Wiederaufbau des organisatorischen Netzes, das an die neue Situation sowie die neuen Aktionsformen angepaßt werden muß. Ohne Zweifel fordern die Vereinheitlichung solcher organisatorischer Strukturen und die Ausarbeitung eines Aktionsprogramms ein Entscheidungszentrum.

Damit ist jedoch keine zentralistische Exekutive gemeint. Eine solche würde unter den Bedingungen des Untergrundkampfes die Gefahr vorzeitiger Bloßstellung und Zerstörung mit sich bringen. Die breite aktive Bewegung dagegen sollte ihren dezentralisierten Charakter behalten und sich auf die Vorzüge selbständiger Aktionen stützen. Das Entscheidungszentrum sollte, von der Gesellschaft als Autorität anerkannt, die Richtung des Kampfes angeben und taktische Hinweise verbreiten. Im Fall einer breit angelegten Aktion, die eine gesamte Region oder das ganze Land erfaßt, wäre es die Aufgabe eines solchen Zentrums, die Aktivitäten grundsätzlich zu koordinieren.

Seine Schaffung ist in der gegenwärtigen Situation dringend notwendig. Alle politischen Gruppierungen und Widerstandsgruppen haben die Losung „Solidarność" auf ihre Fahnen geschrieben. Ich sehe dabei keinen Grund zur Beunruhigung, wenn diese verschiedenen Strömungen tatsächlich zum Ziel des Wiederaufbaus von „Solidarność" stehen. Die Gewerkschaft und ihr Programm haben immer das Prinzip des politischen Pluralismus und der Freiheit der Weltanschauung verfolgt. Politische Unterschiede sollten keine Probleme bereiten.

Auf der anderen Seite existiert die Frage, welche Aktionsmethoden man anwenden soll; das Eintreten für gewaltsame Methoden würde eindeutig gegen die Tätigkeitsprinzipien von „Solidarność" verstoßen. Daher wäre es die Aufgabe eines Zentrums, kraft seiner gesellschaftlichen Autorität zu entscheiden, welche Arten von Aktionen im Namen von „Solidarność" unternommen werden können und sollen, und bei welchen man sich nicht auf „Solidarność" berufen darf. Führungsarbeit in dieser Angelegenheit würde Verwirrung wirksam bekämpfen und Provokationen vorbeugen, die die Macht anzetteln könnte. Es hat verschiedene Versuche, ein nationales Zentrum zu schaffen, gegeben; aber alle waren unkoordiniert und gesellschaftlich unwirksam.

Bei der Ausarbeitung des Kampfprogramms und dem Aufbau der entsprechenden Strukturen sollte man sich dessen bewußt sein, daß zweigleisiges Vorgehen notwendig ist: erstens Aktionen mit direktem Charakter als Reaktionen auf aktuelle Aktivitäten der Macht, und zweitens lang angelegte Bestrebungen zur Reaktivierung der Gewerkschaft. Natürlich wird sich beides aufeinander beziehen und zeitweilig zusammenfallen, aber nichtsdestoweniger ist die gleichzeitige Existenz zweier unterschiedlicher Strukturen erforderlich: eine innerhalb der Betriebe und die andere außerhalb davon.

Die erste ist notwendig, weil die Betriebe zweifellos Terrain der entscheidenden Auseinandersetzung sein werden, die die Anwendung der Streikwaffe beinhalten wird. Es wird die Hauptaufgabe der inneren Strukturen sein, die technischen Vorbereitungen für den Streik zu treffen und die Moral der Belegschaften zu stärken. Erforderlich sind ein Verbindungsnetz zwischen den verschiedenen Abteilungen eines Betriebes, ein Benachrichtigungssystem und – im Falle größerer Betriebe – die Herausgabe einer eigenen Zeitung. Weiterhin ist die Herstellung von Kontakten mit den Betrieben in der jeweiligen Nachbarschaft zwecks Absprache notwendig. Zu den Aufgaben der betrieblichen Zellen gehört auch das Anlegen von Fonds für Streikaktivitäten. Bei Berücksichtigung der spezifischen Bedingungen des jeweiligen Betriebes sollten die betrieblichen Gruppen besondere Vorsicht walten lassen. Eine zu rege Aktivität solcher Gruppen könnte zum Verlust der führendsten und wertvollsten Aktivisten führen, die man am Tag der Prüfung brauchen wird.

Anders als die inneren Strukturen sollte die außerbetriebliche Bewegung offener organisiert sein und daher auch weniger vorzeitigen Bloßstellungen ausgesetzt. Zu ihrer Tätigkeit gehört: Aufbau eines landesweiten Kommunikationsnetzes, Veröffentlichungen, Unterbindung aller Arten von Zusammenarbeit mit den Machthabern. (...)

Die Stärkung der Moral der Mitgliedermassen ist von größter Wichtigkeit. Gewerkschaftspresse und unabhängige Publikationen sollten in diesem Sinne wirken. Bedingt durch die Untergrundarbeit sind oft nur kleine Auflagen möglich, die eine begrenzte Zahl von Empfängern erreichen. Erforderlich ist also ein Netz unabhängiger Verlage, das aber Nutzen aus zentral verteilten Informationen zieht. Diese sollten in erster Linie an die Leute vergeben werden, die wirklich Gebrauch davon machen können und damit ihre Leserschaft vergrößern. Ein solches Vorgehen hat neben größerer Sicherheit den Effekt, die innergewerkschaftliche Demokratie zu fördern. Wichtig ist, daß viele lokale Herausgeber die Möglichkeit haben sollten, solches Material zur Veröffentlichung auszuwählen, das sie für geeignet halten, um so an der Hebung des Bewußtsein der Nation mitzuwirken. (...)

Ein zweiter wichtiger Bereich ist der Kampf gegen jede Form von Zusammenarbeit mit den Machthabern. Die gesellschaftliche Basis des Regimes ist bereits extrem schmal und unattraktiv. Die Verbreiterung dieser Basis hat sich die Macht als wichtige Aufgabe gestellt. Natürlich müssen die Menschen leben und arbeiten; und deshalb ist ein gewisser Kontakt mit den Machthabern unvermeidbar. Eine vollständige „innere Emigration" der ganzen Gesellschaft ist unmöglich. Nichtsdestoweniger muß daran erinnert werden, daß wir im Kriegszustand leben, den die Machthaber unserer Nation erklärten und der dazu führte, daß das Land von Armee, Sicherheitskräften, Polizei und ZOMO besetzt ist.

Kontakt mit dem Regime bedeutet Kontakt mit der Besatzungsmacht; und es gibt eine Grenze, hinter der Kontakt notwendig zur Kollaboration wird. Sicher ist die Situation bei Arbeitern, Meistern oder Beamten unterschiedlich, und auch verschieden im Falle von Ärzten, Journalisten, Wissenschaftlern oder Komponisten. In allen Fällen müssen jedoch klare Kriterien zur Beurteilung existieren, und jede Form von Kollaboration muß mit gesellschaftlicher Isolation und Verurteilung einhergehen. Ein Kollaborateur muß wissen, daß der Preis für den materiellen Vorteil, den er aus seinem Verhalten zieht, gesellschaftliche Verachtung ist. Aktionen gegen Kollaboranten tragen die Gefahr des Terrors in sich; aber solche Aktionen wie Aufklärung über das jeweilige Geschehen und öffentliches Belästigen von Kollaborateuren wie im Fall „Wawer" sind voll zu akzeptieren.

Abschließend noch einige Worte über Streiks. In der gegenwärtigen Etappe haben isolierte Streiks in einzelnen Unternehmen wenig Sinn, außer wenn sie für ein begrenztes berechtigtes Anliegen unternommen werden, das die Machthaber bei relativ geringem Kostenaufwand zugestehen können. Dasselbe kann über Streiks von kurzer Dauer gesagt werden, die als Warnung unternommen werden. Generell müssen Streiks gut vorbereitet werden, das Risiko einer Niederlage darf nur gering sein. In der gegenwärtigen Situation verstärkt jeder erfolglose Streik Gefühle der Verzweiflung und Hoffnungslosigkeit; Gefühle also, die der Macht willkommen sind.

Mir geht es hauptsächlich um eine bestimmte Form von Generalstreik. Der Mißerfolg des Generalstreiks im Dezember 1981 hat zu immer mehr Zweifeln an der Wirksamkeit dieser Waffe geführt. Tatsächlich wirkte die Gewaltanwendung wie ein Schock auf die Gesellschaft, und die Leute gerieten in Panik. Heute wissen wir, daß praktisch alle Streiks auf Warschauer Terrain von ein und derselben ZOMO-Einheit niedergeschlagen wurden; und eigentlich gab es wirklich keinen Grund, Streiks nicht auch in anderen Einrichtungen zu beginnen und die, die niedergeschlagen worden waren, wieder neu aufzunehmen, nachdem die Militäreinheiten zu ihrem nächsten Einsatz abgezogen waren. Mit dieser Kenntnis der Taktik der Machthaber sind wir in der Lage, unsere eigene Streiktaktik auszuarbeiten, um die Aktivitäten der Machthaber unwirksam zu machen.

Die schließlich gewählte Form des Streiks wird natürlich auf den konkreten Umständen beruhen, ins einzelne gehende Diskussionen darüber scheinen mir gegenwärtig etwas voreilig. Übrigens könnte sich erweisen, daß eine dementsprechende, den Streik gut vorbereitende Arbeit von „Solidarność" im Untergrund die Machthaber soweit beeindruckt, daß sie eine flexiblere Haltung einnehmen, den Forderungen der Gesellschaft mehr Aufmerksamkeit schenken.

Wie stehen die Chancen für einen Erfolg der vorgeschlagenen Konzeption? Ich glaube, daß sie ganz beträchtlich sind. Fortwährende Konflikte mit der kommunistischen Führung, die zu einer sich hinziehenden Lähmung führen;

unaufhörliche Unruhe im Land, die durch die immer weiter sich verschlechternden Lebensbedingungen hervorgerufen wird und unmöglich zu unterdrücken ist; unzweideutiges Druckausüben durch den Westen – diese Faktoren könnten eine Änderung im Standpunkt der sowjetischen Machthaber bezüglich des polnischen Problems bewirken. Unter diesen Umständen könnte eine wie auch immer geartete politische Stabilisierung, sogar mit reduziertem sowjetischen Einfluß auf innere polnische Angelegenheiten, für die UdSSR vorteilhafter sein als das Fortbestehen einer Quelle unlösbarer Konflikte in Mitteleuropa.

Unter diesen Bedingungen wäre es möglich, daß sich auch in der Macht in der Volksrepublik Polen Vertreter einer elastischeren Politik finden, was eine dauerhafte gesellschaftliche Verständigung ermöglichen würde. Politische Erfahrungen sprechen dafür, daß es sich hier um mehr als bloßes Wunschdenken handelt: Zunehmender gesellschaftlicher Druck begünstigt jene in der Macht, die nach einer politschen Lösung für das Problem suchen. Voraussetzung dafür, daß sich die Gewichte zu ihren Gunsten verschieben, sind neben einer unmittelbar drohenden Katastrophe Entschlossenheit, Realismus und Richtigkeit der aufgestellten Forderungen auf seiten der Gesellschaft. Vielleicht wird ein weiteres Wirkungselement hinzukommen und über alles entscheiden, das heute noch nicht vorausgesehen werden kann. Etwa ein spontan entstandener und sich verbreitender Streik, hervorgerufen durch die tragische materielle Situation der Bevölkerung. Auf jeden Fall wird die Aufnahme der organisatorischen Arbeit durch die Gewerkschaft den gesellschaftlichen Widerstand in die richtige Richtung lenken.

Laßt mich schließen, indem ich einen Gedanken äußere, den ich seit Beginn des Schreibens im Bewußtsein habe. Was es auch kosten mag, man kann unmöglich in einem Land, dessen verantwortungsbewußteste und aktivste Bürger im Gefängnis gehalten werden, ein normales Leben führen. Es ist unsere moralische Pflicht, für ihre Freilassung zu kämpfen; und nichts als ihre Freilassung kann diese Verpflichtung von unseren Schultern nehmen.

15. März 1982

(Aus: Kontakt, a.a.O.; deutsche Übersetzung in: Osteuropa, Heft 1/83, S. A40-A43, Stuttgart.)

DOKUMENT 51

Die Untergrundgesellschaft –
vorläufige Prinzipien einer Programmerklärung

Die Provisorische Koordinierungskommission unterbreitet hiermit für die öffentliche Diskussion die vorläufigen Prinzipien einer Programmerklärung über „Die Gesellschaft im Untergrund".
1. Die Erfahrung der acht Monate Kriegsrecht lehrt uns, daß der Kampf für unsere Ziele die Teilnahme der ganzen Gesellschaft erfordert – einer Gesellschaft, die sich ihrer unveräußerlichen Rechte bewußt ist und sich für Aktivitäten mit langem Atem organisiert. Der Krieg der Staatsmacht gegen die Gesellschaft dauert noch immer an; nur die Taktik wechselt. Heute kämpfen die staatlichen Behörden nach außen hin gegen die Gewerkschaft „Solidarność", tatsächlich aber greifen sie, indem sie die Abkommen vom August 1980 in Frage stellen, die grundlegenden Interessen der ganzen Gesellschaft an. Unter dem Deckmantel des Kriegsrechts wird die Koalitionsfreiheit, die wir im August 1980 errungen haben, überhaupt liquidiert, und das Parlament hat (unter dem Stiefel der Machthaber) Gesetzen zugestimmt, die alles zurücknehmen, was wir vor dem Dezember (1981) erreicht haben. Die Gesellschaft ist jeglicher Möglichkeiten zu einer unabhängigen Aktivität und einer aktiven Teilnahme am politischen Leben beraubt worden. Die Behörden beabsichtigen, eine politische und rechtliche Ordnung zu schaffen, die jede gesellschaftliche Aktivität untersagt. Alle Entscheidungen und alle Versprechen der Machthaber zielen nur darauf ab, Zeit zu gewinnen. Sie hoffen, daß eine Gesellschaft, die vom Kampf um ihren Lebensunterhalt erschöpft und jeder Perspektive beraubt ist, sich mit dem Verlust ihrer Identität abfinden wird.

Die Provisorische Koordinierungskommission geht von dem Prinzip aus, daß nur eine gesellschaftliche Verständigung es Polen erlauben wird, einen Ausweg aus der gegenwärtigen Krise zu finden. Die Vorschläge für diese Verständigung sind durch die Gewerkschaft, durch die Kirche und durch verschiedene gesellschaftliche Gruppen klar niedergelegt worden. Als Antwort stehen wir vor einer Mauer des Schweigens. Die Staatsmacht will ausschließlich einen sozialen Frieden, der auf Gehorsam und Arbeit beruht. Arbeit unter den Bedingungen von Vergeudung und Ausbeutung.
2. Unser Ziel ist die Errichtung einer selbstverwalteten Gesellschaft, entsprechend dem Programm, das der Erste Kongreß der „Solidarność" verabschiedet hat. In der gegenwärtigen Situation können wir dieses Ziel nur durch eine Bewegung zur Schaffung einer Untergrundgesellschaft erreichen.

Die Provisorische Koordinierungskommission ruft auf, eine Bewegung zum allgemeinen Widerstand und zur Schaffung einer Untergrundgesellschaft ins Leben zu rufen. Diese Bewegung wird sich mit den verschiedensten Formen gesellschaftlichen Lebens und gesellschaftlicher Aktivitäten zu befassen haben, sie wird alle gesellschaftlichen Gruppen und Kreise erreichen müssen, in der

Stadt ebenso wie auf dem Lande. Das wird die entscheidende Bedingung ihrer Stärke sein, da nur dies die Staatsmacht daran hindern kann, Spaltungen und soziale Gegensätze zu schaffen und zu verstärken. Die geheime Widerstandsbewegung soll das Gefühl der Verlassenheit der Individuen überwinden. Sie soll Menschen für gemeinsame Aktionen heranbilden und das Bewußtsein stärken, daß nur durch Selbstverwaltung und eigene Initiative unsere Ziele erreicht werden können. Wir müssen der Gesellschaft die Kraft bewußt machen, die in ihr steckt.

3. Die Untergrundgesellschaft wird vor allem folgendes tun müssen:
a) sich den Aktivitäten der Machthaber widersetzen, die auf die Desintegration der Gesellschaft zielen;
b) die Fähigkeit zur Selbstorganisation und Selbstverteidigung herausbilden;
c) das Niveau der politischen Kultur heben und die Gesellschaft darauf vorbereiten, in einem demokratischen Polen zu leben.

4. Die Bewegung für eine Untergrundgesellschaft ist aus Gruppen zusammengesetzt, die sich im Rahmen der Betriebs- und Berufsstrukturen, in den Wohnvierteln oder aber in Freundeskreisen organisieren. Der Charakter, das Aktionsfeld und die Formen der Aktivität jeder Gruppe müssen selbständig entsprechend ihren Bedingungen festgelegt werden.

5. Ganz besondere Aufmerksamkeit muß der Jugend gewidmet werden. Auf ihr ruht jetzt und in Zukunft die Hauptlast der Organisierung der verschiedenen Widerstandsformen, da sie am hingebungsvollsten und am kompromißlosesten ist. Die massive Beteiligung der Jugend an der Bewegung zur Schaffung einer Untergrundgesellschaft ist die Garantie unseres Sieges.

6. Jedes Mitglied einer Gruppe muß im Rahmen der Untergrundgesellschaft eine ihm gemäße Aktionsmöglichkeit finden. Alle, die unser Programm akzeptieren, müssen darin einen Platz finden können. In der Bewegung für eine Untergrundgesellschaft gibt es keine Dinge von großer oder kleiner Bedeutung, sondern was zählt, das ist die Summe der Haltungen und der Tätigkeiten, die von unabhängigem Denken, von der Fähigkeit zur Organisation, vom Willen, Hilfsbedürftigen zu helfen, zeugen. Wichtig ist, daß wir Festigkeit, Hartnäckigkeit und Mut zeigen, denn das werden wir brauchen.

7. Hier die wichtigsten Richtungen der Tätigkeit, die wir der Bewegung für eine Untergrundgesellschaft vorschlagen:
a) Organisierung von Hilfsaktionen für die Personen, die Opfer von Repressalien wurden, von Entlassungen betroffen sind, sonstwie bedürftig, krank oder in einer materiellen bzw. moralischen Notlage sind;
b) Organisierung eines Kreislaufes unabhängiger Informationen: durch Verlage, Druckereien, Zeitschriften, Verteilung von Flugblättern und andere Aktivitäten, die geeignet sind, die Propaganda der Machthaber zu durchkreuzen;
c) Organisierung von autodidaktischem Unterricht und Erziehung: durch unabhängigen Unterricht und unabhängige wissenschaftliche Tätigkeiten, bildende Kurse, Arbeiter- und Volkshochschulen, Diskussionsklubs, Veröffentlichungen, die der Ausbildung und Erziehungen dienen, Ausbildung von Organisatoren und Aktivisten der Bewegung, durch Bibliotheken, Stipendien und Unterhaltsbeihilfen für Studenten, Lehrer und Künstler, Schaffung gesellschaftlicher Stiftungen;
d) Organisierung von Aktivitäten, die die Existenz einer gesellschaftlichen Widerstandsbewegung bezeugen: Gedenkfeiern, Maueranschläge, Flugblätter,

Teilnahme an Demonstrationen, die von den Regionalverbänden oder der Provisorischen Koordinierungskommission der Gewerkschaft organisiert werden;
e) Organisierung von Wirtschaftsaktivitäten (Genossenschaften, handwerkliche Ateliers), Teilnahme am gesamten Wirtschaftsprozeß.
8. Die Untergrundgesellschaft bekämpft die vom Regime geschaffenen Organisationen, die ihm als Aushängeschild dienen, sie organisiert den Boykott der Medien und offiziellen Propaganda, der Versammlungen, Diskussionen und anderen Aktivitäten, die einen propagandistischen Charakter haben, sie widersetzt sich allen Haltungen des Kollaborantentums. Die Untergrundgesellschaft selbst wird für das Beste der nationalen Kultur eintreten und sich allen Bemühungen des Regimes widersetzen, diese einseitig und instrumentell für sich zu vereinnahmen. Eine besondere Verantwortung kommt in diesem Zusammenhang den literarischen Kreisen, den Journalisten und Wissenschaftlern zu. Die Grenze, jenseits derer die Kollaboration und eine Form der Aktivität beginnt, die dem nationalen Interesse entgegengesetzt ist, muß durch den Moralkodex in jedem Bereich selbst gefunden werden.
9. Die Untergrundgesellschaft muß durch Ausübung von Druck auf die Staatsmacht Bedingungen schaffen, die eine gesellschaftliche Verständigung ermöglichen; gleichzeitig muß die Untergrundgesellschaft Schritt um Schritt Positionen erobern, die ihr erlauben, ihre sozialen und politischen Rechte weiter auszudehnen.
10. Die Bewegung für eine Untergrundgesellschaft wird dezentral organisiert sein müssen. Alle Instanzen der Gewerkschaft müssen durch ihre Aktivitäten die geheime Gesellschaft inspirieren und organisieren. Diese Organe leiten die Tätigkeiten, sichern die Veröffentlichung der Direktiven, Erklärungen und Instruktionen (der Landes-Koordinierungskommission) in den Untergrundpublikationen. Die Koordinierung auf Landesebene wird weiter durch die Provisorische Koordinierungskommission wahrgenommen.
11. Unserer Meinung nach wird die Herausbildung einer Untergrundgesellschaft einen zusätzlichen Faktor bilden, der die Entwicklung der internationalen Situation entsprechend den Interessen Polens beeinflussen wird.
12. Die Aktivitäten, die wir vorschlagen, werden eine Bewegung der nationalen Einheit herausbilden, die geeint ist durch das Ideal von „Solidarität". Die Untergrundgesellschaft wird die Basis politischer Aktivitäten auch für den Fall bilden, daß die Gewerkschaft vollends illegalisiert wird. Sie muß einem gesellschaftlichen Zusammenbruch zuvorkommen. Sie muß einen ständigen Druck auf die Staatsmacht ausüben, sie mit totaler Isolierung bedrohen und sie zwingen anzuerkennen, daß der einzige Weg zur Lösung der Probleme, denen Polen gegenübersteht, heute ein gesellschaftliches Abkommen sein kann. Die Bewegung für eine Untergrundgesellschaft wird zugleich die Bedingungen für einen Kampf um die dringendst zu lösenden Probleme schaffen: die Befreiung der politischen Gefangenen und der Internierten, die Aufhebung des Kriegsrechts und die Wiederzulassung der unabhängigen gewerkschaftlichen Bewegung. Die gesellschaftliche Untergrundbewegung wird damit zugleich für ihr langfristiges Ziel kämpfen: die Errichtung einer selbstverwalteten Republik.
Die provisorische Landes-Koordinierungskommission von Solidarność

(Deutsche Übersetzung in: Informationsbulletin Nr. 4/5, 1982, hrsg. vom Koordinationsausschuß „Solidarität mit Solidarność", Frankfurt/M.)

DOKUMENT 52

Jan Józef Lipski
Warum ich nach Polen zurückkehre

Die von mir getroffene Entscheidung, trotz der Warschauer Vorbereitungen zum Prozeß gegen KOR zurückzukehren, schien vielen meiner Freunde so unklug, daß ich versuchen muß, sie auf diesem Wege zu verteidigen.

Fangen wir damit an, daß ich zurückkehre, denn schon als ich im Mai 1982 zu einer Nachuntersuchung nach meiner Operation und weiteren Behandlungen nach London ausreiste, habe ich mich so entschieden, und es hat sich in der Zwischenzeit nicht so viel geändert, daß ich von diesem Vorhaben abgehen müßte.

Wenn der Prozeß gegen KOR wirklich beginnt, wird er meiner Meinung nach entscheidende Bedeutung für die Entstehung, Stärkung oder vielleicht auch Schwächung gewisser Anschauungen über die letzten Jahre der Geschichte Polens haben.

Die Entscheidung, an diesem Ereignis teilzunehmen – und so lange ich in London bin, hängt sie nur von mir ab – erscheint mir nicht sinnlos, wenn man nur annehmen kann, daß ich auf diesem Prozeß etwas sagen kann. Es kann übrigens sein, daß der Prozeß hinter verschlossenen Türen geführt wird, obwohl ich das nicht glaube. Aber auch diese letzte Variante braucht nicht die Schlechteste zu sein, wenn sie nur entsprechend und mit Geschick von unseren Freunden im Westen genutzt wird. Besonders in Polen kann man mir das als Streben nach Konfrontation auslegen, was nicht immer gut angesehen ist; und ich weiß, daß mich, auch aus diesem Grunde, viele überaus gute Polen und Menschen, die die Situation und ihre Erfordernisse schwindelerregend tief verstehen, als Terroristen oder etwas in der Art ansehen. Gott sei mit ihnen. Sie wußten schon immer besser als ich, was jeweils zu tun war, nicht nur zur Entstehungszeit von KOR, sondern auch vorher und nachher.

So wird es bis zum Ende meines und ihres Lebens bleiben. Ich weiß nur eins, nämlich, daß die Vorwürfe der Junta uns gegenüber absurd sind, und ich will mich nicht damit abfinden, daß das Absurde oder die Angst vor ihm darüber bestimmen soll, ob ich nach Polen zurückkehre oder nicht. Ich will dem Absurden – und das wohl nicht zum ersten Mal in meinem Leben – die Stirn bieten. Dabei will ich nicht behandelt werden wie ein Naivling, der der gegnerischen Seite die Absurdität ihres Vorgehens beweisen will. Diese andere Seite weiß das nämlich selbst sehr gut, und man braucht ihr nichts nachzuweisen; trotzdem wird sie mit mir und meinen Freunden fast alles machen, was sie will. Fast, denn ein bißchen rechnet sie noch mit der öffentlichen Meinung der Welt, und sogar der eigenen Gesellschaft.

Reichen aber, um dem Absurden die Stirn zu bieten, nicht die Menschen, die die WRON schon in den Klauen hat? Natürlich würden sie ohne mich klarkommen. KOR – das war sowohl eine Institution, als auch eine Idee. Eines der Elemente dieser Idee war der Grundsatz, daß wir unsere Ziele ohne Gewalt anstreben. Man könnte sagen, daß das ein geringer Verdienst ist, wenn man über keinerlei Gewalt verfügt. Aber das ist nicht ganz so. Sogar eine kleine Gruppe kann Terror anwenden, und wie erst hätte das eine so verzweigte Bewegung wie KOR tun können. So werden wir darum, weil wir gegen Terror sind, mit Sicherheit als Terroristen hingestellt, um auf diese Weise gleichzeitig das zu verwischen, zu verwirren, was das Credo von KOR war. KOR jedoch hat auf zwei Ziele hingearbeitet: auf Demokratie und Unabhängigkeit, oder auch auf Unabhängigkeit und Demokratie, die man nicht trennen kann. Immer verstanden wir sie als entfernte Ziele, die nur Schritt für Schritt zu realisieren sind, in Etappen, indem man den Boden für sie bereitet. Wir haben keinem Illusionen gemacht, das sei schon heute möglich; wir haben nicht so getan, als seien wir so stark, daß wir ab Montag Unabhängigkeit und Demokratie in Polen herstellen könnten. Also haben wir Tag für Tag gekämpft gegen den Mißbrauch des Arbeitsrechts, gegen Willkür und für Rechtsstaatlichkeit; gegen die Unterdrückung von Gedanken und Informationen durch die Zensur usw. Wir haben ein großes Stück Arbeit geleistet für die Grundlagen der zukünftigen Unabhängigkeit und Demokratie. Wir haben öfter laut dagegen protestiert, daß Majewski, Chomicki und Kozlowski geprügelt worden sind, und uns beeilt, die Geschlagenen mit Nächstenliebe und der Liebe Polens zu versorgen, öfter als patriotisches Geschrei zu erheben. Und für das, was wir getan haben, werden sie uns richten, obwohl sie sicher so tun werden, als sei es für etwas anderes. Es lohnt sich und es ist ehrenvoll, an diesem großen Spiel um die Erinnerung an KOR teilzunehmen, denn es ist nicht wahr, daß keiner ihnen glaubt.

KOR hat nicht nur viel Haß und Unwillen bei denen geweckt, die sich durch seine Arbeit bedroht fühlten, sondern auch bei denen, für die es Gewissensbisse über die eigene Passivität hervorgerufen hat, und manchmal auch bei denen, die einfach mißgünstig befürchten, daß die wachsende Aktivität des KOR ihrem eigenen Ehrgeiz Grenzen setzen könnte.

Ich glaube jedoch, daß die Mehrheit der Polen auf jede Nachricht aus dem Gerichtssaal horchen wird und uns und unseren Familien die Daumen halten wird. Mögen sie das tun, aber nicht mit dem Gedanken an günstige Gerichtsurteile, denn zu dem Zeitpunkt, wo der Staatsanwalt erst die Anklage verliest, werden sie längst gefällt sein. Den Daumen muß man uns dafür drücken, daß es uns in diesen Augenblicken nicht an Mut fehlt, daß die Nervosität uns nicht den Verstand lähmt, daß das Gedächtnis, wenn nötig, nicht versagt, um fehlerfrei zu argumentieren. Die WRON wird vieles tun, um unsere Stimmen untergehen zu lassen. Aber sie werden gehört werden.

Ich habe auch ein emotionales Motiv, nach Warschau auf die Anklagebank zurückzukehren. Ich war bei der Geburt von KOR dabei, also will ich auch am letzten Kapitel seiner Geschichte teilnehmen. Ich habe ein Buch über KOR geschrieben, vielleicht kann es bis zum Prozeß erscheinen. Aber in diesem Buch wird es kein letztes Kapitel geben, das müssen andere schreiben, in der Untergrundpresse, in der Emigration, auf polnisch und in anderen Sprachen.

(Deutsche Übersetzung in: Gesellschaftliche Selbstverteidigung, 1977-1982, Aufsätze angeklagter KOR-Mitglieder, hrsg. von Stadt-Revue und Komitee „Solidarität mit Solidarność", Köln 1982)

DOKUMENT 53

Statut der Gewerkschaft der Arbeiter[1]

Abteilung 1: Allgemeine Bestimmungen

§ 1

1. Die Gewerkschaft ... ist freiwillig, selbstverwaltet und unabhängig organisiert.
2. Die Gewerkschaft verteidigt die Rechte und Interessen der Arbeiter im Bereich der Arbeits- und Lohnbedingungen und der sozialen und kulturellen Bedingungen. Sie vertritt ihre Mitglieder und Teilhaber in der Gestaltung und Verwirklichung gesellschaftlich-wirtschaftlicher Aufgaben.

§ 2

Die Gewerkschaft verwirklicht ihre Ziele und Aufgaben, die in dem vorliegenden Statut festgelegt sind, in Übereinstimmung mit den Vorschriften der Verfassung der VR Polen, des Gesetzes über die Gewerkschaften und anderer Gesetze sowie der von Polen ratifizierten Konventionen der Internationalen Arbeitsorganisation. Im besonderen steht die Gewerkschaft hinter dem Grundsatz des gesellschaftlichen Eigentums an den Produktionsmitteln, das Grundlage für die sozialistische Gesellschaftsordnung des Staates ist, anerkennt die in der Verfassung der VR Polen festgelegte führende Rolle der PVAP beim Aufbau des Sozialismus und die verfassungsmäßigen Grundsätze der Außenpolitik der VR Polen.

§ 3

1. Mitglied der Gewerkschaft kann jeder Arbeiter werden, der im ... beschäftigt ist, ungeachtet des Alters, des Geschlechts, der Nationalität, der politischen Überzeugung, des Glaubensbekenntnisses, der Grundlage des Arbeitsverhältnisses und des Berufes.
2. Mitglied der Gewerkschaft kann gleichfalls eine Person werden, die im Betrieb beschäftigt war oder in Rente oder in Pension lebt, oder die wegen der Suche eines Arbeitsplatzes zeitweise ohne Arbeit ist.
3. Ein ehemaliger Arbeiter, der in Rente oder in Pension geht oder der wegen der Suche eines Arbeitsplatzes zeitweise ohne Arbeit ist, verliert nicht die Mitgliedschaft in der Gewerkschaft.
4. Die Vorschriften des Statuts, die Arbeiter betreffen, werden entsprechend bei Personen angewendet, die in den Punkten 2 und 3 erwähnt wurden.

§ 4

Die Gewerkschaft ist eine juristische Person – sie kann im Rahmen der dafür vorgesehenen Rechtsvorschriften Rechte erwerben und Verpflichtungen eingehen. Die Gewerkschaft handelt durch die Organe, die im vorliegenden Statut benannt sind.

§ 5

Sitz der Gewerkschaft ist ..., ihr Handlungsbereich erstreckt sich auf den Betrieb, der in § 3 genannt wurde.

Abteilung 2: Ziele und Aufgaben der Gewerkschaft

§ 6

Ziel der Gewerkschaft ist es, die Rechte, die Würde und die Interessen der Arbeiter zu verteidigen. Dazu gehört:
1. die beruflichen, materiellen, sozialen und kulturellen Interessen der Arbeiter und ihrer Familien zu verteidigen;
2. die Rechte der Arbeiter in den Bereichen der ausgeübten Tätigkeit, der Entlohnung, der sozialen und Lebensbedingungen sowie des Arbeitsschutzes und der Arbeitshygiene zu verteidigen;
3. die Tätigkeit des Betriebes mit den Interessen der Arbeiter in Übereinstimmung zu bringen;
4. auf das demokratische Verhalten, die Gesetzmäßigkeit, die gesellschaftliche Gerechtigkeit, die kollegiale Solidarität in den zwischenmenschlichen Beziehungen einzuwirken;
5. die Berufsethik und ein gewissenhaftes Verhältnis zu den Pflichten der Arbeiter herauszubilden;
6. Aktivitäten zu initiieren und zu unterstützen, um den Arbeitern Bedingungen zur Hebung ihrer beruflichen Qualifikation und zur gesellschaftlich-beruflichen Eingliederung der jungen Arbeiter zu schaffen;
7. an der Ausarbeitung und Verwirklichung der gesellschaftlich-wirtschaftlichen Aufgaben des Betriebes teilzunehmen, um den Betriebsfonds zu vergrößern und gerecht zu verteilen;
8. die Familie zu festigen und das Familienleben zu schützen;
9. aktive Einstellungen im Handeln zum Wohl der Volksrepublik Polen herauszubilden.

§ 7

Zum Tätigkeitsbereich der Gewerkschaft gehört insbesondere:
1. die beruflichen Interessen ihrer Mitglieder gegenüber der Betriebsleitung, den staatlichen Wirtschafts- und Verwaltungsorganen, den gesellschaftlichen und selbstverwalteten Organisationen zu vertreten;
2. die Kontrolle über die Einhaltung der Vorschriften des Arbeitsrechts durchzuführen, Rechtshilfe zu erteilen und in Fällen einzugreifen und zu vermitteln, in denen es um individuelle Streitfälle aufgrund des Arbeitsverhältnisses geht;
3. die Kontrolle darüber durchzuführen, daß vom Betriebsleiter die Verpflichtung eingehalten wird, daß den Arbeitern sichere und hygienische Arbeitsbedingungen zugesichert werden, und auch an der Ausarbeitung von Plänen teilzunehmen, die Arbeitsbedingungen zu verbessern;
4. einen Standpunkt gegenüber dem Betriebsleiter und dem Selbstverwaltungsorgan des Betriebes in Angelegenheiten einzunehmen, welche die Rechte und Interessen der Belegschaft berühren, besonders bei der Festlegung der Ar-

beitsordnung, der Lohn- und Prämienregelung, der Arbeitszeiteinteilung, der Aufstellung des Urlaubsplans und der entsprechenden sozialen und kulturellen Bedürfnisse der Belegschaft;
5. einen Standpunkt in den individuellen Streitfällen der Arbeiter in dem Betrieb einzunehmen, der durch die Vorschriften des Arbeitsgesetzes geregelt ist;
6. den Mitgliedern und ihren Familien die Möglichkeit zu sichern, die Arbeiter-Ferienplätze und Ferienkolonien zu nutzen, ihre Wohnbedürfnisse, ihre Bedürfnisse an Krippen und Vorschulen für die Kinder und eine entsprechende Teilhabe an der Verteilung der Unterstützungsgelder aus dem Sozialfonds und aus anderen Fonds des Betriebes zu sichern;
7. partnerschaftlich mit der Betriebsleitung und mit gesellschaftlichen Organisationen in der Entwicklung von kulturellen und bildungsorientierten Aktivitäten und in der Schaffung von Bedingungen zusammenzuarbeiten, die der Erholung von der Arbeit dienen, wie auch gleichermaßen eigene Initiativen in diesem Bereich zu ergreifen;
8. an Aktivitäten zur Verbesserung der ärztlichen Versorgung und des Gesundheitsschutzes für die Arbeiter und ihrer Familien und der Bekämpfung des Alkoholismus teilzuhaben;
9. den Mitgliedern der Gewerkschaft und ihren Familien im Maße des Möglichen und der Notwendigkeit materielle Hilfe zukommen zu lassen;
10. Verschwendung und Mißbrauch sowie Bürokratismus und administrative Auswüchse zu bekämpfen;
11. mit der Betriebsleitung bei der Entwicklung der Rationalisierung und der Erfindungskraft der Arbeiter zusammenzuarbeiten;
12. die Sorgen der kinderreichen Familien, der Rentner und Pensionäre in die Aktivitäten einzubeziehen.

§ 8

Um die oben genannten Aufgaben und Ziele zu erfüllen, strebt die Gewerkschaft danach,
1. partnerschaftlich mit der Betriebsleitung sowie mit politischen, gesellschaftlichen und selbstverwalteten Organisationen zusammenzuarbeiten;
2. die Tätigkeit der gesellschaftlichen Arbeitsinspektion zu leiten und in diesem Bereich mit der staatlichen Arbeitsinspektion zusammenzuarbeiten;
3. Gesetzesvorlagen oder -entwürfe sowie Entscheidungen, welche die Rechte und Interessen der Arbeiter betreffen, darunter die gesellschaftlich-wirtschaftlichen Pläne der Betriebe, zu begutachten;
4. entstandene Streitigkeiten auf dem Wege von Verhandlungen sowie durch den Abschluß einer Vereinbarung zu lösen.

§ 9

1. Bei einem kollektiven Streitfall steht den Gewerkschaften das Recht zu, einen Streik oder andere Protestformen unter Beachtung der Vorschriften des Gesetzes über die Gewerkschaften zu organisieren.
2. Der Streik gilt als letztes Mittel.

§ 10

Die Gewerkschaft kann nach den Grundsätzen, die für die Mitglieder der Gewerkschaft festgelegt sind, die Verteidigung individueller Rechte eines Arbeiters übernehmen, falls der Arbeiter um diese Hilfe gebeten hat.

(...)

Anmerkung

1 Am 8. Oktober 1982 wurde vom Sejm das „Gesetz über die Gewerkschaften" verabschiedet. Jedes Gesetz braucht seine Ausführungsbestimmungen. Am 12.10.1982 gab deshalb der polnische Staatsrat einen Beschluß heraus, wie die neuen Gewerkschaften zu gründen seien. In diesem Beschluß ist von der Gründung einer „Gesellschaftlichen Beratungskommission" die Rede. Diese Kommission legte am 22.10.1982 einen Statutenentwurf vor, der am 25.10.1982 über die Presse der Öffentlichkeit bekannt gegeben wurde.

(Aus: Sozialistisches Osteuropa-Komitee, Hrg., Osteuropa-Info Nr. 4/1982, Hamburg.)

DOKUMENT 54

Zbigniew Bujak
Die Bilanz eines Jahres

Wie sieht deiner Meinung nach die Bilanz des letzten Jahres aus?
Was in Polen am 13. Dezember passiert ist, läßt sich mit den Ereignissen in Ungarn und der Tschechoslowakei vergleichen. Gegenüber der Anwendung einer solchen Gewalt und angesichts der Art ihres Einsatzes ist eine Gesellschaft, und sei sie noch so gut organisiert, ohnmächtig. Das ist unvermeidlich. Um dagegen anzugehen, hätte es militärischer Vorbereitungen bedurft. Die Ungarn haben das ja versucht, und sie sind damit nicht durchgekommen. Es ist unmöglich zu entkommen, solange Moskau dahintersteht.

Um zu verstehen, worin unsere Erfolge im vergangenen Jahr bestanden, muß man diesen Vergleich mit Ungarn und der Tschechoslowakei ziehen. Dann sieht man, daß es uns gelang, eine ganze Menge zu verteidigen und zu bewahren. Dort unten wurden alle Bereiche, in denen sich Meinungen herausbildeten und die eine politische Reflexion ermöglichten, zerstört. Dort gab es keine Alternative mehr. Bei uns war es möglich, eine solche Alternative, wenn auch unvollkommen, zu entwickeln.

Es läßt sich unmöglich vorhersagen, ob es den Kräften im Untergrund gelingen wird, ein politisches Alternativprogramm vorzuschlagen, das geeignet ist, für längere Zeit Menschen um sich zu sammeln und in Aktionen zu vereinen. Die Tätigkeit der Provisorischen Koordinierungskommission und von „Solidarność" besteht eher darin, die Diskussion über ein solches Programm zu organisieren, als selber ein Programm zu entwerfen. Dieses Programm gilt es erst noch auszuarbeiten. Persönlich bin ich überzeugt, daß wir etwa Anfang nächsten Jahres ein Programm vorlegen können. Das stellt einen Wert für sich dar. Denn ein Programm wird nicht von heute auf morgen geboren. Niemand wird es eines schönen Tages aufgrund seiner Eingebung schreiben. Es muß die Frucht einer ganzen Reihe von Aktionen und Überlegungen sein. Wenn wir am Ende eines Jahres des Kampfes gegen die Junta imstande sind, ein Programm zu präsentieren, das den Leuten einen Ausweg aus der aktuellen Situation aufzeigt, vielleicht nicht sofort, aber in einer bestimmten Perspektive, als Aufbau einer Alternative, wäre das meines Erachtens ein großer Erfolg.

Man muß das Kriegsrecht auch unter dem Blickwinkel einer Konfrontation mit der Macht betrachten. In der Tschechoslowakei haben sie es voll und ganz geschafft, das Ehrgefühl, den Geist, alles Streben und alle Wünsche auf dem Umweg von Erklärungen, die der Macht huldigen, zu ersticken. Bei uns haben sie sehr schnell auf diese Strategie verzichtet. Den Boykott der Selbstverwaltungskomitees kann man nicht als Sieg ansehen, da ja die Selbstverwaltung kaum funktionierte, auch vor dem Dezember 1981 nicht. Aber wenn es nicht solche alternativen Zentren wie die Provisorische Koordinierungskommission oder anderer Gliederungen von Solidarność gegeben hätte, dann hätte die

Staatsmacht einen viel größeren Manövrierspielraum gehabt, um die Selbstverwaltungskomitees zu manipulieren und zu beweisen, daß sie tatsächlich auf dem Weg einer Reform voranschreitet.

Unseren größten Erfolg aber macht der Boykott der neuen Gewerkschaften aus. Und ich denke nicht, daß man behaupten kann, dieser Wille zum Widerstand sei im Schwinden. Ich glaube nicht, daß die Herrschenden in der Lage sein werden, wirtschaftliche Druckmittel oder andere ausreichende Maßnahmen zu finden, um die Leute zu zwingen, sich den neuen Gewerkschaften anzuschließen. Wir müßten schon wirklich ohne jedes Programm sein, ohne irgendwelche Unterstützung, und wir müßten alle Aktivitäten eingestellt haben, damit aus ihren aufgeblasenen Gewerkschaften wirkliche Strukturen würden. Ich denke nicht, daß das eintreten kann. Allgemein gesprochen legten es die Arbeiter vor dem August 1980, selbst wenn sie Gewerkschaftsmitglieder waren, nicht gerade darauf an, in den Genuß gewerkschaftlicher Leistungen zu kommen. Sie müßten schon auf besonders perfide Methoden zurückgreifen (zum Beispiel Lebensmittel und Kleidung durch die Gewerkschaften ausschließlich an ihre Anhänger verteilen), um das allmählich aufzubrechen. Die Unterwerfungserklärungen, die Selbstverwaltungskomitees, die Reform und die neuen Gewerkschaften, all diese Schlappen, die halte ich für unsere größten Erfolge des letzen Jahres.

Die direkten Aktionen hatten nach meinem Verständnis eine andere Bedeutung. Keine davon ist soweit geglückt, daß man von einem Erfolg sprechen könnte. Selbst die Demonstrationen vom 31. August waren zu schwach für eine Gewerkschaft mit zehn Millionen Mitgliedern. Aber es war nützlich, ja unvermeidlich, all diese Aktionen durchzuführen, um in anderen Bereichen voranzukommen. Die Demonstrationen und Streiks waren ein Anhaltspunkt für die Bevölkerung, sie bildeten eine Art maximale Reizschwelle: Was kann man in Polen tun, wenn man für die Gesellschaft kämpfen will? Man kann z.B. streiken und riskieren, entlassen zu werden, und man kann demonstrieren und riskieren, eingelocht zu werden. Im Vergleich zu diesen Risiken ist es ein banaler Akt, die Unterschrift unter eine Huldigungserklärung zu verweigern oder sich nicht den neuen Gewerkschaften anzuschließen, was wirklich leicht ist.

Ich denke, daß die Demonstrationen und Streiks eine sehr wichtige Rolle gespielt haben, gerade im Sinn solcher Markierungspunkte auf einer Werteskala. Die Demonstrationen vom 31. August waren meiner Meinung nach bedeutend genug, um eine breitere Unterstützung für den Untergrund darzustellen, dagegen zu schwach, um die Legalität der Gewerkschaften bewahren. Mir scheint der 31. August die letzte Möglichkeit gewesen zu sein, das Recht von „Solidarność" auf eine legale Tätigkeit zu retten. Da es nun so ausgesehen hat, daß sich auf den Straßen nicht 150 000, sondern 15 oder 50 000 einfanden, war es für die Herrschenden zehnmal leichter, den Entschluß zu fassen, die Gewerkschaft außerhalb des Gesetzes zu stellen.

Als wir den 10. November vorbereiteten, waren wir uns eines möglichen Mißerfolges bewußt. Die Hauptargumente für eine Aktion waren politischer Natur: zu prüfen, ob eine solche Aktion bis zu einem gewissen Grad eine Gefahr darstellt, die den Gegner zu einer Entgegnung zwingt. Und genau das ist passiert.

Ich glaube, daß es noch zu früh ist, um sagen zu können, in welchem Maß die Aktion vom 10. November erfolgreich war und inwieweit sie mißlungen ist. Wenn es sich in Zukunft erweisen sollte, daß die Veröffentlichung einer wohl durchdachten Liste von Protestaktionen für den 10. November eine Wirkung auf die Entscheidung hatte, Lech freizulassen, den Papst einzuladen, die baldige Aufhebung des Kriegsrechts anzukündigen, dann könnte man sagen, daß der Aufruf zum Streik nützlich war, wenngleich ich natürlich genau weiß, was der Preis dafür war, und was es einen Arbeiter kostet, entlassen zu werden.

Man hört oft, daß Massenaktionen nicht erfolgreich durchgeführt werden können ohne eine gute Leitung.
Ich möchte mich keinesfalls als Leitung verstanden wissen. Wir können nichts dirigieren, wir können Empfehlungen aussprechen, bestimmte Dinge anregen. Vor dem Dezember hatten wir die Möglichkeit, die Gewerkschaft zu leiten. Seitdem existiert diese Möglichkeit nicht mehr, und daraus ergeben sich mehrere Konsequenzen. Die Briefe, die wir erhalten, in denen man uns das Fehlen einer Leitung, den Mangel an Organisation oder das schlechte Funktionieren der Provisorischen Koordinierungskommission vorwirft, erklären sich aus der Tatsache, daß man in uns eine Leitung gesehen hat, die im voraus Anweisungen ausgibt, alles organisiert und aus der Ferne leitet. Doch das war nicht unsere Absicht.

Was ist denn nun die Provisorische Koordinierungskommission?
Man könnte sie eine politische Leitung nennen, wenngleich eine solche Bezeichnung gefährlich ist. Bestimmt ist es keine technische Leitung, denn so etwas ist völlig ausgeschlossen. Im Untergrund zu arbeiten, legt uns bestimmte Schranken auf, vor allem auf organisatorischem Gebiet, die wir nicht durchbrechen können.

Warum nicht?
Hauptsächlich aufgrund der Kader. Die „Armee im Lande" (Armia Krajowa, die reguläre Widerstandsarmee unter der Nazi-Okkupation, d. Übers.) konnte sich zu einem guten Teil auf Professionelle stützen, auf Offiziere der polnischen Armee. In der Gewerkschaft haben wir keine solchen, berufsmäßigen Aktivisten. Die Befreiungsarmee hatte ein eigenes Gerichtswesen, dort gab es einen Begriff wie Befehlsverweigerung; bei uns in der Gewerkschaft kann das nicht so sein, man kann niemanden aus dem Untergrund entlassen. Alles geschieht hier je nachdem, ob jemand dazu bereit ist oder keine Lust dazu hat, und dann tut er etwas, oder er tut es nicht. Es gibt keine Anweisung, die mit völliger Sicherheit durchgeführt würde, alles ergibt sich hier auf der Basis einer Diskussion und schließlich des Einverständnisses, und das verzögert natürlich vieles auf der organisatorischen Ebene. Darüber hinaus war da eine lange Spanne der Auslese und Differenzierung, des natürlichen Ausschlusses jener, die nicht tätig werden können und wollen, und solchen, die aus verschiedenen Gründen sich erst bewähren müssen. Es genügt hier, sich anzusehen, wie sich das in unserer Region (Warschau, d. Übers.) entwickelt hat: Die Zahl der Initiativen wächst regelmäßig, aber daß sich die Leute dazu bereitfinden und sich organisieren, hängt eng mit dem Ausmaß der Kontaktaufnahme zusammen.

Und ich möchte noch etwas hinzufügen. Während der ersten Tage, als wir gerade anfingen, uns zu verstecken, waren wir alle überzeugt, daß die Zeit, über die wir verfügten, sehr kurz sei, daß es, wenn wir bis zum Frühjahr durchhalten würden, schon ein Erfolg wäre. Und dann hat sich das hingezogen bis zum Sommer, zum Herbst und dann das ganze Jahr.

Ich glaube, im Verlauf dieses ganzen Jahres ist der Mythos der Allgegenwärtigkeit und der Allmacht der Sicherheitsdienste zerstört worden. Nicht völlig, denn es hat ja nicht wenige Verhaftungen gegeben. Aber die am Anfang weit verbreitete Vorstellung, daß ihnen nichts und niemand entgehen könne, ist verflogen.

Das beweist, daß man nicht auf Formen von Untergrundaktionen zu verzichten braucht, und daß man sich eben in kritischen Momenten in den Untergrund zurückziehen muß. Wenn es uns gelungen ist, uns ein Jahr lang zu verbergen und dabei aktiv zu bleiben, liegt das größtenteils daran, daß die Zahl der Leute, die bereit sind zu kollaborieren, sich als sehr begrenzt erwiesen hat. Ich bin zutiefst davon überzeugt: Wenn es in Warschau einen bedeutenden Prozentsatz von Menschen gäbe, die uns loswerden wollen, würde es nicht lange dauern, bis wir entdeckt und festgenommen wären. Daß das nicht stattgefunden hat, zeigt, daß es den Absichten der Bevölkerung entsprach, daß wir nicht gefaßt würden.

Um auf die Bilanz des vergangenen Jahres zurückzukommen: Auf viele Fragen können wir noch keine Antwort geben. Wir wissen zum Beispiel nicht, welchen Einfluß die Aktivitäten des Untergrundes und der Provisorischen Koordinierungskommission auf die anderen Länder in Mitteleuropa haben. Man muß wissen, daß die Ungarn, die Tschechen, die Russen sich klar darüber sind, daß wir es geschafft haben, ein Jahr lang weiterzuarbeiten und uns Ausdruck zu verschaffen. Das kann eine enorme Bedeutung gewinnen. Aber es ist noch zu früh, um davon zu sprechen. Im übrigen sei hier an den Boykott unserer Intellektuellen und Künstler erinnert. Von der Bevölkerung bei uns wird das sehr gut aufgenommen. Aber ich denke, daß dieser Boykott noch größere Bedeutung in der Weltarena hat. Die Erklärungen verschiedener Intellektueller, daß wir das erste Land sind, wo alle Ebenen und Kategorien von Künstlern sich mit solcher Kraft einer Junta, einer totalitären Macht, widersetzen, setzt da Maßstäbe. Mir scheint die Wut, mit der die Staatsgewalt diese Kreise im Fernsehen attackiert, ein Zeichen dafür, daß der Boykott einen bedeutenden Erfolg darstellt.

Wie wird es nach dem 13. Dezember 1982 weitergehen?
Als wir über das Ende des Kriegsrechts sprachen, erwarteten wir davon nicht viel Neues. Nichts, was an einen radikalen Wandel denken ließe. Und darauf haben wir die ganze Zeit immer hingewiesen. Erst letzthin sind wir in den Diskussionen in der Provisorischen Koordinierungskommission darauf gekommen, daß es falsch ist, das Problem so aufzuwerfen. Nach dem Ende des Ausnahmezustandes müssen wir alle unsere Rechte fordern, sagen, daß es vorbei ist, daß das entsprechende Dekret nicht mehr in Kraft ist. Neue Aktionsformen müssen gefunden werden. Es ist z.B. undenkbar, daß die Schauspieler den Boykott weiterführen können, aber sie werden sich dafür schlagen müssen, um herauszukriegen, nicht *ob* sie im Fernsehen auftreten müssen oder nicht, sondern *was* sie spielen und *wie* sie es spielen sollen.

Was uns erwartet, ist der Kampf um die Möglichkeit einer legalen Betätigung. Es ist an uns, die Formen, die uns das erlauben werden, herauszufinden: die Schießscharten besetzen und das Feld legaler Aktionen erweitern. Vielleicht in der Selbstverwaltung oder in der Kooperativbewegung. Vielleicht auch in verschiedenen Formen von Vereinigungen und Clubs. Das wird man sehen. Was die Betriebe angeht, denken wir vor allem an das Funktionieren der Gewerkschaften. Aber das ist im Moment in legaler Form nicht möglich. Wenn „Solidarność" weiterhin in den Betrieben als Gewerkschaft funktionieren will, muß sie sich darauf einrichten, vorerst im Untergrund weiterzumachen.

Was kannst du über das Programm sagen, das die Provisorische Koordinierungskommission vorbereitet?
Wenn die Provisorische Kommission soweit kommt, ein ganzes Programm zu formulieren, wird dies ein auf die Legalität angelegtes Programm sein mit dem Ziel, einen Ausgleich zu erreichen, eine anders verstandene Übereinkunft, in anderen Begriffen gefaßt, aber gleichwohl eine Übereinkunft. Es handelt sich um eine Aktion zugunsten einer Wirtschaftsreform, die gesamte Wirtschaft muß wieder auf die Füße gestellt werden; für eine Ausweitung der Presse- und Meinungsfreiheit; für die Entwicklung von Initiativen der gegenseitigen Hilfe. Das sind alles Tätigkeiten, für die man die Leute nicht einfach ins Gefängnis stecken kann, ohne daß sich das System kompromittierte. Anders gesagt: Es geht nicht um ein Programm eines bewaffneten Untergrunds, der einen Umsturz vorbereitet, sondern um ein Programm mit dem Ziel einer Evolution des Systems.

Was heißt: Aktion für eine Wirtschaftsreform?
Mindestens die Bemühungen der Staatsmacht zu diskreditieren, die nichts mit einer solchen Reform gemein haben. Die erste Etappe dieser Auseinandersetzung haben wir bereits abgeschlossen. Von der Arbeiterselbstverwaltung, so wie sie bis jetzt definiert war, ist man abgegangen. Aber wenn das System dezentralisiert würde und alle wichtigen Entscheidungen auf der Ebene der Unternehmen getroffen würden, hätten die Gewerkschaft und jede Form einer verdeckten Selbstverwaltung ein Wort mitzureden. Alles hängt davon ab, wie die Lage nach dem 13. Dezember aussehen wird. Wenn das Gesetz über die Selbstverwaltung zurückgehalten wird und jenes, das wir vor dem 13. Dezember 1981 hatten, in Kraft bleibt, wird es möglich sein, wirklichen Einfluß auf eine Wirtschaftsreform zu nehmen, mindestens auf die Funktionsweise der Unternehmen. Ich rechne mit einer Situation, wo man versuchen muß, innerhalb der Selbstverwaltungskommissionen zu arbeiten. Jedoch werden die Aktionen in den Betrieben im wesentlichen darin bestehen, eine Änderung des Gewerkschaftsgesetzes zu erkämpfen.

Wie erkämpfen?
Die wichtigste Waffe wird nach wie vor der Boykott der Gewerkschaften sein. Wirksame Strukturen der Untergrundgewerkschaft im Innern der Unternehmen sind ebenso geeignet, den Staat zur Suche nach einer Lösung zu animieren.

Was wären die Aufgaben solcher Strukturen?
Als wir vor dem August 1980 kämpften, fehlte es nicht an Motiven dafür. Die Fragen, die direkt mit der Produktion zusammenhängen, die Arbeitsbedingungen, das Werkzeug. Man kann sich auch Kämpfe vorstellen etwa um das Recht, eine mißliebige Meinung zu äußern, oder man kann nachteilige Entscheidungen der Direktion boykottieren. Mit einer eventuell bestehenden Selbstverwaltungskommission kann man bei der Organisierung der Produktion und der Verteilung der Gewinne, bei der Modernisierung des Maschinen-

parks usw. zusammenarbeiten. Für all das existieren bereits schriftliche Regelungen. So ist es gar nicht so schwer, sie in die Tat umzusetzen. Man muß ihnen nur Leben einhauchen, darauf bestehen und darf nicht lockerlassen.

Der Kampf um die Revision des Gesetzes, Boykott der offiziellen Gewerkschaften, das ist das eine, das andere ist die Auseinandersetzung auf internationaler Ebene, in erster Linie im Hinblick auf die ILO, auf andere Gewerkschaftsorganisationen im Westen, im Rahmen der Menschenrechtskommission der UNO. Von diesen Instanzen erwarten wir starken Druck zugunsten einer Änderung des Gesetzes.

Am schwersten fällt es mir, über Massenaktionen zu sprechen, die gleichzeitig in allen Betrieben organisiert werden. Auf jeden Fall müssen wir über Demonstrationsformen nachdenken, vielleicht müssen es andere sein als die, wie sie zuletzt stattgefunden haben. Wir alle müssen uns mit diesem Problem befassen.

Inwiefern ändert die Freilassung Lech Walesas die Situation?
Die Machthaber haben mit der Freilassung von Lech einen Gewinn für ihre Politik erzielt. Jaruzelski hatte einen neuen Trumpf in der Tasche, als er sich zum Begräbnis von Breschnew begab. Die Freilassung hatte eine der schwierigsten Angelegenheiten erledigt, etwas, was sie sehr gefürchtet hatten. Er hatte Lech freigelassen, und siehe da, nichts ist passiert, die Ordnung regiert. Wer weiß, ob das nicht der Hauptgrund für all diese Geschichten war. Sie konnten zugleich darauf setzen, daß die Freilassung von Lech zu einer Art Fraktionierung, Spaltung in den Reihen der Gewerkschaft führen würde, daß sie verschiedene Kontroversen und Diskussionen auslösen würde. Und sie machen sich große Hoffnungen in dieser Richtung. Es ist kein Zufall, daß sie einen solchen Zirkus um seinen Brief im Fernsehen veranstaltet haben. Ich denke, daß all diese Spekulationen über einen Konflikt, über eine Spaltung zwischen Lech und der Provisorischen Koordinierungskommission jeder Grundlage entbehren und daß uns nichts dergleichen droht. Wir verstehen sehr gut die Situation, die Position von Lech und welche Grenzen ihm dadurch auferlegt sind. Umgekehrt versteht er die Lage der Kommission und ihre Möglichkeiten, über die er nicht verfügt.

Was erwartet ihr von Walesa?
Im Augenblick ist es schwierig, unsere Erwartungen zu präzisieren. Genauso schwierig wie die Lage, in der wir uns gegenwärtig bewegen müssen. Das Wichtigste ist, daß die Freilassung Walesas Verhältnisse schafft, in denen es leichter ist, zu offenen Aktionen zu gelangen, bestimmte Möglichkeiten, auf verdeckte Aktionen verzichten zu können. Ich glaube, daß wir noch Zeit haben, Formen offener Aktionen zu erarbeiten ebenso wie die Ziele, die wir auf diesem Weg erreichen wollen. Die Mitglieder der Provisorischen Kommission gehen davon aus, daß sie ihre Tätigkeit weiterführen, bis alle Verhafteten frei sind. Vorher gedenken wir weder uns aufzulösen noch unsere Untergrundaktivitäten einzustellen. Wir verbinden mit dem Datum des 13. Dezember keine besonderen Hoffnungen. Wir glauben nicht, daß alle Interniertern freigelassen werden in dem Moment, wo das Kriegsrecht aufgehoben wird. Auch sind wir fast sicher, daß es keine Generalamnestie für alle Gefangenen geben wird. Alles andere eher als eine solche Amnestie.

Und dann, was bedeutet die Herstellung einer Atmosphäre, die zum Besuch des Papstes paßt? Was sind die Bedingungen, die man mit der Kirche ausgehandelt hat? Die Behörden können z.B. sagen, daß sie den Papst nicht empfangen können, solange der Untergrund existiert und handelt. Die Kommission wird sich vielleicht mit einer Forderung der Kirche konfrontiert sehen, daß sie den Untergrund verlassen soll. Ich glaube, daß die Machthaber nach Mitteln suchen, um auf einfachste Weise diesen Besuch absagen zu können. Obwohl er offiziell angekündigt wurde, glaube ich nicht, daß die Behörden ihn stattfinden lassen. Ich denke, sie haben ihn angekündigt, um ein weiteres Druckmittel gegenüber der Kirche und „Solidarność", gegenüber dem Untergrund und den Gewerkschaftsaktivisten in der Hand zu haben. Ich fürchte, daß die Leute im Untergrund nur eine Karte in der ganzen Feilscherei um diesen Besuch sind und daß sie irgendwann vor der Alternative stehen: Sie machen sich an ihre Auflösung und geben den Untergrund ohne jede Bedingung auf, und man hält an dem angekündigten Besuch fest – oder, wenn die Untergrundaktivitäten fortgesetzt werden, dann sind die Bedingungen für einen Papstbesuch nicht gegeben. Das alles wäre korrekt, wenn die Forderung, den Untergrund zu verlassen, seitens der Kirche mit der Bedingung verknüpft wäre, daß alle Gefangenen freigelassen werden müssen. Ich kann leider nicht glauben, daß die Machthaber die Bedingung bereitwillig akzeptieren werden. Wir wissen nicht einmal, ob die Kirche eine solche Bedingung stellt. Und im Moment weiß ich auch nicht genau, was die Provisorische Koordinierungskommission in einer solchen Situation tun soll, auf was für Gegenleistungen man sich einlassen muß.

Was Lech betrifft – das wird man sehen. Er hat angekündigt, daß er in einem Monat seine Position darlegen wird. Was wir mit Recht von Lech erwarten und verlangen können ist, daß er trotz aller Schwierigkeiten den Ideen des August treu bleibt. Das kann man in einigen Punkten präzisieren: Erstens ist da die Forderung nach unabhängigen Gewerkschaften, der Kampf um eine pluralistische und unabhängige gewerkschaftliche Bewegung einschließlich des Streikrechts. Und hier gilt es zu unterstreichen, daß wir neue, in der übrigen Gewerkschaftsbewegung auf der ganzen Welt unbekannte wertvolle Strukturen und Ideen geschaffen haben: Solidaritätsstreiks und Stellvertreterstreiks, und ganz allgemein örtliche bzw. regionale gewerkschaftliche Strukturen. Diese Strukturen sind Ausdruck der Vorstellung, daß es zuallererst wir, die Arbeiter, sind, die untereinander darüber diskutieren, was wem zukommt, und daß wir erst dann mit den Behörden verhandeln, wenn wir zu einem Entschluß gekommen sind. So hat „Solidarność" die Möglichkeit eröffnet, daß verschiedene Branchen und Berufsgruppen die Situation in anderen Zweigen und Berufen kennen- und verstehenlernen und gegenseitig ihre Bedürfnisse berücksichtigen.

Dann ist die Forderung nach Außerkraftsetzung des Zensurgesetzes zu erwähnen, eine Forderung nach der Rede- und Meinungsfreiheit. Die Forderung nach der Übertragung der Gottesdienste in Radio und Fernsehen betrifft ebenfalls die Meinungsfreiheit. Ein Mindesteinkommen, das den ärmsten Bevölkerungsschichten einen gewissen Lebensstandard garantiert. Schließlich die Kontrolle des Miliz-und Justizapparates, Ausdruck des Kampfes um die Menschenrechte und die bürgerlichen Freiheiten.

Wenn wir in diesem Moment sagen, daß es diese Vorstellungen zu verteidigen gilt, daß wir ihnen treu bleiben müssen, dann ist das auch eine verschleierte Botschaft an Walesa: Man eröffnet ihm bestimmte Möglichkeiten, Gebiete, auf denen er handeln kann.

Jetzt gerade gehen verschiedene Gerüchte um über christlich-demokratische

Gewerkschaften, über eine Konzeption der Umgruppierung der verschiedenen katholischen Verbände zu einer Partei und einen Platz, den man ihr im Sejm zugestehen will. Das sind schon Wege, Orte, wo man eingreifen muß. Man muß sich nur immer die Frage stellen, ob so nicht die Werte und Ideen, die dank des August und „Solidarność" ans Tageslicht kamen, verraten werden. Und wenn andere überhaupt das Recht haben, dann muß man von den aktiven „Solidarność"-Leuten und von Lech Walesa verlangen, daß sie den Vorstellungen von „Solidarność" und dem August 1980 treu bleiben.

(Aus: Tygodnik Mazowsze, Nr. 37, 3.12.1982; deutsche Übersetzung in: Kommune, Nr. 1/1983, S. 53 ff., Frankfurt/M.)

DOKUMENT 55

„Solidarność heute"
Vorschlag der Provisorischen Landeskommission (TKK) für ein Aktionsprogramm des Widerstandes, Januar 1983

Nach einem Jahr Kriegsrecht und nach seiner formellen Aussetzung ist es offensichtlich, daß der Staatsstreich vom Dezember gegen die bürgerlichen Rechte und Arbeiterrechte den Beginn einer neuen Etappe im Prozeß der Pazifizierung der Nation markiert. Die Staatsmacht hat sich auf das Ziel versteift, alle demokratischen Bestrebungen auszulöschen, die gesellschaftliche Solidarität zu brechen und ein Regime zu errichten, das sich derart auf Zwang und ein allgemeines Gefühl der Einschüchterung stützt, wie das in Polen seit der stalinistischen Periode nicht mehr der Fall gewesen ist. Es ist eine totalitäre Diktatur, die sich installiert. Prinzipien ihrer Machtausübung sind das Niederschießen unbewaffneter Arbeiter, die Einkerkerung tausender Personen wegen gesellschaftlicher Aktivitäten, die Verfolgung von Mitgliedern und Funktionären von „Solidarność", als wären es Verbrecher. Diese Diktatur bedeutet ein System des Terrors, gestützt auf eine Gesetzgebung, die die internationalen Konventionen und Verpflichtungen verletzt, welche die Volksrepublik Polen eingegangen ist. Die Willkür ist zum Gesetz erhoben.

Die demokratischen Reformen, die die sozialen und wirtschaftlichen Beziehungen wiederherstellen sollten, bedeuten für dies gegenwärtige Regime eine tödliche Gefahr. Indem die Staatsmacht mittels der Furcht herrscht, verdammt sie sich selbst zur Furcht vor einer Explosion des Hasses der Gesellschaft. Unsere Bereitschaft, Zugeständnisse zu machen, wurde als Zeichen unserer Schwäche aufgefaßt und hat zur Verstärkung des Unterdrückungssystems beigetragen. Die Gesellschaft hat keine Wahl mehr: der einzige Weg, der bleibt, ist der des Widerstands, des Kampfes gegen die Diktatur.

Ziel unseres Kampfes bleibt weiterhin die Verwirklichung des Programms, das vom ersten nationalen Delegiertenkongreß der NSZZ „Solidarność" verabschiedet worden ist, des Programms derjenigen demokratischen Reformen, die unerläßlich sind, wenn sich das Land aus dem Zusammenbruch wieder erheben soll. Dieses Programm zeigt den Weg zur Errichtung einer Selbstverwalteten Republik,
- in der die Staatsmacht der Kontrolle der Gesellschaft unterworfen wäre: innerhalb der Betriebe würde die Kontrolle durch die Selbstverwaltungsorgane der Belegschaft ausgeübt; in den Landgemeinden und den Woiwodschaften durch Organe territorialer Selbstverwaltung; auf nationaler Ebene durch einen demokratisch gewählten Sejm.
- eine Republik, in der unabhängige Gerichte über die Gesetzlichkeit wachen würden.
- in der die Produktionsmittel tatsächlich Eigentum der Gesellschaft wären und den Arbeitern der Betriebe eine effektive Teilhabe an der Aufteilung des Ertrags, den sie selbst erwirtschaftet haben, garantierten.

– in der die Kultur, das Unterrichtswesen und die Medien im Dienste der Gesellschaft stünden.

Dies Programm geht einerseits davon aus, daß tiefgreifende soziale, wirtschaftliche und politische Reformen in die Tat umgesetzt werden müssen, wenn die Republik wieder auf die Beine kommen soll, daß andererseits aber die geopolitische Lage Polens es erfordert, diese Reformen nur nach und nach einzuführen, so daß das allgemeine Gleichgewicht der Kräfte in Europa nicht infragegestellt würde.

Diese Vision einer Selbstverwalteten Republik steht nicht im Gegensatz zur Idee des Sozialismus, und ihre Verwirklichung muß keineswegs mit der bestehenden internationalen Ordnung in Konflikt stehen. Die Bündnisverpflichtungen Polens können aber nicht die Existenz eines allgemein verhaßten diktatorischen Regimes rechtfertigen, das dem Land keine Perspektive einer Entwicklung bietet. Diese Situation bedeutet eine dauernde Bedrohung des Friedens in Europa.

Die Realisierung dieses Programms erfordert Umstände, unter denen die Staatsmacht gezwungen wäre, einen Kompromiß mit der Gesellschaft zu suchen. Nur unter dieser Bedingung könnte ein Prozeß der Reformen eingeleitet werden und wären Voraussetzungen für eine legale Tätigkeit unabhängiger Gewerkschaften, Organisationen und Körperschaften, die die Interessen der Gesellschaft vertreten, geschaffen. Damit aber das Machtsystem in Polen bereit ist zu Konzessionen, und damit die Perspektive von Reformen Wirklichkeit werden kann, sind Aktionen notwendig, die zum Sturz der gegenwärtigen Diktatur führen.

Heute drücken sich der gesellschaftliche Widerstand und der Kampf gegen die Diktatur auf folgenden Ebenen aus:
– in einer Front der Verweigerung
– im wirtschaftlichen Kampf
– im Kampf für ein unabhängiges gesellschaftliches Bewußtsein
– in den Vorbereitungen auf einen Generalstreik.

Dies sind die Aufgaben der Gesellschaft bei ihrer Selbstorganisation.

Unsere Hauptwaffe in diesem Kampf ist die gesellschaftliche Solidarität. Ihr verdanken wir den Sieg im Sommer 1980 und unser Überleben gegenüber den Repressionen des Kriegszustandes. Diese Solidarität hat sich erneut in den Internierungslagern und den Gefängnissen gezeigt, in den Betrieben und den Kirchen, in den täglichen Aktivitäten auf allen Ebenen unserer Bewegung und in den Massendemonstrationen des letzten Jahres. Was unsere Stärke ausgemacht hat und noch immer ausmacht, das ist das Bewußtsein, daß wir zusammengehören, daß wir jeder ein Verteidiger sind, der selbst der Verteidigung bedarf. Aus diesem Grund darf kein einziges Opfer von Repressionen – keiner, der verhaftet, geschlagen oder entlassen wurde – ohne Schutz und Hilfe gelassen werden. Das ist eine moralische Verpflichtung für jeden von uns. Alle Gewerkschaftsgruppen müssen die Freilassung der wegen sozialer Aktivitäten oder ihrer politischen Ansichten Inhaftierten fordern. Jeder, der an der Unterdrückung teilnimmt, muß unsere Abscheu zu spüren bekommen.

Die Front der Verweigerer

Wir alle können täglich die Diktatur bekämpfen, indem wir die Beteiligung an der Lüge, der Willkür und dem Zwang verweigern. Durch einen allgemeinen Boykott der Scheingewerkschaften, die das Regime geschaffen hat, haben wir gemeinsam bereits einen politischen Sieg errungen. Dieser Boykott ist in gewisser Weise ein Referendum, welches täglich zeigt, daß die Gesellschaft das Regime des Zwangs und des Terrors ablehnt. Dies Referendum beweist ebenso, daß der Platz einer unabhängigen Gewerkschaftsbewegung vakant bleibt, bis „Solidarność" wieder in ihre Legalität eingesetzt wird; es beweist, daß ‚Solidarność" noch da ist und ihre Rechte zurückerkämpfen wird.

Wir sollten das unter dem Kriegsrecht angewandte Prinzip aufrechterhalten, alle Organisationen, Institutionen und Vereinigungen zu boykottieren, die
— ihre Unterstützung für das gegenwärtige System der Diktatur zeigen,
— an der Unterdrückung teilnehmen,
— nur Imitationen eines gesellschaftlichen und politischen Lebens sind (die Parteien, die PRON, OKON, Nationale Einheitsfront[1]...)

Das sollte ein fester Bestandteil unseres Lebens sein. Auf diese Weise könnten wir unser Festhalten an den Errungenschaften des August 1980 demonstrieren, unser Streben nach Wahrheit und Würde, unsere Verweigerung gegenüber Lüge und Willkür im gesellschaftlichen und politischen Leben. Wir werden uns von jetzt ab an der Farce der Wahlen zum Sejm und zu den Nationalräten nicht mehr beteiligen. Wir werden uns weigern, an den offiziellen Massenaufmärschen, den Gedenkfeiern und staatlich organisierten Versammlungen teilzunehmen. Wir werden uns für die fiktive Erteilung eines gesellschaftlichen Mandats an das System der jetzigen Diktatur nicht einspannen lassen. Diese Macht soll in der Leere des politischen Raums weiterexistieren müssen.

Wir sollten das Prinzip des Boykotts jedoch selektiv einsetzen. Wir können und müssen die Möglichkeiten nutzen, uns im Rahmen offizieller Institutionen, deren Zweck die Befriedigung tatsächlicher sozialer Bedürfnisse ist, unabhängig zu betätigen. Wir sollten allerdings darauf achten, daß unsere Tätigkeit nicht zur Rechtfertigung von Lügen und zur Stützung der Diktatur dienen. Jeder Teil der Gesellschaft sollte für seinen Bereich einen Verwaltungskodex ausarbeiten, damit in der Praxis des Boykotts denjenigen Bereichen gesellschaftlicher und beruflicher Aktivität Rechnung getragen werden kann, die vertrauenswürdig und anständig geblieben sind.

Die Front der Verweigerung ist auch eine Front des aktiven Kampfes. Die Staatsmacht wird mit Sicherheit versuchen, diese Front zu brechen, mittels Erpressung oder Korruption. Es ist an uns, dies durch entsprechende Aktivitäten zu verhindern. Jeder Fall von Erpressung muß allgemein bekannt gemacht werden, was seine Wirkung und die Möglichkeit der Wiederanwendung schwächt. Die regelmäßige Sammlung von Beiträgen und Spenden, die Schaffung von Komitees der sozialen Hilfe, die Einrichtung von Kassen der gegenseitigen Hilfe und eines Urlaubsfonds für die Beschäftigten, unabhängig von den offiziellen Gewerkschaften — alles dies sind ebenfalls Formen des Kampfes gegen die Korruption. Es wäre unverzeihlich, wenn Personen, die sich wirklich in Not befinden, gezwungen wären, sich zu entwürdigen, indem sie sich an die offiziellen Gewerkschaften wenden.

Der wirtschaftliche Kampf

Nach 38jähriger Existenz der Volksrepublik Polen ist die polnische Gesellschaft am Rande des Elends angelangt. Die Lebensmittel sind rationiert, der Mangel an Medikamenten und Bekleidung ist allgemein, und wir stehen vor dem Bankrott. Die 30 Milliarden Dollar Schulden werden für lange Jahre auf uns lasten. Ein immenses Nationalvermögen ist dabei zu verrotten, in den Fabriken, die stillstehen oder auf Baustellen, auf denen nicht mehr gearbeitet wird. Der technologische Rückstand wächst immer weiter. Die Art und Weise, wie das ökonomische Potential Polens verwendet wird, erinnert an koloniale Ausbeutung. Der bedenkenlose Raubbau in den Gruben hat Dutzende von Toten gefordert und ist in Verwüstung der Minen und Vernichtung der Rohstoffressourcen Polens gemündet. Mangels Arbeitsmitteln kann die Landwirtschaft die Nation nicht ernähren. Die Zerstörung der natürlichen Umwelt stellt ihre physische Existenz in Frage.

Alles, was die Diktatur des Kriegsrechts zustande gebracht hat, ist ein Programm gewaltiger Preiserhöhungen, ohne daß es zugleich irgendeine Aussicht auf Besserung der wirtschaftlichen Situation anzubieten hätte. Dies Programm, das alle andern Mechanismen des Marktes und der Wirtschaftsführung übergeht, hat binnen eines Jahres zu einer drastischen Senkung des Lebensniveaus um 36 Prozent geführt. Seitdem lebt ein Drittel der Arbeiterfamilien am Rande des offenen Elends. Zur gleichen Zeit muß die Gesellschaft die Lasten tragen, die aus der Entwicklung eines gigantischen Unterdrückungsapparates resultieren: von Hunderttausenden Agenten des Sicherheitsdienstes, der Miliz und ZOMO (Motorisierte Miliz, d. Übers.), der Armee und des Parteiapparates, die das Land mit Terror in ihrer Botmäßigkeit halten. Eine neuerliche Preiserhöhung ist bereits angekündigt worden. Sie wird eine erneute Verarmung der Gesellschaft mit sich bringen, sie wird den Kreis der Verelendeten noch erweitern und sie unter das physische Existenzminimum drücken.

Der Kriegszustand und seine Gesetzgebung haben jede Chance eines Auswegs aus der Krise verbaut. Die Reform, die auf die Prinzipien der Selbständigkeit, Selbstverwaltung und Selbstfinanzierung hätte gegründet sein müssen, hat sich in Wirklichkeit auf einen bloßen Fassadenwechsel des Systems der zentral-bürokratischen Planwirtschaft, das bereits traurige Berühmtheit erlangt hat, und auf die Militarisierung der wichtigsten Wirtschaftszweige reduziert. Die drakonischen Einschränkungen der Rechte der Arbeiter haben Arbeitsbedingungen geschaffen, die der Sklaverei ähneln, mit administrativer Bindung an den Arbeitsplatz und staatlichem Arbeitszwang, stets begleitet von der Drohung der Entlassung aus politischen Gründen. Unter diesen Bedingungen ist eine selbstverwaltete Reform der Wirtschaft eine reine Fiktion. Die Selbstverwaltung kann ihre Pflichten nicht erfüllen.

Für diesen Zustand der Wirtschaft können wir nicht verantwortlich gemacht werden. Wir müssen dennoch darauf achten, sie auf einem Niveau zu erhalten, das möglichst gute Bedingungen einer künftigen Rekonstruktion sichert. Wir können keine neuerliche Senkung des Lebensniveaus mehr hinnehmen. Der Kampf um die Lebensbedingungen steht an vorderster Stelle des Programms der grundlegenden Interessen der Gesellschaft und der Arbeiter. Dieser Kampf muß in jedem Unternehmen und in jedem Landwirtschaftsbetrieb geführt werden. Wir sichern jeder Initiative unsere Unterstützung zu, die es den Landwirten ermöglicht, sich für die Verteidigung ihrer Rechte zu organisieren.

In den Betrieben wenden wir in diesem Kampf alle Formen des Drucks an:
– indem wir die geltenden Vorschriften ausschöpfen, also die strikte Einhaltung des Arbeitsgesetzbuches, der Beschäftigungsbestimmungen, der Lohn-

regelungen, der Regelungen zur Arbeitssicherheit, der technischen Normen und sonstigen Arbeitsbedingungen verlangen;
- indem wir genaue Informationen über die getroffenen Produktionsentscheidungen und Erlöse, über die Verteilung des Lohnfonds und der Prämien, über das Funktionieren der sozialen Dienste verlangen;
- indem wir die von der Direktion vertuschten Informationen aller Welt zur Kenntnis bringen (Fehlentscheidungen, unpopuläre Maßnahmen, Beispiele von Vergeudung, Inkompetenz und Unterdrückung);
- indem wir kollektive Proteste organisieren, Petitionen einreichen, uns weigern, Überstunden zu machen, alle Maßnahmen boykottieren, die die Rechte der Arbeiter einschränken oder darauf abzielen, sie zu spalten. Der wirtschaftliche Streik ist in diesem Bereich nach wie vor die machtvollste und wirksamste Form des Protestes;
- indem wir die Arbeiterselbstverwaltung nutzen, wo immer die Bedingungen es erlauben, sie einzurichten, sodaß sie für die Verteidigung der Existenzbedingungen der Arbeiter und für ihren Schutz gegen Repressalien eingesetzt werden kann. Wo das Komitee der Arbeiterselbstverwaltung dieser Handlungsmöglichkeiten beraubt ist, müssen die Mitglieder des Arbeiterrats ihre Tätigkeit einstellen und die Arbeiter auffordern, das Selbstverwaltungskomitee zu boykottieren.[2]

Für ein unabhängiges gesellschaftliches Bewußtsein

„Solidarność" erwuchs aus einem allgemeinen Protest, aus einem gemeinsamen Kampf und aus der Arbeit verschiedener gesellschaftlicher Gruppen. Indem wir „Solidarność" schufen, überwanden wir die Spaltung, die die Staatsmacht bewußt und vorsätzlich hervorgerufen hatte. Die dauerhafte Zusammenarbeit von Arbeitern, Bauern und Intellektuellen ist die Garantie unseres Sieges. Wir haben diese Zusammenarbeit im August 1980 erprobt, und seit dem 13. Dezember ist sie die Grundlage selbst unseres Widerstandes.

Die Bedrohung, die die totalitäre Macht für unser gesellschaftliches Bewußtsein, für nationale Erziehung und Kultur, für eine öffentliche Moral und staatsbürgerliche Haltung bedeutet, kann nur von einer Gesellschaft überwunden werden, die politisch denkt, ihre Geschichte kennt, ihre authentische Kultur schätzt, und die sich daher nicht ideologisch manipulieren läßt. Deshalb ist die Förderung des unabhängigen Denkens hier und heute eine vorrangige Aufgabe. Auf diese Weise muß das Monopol des Staates auf die mündliche und schriftliche Äußerung durchbrochen werden, ebenso wie sein Monopol auf Information und Unterricht, auf Kultur und wissenschaftliche Forschung, auf politische und gesellschaftliche Reflexion. In dieser Hinsicht kommt den Intellektuellen eine Aufgabe von erstrangiger Bedeutung zu. Die Gesellschaft erwartet von ihnen, daß sie zum Nutzen der Allgemeinheit tätig sind. Wir werden jede unabhängige Initiative in dieser Hinsicht unterstützen, wir werden Stiftungen und Stipendien schaffen, die es erlauben, sich der Abhängigkeit von der Diktatur zu entledigen.

Die Front der Zusammenarbeit für ein unabhängiges Denken und für die unverfälschte Entwicklung der verschiedenen Schulen des Denkens sollte alle Kreise der Gesellschaft erfassen. Es ist notwendig, durch autodidaktische Aktivitäten, durch die Entwicklung eines Netzwerkes von Gewerkschaftszeitungen,

Bibliotheken und unabhängigen Verlagen die gesellschaftliche Reflexion unter den Arbeitern anzuregen, ihre Urteile, Meinungen und Interpretationen bekannt zu machen. Ein uns alle betreffendes Gebot der gesellschaftlichen Solidarität ist es, den Ausschluß aller Gruppen oder Personen, die für die Diktatur ein Ärgernis sind, aus dem öffentlichen Leben zu verhindern.

Einrichtungen und Initiativen, wie (Untergrund-)Verlage, Zeitungen und Sender, oder die zur unabhängigen Erziehung sind unser gemeinsames Gut. Wir müssen ihnen helfen und sie schützen. Die weitere Existenz und Entwicklung dieser Strömung gibt der Gesellschaft Selbständigkeit, sie bereitet die Gesellschaft auf ein Leben in einer demokratischen und selbstverwalteten Republik vor.

Vorbereitungen für den Generalstreik

Der Generalstreik bleibt die mächtigste Waffe in unserem Kampf. Die zahlreiche Teilnahme an den oben geschilderten Aktivitäten ist ein wichtiger Abschnitt in den Vorbereitungen. Der Erfolg des Streiks hängt von verschiedenen Faktoren ab. Die wichtigsten sind:
- der Grad an Selbstorganisation und Entschlossenheit der Gesellschaft;
- die Bewußtheit und Einmütigkeit in den Zielen;
- die internationale politische Situation.

Diese selben Faktoren beeinflussen auch das Maß, in dem die Diktatur darauf vorbereitet ist, die streikenden Arbeiter niederzuhalten. Bis jetzt war die Staatsmacht politisch immer bereit gewesen, in ihrem Kampf gegen die Gesellschaft alle Mittel anzuwenden, und sie hat die notwendigen Kräfte zur Brechung der Streiks aufbieten können. Aber die Staatsmacht kann einen solchen Grad der Bereitschaft nicht auf Dauer aufrechterhalten, weil dies zu hohe politische und soziale Kosten fordert. Die Zeit ist absehbar, wo die Streikwaffe wieder ein brauchbares Kampfmittel ist; dann, wenn die Entscheidung zur Anwendung von Gewalt gegen die streikenden Arbeiter für die Existenz der Diktatur selbst eine zu schwere Bedrohung wird.

Die Perspektive des Generalstreiks, der unseres Erachtens notwendig sein wird, macht das Programm für einen evolutionären Wandel des Regimes nicht ungültig. Sie zeigt nur das Mittel, um die gegenwärtige Diktatur zu brechen und die Bedingungen zu schaffen, unter denen demokratische Reformen eingeleitet werden können.

Im Verlauf der Vorbereitungen auf den Generalstreik müssen wir ein gesellschaftliches Minimalprogramm formulieren und verabschieden; es sollte eine Liste von Forderungen enthalten, die die Fortsetzung des Reformprozesses garantieren, im übrigen aber den Beschränkungen Rechnung tragen, die sich aus den politischen Realitäten im Innern und Äußern ergeben.

Die Provisorische Koordinierungskommission der NSZZ „Solidarność" unterbreitet hiermit die Erklärung „Solidarność heute", die in der Tat das Aktionsprogramm unserer Gewerkschaft in der gegenwärtigen gesellschaftlichen und politischen Lage ist. Wir haben aus der Quelle des I. Nationalen Delegiertenkongresses geschöpft, indem wir das Programm „Für eine Selbstverwaltete Republik" zu Rate gezogen haben. Die Verhängung des Kriegsrechts und die

Illegalisierung der NSZZ „Solidarność" haben jedoch eine neue Situation geschaffen, und wir sehen uns neuen Aufgaben gegenüber.

Die Diskussionen über dieses Programm haben in verschiedensten Kreisen und in der unabhängigen Presse stattgefunden. Andererseits hat die Provisorische Koordinierungskommission und haben die regionalen Leitungen Gruppen gebildet, die am Programm gearbeitet haben. Im Laufe dieser Arbeiten hat sich die Konzeption einer Unabhängigen Gesellschaft immer weiter auskristallisiert. Diese Diskussion hat auch die Hauptlinie unserer Aktivitäten bestimmt. Wir haben sie im Programmvorschlag der „Gesellschaft im Untergrund"[3] sowie in den Erklärungen der Provisorischen Koordinierungskommission zu den gegenwärtigen Kämpfen näher ausgeführt. Mit dem Programm „Solidarność heute" wenden wir uns an die ganze Gesellschaft. Dies Programm legt die Pflichten der Provisorischen Koordinierungskommission, der regionalen und Betriebskommissionen fest. Aber dies Programm kann und soll die Vision des Polen von morgen nicht ersetzen. Diese Vision wird in weiteren gesellschaftspolitischen Programmen auszuarbeiten sein. Wir versichern allen derartigen Initiativen unsere Unterstützung.

Unser Wunsch wäre, daß das Programm „Solidarność heute" dazu beiträgt, die Front gesellschaftlicher Selbstverteidigung zu stärken, die Front des Widerstands und des Kampfes gegen die Diktatur, für die einfachen, grundlegenden Werte eines menschlichen Lebens, für die Gemeinschaft, die Nation, für das Recht auf Wahrheit, auf Würde, auf Hoffnung. Diese Ziele vereinen alle Menschen guten Willens, unabhängig von ihrer politischen Überzeugung und Weltanschauung, alle demokratischen Kräfte der Nation. Pluralismus und geistige Offenheit sind die Kennzeichen von „Solidarność", jener Bewegung, die sich im August 1980 gebildet hat. Wir wollen Formen der Zusammenarbeit und Verständigung mit allen schaffen, die die Ziele dieser Bewegung zu den ihren machen, damit alle Strömungen gesellschaftlicher Aktivität zusammenfließen, deren Ideal in einem freien und demokratischen Polen liegt.

22. Januar 1983

(Übersetzung aus dem Französischen nach „Bulletin d'Information Solidarność" Nr. 54, 9.2.1983, Paris, von G. Koenen)

Anmerkungen

1 PRON und OKON sind neugeschaffene „Frontorganisationen" des Regimes Jaruzelski, die in ihrem Namen sich an WRON (Militärrat zur nationalen Errettung) anlehnen und signalisieren sollen, daß man keine Parteien mehr, sondern nur noch Polen kenne – vorausgesetzt, daß sie bedingungslos staatstreu sind. Die „Nationale Einheitsfront" dagegen ist die vormalige Bündnisorganisation der Partei.
2 Selbstverwaltungsorgane in den Betrieben können sich möglicherweise eine begrenzte legale Existenz verschaffen, da das Selbstverwaltungsgesetz vom September 1981 formell weiterexistiert, worin zumindest ein Teil der Vorstellungen von „Solidarność" Niederschlag gefunden hatte. Das heißt, die (allerdings wohl relativ wenigen) existierenden Selbstverwaltungsorgane können nach der Suspendierung des Kriegsrechts theoretisch wieder aktiv werden.
3 Siehe Dokument 51, S. 402.

KAPITEL VI

Geprüft und zu leicht befunden – Die „Polnische Vereinigte Arbeiterpartei" (PVAP)

In den Streiktagen des Juli/August 1980 trat die innere Schwäche der Vereinigten Arbeiterpartei vor aller Welt zu Tage. Nicht nur verhallten die Beschwörungen des Patriotismus, wurden die Drohgebärden der Zentrale ignoriert, sondern auch die Opferung einiger Parteigrößen brachte nichts ein. Es scheiterte auch der Versuch, die Parteimitglieder an der Basis – immerhin arbeiteten an die 40 Prozent in Industriebetrieben – gegen den Streik zu mobilisieren, mit ihrer Hilfe die Streikfront zu spalten. Die Parteileitungen mußten die Erfahrung machen, daß das Gros der einfachen Parteimitglieder mit den Streikenden sympatisierte, wenn es nicht sogar unter den Organisatoren zu finden war. Die in der Arbeiterpartei organisierten Arbeiter stellten die Klassensolidarität über die Loyalität gegenüber dem Apparat. Angesichts dieser Lage blieb der Führung nur die Alternative des Terrors oder der Verhandlungen. Sie wählte den zweiten Weg.

Die Geschichte der Krise der Vereinigten Arbeiterpartei ist so alt wie diese Vereinigung selbst. Anders als etwa in der Tschechoslowakei stellten die Kommunisten keine tief in der Arbeiterbewegung verwurzelte Kraft dar. Zeitweilig durch die Kommunistische Internationale aufgelöst, vieler ihrer besten Kader durch die Faschisten, aber mehr noch durch den sowjetischen NKWD beraubt, in ihrer Glaubwürdigkeit schwer erschüttert durch den Abschluß des Hitler-Stalin-Pakts und die Untätigkeit der Roten Armee angesichts des Warschauer Aufstands war die Kommunistische Arbeiterpartei nur eine kleine Minderheit des antifaschistischen Widerstandes – und dennoch fiel ihr die Rolle zu, „führende Kraft" Volkspolens zu werden. Der Zusammenschluß mit der Sozialistischen Partei war seitens der PPS genausowenig freiwillig wie der der SPD mit der KPD zur SED in der damalig sowjetisch besetzten Zone Deutschlands. Und die Absetzung des vorsichtig gegenüber der Kirche und den Bauern operierenden, den „besonderen Bedingungen Polens" Rechnung tragenden Gomulka im gleichen Jahr folgte dem Schema, nach dem in den Staaten des sowjetischen Hegemonialbereichs mit den „Nationalisten" und „Titoisten" abgerechnet wurde.

Nach der Liquidierung des nationalkommunistischen Kurses peitschte die Partei unter Boleslaw Bierut ein Programm der forcierten

Industrialisierung und des erzwungenen Konsumverzichts durch, begleitet und abgesichert durch ein allgegenwärtiges Polizeiregime. Das rückständig-ländliche Polen verwandelte sich in einen Industriestaat und die Arbeiterklasse wurde zur stärksten Kraft der Gesellschaft. Es war diese Arbeiterklasse, die mit dem Aufstand in Posen 1956 die Wiedereinsetzung Gomulkas durchsetzte. Mit dessen erneutem Machtantritt verband sich bei vielen Arbeitern und Intellektuellen die Hoffnung auf Demokratisierung der Partei, des Staatsapparates und des gesellschaftlichen Lebens, eine authentische Arbeiterselbstverwaltung und eine auf Verständigung zielende Politik gegenüber den Kleinbauern und der Kirche. Damals sind jene Konzepte entwickelt worden, die auf eine stärkere Trennung von Partei und Staatsfunktionen orientierten, die das Verhältnis von Partei und Arbeiterklasse so konzipierte, daß die objektiv wirkenden Widersprüche sich entfalten konnten. Diese Reformbewegung war ihrem Anspruch nach sozialistisch. Ihre Vertreter nannte man später innerhalb der polnischen Opposition die „Revisionisten", weil sie glaubten, die Partei ließe sich durch eine Revision ihrer bisherigen Ideologie und Praxis erneuern. Auch seitens der sowjetischen Orthodoxie wurden sie als Revisionisten bezeichnet – wegen ihrer angeblichen Revision des Denkens von Marx und Lenin[1].

Die Zerschlagung dieser Reformbewegung durch Gomulkas wiedererstarkten Parteiapparat hatte weitreichende Folgen für die polnische Arbeiterbewegung. Die Tradition kritischen marxistischen Denkens wurde unterbrochen, reaktionäre Ideologien wie der Antisemitismus konnten in den späten sechziger Jahren Fuß fassen, schließlich wurde damit dem Pragmatismus, einem inhaltslosen Beschwören patriotischer Werte und der Anbetung des Wirtschaftswachstums der Weg geebnet, der für die Ideologie der Machtelite in den siebziger Jahren kennzeichnend war.

Als die Krise vollständig über sie hereingebrochen war, haben die Verfasser des „Programms" des IX. Parteitages im Juli 1981 die Entwicklung selbst so gesehen:

„Den Hintergrund für die Krise, die 1980 in Erscheinung getreten ist, und alle Bereiche unseres öffentlichen Lebens erfaßt hat, bildeten die Abweichungen von den Prinzipien des Sozialismus in der politischen Praxis. Diese Abweichungen begannen mit der Wende, die sich 1948 in der Politik der PVAP vollzogen und 1949 vertieft hat. Damals sind Deformationen des Systems aufgetreten, die nie endgültig überwunden wurden, und die auf der Einschränkung der innerparteilichen Demokratie, dem ausgebauten bürokratischen Zentralismus in der Partei, dem Staat, der Wirtschaft und Kulturpolitik sowie dem Entzug der Kontrollrechte der Partei gegenüber ihrer Führung und der Bevölkerung gegenüber ihren Machtorganen beruhten. Nach den gesellschaftlichen Dramen, insbesondere nach den Ereignissen von 1956 und 1970, bestanden Möglichkeiten für die Beseitigung dieser Deformationen, dennoch wandte man sich nach kurzen Zeiträumen von Reformversuchen zentralistischen und antidemokratischen mit der geistigen Tradition und politischen Kultur des Volkes unvereinbaren Tendenzen zu."[2]

Selbst in diesem Augenblick der Wahrheit kommt nur die Hälfte dieser Wahrheit ans Licht. Denn das Haupthindernis für die Beseitigung jener „Deformationen", die in Wirklichkeit ein System der Ausbeutung und Unterdrückung der Arbeiterklasse bilden, ist die fortwährende Herrschaft einer Machtelite innerhalb der Partei, die niemandem anders verantwortlich ist als sich selbst und der sowjetischen Führung.

In der PVAP wie in den anderen regierenden Parteien des realen Sozialismus gilt das Axiom von der führenden Rolle der Partei. Aber, wie K. Pomian[3] in mehreren Arbeiten entwickelt hat, ist der Begriff der „führenden Rolle" selbst ein Verschleierungsmanöver. Würde, wie Pomian schreibt, eine Kommunistische Partei von drei Millionen Mitgliedern (so die Stärke der PVAP 1980) in der jeder 6. Pole über 18 Jahre organisiert ist, tatsächlich als Kollektiv Staat und Gesellschaft führen, so wäre dieses Land eines der demokratischsten der Welt gewesen. Aber: „Die Partei ist keine führende Kraft. Sie ist nichts als ein Instrument der Herrschaft im Dienste des Apparats."

Für die Vereinigte Arbeiterpartei wie für alle herrschenden Parteien des realen Sozialismus galt, daß ihre Führungsgruppen sich hermetisch gegenüber der eigenen Partei abschlossen. Worüber im Politbüro oder im Sekretariat verhandelt wurde, darüber gab es grundsätzlich keine Mitteilung. Die auf den Plenarsitzungen gehaltenen Reden wurden zensiert veröffentlicht; wie M. Moczar nach dem Ausbruch der Krise mitteilte, mußten Mitglieder des Zentralkomitees Diskussionsbeiträge vorher dem Sekretariat zur Genehmigung vorlegen.

Die „Geschlossenheit der Reihen" war stets ein Mythos gewesen. Da aber Alternativen der politischen Entwicklung nicht offen ausgetragen werden, und die Person nicht für die von ihr vertretene Sache stehen konnte, gab es den jahrzehntelangen undurchsichtigen Kampf der Cliquen und Seilschaften. So standen sich in den fünfziger Jahren die Pulawer, ehemalige Mitarbeiter Bieruts, die jetzt für Wirtschaftsreform und begrenzte Demokratisierung eintraten, und die Natolin-Leute, Nationalisten, die für einen harten Regierungsstil aber für Abrechnung mit der Bierutzeit standen, gegenüber. In den sechziger Jahren tobte der Kampf zwischen Gomulka und der von Moczar geführten antisemitisch-nationalistischen „Partisanengruppe". In den siebziger Jahren trat Olszowski für Wirtschaftsreformen bei gleichzeitiger Ausrichtung der Partei auf sowjetmarxistische Positionen gegen Gierek an. Stets wurde erst beim offenen Ausbruch politischer Krisen, wenn führende Figuren abtreten mußten, das Ausmaß der Grabenkämpfe für einen Augenblick sichtbar. Jadwiga Staniszkis hat versucht, dem Zusammenhang zwischen ökonomischen und politischen Krisen in der Geschichte Nachkriegspolens nachzugehen (siehe Dokument 13). Tatsache ist, daß den Massenkämpfen der Arbeiter 1956 wie 1970 Cliquenkämpfe in der Machtelite vorausgingen, daß die rivalisierenden Gruppen diese Massenkämpfe für sich zu nutzen suchten und daß sie schließlich, wenn eine neue Balance innerhalb der Machtelite gefunden war, die Errungenschaften der Arbeiterkämpfe liquidierten. Dieser Zyklus wurde erst 1980 mit der Errichtung einer unabhängigen Organisation der Arbeiter, der Gewerkschaft „Solidarność" durchbrochen. Deren Existenz machte es für die Parteielite unmöglich, die bisherigen Herrschaftsformen innerhalb der Partei beizubehalten.

Wie war das „Profil" dieser Partei am Vorabend der Krise? Anläßlich des Arbeiteraufstands an der Küste waren an die hunderttausend Mitglieder ausgetreten bzw. gestrichen worden. Gierek proklamierte bei seinem Machtantritt das Ziel, bis 1980 die Parteimitgliedschaft von zwei auf drei Millionen zu erhöhen. Ein großzügiges Aufnahmeverfahren, Hintanstellen ideologischer Grundsätze und Entpolitisierung des Parteirituals sollten die Partei der Jugend öffnen, mit deren Hilfe das Projekt des „zweiten Polen" verwirklicht werden sollte. Der Arbeiteranteil lag 1975 bei 39,6 Prozent, 1980 bei etwas über 45 Prozent[4]. Diese Verschiebung hat hauptsächlich eine statistische Ursache – in der zweiten Statistik sind die Werktätigen der öffentlichen Dienste und des Transports einbezogen. Da die Industriearbeiter einschließlich der Landarbeiter 41,4 Prozent der Bevölkerung ausmachen, entspricht der Organisationsgrad der Arbeiter in der Partei ungefähr diesem Anteil. Zieht man die Berufsstatistik von 1975 hinzu, so zeigt sich, daß etwa 85 Prozent der Offiziere des Landes, 40 Prozent der Ober- und Grundschullehrer, 30 Prozent aller Wissenschaftler, knapp 30 Prozent der Ingenieure und 13,3 Prozent der Industriearbeiter Parteimitglieder sind. Einen weiteren Tatbestand zeigt die Ausbildungsstatistik: In der Statistik von 1980 sind fast 30 Prozent der Hochschulabsolventen Parteimitglieder, 16,35 Prozent mit Oberschulausbildung, aber nur 11,48 Prozent mit einfacher Berufsausbildung, 9,25 Prozent mit Grundschul- und 3,6 Prozent mit unabgeschlossener Grundschulausbildung. Bedenkt man, daß höhere Ausbildung plus Parteibuch die Grundvoraussetzungen für Leitungstätigkeit in Polen sind, so ist leicht ablesbar, daß die Partei desto dichter und vollständiger organisiert, je näher es an die Zentren der Machtausübung geht.

In den Schichten- bzw. Berufsstatistiken der Partei fehlen regelmäßig die Zahlen über Parteimitglieder in den Unterdrückungsapparaten. Über die Parteibeamten wurden erstmals 1980 Statistiken veröffentlicht. Aus den Berechnungen von Pomian geht eine Gesamtzahl von 270 000 Funktionären des Staats- und Parteiapparates einschließlich der Armee hervor, sie bilden jene 20 Prozent Parteimitgliedschaft, die klassen- bzw. schichtenmäßig in den Statistiken nicht ausgewiesen werden – sie sind „der Apparat" im weitesten Sinne. Der Apparat beherrscht Staat und Gesellschaft, aber er bedarf der Partei als Legitimation und als Instrument der Kontrolle. Um ihr umfassendes Machtmonopol zu halten, räumt die Machtelite den kleinen Funktionären eine Spielraum ein, wo sie schalten und walten können. Die Gierek-Ära schafft, wie es Adam Zagajewski [5] genannt hat, ihre vielen kleinen Bonapartes in den Betrieben und Institutionen. Karrieredenken und Korruption werden auf allen Ebenen zur Leitmaxime. Es entsteht die Komplizenschaft der großen und der kleinen Diebe.

Und die einfachen Parteimitglieder, diejenigen, die sich nicht bereichern, diejenigen, die aus Tradition, aus Überzeugung, auf der Suche nach Anerkennung oder einfach nur um des lieben Friedens willen der Partei beigetreten sind? Vom politischen Entscheidungsprozeß sind sie ausgeschlossen, dafür sorgt schon das Informationsmonopol der Parteiführung, die Wahlen, bei denen den von den übergeordneten Instanzen präsentierten Listen zugestimmt werden muß, wenn nötig, die Ausschlußdrohung, die regelmäßig mit beruflichen Nachteilen verbunden ist. Seit Ende der siebziger Jahre mehren sich die Stimmen aus den Betriebsparteiorganisationen, die von einer zunehmenden Kluft zwischen der Arbeiterschaft und der Partei sprechen. Die Parteimitglieder in den Betrieben sehen den Unterschied zwischen den offiziellen Zahlen und der realen Verschlechterung der Lebensbedingungen. Sie spüren, daß ein Unwetter bevorsteht. Aber der 1980 abgehaltene VIII. Parteitag verrät nichts von dieser Beunruhigung. Im nachhinein betrachtet ist er ein einziges Dokument der Selbsttäuschung der Machtelite und ihrer Isolation von den Massen.

Entsprechend groß ist die Verbitterung vieler Parteimitglieder nach den Juli/August-Streiks. Man schätzt, daß 1,5 Millionen Parteimitglieder der „Solidarność" beitreten. Entsprechend groß ist der Einfluß der Gewerkschaft auf die in der Partei sich Bahn brechende Erneuerungsbewegung.

„Während der Berichtsperiode blieb die Mehrheit der Mitglieder der Partei mißtrauisch und kritisch gegenüber den Parteiinstanzen. Diese kritische Haltung ist besonders gegenüber jenen zahlreichen Mitgliedern der Partei spürbar, die, in der Gewerkschaft ‚Solidarność' arbeitend, stark von deren Führung bzw. den Ratgebern der Führung beeinflußt sind. Diese Situation war auch verantwortlich für eine gewisse Furchtsamkeit und für die Verlangsamung der Dynamik politischer Aktivitäten seitens der Instanzen des Apparats." (Aus dem Tätigkeitsbericht zum IX. Parteitag.)

Mit einem Wort: Der Apparat wurde unter Druck gesetzt. Der Einfluß von „Solidarność", oder besser der Einfluß des großen Kampfes, an dem sich so viele Parteimitglieder beteiligt hatten, machte sich vor allem in zwei Richtungen geltend: der Forderung nach Demokratisierung der Entscheidungsstrukturen und der Forderung nach einer gründlichen Abrechnung, der Sehnsucht nach Moralität und Würde in den Parteibeziehungen.

Im Winter 1980/81 entstand in Toruń die Bewegung der „horizontalen Strukturen"⁶. Nach der Praxis der Vereinigten Arbeiterpartei war es Parteiorganisationen der Basis – z.B. verschiedener Betriebe einer Stadt – verboten, untereinander Kontakt aufzunehmen, sich auszutauschen und zu beraten. Wenn überhaupt, wurde so etwas „von oben" organisiert. Das vertikale Informations- und Unterordnungssystem erleichterte die Kontrolle, da es auf Isolation basierte. Die „horizontalen Strukturen" sollten demgegenüber die Möglichkeit eröffnen, daß die Parteimitglieder unmittelbar in Verbindung kamen, sich ein zutreffendes Bild der Wirklichkeit machen und – vor allem! – sich kollektiv eine politische Meinung bilden konnten. Als die „horizontalen Strukturen" über Toruń hinaus sich auf das ganze Land auszubreiten begannen und die Parteimitglieder kreuz und quer miteinander zu reden anfingen, schlug der Apparat mit Ausschlüssen zurück.

Aber noch auf dem IX. Parteitag mußte den „horizontalen Strukturen" eine wenn auch untergeordnete Rolle zugebilligt werden. Eine zweite Schlacht führten die Parteimitglieder um die Demokratisierung der Wahlen für die Delegierten des außerordentlichen Parteitages. Entgegen der bisherigen Praxis setzten sie durch, daß
1. eine beliebige Zahl von Kandidaten nominiert werden konnten und die Abstimmungen geheim waren;
2. daß nicht nur auf der Ebene der Woiwodschaften Parteitagsdelegierte gewählt wurden, sondern wenigstens zum Teil auch direkt in den Parteiversammlungen der Großbetriebe;
3. daß zum Parteitag in der Regel nur gewählt werden konnte, wer bei den vorangegangenen Wahlen bereits als Delegierter gewählt worden war.

Um die zwei letzten Forderungen wurde während der gesamten Vorbereitungszeit erbittert zwischen dem Apparat und den Mitgliedern gerungen. Ein fast vollständig „kadermäßig" erneuerter Delegiertenkörper für den Parteitag war die Folge. Aber auf dem Parteitag selbst gelingt es dem Apparat, das passive Wahlrecht von Leuten, die von der Zentrale vorgeschlagen werden, als Delegierte für Parteitage durchzusetzen – wenngleich mit Auflagen.

Bei Wahlen innerhalb der Grundorganisationen wurden die Sekretäre fast durchweg ausgewechselt. Auf der Woiwodschaftsebene blieben nach den Wahlen im Juni von den Ersten Sekretären und Vorsitzenden der Kontrollkommissionen nur 25 Prozent auf ihrem Posten. Wenngleich diese Zahlen die Wucht des Demokratisierungsprozesses bezeugen, so sagen sie doch nichts über die Frage, ob die Herrschaft des Apparats im Kern angetastet wurde. Der Sturm fegte führende Leute weg, aber – um auf der Ebene der Woiwodschaften zu bleiben – das Gros der 3 719 bezahlten Funktionäre dieser Ebene blieb auf seinem Posten. Es gab zwar eine intensive Debatte über die Forderung, die Gesamtzahl der bezahlten Funktionäre drastisch zu verringern und den nichtgewählten Apparat vollständig abzuschaffen – beide Forde-

rungen konnten sich nicht durchsetzen, sie wurden als „demagogisch" abqualifiziert. Über den Grad, zu dem sich die Demokratisierungsbemühungen durchsetzen konnten, geben die Beratungen über innerparteiliche Demokratie, „führende" Rolle der Partei und über das neue Statut auf dem IX. Parteitag Auskunft. Es wurde festgelegt:
- daß in der Regel Partei- und Regierungs-/Verwaltungsfunktionen nicht in einer Hand verreinigt werden sollten,
- daß ein Amt nicht länger als zwei aufeinanderfolgende Wahlperioden bekleidet werden konnte,
- daß Politbüro und Sekretariat eine Informations- und Berichtspflicht hätten, und daß sie Entscheidungen großer Tragweite in den Parteigliederungen beraten lassen müßten.

Obwohl generell die Rechte der Mitglieder erweitert und die Befugnisse der Zentrale eingeschränkt wurden, zeigen die Beratungen so wie das schließlich verabschiedete Statut doch, daß auf dem Parteitag die Demokratisierungwelle gebrochen wurde. Hierfür sprechen vor allem zwei Gründe: In der Diskussion des Parteitages selbst wurde hervorgehoben, daß der Begriff der „führenden" bzw. „leitenden" Rolle der Partei ungeklärt sei und einer neuen Bestimmung bedürfe. Eine solche Klärung war nicht möglich, denn jeder entschiedene Schritt hin auf ein durchsichtiges, festgelegten Spielregeln folgendes Verhältnis zwischen Partei und den Zentren der Machtausübung hätte die Herrschaft der Machtelite gefährdet.

Es wurde zweitens verhindert, daß der Zusammenhang zwischen Demokratisierung der Partei und Demokratisierung der staatlichen bzw. gesellschaftlichen Einrichtungen ins Zentrum gerückt wurde. Der faktisch existierende politische Pluralismus wurde nicht anerkannt, deshalb konnte die Partei auch keine überzeugenden Initiativen ergreifen. Ein Beispiel dafür ist die Behandlung von „Solidarność" auf dem Parteitag. Man folgte ihr gebannt wie den Bewegungen der Schlange, aber aus ihrer Existenz wurden nicht die notwendigen Schlußfolgerungen für das politische System gezogen. Deshalb blieb der Parteitag letztlich unglaubwürdig.

Enttäuschend für viele Parteimitglieder verlief auch die Reinigung an „Haupt und Gliedern". Nachdem man im April 1981 auf massiven Druck hin eine Untersuchungskommission eingerichtet hatte und über 12 000 Fälle von größeren und kleineren Verfehlungen aufgedeckt worden waren, blieben die Sanktionen der Leitung doch milde und folgten dem Prinzip, nur die zu opfern, die absolut nicht mehr zu halten waren. In der ganzen Periode stand die Partei unter dem Druck von „Solidarność" und deren nicht abreißenden Enthüllungen. So konnte die Partei in den Augen der Massen keine moralische Glaubwürdigkeit zurückgewinnen.

Der Parteitag wurde auch ein Fehlschlag hinsichtlich der Hoffnungen, die sich viele Menschen angesichts der katastrophalen Wirtschaftslage gemacht hatten. Diese Hoffnungen waren zum Teil illusionär, denn keine wie immer geartete Maßnahme hätte in kurzer Zeit die Lage bessern können. Was aber enttäuschend wirkte, war das Überwiegen der Absichtserklärungen, das Fehlen eines kohärenten Bündels von Maßnahmen, die Handlungsunfähigkeit.

Schon während der ersten Monate des Jahres 1981 begann der Exodus der Arbeiter aus der Vereinigten Arbeiterpartei. Seit Frühjahr 1981 rollte die Lawine der Parteiaustritte. 73 Prozent der Austretenden waren Arbeiter. Bis zum Staatsstreich am 13. Dezember 1981 verlor die Partei rund 400 000 Mitglieder, darunter sicher die meisten derjenigen Arbeiter, die ihre Hoffnungen auf einen Erneuerungsprozeß gesetzt hatten. Umgekehrt versiegte der Zustrom zur Partei fast völlig. Im dritten Quartal 1981 wurden noch 546 Bewerber aufgenommen[7].

Das schwindende Vertrauen in die Partei wie in die von ihr gestellte Regierung wird durch Meinungsumfragen belegt, die im Laufe des Jahres 1981 durchgeführt wurden. Eine Reihe von Umfragen vom Sommer 1981 hatten zum Ergebnis, daß die Partei in einer Wertschätzungsskala noch hinter die Miliz (= Polizei) rückte. Konstant hingegen bleibt in den Umfragen bis zum Ende des Jahres die Wertschätzung von „Solidarność" und die Überzeugung, daß die Gewerkschaft einen Ausweg aus der Krise finden werde.

Wir sahen, wie die Ergebnisse des Parteitages der PVAP selbst zu einem Motor der Desillusionierung wurden. Man glaubte nicht mehr an entschiedene Schritte der Partei hin zur Demokratisierung und zur Zusammenarbeit mit „Solidarność" und man tat recht daran. Die Parteiführung blockierte im Herbst die Verabschiedung des Gewerkschaftsgesetzes, sie weigerte sich, entsprechend dem Gdańsker Abkommen ein Gesetz über die Reorganisation der Massenmedien einzubringen. Sie lehnte es ab, einen unabhängigen Wirtschaftsrat zur Kontrolle der laufenden Wirtschaftstätigkeit zu berufen. Gleichzeitig setzte sie in ihren Reihen einen faktischen Unvereinbarkeitsbeschluß zwischen der Tätigkeit als Parteifunktionär und der als „Solidarność"-Mitglied durch. Die Partei lancierte das Projekt einer erneuerten Nationalen Front, innerhalb derer „Solidarność" zwischen diskreditierten „Schattenorganisationen" der Partei einen Platz finden sollte − ein unannehmbarer Vorschlag, denn er bedeutete Verantwortung ohne Kontrollmöglichkeit − wie die Partei sehr wohl wußte. Die Zeichen wurden auf der ganzen Linie auf Konfrontation eingestellt[8].

Ausdruck dieses Konfrontationskurses war der Übergang der Parteiführung von Kania auf Jaruzelski. Kania − in der Gierek-Ära verantwortlich für die „innere Sicherheit" und seit Giereks Sturz Vertreter einer „mittleren Linie" − hatte versucht, mit einer Taktik von Integration und Abgrenzung den gesellschaftlichen Erneuerungsprozeß zu kanalisieren. Seine Politik gegenüber „Solidarność" war auf Spaltung zwischen Gemäßigten und „Radikalen" angelegt; er hoffte, die neue Gewerkschaft „in die Pflicht" zu nehmen, ohne das Monopol der Machtelite durch Zugeständnisse an einen effektiven Pluralismus zu gefährden. Diese Haltung hatte ihm scharfe Kritik seitens der KPdSU eingetragen, die vergebens gefordert hatte, „Solidarność" zu verbieten und dem ganzen Spuk ein Ende zu setzen. Vor dem Parteitag war ein (sowjetisch inspirierter) Putsch gegen Kania fehlgeschlagen. Seine Absetzung keine drei Monate nach dem Parteitag durch das Zentralkomitee war der Abgesang auf den innerparteilichen Demokratisierungsprozeß. War doch auf jenem Parteitag festgelegt worden, daß der Erste Sekretär nur durch die Parteitagsdelegierten gewählt, mithin auch nur durch sie abgewählt werden konnte.

In diesem Zusammenhang ist auch die schroffe Wendung von M. Rakowski gegen „Solidarność" im Herbst zu sehen − zeigte sich doch, daß der liberale Parteiflügel keinen Manövrierspielraum mehr hatte. Rakowski bezichtigte die Führung von „Solidarność", nach der Macht zu greifen. So unwahr diese Behauptung auch war − für einen Ausweg aus der Krise wäre Teilung der Macht und Anerkennung des politischen Pluralismus die Voraussetzung gewesen. „Ausnahmezustand oder Teilung der Macht": So stellte sich kurz vor dem Putsch die Frage auch für den Parteitheoretiker Wiatr[9]. Als er dies schrieb, waren die Würfel zugunsten des Kriegszustandes längst gefallen.

Die Spekulation der Machtelite auf das Ansehen der Armee als einer Kraft, die über den Parteiungen einschließlich der PVAP stünde und sich nur von patriotischen Erwägungen leiten ließe, war nicht ungeschickt. „Solidarność" hatte stets ein positives Verhältnis zur Armee als einer Kraft gehabt, die in ihren Augen für die nationalen und freiheitlichen Traditionen Polens stand. Gemessen an der Tatsache, daß die Befehlsstrukturen in dieser Armee unter sowjetischer Kontrolle standen, über die Ausbildung der Offiziere und die Integration der militärischen Leitungen in den Warschauer Pakt enge Verpflechtungen zur sowjetischen Armee bestanden, mochte diese Haltung als illusionär erscheinen, und sie war es, wie die Ereignisse vom 13. Dezember 1981 zeigen, bis zu einem gewissen Grade auch. Zwischen der Armee und dem Parteiapparat gab es allerdings auch Unterschiede. Die Parteikarriere band die Bürokraten auf Gedeih und Verderb an die „führende Rolle", an das Einfluß- und Privilegiensystem, das Militär hingegen konnte seine Existenz auf einen Konsens der Verteidigung der nationalen Unabhängigkeit gründen. Die Wahl der militärischen Karriere war sicher häufig auch von solchen Erwägungen bestimmt. Zum zweiten hatte sich die Armee beim Aufstand an der Küste zurückgehalten und auch dafür gesorgt, daß dies in der polnischen Öffentlichkeit bekannt wurde − sie war also nicht mit dem Makel behaftet, Bürgerkriegsinstrument der Machtelite zu sein. Zum dritten − und am wichtigsten − war die polnische Armee eine Wehrpflichtigenarmee und „Solidarność" konnte davon ausgehen, daß der größte Teil der neu einzuziehenden Jahrgänge Mitglieder der Gewerkschaft waren bzw. mit ihr sympathisierten[10].

Die Reaktionen der Mitgliedermassen von „Solidarność" in der Zeit unmittelbar nach den Putsch waren noch von solchen Einschätzungen beeinflußt. Mittlerweile aber sind alle Hoffnungen Jaruzelskis, sich als ein zweiter Pilsudski zu stilisieren, zunichte geworden. Was auch seine subjektiven Absichten gewesen sein mögen — er hörte nie auf, als Vertreter der Partei-Machtelite zu handeln. So beim endgültigen Verbot von „Solidarność", so bei der Frage, ob das Kriegsrecht aufzuheben oder lediglich — bei Weiterbestehen aller Vollmachten — zu suspendieren wäre. Jaruzelskis Dilemma besteht weiterhin darin, daß die Partei nicht funktionsfähig ist. In einem „Offenen Brief" des prosowjetischen „Betonkopfs" Grabski vom Ende Oktober 1982 wird das vollständige Erliegen der Parteiaktivitäten in Grabskis Grundorganisation, einem Posener Betrieb, angesprochen. Grabski diagnostiziert den Zustand der Partei als „moribund"[11]. Wie aber wird sich die PVAP vom Totenbett erheben können? Die Möglichkeit, die Partei aufzulösen und mit einem neuen Firmenschild weiterzumachen, hat Jaruzelski verstreichen lassen. Im Herbst 1982 wurde mit der Gründung der „PRON", der Bewegung für nationale Wiedergeburt, der Versuch unternommen, den Militärs ein „überparteiliches" politisches Instrument zu schaffen. Wenn überhaupt, dann hätte die „PRON" nur durch die Forderung nach einer wirklichen Verständigung Fuß fassen können. Angesicht der Liquidierung der demokratischen Errungenschaften des August 1980 ist sie zum Scheitern verurteilt.

Auf dem Plenum des ZK der PVAP vom Oktober 1982 wurde eine Tendenz spürbar, die Partei als Wahrerin von Arbeiterinteressen „links" zu profilieren. In den Diskussionsbeiträgen des Plenums wurde von der „skrupellosen Profitgier" der Manager gesprochen und die Forderung erhoben, die Entscheidungsbefugnisse der Betriebsdirektoren wieder zu beschneiden. Aber die Vorstellung einer Partei, die auf Betriebsebene Opposition gegen die Politik macht, die sie als Monopolist der Staatsgewalt durchführt, ist zu absurd, als daß auf sie gestützt die soziale Basis in der Arbeiterklasse neu begründet werden könnte. Während die Parteiführung zwischen linker Demagogie und beschwichtigendem Pragmatismus schwankt, hält der Exodus der Arbeiter aus den Reihen der Partei weiter an. Die Generation der unter 30jährigen ist für die PVAP nicht mehr erreichbar, sie stellt die Hauptkraft des Widerstandes.

Die Weigerung der polnischen Arbeiter, den neuen, konzessionierten Gewerkschaften beizutreten, beweist einmal mehr die Isolation der Machtelite von der Arbeiterklasse. Unterstellt man die offiziell verbreitete Zahl von einer Million Mitglieder als korrekt, so bedeutet dies, daß nicht einmal die Hälfte der Parteimitglieder zum Eintritt überredet werden konnte. Und dies nach mehr als einem halben Jahr „Anlaufzeit". Wie wenig Jaruzelski an Dialog und Verständigung gegenüber den Arbeitern glaubt, geht aus den neuen gesetzlichen Bestimmungen hervor, die den Arbeiter an den Betrieb binden, während sie zugleich nicht genehme politische Meinungsbekundungen mit Rausschmiß oder sogar mit Strafverfolgung bedrohen.

Daß noch einmal – wie zu Giereks Zeiten – Techniker, Wissenschaftler und Ökonomen zur Stütze der Parteioligarchie werden könnten, ist unwahrscheinlich. Viele Angehörige dieser Schichten, darunter nicht wenige Parteimitglieder, gehörten nach dem August 1980 zu den „Solidarność"-Aktivisten der ersten Stunde. Hatte sie die Perspektive einer raschen ökonomischen Entwicklung in den siebziger Jahren dazu gebracht, mit der Macht zusammenzuarbeiten, so führte sie der Zusammenbruch der Giereksehen Politik an die Seite der revoltierenden Arbeiter.

Die technisch-wissenschaftliche Intelligenz war es vor allem gewesen, die sich von einer – vom breiten gesellschaftlichen Konsens getragenen – Wirtschaftsreform eine grundlegende Wende in Polen erhofft hatte. Daß die Möglichkeit eines solchen Konsenses durch den Ausnahmezustand zunichte gemacht worden ist, bestimmt jetzt die Haltung dieser Schichten gegenüber dem Regime.

Ein wichtiges Kalkül bei der Verhängung des Ausnahmezustandes war sicher gewesen, mit nationalem Pathos und der Propaganda vom eisernen Besen die ländliche – überwiegend kleinbäuerliche – Bevölkerung zu beeindrucken. Hier hatte die Partei nie Fuß gefaßt, hier hoffte man aus der Vorstellung vom Regime der starken Männer Kapital zu schlagen. Die Bauern wurden von der Militarisierung verschont, eine Reihe von Ankaufspreisen heraufgesetzt. Da aber die Versorgung mit landwirtschaftlichem Gerät, mit Düngemitteln und mit Saatgut sich gegenüber 1981 noch verschlechtert hat, fehlt die materielle Grundlage für einen Stimmungswandel in der Landbevölkerung. Land-„Solidarność" darf nicht wiederbelebt werden und die verschiedenen Versuche des Regimes, die Bauernpartei (ZSL) stärker ins Spiel zu bringen, scheinen nicht aussichtsreich. Eine Zahl kennzeichnet die politische Situation: Die Regierung plante, von der Ernte von 1982 fünf Millionen Tonnen Getreide aufzukaufen – mehr als 2,7 Millionen Tonnen sind es nicht geworden.

Der General bleibt der Gefangene der Widersprüche, die zum 13. Dezember 1981 geführt haben. Der Ausnahmezustand wurde gerade deswegen ausgerufen, weil die Machtelite zu schwach oder zu borniert war, Pluralismus und Machtteilung zu akzeptieren. Der Ausnahmezustand sollte der Partei Gelegenheit geben, sich zu regenerieren. Aber die verabreichten Kuren sind nur ein Eingeständnis der Ohnmacht. Kampagnen zur Ausrichtung, zur Wiederbelebung des „Marxismus-Leninismus" etc. dienen dem extremen prosowjetischen Flügel als Instrumente der Einflußnahme, sie stärken die Partei nicht, sondern isolieren sie weiter von der Gesellschaft. Würde Jaruzelski der „orthodoxen" Linie folgen, so würde er mit einem Regime der permanenten Beaufsichtigung und Kontrolle aller Lebensbereiche nur Stagnation produzieren und die Kirche in die Opposition treiben – die Herrschaft der Parteioligarchie wäre allerdings fürs erste gesichert. Eine Alternative zu dieser Lösung – die keine ist – könnte nur darin bestehen, mit der Kirche ein Übereinkommen auszuhandeln, das den um die Kirche herumgruppierten gesellschaftlichen Kräften eine streng begrenzte und beaufsichtigte Autonomie gewähren würde. Es wäre dann die Kirche, die dafür zu sorgen hätte, daß die gesellschaftlichen Interessenvertretungen getrennt und auf ihren Bereich konzentriert blieben. Sie wäre der eigentliche Garant einer autoritären „korporativistischen" Lösung. Aber diese Lösung ist für Jaruzelski mit schwer kalkulierbaren Risiken behaftet. Bei einer strikt staatstreuen Haltung der Kirche entsteht die Gefahr der Spaltung und der Radikalisierung innerhalb der kirchlichen Hierarchie. Bei einer Betonung der Autonomie ist nicht auszuschließen, daß die gesellschaftliche Bewegung sich erneut gegen die Staatsmacht zusammenschließt.

Untersucht man die politische Arbeit Jaruzelskis und seiner Gruppe seit dem 13. Dezember 1981, so ist augenfällig, daß überall dort nach „korporativistischen" Formen der Interessenvertretung gesucht wird, wo die politische Kontrolle gewährleistet erscheint. So wurde ein neues Recht der Genossenschaften und Handwerksbetriebe erlassen, das eine weitgehende innere Autonomie vorsieht, das bäuerliche Verfügungsrecht über Grund und Boden wurde verstärkt, das Berufsbeamtentum als abgehobene – und damit besonderen Treueverhältnissen unterstehende – Schicht wurde neu begründet. Gleichzeitig werden alle Organisationen aufgelöst, in denen ein allgemeiner politischer und gesellschaftlicher Wille sich bilden kann: Von „Solidarność" angefangen, über den Journalistenverband, den Verband der Schauspieler und Filmer bis hin zur drohenden Auflösung des Schriftstellerverbandes. Kraß zeigt sich das Doppelgesicht dieser Politik bei dem neuen Hochschulgesetz, das einerseits eine größere innere Autonomie gewährt, gleichzeitig aber die Möglichkeit des administrativen Rausschmisses von Studenten und Dozenten bei mißliebigem politischen Verhalten festschreibt. Während man auf der einen Seite die unabhängige und konfliktsteuernde Funktion des Rechts beteuert, werden auf der anderen Seite die politischen Strafbestimmungen verschärft, werden die Prozesse gegen führende Mitglieder von „Solidarność" und KOR vorbereitet und wird sogar die abscheuliche sowjetische Praxis der Zwangspsychiatrisierung kopiert. Diese Versuche der Entpolitisierung und Spaltung der Gesellschaft sehen sich der Schwierigkeit gegenüber, es mit einer hochpolitisierten und gegen das Regime zusammengeschlossenen Gesellschaft zu tun zu haben. Deshalb ist auch das Kernstück des Korporativismus, eine entpolitisierte, aber gleichzeitig unabhängige Arbeiterselbstverwaltung nicht durchführbar. Entweder die Arbeiterselbstverwaltung ist unabhängig und damit politisch im Sinne von „Solidarność" oder sie ist so uninteressant für die Arbeiter wie die „Selbstverwaltungskonferenzen" der Gierek-Zeit.

Bei aller Bereitschaft zum Kompromiß und zur Kooperation ist sich die Kirchenführung in Polen klar darüber, daß der von ihr errungene Einfluß mit der Verteidigung der demokratischen Freiheiten steht und fällt. Jaruzelskis Avancen aber beinhalten stets den Verzicht auf demokratisches Engagement.

Letztlich wird die sowjetische Führung dafür sorgen, daß für den Machterhalt riskante Manöver in Polen unterbleiben. Schließlich hat mit der Verhängung des Kriegszustandes die Sowjetunion ihre Sicht der Lösung für die Krise in Polen durchgesetzt. Das sowjetische Drehbuch sieht keinen noch so begrenzten Pluralismus und keine Politik der Verständigung mit der Gesellschaft vor. Für die Sowjetunion war und ist der Ausnahmezustand der einzig logische und gangbare Weg, hatte sich in ihren Augen die PVAP doch als zu schwach erwiesen, der Arbeiterbewegung im Rahmen „normaler" Unterdrückungsmaßnahmen Herr zu werden. Indem sie den Ausnahmezustand veranlaßte oder zumindest billigte, glaubte die sowjetische Führung, ihren Einflußbereich in Polen fürs erste gesichert zu haben. Wenn ihr dies gelungen ist, so nur um den Preis eines tödlichen Antagonismus zwischen der Machtoligarchie der Partei und der polnischen Gesellschaft, um den Preis der politischen und moralischen Katastrophe eines sowjetisch bestimmten realen Sozialismus. Aus dieser Asche wird kein neuer Vogel Phönix emporsteigen. Die emanzipatorischen Kräfte der Gesellschaft werden sich außerhalb und gegen die Partei organisieren. Und das nicht nur in Polen.

Anmerkungen

1 Vgl. A. Michnik, Die Perspektive der Opposition – eine Evolution der Freiheit, a.a.O.
2 Programm zur Entwicklung der sozialistischen Demokratie und zur Festigung der führenden Rolle der PVAP beim sozialistischen Aufbau und bei der Stabilisierung der sozialökonomischen Lage des Landes, in: IX. Außerordentlicher Parteitag der PVAP – Dokumente und Materialien, Warschau 1981; S. 262 f.
3 K. Pomian, Défi à l'Impossible, Paris 1982.
4 Die folgenden Statistiken sind dem Buch von K. Pomian, a.a.O., entnommen.
5 A. Zagajewski, Polen – Staat im Schatten der Sowjetunion, Reinbek 1981, S. 152 f.
6 Vgl. Interview mit einem Parteimitglied aus dem Industriezentrum To-

ruń, in: Dufke/Ratsch/Wolf, Polen 1980. Umbruch im realen Sozialismus?, Berlin 1981, S. 61 f.
7 W. Oschlies, Polens „führende Kraft" – dezimiert, in: Osteuropa 5/1982, Stuttgart.
8 Vgl. den Beschluß des IV. Plenums der PVAP vom 18. Oktober 1981; deutsche Übersetzung in: Polens Gegenwart, Nr. 21/1981. Auf diesem Plenum, auf dem Kania durch Jaruzelski abgelöst wurde, wurde ein faktischer Unvereinbarkeitsbeschluß von Partei- und „Solidarność"-Funktionen ausgesprochen, der Ausnahmezustand angekündigt, ein Streikverbot gefordert, die Parteipresse vergattert und ein für „Solidarność" unannehmbarer Vorschlag zur Bildung einer „Nationalen Front" (mit den Trabanten der PVAP) lanciert.
9 Vgl. „Le Monde", 12.12.1981.
10 Vgl. M. Checinski, Die Militärführung und der Machtkampf in Polen, in: Osteuropa, H. 5/1982, Stuttgart.
11 Vgl. die Tagespresse, z.B. „Frankfurter Allgemeine" und „Tageszeitung", vom 28.10.1982.

Anhang

Zeittafel

1980

31. August: Unterzeichnung des Danziger Abkommens. Die Regierung gesteht die Bildung unabhängiger Gewerkschaften zu.

Anfang September: In Danzig wird ein „Aktionsprogramm der freien Gewerkschaften" ausgearbeitet.

5./6. September: Parteichef Edward Gierek wird durch Stanislaw Kania abgelöst.

17. September: Delegierte von 35 Gründungskomitees aus ganz Polen beschließen in Danzig, „Solidarność" als nationale Gewerkschaft registrieren zu lassen.

24. Oktober: „Solidarność" wird unter willkürlicher Änderung ihrer Satzung vom Woiwodschaftsgericht in Warschau registriert.

10. November: Nach Protesten legalisiert der Oberste Gerichtshof Polens die Gewerkschaft mit dem von ihr vorgeschlagenen Statut.

16. Dezember: In Danzig wird ein Denkmal für die beim Aufstand 1970 Erschossenen eingeweiht.

1981

Januar: Streiks gegen die Arbeitszeitordnung für freie Samstage.

1. Februar: Kompromiß zwischen Gewerkschaften und Regierung: 3 von 4 Samstagen sind in Zukunft arbeitsfrei.

9./10. Februar: Ministerpräsident Pieńkowski tritt zurück. An seine Stelle rückt General Jaruzelski, der weiterhin auch Verteidigungsminister bleibt.

10. Februar: Der Oberste Gerichtshof verbietet den Bauern die Gründung einer eigenen unabhängigen Gewerkschaft.

17. Februar:	Nach mehrwöchigen Streiks setzen die Studenten ihr Recht auf Gründung eines unabhängigen Verbandes durch. Im Abkommen von Łódź verspricht die Regierung demokratische Reformen an den Hochschulen.
18. Februar:	Das Abkommen von Rzeszów erfüllt eine Reihe von Forderungen der Bauern.
22. Februar:	Die Landeskommission von „Solidarność" verabschiedet programmatische Thesen unter dem Titel: „Richtlinien für die Tätigkeit der Unabhängigen Selbstverwalteten Gewerkschaft ‚Solidarność' in der gegenwärtigen Situation des Landes".
9. März:	Die verschiedenen Bauerngewerkschaften schließen sich in Posen zu einem unabhängigen, selbstverwalteten Verband zusammen.
17. März:	Das „Netz" wird gebildet, ein Zusammenschluß von Initiativen zur Arbeiterselbstverwaltung aus 17 polnischen Großbetrieben.
19. März:	Gewaltsam vertreibt die Miliz Gewerkschafter aus dem Bromberger Woiwodschaftsgebäude, in dem über die Zulassung der Bauerngewerkschaft mit den Behörden diskutiert wird. „Solidarność" fordert Bestrafung der Verantwortlichen, Freilassung politischer Gefangener, Garantien für die Sicherheit der Gewerkschaft, Zulassung der Bauerngewerkschaft und kündigt für den 31. März einen Generalstreik an.
30. März:	Nach langwierigen Gesprächen mit Regierungsvertretern sagt die Verhandlungsdelegation der Gewerkschaft den Streik ab. Weniger wegen des Verhandlungsergebnisses, sondern in erster Linie wegen der Art und Weise, wie es zustande kam, entwickelt sich in der Gewerkschaft eine heftige Diskussion über die innergewerkschaftliche Demokratie.
15. April:	Mitglieder der Partei versammeln sich in Thorn zu einer Konferenz der „horizontalen Strukturen".
12. Mai:	Die „Unabhängige Selbstverwaltete Gewerkschaft der Individualbauern ‚Solidarność'" wird registriert.
28. Mai:	Tod des Primas der Katholischen Kirche Polens, Kardinal Wyszynski.
30. Mai:	Extreme Dogmatiker gründen das „Katowitzer Forum" als Gliederung innerhalb der Partei. Bischof Glemp wird Primas von Polen.

12./13. Juli:	Entstehung der „Arbeitsgruppe für überregionale Zusammenarbeit der Arbeiterräte" (Lubliner Gruppe), an der sich Mitglieder von 40 Betrieben aus 14 Regionen beteiligen.
14.-20. Juli:	Außerordentlicher Parteitag der PVAP in Warschau. Kanias mittlerer Kurs setzt sich zwar durch, löst aber nicht die parteiinternen Konflikte. Nach dem Parteitag werden Vertreter „horizontaler Strukturen" Schritt für Schritt aus der Partei gedrängt.
27. Juli:	Hungermärsche in Lódź und anderen Städten gegen die rapide Nahrungsmittelverknappung.
3.-5. August:	Proteste in Warschau, Busse und Autos blockieren das Zentrum der Stadt.
7. August:	Eine Million Bergarbeiter protestieren gegen die Kürzung der Fleischrationen.
19. August:	Polen weitgehend ohne Zeitungen: Die Drucker streiken, um die Forderung von „Solidarność" nach freiem Zugang zu den Medien zu unterstützen.
5.-9. September, 26. September - 7. Oktober:	Erster Landesdelegiertenkongress von „Solidarność", dessen wichtigstes Ergebnis die Verabschiedung des Programms ist.
10. September:	In einer Erklärung fordert das ZK der KPdSU die polnische Parteiführung auf, energische Schritte gegen den „Antisowjetismus" zu unternehmen.
23. September:	Das KSS-KOR (Komitee zur gesellschaftlichen Selbstverteidigung – Komitee zur Verteidigung der Arbeiter) löst sich auf. Edward Lipinski gibt dies in einer Rede auf dem Kongreß von „Solidarność" am 28. September bekannt.
25. September:	Der Sejm verabschiedet Gesetze über die staatlichen Unternehmen und die Selbstverwaltung in den staatlichen Unternehmen, die nicht den Forderungen von „Solidarność" entsprechen.
18. Oktober:	Auf dem IV. ZK-Plenum erklärt Parteichef Kania seinen „Rücktritt". General Jaruzelski, der weiterhin Ministerpräsident und Verteidigungsminister bleibt, übernimmt auch den Parteivorsitz.
Ende Oktober:	2 000 militärische Sondereinheiten werden in ganz Polen eingesetzt.
28. November:	Das VI. ZK-Plenum der PVAP fordert den Sejm auf, der Regierung Vollmacht für „außerordentliche Maßnahmen" zu erteilen.

2. Dezember:	Milizeinheiten räumen die von Offiziersanwärtern besetzte Feuerwehrakademie in Warschau.
3. Dezember:	In Radom diskutieren das Präsidium und die Regionalvorsitzenden von „Solidarność" über die sich abzeichnende grundlegende Konfrontation mit der herrschenden Macht.
11./12. Dezember:	Die Landeskommission von „Solidarność" verabschiedet in Danzig eine Resolution mit der Forderung, ein grundlegendes Referendum über die gesetzgebenden und repräsentativen Körperschaften abzuhalten.
13. Dezember:	Ein „Militärrat zur nationalen Errettung"übernimmt die Macht im Land und verhängt das Kriegsrecht. Tausende, darunter fast die gesamte Führung von „Solidarność", werden interniert. Dekrete über die Verhängung des Kriegsrechts und über die Suspendierung demokratischer Rechte, über die Zuständigkeit der Militärgerichte, über die Zensur und über die Suspendierung der Tätigkeit vor allem der Gewerkschaften werden herausgegeben.
Bis Ende Dezember:	Streiks, Demonstrationen und andere Widerstandsaktionen im ganzen Land.
16. Dezember:	Beim Sturm der Milizeinheiten auf die Zeche „Wujek" in Katowitz werden 7 Bergleute getötet und 39 schwer verletzt.

1982

2. Januar:	Preiserhöhungen besonders bei Lebensmitteln um bis zu 400 Prozent werden angekündigt.
26. Januar:	Der Sejm „billigt" die Verhängung des Kriegsrechts.
27. Januar:	Der Ministerpräsident verfügt die am 2. Januar angekündigte Preiserhöhung, die am 1. Februar in Kraft tritt.
Januar/Februar/März:	„Solidarność" bemüht sich, Strukturen im Untergrund wiederaufzubauen.
12. April:	„Radio Solidarność" strahlt abends über UKW seine erste Sendung aus.
22. April:	Gründung der „Vorläufigen Koordinierungskommission" von „Solidarność" im Untergrund, die den Widerstand national führen soll.

1. Mai und 3. Mai:	Am traditionellen Kampftag der Arbeiterbewegung und am Jahrestag der ersten demokratischen Verfassung Polens von 1791 demonstrieren Zehntausende gegen das Kriegsrecht.
13. Mai:	Demonstrationen in Warschau und Krakau gegen das Kriegsrecht werden aufgelöst.
28. Juni:	In Posen versammeln sich Demonstranten vor dem Denkmal für die 1956 Erschossenen.
22. Juli:	Auch zum offiziellen polnischen Nationalfeiertag zeigen Militär- und Parteiführung keinerlei Verständigungsbereitschaft.
Ende Juli:	Die Untergrundführung von „Solidarność" gibt eine „Vorläufige Programmerklärung" mit dem Titel „Die Gesellschaft im Untergrund" heraus.
13. August:	Viele Warschauer folgen dem Aufruf des Untergrundsenders von „Solidarność" und stellen um 21 Uhr Kerzen in die Fenster.
31. August:	Im ganzen Land demonstrieren Zehntausende am zweiten Jahrestag der Unterzeichnung des Danziger Abkommens. Polen erlebt die größten unabhängigen Demonstrationen seit dem Oktober 1956. Der brutale Einsatz der Miliz fordert Tote und Verletzte; Tausende werden festgenommen.
3. September:	Die Mitglieder des 1981 aufgelösten KSS-KOR Adam Michnik, Jacek Kuroń, Jan Lityński und Henryk Wujec werden aus der Internierung in Untersuchungshaft überführt. Die Staatsanwaltschaft beginnt mit Vorbereitungen für eine Anklage wegen Verbrechen gegen den Staat.
15. September:	Jan Józef Lipski, ebenfalls Mitglied des KSS-KOR, wird verhaftet, als er freiwillig aus London nach Polen zurückkehrt.
8. Oktober:	Der Sejm verabschiedet ein „Gesetz über die Gewerkschaften", das für „Solidarność" das juristische Aus bedeutet.
11./12. Oktober:	Spontane Streiks und Demonstrationen in Gdańsk, Gdynia (Gdingen), Krakau, Wroclaw (Breslau), Katowice (Kattowitz) und Poznań gegen das Gewerkschaftsverbot.
10. November:	Während die Versuche des Regimes, neue, kontrollierte Gewerkschaften zu bilden, vollständig boykottiert werden, findet der Aufruf von „Solidarność", an diesem Tag gegen das Verbot einen Generalstreik zu organisieren, kaum Widerhall.

19. Dezember: Der Staatsrat beschließt die „Aussetzung" des Kriegsrechts. Zwar werden die Internierten freigelassen, aber Tausende von Verurteilten bleiben weiter in den Gefängnissen, Mitglieder von „Solidarność" werden zu militärischen Strafbataillonen eingezogen. Zwölf führende Gewerkschafter werden aus der Internierung in Untersuchungshaft überführt. Einzelne Bestimmungen des Kriegsrechts können auch weiterhin angewendet werden.

Ausgewählte Literaturhinweise

Geschichte

Adam Bromke, Poland. The Last Decade, Oakville/Ontario, Canada 1981

Martin Broszat, 200 Jahre deutsche Polenpolitik, Frankfurt/M. 1982

Norman Davis, God's own playground, London 1980

Francois Fejtö, Geschichte der Volksdemokratien, Bd. 1: Die Ära Stalin 1945-1953, Bd. 2: Nach Stalin 1953-1972, Graz-Wien-Köln 1972

Viktoria Grevemeyer-Korb, Die polnische Diskussion um die Arbeiterräte, Berlin 1978

Roman Hrabar/Zofia Tokarz/Jacek E. Wilczur, Kinder im Krieg – Krieg gegen Kinder. Die Geschichte der polnischen Kinder 1933-1945, Reinbek 1981

Heinrich Jaenicke, Polen – Träumer, Helden, Opfer, Hamburg 1981

Karl Marx, Die polnische Frage, hrsg.v. W. Conze u.a., Amsterdam 1961 (unveröff. Manuskript von K. Marx mit dem Titel „Polen, Preussen und Rußland")

Peter Raina, Political Opposition in Poland 1954-1980, London 1978/80

Gotthold Rhode, Geschichte Polens – Ein Überblick, Darmstadt 1980

Hans Roos, Geschichte der polnischen Nation 1918-1978, Stuttgart 1979

Gerda Zorn, Nach Ostland geht unser Ritt – Deutsche Eroberungspolitik zwischen Germanisierung und Völkermord (am Beispiel Lódź), Berlin/Bonn 1980

Polnisches politisches Denken

Wlodzimierz Brus u.a., Polen – Symptome und Ursachen der politischen Krise, Hamburg 1981

Norbert Copray/Hartmut Meesmann/Thomas Seiterich, Die andere Kirche. Basisgemeinden in Europa, Wuppertal 1982

Armin Th. Dross (Hrsg.), Polen – Freie Gewerkschaften im Kommunismus? Reinbek 1980

Gesellschaftliche Selbstverteidigung 1977-1982. Aufsätze angeklagter KOR-Mitglieder, hrg. v. Stadt-Revue und Komitee Solidarität mit Solidarność, Köln 1982

Stefan Kisielewski, Polen – oder die Herrschaft der Dilettanten. Sozialismus und Wirtschaftspraxis, Zürich 1978

Leszek Kolakowski, Der Mensch ohne Alternative. Von der Möglichkeit und Unmöglichkeit, Marxist zu sein, München 1976

Ders., Leben trotz Geschichte. Lesebuch, München 1980

Jacek Kuroń/Karol Modzelewski, Monopolsozialismus, Offener Brief an die Vereinigte Polnische Arbeiterpartei, Hamburg 1969

Werner Mackenbach (Hrg.), Das KOR und der ‚polnische Sommer'. Analysen, Dokumente, Artikel und Interviews 1976-1981, Hamburg 1981

Adam Michnik, Die Kirche und die polnische Linke. Von der Konfrontation zum Dialog, München 1980

Czeslaw Milosz, Westliches und östliches Gelände, München 1980

Ders., Verführtes Denken, Frankfurt/M. 1980

Jiri Pelikan/Manfred Wilke (Hrg.), Menschenrechte. Ein Jahrbuch zu Osteuropa, Reinbek 1977

Dies., Opposition ohne Hoffnung? Jahrbuch zu Osteuropa 2. Reinbek 1979

Peter Raina, Die Krise der Intellektuellen. Die Rebellion für die Freiheit in Polen, Olten/Freiburg 1968

Rote Fahnen über Polen. Protokoll der Streikversammlung auf der Stettiner Werft im Februar 1971, München 1972

Józef Tischner, Ethik der Solidarität – Prinzipien einer Hoffnung, Graz 1982

Adam Zagajewski, Polen – Staat im Schatten der Sowjetunion, Reinbek 1981

Kunst und Kultur

Jerzy Andrzejewski, Asche und Diamant, München 1979

Ders., Warschauer Karwoche, Frankfurt/M. 1978

Karl Dedecius (Hrg.), Polnische Prosa des 20. Jahrhunderts, München 1968

Ders., Polnische Lyrik der Gegenwart, Stuttgart 1973

Ders., Polnisches Lesebuch des 20. Jahrhunderts, München 1978

Ders., Polnische Bibliothek, Frankfurt/M. 1982

Frank Geerk (Hrg.), Der Himmel voller Wunden. Polnische Gedichte, Chansons und Streitlieder aus fünf Jahrhunderten, Karlsruhe 1982

LP Jacek Kaczmarski, Carmagnole '81 (mit deutschem Textheft), cdn, A. Koszyk, Dotzheimer Str. 85, 6200 Wiesbaden

Tadeusz Konwicki, Die polnische Apokalypse. Roman, Frankfurt/M. 1982

Adam Mickiewicz, Lyrik, Prosa, Leipzig 1979

LP „Polnischer Sommer" – Lieder der polnischen Streikbewegung 1980, Eigelstein Musik Produktion, Hansaring 80, 5 Köln 1

Peter Raina (Hrg.), Landkarte schwer gebügelt. Neue polnische Poesie 1968 bis heute, Berlin 1981

Andrzej Wajda, hrsg.v. P.W. Jansen/W. Schütte, München-Wien 1980

Wirtschaft

Wlodzmierz Brus, Sozialisierung und politisches System, Frankfurt/M. 1975

Ders., Funktionsprobleme der sozialistischen Wirtschaft, Frankfurt/M. 1971

K.v. Delhaes (Hrg.), Die Gewerkschaft „Solidarität" zur Neuordnung des polnischen Wirtschaftssystems, Dokumentation Ostmitteleuropa, Heft 1/2, April 1982

Hubert Gabrisch, Die Leistungsfähigkeit des polnischen Wirtschaftssystems und die Probleme der Wirtschaftsreform, Hamburg 1981

Oskar Lange, Ökonomisch-theoretische Studien, Frankfurt/M. 1977

Melanie Tatur, Arbeitssituation und Arbeiterschaft in Polen 1970-1980, Frankfurt/M. 1983

Gerhard Vowe, Soziale Krise und ökonomische Entwicklung in der Volksrepublik Polen 1970-1976, 1978

Neuerscheinungen nach dem August 1980

V. Einhorn/G.v. Randow, Polen in der Zerreißprobe, Dortmund 1982

R. Fenchel/A.-J. Pietsch (Hrg.), Polen 1980-1982. Gesellschaft gegen den Staat, Hannover 1982 (Aufsätze von Mlynár, Staniszkis, Arato u.a.)

Tita Gaehme (Hrg.), Aber eines Tages war das nicht mehr so – Polen 1980, Köln 1981

Peter Gatter, Der weiß-rote Traum. Polens Weg zwischen Freiheit und Fremdherrschaft, Düsseldorf 1982

Jule Gatter-Klenk, Vielleicht auf Knien, aber vorwärts! Gespräche mit Lech Walesa, Königstein 1981

F. Grube/G. Richter (Hrg.), Der Freiheitskampf der Polen, Hamburg 1981 (Aufsätze von Rakowski, Kolakowski, Fetscher, Bednarz u.a.)

G. Koenen/K. Koenen/H. Kuhn, Freiheit, Unabhängigkeit und Brot – Zur Geschichte und den Kampfzielen der Arbeiterbewegung in Polen, Frankfurt/M. 1981

Gerd Kriwanek, Polen. Solidarität und Hoffnung, Zürich 1981

Jiri Lederer, Mein Polen lebt. Zwei Jahrhunderte Kampf gegen Fremdherrschaft, Köln 1981

Bogdan Osadzuk, Weißer Adler, Kreuz und rote Fahne. Chronik der Krisen des kommunistischen Herrschaftssystems in Polen 1956 – 1982, Zürich 1982

Krzysztof Pomian, Pologne: Défi à l'impossible? De la révolte de Poznan à „Solidarité", Paris 1982

Hans Peter Rullmann, Lech Walesa. Der sanfte Revolutionär, München 1981

Alexander Uschakow (Hrg.), Polen – Das Ende der Erneuerung. Gesellschaft, Wirtschaft und Kultur im Wandel, München 1982

Helmut Wagner, Die Doppelgesellschaft: Systemwandel in Polen, Berlin 1981

W. Wolf/S. Engert, Der lange Sommer der Solidarität, 2 Bde., Frankfurt/M. 1981

Ulrich Zuper (Hrg.), Wir bauen ihnen ein Denkmal. Dokumente, Materialen, Tonbandprotokolle. Lenin-Werft, Danzig, Polen, Stuttgart 1981

Zeitschriften – Sonderhefte

L'Alternative, Pologne – Le dossier de Solidarité, Paris 1981

Gewerkschaftliche Monatshefte: Sonderheft Polen, Köln 1982

Journal für Sozialforschung: Systemkrise in Polen 1980/81, hrsg. v. der Sozialwissenschaftlichen Studiengesellschaft, Heft 1/2, Wien 1982

L '80. Schwerpunkt Polen, Nr. 16, Dezember 1980, Köln

Libération: Pologne – 500 jours de libertés qui ébranlèrent le communisme, Paris 1982

Prokla. Zeitschrift für politische Ökonomie und sozialistische Politik, H. 48, Berlin 1982

Die Tageszeitung, Euch der Winter – uns den Frühling, Berlin 1982

Periodika

L'Alternative. Pour les droits et les libertés démocratiques en Europe de l'Est, hrsg. v. F. Maspéro, 1 place Paul-Painlevé, F – 75006 Paris (vierteljährlich)

Bulletin d'Information Solidarność, hrsg. v. Seweryn Blumsztajn, Paris (Informationsbulletin von Solidarność im Ausland). Zu beziehen über: Bureau d'Information, 10 Passage des deux sœurs, 75009 Paris

Gegenstimmen. Solidarität mit der demokratischen und sozialistischen Opposition in Osteuropa, hsrg. v. Sozialistischen Osteuropakomitee Wien, Postfach 41, A – 1033 Wien (vierteljährlich)

Informationsbulletin „Solidarność", hrsg. v. Informationsbüro Solidarność, Eduard-Grunow-Str. 2, 2800 Bremen (unregelmäßig)

Informationsbulletin „Solidarität mit Solidarność", hrsg. v. Komitee „Solidarität mit Solidarność", Postfach 112051, 6000 Frankfurt/M. (ca. halbjährlich)

Kontinent. Magazin. Forum für Ost-West-Fragen, Berlin (vierteljährlich)

Osteuropa. Zeitschrift für Gegenwartsfragen des Ostens, hrsg. v. der Deutschen Gesellschaft für Osteuropakunde, Stuttgart (monatlich)

Osteuropa-Info, hrsg. v. Sozialistischen Osteuropakomitee, Postfach 2648, 2000 Hamburg 13 (vierteljährlich) (Zu Polen insbesondere die Hefte 3/81: Polen 1981, 4/81: Kongreß von Solidarność, 2/82: Polen nach dem Militärputsch, 4/82: Polen unter dem Militärregime)

Polens Gegenwart, hrsg. von der staatlichen Presseagentur PAP, Warschau (monatlich)

Einzelmaterialien

Gewerkschaften in Polen. Ergebnis einer Arbeitstagung im Haus der Gewerkschaftsjugend Oberursel, DGB-Bundesvorstand, Abteilung Jugend, Postfach 2601, 4000 Düsseldorf (u.a. mit einem Abriß der polnischen Geschichte von Th. Voß sowie einer Übersetzung des Gewerkschaftslexikons „What's what in Solidarność")

Interniert ... – und im Widerstand. Informationsbulletin extra, hrsg. v. Komitee „Solidarität mit Solidarność", Frankfurt 1982 (Kurzfassung eines Who's who in Solidarność)

Tygodnik Solidarność, Nr. 37, 11. Dezember 1981 (faksimilierte deutsche Übersetzung der letzten Ausgabe der Wochenzeitung von Solidarność), hrsg. v. Komitee „Solidarität mit Solidarność", Frankfurt 1982

Einführende Literatur über Polen

Klaus Bednarz, Polen – Daten, Bilder, Perspektiven, Luzern-Frankfurt/M. 1980

Franek Blohm (Hrg.), Kommst du je nach Polen. Fast ein Reisebuch. Frankfurt/M. 1982

Stanislaw Leszczycki/Teofil Lijewski, Polen – Land, Volk, Wirtschaft in Stichworten, Wien 1977

Über die Herausgeber:

Barbara Büscher
(Doktorandin),
Ruth-Ursel Henning
(Schriftsetzerin und Diplomsoziologin),
Gerd Koenen
(Publizist),
Dorota Leszczyńska
(Übersetzerin und Studentin),
Christian Semler
(Publizist),
Reinhold Vetter
(Vermessungsingenieur und Journalist).

Die Herausgeber haben sich seit 1980 für „Solidarność" engagiert, in der Solidaritätsbewegung mitgearbeitet und zur Entwicklung in Polen Übersetzungen, Materialsammlungen und Artikel veröffentlicht.

Geschichte der Arbeiterbewegung

Sabine Asgodom (Hrsg.)
»Halt's Maul – sonst kommst nach Dachau!«
Frauen und Männer aus der Arbeiterbewegung berichten über Widerstand und Verfolgung unter dem Nationalsozialismus
Mit zahlreichen Abbildungen

Gerhard Beier
Die illegale Reichsleitung der Gewerkschaften 1933 – 1945

Gerhard Beier
Geschichte und Gewerkschaft
Politisch-historische Beiträge zur Geschichte sozialer Bewegungen

Gerhard Beier
Schulter an Schulter, Schritt für Schritt
Lebensläufe deutscher Gewerkschafter
Mit 66 Abbildungen

Ulrich Borsdorf, Hans O. Hemmer, Martin Martiny (Hrsg.)
Grundlagen der Einheitsgewerkschaft
Historische Dokumente und Materialien

Gerard Braunthal
Der Allgemeine Deutsche Gewerkschaftsbund
Zur Politik der Arbeiterbewegung in der Weimarer Republik

Helga Grebing (Hrsg.)
Fritz Sternberg
Für die Zukunft des Sozialismus
Werkproben, Aufsätze, unveröffentlichte Texte, Bibliographie und biographische Daten
Mit Kommentaren zu Leben und Werk

Eberhard Fehrmann, Ulrike Metzner
Angestellte und Gewerkschaften
Ein historischer Abriß

Theodor Leipart
Carl Legien
Vorwort: Heinz Oskar Vetter

Detlev Peukert
Die Edelweißpiraten
Protestbewegungen jugendlicher Arbeiter im Dritten Reich
Eine Dokumentation

IG Metall (Hrsg.)
Neunzig Jahre Industriegewerkschaft
Vom Deutschen Metallarbeiter-Verband zur Industriegewerkschaft Metall
Ein Bericht in Wort und Bild

Michael Schneider
Aussperrung
Ihre Geschichte und Funktion vom Kaiserreich bis heute

Heinz O. Vetter (Hrsg.)
Vom Sozialistengesetz zur Mitbestimmung
Zum 100. Geburtstag von Hans Böckler
Redaktion: Ulrich Borsdorf und Hans O. Hemmer

Rolf Wabner
Lernen aus verpaßten Chancen
Zur Geschichte der hannoverschen Arbeiterbewegung 1815 – 1933
Mit einem Vorwort von Peter von Oertzen

Bund-Verlag

Politik und Zeitgeschichte

Gerhard Bäcker, Hagen Kühn
**Konservative Ideologie
in der Sozialpolitik**
Rechtfertigungslehren
des Abbaus der Sozialstaatlichkeit

Heinrich Böll, Lew Kopelew,
Heinrich Vormweg
**Antikommunismus
in Ost und West**

Iring Fetscher
**Vom Wohlfahrtsstaat
zur neuen Lebensqualität**
Die Herausforderungen des
demokratischen Sozialismus

Jiří Gruša (Hrsg.)
Verfemte Dichter
Eine Anthologie aus der ČSSR
Mit einem einleitenden Vorwort
von Hans-Peter Riese
Aus dem Tschechischen übersetzt
von Joachim Bruss

Werner Lansburgh,
Frank-Wolf Matthies
Exil – Ein Briefwechsel
Mit Essays, Gedichten
und Dokumenten

Jiří Lederer
Mein Polen lebt
Zwei Jahrhunderte Kampf
gegen Fremdherrschaft

Theodor Leipart
Carl Legien
Vorwort: Heinz Oskar Vetter

Wolfgang Roth
Humane Wirtschaftspolitik
Die sozialdemokratische
Alternative

Hermann Scheer
Mittendrin
Bericht zur Lage von
Sozialdemokratie und Republik

Günter Schubert
Stolz, die Rüstung der Schwachen
Polnische Lebensläufe zwischen
Weiß und Rot
Mit 20 Abbildungen

Johano Strasser
Grenzen des Sozialstaats?
Soziale Sicherung in der
Wachstumskrise
Zweite, völlig überarbeitete und
erheblich erweiterte Auflage

Florian Tennstedt
**Vom Proleten
zum Industriearbeiter**
Arbeiterbewegung
und Sozialpolitik
in Deutschland 1814 bis 1914

Pavel Tigrid
Arbeiter gegen den Arbeiterstaat
Widerstand in Osteuropa
Aus dem Tschechischen übersetzt
von Friedrich Uttitz

Gerhard Zwerenz
**Antwort an einen
Friedensfreund**
oder
Längere Epistel für
Stephan Hermlin und
meinem Hund
Ein Diarium

Bund-Verlag